55

Zürcher Studien zur Rechtsgeschichte

Herausgegeben im Auftrag der Rechtswissenschaftlichen Fakultät der Universität Zürich
von M.T. Fögen, C. Schott und M. Senn

Ivan Ottiger

Automobilismus und Rechtsetzung

Über den Einzug des Motorfahrzeuges ins kantonale und eidgenössische Recht zwischen 1900 und 1932

Schulthess § 2005

Zürcher Studien zur Rechtsgeschichte

Diese Reihe setzt zusammen mit den

Zürcher Studien zum öffentlichen Recht
Zürcher Studien zum Privatrecht
Zürcher Studien zum Strafrecht
Zürcher Studien zum Verfahrensrecht
Zürcher Studien zur Rechts- und Staatsphilosophie

die Zürcher Beiträge zur Rechtswissenschaft fort.

Abdruck der der Rechtswissenschaftlichen Fakultät der Universität Zürich vorgelegten Dissertation

Bibliografische Information ‹Der Deutschen Bibliothek›
Die Deutsche Bibliothek verzeichnet diese Publikation in der Deutschen Nationalbibliografie; detaillierte bibliografische Daten sind im Internet über ‹http://dnb.ddb.de› abrufbar.

ISBN 3 7255 5084 0

www.schulthess.com

Vorwort

Diejenigen, welche sich in leicht zugänglicher Weise über die rechtlichen Anfänge des Automobilismus in der Schweiz erkundigen möchten, werden leider schnell mit der Tatsache konfrontiert, dass über dieses Thema bisher sehr wenig geschrieben wurde. Die rechtsgeschichtliche Entwicklung der Eisenbahnen in der Schweiz ist gut dokumentiert, nicht aber die Motorisierung des Strassenverkehrs. Dies hat mich veranlasst, das Ergebnis von ursprünglich aus rein persönlichem Interesse begonnenen Nachforschungen in der Form des vorliegenden Werkes zu publizieren.

Das Werk hat keinen Anspruch auf Vollständigkeit – zu weit ist dieses rechtshistorisch noch unbestellte Feld. Es kann dem Leser nur einen Überblick verschaffen. Ich habe aber versucht, die Materialien so sorgfältig als möglich aufzulisten, um den Zugang zu allfällig gewünschten weiterführenden Angaben zu erleichtern.

Die Publikation dieser Arbeit bietet Gelegenheit, allen herzlich zu danken, die zum Gelingen dieser Arbeit beigetragen haben. Namentlich erwähnen will ich meinen Doktorvater, Prof. Dr. Claudieter Schott, welcher mir richtungsweisende Anregungen gegeben hat. Die Realisierung dieser Doktorarbeit wäre aber nicht möglich gewesen ohne die wertvolle Unterstützung, Hinweise und Anregungen einer ganzen Reihe weiterer Personen, Freunde und Kollegen. Auf deren namentliche Nennung verzichte ich bewusst, aber ich danke all jenen, die stets an mich und dieses Werk geglaubt haben und auch jenen wenigen, die es nicht mehr taten – sie haben mich nicht minder motiviert.

Mein Dank geht schliesslich an meine Eltern, welche mir einerseits den Zugang zur universitären Bildung ermöglicht haben und andererseits mein Interesse für technische und mechanische Zusammenhänge schon früh gefördert haben.

Luzern, im Frühling 2005

Ivan Ottiger

Inhaltsübersicht

Inhaltsverzeichnis

Abkürzungsverzeichnis

A

Abs.	Absatz, Absätze
ACS	Automobil-Club der Schweiz
AG	Kanton Aargau
AI	Kanton Appenzell Innerrhoden
altBV	frühere Fassung der Bundesverfassung
altOR	frühere Fassung des Obligationenrechts
AR	(Die) Automobilrevue
AR	(Der) Kanton Appenzell Ausserrhoden
ARB	Sozialistischer Arbeiterradfahrerbund
Art.	Artikel (im Singular oder Plural)
AS	Amtliche Sammlung der Bundesgesetze und Verordnungen der schweizerischen Eidgenossenschaft (Eidgenössische Gesetzessammlung), ab 1948 Sammlung der eidgenössischen Gesetze, ab 1987 Amtliche Sammlung des Bundesrechts
ASPA	Association Suisse des Propriétaires d'Autocamions – Vereinigung Schweizer Lastwagenbesitzer

B

BB	Bundesbeschluss
BBl	Bundesblatt
BE	Kanton Bern
BG	Bundesgesetz
BG32	Bundesgesetz über den Motorfahrzeug- und Fahrradverkehr, vom 15. März 1932 (AS IIL NF 513 ff)
BGE	Entscheidungen des Bundesgerichts
BL	Kanton Basel-Land
BR	Bundesrat
BRB	Bundesratsbeschluss
BS	Kanton Basel-Stadt
BV	Bundesverfassung

C

cm	Centimeter

D

Dr.	Doktor

E

EDI	Eidgenössisches Departement des Innern
EHG	Gesetz betreffend der Haftpflicht der Eisenbahn- und Dampfschifffahrtsunternehmungen und der Post vom 28. März 1905, anschliessen (AS, Band XXI NF, 378–385)
EJPD	Eidgenössisches Justiz- und Polizeidepartement

F

f/ff	folgende Seite(n)
FR	Kanton Freiburg
Fr.	Franken

G

GB BR	Geschäftsbericht(e) des Schweizerischen Bundesrates
GE	Kanton Genf
GL	Kanton Glarus
GR	Kanton Graubünden

H

HP	Horsepower, englisch für Pferdestärke (PS)

I

IntUek1	Bundesbeschluss betreffend die internationale Übereinkunft über den Automobilverkehr, vom 9. Dezember 1910 (AS XXVII NF 49 ff)
IntUek2	Bundesbeschluss betreffend die Genehmigung des am 24. April 1926 in Paris abgeschlossenen internationalen Abkommens über den Kraftfahrzeugverkehr, vom 26. September 1930 (AS XXXXVI 719 ff)

J

JU	Kanton Jura

K

Kg	Kilogramm
Km	Kilometer
Km/h	Kilometer pro Stunde

Konk1	Konkordat über eine einheitliche Verordnung betreffend den Motorwagen- und Fahrradverkehr, vom Bundesrat am 13. Juni 1904 genehmigt (AS XX NF 73 ff)
Konk2	Konkordat über eine einheitliche Verordnung betreffend den Verkehr mit Motorfahrzeugen und Fahrrädern, vom Bundesrat am 7. April 1914 genehmigt (AS XXX NF 89 ff)
Konk2Lw	Bundesratsbeschluss betreffend die Genehmigung der Ergänzung des Konkordates vom 7. April 1914 über den Verkehr mit Motorfahrzeugen und Fahrrädern, vom 29. Dezember 1921 (AS NF XXXVII, 895 ff)
Kt	Kanton

L

lit.	litera (Buchstabe)
LU	Kanton Luzern

N

N	Randnote
NE	Kanton Neuenburg
NF	Neue Folge
NR	Nationalrat
Nr.	Nummer
NW	Kanton Nidwalden
NZZ	Neue Zürcher Zeitung

O

oJ	ohne Jahresangabe
oO	ohne Ortsangabe
OR	Obligationenrecht
OW	Kanton Obwalden

P

PS	Pferdestärke(n)

S

S.	Seite
SG	Kanton St Gallen
SH	Kanton Schaffhausen
SO	Kanton Solothurn

SP	Sozialistische Partei der Schweiz
SR	(Die) Systematische Sammlung des Bundesrechts
SR	(Der) Ständerat
SRB	Schweizerischer Radfahrerbund
Sten Bul	(Amtliches) stenografisches Bulletin
SZ	Kanton Schwyz

T

TCS	Touring-Club der Schweiz
TG	Kanton Thurgau
TI	Kanton Tessin

U

UR	Kanton Uri

V

VD	Kanton Waadt
VO	Verordnung
VOBG32	Vollziehungsverordnung zum Bundesgesetz vom 15. März 1932 über den Motorfahrzeug- und Fahrradverkehr, vom 25. November 1932 (AS IIL NF 715 ff)
VS	Kanton Wallis
VSS	Vereinigung Schweizerischer Strassenfachleute

Z

ZG	Kanton Zug
ZH	Kanton Zürich
Ziff.	Ziffer
ZR	Blätter für Zürcherische Rechtsprechung

Einleitung

> **“SIE [DIE RECHTSGESCHICHTE] KANN, UNTER EINBEZIEHUNG RECHTSPOLITISCHER DISKUSSIONEN UND ENTWÜRFE, [...] ALS INDIKATOR SOZIALER VERÄNDERUNGEN UND KRISEN UND DER VERSUCHE IHRER LÖSUNG DIENEN”[1].**

Nach 1890 erschienen die ersten, vereinzelten und noch experimentellen Motorfahrzeuge auf schweizer Strassen. Allmählich wuchs deren Anzahl und ab 1900 waren erste rechtliche und gesetzliche Massnahmen notwendig, um diese motorisierten Fahrzeuge in den traditionellen, nichtmotorisierten Strassenverkehr zu integrieren. Die Kompetenz zur Regelung des Strassenverkehrs war damals Sache der Kantone und wurde erst 1932 zur Bundeskompetenz. Wohl gab es vor 1932 bereits zwei Konkordate zum Strassenverkehr, doch in Folge der kantonalen Regelungskompetenz gab es in den Kantonen eine Vielfalt von rechtlichen und gesetzlichen Normen, um der neuen Problemen im Strassenverkehr Herr zu werden. 1

Das vorliegende Werk betrachtet diesen Zeitraum zwischen 1900 und 1932. Es analysiert, welche Probleme die Integration der Motorfahrzeuge in die schweizerische Rechts- und Verkehrslandschaft aufwarf; welche neuen Fragen im Bereiche des Verkehrsrechts, tangential aber auch im Versicherungs- und Baurecht zu klären waren. Es analysiert weiter, mit welchen rechtsnormativen Ansätzen die Gesellschaft die Reorganisation der Strasse und die Lösung dieser Integrationsprobleme anstrebte. Nichtrechtliche Aspekte dieses Integrationsprozesses kommen dabei insoweit zur Sprache, als sie Grundlage oder von Bedeutung für den rechtlichen Aspekt des Integrationsprozesses wurden. 2

Der konzeptionelle Ansatz der Arbeit beruht darauf, dass die rechtliche Entwicklung im Betrachtungszeitraum nicht isoliert analysiert und verstanden werden kann. Die rechtlich-normative Integration des Automobiles beziehungsweise der Motorisierung ist ein Prozess, dessen Entwicklungsdynamik nebst einer rechtlichen auch von einer gesellschaftlichen und einer technischen Komponente massgeblich bestimmt wird. 3

Diese drei Komponenten stehen in enger gegenseitiger Interaktion: Die Gesellschaft nutzt die technische Entwicklung, aber der technische Fortschritt bedroht gleichzeitig die Gesellschaft. Die Gesellschaft schafft, schöpft und setzt Recht, und das Recht steuert und schützt die Gesellschaft – beispielsweise vor den Auswüchsen der Technik. Recht schliesslich zähmt die Technik, während die Technik durch ihre Weiterentwick- 4

---

1 Dilcher, 406.

lung das Recht zu überholen droht. Die Motorisierung im Verständnis der vorliegenden Arbeit ruht damit auf drei Säulen: Der Technik, dem Recht und der Gesellschaft.

5 Der Integrationsprozess, getrieben durch die Dynamik in den drei Säulen Technik, Recht sowie Gesellschaft, ist ein Aushandelungsprozess und ein ständiges Ringen um ein Gleichgewicht zwischen den Säulen. Eine Aktion oder Veränderung in einer Säule bewirkte zwingend eine Reaktion oder Korrektur in den anderen zwei Säulen. So hatte ein technischer Fortschritt, beispielsweise eine massive Erhöhung der erreichbaren Höchstgeschwindigkeit der Fahrzeuge, in der Gesellschaft eine Erhöhung der Unfallopfer und im Recht den Erlass neuer Normen zur Folge. Neue rechtliche Normen schufen in der Gesellschaft neuartige Rechte und Pflichten für die Verkehrsteilnehmer, beispielsweise über die Zeichengebung bei Fahrrichtungswechseln, und lenkten die technische Weiterentwicklung in neue Bahnen, beispielsweise bei der Entwicklung der Fahrrichtungsanzeiger. Neue gesellschaftliche Tatsachen, zum Beispiel die nach dem Krieg häufige sonntägliche Nutzung von Güterlastwagen als Ausflugswagen für ganze Gesellschaften, erzwangen Rechtsnormen zum Schutze der Passagiere und bewirkten in der Technik die Schaffung der neuen Fahrzeuggruppe "Gesellschaftswagen".

6 Auf diesem Hintergrund gliedert sich der Aufbau der Arbeit in zwei grosse Teile.

7 Ein erster Teil analysiert isoliert diese drei Säulen des Integrationsprozesses. Die Säule der Technik verfolgt die automobiltechnische Entwicklung und Emanzipation des Automobils zum eigenständigen Motorfahrzeug. Das Augenmerk gilt besonders der zeitlichen Fixierung von technischen Errungenschaften, welche die Fahrzeuge im Strassenverkehr einerseits leistungsfähiger und sicherer machten, aber indirekt auch deren Schadenspotential vergrösserten: Die mehrstufige Entwicklung angemessener Bremssysteme, die Steigerung der Motorleistung sowie die Vereinfachung der Fahrzeugbedienung. Beleuchtet wird auch die Schnittstelle zur Gesellschaft, welche sich durch die Promotion und Werbung für das Produkt ergab.

8 Die rechtliche Säule klärt die verkehrs- und kompetenzrechtliche Ausgangslage von Kantonen und Bund um 1900. Sie verfolgt die zeitliche Entwicklung des rechtlichen Rahmenwerkes; welches durch zwei Konkordate, zwei internationale Übereinkünfte, die Schaffung einer Bundeskompetenz sowie dem schlussendlichen Erlass eines Bundesgesetzes gebildet wurde. Im Vordergrund stehen dabei die politischen und chronologischen Aspekte, der eigentliche legislative Fahrplan also, nach dessen Takt und Stationen die Fortbildung des Rechts stattfand.

Die gesellschaftliche Säule schliesslich stellt die Benutzergruppen der Strasse und deren Bedürfnisse vor: Die traditionellen, nichtmotorisierten Verkehrsteilnehmer, und die neue, stets wachsende Gruppe der "Motorisierten". Mit dem Auftauchen der zweiten Gruppe musste die Nutzung und Verteilung der beschränkten vorhandenen Strassenverkehrsfläche neu ausgehandelt werden, was zu einem Verteilkampf um die Strassenfläche führte. Das Kapitel stellt die Interessenvertreter beider Lager vor, beispielsweise die Clubs der Motorfahrzeugbesitzer. Es umreisst die sozioökonomischen Faktoren, welche die Motorisierung förderten (beispielsweise der Tourismus oder die Nachfrage nach privater motorisierter Mobilität) oder hemmten (beispielsweise die häufiger und schwerer werdenden Unfälle oder die Staubproblematik); denn diese Faktoren hatten massgeblichen Einfluss auf die Fortbildung des Rechts. Ein Streiflicht gilt überdies den teilweise gewalttätigen Formen des Widerstandes gegen die Motorisierung, denn diese Auswüchse können als Folge einer (noch) ungenügenden rechtlichen Integration der Motorfahrzeuge in den Strassenverkehr verstanden werden. Entsprechend der rechtswissenschaftlichen Zielsetzung der Arbeit wird der soziologische Aspekt der Motorisierung nur soweit beleuchtet, als dass er Grundlage und Motor für die Fortbildung des Rechts war; das Kapitel enthält aber zahlreiche Verweise auf Materialien, welche sich ausschliesslich den gesellschaftlichen Aspekten der Motorisierung widmen. 9

Basierend auf diesen Grundlagen analysiert der zweite und grösste Teil der Arbeit die chronologische Entwicklung des Rechts in verschiedenen Bereichen. Durch die Integrationsprobleme im Strassenverkehr und in der Gesellschaft, den technischen Fortschritt sowie die stetige Zunahme der Anzahl zirkulierender Fahrzeuge musste das Recht beständig weiterentwickelt und verfeinert werden. 10

Das Recht versteht sich hier als eines von mehreren möglichen Lösungsmittel für die zu lösenden gesellschaftlichen Probleme. Doch nicht in allen Bereichen konnten die Integrationsprobleme durch Recht gelöst oder gemindert werden; mehrfach mussten Rechtsnormen durch flankierende Massnahmen wie beispielsweise strassenbauliche Massnahmen ergänzt werden, weshalb – kursorisch – auch nichtrechtliche Massnahmen zu beleuchtet sind. 11

Die Probleme, welche die Integration der Motorfahrzeuge brachte, waren äusserst vielschichtig: Die Fahrzeuge an sich durften technisch-konstruktiv keine Gefahr für die übrigen Strassenbenutzer darstellen, und mussten beispielweise über leistungsfähige Bremsen verfügen. Sicherzustellen war überdies, dass die Fahrzeuglenker die notwendige Lenkbefähigung besassen. Geltende und neue Strassenverkehrsnormen mussten bekannt gemacht und durchgesetzt werden. Es galt, die Belästigung durch Staub- und Kotwurf einzudämmen; und Unfälle und Geschwindig- 12 keitsexzesse zu verhindern. Zu klären waren auch versicherungsrechtliche Fragen bei Unfällen. Regelungsbedürftig wurde überdies das Verhalten auf der Strassenfläche; das Vortrittsrecht und die Zeichengebung. Besondere Regeln galten für den Verkehr mit eidgenössischen Fahrzeugen, insbesondere für den militärischen Verkehr im Umfeld des ersten Weltkrieges. Schliesslich musste die Frage der Finanzierung von Strassenbau und -unterhalt komplett neu geregelt werden, denn die Motorisierung vervielfachte diese Infrastrukturkosten für Kanton und Bund.

13 Die aufgeworfenen Probleme sind komplex und vielfältig vernetzt. Eine vertiefte Analyse der Rechtsfortbildung nach dem Muster des actio-reactio-Ablaufes kann deshalb nicht integral über die gesamte Spannweite des Rechts, sondern nur sektoral, einen mehr oder minder isolierten Teilaspekt beleuchtend, erfolgen. Die Gliederung des zweiten Teils der Arbeit orientiert sich deshalb an den vorstehend erwähnten Problemkreisen. In jedem Kapitel wird ein solcher Problemkreis vorgestellt und abgegrenzt, und danach die Rechtsbildung in diesem Problemkreis in der Zeit zwischen 1900 und 1932 als Ausmarchungsprozess zwischen den beteiligten Interessengruppen und Kräften analysiert.

14 Abgerundet wird der thematische Bogen durch ein Résumé, welches für jeden Problemkreis die erarbeiteten zentralen Punkte und rechtlichen Errungenschaften Revue passieren lässt; und zum Schluss versucht, einige Determinanten des analysierten, rund dreissigjährigen rechtlichen Integrationsprozesses zu bestimmen.

15 Entsprechend dem eingangs erwähnten Zitat von Dilcher zeigt die Arbeit aus einer rechtgeschichtlichen Warte die sozialen Veränderungen und den stetigen Handlungsbedarf, den die fortschreitende Motorisierung bewirkte – und wird dabei selbst zum Gradmesser für die zunehmende Integration der Motorfahrzeuge in die schweizerische Rechtslandschaft. Nun denn – Bahn frei!

Teil I: Die drei Säulen des Integrationsprozesses

1 Die Technik

16 Die Mechanisierung des Transports, also der Ersatz der tierischen oder menschlichen Muskelkraft durch Maschinen und Motoren, brachte das althergebrachte Kräfte- und Rechtsgefüge auf den Landstrassen zum Wanken. Sie zwang die Gesellschaft dazu, korrigierend einzugreifen und mit Hilfe von Recht ein neues Gleichgewicht zu schaffen. Die Entwicklung und Ausgestaltung der Rechtsnormen musste sich dabei nicht nur an den zu lösenden gesellschaftlichen Problemen orientieren, sondern auch im Einklang mit der Entwicklung der Technologie der Mechanisierung erfolgen.

17 1887 wurde die erste Kutsche vorgestellt, die nicht von Pferden, sondern zuverlässig und über längere Zeit von einem Benzinmotor bewegt wurde. 1932, dem Ende des Betrachtungszeitraumes, war das Konzept des Motorfahrzeuges ausgereift, und die Automobile verfügten über Licht, Heizung, Scheibenwischer und leistungsfähige Bremsen.

18 Zwischen diesen beiden Eckpunkten liegt eine kontinuierliche und teilweise stürmische technische Entwicklung der Motorfahrzeugtechnologie. Um die Neu- und Fortbildung des Rechts in dieser Phase beurteilen und im gesellschaftlich-technologischen Zusammenspiel verstehen zu können, ist eine zumindest rudimentäre Kenntnis der wichtigen technologischen Entwicklungsschritte unabdingbar. Dies insbesondere, weil viele dieser Entwicklungsschritte direkten Einfluss auf die Betriebssicherheit der Fahrzeuge hatten, und umgehend Eingang in die jeweiligen Rechtsnormen für Motorfahrzeuge fanden.

19 Die detaillierte Diskussion des Zusammenspiels zwischen einem technischen Entwicklungsschritt und dessen rechtlicher Rezeption erfolgt jedoch erst im Hauptteil der Arbeit.

1.1 Entwicklung der Technologie

1.1.1 Suche nach potenter Antriebsquelle

20 Dass Benz und Daimler ihre ersten Wagen ohne Pferde zum Laufen brachten, war kein genialer Geistesblitz, sondern der Abschluss einer ganzen Reihe von Experimenten, welche diverse Erfinder über längere Zeit hinweg durchgeführt hatten. Das zentrale Anliegen dieser Tüftler war stets die Suche nach einem leistungsfähigen Antriebskonzept. Versuche, Fahrzeuge mit Muskelkraft oder Uhrwerken anzutreiben, gab es seit dem 17. Jahrhundert, doch die menschliche Muskelkraft reichte nicht aus, um einen Wagen zu bewegen, der auch noch Nutzlast tragen sollte. Erfolgversprechender waren Versuche mit Dampf-, Elektro- und Verbrennungsmotoren.

Die erste Umsetzung von **DAMPFKRAFT** in Bewegung gelang 1769 in Frankreich; es folgten weitere Versuche in England um 1784 und 1801, in Deutschland um 1803 und in den USA um 1804[2]. Bald trennten sich die Wege dampfgetriebener Strassen- und Schienenfahrzeuge: 1804 wurde die erste brauchbare, auf Schienen laufende Lokomotive gebaut. Das Prinzip bestach durch kleinen Rollwiderstand, Laufruhe, und Unabhängigkeit von den kaum unterhaltenen Strassen, und fand in der Folge als Eisenbahn eine rasche Verbreitung. 21

Die ersten dampfbetriebenen Strassenfahrzeuge tauchten um 1830 in England auf; vorwiegend als Dampfkutschen im öffentlichen Dienst. Private Dampfwagen konnten sich nur ganz Begüterte leisten, da deren Unterhalt noch teurer als deren Anschaffung war[3]. Diese Strassenfahrzeuge wurden kein Erfolg; sie waren zu schwer, hatten zu wenig Reichweite und, da sie auf Eisenrädern fuhren, auch keinen Komfort. Dazu kam in England – Hochburg der Dampfwagen – um 1865 der "Locomotiv Act"; ein Gesetz, das die Höchstgeschwindigkeit auf vier Meilen pro Stunde begrenzte und anordnete, dass jedem Dampfwagen ein Mann vorausgehen musste, der die Passanten zu warnen hatte. 22

Der Dampfantrieb von Strassenfahrzeugen wurde gleichwohl weiterentwickelt. Zwischen 1886 und 1900 wurde er noch siegreich an Automobilwettfahrten eingesetzt; versank dann aber in der Bedeutungslosigkeit, weil die Verbrennungsmotoren zwischenzeitlich leistungsstärker und einfacher zu bedienen waren. 23

Um die Jahrhundertwende war der **ELEKTROANTRIEB** ein ernstzunehmender Konkurrent des Verbrennungsmotors, zumindest für Kurzstrecken und im innerstädtischen Bereich. Elektrowagen waren einfach gebaut, leise und sauber, und sie machten keine Pferde scheu. Aber auch dieses Konzept unterlag dem des Verbrennungsmotors, der dank rasanter Leistungssteigerung und der Unabhängigkeit von einem Stromanschluss in der Käufergunst vorne lag. 24

Den ersten funktionierenden **VERBRENNUNGSMOTOR** baute 1860 ein Luxemburger Kellner. Das zweitaktige Einzylindermotörchen erbrachte jedoch mangels Kompression keine genügende Leistung. Verschiedene Tüftler verbesserten unabhängig voneinander dessen Konzept, und 1863 meldete der deutsche Gasmotorfabrikant[4] Otto den ersten Viertaktmotor zum Patent an. Infolge Patentstreitigkeiten verbreitete sich sein Ottovier- 25

---

2 Temming, 146.

3 Fondin, 24-25.

4 Auch Patente für Verbrennungsmotoren wurden bis um 1900 unter dem Titel "Gas-Motor" erteilt, weil der flüssig mitgeführte Treibstoff vor der Verbrennung mittels Vergaser in den gasförmigen Aggregatszustand umgewandelt werden musste.

taktmotor – schneller als von ihm beabsichtigt – in der gesamten zivilisierten Welt.

26 Gottlieb Daimler, ein früherer Mitarbeiter Ottos, forschte nach einem kleinen, leichten und gleichwohl leistungsfähigen Motor, mit dem er stationäre Maschinen antreiben konnte. Diesen Motor wollte er Kunden anbieten, die sich die teuren und grossen Dampfmaschinen nicht leisten konnten, oder die den dafür notwendigen Platz nicht hatten. Als Ergebnis seiner Forschung liess er sich 1883 einen Viertaktmotor mit Glührohrzündung patentieren. Diese Zündungsart erlaubte ihm deutlich höhere Drehzahlen, und folglich mehr Leistung bei gleicher Motorengrösse[5,6]. Daimler hatte damit eine kleine und leistungsfähige Antriebsquelle gefunden, welche sich sogar für einen mobilen Einsatz eignen sollte.

1.1.2 Motorisierung der Kutsche

27 Diese leistungsfähige und leichtgewichtige Antriebsquelle wurde nun auf ein Fahrgestell mit Rädern montiert: Keine 100 Kilometer von Daimler entfernt wohnte Carl Friedrich Benz, der – unabhängig von Daimler – ebenfalls kleine, schnelllaufende Vergasermotoren für den stationären Einsatz entwickelte. Wirtschaftliche Erfolge auf diesem Gebiet erlaubten ihm, sich in Ruhe mit seinem Traum, einem motorgetriebenen Strassenwagen, zu beschäftigen[7]. 1885 ergänzte Benz seinen selbstentwickelten Motor mit Kühlung und Gehäuse, baute ihn in ein Zweirad ein – und hatte damit das erste Motorrad der Welt konstruiert. Im Juli 1886 präsentierte er einen dreirädrigen Kraftwagen, ausgestattet mit Vollgummibereifung, Differential und einer Drehzahlregelung durch veränderbare Luftzuführung. Der Wagen erreichte eine Geschwindigkeit von 12 Km/h[8].

28 Ein Jahr später, 1887, rollte das erste Automobil von Daimler mit einem wassergekühlten Einzylindermotor von Cannstatt nach Esslingen. Es handelte sich um eine umgebaute Pferdekutsche, bei welcher der Antrieb auf die hinteren Räder wirkte, während die vordere Achse mittels eines Drehschemels gelenkt werden konnte.

29 Um 1890 war der Verbrennungsmotor somit endgültig mobil geworden.

---

5 Temming, 153.

6 Daimler forschte nach einem kleinen, leichten Motor von hoher Leistung, der sich universell für den Antrieb stationärer Maschinen eignen sollte. Er wollte diesen Motor Kunden anbieten, die sich keine grossen und teuren Dampfmaschinen leisten konnten, oder die den dafür notwendigen Platz nicht hatten.

7 Temming, 153.

8 Fondin, 31-32.

1.1.3 Emanzipation zum Automobil

Das Konzept der motorisierten Kutsche wurde in den Folgejahren beständig weiterentwickelt. Zu eigentlichen Erfolgsfaktoren für den neuen Fahrzeugtyp wurden die Verbesserung der Beschleunigung, der Agilität sowie der Fahrzeugstabilität, als auch die Entwicklung tauglicher Bremsen. Am Ende dieser Phase war das "Automobil" keine motorisierte Kutsche mehr, sondern ein eigenständiger Fahrzeugtyp. 30

Es waren zwei Entwicklungen, welche die **Beschleunigung und Agilität** verbesserten: Zum einen konnte durch zwei Faktoren die Motorenleistung deutlich gesteigert werden. Der erste Faktor waren Fortschritte auf dem Gebiete der Metallurgie: Härtere Metalle und leichtere Legierungen erlaubten die Herstellung von Kolben und Pleuelstangen mit geringerer Massenträgheit. Dadurch konnten Motoren zum einen mit höherer Gemischverdichtung respektive einer höheren Kompression und zum anderen mit einer höheren Kolbengeschwindigkeit, also mit mehr Umdrehung pro Minute und damit mehr Leistung, gebaut werden[9]. Der zweite leistungssteigernde Faktor war die Verbesserung des Kühlkreislaufes. Noch 1894 fuhren die Fahrzeuge mit einem Verdampfungskühler, und ein Wasserverbrauch von über 100 Liter auf 100 Kilometern war nicht aussergewöhnlich[10]. Doch die erwünschte höhere Kompression verlangte eine bessere Kühlung, und die erwünschten höheren Drehzahlen – und damit mehr Verbrennungstakte pro Minute – produzierten mehr Abwärme. Die hierfür notwendige Kühlleistung war mit dem offenen, auf Verdampfung beruhenden Kühlprinzip unerreichbar. Besserung brachte ein 1897 präsentierter Röhrchenwabenkühler. In diesem verdampfte das Wasser nicht mehr, sondern es zirkulierte in einem geschlossenen Kühlkreislauf und transportiere Wärme vom Motorenblock in den Kühlergriff, wo es die Abwärme an die umströmende Luft abgab. Dieses Kühlprinzip erlaubte deutlich höhere Motorenleistungen und verbesserte gleichzeitig die Fahrzeugautonomie, weil nicht beständig verdampftes Kühlwasser ersetzt werden musste. 31

Die andere Entwicklung, welche die Beschleunigung und Agilität verbesserte, war die Senkung des Fahrzeuggewichtes. Dank des geschlossenen Kühlkreislaufes musste viel weniger Kühlwasser mitgeführt werden; und ab 1900 wurde das Kurbelgehäuse (der untere, weniger temperaturbelas- 32

9 Die maximale Kolbengeschwindigkeit wird begrenzt durch die Belastbarkeit des Schmierfilms sowie die Zugfestigkeit des Pleuels, also der Verbindung zwischen dem sich auf und ab bewegenden Kolben und der rotierenden Kurbelwelle, welche als Antriebswelle aus dem Motorblock hinausführt. Je leichter und stabiler der Pleuel ist, desto höher darf die Umdrehungszahl sein, ohne dass das Pleuel zerreisst.

10 Temming, 163.

tete Teil des Motorenblocks) in gewichtssparendem Leichtmetallguss ausgeführt.

33 Durch die Leistungssteigerung der Motoren bei gleichzeitiger Senkung des Fahrzeuggewichtes veränderte sich das Leistungsgewicht der Fahrzeuge rasant und die Fahrzeuge wurden deutlich agiler[11].

34 Eine deutliche Verbesserung der **FAHRZEUGSTABILITÄT** brachte das 1891 vorgestellte Prinzip, anstelle der ganzen Vorderachse nur die eigentlichen Räder zu lenken. Dank dieser Einzelradlenkung entfiel die durchgehende Vorderachse, was einerseits ein anderes Karosseriedesign erlaubte, und andererseits Raum schuf, um den Motor tiefer im Fahrgestell einzubauen. Dadurch wanderte der Schwerpunkt des Fahrzeuges deutlich nach unten, wodurch bedeutend höhere Kurvengeschwindigkeiten möglich wurden, denn nun bestand kaum mehr Gefahr, dass das Fahrzeug in den Kurven umkippte[12].

35 Die Verbesserung des Lenkprinzips erlaubte, auch Kurven in ansprechendem Tempo zu durchfahren, was die Reisezeit per Motorfahrzeug weiter verkürzte.

36 Der wichtigste sicherheitsrelevante Fortschritt war die Entwicklung **TAUGLICHER BREMSEN**, denn bis 1900 hatten Motorfahrzeuge dieselben Bremsen wie Pferdekutschen, also lederbezogene Bremsklötze. Erst zur Jahrhundertwende wurde eine Bremse entwickelt, die den Kräften der motorisierten Kutsche im Dauerbetrieb standhalten konnte und nicht nach wenigen heftigen Bremsvorgängen in Flammen aufging: Die Trommelbremse. Bei diesem Prinzip wird an der Innenseite des Rades eine offene Trommel aus Gusseisen oder Stahl montiert, deren Trommelkörper sich um die Radachse dreht. An der Radaufhängung, welche fest mit dem Fahrgestell verbunden ist, sind zwei sichelförmige Bremsbacken montiert, welche in die mit dem Rad rotierende Trommel hineinragen. Über ein Gestänge oder einen Seilzug betätigt, werden die Bremsbacken gespreizt, drücken an die Innenseite der Trommel und bremsen so das Rad ab.

37 Damit war ein leistungsfähiges Bremsprinzip gefunden, mit dem ein Motorfahrzeug zu jeder Zeit an jedem Ort sicher und rasch anhalten konnte.

---

11 So hatte beispielweise bei einem Wagen von Panhard-Levassor im Jahr 1895 ein PS noch 250 Kg Fahrzeuggewicht zu bewegen; 1896 noch 160 Kg und bereits 1899 nur noch 65 Kg. Innert zehn Jahren sank dieser Wert auf rund 30 - 40 Kg pro PS (Fondin, 50). Zum Vergleich: Bei heute gängigen Personenwagen beträgt dieser Wert 15 bis 5 Kg pro PS.

12 Ursprünglich hinten platziert, wurden die Motoren ab 1890 üblicherweise vorne eingebaut.

Zusammenfassend ist festzuhalten, dass zur Jahrhundertwende ein neuer, funktionierender und eigenständiger Fahrzeugtyp bereitstand, der zuverlässig war[13], das bestehende Strassennetz benutzten konnte und der ansprechend beschleunigte (und ein attraktives Tempo erreichen konnte), bremste und lenkte. Diese Emanzipation von der Kutsche zeigte sich auch äusserlich: Ein tiefer Schwerpunkt, eine breite Spur und vier gleich grosse Räder unterschieden ein Automobil augenfällig von der Pferdekutsche. 38

1.1.4 Massentauglichkeit dank Produktverbesserung

Dank der erreichten Verbesserungen waren halbwegs alltagstaugliche Automobile nun zumindest als Einzelanfertigungen verfügbar geworden. Einer Massenmotorisierung standen jedoch weitere Probleme entgegen, so jene soziologischer, infrastruktureller sowie versicherungs- und verkehrsrechtlicher Natur. Um für eine breite Masse erschwinglich zu werden, mussten überdies die Anschaffungskosten gesenkt und die Fahrzeuge in Serie statt in Handarbeit produziert werden. In technologischer Hinsicht mussten die Fahrzeuge ebenfalls noch massentauglich gemacht werden, wozu ihre Bedienung vereinfacht und die Ausstattung verbessert werden musste. Diese beiden Zielsetzungen – Vereinfachung der Bedienung und Verbesserung der Ausstattung – waren mittelbar auch von rechtlicher Relevanz, denn sie erhöhten die noch mangelnde Betriebssicherheit der Fahrzeuge im Strassenverkehr. 39

Ein **ANSPRUCHSVOLLER, AUFWENDIGER UNTERHALT UND BETRIEB** waren um 1900 noch untrennbar mit dem Besitz eines Automobils verbunden: Es brauchte viel Wartung und Pflege, da beispielsweise Schmierstoffe – mangels geschlossenem Schmiermittelkreislauf – regelmässig aufzufüllen waren, und Transmissionsketten nachgespannt werden mussten. Nicht minder anspruchsvoll war der eigentliche Betrieb des Wagens. Zum Starten musste der Motor von Hand angekurbelt werden, was kräftezehrend, mühsam und gefährlich war, denn schlug die Kurbel zurück, drohten Beulen am Kopf oder gar gebrochene Handgelenke; und sprang der Motor doch an, lief man Gefahr, vom eigenen Wagen überrollt zu werden. Die Gangschaltung erfolgte mittels mehrerer Hebel, manuell und unsynchronisiert (das heisst, ein stillstehendes Zahnrad musste durch brüsken Ruck mit einem rotierenden Zahnrad verbunden werden). Damit war einiges an Routine notwendig, um die Gänge ohne Getriebeschaden wechseln zu können[14]. Während der Fahrt mussten laufend von Hand Zündung, Luftzufuhr und Benzinzufuhr reguliert werden. Nicht minder 40

---

13 Merki: Siegeszug, 417.

14 Merki: Siegeszug, 41.

anspruchsvoll und ablenkend war die Inbetriebnahme und laufende Justierung der gasbetriebenen Beleuchtung, die Scheibenreinigung beziehungsweise die Betätigung der (vorerst) manuellen Scheibenwischer, sowie – nach Einführung des Luftreifens – die Reparatur eines Reifens. Wie noch zu zeigen sein wird, führte diese ablenkende und umständliche Bedienung schliesslich dazu, dass Rechtsnormen über eine vereinfachte Bedienung der Fahrzeuge erlassen werden mussten[15].

41 Die **BESCHÄFTIGUNG EINES CHAUFFEURS** beziehungsweise eines Wagenführers, analog einem früheren Pferdekutscher, war eine weitere Folge der noch anspruchsvollen und umfangreichen Wartungs- und Betriebsarbeiten. Diese Chauffeure wurden beim Wagenkauf vermittelt, oder ein bereits in eigenen Diensten stehender Pferdekutscher wurde einige Zeit im Werk in der Bedienung und Wartung des Wagens unterwiesen. Die Notwendigkeit eines Chauffeurs verteuerte die Fahrzeughaltung zusätzlich, und sie schuf versicherungsrechtlich die interessante Fragen, wer und wie denn haftbar war, wenn der Chauffeur einen Verkehrsunfall verursachte.

42 Das Etappenziel dieser Entwicklungsphase war eine **EINFACHERE BEDIENUNG DANK TECHNISCHER INNOVATION**. Eine verbesserte Ausstattung und mehr Annehmlichkeiten sollten es auch dem technischen Laien erlauben, ein Motorfahrzeug lenken und bedienen zu können. Davon würde auch die Verkehrssicherheit profitieren, da sich die Lenker mehr auf das Verkehrsgeschehen und weniger auf die Bedienung ihrer Fahrmaschinen konzentrieren konnten.

43 Die Ideenschmieden für die nun gefragten Innovationen standen in Frankreich. In Deutschland stiessen Daimler und Benz, trotz ihrer bahnbrechenden Entwicklungen, vor allem auf Misstrauen in die neue Technologie. Anders in Frankreich und Paris: Dort wurden 1889 anlässlich der Weltausstellung Automobile gezeigt, worauf französische Firmen den Lizenzbau von Daimler- und Benz-Fahrzeugen übernahmen. Die französischen Lizenznehmer waren innovativ und die anfangs recht unvollkommenen Gefährte erlebten dank vieler wegweisenden Neuerungen eine zügige Entwicklung. An die frankophone Technologieführerschaft erinnern noch heute viele Fachbegriffe wie “Chauffeur”, “Garage”, “Cabriolet” oder “Coupe”[16].

44 Zu den wegweisenden Innovationen gehörten die Entwicklung leistungsfähiger und angemessener Bremsen, die Installation von Frontscheiben und Scheibenwischer, die Automatisierung des Vergasers, die Vereinfachung der Gangschaltung sowie die Verbesserung der Bereifung, die

---

15 Vertiefend vergleiche N 525 ff S. 138.

16 Flik, 125.

Entwicklung des Bordstroms sowie die weitere Steigerung der Motorenleistung.

Bei den **BREMSEN** wurden ab 1900 Trommelbremsen eingesetzt, doch wurde stets nur die Hinterachse mit Bremsen ausgerüstet. Eine erste prinzipielle Verbesserung brachten die Vierradbremsen, welche 1904 patentiert und 1905 am Salon von Paris vorgeführt wurden. Eine zweite prinzipielle Verbesserung war 1921 die Erfindung der Druckluftbremse. Diese basiert auf einem Umkehrprinzip: Wurde der Luftdruck in den Bremsschläuchen erhöht, so löste sich die Bremse; wenn der Luftdruck sank, so nahm die Bremswirkung zu. Dieses Prinzip garantierte, dass das Fahrzeug selbst dann gebremst werden konnte, wenn der Motor ausgefallen war und nur noch menschliche Muskelkraft zur Verfügung stand. Dies prädestinierte die Druckluftbremse für den Einsatz in schweren Fahrzeugen, weshalb sie ab 1923 in Lastwagen und Anhängern eingebaut wurde[17]. 45

Sicherheitsrelevant war auch die Montage von **FRONTSCHEIBE UND SCHEIBENWISCHER**. Vor der "Erfindung" der Frontscheibe fuhr man dick eingepackt und schützte sich mit Lederkappen und Fahrerbrillen vor Stein- und Kotwurf. Doch die ab 1905 installierten Frontscheiben beschlugen mangels Scheibenwischer bei Regen und auf verschmutzten Strassen rasch und nahmen dem Fahrer die Sicht. Deshalb waren ab 1913 erste, noch mechanisch betätigte Scheibenwischer lieferbar; elektrische Scheibenwischer waren jedoch erst ab 1922 selbstverständlich. Gefährlich blieben die Windschutzscheiben dennoch bis 1928. Erst dann baute Cadillac die ersten Sicherheitsscheiben ein; vorher waren Windschutzscheiben aus gewöhnlichem Glas gefertigt und verursachten beim Bruch oft schwere Verletzungen[18]. 46

Die **AUTOMATISIERUNG DES VERGASERS** war nicht nur aus Komfortgründen relevant, sondern auch für die Verkehrssicherheit und, wegen der Explosionsgefahr des Kraftstoffs, für die Betriebssicherheit. 47

Der Vergaser hatte zwei Funktionen zu erfüllen: Zum einen musste er Luft und Treibstoff mischen; in einem Mischungsverhältnis, das dem momentanen Bedarf des Motors entsprach. Dieser Kraftstoffnebel sollte möglichst fein zerstäubt sein: Viele kleine Tröpfchen hatten mehr Oberfläche als wenige grosse Tropfen, und eine dermassen vergrösserte Oberfläche erleichterte die Zündung und Verbrennung des Gemisches. Zum anderen regelte der Vergaser die Motorenleistung, indem er die Menge des angesaugten Gemisches und damit die Motordrehzahl steuerte. 48

17 Temming, 178.
18 AR, 1913, 290; respektive Fondin, 143.

49 Erste Vergasermodelle basierten auf einer Vergasung mittels Docht, welcher im Luftstrom hing; auf rotierenden Bürsten, welche ein Kraftstoff-Luft-Gemisch erzeugten, oder auf der Oberflächenvergasung, also der Verdampfung mittels Kraftstofferhitzung[19]. All diese Prinzipien waren jedoch störanfällig und nicht selbstregulierend. Eine erste prinzipielle Verbesserung brachte der 1893 von Maybach präsentierte Spritzdüsenvergaser mit Schwimmerregulierung. Maybach baute in einem taillierten Saugrohr eine Düse so ein, dass die daran vorbeiströmende Luft einen Unterdruck erzeugte und Kraftstofftröpfchen mitriss und zerstäubte[20]. Dieses Prinzip lieferte eine gute Gemischaufbereitung für konstante Betriebsbedingungen, aber noch keine Anpassung an wechselnde Last- und Betriebsbedingungen wie Starten oder Beschleunigen. Auch der Maybach-Vergaser musste ständig durch einen Bedienknopf an der Instrumententafel geregelt werden, was die Aufmerksamkeit des Fahrers in Anspruch nahm und die Verkehrssicherheit beeinträchtigte.

50 Die zweite prinzipielle Verbesserung brachte 1914 der Solex-Vergaser[21]. Mittels mehrerer konstruktiver Veränderungen konnte er alle Gemischbedürfnisse des Motors optimal befriedigen. Kaltstart, Neustart eines warmen Motors, Leerlauf, ein fetteres Gemisch zur Beschleunigung, eine Extradosis zur Kühlung unter Volllast – all das konnte er automatisch gesteuert liefern.

51 Noch etwas später wurde die Funktion "Anfettung", welche den Motor beschleunigte, aus dem Vergaser ausgegliedert und mittels separatem Bedienelement, dem späteren Gaspedal, gesteuert. Damit hatte der Vergaser seine grundsätzliche Entwicklung für längere Zeit abgeschlossen, und der Lenker war von der ständigen Nachregulierung von Luft- und Kraftstoffzufuhr entlastet, was einen wesentlichen Beitrag zur Verkehrssicherheit darstellte.

52 Die Vereinfachung der **Getriebe**, beziehungsweise deren Automatisierung, war ebenfalls sicherheitsrelevant, da sie den Fahrer von unnötigen Hantierungen entlastete und ihm gestattete, seine ganze Aufmerksamkeit dem Verkehr zuzuwenden. Bereits ab 1891 waren Mehrganggetriebe üblich, denn die Motoren hatten nur einen engen nutzbaren Drehzahlbereich; und 1905 war die Ausrüstung mit vier Gängen Standard[22]. Diese Getriebe wurde jedoch über mehrere Ganghebel bedient. Erst um 1910 kamen Getriebe auf den Markt, welche nur noch über einen Schalthebel

---

19 http://www.htl-steyr.ac.at/~pdobusch/facharbeit_body.htm (Stand am 12. Juni 2004).
20 Temming, 162.
21 Temming, 178.
22 AR, 1913, 705.

bedient wurden. Dieser Schalthebel lief überdies in einer "Kulisse"[23], wurde also in einer entsprechend ausgeschnittenen Blechplatte verschoben, welche mit Schlitzen, Lochungen und einer Gangbeschriftung versehen war, was die Suche nach der richtigen Hebelstellung bedeutend vereinfachte.

Synchronisierte Getriebe, also Getriebe, bei denen nicht mehr ein ruhendes und ein rotierendes Zahnrad durch einen brüsken Ruck verbunden werden mussten, waren ab 1913 erhältlich. Sie waren nicht nur deutlich einfacher und sicherer zu bedienen, sondern arbeiteten auch fast geräuschlos und erfüllten damit die Vorschriften, die hinsichtlich der Lärmbekämpfung in dieser Zeit erlassen wurden. 53

Ebenfalls ab 1913 waren motorisch betätigte Umschaltvorrichtungen erhältlich, welche meist am Steuerrad angebracht waren und welche die Gänge elektrisch oder pneumatisch wechselten. 54

Vollautomatische Getriebe erschienen jedoch erst nach dem Betrachtungszeitraum dieser Arbeit: 1933 wurden die ersten halbautomatischen Modelle präsentiert[24], bei denen der Gang noch von Hand eingelegt werden musste, aber kein Kupplungspedal mehr notwendig war. Eine Vollautomatik hingegen bedurfte einer teuren hydraulisch arbeitenden Steuereinheit, deren hoher Preis eine frühe Markteinführung verunmöglichte. Erst 1939 erschien das erste serienmässige Automatikgetriebe; ein Produkt von General Motors, welches in Modelle von Cadillac und Oldsmobile eingebaut wurde[25]. 55

Die Fortschritte im Bereich der **Bereifung** hatten nicht nur Einflüsse auf den Fahrkomfort und die Reparaturfreundlichkeit, sondern auch auf den Strassenbelag. Die Luftbereifung für Automobile wurde 1895 durch die Gebrüder Michelin präsentiert[26], als Weiterentwicklung der Luftbereifung für Fahrräder. Ab 1900 galt die Luftbereifung bereits als üblich. 56

Die Luftbereifung führte aber zu neuem Ungemach: Die Luftreifen waren ständig durch spitze Schottersteine und herumliegende Hufnägel bedroht. Doch einen Reifen zu wechseln bedeutete ein komplettes Rad auszuwechseln – ein mühsames und langwieriges Unterfangen. Erst die Erfindung der abnehmbaren Felge um 1906 nahm der Reifenpanne viel von ihrer Strapaze[27], denn nun liessen sich abgenutzte oder geplatzte Reifen mit wenigen Handgriffen austauschen. 57

---

23 Merki: Marktanteile, 70.
24 AR, 1913, 721-723.
25 Temming, 184.
26 Fondin, 48.
27 Merki: Siegeszug, 43.

58 Die Bereitstellung von **BORDSTROM** erfüllte Sicherheits- wie Komfortansprüche gleichermassen. 1912 kam in Form des Generators der Strom an Bord. Dieser musste Strom in ausreichender Stärke liefern, wobei die Spannung trotz schwankender Motorendrehzahl gleich bleiben musste. Benötigt wurde der Strom für Verbraucher, die bisher gar nicht an Bord waren, oder durch aufladbare Batterien, durch Gas oder Petrol betrieben wurden, beispielsweise die Beleuchtung. Dieser Zweck, der Versorgung der elektrischen Scheinwerfer, gab dem Generator auch den anderen Namen "Lichtmaschine".

59 Eine weitere Aufgabe war der Antrieb einer elektrischen Startervorrichtung. Wohl wurde ab 1905 mit mechanischen Prinzipien versucht, das gefährliche Startprozedere zu vereinfachen; so mittels gespeicherter Druckluft, mit Federn[28] oder mit einem 1910 erstmalig präsentierten elektrisch betätigten Starter[29]. Doch erst der Strom an Bord verhalf dem elektrischen Starter zum Durchbruch, so dass dieser ab 1912 serienmässig verbaut wurde. Zu Beginn der 1920er Jahre setzten sich weitere elektrisch betriebene Geräte durch; so die Innenbeleuchtung, als auch die sicherheitsrelevanten Fahrrichtungsanzeiger, Stopplichter und elektrischen Warnhörner. Autoradios wurden jedoch erst seit 1933 serienmässig eingebaut[30].

60 Ebenfalls deutlich gesteigert werden konnte die **MOTORENLEISTUNG**. Die Oberklassemodelle um 1910 schöpften aus 7–10 Litern Hubraum[31] bereits eine Leistungen von 70 bis 140 PS, und einige erreichten damit Geschwindigkeiten von über 100 Km/h. Für diesen Leistungsschub sind mehrere Leistungstreiber auszumachen: Primär wurde der (nun bereits geschlossene) Kühlkreislauf nochmals verbessert, indem ab 1910 eine Pumpe das Kühlwasser zwangsweise umwälzte[32]. Der so entstehende Überdruck im Kühlsystem erlaubte eine höhere Kühlleistung und damit eine höhere Motorleistung, und er sorgte nebenbei für eine gute Heizwirkung im Fahrgastraum. Allerdings bestand nun die Gefahr, dass unter Druck stehendes, heisses Wasser austrat und zu Verbrühungen führte, weshalb diesbezügliche gesetzliche Schutz- und Konstruktionsnormen ergingen. Bereits diskutiert wurde die verbesserte Gemischaufbereitung

---

28 AR, 1913, 73-74.

29 von Salis-Soglio, 97.

30 Temming, 188.

31 Ein auf- und ablaufender Motorkolben verdrängt zwischen seinem oberen und seinem unteren Totpunkt im Zylinder ein gewisses Luftvolumen. Die Summe dieser Hubvolumen ist der Hubraum eines Motors. Der Hubraum ist eine zentrale Kenngrösse für die Leistung des Motors, als auch beispielsweise für dessen Besteuerung oder versicherungsrechtliche Kategorisierung.

32 http://www.kfz-tech.de/EntwicklungdesKraftfahrzeugs.htm (Stand am 12. Juni 2004).

durch Entwicklung der Vergaser. Leistungssteigernd wirkte überdies die Mehrzylindertechnik: 1896 baute Benz einen 2-Zylinder-Motor, 1903 gab es 4-Zylinder-Motoren, und 1906 verbauten mehrere europäische Firmen 6-Zylinder-Motoren[33].

Dennoch sank der Hubraum in dieser Zeit; sowohl aus steuerlichen als 61
auch verbrauchsmässigen Gründen. Die Leistung stieg trotzdem weiter an, da bessere und hitzebeständigere Schmiermittel höhere Umdrehungszahlen zuliessen. Hochwertigere Treibstoffe, beispielsweise durch Zugabe von Bleitetraethyl, erlaubten eine höhere Kompression, ohne dass der Motor zu klopfen anfing[34].

Nach dem Erscheinen von Super-Treibstoffen 1928 betrug das Kompres- 62
sionsverhältnis gewöhnlicher Tourenmotoren etwa 1:6, wobei die meisten Motoren mit unter 4000 Umdrehungen pro Minute drehten und Leistung von 20 bis 30 PS pro Liter Hubraum aufwiesen[35].

Als Fazit dieser Entwicklung ist festzuhalten, dass um 1920 die Fahrzeu- 63
ge soweit ausgereift waren, dass ein technischer Laie einen marktüblichen Wagen nach kurzer Ausbildungszeit fahren konnte, ohne ihn zu beschädigen und ohne eine Gefahr für die anderen Verkehrsteilnehmer darzustellen[36].

1.1.5 Komfort und Form nach dem Krieg

Die Zeit nach dem Krieg stand im Zeichen der Verfeinerung und techni- 64
schen Weiterentwicklung bestehender Fahrzeugbaugruppen; insbesondere im Bereiche des Zündsystems, der Kühlung sowie der spezifischen Technologie für schwere Motorfahrzeuge.

Die Radaufhängung hat die Aufgabe, die Räder in jedem Fahrzustand 65
möglichst mit ihrer vollen Reifenfläche auf die Fahrbahn zu bringen, und damit für den Lenker unkontrollierbare Fahrsituationen zu vermeiden. Durch die Einführung einer Einzelradaufhängung konnte bei den Personenwagen die Strassenlage deutlich verbessert werden; gleichzeitig wurde die Strassenoberfläche durch die gleichmässigere Gewichtsauflage geschont. Bei den Lastwagen hingegen waren noch Starrachsen verbrei-

---

33 Temming, 163-164 sowie Fondin, 98.

34 Klopfen beschreibt den Vorgang, wenn sich das verdichtete Gemisch spontan entzündet, bevor der Kolben den oberen Totpunkt seiner Auf- und Abbewegung überschritten hat. Das resultierende abrupte Abbremsen der Kolbenbewegung kann so stark sein, dass die Pleuelstange oder die Kurbelwelle brechen.

35 Temming, 181. Zum Vergleich: Heutige, mit Benzin betriebene Personenwagen haben eine Kompression von 1:9 bis circa 1:11, und eine Leistung von 70 PS bis, bei Turbomotoren bis 150 PS, pro Liter Hubraum.

36 von Salis-Soglio, 40.

tet, bei welchen die Räder mittels einer durchgehenden Achse verbunden und dann gemeinsam am Fahrzeugrahmen befestigt sind.

66 Die Verkehrsdichte in Europa stieg weiter an und ab 1923 verbreitete sich in Europa die in Amerika erfundene Stossstange[37].

67 Die Zeit nach dem Krieg war die Epoche der Karossiers. Bis in die 1920er Jahre blieb die geschlossene Karosserie die Ausnahme, denn eine geschlossene Karosserie war teurer, schwerer und empfindlicher gegen Erschütterung und Verwindung des Wagens. Nur langsam verloren die Personenwagen den Charakter reiner Schönwetter- und Vergnügungsfahrzeuge, und letztlich waren vor dem Krieg die Motoren und Pneus der meisten Fahrzeuge zu schwach für geschlossene Karosserien, doch für den Karosseriebau geeignete Leichtmetalle, wie beispielsweise Aluminium, wurden nur zögerlich günstiger[38].

68 Noch 1910 wurden an den Automobilsalons überwiegend einzeln angefertigte Karosserieentwürfe präsentiert; 1912 hingegen waren die meisten Fahrzeuge schon komplett karossiert. Fahrgestell und Karosserie waren eine Einheit geworden[39]. Um 1925 präsentierte Lancia die erste selbsttragende Karosserie. Diese lag nicht einfach auf dem Fahrgestell auf, sondern leistete nun selbst Stütz- und Stabilisierungsfunktion[40]. Nach dem Krieg wurde das altertümliche, ungelenke, kutschenhafte Aussehen der Fahrzeuge endgültig von glatten, fliessenden Linien abgelöst. Idealisiert wurde die "Torpedoform", wobei die lang gestreckte Form auch eine konsequente Verlagerung der schweren Aggregate nach unten ermöglichte und damit zu einer Verbesserung der Strassenlage führte. Als Symbole der Kraft begeisterte man sich bis in die 1930er Jahre an überlangen Motorhauben und wuchtig daraus hervorragenden, chromglänzenden und laut tönenden Auspuffrohren. Danach wurde die Karosserieform, angeregt von Erfahrungen aus dem Flugzeugbau, von einer geschlossenen Stromlinienform abgelöst[41].

1.2 Verbreitung der Technologie

1.2.1 Massenmotorisierung dank Fliessband

69 Erst die Motorisierung breiter Bevölkerungskreise erzeugte den notwendigen Druck auf die (Strassenverkehrs-)Gesellschaft, sich mit dem neuen Verkehrsteilnehmer auseinander zu setzen und diesen in das bestehende Rechtssystem zu integrieren. Um aber für die breite Masse erschwinglich

---

37 Fondin, 143.

38 Merki: Marktanteile, 86.

39 AR, 1913, 706.

40 http://www.kfz-tech.de/EntwicklungdesKraftfahrzeugs.htm (Stand am 12. Juni 2004).

41 Temming, 181.

zu werden, musste der ursprüngliche Herstellungsprozess für Automobile komplett überarbeitet werden.

In der Anfangszeit wurden Automobile als Einzelstücke oder in Kleinse- 70
rie gefertigt, mit einfachen Maschinen und viel Handarbeit[42]. Das Fliessband war noch unbekannt und die stetig steigende Nachfrage führte zu ständig steigenden Lieferfristen bei den wenigen vorhandenen Herstellern. So betrug um 1895 die Lieferfrist bei Peugeot, der renommiertesten Marke, bereits 18 Monate[43]. Ingenieure und Geschäftsleute erkannten das Potential im Automobilsektor und der Markt für neue Konkurrenten und Marken stand weit offen[44]. Rasch tauchten immer mehr Automobilkonstrukteure und Automobilfabriken auf, wobei viele dieser Hersteller über den Fahrradbau zum Automobilbau kamen[45]. Um 1900 gab es über 300 Firmen im Automobilbau; allein Deutschland zählte über 100 Firmen und Marken. Um 1905 waren bereits 800 verschiedene Fabrikate auf dem Markt[46], doch ab 1906 war der Hochpreismarkt gesättigt, das Angebot überstieg die Nachfrage und die immer zahlreicheren Hersteller kämpften mit Auslastungsproblemen.

Dies bewirkte ein Umdenken und eine Abkehr von der Produktion reiner, 71
aber teurer Luxusfahrzeuge. Grösseren Absatz versprach die Motorisierung einer breiteren Bevölkerungsschicht. Nun wurden kleinere, leichtere und günstigere Fahrzeuge produziert, ausgerichtet auf die neu anvisierte Käufergruppe von Ärzten und Geschäftsleuten. Die Strategieänderung hatte Erfolg, die Produktionszahlen stiegen rapide[47] und vor dem ersten Weltkrieg herrschte Goldgräberstimmung in der Branche.

Auch schweizer Hersteller tummelten sich im Markt. An der Landesaus- 72
stellung von 1896 in Genf zeigte eine einzige Firma drei einheimische Automobile, 1907 hingegen wurden an einer Zürcher Ausstellung bereits 87 Modelle angeboten. In der Schweiz waren damals gegen dreissig Automobilfabriken und mehr als zehn Karosseriewerke tätig. Schweizer Personenwagen waren teuer, da aufgrund des kleinen Binnenmarktes die Entwicklungskosten nur auf kleine Stückzahlen umgelegt werden konn-

---

42 Flik, 131.

43 Fondin, 51.

44 Es ist auch die Geburtsstunde vieler grosser und klingender Namen: 1895 Austin, 1896 Ford und Oldsmobile, 1898 Renault und Opel, 1900 Fiat, 1903 nochmals Ford, 1906 NSU, Puch Graz und Deutz, 1907 Lancia und Rolls-Royce, 1908 Bugatti, 1910 Audi, 1911 Austro Daimler und 1912 Morgan.

45 Bekanntestes Beispiel ist die Opel AG Rüsselsheim. Sie entstand aus einer 1862 gegründeten Werkstatt für Nähmaschinen, die ab 1886 auch Fahrräder produzierte.

46 Temming, 164 und 169.

47 Von circa 1890 bis 1900 baute Benz 2 000 Automobile, im 1912 Opel 10 000 Stück, im 1913 baute Renault 10 000 und Peugeot 9 000 Wagen (Fondin, 101-102).

ten. Viele Firmen konzentrierten sich deshalb auf den Bau von Lastwagen. Schweizer Lastwagen genossen im Ausland einen guten Namen und rege Nachfrage, insbesondere auch bei ausländischen Kriegsmaterialverwaltungen[48]. Die Schweiz exportierte vorwiegend schwere, teure Lastwagen und höher qualifizierte Personenwagen und importierte dafür leichte, billige Personenwagen.

73 Technisch gesehen war das Automobil zwischenzeitlich reif für eine rationelle Fertigung in Grossserie. In den USA hatte Henry Ford schon früh das Potential des Massengeschäfts entdeckt, ein einfaches aber zweckmässiges Fahrzeug konstruiert und ab 1912 erfolgreich die Fliessbandproduktion eingeführt[49]. Die europäischen Hersteller nahmen diese neue Produktionsmethode zur Kenntnis[50], aber der Krieg zwang sie vorerst dazu, Rüstungsgüter anstelle seriengefertigter Automobile zu produzieren. Einzig die Zulieferer, beispielsweise Bosch für Zündungen und Blériot für Scheinwerfer, fertigten in Serie und konnten bald wichtige Bestandteile preiswert herstellen[51].

74 Die Kriegszeit selbst war technologisch gesehen profitabel, bot sie doch Gelegenheit zu ausgedehnten Produktetests und Forschungsprojekten in fast allen Teilen Europas. Auch auf dem Kriegsfeld selbst wurden Motorfahrzeuge eingesetzt, meist als Ambulanzen oder leichte Panzerwagen sowie im Nachschubwesen.

75 Die Zeit nach 1918 war ernüchternd. Man baute wieder kleine und kleinste Fahrzeuge, die kaum Ähnlichkeit mit den Vorkriegsautomobilen aufwiesen, die untermotorisiert waren und das Fahren auf den Strassen für alle Verkehrsteilnehmer aufregend und gefährlich machten[52].

76 Die wirtschaftliche Misere hatte eine Flurbereinigung unter den Automobilherstellern zur Folge. Viele gaben auf, oder wurden von grösseren übernommen. Jene, die den Konzentrationsprozess überlebten, strafften ihr Sortiment radikal und versuchten, das Ford'sche Erfolgsmodell mit dem Fliessband zu wiederholen. Führend darin waren die französischen

---

48 So kaufte beispielsweise Russland 64 Lastwagen von Saurer (Achtzig Jahre Verkehrspolitik im Spiegel der AR, 137).

49 Ford entwickelte konsequent ein Auto für den kleinen Mann. Das 1908 präsentierte “Modell T” war ein komfortloses, einfaches und extrem preiswertes Arbeitspferd. 1913 produzierte er 0.1 Million, 1914 0.25 Million, 1915 0.4 Million, 1917 0.8 Million und ab 1919 1 Million Stück davon pro Jahr. 1919 verliess alle 40 Sekunden ein Wagen das Montageband. Von 1908 bis 1927 sank der Preis von 800 auf 345 Dollar, weil das Modell T unverändert gebaut wurde und damit langsam veraltete (Temming, 176; Fondin, 132; Flik, 129).

50 AR, 1916, 137-139.

51 Merki: Marktanteile, 70 und 90.

52 Temming, 175.

Hersteller, so beispielsweise Citroën, welche 1922 300 Fahrzeuge pro Tag produzierten und das Stück für 7 950 Franken verkauften[53].
Die schweizer Personenwagenhersteller überlebten den Krieg nicht. Wohl war auch der schweizer Fahrzeugmarkt während dem Krieg ausgehungert, doch die ausländische Zollpolitik und die Geldentwertung machten schweizer Exporte nach dem Krieg sehr schwierig und teuer. Während die Personenwagenhersteller um 1920 aufgeben mussten, konnten sich Lastwagen- und Omnibus-Hersteller wie Saurer, Berna oder FBW[54] viel länger halten, zum Teil gestützt durch Aufträge der öffentlichen Hand[55]. 77

Innert rund 30 Jahren hatte sich somit der Herstellungsprozess von der stückweisen, teuren Einzelfertigung zur deutlich preiswerteren Massenproduktion gewandelt und damit die ressourcenmässige Grundlage für die nach dem Krieg beginnende Massenmotorisierung geschaffen. In der Folge trat ab 1920 in verkehrsrechtlicher Hinsicht eine neue Kategorie von Problemen auf: die Bewältigung einer grossen Anzahl von Motorfahrzeugen – sowohl auf der Strasse, als auch in der Verwaltung und im Versicherungswesen. 78

1.2.2 Werbung und Promotion

Die Verbreitung der neuen Entwicklung "Motorfahrzeug" wurde medial und werbetechnisch kräftig unterstützt. Herausragendste (und in der damaligen Zeit wirksamste) Promotoren waren die Automobilrennen und die Automobilsalons, weil diese beiden Mittel besonders geeignet waren, noch unerschlossene und neue Käuferkreise für das neue Verkehrsmittel zu interessieren. Inserate in Fachzeitschriften und Produktebroschüren dienten dazu, die Vorzüge des eigenen Produktes hervorzuheben; doch die Leser dieser Werbeträger mussten grundsätzlich nicht mehr von den Vorzügen der neuen Technologie überzeugt werden. 79

Die Werbe- und Promotionsbemühungen, welche bestimmungsgemäss die Vorteile, das Aufregende und Innovative der neuen Technologie hervorhoben, die Gefahren aber eher verschwiegen, führten zu einer gewissen Polarisation der Gesellschaft. Augenfällig wurde dies, wenn sich bei Automobilrennen - welche anfänglich auf gewöhnlichen, nicht abgesperrten Strassen durchgeführt wurden - schwere Unfälle ereigneten und in der Folge der Ruf nach gesetzgeberischem Eingreifen laut wurde. 80

---

53 Fondin, 134.

54 "Franz Brozincevic Wetzikon" (FBW) war ein Pionier des helvetischen Fahrzeugbaus.

55 Merki: Unwegsames Gelände, 41.

1.2.2.1 Automobilrennen

81 Aus den Anfängen des Automobilsports sind viele Daten noch vorhanden. Doch schon ab circa 1900 wurden für Rennzwecke spezielle Rennfahrzeuge gebaut, welche bereits um 1900 Geschwindigkeiten um die 100 Km/h erreichten[56]. Die bei diesen Spezialfahrzeugen gemessenen Geschwindigkeiten, Motorenleistungen und Zeiten sind jedoch nicht auf Alltagsfahrzeuge übertragbar und somit in dieser Arbeit unbeachtlich. Diese frühe Markt- und Rennsegmentierung brachte auch neue Renn- und Sportsformen auf: Zuverlässigkeitsfahrten, Schönheitskonkurrenzen, Geschicklichkeitsübungen sowie Verfolgungen von Heissluftballons mit Automobilen[57], was wiederum massiv zum elitären Beigeschmack des frühen Automobilismus beitrug.

82 Bei den ersten Wettfahrten aber waren noch Teilnahme und Ankunft im Ziel das wichtigste Werbeargument für die teilnehmenden Konstruktionen. Erst als die Ankunft im Ziel zum Regelfall wurde, galt das Augenmerk den erreichten Geschwindigkeiten, Verbrauchswerten und der Bremskraft. Rennen waren auch ein Test für die Kundentauglichkeit: Überstand ein Wagen eine schonungslose Fahrt in Höchstgeschwindigkeit über eine lange Renndistanz, konnte man sicher sein, dass er auch den Fahrkünsten eines Kunden gewachsen war.

83 Zu den erwähnenswerten Rennen gehört das erste internationale Automobilrennen in Frankreich im Jahre 1894, denn es ist repräsentativ für den damaligen Stand der Technik. Angemeldet wurden 102 Fahrzeuge, davon 39 mit Dampf-, 38 mit Benzin- und je 5 mit elektrischem und Pressluftantrieb; der Rest sollte durch die Schwerkraft der Passagiere, Pendel und andere obskure Kraftquellen bewegt werden. 21 traten zum Start an. Sieger wurden zwei mit Daimler-Benzinmotoren ausgerüstete französische Fahrzeuge[58].

84 Erwähnenswert ist im Weiteren das Autorennen Paris–Madrid von 1903, welches zu negativer Berühmtheit gelangte. Es starteten Fahrzeuge aller Leistungsklassen, mit Hubräumen bis 28 Litern und Spitzengeschwindigkeit bis 105 Km/h. Beim gegenseitigen Überholen der Rennteilnehmer kam es zu vielen Unfällen und ein Ordnungsdienst für die überbordende Zuschauermasse existierte nicht. Das erste Etappenziel in Bordeaux erreichten nur 109 Wagen – 75 Wagen waren bereits wegen Unfällen oder Defekten ausgefallen. Zwölf Menschen verloren auf dieser Etappe ihr Leben. Die letztgestarteten Fahrer begegneten auf ihrer Fahrt umgekippten, zerschellten und verkohlten Wagen. In der Folge brach der Premierminister das Rennen ab, und inskünftig waren in Frankreich

---

56 Merki: Marktanteile, 88.
57 Merki: Siegeszug, 71.
58 Temming, 163.

Strassenrennen “von Stadt zu Stadt” verboten[59]. Auch diese unrühmliche Rennbilanz fand grosse Resonanz in der Tages- und Wochenpresse.

Wettfahrten gab es auch in der Schweiz und dank der Automobilclubs existierte eine aktive Renn-Szene. So fanden beispielweise im Jahre 1912 die Coupe de la Gruyère, eine Bergprüfungsfahrt der Sektion Basel, Bergrennen auf den Salève, in Guggisberg (BE) sowie zwischen Gilles–Les Vernettes (beide GE), sowie ein Kilometerrennen Stein–Laufenburg (AG) statt; nicht stattfinden konnte aber damals das wichtigste automobilistische Ereignis der Schweiz, die Alpenfahrt[60]. 85

In späterer Zeit zur Attraktion wurden die zwischen 1922 und 1934 durchgeführten Klausenrennen. Deren Einfluss auf das Strassenverkehrsrecht war beschränkt, da für die Klausenrennen jeweils ein zeitlich beschränktes Sonderrecht in Kraft gesetzt wurde[61]. Die Faszination dieser Rennen war jedoch enorm und sie fanden breiteste Beachtung in den Zeitschriften. Die Rennen gehörten zu den grössten gesellschaftlichen Anlässen der Schweiz und schon 1924 versorgte der Veranstalter europaweit 180 Zeitungen mit aktuellen Bulletins[62]. Die Strecke war 21 Kilometer lang, und sie war mit 6.21 % mittlerer Steigung auf 1237 Metern Höhendifferenz höchst anspruchsvoll[63]. Wurde der Lenker fahrerisch von Kies, Tunnels und Spitzkehren gefordert, machte der Technik vor allem die Höhendifferenz zu schaffen: Die Vergasereinstellung wurde kritisch und das Gemisch wurde zu fettig, so dass es von den Kerzen kaum mehr gezündet werden konnte. Trotzdem stieg die gefahrene Durchschnittsgeschwindigkeit infolge der allgemeinen Leistungssteigerung von Jahr zu Jahr. So betrug die Durchschnittsgeschwindigkeit in der Rennwagenkategorie 1922 noch 56.7 Km/h. 1934 lag sie schon bei 83.9 Km/h[64], was eine weitere Durchführung aufgrund nicht mehr zu verantwortender Risiken verunmöglichte. 86

Für den frühen Automobilismus war der Rennsport von eminenter Bedeutung. Rennerfolge beeinflussten massgeblich die Verkaufserfolge einer Marke und die Entwicklungen aus dem Rennsport waren direkt in den Alltagsfahrzeugen einsetzbar, sofern nicht sogar dieselben Fahrzeuge für Rennen und den Verkauf verwendet wurden. 87

Die Rennen waren eine Leistungsschau auf Rädern und ein Marketinginstrument, denn sie machten das Automobil bekannt und brachten es unter das Volk, indem die Rennen anfänglich auf gewöhnlichen, nicht abge- 88

---

59 Fondin, 73-76.

60 AR, 1913, 44, 46, 48, 449-455, 456-458, 467-470.

61 Zur rechtlichen Handhabe dieses Rennens siehe N 1303 ff S. 349.

62 Brägger, 42.

63 Brägger, 9.

64 Brägger, 123-124.

sperrten Landstrassen stattfanden[65]. Eine Pionierrolle hatten die Rennen auch für Fachbegriffe in der automobilen Welt, wobei viele Begriffe Lehensworte aus der Welt der Pferde sind, beispielsweise “Rennstall”, “PS” oder “Gang”[66].

89 Die Rennen waren unbestritten Technologieförderer und Sympathieträger, sie konnten aber auch Image schädigend sein: Die Zeitungen berichteten in Greuelmeldungen über (Renn-)Unfälle und das Publikum der Strasse sah jeden Automobilisten als Rennfahrer an, der die Tempolimiten konsequent missachtete[67].

1.2.2.2 Automobilsalons

90 Die Automobilsalons und Ausstellungen entwickelten sich Hand in Hand mit den Rennen. Der ab 1897 jährlich abgehaltene grosse Automobilsalon von Paris[68] war im Juni 1898 der Startpunkt des Städterennens Paris–Amsterdam–Paris. In der Schweiz fand der erste Automobilsalon vom 29. April bis 7. Mai 1905 in Genf statt[69].

91 Die Salons waren für den interessierten Automobilisten oder künftigen Kunden eine bevorzugte und umfassende Informationsquelle, nebst anderen Informationsmöglichkeiten wie Händlerauskünfte, Firmenprospekte, Ausfahrten in Clubs oder die Befragung anderer Automobilbesitzer. Wer einen Salon nicht persönlich besuchen konnte orientierte sich aus ausführlichen Beilagen der (Fach-)presse[70]. Die Salons waren ein Marktplatz der Ideen: Viele technologische Innovationen wurden zuerst an Salons gezeigt, um das Kundeninteresse dafür zu eruieren. Die Salons waren repräsentativ für die technische Entwicklung und später auch für Gestaltungstrends im Karosseriebau. Ideen holten sich aber auch die Konkurrenten, womit technische Innovationen rasch zu Allgemeingut wurden. Letztlich waren sie auch ein Marktspiegel, denn sie zeigten, welche Fahrzeugtypen stark nachgefragt wurden und wie es um die Konjunktur in der Branche stand.

---

65 Merki: Siegeszug, 246-247.

66 Illustrativ zu diesem Thema: Merki: Siegeszug, 247-294. Merkis soziologischer Ansatz arbeitet besonders die Bedeutung der Radrennen und Pferderennen - beides Sportarten der Oberschicht - als wichtige Vorläufer der Automobilrennen heraus und verweist auf viele begriffliche Erbstücke.

67 Merki: Marktanteile, 89.

68 AR, 1913, 705-706.

69 TCS-Revue, 1905, S. 87.

70 So enthielt bereits die erste Ausgabe der AR, 1913 auf den Seiten 2 - 44 umfangreiche Informationen zu den ausgestellten Produkten.

2 Das Recht

2.1 Schweizerisches Strassenverkehrsrecht

2.1.1 Terminologisches

Als Verkehrswege bezeichnet werden die Bauten und Anlagen, auf denen sich der Verkehr abwickelt. Sie dienen dem Strassen-, Schienen-, Luft-, Wasser-, Rohrleitungs- sowie dem elektrischen und elektronischen Informationsverkehr. 92

Die Verkehrsmittel hingegen umfassen die technischen Einrichtungen für den Betrieb, beispielsweise die Automobile. 93

Die Verkehrsverwaltung bilden jene Verwaltungseinheiten, welche die Verkehrsordnung schaffen, ohne dass sie darin eine unternehmerische Funktionen erfüllen. Als Verkehrsunternehmungen hingegen gelten jene Organisationseinheiten, welche Verkehrsaufgaben im Sinne der Verkehrsbewältigung durchführen. 94

Verkehrsteilnehmer schliesslich sind jene Personen, die Verkehrsbedürfnisse anmelden, Verkehrsleistungen konsumieren respektive selbst Verkehr produzieren[71]. 95

Als Verkehrsrecht bezeichnet werden kann die Summe der positiven Rechtssätze, die eine Verkehrsordnung in das nationale Recht implementieren. 96

2.1.2 Rechtsnatur des Verkehrsrechts

Es ist ein Kennzeichen des Verkehrsrechts, dass es in wesentlichen Teilen als öffentliches Recht gilt. Dies beruht auf der Annahme, dass die Bewältigung des Verkehrs eine dienende Funktion für Wirtschaft und Gesellschaft ist und somit eine öffentliche Aufgabe darstellt, die hoheitlich anzugehen ist. Das Privatrecht steht eher im Hintergrund, ausser beispielsweise im Bereich der nicht öffentlich organisierten Verkehrsunternehmungen, der öffentlichen Verkehrsunternehmungen in privatrechtlicher Form oder im Zusammenhang mit dem Haftpflichtrecht[72]. 97

Innerhalb des öffentlichen Rechts gehört das Verkehrsrecht zum Staats- und Verwaltungsrecht, wobei eine genauere Zuordnung nicht ohne weiteres möglich ist, denn wesentliche Grundsätze des Verwaltungsrechts fussen im Staatsrecht[73]. 98

---

[71] Lendi, 16.

[72] Lendi, 18-19.

[73] Beispielsweise das Legalitätsprinzip, die Rechtsgleichheit, das Prinzip der Verhältnismässigkeit, das Prinzip von Treu und Glauben, die Gewährleistung des Eigentums sowie die Grundzüge der Kompetenzordnung.

99 Für das Verkehrsrecht ist im Besonderen auch die Wirtschaftsverfassung mit ihren Aussagen über die monopolisierten respektive nicht monopolisierten und damit der Handels- und Gewerbefreiheit entzogenen, respektive eben unterstellten Verkehrswirtschaftsbereichen von Bedeutung.

2.1.3 Sektorale Entwicklung in der Schweiz

100 In der zweiten Hälfte des 19. Jahrhunderts stellten einerseits die technischen und industriellen Umwälzungen, andererseits die Durchsetzung des sozialen Gedankens den Gesetzgeber vor neue Fragen[74]. Überdies war es bereits dem jungen Bundesstaat ein Anliegen, einen "Wirtschaftsraum Schweiz" zu schaffen; auch wenn das hiess, die grundsätzlich kantonale Verkehrshoheit abzubauen und diese durch eine selbständige, nationale Verkehrsordnung zu ersetzen[75].

101 Da aber die meisten Verkehrsmittel erst nach den Bundesverfassungen von 1848 und 1874 technisch entwickelt und für die Verkehrspolitik bedeutsam wurden, war eine einheitliche Regelung auf Stufe Bundesverfassung nicht mehr möglich. Die ersten Umwälzungen in Verkehr und Transport wurden durch das Aufkommen der Eisenbahn ausgelöst, was 1872 ein Bundesgesetz über den Bau und Betrieb von Eisenbahnen notwendig machte. Diesem folgten bald Erlasse zum Transportwesen auf Bundes- und Privatbahnen, Schifffahrtsunternehmen und Luftseilbahnen. Damit eng verknüpft sind Bundesgesetze für Post (1910), Telegraph (1924) und Telephon (1922).

102 Die ab 1890 aufkommenden Automobile entwickelten sich rasch; aus später noch darzulegenden Gründen konnte aber erst 1932 ein Gesetz auf Bundesebene erlassen werden, welches 1958 erstmals überarbeitet wurde.

103 Die aufkommende Luftfahrt schliesslich erfuhr 1920 eine erste Regelung per Bundesratsbeschluss, der 1948 durch ein eigentliches Luftfahrtgesetz aufgehoben wurde.

104 Die Entwicklung und Verbreitung neuer Verkehrsträger erfolgte also über mehrere Jahrzehnte hinweg. Der Gesetzgeber befasste sich jeweils mit einem neuen Verkehrsträger, wenn dieser aktuell wurde und widmete ihm dann eine besondere Gesetzgebung. Dies führte zur noch heute gültigen sektoralen Gliederung des nationalen Verkehrsrechts. Der Umstand, dass die Schweiz kein allgemeines Gesetz über den Verkehr kennt, erschwert auch heute noch die gegenseitige inhaltliche, organisatorische und finanzielle Ausgestaltung der Normen zwischen den einzelnen Verkehrsträgern.

---

[74] Carlen, 100.
[75] Scherler, 1.

2.1.4 Freie Wahl des Verkehrsmittels

Das Prinzip der freien Wahl des Verkehrsmittels ist kein Grundrecht und es ist auch nicht der persönlichen Freiheit zuzuordnen. Trotzdem kennt das schweizerische Verkehrsrecht keinen Benutzungszwang zugunsten gewisser Transporteinrichtungen[76]. 105

Selbst das Eisenbahnzeitalter vermochte diese Grundordnung nicht in Frage zu stellen. Wohl ist der Eisenbahnverkehr monopolisiert, doch nur im Bereich des Baus und des Betriebes. Ein eigentlicher Benutzungszwang ist nicht vorgesehen[77]. Die freie Wahl des Verkehrsmittels erlangte ihre volle Bedeutung aber erst mit dem Individualverkehrsmittel in Form des Automobiles, beziehungsweise einer nach dem ersten Weltkrieg einsetzenden Massenmotorisierung der schweizerischen Gesellschaft. 106

2.2 Strasse und Strassenrecht

2.2.1 Definition und Einteilung der Strassen

Als "Strassen" bezeichnet werden Verkehrsanlagen, die – im Falle der öffentlichen Strassen – für den allgemeinen Fussgänger-, Motorfahrzeug- und Fahrradverkehr geschaffen sind. Sie sind dem Gemeingebrauch gewidmet und gelten als öffentliche Sachen[78]. Nebst der grundlegenden Klassifizierung in private und öffentliche Strassen werden die öffentlichen Strassen weiter differenziert nach der zuständigen Verwaltungshoheit (Bund, Kanton oder Gemeinde) sowie nach der sie benutzenden Verkehrsart (Fahrradweg, Fussweg, Gemischtverkehrsstrasse oder Autostrasse)[79]. 107

2.2.2 Strassenrecht

Zum "Strassenrecht im weiteren Sinn" gehören alle Vorschriften, die sich mit dem Bau und dem Betrieb von Strassen beschäftigen. 108

Ein erster Teilbereich des Strassenrechts im weiteren Sinn ist das Strassentransportrecht. Ein zweiter Teilbereich ist das Strassenpolizeirecht, wozu alle Strassennormen zählen, welche die Verkehrsordnung und die Verkehrssicherheit betreffen[80]. Der dritte und letzte Teilbereich wird auch als "Strassenrecht im engeren Sinne" bezeichnet[81] und umfasst das Stras- 109

---

76 Einzige Ausnahme im Verkehrsrecht ist (zumindest im Zeitpunkt der Publikation dieses Werkes noch) das Postmonopol für kleine Sendungen.

77 Lendi, 6.

78 Lendi, 49.

79 Lendi, 50.

80 "Polizei" wird hier im grösseren Rahmen verstanden, also im Sinne der Sorge um Recht, Ordnung und Sicherheit, und nicht im Sinne der Ordnungsmacht einer Kantons- oder Gemeindepolizei.

81 Lendi, 49.

senplanungs-, Strassenbau- und Strassenbetriebsrecht[82], welche als eigenständige, sich ergänzende Rechtsgebiete gelten[83].

2.2.3 Kompetenzverteilung von Bund und Kantonen

110 Die Verteilung der Kompetenzen zwischen Bund und Kantonen erfolgt durch die Bundesverfassung. Im Verkehrsrecht verfügt der Bund nur über jene Kompetenzen, die in der Verfassung aufgezählt und ihm zugeteilt sind. Sollen Aufgaben dem Bund neu übertragen werden, ist dazu eine Verfassungsrevision notwendig. Nicht aufgeführte Kompetenzen fallen den Kantonen zu und so sind neuartige Verkehrsaufgaben Sache der Kantone. So war es vorerst Sache der Kantone, den Bereich der Automobile zu regeln, bis diese Kompetenz 1922 durch Verfassungsänderung auf den Bund übertragen wurde (wobei sich der Erlass einer bundesrechtlichen Regelung bis 1932 verzögerte).

111 Dabei bleib das Strassenrecht im engeren Sinn den Kantonen vorbehalten, welche diese Kompetenz in Form der Strassenhoheit heute noch ausüben. Es ist festgelegt in besonderen kantonalen Strassengesetzen, welche durch Verordnungen und Ausführungsbestimmungen ergänzt werden[84]. Das Strassentransport- und Strassenpolizeirecht hingegen wurden weitgehend zu Bundesrecht, so auch die Gesetzgebung bezüglich Automobile und Fahrräder[85].

2.3 Neue Grundsatzfragen durch das Automobil

2.3.1 Benennung und Definition im Recht

112 Zum Ende des 19. Jahrhunderts hatte sich die ehemals motorisierte Kutsche als eigenständiger Fahrzeugtyp emanzipiert. Um diesem aus rechtlicher Sicht habhaft werden zu können, musste das neue Fahrzeug in den Gesetzen und Erlassen einen Namen haben, als auch eine Definition, was darunter zu verstehen sei.

---

82 Lendi, 21-22.

83 Denn wer über den Bau einer Strasse entscheidet, legt durch die Bauweise fest, welche Fahrzeuge die Strasse benutzen können; und wer auf einer Strasse den Verkehr ordnen will, muss darauf Rücksicht nehmen, welchem Verkehr die Strasse zugänglich ist. Derron, 1 sowie 66.

84 In der heutigen Zeit finden sich überdies zahlreiche strassenrelevante Vorschriften in kantonalen Bau-, Planungs- sowie Enteignungsgesetzen.

85 Einen detaillierten Überblick über die Kompetenzen von Bund und Kantonen im Strassenwesen vor und nach der bundesrechtlichen Regelung gibt Derron, 3-18.

Als Bezeichnung waren in deutscher Schriftsprache "Kraftfahrzeug", "Motorfahrzeug", "Selbstfahrer" oder "Automobil" geläufig[86]; ebenso vielfältig waren die Bezeichnungen in anderen Sprachen[87]. In der Schweiz trat 1904 das "Konkordat über eine einheitliche Verordnung betreffend den Motorwagen- und Fahrradverkehr"[88] in Kraft. Dessen erstes Kapitel war mit "Automobile" überschrieben und legte in Art. 1 fest, dass "Motorwagen, Motorcycles und alle anderen Fuhrwerke mit mechanischem Antriebe" dessen Bestimmungen unterworfen seien. Die Terminologie ist aber noch nicht schlüssig, denn bereits Art. 2 sprach auch noch von einem "Motorfahrzeug". Auf Bundesebene schlug der Bundesrat, der noch keine Regelungskompetenz hatte, vor, anstelle des in Deutschland gebräuchlichen "Kraftfahrzeuges" den Begriff "Automobil" zu verwenden; dies schon aus dem Grunde, dass dadurch für alle drei Sprachen dasselbe Wort benutzbar sei[89]. 113

Inhaltlich war der Begriff des Automobiles zu definieren: Welche Fahrzeuge sollten unter die neu zu erlassenden Bestimmungen fallen? Als mögliche Ansatzpunkte denkbar waren die Antriebsart (Benzin, Spiritus oder Batteriebetrieb), der Zweck des Fahrzeuges oder die Bauform (Automobil, Lastautomobil, Bus, Motorrad, Fahrrad). In Europa und Amerika bedienten sich die Normenwerke verschiedenster Definitionen. Mehr oder minder allen Definitionen gemeinsame Elemente waren der Antrieb durch eine dem Fahrzeug innewohnende Kraft mechanischen, nicht aber tierischen oder menschlichen Ursprunges, eine Unabhängigkeit von Schienen, die Zweckbestimmung zum Transport von Personen oder Material sowie die Bewegung auf dem Lande, nicht aber auf dem Wasser oder in der Luft[90]. In der Schweiz basierte die Definition der Automobile im 1. Konkordat noch auf dem mechanischen Antrieb; Artikel 1 der bundesrechtlichen Regelung von 1932 hingegen definierte die Motorfahrzeuge mittels mehrerer Merkmale: "Motorfahrzeuge sind Fahrzeuge, die durch motorische Kraft angetrieben werden und auf öffentlichen Strassen verkehren, ohne an Geleise gebunden zu sein". 114

2.3.2 Recht zur Strassenbenutzung für Automobile

Als sich das Recht in der Schweiz um 1900 mit den Automobilen zu beschäftigen begann, waren diese – wenn auch nur als vereinzelte Fahrzeuge – schon seit mehreren Jahren auf den Strassen im Lande unter- 115

---

[86] Der (zuweilen automobilfeindliche) Volksmund kannte noch viele andere Begriffe, so "Töff-Töff", "Benzinschnauferl" oder "Stinkdroschke". Gisler-Jauch, 22.

[87] Illustrativ: Meili: Kodifikation, 20-23.

[88] AS, Band XXI NF 73-80.

[89] BBl, 1902 V, 860.

[90] Meili: Kodifikation, 24-32.

wegs. Mit dem Aufkommen der Automobile stellte sich nun die Frage, ob diese überhaupt das Recht zur Benutzung der Strasse hatten; und falls ja, ob dazu allenfalls eine Bewilligung oder Konzession notwendig wäre.

116 In der Praxis wurde die Frage relevant, weil gewisse Kantone ihre transversalen Alpenstrassen für Automobile sperrten[91], oder – im Falle des Kantons Graubünden – gleich ein kantonsweites Automobilfahrverbot erliessen. Das 1. Konkordat wahrte das Recht der Kantone, den Motorwagen- und Fahrradverkehr auf einzelnen Strassen zu verbieten oder auf einzelne Strassen zu beschränken. Diese Sperrung einzelner Bergstrassen (und weitere, automobilfeindliche Vorfälle) erzeugten im Ausland viel Aufsehen, und führten dazu, dass anlässlich der Automobilausstellung in Paris vom Dezember 1905 ein Automobilboykott über die Schweiz verhängt wurde[92].

117 In der Rechtstheorie hingegen fand sich kein Grund, der die Benutzung öffentlicher Strassen mit Automobilen grundsätzlich unzulässig erscheinen liess. Meili – Doktor des Rechts, selbst Automobilist und massgebliche Stimme in der automobilrelevanten Rechtsdiskussion der Schweiz – hielt dazu fest: "Niemand hat ein exklusives oder prioritäres Recht zur Benützung der Strasse [...]. Unzweifelhaft haben Automobile das Recht, die Strasse wie andere Vehikel zu benützen"[93].

118 Kontroverser war die Frage einer allfälligen Bewilligungspflicht zur Strassenbenutzung. Die Regelung der Benutzung und der Nutzungsart für öffentliche Strassen oblag dem kantonalen Recht. Als mögliche Nutzungsformen einer öffentlichen Sache – und eine solche ist eine Strasse – in Frage kamen die Formen Gemeingebrauch[94], gesteigerter Gemeingebrauch[95] sowie die Sondernutzung[96]. Traditionell standen Strassen im

---

[91] So Uri mit der Gotthardpassstrasse, Wallis mit der Simplonpassstrasse, oder Obwalden und Nidwalden mit der Brünigroute.

[92] Die dort vereinigten Delegierten der Automobilclubs von Deutschland, USA, Österreich, Belgien, Spanien, Portugal, Ungarn und Frankreich erteilten allen Automobilbesitzern den Rat, die Durchreise durch die Schweiz zu meiden, da ihnen dies nur zum Ärger gereichen könne (AR, 1905, 15-16).

[93] Meili: Kodifikation, 33.

[94] Dies ist der Gebrauch im Rahmen der Zweckbestimmung; Dritte werden dabei im gleichen Gebrauch der Strasse nicht ausgeschlossen.

[95] Dieser Gebrauch geht über den Gemeingebrauch hinaus. Er ist aber nicht so intensiv, dass Dritte vollständig vom Mitgebrauch ausgeschlossen werden. Er ist bewilligungspflichtig; die Erteilung der Bewilligung kann gebührenpflichtig sein. Als gesteigerter Gemeingebrauch gilt beispielsweise die Nutzung einer Strasse für ein Rennen.

[96] Sondernutzung liegt vor, wenn die Benutzung für individuelle Zwecke erfolgt und so intensiv ist, dass der nämliche Gebrauch durch Dritte auf weite Sicht ausgeschlossen ist, beispielsweise durch den Einbau von Strassenbahnschienen. Die Sondernutzung bedarf einer öffentlichrechtlichen Konzession.

Gemeingebrauch. Da das Automobil Dritte nicht von der Benutzung der Strasse ausschloss, war auch dessen Gebrauch auf der öffentlichen Strasse ein Gemeingebrauch; und somit konnte dessen Benutzung weder bewilligungs- noch konzessionspflichtig sein.

Zu Recht kritisierte Meili die Sperrung der Passstrassen für Automobile – denn "beim Gemeingebrauch stehen prinzipiell alle gleich, und die Entstehungszeit des Fahrzeuges ist nicht von Belang"[97] – und er kritisierte insbesondere den Antrag der Regierung des Kantons Graubünden von 1906, jedes nicht besonders konzessionierte Fahren mit Motorfahrzeugen im Kanton zu verbieten, denn die Ausübung des Gemeingebrauches dürfe nicht an die Erteilung einer Konzession geknüpft werden[98]. 119

Dass der Gemeingebrauch im Falle der Strassen gebührenfrei zu erfolgen hatte, wurde landesweit erst durch die Einführung von altBV 37 im Jahre 1922 festgelegt: Für die Benutzung von Strassen, die im Rahmen ihrer Zweckbestimmung der Öffentlichkeit zugänglich waren, durften keine Gebühren mehr erhoben werden, wobei die Bundesversammlung Ausnahmen gewähren konnte. 120

2.4 Entwicklung des rechtlichen Rahmenwerkes

Einzelne Anordnungen und Vorschriften, die das Automobil betrafen, konnten durchaus als Einzelerlasse ergehen, beispielsweise in Form von Regierungsratbeschlüssen betreffend eines Sonntagsfahrverbotes. Die bedeutenden Regelwerke aber wurden – mangels Bundeskompetenz – in Form von Konkordaten oder Gesetzen erlassen, allenfalls noch als daraus ausfliessende Verordnung. 121

In ihrer chronologischen Abfolge sind die bedeutenden Regelwerke ein Abbild sich verändernder Regelungsbedürfnisse der schweizerischen (Verkehrs-)Gesellschaft. Jedes einzelne von ihnen ist Etappenziel und versuchte, bestehende Probleme zu lösen oder zu mindern, wurde aber gleichzeitig auch Ausgangspunkt neuer Probleme und Entwicklungstendenzen. In ihrer Gesamtheit bilden sie das rechtliche Rahmenwerk, innerhalb dessen Grenzen die anstehenden Probleme zu bewältigen waren. 122

Die nachfolgenden Darlegungen zeigen die Entwicklung des grossen, rechtlichen Rahmenwerks. Die Darlegungen der einzelnen Regelwerke folgt dabei, soweit möglich, stets demselben Raster[99]. 123

---

97 Meili: Kodifikation, 33.

98 Meili: Kodifikation, 33-34. Anders liege die Sache jedoch dann, wenn ein gewerbsmässiger Automobildienst eingerichtet werden solle.

99 Der Aufbau dieses Rasters: Entstehung (Gründe der Entstehung, zeitliche Situierung), Anwendbarkeit (welche Fahrzeuge sind betroffen), Inhalt der Normen, Träger der Regelung (welche Kantone trugen die Regelung, welche nicht und weshalb nicht), Revisionen und Ergänzungen, Bedeutung und Würdigung des Regelwerkes (Stärken und Schwächen).

2.4.1 Status quo um 1902

2.4.1.1 Selbstregulierung durch Clubs

124 Aufgrund der Bedeutungslosigkeit waren Automobile im geltenden Recht zuerst den Fahrrädern oder Fuhrwerken gleichgestellt[100]. Staatliche Instanzen hatten um 1900 noch kaum Verständnis für Verkehrsregulierung, also regulierten sich die Automobilclubs selbst. So ersuchte der Basler Automobilclub im März 1900 das Polizeidepartement um den Erlass einer Fahrordnung. Dieses hingegen bestätigte stattdessen vier Herren vom Clubvorstand als Prüfungskommission, und von 1901 an wurden Neueintretende – beziehungsweise später auch deren Chauffeure – in ihren fahrerischen Grundkenntnissen geprüft. Erst drei Jahre später wurde in Basel vom Regierungsrat eine eigentliche Verkehrsordnung für Motorfahrzeuge erlassen[101]. Schweizweit führten die Clubs Aufnahmeprüfungen durch, sorgten für die Ausbildung ihrer Mitglieder und auferlegten sich – zum Zwecke grösserer sozialer Akzeptanz des Automobils – freiwillige Selbstbeschränkungen.

2.4.1.2 Gesetzliche Regelungen im Ausland

125 Da sich im umliegenden Ausland sowie in den USA das Automobil schneller verbreitete als in der Schweiz, ist ein Blick auf den Stand der internationalen Gesetzgebung um 1906 angebracht, standen doch einige ausländische Normenwerke Pate beim späteren Erlass der schweizerischen Automobilnormen.

126 England basierte auf zwei Gesetzen von 1861 und 1865 über Lokomotiven auf Strassen, die 1896 und 1903 in die“Motor Car Acts” überführt wurden und hauptsächlich die Geschwindigkeit regelten. In den USA hatten fast alle Einzelstaaten separate Gesetze erlassen[102]. Auf dem europäischen Festland wurde der Automobilverkehr grösstenteils mittels Polizeiverordnungen geregelt (so in Deutschland, Frankreich, Italien, Spanien, Portugal); zwei Länder verfügten über eigentliche Automobilgesetze (Dänemark seit 1903, Niederlande seit 1895 respektive 1905).

127 Eine besondere Rolle kam dabei Frankreich zu, denn Frankreich war der automobile Schrittmacher und Entwicklungsmotor in Europa, und dementsprechend fortgeschritten war auch die französische gesetzliche Erfassung und Regelung des Automobilverkehrs. Nachdem der nichtmotorisierte Verkehr schon früher geregelt worden war, wurde bereits 1899 der motorisierte Verkehr im “Décret du 10 mars 1899 réglementant la circu-

---

[100] Gisler-Jauch, 24.

[101] Gubler, 29.

[102] Meili: Kodifikation, 5-10.

lation des automobiles"[103] umfassend geregelt und erste Verkehrsreglemente für motorisierte Verkehrsteilnehmer erlassen. Das darauf basierende "Reglement de Circulation des vélocipèdes et des automobiles dans les bois de boulogne et de vincennes"[104] wurde inhaltlich und gliederungsmässig in vielen Punkten Vorlage für Erlasse in anderen Staaten[105]. 1902 trugen die Franzosen Louis Rixens (ein Advokat) und Jean Lafont (ein Publizist) alles aus Gesetzgebung und Rechtssprechung zusammen, was in irgendeiner Weise mit dem Zweirad- oder Automobilsport zu tun hatte[106]. Dieses Werk wurde auch in der juristischen Diskussion in der Schweiz wegleitend und oft zitiert.

Bezüglich der zivilrechtlichen Verantwortlichkeit und Fragen der Versicherung prüften um 1906 bereits vier Staaten eine über das allgemeine Privatrecht hinausgehende Haftpflichtregelung für Automobile (Österreich, Bulgarien und Belgien[107] sowie die Schweiz[108]). Frankreich hingegen hatte bereits um 1900 eine reiche Kasuistik und Erfahrungen zur zivilrechtlichen Verantwortlichkeit motorisierter Fahrzeuglenker[109] sowie zu Versicherungspolicen und zur Versicherung von Schadenfällen[110]. 128

---

103 Respektive in den zugehörigen Ausführungsbestimmungen "Circulaire du 10 avril 1899 concernant l'application du décret du 10 mars". Rixens / Lafont, No 81 (61-67) sowie No 82 (67-76).

104 Rixens / Lafont, No 192bis und 129ter (119-120).

105 Bois de Boulogne, ein Erholungsgebiet im Westen von Paris, in der Verlängerung der Champs-Élisées gelegen, war das Zentrum der französischen Automobilwelt. Es war Ausgangspunkt der ersten Automobilrennen der Geschichte sowie Sitz des 1895 gegründeten Automobil Club de France.
Bereits 1899 wurde in Bois de Boulogne das Automobil zum Verkehrsproblem; worauf von Behörden und dem Automobilverband ein Reglement erarbeitet wurde, das die Parkordnung regelte und Bedürfnisse der verschiedenen Strassenbenutzer aufeinander abstimmte (beispielsweise mittels Geschwindigkeitsbeschränkungen, Sperrzeiten und Parkverboten). Über die zentrale Bedeutung dieser Gegend für den Automobilismus in Frankreich: Merki: Siegeszug, 56-60.

106 Rixens / Lafont, umfasste nebst regionalen und selbst lokalen Erlassen aus Frankreich auch die wichtigen ausländischen Erlasse. Mit Bezug auf die Schweiz erwähnt wurden die Sperrungen einiger Bergstrecken, das (zur Drucklegung ihres Werkes) teilweise Fahrverbot in Uri und das gänzliche Fahrverbot in Graubünden sowie Angaben zu Formalitäten und Zollansätzen betreffend Fahrzeugeinfuhren in die Schweiz (Rixens / Lafont, 177 sowie 338-339).

107 Meili: Kodifikation, 8.

108 Bericht des BR vom 15.12.1902 über die Unterstellung der Automobile unter die Haftpflicht der Eisenbahnen. BBl, 1902 V, 846-866.

109 Rixens / Lafont, 341-425 "De la responsabilité".

110 Rixens / Lafont, 625-632 "Assurances contre les accidents".

129 Einige Merkmale waren den meisten Normenwerken gemeinsam: Das Verlangen einer Garantie für eine betriebssichere Beschaffenheit und Ausrüstung der Automobile[111], oder eine obligatorische Prüfung der Automobile vor deren Zulassung zum Verkehr[112]. Verlangt wurde oftmals eine Garantie für die persönliche Qualifikation zur Führung eines Automobiles, sei es in Form eines vorgeschriebenen Mindestalters oder der Abnahme eines Examens und Ausstellung eines Zeugnisses[113]. Um das Publikum und indirekt auch den Lenker zu schützen, enthielten die Reglemente meist Vorschriften über die Art und Weise des Betriebes, so beispielsweise über die Führung und Bedienung des Wagens, die Fahrgeschwindigkeit – wobei meist die vertrauten Gangarten des Pferdes als Massstab dienten – oder die abzugebenden Warnzeichen. Im übrigen war häufig die Anwendbarkeit der Normen auf militärische Fahrzeuge ausgeschlossen, so beispielsweise in Österreich[114].

130 Eine formale Gemeinsamkeit der Erlasse war die Ausgestaltung der Normen als polizeiliche beziehungsweise gesetzliche Suspensiv- oder Resolutivbedingungen für die Benützung oder den Betrieb der Automobile. Bezüglich der Bezeichnung der Fahrzeuge herrschte im deutschen Sprachraum grosse Uneinheitlichkeit: "Kraftfahrzeuge" (Polizei-VO von Berlin), "Selbstfahrer" (Polizei-VO von Frankfurt und Wiesbaden), "Automobil" (VO des Grossherzogtums Hessen 1899), "Motorwagen" (Polizei-VO von Hamburg) oder "Automobilwagen" (Polizei-VO von Wien) sind nur einige Beispiele der anzutreffenden Begriffsvielfalt[115].

2.4.1.3 Gesetzliche Regelungen in der Schweiz

2.4.1.3.1 Im Bereich des Strassenpolizeirechts

131 Im Bereich des Strassenpolizeirechts erliessen um die Jahrhundertwende verschiedene Kantone Polizeiverordnungen und Reglemente, welche den Verkehr mit Automobilen betrafen.

132 Wohl war die Strassenbenutzung bereits vor der Verbreitung des Automobiles geregelt, jedoch nur für Fuhrwerke und Fahrräder, nicht aber für

---

111 Diese umfasste das Verhindern von Explosionen und Feuersbrünsten, Personenbelästigungen, Gefährdung von Fuhrwerken, und allenfalls eine Ausrüstung der Fahrzeuge mit Warn- und Beleuchtungsanlagen sowie einem Zulassungsschild.

112 Italien kannte bereits eine unterschiedliche Kontrolle für den Privat- und den Geschäftsgebrauch. In gleicher Sache erliess in der Schweiz der BR am 18. September 1906 eine Verordnung betreffend Konzessionierung und Kontrolle der Automobilunternehmungen (AS, Band XXII NF, 565).

113 Meili: Kodifikation, 36-38.

114 Meili: Kodifikation, 40-41.

115 Meili: Kodifikation, 9.

Fussgänger. Ein eigentlicher Koordinationsbedarf zwischen den verschiedenen Gruppen von Strassenbenutzern bestand nicht, ausser einer gewissen Priorisierung für die Postkutschen in den Städten[116].

Das Aufkommen von Automobil (und Motorrad) als neuer Verkehrsteilnehmer veränderte das Verkehrsbild grundlegend und es machte aufgrund seines Schadenspotentials und seiner Geschwindigkeit eine Koordination der Verkehrsteilnehmer untereinander notwendig. Die über Strassen und Fuhrwerke bestehenden Polizeivorschriften waren in ihrer Anwendung auf Automobile zu reformieren und es waren neue Sätze aufzustellen. 133

Dabei ging es primär um den Schutz des Publikums, stieg doch die Anzahl der Fahrzeuge und damit das Verkehrsaufkommen beständig an. Selbst Kantone mit kleinem oder geringem Fahrzeugbestand blieben davon nicht unberührt. So beispielsweise auch der Kanton Obwalden, in dem bis 1902 kein Kantonsansässiger über ein Automobil verfügte. Trotzdem gab es in Obwalden bereits Autoverkehr, denn der Brünigpass – der Übergang zwischen den Kantonen Obwalden und Bern – wurde von den ausserkantonalen Automobilisten im Reiseverkehr zwischen Luzern und Interlaken rege benützt. Von diesem Verkehr ausgehende Immissionen veranlassten den Obwaldner Regierungsrat am 22. August 1900 zum Erlass einer "Verordnung betreffend den Strassenverkehr mit Motorwagen". Schweizweit erliessen bis 1903 mindestens neun Kantone erste Regelungen zum Automobilverkehr[117]. 134

Auch diesen Regelungen war die fehlende einheitliche Bezeichnung des Fahrzeuges gemeinsam, doch waren alle zumindest in ihrer Anwendbarkeit auf Motorwagen und mechanisch angetriebene Fahrzeuge beschränkt. Formell waren diese Erlasse in Aufbau und Gliederung an bisherige Wege- oder Strassenreglemente angelehnt. Zum inhaltlichen Minimalumfang gehörten die Regelung der Geschwindigkeit, des Mindestalters beziehungsweise eines Fähigkeitszeugnisses sowie Massnahmen, die verhindern sollten, dass sich das Automobil selbständig in Bewegung 135

---

116 Nussbaum, 10.

117 OW (Verordnung betreffend den Strassenverkehr mit Motorwagen, vom 22. August 1900), VS (Règlement sur la cirulation des automobiles et de tous autres véhicules à moteur mécanique, vom 29. August 1899), LU (Verordnung vom 31. August 1901 sowie der ersten Motorfahrzeugverordnung vom Regierungsrat vom 31. August 1901), TI (regierungsrätliches Reglement des Kantons Tessin, vom September 1901), AG (Verordnung betreffend den Verkehr mit Fahrrädern und Motorwagen, vom 23. März 1903), BE (Verordnung des Regierungsrates Bern vom 19. Februar 1900 über den Verkehr von Motorwagen (Automobiles) jeder Art auf Strassen), ZH (Verordnung des Regierungsrates des Kantons Zürich betreffend den Gebrauch von Fahrrädern und Motorwagen, vom 6. Februar 1902), SH (Verordnungen vom 20. Juni 1900 und 21. November 1901) sowie FR (Verordnung vom 14.12.1901) (Meili: Rechtliche Stellung, 10 sowie 17-22).

setze. Im Bereiche der Ausrüstung wurden Laternen, Klingeln sowie angemessene Bremsen verlangt, ebenso die Montage eines Erkennungszeichens[118].

136 Die Bedeutung dieser ersten strassenpolizeirechtlichen Vorschriften liegt in einer gesetzgeberisch-rechtlichen Emanzipation des Automobils weg vom Fuhrwerk- und Kutschenverkehr hin zu einer eigenen Verordnung. Allerdings wurde die Lösung der Probleme vorerst nur durch Normierung des neuen Individualverkehrsmittels Automobil angestrebt, weil nur dieser für die neuen Probleme verantwortlich zu sein schien. Der übergeordnete Regelungsbedarf blieb unerkannt, der Verkehr wurde noch nicht als ein System begriffen.

2.4.1.3.2 Im Bereich des Privatrechts

137 Von zentraler Bedeutung war in diesem Bereich die Regelung der Haftpflicht.

138 Lag bei einem Personentransport ein eigentlicher Personentransportvertrag vor (beispielsweise bei einem Transport in einer Automobildroschke), so war der Eigentümer des Transportmittels schadenersatzpflichtig, ausser in Fällen des Zufalls (altOR 110 und 113); überdies haftete der Transportunternehmer für seine Angestellten (altOR 115). Für alle anderen Personentransporte, die überdies nicht unter Eisenbahn- oder Postrecht fielen, gab es keine speziellen Haftungsnormen im Privatrecht.

139 Im Warentransport galt bei Vorliegen eines Frachtvertrages, also einem entgeltlichen Warentransport, das Frachtrecht (beispielsweise altOR 449), wobei für Postautomobile Postspezialrecht galt, welches gewisse Rechtsbeziehungen dem Eisenbahnrecht gleichstellte.

140 In den Fällen von ausservertraglicher Schädigung oder von Tötung kamen die allgemeinen Grundsätze nach altOR 50 und 55 zur Anwendung. Schadenersatz war somit nur einforderbar, wenn das Opfer der beklagten Partei ein subjektives Verschulden nachweisen konnte. Damit gelangten die Polizeiverordnungen und Dekrete zu Bedeutung, denn je detaillierter oder präziser deren Wortlaut war, desto mehr Ansatzpunkte für die Missachtung einer Norm hatte ein Geschädigter vor dem Zivilrichter.

2.4.1.3.3 Im Bereich des Strafrechts

141 In der Schweiz galten bis am 1.1.1942 primär die kantonalen Strafgesetzbücher, ergänzt durch das Bundesstrafrecht von 1853. In all diesen Quellen sind jedoch keine automobilrechtlichen Strafrechtsnormen enthalten[119].

---

118 Meili: Rechtliche Stellung, 18-22.

119 Im Gegensatz zu Deutschland, Österreich oder Frankreich, die bereits in dieser Zeit über automobilrechtliche Strafrechtsnormen verfügen (Meili: Rechtliche Stellung, 23-25).

2.4.2 Erstes Konkordat (1904)

2.4.2.1 Entstehung

Der Hauptgrund, der zur Entstehung des ersten Automobilkonkordates von 1904 (fortan Konk1) führte, war die fehlende Einheitlichkeit der bestehenden kantonalen Regelungen für das Motorfahrzeugwesen. 142

Da der Bund keine Kompetenz zur einheitlichen Regelung des gesamten Automobilwesens hatte, lag diese in der Schweiz vorerst bei den Kantonen, was eine unkoordinierte und uneinheitliche Regelung der Materie zur Folge hatte und Rechtsunsicherheit schuf. Polizeivorschriften sind ihrer Natur nach in der Regel von lokalen Behörden abhängig und örtlich geprägt, das Automobil aber missachtete gerade diese Kleinräumigkeit. Die Einsicht wuchs rasch, dass ein solcher Rechtszustand unhaltbar war, dass eine gegenseitige Abstimmung und Koordination Not tat und dass eine einheitliche Ordnung anzustreben, ja dringend geboten war. Diese Absicht ist denn auch im Ingress des Konk1 festgehalten: "[...] von der Notwendigkeit überzeugt, den Motorwagen- und Fahrradverkehr in der Schweiz einheitlichen Bestimmungen zu unterwerfen [...]". 143

Die zeitliche Entstehungsgeschichte erstreckte sich über rund vier Jahre. 1899 kam von den Automobilclubs ein erster Anstoss zu einer überkantonalen Regelung: Im Mai 1899 sandte der ACS nach der Delegiertenversammlung einen Brief an Bundesrat M. Ruchet und bat ihn, ein Projekt über den interkantonalen Automobilverkehr zu studieren. Im Oktober 1900 rief der ACS dann seine Mitglieder auf, ihre Kontakte zu Mitgliedern eines Kantonsrates spielen zu lassen, um die Notwendigkeit einer einheitlichen Regelung zu unterstreichen[120]. Dem Bund selbst waren mangels Kompetenz die Hände gebunden, weshalb die Bemühungen von ACS und TCS in Bern anfänglich erstens zur Kenntnis genommen und zweitens abgelegt wurden[121]. Immerhin verlangte das zuständige Departement im Oktober 1900 vom ACS eine deutsche Übersetzung des Automobilreglements des Kantons Genf, welches – aufgrund der hohen Automobildichte in der Stadt Genf – das ausgereifteste der Schweiz war. 144

1901 wurde von den Clubs politischer Druck aufgebaut und verstärkt Einfluss genommen. Im Juli 1901 rief der ACS in seinem Publikationsorgan die Chauffeure zum Wohlverhalten auf, weil es um eine wohlwollende gesetzliche Regelung des Verkehrs in der Schweiz gehe. Ebenfalls im Juli 1901 beruhigte Bundesrat M. Ruchet die Kantone: Er versicherte, dass die kantonale Souveränität respektiert werden würde, weil die Eidgenossenschaft kein Recht zur Gesetzgebung in dieser Materie habe; die Eidgenossenschaft würde nur eine Vermittlerrolle übernehmen[122]. 145

---

[120] La Suisse Sportive, No 180, 1. Oktober 1900, 2.
[121] TCS-Revue, 1902, S. 11-12.
[122] La Suisse Sportive, No 212, 1. Juli 1901, 54-55.

146 1902 gewann das Projekt eines Konkordates, nach intensiven Gesprächen von ACS und TCS mit Parlamentariern und Behörden in Bern, die aktive Unterstützung von Bundesrat Ruchet. Mit Schreiben vom 25. Februar machte das Eidgenössische Departement (fortan EDI) des Innern eine erste, informelle Umfrage, ob bei den Kantonen Interesse an einer einheitlichen Verordnung für den Automobil- und Fahrradverkehr auf dem Gebiet der Eidgenossenschaft bestünde[123]. Dies war durchaus der Fall, so dass sich nur einen Monat später, am 2. April 1902, die kantonalen Polizeidirektoren im EDI zu einer Konferenz trafen, um Lösungswege für "eine möglichst einheitliche Regelung des Automobil- u. Velozipedverkehrs" zu besprechen[124]. Dabei zeichneten sich zwei mögliche Wege ab: entweder der Entwurf eines Konkordates, dem die interessierten Kantone beitreten konnten, oder der autonome Erlass kantonaler Verordnungen, die nach einer vom EDI ausgearbeiteten Musterverordnung abgefasst waren. Um den zu verfolgenden Lösungsweg festzulegen, führte der Bundesrat mittels Kreisschreiben eine Vernehmlassung bei den Kantonsregierungen durch und erbat bei dieser Gelegenheit weitere Angaben zum Automobilwesen in den Kantonen[125]. Die überwiegende Zahl der Kantone vertrat die Ansicht, dass eine interkantonale Übereinkunft die beste Regelung wäre[126].

147 In mehreren Konferenzen erarbeiteten die kantonalen Polizeidirektoren daraufhin einen Entwurf für ein Konkordat. ACS und TCS gehörten der vorberatenden Kommission der Konkordatskantone an, denn weder die eidgenössischen noch die kantonalen Verwaltungen konnten auf das Fachwissen verzichten, dass ihnen die Clubs anboten[127]. Der Entwurf basierte auf bei ACS und TCS bereits bestehenden Vorentwürfen, und er war in Inhalt und Aufbau von ausländischen Vorbildern mitinspiriert. Er enthielt technische Mindestanforderungen an Motorfahrzeuge und Fahrräder und regelte die zulässigen Höchstgeschwindigkeiten. Er hielt über-

---

123 Gisler-Jauch, 28.

124 BBl, 1902 V, 850.

125 Gefragt wurde nach Fahrzeugzahlen in den Kantonen und Verwendungszwecke der Fahrzeuge, ob Automobile schon zu erheblichen Unfällen geführt hätten und ob die Sicherheit des Strassenverkehrs durch den Einsatz von Automobilen erheblich beeinträchtigt worden sei. Ebenso interessierte, ob bereits polizeiliche Vorschriften in den Kantonen bestünden, und ob allenfalls eine besondere (bundesrechtliche) Regelung der zivilrechtlichen Haftpflicht aus Automobilbetrieb erwünscht sei.

126 Nämlich 20 Kantone (ZH, BE, LU, SZ, NW, OW, GL, ZG, FR, SO, BS, BL, AI, AR, SG, TI, VD, VS, NE und GE) (Nussbaum, 11).

127 In diesem Zusammenhang sind auch die Automobilausflüge zu sehen, die ein Komitee des ACS für die Kantonsdelegierten veranstaltet hat - damit die letzteren konkret wussten, über was sie zu legiferieren hatten (Merki: développement, 72).

dies fest, dass die Kantone zuständig blieben für Verbote und Beschränkungen des motorisierten Verkehrs sowie den Erlass strafrechtlicher Regelungen und allgemein ergänzender Vorschriften.

Am 13. Juni 1904, mit Vorliegen einer definitiven Fassung, genehmigte der Bundesrat das "Konkordat über eine einheitliche Verordnung betreffend den Motorwagen und Fahrradverkehr" und publizierte den Text am 15. Juni 1904[128]. 148

2.4.2.2 Anwendbarkeit

Das Konk1 war anwendbar für alle "Motorwagen, Motorcycles und alle andern Fuhrwerke mit mechanischem Antriebe" (Konk1 1) sowie für Fahrräder (2. Titel des Konk1). 149

2.4.2.3 Inhalt

Das Konk1 regelte in 15 Artikeln (Konk1 2–16) rudimentär das Automobilwesen. Es führte einen Verkehrserlaubnisschein – eine Kombination von Fahrerlaubnis und Fahrzeugausweis – ein und verlangte die Ausrüstung der Fahrzeuge mit Kontrollnummer, Alarmapparat, genügender Bremsvorrichtung und Beleuchtung und formulierte minimale Verkehrsregeln. Dazu bediente es sich auch der Definition abstrakter Grundsätze: "Der Führer eines Motorwagens soll beständig seine Geschwindigkeit beherrschen [...]" (Konk1 9 I). 150

Enthalten war ebenfalls ein Vorbehalt zugunsten der Kantone, den Motorwagen- und Fahrradverkehr auf einzelnen Strassen einzuschränken oder zu gänzlich zu verbieten (Konk1 II. Titel). 151

Den Kantonen überlassen blieb überdies, Strafbestimmungen für die Übertretung der im Konk1 aufgestellten Vorschriften festzustellen oder ergänzende Ausführungsbestimmungen zum Konk1 zu erlassen (Konk1 III. Titel). Von diesem Recht machte Obwalden – wie die meisten Kantone – nach der bundesrätlichen Genehmigung des Konkordates ausführlichen Gebrauch. Es tat dies in den vom Regierungsrat am 27. Juli 1904 erlassenen "Ausführungsbestimmungen zum Konkordat betreffend den Motorwagen- und Fahrradverkehr", die den Automobilverkehr einschränkten und restriktiver fassten als es im Konk1 vorgesehen war. 152

2.4.2.4 Mitgliedskantone

Dem Konk1 beigetreten waren – mit Stand per 27. Januar 1905 – 22 Kantone[129]: ZH, BE, LU, SZ, OW, NW, GL, ZG, FR, SO, BS, BL, SH, AR, AI, SG, AG, TI, VD, VS, NE sowie GE. 20 Kantone traten ab initio (13. Juni 1904) bei, AG folgte im Juli 1904 und SH im Januar 1905[130]. 153

---

128 AS, Band XXI NF 73-80.

129 BBl, 1905 I, 47.

130 AG: AS, Band XX NF 112, SH: AS, Band XXI NF 7.

154 Dem Konk1 nicht beigetreten waren TG, GR und UR[131]. TG gab sich 1905 ein eigenes Spezialgesetz, welches stark an das Konk1 angelehnt war, aber überdies (ernsthafte) Strafbestimmungen enthielt[132]. GR verbot bereits 1900 das Autofahren auf sämtlichen Strassen des Kantons[133].

155 UR schliesslich bremste mit Dekret vom 14. November 1901 den Motorwagenverkehr auf seinen Alpenstrassen (Gotthardstrasse ab Göschenen, Furka- und Oberalpstrasse, Klausenstrasse von Unterschächen bis Urnerboden)[134] und wurde zur Sackgasse für Automobile. Diesen war das Fahren aus eigener Kraft auf den erwähnten Strecken verboten. Nur mit Vorspann von Pferden oder Ochsen – und damit einer Deklassierung zu Kutsche – war den Automobilen die Durchreise erlaubt[135]. Im September 1903 antwortete UR auf eine Anfrage des Eidgenössischen Departements des Innern, dass man dem Konk1 aus drei Gründen nicht beitreten könne: Zum Ersten sei die Automobilfrage im Kanton bereits gelöst; zum Zweiten wolle man die Alpenstrassen nicht öffnen (wobei das Konk1 das gar nicht vorsah, es aber der Urner Regierung als Rechtfertigung für das Verbot von 1901 diente) und zum Dritten wegen der im Konk1 vorgesehenen Höchstgeschwindigkeit von 30 Km/h, die den Verantwortlichen im Kanton Uri als zu hoch für ihre Strassenverhältnisse erschien[136]. Erst 1906 lockerte die Kantonsregierung das Passverbot.

156 Um die drei fehlenden Kantone TG, GR und UR doch noch zu einem Beitritt zu bewegen und eine flächendeckende Regelung zu erzielen, richteten der schweizer Hotelierverein, der TCS und der ACS 1905 ein Gesuch an das EDI, bei diesen drei Kantonen einen Anschluss an das Konk1 zu erwirken[137]. Diesem Begehren war aber kein Erfolg beschieden.

2.4.2.5 Revisionen und Ergänzungen

157 Mit dem Ziel, eine Vereinheitlichung in der Praxis der kantonalen Polizeibehörden zu erreichen, wurden nach dem Inkrafttreten des Konk1 mehrere Konkordatskonferenzen abgehalten. Daran beteiligt waren jeweils die Vertreter der Kantone sowie, bis sie nach der 6. Konkordatskonferenz von 1910 ausgeschlossen wurden, mit Konsultativstimmen je

---

131 JU, nach heutiger Zählung ein fehlender Kanton, wurde erst 1978 zum selbständigen Kanton.

132 Derron, 10 und Meili: Kodifikation, 18.

133 Vertiefend vergleiche N 986 ff S. 264.

134 Gesetzessammlung UR, Band c, 44-45.

135 Dieses Prinzip des tierischen Vorspanns wurde auch in anderen Kantonen angewandt, beispielsweise in Obwalden (Gisler-Jauch, 26).

136 Gisler-Jauch, 28.

137 AR, 1905, 45.

ein Vertreter von ACS und TCS[138]. Die Teilnahme der Clubvertreter war sinnvoll, denn einerseits basierte das Konk1 auf dem Entwurf der Clubs, andererseits brachten sie Fachwissen und Praxiserfahrung in die Runde ein.

Nachdem die ersten zwei Konferenzen bereits vor der Inkraftsetzung des Konk1 stattfanden, trafen sich die Delegierten am 6. Februar 1905 unter der Leitung von Bundesrat M. Forrer zur III. Konkordatskonferenz. Anlässlich dieser Konferenz wurden zwei wichtige Beschlüsse gefasst: Automobilisten aus den Nichtmitgliedskantonen (TG, UR, GR) sollten wie Bürger aus Mitgliedskantonen behandelt werden und es wurden beschlossen, eine schweizweit einheitliche Nummerierung der Automobilkennzeichen einzuführen[139]. 158

Am 23. April 1906 wurde die IV. Konferenz abgehalten. Es wurden Beschlüsse gefasst betreffend der Handhabe von Kontrollschildern und Ausweisen bei Kantonswechseln des Lenkers, der Bussenausfällung und -anteile, der Signalstöcke der Polizei, einer Studie über Tempomessgeräte sowie der Farbregelung für Strassensignaltafeln[140]. Im Übrigen wurde das Eidgenössische Departement des Innern eingeladen, die Abgabe eines Büchleins an Fremde an der Grenze zu prüfen, welche die Gäste in deutscher, französischer und englischer Sprache über die in der Schweiz geltenden Automobilvorschriften orientierten sollte[141]. 159

Die weiteren Konferenzen wurden durch zwei neue Rechtssetzungsprojekte beeinflusst. In Paris entstand 1909 eine internationale Übereinkunft über den Automobilverkehr (fortan IntUek1), der die Schweiz mit Wirkung auf 1. Mai 1911 beitrat, und welche die innerschweizerische Gesetzgebung in verschiedener Hinsicht beeinflusste[142]. Überdies begannen ab circa 1906 die ersten Vorarbeiten für eine Revision des Konk1. Die neuen Vorgaben der ersten internationalen Übereinkunft von 1909 führten dazu, dass im März 1911 ein Entwurf für ein zweites, revidiertes Konkordat (fortan Konk2) präsentiert wurde, welcher schliesslich per April 1914 in Kraft trat und das Konk1 in jenen Kantonen ablöste, welche dem Konk2 beitraten. Die Beschlüsse der ab 1909 stattfindenden Konferenzen galten formell für das Konk1, orientierten sich jedoch an den zumindest im Entwurf bekannten Regelungen der IntUek1 und dem Konk2. 160

138 La Suisse Sportive, No 299, 15. Februar 1905, 44.

139 La Suisse Sportive, No 299, 15. Februar 1905, 44.

140 Vertiefende Ausführungen zu den einzelnen Beschlüssen folgen jeweils an späterer Stelle im Rahmen des konkreten Sachzusammenhanges.

141 Die Umsetzung erfolgte aber erst 1914 im Rahmen eines zweiten Konkordates. Vertiefend vergleiche N 214 ff S. 57.

142 Vertiefend vergleiche N 172 ff S. 44.

161 Die V. Konkordatskonferenz fand am 20. und 21. Januar 1909 statt, anlässlich welcher die prinzipielle Einführung von Geschwindigkeitsmessern, Einfahrtsgebühren für ausländische Automobile sowie Vorschriften für Motorlastwagen zwecks Strassenschutz beschlossen wurden.

162 Die VI. Konferenz wurde am 23. und 24. Februar 1910 durchgeführt. Im Nachgang an die Konferenz äusserte sich der Präsident des TCS, A. Navazza, in der Clubzeitschrift abfälligst und absprechend über die Beratungen und Entschlüsse der Konferenz[143]. Das blieb nicht ungelesen: In der NZZ[144] erschien am 18. Juni ein Artikel eines Konferenzmitgliedes, das die Äusserungen und Unterstellungen Navazzas im TCS Magazin kritisierte, und in der Folge wurden keine Vertreter von Clubs mehr zu den Konferenzen zugelassen[145]. Die harsche Kritik Navazzas entwickelten sich indes zum Eigentor für den TCS: Da der Vertreter des Kantons Genf gleichzeitig der Präsident des ACS war, blieb der ACS indirekt in den folgenden Konkordatskonferenzen vertreten, der TCS aber blieb gänzlich ausgeschlossen.

163 Bis 1914 fanden noch mehrere Konferenzen und Sitzungen statt, so die VII. Konferenz am 21. und 22. Februar 1911[146], welche intensiv am Entwurf für ein revidiertes, zweites Konkordat arbeitete.

164 Nach 1914 fanden keine Konkordatskonferenzen mehr statt. Einerseits bremste der Krieg den Automobilismus in der Schweiz; andererseits galt ab 1914 das neue, zweite Konkordat, dem aber einige Kantone erst später oder gar nicht beigetreten waren, wodurch in den Kantonen verschiedene Rechtsgrundlagen herrschten.

165 Zusammenfassend lässt sich festhalten, dass die Institution der Konkordatskonferenz zwei gewichtige Schwachstellen hatte: **Erstens** die Umsetzung der Konferenzbeschlüsse in den Kantonen, und **zweitens** das Machtmittel der Austrittsdrohung eines Kantones.

166 **Erstens.** Die Umsetzung der Konferenzbeschlüsse in den Kantonen war ein Schwachpunkt, weil die gefassten Beschlüsse nicht hoheitlich – imperativ wirken konnten, da ja der Konkordatskonferenz keine Weisungskompetenz zustand. Stattdessen hatten sich die Gesandten der Kantone in ihrem Kantonen dafür zu engagieren, dass die Beschlüsse der Konkordatskonferenz entsprechend umgesetzt wurden. Dies sollte selbst dann geschehen, wenn das den Absichten eines Kantones entgegenlief, wurde doch bereits 1096 an der IV. Konkordatskonferenz einstimmig beschlos-

---

143 Jahresberichte 1910–1916 der ACS-Sektion Zürich, 1910, 5.

144 NZZ, Nr. 167, 18. Juni 1910.

145 Jahresberichte 1910–1916 der ACS-Sektion Zürich, 1910, 5. Bemerkenswert ist überdies, dass der Ausschluss und seine Gründe im Magazin des TCS unerwähnt blieben.

146 Sten Bul SR, Herbstsession 1911, 213.

sen, dass alle Beschlüsse – Mehrheitsbeschlüsse als auch Einstimmigkeitsbeschlüsse – für alle Konkordatskantone obligatorischen Charakter habe sollten[147]. Die Gesandten der Kantone hatten jedoch gar keine Handhabe, um den einheitlichen Willen der Konkordatskonferenz gegen ein unwilliges Kantonsparlament und automobilfeindliche, nach Wählerstimmen schielenden Volksvertreter durchzusetzen.

ZWEITENS. Der andere Schwachpunkt war, dass sowohl Beitritt zum als auch Austritt aus dem Konkordat dem einzelnen Kanton freistanden. Da ein Austritt eines Kantones die möglichst einheitliche, flächendeckende Wirkung des Konkordates schädigen würde, war die Austrittsdrohung ein wirksames Machtmittel in der Hand von Konkordatskantonen, um ihrer Sicht der Dinge Nachdruck zu verschaffen. Insbesondere anlässlich der V. Konkordatskonferenz von 1909 wurden immer wieder Austrittsdrohungen von Kantonen geäussert. Eingesetzt wurde das Mittel der Austrittsdrohung, wenn gefasste oder sich abzeichnende Konferenzbeschlüsse weiter gingen als das, was eine Kantonsregierung in ihrem Kanton als durchsetzbar hielt oder wenn sich ein Kanton in seiner Hoheit bedroht sah[148]. 167

Im Effekt waren die Beschlüsse der Konkordatskonferenzen deshalb eher als Anregungen an die Kantone zu sehen, denn ihre Durchsetzungskraft war vom Wohlwollen der Einzelkantone abhängig. 168

2.4.2.6 Bedeutung und Würdigung

Die Ausarbeitung und der Erlass des Konk1 sowie das System der Konkordatskonferenzen hatten drei gewichtige Vorteile: Erstens erfolgte sehr rasch eine erste, flächendeckende und einheitliche Regelung der Grundzüge. Zweitens erlaubte das System der Konkordatskonferenzen eine ständige Weiterentwicklung und Vereinheitlichung der Praxis, und drittens gelang die Einbindung des Wissens und des Praxisbezuges der Clubs, im ersten, für die Materie besonders kritischen Jahrzehnt. 169

Als Schwachpunkte des Konk1 festzuhalten waren erstens, dass keine flächendeckende Regelung für gesamte Schweiz gelang, zweitens die uneinheitliche Anwendung in den Mitgliedskantonen mangels imperativer Kraft der Konferenzbeschlüsse und drittens die grossen Regelungslücken im Bereiche von Strafbestimmungen, Haftpflichtfragen, Verkehrsbewilligung und Steuern. 170

Als Erkenntnis aus den mit dem Konk1 gemachten Erfahrungen blieb festzuhalten, dass einerseits ein revidiertes Konkordat die Materie – entsprechend der zahlenmässigen Zunahme des Motorfahrzeugverkehrs – 171

---

147 TCS-Revue, 1906, 190-191.

148 Brennwald: Denkschrift, 6-7.

deutlich umfassender und präziser regeln musste, und andererseits eine landesweite Gültigkeit anzustreben war.

2.4.3 Erste internationale Übereinkunft (1909)

2.4.3.1 Entstehung

172 Um den internationalen Automobilverkehr zu vereinfachen und zu fördern, wurde von den europäischen Staaten einerseits die Schaffung neuer internationaler Regeln angestrebt, und andererseits die gegenseitige Anerkennung nationaler Regelungen vorangetrieben. Diese Bemühungen führten 1909 zum Abschluss der ersten internationalen Übereinkunft in Paris.

173 Die zeitliche Entstehungsgeschichte erstreckt sich, wie beim Konk1, über rund vier Jahre. Auf einem Kongress zum Automobilsalon von 1905 in Paris beschlossen Tourismus- und Automobilverbände die Vereinheitlichung der verschiedenen nationalen Regelungen über den Automobilverkehr. 1907 wurde, anlässlich eines Rennens, der deutschen Regierung ein Katalog mit Forderungen und Vorschlägen übergeben, worauf die deutsche Regierung bei einem Besuch in Frankreich die Einberufung einer internationalen Konferenz vorschlug. Nachdem Frankreich einen Entwurf ausgearbeitet hatte, der einerseits neue, internationale Normen enthielt und andererseits auf der gegenseitigen Reziprozität nationaler Normen basierte, trafen sich am 5. Oktober 1909 Repräsentanten aus 16 europäischen Ländern in Paris und schlossen am 11. Oktober 1909 die "Internationale Übereinkunft über den Automobilverkehr"[149] (fortan IntUek1) ab[150].

2.4.3.2 Anwendbarkeit

174 Die IntUek1 war anwendbar auf "Automobile" (IntUek1 1) sowie "Motordreiräder und Motorzweiräder" (IntUek1 6), die aus einem Mitgliedsland stammten. Eine nähere Definition dieser Begriffe enthielt die Übereinkunft jedoch nicht. Auf Fahrräder war die IntUek1, im Gegensatz zum Konk1, nicht anwendbar.

2.4.3.3 Inhalt

175 Die IntUek1 regelte für Fahrzeuge detailliert eine Minimalausrüstung sowie eine Zulassungsprüfung durch die zuständige Behörde (IntUek1 1). Von den Lenkern wurde, im innerstaatlichen Verkehr, verlangt, dass sie "diejenigen Eigenschaften besitzen, die eine hinreichende Gewähr für die öffentliche Sicherheit bieten" (IntUek1 1 I), wobei undefiniert blieb,

---

149 AS, Band XXVII NF 49-85.
150 Merki: L'internalisation, 337-338.

was diese Eigenschaften umfassen sollten (beispielsweise ein Mindestalter). Im internationalen Verkehr wurde ein Nachweis dieser Eigenschaften sowie eine Erlaubnis der zuständigen nationalen Behörde verlangt, also eine amtliche Prüfung. Geregelt wurde überdies die Ausstellung und Anerkennung internationaler Führerausweise (IntUek1 3), die Anbringung eines Kennzeichens an Automobilen (IntUek1 4) sowie Betriebsvorschriften für die Warnvorrichtungen (IntUek1 5). An die Verwaltungsbehörden gerichtet enthielt es schliesslich Vorschriften zur Aufstellung (IntUek1 8) und Gestaltung (IntUek1 Anlage D) von Hinweistafeln an öffentlichen Wegen.

Einiges wurde absichtlich nicht oder nicht näher geregelt, um einen Eingriff in die staatliche Souveränität der Mitgliedstaaten zu verhindern, und IntUek1 9 bekräftigte das Territorialitätsprinzip. In einigen Bereich war aber auch schlichtweg keine Übereinstimmung der vielfältigen, bestehenden nationalen Reglemente zu erreichen. Ungeregelt blieben beispielsweise die genauen Anforderungen und der Ablauf der Prüfung der Fahrzeugführer, die Versicherung der Fahrzeugführer, das Steuerwesen (etwa die Berechnung der steuerrelevanten PS-Leistung) oder – wegen zu starken nationalen Unterschieden – die Formalitäten bei der Grenzüberschreitung, beispielsweise die Verzollung von Fahrzeugen[151]. Die IntUek1 enthielt auch keine Verkehrsvorschriften[152]. 176

2.4.3.4 Mitgliedsländer

Bis 1909 traten der IntUek1 sieben Länder bei (Deutschland, Belgien, Spanien, Frankreich, Italien, Monaco und Rumänien), und bis 31. Dezember 1910 traten nochmals acht Länder bei (Bulgarien, Grossbritannien, Luxemburg, Niederlande, Österreich-Ungarn, Russland, Schweden sowie die Schweiz)[153]. 177

Im Falle der Schweiz hatte der Bundesrat durch Beschluss vom 21. Dezember 1910 die schweizerische Gesandtschaft in Paris beauftragt, den Beitritt der Schweiz mit Wirksamkeit per 1. Mai 1911 zu erklären. In seiner Erklärung musste der Bundesrat, aufgrund der Kompetenzverteilung in der Schweiz, jedoch ausdrücklich das Recht der Kantone vorbehalten, innerhalb ihres Gebietes den Verkehr mit Automobilen und Motorrädern auf einzelnen Strassen oder gänzlich zu verbieten[154]. 178

---

151 Merki: L'internalisation, 339.

152 IntUek1 7 betreffend Kreuzen und Überholen von Fahrzeugen, ist eine blosse Verweisnorm auf jeweiliges nationales Recht.

153 IntUek1 15.

154 AS, Band XXVII NF 50.

2.4.3.5 Revisionen und Ergänzungen

179 Eine Revision der IntUek1 fand erst 1926 statt, in Form einer zweiten internationalen Übereinkunft[155].

2.4.3.6 Bedeutung und Würdigung

180 Der Abschluss der IntUek1 brachte dem internationalen wie – indirekt – dem nationalen Verkehr drei wichtige Fortschritte: Erstens detaillierte minimale Ausrüstungsvorschriften für Motorfahrzeuge (welche in der Schweiz fast vollumfänglich in das revidierte, zweite Konkordat übernommen werden konnten), zweitens eine gewisse Rechtssicherheit im internationalen Verkehr (ohne jedoch Unfallereignisse mit Beteiligten aus mehrere Staaten zu regeln), und drittens die Notwendigkeit einer Fähigkeitsprüfung für Lenker im internationalen Verkehr. Dieser letzte Punkt ist für die schweizerische Verkehrslandschaft von nicht zu unterschätzender Bedeutung, denn aufgrund der zeitgenössischen Automobilfeindlichkeit in verschiedenen Kantonen machten viele Schweizer Automobilisten ihre Wochenendausflüge ins grenznahe Ausland. Durch die IntUek1 hatten diese Wochenendausflügler nun eine Fahrprüfung zu bestehen, was zur Folge hatte, dass sie sich vorher einen minimalen Ausbildungsstand aneignen mussten. Die IntUek1 führte also im Falle der grenznahen schweizer Kantone zu einer Erhöhung des durchschnittlichen Ausbildungsstandes der Automobilisten.

181 Die Schwächen der IntUek1 lagen darin, dass sie erstens als supranationales Vertragswerk nicht direkt anwendbar war, sondern einer Implementierung in nationales Recht bedurfte – wobei aber für den Erlass dieser nationalen Bestimmungen kein Zeitrahmen vereinbart worden war. Zweiter Schwachpunkt war die ausschliessliche Regelung der motorisierten Fahrzeuge, nicht aber der Fahrräder oder anderer Verkehrsteilnehmer. Allerdings bedurfte diese auch nicht einer international vereinheitlichten Regelung, indes blieb damit der Nutzen der IntUek1 für die nationale Verkehrsregelung beschränkt. Dritter Schwachpunkt war das Fehlen von Verkehrsvorschriften, womit ein zentraler Punkt des Automobilrechts unvereinheitlicht bleibt. Die IntUek1 bedingte, indirekt, den nationalen Erlass von Verkehrsbestimmungen[156].

182 Da die IntUek1 keine direkt anwendbaren Normen enthielt, sondern einer Implementierung ins nationale Recht bedurfte, ist die materielle Wirksamkeit der Normen in der Schweiz im Rahmen des zweiten Konkordates zu beurteilen.

---

155 Vertiefend vergleiche N 266 ff S. 73.

156 Brennwald: Denkschrift, 10.

2.4.4 Zweites, revidiertes Konkordat (1914)

2.4.4.1 Entstehung

In der achtjährigen Zeitspanne zwischen dem Beginn der ersten Arbeiten und der tatsächlichen Inkraftsetzung des Konk2 kumulierten sich mehrere Gründe, die zum Erlass des Konk2 in seiner definitiven Fassung führten. Zu den schon früh bestehenden Entstehungsgründen zählte der dringende Bedarf nach einheitlichen beziehungsweise überhaupt geregelten Verkehrsbestimmungen. Auch die Rechtsungleichheiten, die aus den kantonal unterschiedlich geregelten Strafbestimmungen entstanden waren (beispielsweise von Kanton zu Kanton stark differierende Bussenhöhe für vergleichbare Vergehen), sollten durch einheitliche Strafbestimmungen abgebaut werden. Zu den späteren Gründen zählten einerseits 1911 der Beitritt der Schweiz zur internationalen Übereinkunft, welche einer nationaler Umsetzung bedurfte (beispielsweise die Einführung einer Fahrprüfung), andererseits die immer dringlicher gewordene Regelung der Haftpflichtfrage[157]. Als chronologisch letzter, aber wichtiger Grund für die Entstehung zu nennen war schliesslich das Scheitern einer eidgenössischen Regelung der Haftpflichtfrage[158]. 183

Den diversen Entstehungsgründen entsprechend dauerte die Ausarbeitung länger als beim Konk1 oder der IntUek1. Den Anstoss gaben wiederum die Clubs: Am 8. März 1906 richteten ACS, TCS und der schweizer Hotelierverband ein Schreiben an den Bundesrat, in dem sie die uneinheitliche Anwendung des Konk1 in den Kantonen beklagten, auf den Boykottaufruf der internationalen Automobilverbände von 1905 verwiesen und die Behörde darum baten, die Nichtmitgliedskantone zum Beitritt zum Konk1 aufzufordern[159]. Daraufhin kam es zu einem Treffen, an dem nebst ACS, TCS und dem schweizer Hotelierverband auch Bundesrat Ruchet, Chef des Eidgenössischen Departements des Innern, teilnahm. Ruchet hielt bei dieser Gelegenheit fest, dass die Ausarbeitung des Konk1 schwierig war und sich dieses in der Praxis nicht so bewährt hätte, wie es erhofft wurde. Er wollte deshalb alles unternehmen, um eine neue Regelung zu erreichen[160]. In der Folge erklärt das EDI den Konkordatskantonen im November 1906, dass es bereit wäre, ein neues Konkordat anzubahnen[161]. 184

Trotzdem ruhte das Geschäft die nächsten drei Jahre mangels Dringlichkeit. Einerseits waren auf eidgenössischer Ebene seit 1906 Absichtserklärungen ergangen und ab 1908 konkrete Bestrebungen für eine bundesge- 185

---

157 Vertiefend vergleiche N 1175 S. 318.
158 Vertiefend vergleiche N 1238 ff S. 333.
159 TCS-Revue, 1906, 79-81.
160 TCS-Revue, 1906, 89-91.
161 Meili: Kodifikation, 19.

setzliche Regelung im Gange, andererseits war auch das Interesse der Kantone an einem neuen Konkordat verhalten, was auf mehrere Gründe zurückzuführen war: **ERSTENS** war das geltende Konk1 noch jung, denn es war erst vor zwei Jahren in Kraft getreten (im Juni 1904). Wohl war die Fahrzeugdichte zwischenzeitlich angestiegen, aber nicht dermassen stark, dass das Konk1 nicht mehr genügt hätte. **ZWEITENS** hatte die IV. Konkordatskonferenz vom April 1906 Lösungen für erkannte Schwächen beschlossen – und den Kantonen damit einige Umsetzungs- und Vollzugsarbeit aufgebürdet. **DRITTENS** bedeutete die Ausarbeitung eines neuen Konkordates einen beträchtlichen Aufwand – ein Aufwand, der angesichts der gesellschaftlichen Relevanz des Automobilproblems hoch schien, war doch das Automobil immer noch ein Luxus- und Sportgerät für Besitzende und Touristen, dem die Bevölkerung in den meisten Kantonen Misstrauen oder gar offene Abneigung entgegenbrachte. Automobilprobleme waren noch Probleme einer vermögenden Minderheit und sie standen auf der politischen Agenda der Kantone nicht zuoberst. **VIERTENS** war jener Aspekt des Automobilproblems, der tatsächlich die breite Bevölkerung beschäftigte und wirklich treffen konnte – nämlich die Regelung der Schadenersatzpflicht eines Lenkers, wenn er einen Unfall verursacht hatte – bereits seit 1902 im Zusammenhang mit der Diskussion um das Gesetz betreffend der Haftpflicht der Eisenbahn- und Dampfschifffahrtsunternehmungen und der Post (fortan EHG) thematisiert worden[162]. **FÜNFTENS** war es den einzelnen Kantonen aufgrund von Konk1 III. Titel unbenommen, auf ihrem Gebiet das Konk1 ergänzende Bestimmungen zu erlassen. Wer etwas zu regeln hatte, der konnte dies jetzt schon, dazu war kein neues Konkordat notwendig. In der Tat ging denn auch der Anstoss für das Konk2 nicht von den Kantonen, sondern von den Clubs und Tourismusorganisationen aus.

186 Erst 1910 kam wieder Bewegung in die Angelegenheit. Einerseits bedingte der Beitritt der Schweiz zur internationalen Übereinkunft per 1. Mai 1911 eine Umsetzung dieser Normen in nationales Recht. Andererseits war eine eidgenössische Regelung der Haftpflichtfrage, trotz der seit 1902 laufenden Bemühungen und zunehmender Dringlichkeit, nicht absehbar, worauf der Kanton Zürich die Einführung einer obligatorischen Haftpflichtversicherung und aus diesem Grund auch eine Revision des Konkordates angeregt hatte[163]. Die Arbeiten für ein neues Konkordat wurden an der VI. Konkordatskonferenz von 1910 weiter vorangetrieben, so dass anlässlich der VII. Konkordatskonferenz im März 1911 ein Entwurf für ein revidiertes Konkordat vorgelegt werden konnte.

---

[162] Vorgeschlagen war eine Unterstellung der Automobile unter das Eisenbahnhaftpflichtgesetz. Vertiefend vergleiche N 1239 S. 334.

[163] Nussbaum, 12.

Bedingt durch einen Versuch zur Regelung der Automobilfrage auf Bundesebene kam es jedoch zu erneuten Verzögerungen: Der Ständerat behandelte im Herbst 1911 als Erstrat den bundesrätlichen Vorschlag für eine Revision der Bundesverfassung, die dem Bund die Kompetenz zur Regelung der Materie übertragen hätte. Die Vorlage scheiterte jedoch im Differenzbereinigungsverfahren zwischen den Räten, nachdem der Ständerat im März 1913 zum zweiten Mal sein Nichteintreten beschlossen hatte[164]. Als eine solche bundesrechtliche Regelung wieder in weite Ferne gerückt war, genehmigte der Bundesrat am 7. April 1914 in endgültiger Fassung das "Konkordat über eine einheitliche Verordnung betreffend den Verkehr mit Motorfahrzeugen und Fahrrädern"[165]. 187

Das Konk1 blieb aber weiterhin in Kraft, denn aus verschiedenen Gründen konnten sich nicht alle Mitglieder des Konk1 zu einem Beitritt zum Konk2 entschliessen[166]. 188

2.4.4.2 Anwendbarkeit

Sachlich war das Konk2 anwendbar auf alle "Motorfahrzeuge" (Konk2, I. Kapitel) respektive alle "Motorwagen und Motorfahrräder" (Konk2 1), aber auch – im Gegensatz zur IntUek1 – auf Fahrräder ohne Motorantrieb (Konk2, III. Kapitel), womit der Anwendungsbereich gegenüber dem Konk1 ausgeweitet wurde. 189

Örtlich richtete sich die Anwendbarkeit des Konk2 nach dem Beitritt des jeweiligen Kantones. Aus verschiedenen Gründen konnten oder wollten nicht alle Mitglieder des Konk1 zum neuen Konk2 beitreten[167]. Da deshalb nicht alle Kantone vom Konk1 zurückgetreten waren, blieb das Konk1 bis auf weiteres in Kraft, was dazu führte, dass zwei Konkordate nebeneinander bestanden. 190

2.4.4.3 Inhalt

Das Konk2 war mit 75 Artikeln bereits äusserlich deutlich umfangreicher und präziser als das Konk1, welches 35 Artikel umfasste. 191

Der für Motorfahrzeuge wesentliche Inhalt umfasste detaillierte Ausrüstungsvorschriften für Motorfahrzeuge, welche grösstenteils aus der IntUek1 übernommen wurden oder auf deren Regelungen basierten. Aus Gründen des Strassenschutzes waren auch erste Sondernormen für schwere Personen- und Lastfahrzeuge enthalten, beispielsweise über Räder, Bereifung, Gewichte und Geschwindigkeiten. Die in der IntUek1 vorgesehene Fähigkeitsprüfung wurde auf alle Neulenker ausgeweitet, war also nicht mehr nur im internationalen Verkehr notwendig. Vorge- 192

---

[164] Vertiefend vergleiche N 231 ff S. 62.
[165] AS, Band XXXI NF 91-116.
[166] Vertiefend vergleiche N 193 ff S. 50.
[167] Vertiefend vergleiche N 193 ff S. 50.

schrieben wurde überdies – nach dem Scheitern einer ersten bundesrechtlichen Lösung – eine obligatorische Haftpflichtversicherung mit einer bezifferten Minimaldeckung. Die Höchstgeschwindigkeiten wurden erhöht sowie mit konkreten Maxima in Km/h versehen und auch einige Regelungen für ausländische Lenker und Fahrzeuge aufgenommen. Im Bereiche der Strafbestimmungen wurde eine finanzielle Beteilung der Polizisten an den auszufällenden Bussen verboten und die kantonalen Strafbestimmungen hatten neu zwingend den Entzug des Führerausweises bei wiederholten oder schweren Verstössen vorzusehen. Im übrigen waren die Kantone weiterhin frei, ergänzende Straf- oder Ausführungsbestimmungen vorzusehen. Neu wurden auch einige Regelungen betreffend Steuern und Gebühren aufgenommen[168].

2.4.4.4 Mitgliedskantone

193 Die Probleme des Konk1 lagen im einheitlichen Vollzug der Konkordatsbestimmungen und in deren Unvollständigkeit. Kaum zu Unklarheit Anlass gab die Frage, ob in einem Kanton überhaupt Konkordatsrecht anwendbar war: 22 Kantone waren binnen sechs Monaten (wovon 20 ab initio) beigetreten, GR hatte ein totales Fahrverbot, und die restlichen Kantone – UR und TG (mit einem stark an das Konk1 angelehnten Spezialgesetz) – blieben selbständig. Diese Konstellation änderte sich bis zum Inkrafttreten des Konk2 nicht mehr.

194 Beim Konk2 war die Situation bereits bei der Mitgliedschaft bedeutend unübersichtlicher. 1912 standen diverse Kantone in einem inneren Konflikt, ob sie dem Konk2 beitreten wollten oder nicht. Viele Kantone wollten beitreten, gleichzeitig aber – da ja vorgängig eine eidgenössische Regelung gescheitert war und wieder Raum für kantonale Anpassungen bestand – ihre Kantonsautonomie ausleben und von Beginn weg Abänderungen und Ergänzungen vorsehen, so beispielsweise SG. Beitrittsabsichten verursachten in den Kantonsparlamenten umfangreiche Diskussionen, in denen die bekannten Standpunkte pro und contra Automobilverkehr angeführt wurden[169]. In allen Kantonen, in denen über den Beitritt zum Konk2 diskutiert wurde, wurden jeweils Anträge auf Sonntagsfahrverbote gestellt, so auch in SG, wo er verworfen wurde[170].

195 Dem Konk2 ab initio (also per April 1914) beitreten konnten oder wollten nur 13 Kantone (AI, VS, BS, SH, BL, BE, SG, SZ, LU, VD, UR, AR,

---

168 Vertiefende Ausführungen zu den einzelnen Normen folgen an späterer Stelle im Rahmen des jeweiligen Sachzusammenhanges.

169 AR, 1912, 74-75 sowie AR, 1912, 197, mit umfangreichem Bericht über die Ratsdebatten in SG und SZ.

170 AR, 1913, 148.

TI)[171]. Bereits vor April 1914 zur Wirkung kam das Konk2 in AG und GL, indem diese es mit Modifikationen zum kantonseigenen Recht gemacht hatten, ohne jedoch 1914 dem Konk2 formell beizutreten[172]. Während AG auch später dem Konk2 nie beitreten sollte, übernahm GL das Konk2 vorerst mit einigen Änderungen, aber ohne Beitritt, als kantonales Gesetz[173]. Im Mai 1920 wurde jedoch ein Antrag auf Beitritt zum Konk2 an der Landsgemeinde gutgeheissen und GL stiess damit auch formell zum Geltungsbereich des Konk2[174].

Somit galt im Sommer 1914 in 15 Kantonen das Konk2 (oder ein entsprechendes kantonales Äquivalent), während in anderen Kantonen noch das Konk1 galt, ein autonomer Nachvollzug davon, eine komplett eigenständige Lösung oder ein gänzliches Fahrverbot. Geographisch fehlten wichtige Durchgangskantone: OW und NW mit der Brünigroute, in denen weiterhin das Konk1 galt, UR mit der Gotthardroute, das auch dem Konk1 nicht beigetreten war, sowie GR mit seinem totalen Fahrverbot. (Noch) nicht beigetreten waren auch die überdurchschnittlich stark motorisierten Kantone GE oder ZH, in denen weiterhin das Konk1 galt. Zu Recht schrieb die AR bereits 1912: "Der Wildwuchs der kantonalen Varianten zeichnet sich ab"[175]. 196

Der Krieg brachte den zivilen Automobilverkehr in der Schweiz aufgrund der Rationierung von Treibstoff und Verbrauchsmaterial fast vollständig zum Erliegen. Vier Kantone nutzten jedoch die Gelegenheit, sich für die Zeit nach dem Krieg zu rüsten und ihren Automobilverkehr auf die Grundlage des Konk2 zu stellen. 1915 respektive 1916 traten auch FR und TG dem Konk2 bei[176] (TG diesmal als Vollmitglied, nachdem man das Konk1 autonom nachvollzogen hatte), und ebenso SO[177]. ZH, dank der Stadt Zürich ein Kanton mit grossem Fahrzeugpark, brachte 1913 – mitverursacht durch das Ausbleiben einer bundesrechtlichen Regelung – ein selbstständiges Gesetz an die Urne, welches recht detailliert war, aber im interkantonalen Vergleich keine aussergewöhnlichen Bestimmungen enthielt. Trotzdem wurde es in der Abstimmung vom 197

171 GB BR, 1919, 304. Der Bericht spricht von 16 Kantonen. Die Differenz von drei Kantonen rührt aus den Kantonen AG, GL und NE, die das Konk2 wohl autonom nachvollzogen, aber diesem formell nicht beigetreten waren und deshalb in der vorliegenden Arbeit als nicht zum Konk2 gehörig betrachtet werden.

172 Brennwald: Denkschrift, 6.

173 GB BR, 1919, 304.

174 GB BR, 1920, 326 sowie AS, Band XXXVI NF 323.

175 AR, 1912, 197.

176 GB BR, 1919, 304.

177 AS, Band XXXVI NF 323.

14. Dezember 1913 abgelehnt[178]. Nach dem zwischenzeitlichen Vorliegen des Konk2 wurde eine neue Vorlage ausgearbeitet, die den Beitritt zum Konk2 vorsah und ergänzende Bestimmungen in den Bereichen Ausweitung der Schadenssummen und -deckungsfälle sowie der Straf- und Bussenfestlegung enthielt. Diese Vorlage wurde vom Zürcher Stimmvolk gutgeheissen, worauf Zürich per April 1916 dem Konk2 ebenfalls beitreten konnte[179].

198 GE hingegen trat dem Konk2 formell nie bei, denn der Kantonsrat hatte wiederholt den Zeitpunkt des Inkrafttretens des Beitrittsbeschlusses verschoben, so dass er nie in Rechtskraft erwachsen war[180] und auch NE fehlte 1922 noch[181].

199 Die übrigen Kantone konnten oder wollten dem Konk2 nicht beitreten. Das Konkordat selbst stand allen Kantonen zum Beitritt offen und die entsprechenden Vorkehrungen waren bereits bei der Ausarbeitung des Konk2 getroffen worden: Jedes Motorfahrzeug musste mit einem Kontrollschild versehen sein (Konk2 23). Die Nummerierung der Kontrollschilder erfolgte über die ganze Schweiz hinweg aufsteigend. Total standen 9999 Nummernplätze zur Verfügung, womit also 9999 Motorfahrzeuge hätten unterschieden werden können. Im zugehörigen Nummerierungsplan (Konk2 Anhang B) war für alle 25 Kantone ein Nummernkontingent vorgesehen, so beispielsweise auch für GR.

200 Trotzdem trat GR dem Konk2 nie bei, denn GR hatte bis weit in die 1920er Jahre ein kantonales Fahrverbot, und ebenso blieben OW, NW und ZG abseits[182]. Diese drei Kantone mussten, bei loyaler Befolgung des Konk2, damit rechnen, dass die Kantonsbürger eine Initiative zu einem Totalverbot starten würden. Durch den Nichtbetritt konnten sie so zumindest den erreichten Status quo erhalten[183].

201 OW und NW, die beiden Halbkantone, waren durch die sie durchquerende Brünigroute, die Luzern mit Interlaken verband, zu einem koordinierten Handeln gezwungen, und so erliessen sie im Mai 1910 gemeinsame Vorschriften für den Automobilverkehr. In beiden Kantonen waren von der grossteils von der Landwirtschaft lebenden, automobilkritischen Bevölkerung immer wieder Vorstösse zur Eindämmung oder einem gänzlichen Verbot des Automobilverkehrs gemacht worden: In NW wurde 1910 eine Initiative für ein Automobilverbot eingereicht, aber vom dorti-

---

178 Im Verhältnis 3:4 (30 856 Ja gegen 39 068 Nein), wobei steuerliche Faktoren den Ausschlag gegeben haben dürften (AR, 1913, 872).

179 AS, Band XXXII NF 144.

180 GB BR, 1920, 326, sowie GB BR, 1930, 270.

181 GB BR, 1922, 361.

182 GB BR, 1930, 270.

183 Aus einer Wortmeldung von Nationalrat Ming während der Sommersession 1912 (Sten Bul NR, Sommersession 1912, 146).

gen Landrat als unzulässig erklärt[184]. In OW wurde dem Regierungsrat schon 1908 eine Petition eingereicht, in der eine Senkung der zulässigen Höchstgeschwindigkeit anbegehrt wurde, und es wurden gar Initiativen gestartet, die ein gänzliches Automobilverbot verlangten. Begründet wurden diese Vorstösse einerseits mit dem Hinweis auf die Gefährdung der Sicherheit auf der Strasse, andererseits stellte man fest, dass die Strassenunterhaltskosten stetig stiegen, wofür man die zu schnellen Automobile als Hauptschuldige ausgemacht hatte[185]. In OW stoppte im Januar 1912 eine Initiative, die ein totales Automobilverbot in OW anstrebte, die Beitrittsbestrebungen des Kantons zum Konk2[186]. Die Initiative wurde dann unter genau festgelegten Bedingungen zurückgezogen, wonach OW nebst anderen Auflagen dem Konk2 nicht beitreten durfte, da dieses eine Erhöhung der Fahrgeschwindigkeiten von 30 Km/h auf 40 Km/h mit sich gebracht hätte[187]. In der Folge beschied die Kantonsregierung dem Bundesrat im Dezember 1913, dass nur schon die Tatsache der höheren Geschwindigkeit reichen würde, um die Sache vor die Landsgemeinde zu bringen, wo dann über den Ausgang der Sache kaum Zweifel bestünden. Aus gleichem Grunde wurden über den Brünig beträchtliche Kontrollgebühren erhoben[188].

Zumindest im Falle OW verhinderten die höheren Tempolimiten des 202
Konk2 den Beitritt des Kantones. Erst am 28. Dezember 1922 erliess der Kantonsrat OW eine Verordnung über den Motorwagen- und Fahrradverkehr[189], die eine Zusammenfassung und teilweise Fortbildung der geltenden Vorschriften war und welche inhaltlich Bestimmungen des Konk2 sowie dessen Ergänzung von 1921 übernahm. Artikel 20 dieser Verordnung erklärte das Kapitel I des Konk2 als anwendbar[190], öffnete in Art. 8 alle Kantonsstrassen für den motorisierten Verkehr, statuierte in Art. 9 ein Fahrverbot an Sonntagnachmittagen und stellte schliesslich in Art. 10 differenzierte Geschwindigkeitslimiten auf, die denen des Konk2 entsprachen.

---

184 Flüeler-Martinez, 90-95.

185 Dillier / Dillier, 34.

186 Die Initiative wurde vom umtriebigen Alpnacher Schuhmachermeister Kaspar Windlin eingereicht. In der Begründung seines Vorstosses listete er ausführlichst alle Nachteile der Automobile auf.

187 Wirz, 3.

188 Vertiefend vergleiche N 1378 ff S. 371.

189 Gesetzessammlung OW, Band VI, 11.

190 Dieses Kapitel des Konk2 umfasst Bestimmungen zur nötigen Ausrüstung der Motorfahrzeuge, zu den Erfordernissen zum Erhalt der Fahrbewilligung, zu Warnsignalen, zur Vermeidung von Lärm und Rauch sowie zum Verhalten beim Anhalten und Verlassen des Fahrzeuges.

2.4.4.5 Revisionen und Ergänzungen

2.4.4.5.1 Revision vom Dezember 1920

203 Im Dezember 1920 genehmigte der Bundesrat per Beschluss die Revision zweier Konk2-Bestimmungen, die zwecks höherer Finanzerträge angepasst wurden[191]. In Konk2 7 wurde die Formel zur Berechnung der abgabenrelevanten Steuer-PS eines Fahrzeuges verändert[192]. Diese Formel wurde ursprünglich in Deutschland wissenschaftlich erstellt. Nun wurde – im Sinne einer Anpassung an die Fortschritte der Motorentechnologie als auch zur Steigerung der Finanzerträge – ein Faktor von Wert 0.3 auf den neuen Wert 0.4 erhöht[193], und in Konk2 22 betreffend die Gebühr für Ausgabe der internationalen Fahrausweise wurde diese Gebühr von 2 Fr. auf 5 Fr. erhöht. Die restlichen Artikel des Konk2 blieben unverändert.

2.4.4.5.2 Reglement zur Personenbeförderung mit schweren Motorfahrzeugen (1921)

204 Im Dezember 1921 genehmigte der Bundesrat ein "Interkantonales Reglement betreffend den Verkehr von Autoomnibussen und Lastautos mit Personenbeförderung" (fortan Konk2Lw), welches das Konk2 mit zwölf Artikeln ergänzte[194].

205 Der Grund für dessen Erlass lag darin, dass 1919 und 1920 viele Kriegswagen eingeführt wurden, darunter viele Lastwagen[195]. In der Folge kam es zu einem Überhandnehmen von Personentransporten mittels Autoomnibussen und ad hoc hergerichteten Autocamions, die sich zur Gefahr für Mitfahrende und Publikum entwickelten. 1920 vermerkte der Bundesrat, dass die erstaunliche Zunahme der Lastwagen eine Revision der Bestimmungen für schwere Kraftwagen nötig mache, und bereits 1921 konnte er über eine Lösung orientieren[196]: Durch einen Ausbau des Konkordatsrechtes für Autoomnibusse sowie die für den Personentransport umgebauten Lastwagen sollte die Sicherheit für Passagiere und Publikum erhöht werden. Die Konkordatskantone nutzten diese Gelegenheit einer Konkordatsergänzung, um mittels zusätzlicher Vorschriften für die schweren Fahrzeuge auch im Bereiche des Strassenschutzes Verbesserungen gegenüber dem Konk2 zu erreichen.

---

191 Bundesratsbeschluss vom 16. Dezember 1920 (AS, Band XXXVI NF 831-832).

192 Vertiefend vergleiche N 1388 S. 374.

193 von Salis-Soglio, 102.

194 AS, Band XXXVII NF 895-898.

195 von Salis-Soglio, 106.

196 GB BR, 1920, 326 respektive 1921, 378.

Die Anwendbarkeit des neuen Konk2Lw beschränkte sich sachlich auf Autoomnibusse und zur Personenbeförderung benutzte Lastwagen, sofern diese Beförderung mehr als nur gelegentlich stattfand oder mehr als acht Personen umfasste (Konk2Lw 1). Örtlich richtete sich die Anwendbarkeit des Konk2Lw nach der Anwendbarkeit des Konk2, denn es war kein eigenständiges Reglement, sondern verstand sich als Ergänzung des Konk2 (Konk2Lw, II. Titel). Immerhin hatten bis Ende 1923 alle Konkordatskantone die Konkordatsergänzung übernommen[197]. 206

Inhaltlich enthielt das Konk2Lw sowohl Zulassungs- als auch Betriebsvorschriften. Im Bereich der Zulassungsvorschriften schrieb es eine spezielle Verkehrsbewilligung für die betreffenden Fahrzeugkategorien vor. Zu deren Erteilung war einerseits der Abschluss einer obligatorischen Zusatzversicherung notwendig (Konk2Lw 5), andererseits das erfolgreiche Bestehen einer speziellen Fahrzeugprüfung, die nebst den (für alle Fahrzeuge geltenden) Ausrüstungsvorschriften nach Konk2 3–6 besondere Vorschriften für Bremsen, Maximalgewichte, Achslasten und der Bereifung vorsah, als auch besondere Einrichtung zur Personenbeförderung verlangte (Konk2Lw 3). Im Bereich der Betriebsvorschriften enthielt das Konk2Lw Vorschriften zur zulässigen Höchstgeschwindigkeit, dem Anhängerbetrieb sowie der Pflicht zu sorgfältigem Unterhalt und Nachinspektionen des Fahrzeuges, inklusive einer regelmässigen amtlichen Inspektion der Bremsen. Der Lenker des Fahrzeuges selbst bedurfte einer speziellen Fahrbewilligung, die erst nach einem Jahr klagloser Fahrpraxis als Lastwagenlenker erteilt werden konnte (Konk2Lw 6), und es war dem Fahrer verboten, während dem Transport Alkohol zu trinken (Konk2Lw 10). 207

Revisionen und Ergänzungen zum Konk2Lw ergingen keine. Aufgrund von Auswüchsen, die sich 1923 im gewerbsmässigen Befahren von Alpenstrassen gebildet hatten, hielt der Bundesrat jedoch die Kantonsregierungen an, auf die Sommersaison 1924 das Reglement strikte zu befolgen und die Vollzugsorgane entsprechend zu instruieren. 1926 wiederholte er seine Aufforderung, diesmal mit speziellem Hinblick auf ausländische Gesellschaftswagen[198]. 208

Die Bedeutung des Konk2Lw war eine doppelte. Einerseits regelte es in der ungeplant langen Wartezeit bis zu einer bundesrechtlichen Regelung zwei dringende, seit Kriegsende verstärkt festgestellte Probleme – die Sicherheit für Publikum und Passagiere sowie der Schutz der Strassen – wenn auch beschränkt auf die Kategorie der schweren Fahrzeuge. Andererseits hatte es eine Pionierrolle, denn viele Vorschriften aus dem Konk2Lw wurden mit der bundesrechtlichen Regelung von 1932 für alle 209

---

197 GB BR, 1923, 348.

198 GB BR, 1923, 273 respektive 1926, 286-287.

Motorfahrzeugkategorien obligatorisch, so beispielsweise der Rückspiegel.

2.4.4.5.3 Folgen der Verfassungsänderung (1921)

210 In der Volksabstimmung vom 22. Mai 1921 wurde eine Revision der Bundesverfassung angenommen, wonach die Kompetenz zum Erlass von Vorschriften über Automobile und Fahrräder neu beim Bund lag[199]. In dessen Folge lief einerseits der Gesetzgebungsprozess des Bundes umgehend an, andererseits minimierten die Kantone die Bemühungen um formelle Weiterpflege des Konk2, denn dessen beschränkte Restlebensdauer war nun absehbar. Jedoch – bis zum Erlass eines Bundesgesetzes würde es noch bis 1932 dauern, und die Initiative zur Rechtsfortbildung lag bis auf weiteres bei den Kantonen. In der ersten Hälfte der 1920er Jahre wurde das Konk2 noch aktiv weiterentwickelt und fortgebildet, die zweite Hälfte des Jahrzehnts war jedoch geprägt vom Warten auf ein Bundesgesetz. Wohl galt das Konk2 formell auch in dieser Wartezeit noch, aber es wurde mit stetig abnehmender Vehemenz durchgesetzt[200].

2.4.4.5.4 Konferenzen der kantonalen Polizeidirektoren

211 Seit 1914 fanden keine formellen Konkordatskonferenzen mehr statt. Der Krieg dämmte auch in der Schweiz den privaten Automobilverkehr und seine Bedeutung massiv ein. Erschwerend wirkte der Umstand, dass nicht alle Kantone Mitglied im gleichen Konkordat waren oder dem Konk2 gar nie beigetreten waren. Gegenseitigen Absprache- und Koordinationsbedarf hatten die Kantone gleichwohl, weshalb sich die kantonalen Polizeidirektoren zu diversen Konferenzen trafen. An diesen Polizeidirektorenkonferenzen wurden zuweilen auch Beschlüsse gefasst, welche Änderungen am Konk2 bewirkten[201].

212 Eine wichtige und aufgrund des Anliegens sogar ausserordentliche Polizeidirektorenkonferenz fand im Herbst 1923 statt, anlässlich welcher die Kantonsregierungen dringend gebeten wurden, sich für das Jahr 1924 auf eine einheitliche Regelung des Sonntagsverkehrs zu einigen[202].

213 Wichtig war auch eine Konferenz im Jahre 1927: Im Mai dieses Jahres kam, aufgrund eines Referendums, eine erste Gesetzesvorlage für ein Bundesgesetz über das Automobilwesen an die Urne. Die Vorlage wurde am 15. Mai 1927 verworfen. Im Oktober 1927 installierte eine Polizeidirektorenkonferenz eine Kommission zur Prüfung der Frage, welche Verbesserungen in der Regelung des Automobil- und Fahrradverkehrs für die

---

199 Vertiefend vergleiche N 218 ff S. 58.

200 Nussbaum, 116.

201 VSS-Zeitschrift, 1929, 224.

202 Fast jeder Kanton hatte eine eigene zeitliche Regelung für ein Sonntagsfahrverbot. Vertiefend vergleiche N 901 ff S. 241.

Zeit bis zum Erlass eines Bundesgesetzes möglich wären, ohne die bestehende gesetzliche Grundlage zu ändern[203]. Im Februar erstattete die Kommission Bericht an die Konferenz, welche die Anträge genehmigte und sie den Kantonen zur Umsetzung empfahl. Mehrere Kantone hatten im Laufe des Jahres neue Vorschriften über den Automobil- und Fahrradverkehr erlassen oder ausgearbeitet und dabei die Empfehlungen nach Möglichkeit berücksichtigt. Diese Arbeiten wurden auch 1929 weitergeführt[204].

2.4.4.5.5 Zusammenstellungsbüchlein der besonderen Bestimmungen in der Schweiz

Mochten die Konkordatsbestimmungen einigermassen beständig sein – 214
essentiell notwendig war die Übersicht auf Stufe des kantonalen Rechts. Basierend auf einem Vorstoss in der IV. Konkordatskonferenz von 1906 erschien ab 1914 unter Titel "Zusammenstellung der besonderen Bestimmungen über den Verkehr mit Motorfahrzeugen in der Schweiz" ein kleines Büchlein. Von 1914 (Auflage 4 000 Stück) bis 1931 (Auflage 29 000 Stück) orientierte es in vier Sprachen über kantonale Fahrverbote, Tempolimiten sowie weitere kantonale Bestimmungen, beispielsweise über die Sonntagsfahrverbote, die von Kanton zu Kanton, von Gemeinde zu Gemeinde, teilweise von Strasse zu Strasse verschieden waren und nach Jahres- und Tageszeit, sowie Werk-, Sonn- und Feiertagen variierten. Der Ankauf des Büchleins war für alle einreisenden ausländischen Lenker obligatorisch[205]. Das Büchlein hatte durchaus eine wichtige Funktion, weil erst im Laufe der 1920er Jahre eine eigentliche Strassensignalisation – und damit die Möglichkeit zur Information der Lenker vor Ort – eingeführt wurde. Trotzdem war die Übersicht kaum zu halten, da das Büchlein nur einmal pro Jahr erschien[206].

2.4.4.6 Bedeutung und Würdigung

Das Konk2 erzielte in der schweizerischen Automobilrechtslandschaft 215
drei wichtige Fortschritte: Erstens wirkte es sicherheitsfördernd, weil es aus der fast vollständigen Implementierung der IntUek1 herrührend – umfangreiche, präzise Ausrüstungsvorschriften für Motorfahrzeuge enthielt und weil die Ausbildung der Lenker durch die Einführung einer obligatorischen Prüfung deutlich verbessert wurde. Zweitens eliminierte es die unversichert zirkulierenden Motorfahrzeuge, da es die Erteilung einer Verkehrsbewilligung vom Abschluss einer Haftpflichtversicherung abhängig machte. Drittens brachte es eine Versachlichung des Bussens-

---

203 GB BR, 1927, 267.
204 GB BR, 1928, 289 respektive 1929, 293.
205 GB BR, 1925, 275.
206 Vertiefend vergleiche N 667 ff S. 177.

wesens, in dem die Abschaffung des Bussenanteils der Polizisten die Strafverfolgung von finanziellen Motiven befreite.

216 Als Schwäche zu nennen war, dass – auch als Folge seiner gegenüber dem Konk1 erhöhten Tempolimiten – das Ziel der Flächendeckung nicht erreicht wurde und damit die mit der IntUek1 implizit eingegangene Verpflichtung zu einem national einheitlichen Rechtstraum nicht erfüllt werden konnte. Im Vergleich zum Konk1 war der Grad der landesweiten Rechtsvereinheitlichung sogar noch gesunken, führte doch das Nebeneinanderbestehen des Konk1 und des Konk2 zu einer weiteren Zersplitterung des Rechtsraumes Schweiz. Eine weitere Schwäche war, dass es noch immer kein für alle Verkehrsteilnehmer geltendes Strassenverkehrsrecht darstellte, denn seine Regelungen galten nur für motorisierte Verkehrsteilnehmer und Fahrräder[207].

217 Die Erkenntnisse aus dem Konk1 – und damit der Auftrag an ein nächstes Regelwerk – konnten durch das Konk2 nicht umgesetzt werden. Das Instrument des föderalistisch geprägten Konkordates hatte sich als ungeeignet erwiesen, um griffige, umfassende Normen bei gleichzeitiger Flächendeckung umzusetzen. Ein nächstes Regelwerk musste auf eidgenössischer Ebene ansetzen, und überdies alle Strassenverkehrsteilnehmer umfassen.

2.4.5 Schaffung einer Bundeskompetenz (1921)

2.4.5.1 Entstehung

2.4.5.1.1 Gründe

218 Aufgrund der Kompetenzverteilung in der Bundesverfassung war die Regelung des Automobil- beziehungsweise Strassenverkehrs Sache der Kantone. Bald zeigte sich, dass eine konkordatliche Normenimplementierung in die föderalistische Struktur der Schweiz der dem Automobilverkehr eigene Weitläufigkeit nicht gerecht werden konnte. Bereits 1906 begannen deshalb die Bestrebungen, die entsprechende Kompetenz von den Kantonen auf den Bund zu verschieben, aber erst im Mai 1921 wurde eine entsprechende Vorlage zur Revision der Bundesverfassung vom Volk gutgeheissen. Die über 15–jährige Entstehungsgeschichte bewirkte,

---

207 Eine Analyse der Schwächen macht 1912 auch der - seit 1910 von den Konkordats-Beratungen ausgeschlossene - Präsident des TCS, A. Navazza. Nebst einigen TCS-programmatisch motivierten Kritikpunkten nannte er ebenfalls die fehlende Flächendeckung sowie die immer noch grosse Freiheit der einzelnen Kantone. Er bemängelte überdies die schlechte Ordnung und unpräzise Redaktion des Textes, und führte als Beispiel Konk2 43 II an ("Beim Verlassen des Fahrzeuges hat der Führer den Motor abzustellen und die Bremsen anzuziehen") (TCS-Revue, 1912, 85-90).

dass über die Jahre immer neue Gründe für eine Ermächtigung des Bundes hinzukamen und eine entsprechende Revision der Bundesverfassung umso dringlicher wurde.

Die blosse Verschiebung der Kompetenz von den Kantonen auf den Bund löste die anstehenden und aufsummierten Probleme noch nicht, aber es war die rechtsstaatliche Voraussetzung, auf der ein entsprechendes Gesetz samt Ausführungsbestimmungen – weitere zwölf Jahre später – erst möglich sein würde. 219

Die Unzulänglichkeiten der kantonalen oder konkordatlichen Regelungen zeigten auf, dass eine bundesrechtliche Lösung gefunden werden musste, denn die konkordatsmässige Ordnung wurde dem rasch zunehmenden Verkehr immer weniger gerecht. Es war offensichtlich, wie ungenügend das Konkordat das Motorfahrzeug in die Gesellschaft integrierte. Automobilbefürworter wie -gegner betonten die Notwendigkeit einer Neuregelung, beispielsweise in Form eines Bundesgesetzes. Dass diese Neuregelung zweiteilig war – Revision der Bundesverfassung und Erlass eines Bundesgesetzes – war eine Folge der Kompetenzverteilung und nicht der Besonderheit der Materie innewohnend. Eine isolierte Betrachtung der Entstehungsgründe für eine Revision der Bundesverfassung beziehungsweise dem Erlass eines Bundesgesetzes würde zu kurz greiffen. Für die Revision der Bundesverfassung an sich gab es nur einen Grund: die Übertragung der Kompetenz. Da die Revision aber die Grundlage eines künftigen Bundesgesetzes sein sollte, sind die Gründe, die ein eigentliches Bundesgesetz notwendig gemacht haben, bereits in der die Betrachtung der dafür notwendigen Verfassungsrevision einzubeziehen. 220

Ein **ERSTER GRUND** war, dass die Kantone nach einem Konkordatsbeitritt selbstständig legiferieren konnten, soweit es nicht dem Konk2 widersprach. Die kantonale Hoheit erlaubte eine unkoordinierte kantonale Gesetzgebung, und in der Folge variierten die kantonalen Bestimmungen stark. Einige Kantone änderten das Konk2 sogar kündigungslos für ihr Gebiet ab, so beispielsweise die Kantone SG[208] und BE[209]. Das Zusammenstellungsbüchlein, welches im Rahmen des Konk2 eingeführt worden war, um periodisch über die aktuelle Rechtslage in den Kantonen zu orientieren, konnte gar nicht aktuell gehalten werden, da es nur jährlich 221

---

208 AR, 1912, 197.

209 Ein Dekret des Grossen Rates des Kantons Bern vom 11. November 1924 änderte das Konk2 in diversen Artikeln ab. Der Bund nahm daraufhin Kontakt mit dem Kanton BE auf, um die Tragweite der Abänderungen zu eruieren. 1925 wurden die Verhandlungen im gegenseitigen Einverständnis sistiert, weil sich keine Unzukömmlichkeiten ergeben hätten, und weil eine eidgenössische Regelung vor der Türe stehe (GB BR, 1924, 272 respektive 1925, 275).

erschien. In der Folge ging die Übersicht komplett verloren. Bei der Durchfahrt mehrerer Kantone musste ein Lenker sowohl die Bestimmungen zweier Konkordate, als auch sämtliche kantonalen Bestimmungen kennen. Konnte kaum ein schweizer Fahrzeuglenker all diese Vorschriften kennen, war es für die ausländischen Gäste ein Ding der Unmöglichkeit, fehlte ihnen doch – nebst anderen Dingen – die Ortskenntnis um die Kantonszugehörigkeit, sowie meist auch die Geläufigkeit der deutschen Sprache. Verstösse gegen Gesetz und Verkehrssicherheit waren somit unumgänglich und selbst auf wenigen Kilometern Fahrstrecke konnte ein Automobilist mehrmals belangt werden, wenn er dabei Kantonsgrenzen überschritt. Der föderalistische Flickenteppich wurde zum ernst zu nehmenden Problem für die ausländischen Automobiltouristen.

222 Ein **ZWEITER GRUND** waren die Lücken beider Konkordate, die teilweise bei der Ausarbeitung des Konkordates bewusst in Kauf genommen worden waren, um bei den Kantonen eine breitere Akzeptanz zu finden, die nun aber die Kantone dazu zwang, selbst präzisierend zu legiferieren. So im Falle Zürichs, das dem Konk2 1916 beitrat und gleichzeitig, mangels passender Normen im Konk2, ergänzende Bestimmungen zur Ausweitung der Schadenssummen und -deckungsfälle sowie im Bereiche der Straf- und Bussenfestlegung erliess[210].

223 Das Konk1 wies Lücken bezüglich Steuern, Verkehrsbewilligungen und Sperrung kantonaler Durchgangsstrassen auf, was teilweise zu staatsrechtlichen, zwischenkantonalen Streitigkeiten führte. Die kantonalen Bestimmungen zum Konk1 variierten stark in Bezug auf technische Vorschriften und Verkehrsregeln, beispielsweise dem Vortrittsrecht. Beim Konk2 erwies sich der Mangel an einheitlichen Strafbestimmungen als besonders gravierende Lücke – obwohl dieser Mangel zumindest dem Bund schon 1909, also Jahre vor der Inkraftsetzung des Konk2, bekannt war. Dem Bund waren aber die Hände gebunden, solange die Kantone selbst kompetent waren um Polizeivorschriften zu erlassen[211]. Aufgrund der Lücken in den Konkordaten hatte der Bundesrat des Öfteren über konkordatsrechtliche Auslegungsfragen zu befinden[212].

224 Als **DRITTER GRUND** zu nennen war das Abseitsstehen einiger Kantone. Ein Fünftel der Kantone gehörte nicht zum Konk2, so auch die verkehrsreichen Kantone ZG und GE, was unter anderem eine flächendeckende Regelung für die Haftpflicht sowie die Besteuerung der Fahrzeuge verunmöglichte[213].

---

210 Nussbaum, 14.

211 Aus einer Wortmeldung von Bundesrat Schobinger im Ständerat (Sten Bul SR, Herbstsession 1911, 213-214).

212 Beispielsweise im GB BR, 1920, 324.

213 Achtzig Jahre Verkehrspolitik im Spiegel der AR, 20.

Ein **VIERTER GRUND** lag in der Schwerfälligkeit des Konkordatapparates an sich. Zum einen konnte jeder Kanton aus den Konkordaten austreten oder zumindest damit drohen. Das kam einem indirekten Einstimmigkeitsprinzip beziehungsweise einem Vetorecht für jeden Kanton gleich und hemmte die sachdienliche, von Partikulärinteressen unabhängige Rechtsfortbildung. Ungenügend war aber auch der Informationsfluss zwischen den Konkordatskantonen. So beklagte selbst das EDI, ungenügend über die Reglementierungen in den Kantonen orientiert zu werden[214] – wie sollte sich dann erst der einzelne Automobilist zurechtfinden? 225

Ein **FÜNFTER GRUND** wurde durch den internationalen Verkehr geschaffen. Durch den Beitritt zur IntUekl war die Schweiz verpflichtet, Verkehrsbestimmungen zu erlassen, wozu ihr aber auf Stufe Bund die notwendige Kompetenz fehlte. Hinzu kam, dass dem internationalen Übereinkommen, das die Schweiz abgeschlossen hatte, jegliche eidgenössische Strafsanktion fehlte, oder, wie Ständerat Bolli in der Ratsdiskussion zu Recht feststellte, "Man hat etwas angenommen, dessen Vollzug nicht garantiert werden kann"[215]. Überdies standen die vielfältigen Bestimmungen in der Schweiz im Widerspruch zum Gedanken des vereinfachten internationalen Automobilverkehrs, denn "diese Bestimmungen sollten doch möglichst einfach und einheitlich sein; und nicht dem Einreisenden zwei Konkordate und diverse interne Reglemente in die Hand gedrückt werden"[216]. Probleme ergaben sich auch beim für den Tourismus wichtigen Verkehr der grossen Reiseautomobile und auch die Kontrolle sowie die Verfolgung ausländischer Lenker brachte im bestehenden System zusätzliche Schwierigkeiten mit sich[217]. 226

Die Liste dieser fünf Gründe ist weder vollständig noch abschliessend, doch zeigt sie in verschiedener Hinsicht bereits die dem Konkordatsprinzip inhärenten Grenzen auf. 227

Illustrativ für die vielschichtigen Probleme ist der aktenkundige Fall des Amerikaners Mackenzie vom 17. Juli 1910 in Küssnacht. Zur Ausgangslage: Die Belastung durch motorisierten Individualverkehr konnte in Knotenpunkten überregionaler Bedeutung schon früh gross sein. Die Dorfbehörden von Küssnacht (Kanton SZ) sperrten – nach Erlaubnis des Kantonsrates – von Mittag bis Mitternacht sämtliche Küssnachter Strassen für kantonsfremde (sic!) Automobilisten. Eine gleiche Regelung kannte das benachbarte Weggis (Kanton LU). Am 17. Juli nun wurde Dr. Mackenzie in Weggis wegen Missachtung des Fahrverbotes und überschrittener Höchstgeschwindigkeit von 30 Km/h gebüsst. Nachdem er die 228

214 Brennwald: Denkschrift, 9.
215 Sten Bul SR, Herbstsession 1911, 218.
216 Brennwald: Denkschrift, 11.
217 Achtzig Jahre Verkehrspolitik im Spiegel der AR, 13.

Busse bezahlt hatte, fuhr er weiter nach Küssnacht (SZ). Dort sollte er wiederum wegen Missachtung des Fahrverbotes gebüsst werden. Es kam zu einer Auseinandersetzung zwischen Mackenzie und den zwei Landjägern. Mackenzie hatte keinen Ausweis bei sich, worauf die Landjäger zwei Mäntel in Pfand nahmen, die sie erst gegen 50 Fr. wieder herausrückten. In der Folge gelangte Mackenzie an das amerikanische Konsulat in Luzern und die amerikanische Botschaft in Bern. Die Botschaft gelangte an den Bundesrat, welcher sich wiederum beim Regierungsrat SZ erkundigte. Aus legislatorischen und kantonspolitischen Gründen war es der Schwyzer Regierung jedoch unmöglich, die Busse der Landjäger des Bezirkes Küssnacht umzustossen.

229 Dass es zu diesem Bussenfall kam, dafür sorgten mehrere Umstände: Einerseits wurde Mackenzie das föderalistische System der Schweiz zum Verhängnis. In Weggis wurde ihm gesagt, dass er auf Luzerner Boden nicht mehr belangt werden könne. Dass Küssnacht auf Schwyzer Boden lag, war Mackenzie nicht bewusst. Andererseits kam ein Sprachproblem hinzu, und schliesslich gab es auch ein Signalisationsproblem: Mackenzie behauptete, er habe das bei der Gemeindegrenze aufgestellte Hinweisschild auf das Fahrverbot nicht bemerkt, beziehungsweise dieses nicht lesen können. Und in der Tat fehlte bis nach 1920 ein universell gültiges Zeichen- und Regelungssystem[218] für derlei Information der Strassenbenutzer.

230 Zusammenfassend lässt sich sagen, dass die Unverbindlichkeit der interkantonalen Vereinbarungen und deren fehlende Einheitlichkeit den Weg zu einer bundesrechtlichen Regelung wiesen. Hinzu kam, dass die konkordatsmässige Ordnung dem rasch zunehmenden Verkehr nicht mehr gerecht werden konnte.

2.4.5.1.2 Zeitlicher Ablauf

231 Die zeitliche Entwicklung hin zu einer bundesrechtlichen Kompetenz verlief in zwei Phasen: Eine erste Phase begann circa 1906 und endete 1913 mit dem Scheitern eines Entwurfes im Differenzbereinigungsverfahren zwischen den Räten. Eine zweite Phase wurde 1916 initiiert und

---

[218] Ganze Begebenheit nach Merki: Auto-Protzen, 236-244. Merki analysiert den Vorfall detailliert auch im soziologischen Kontext, und sieht im Mentalitätsunterschied zwischen dem Touristen und der ansässigen Bevölkerung einen weiteren Grund des Missverständnisses: Mackenzies Erfahrungshintergrund war der eines amerikanischen Automobilisten. Dort wurde - anders als in der Schweiz - das Automobil gerade von der Landbevölkerung freudig begrüsst, denn es ermöglichte den Ausbruch aus der provinziellen Isolation (vertiefend dazu Flik, 125-142). In der Schweiz traf Mackenzie auf eine für ihn unverständliche Autofeindlichkeit; und reagierte, angesichts dieser lokal dominierten Mentalität, inadäquat.

endete im Mai 1921 mit der Gutheissung der Revision des Verfassungsartikels 37bis durch den Souverän.

Die **ERSTE PHASE** begann damit, dass der Bundesrat den Handlungsbedarf erkannt hatte. Schon im Mai 1905, anlässlich der Eröffnung des Automobilsalons, erwähnte Bundesrat Forrer, dass der Bundesrat ein eidgenössisches Gesetz studieren müsse, sofern das Konk1 nicht alle Effekte bringe, die man davon erwartet hatte[219]. Ein Jahr später, anlässlich des zweiten Automobilsalons, bezeichnete Bundespräsident Forrer die bundesrechtliche Ordnung des Automobilwesens bereits als "dringend geboten"[220]. 232

Der definitive Anstoss auf Bundesebene kam durch eine Motion von Nationalrat Walther zustande. Als Reaktion auf die rechtlichen und verkehrspolitischen Mängel, die sich schon kurz nach in Krafttreten des Konk1 zeigten, lud NR Walther am 9. Dezember 1908 den Bundesrat ein, "die Frage zu prüfen und Bericht und Antrag vorzulegen, ob nicht die Bundesverfassung in dem Sinne zu revidieren sei, dass die Grundlage für die bundesgesetzliche Regelung des gesamten Automobilverkehrs geschaffen würde". Die Motion Walther wurde in der Nationalratssitzung vom 26. März 1909 als begründet und erheblich erklärt[221]. Die Motion Walther fand auch bei den Clubs Rückhalt. Der TCS unterstützte die Idee grundsätzlich und hätte die Chance der Verfassungsrevision gerne genutzt, um gleich noch weiter zu gehen und eine eidgenössische Gesetzgebung für alle Verkehrsteilnehmer anzustreben[222]. 233

Die Motion Walther wurde zu einem Zeitpunkt eingereicht, zu dem beim Bundesrat bereits ein anderes Geschäft bezüglich der Automobilgesetzgebung hängig war: die Vorlegung eines Entwurfes über die Automobilhaftpflicht. Dadurch war ab jetzt die Schaffung einer bundesrechtlichen Automobilkompetenz eng verwoben mit dem Versuch zur Schaffung einer bundesrechtlichen Haftpflichtregelung[223]. 234

1909 äusserten beide Räte nochmals den Wunsch an den Bundesrat, mit tunlichster Beförderung ein Gesetz betreffend der Haftpflicht der Automobile vorzulegen. In der Folge versandte der Bund 1909 ein Kreisschreiben an die Kantone, um bei diesen abzuklären, ob ein Bedürfnis für ein Bundesgesetz bestünde und ob sie einer bundesgesetzlichen Regelung des Automobilwesens beipflichten würden[224]. Im Resultat waren 235

---

219 La Suisse Sportive, No 304, 1. Mai 1905, 118.
220 AR, 1906, 193.
221 Strebel, 70.
222 TCS-Revue, 1909, 100 sowie 1910, 3.
223 Bezüglich der haftpflichtrelevanten Aspekte dieses politischen Prozesses vergleiche vertiefend N 1175 ff S. 318.
224 Derron, 11.

acht Kantone gegen eine eidgenössische Regelung[225], wobei GE befürchtete, dass eine eidgenössische Legislation zu streng sein würde, da in verschiedenen Kantonen automobilfeindliche Tendenzen bestünden, in GE aber ein ansehnlicher Teil aller Automobile der Schweiz lief[226]. Befürwortet wurde eine eidgenössische Regelung von 14 Kantonen[227], wobei einige Kantone Vorbehalte zugunsten der kantonalen Strassenhoheit oder des Rechts zur Schliessung von Strassen machten. AG forderte effektivere Massnahmen zum Schutz des Publikums, und AR verlangte, dass die Bussenminima nicht zu hoch würden, auf dass nicht zu viele Rekurse zu bearbeiten wären. TG – welches über ein eigenständiges, dem Konkl nachempfundenes Automobilgesetz verfügte – war unentschlossen: Von der Nützlichkeit einer eidgenössischen Regelung nicht überzeugt, wollte es eine solche zumindest nicht bekämpfen[228]. TI gab gar keine Antwort. Das Kreisschreiben des Bundes führte somit zum Resultat, dass der Grossteil der ablehnenden Kantone eine Beeinträchtigung der kantonalen Strassenpolizei befürchtete, und ein Grossteil der zustimmenden Kantone erkannte, dass die Regelung mittels Konkordat ungenügend war.

236 Aufgrund der mehrheitlich positiven Haltung der Kantone leitete der Bundesrat eine Verfassungsergänzung ein, welche aber, um die Kantone nicht zu sehr einzuschränken, nur für die modernen Individualverkehrsmittel gelten sollte, nicht aber für die ganze Strassenpolizei. Im März 1910 erstattete der BR den von den Räten gewünschten Bericht und beantragte eine Verfassungsergänzung im Sinne einer Einfügung eines Art. 37bis, welcher den Bund ermächtigen sollte, polizeiliche Vorschriften über Automobile und Fahrräder aufzustellen[229].

237 Die Botschaft des BR nahm auch Stellung zur Frage, ob zum Erlass eines Bundesgesetzes überhaupt eine Verfassungsergänzung notwendig sei. Die Botschaft kam zum Schluss, dass eine solche tatsächlich notwendig sei. Wohl sei es Bundesrecht, dass der Bund über Strassen und Brücken, an deren Erhaltung er interessiert sei, die Oberaufsicht habe (altBV 37) und dass die Bundesverfassung Strassen- und Brückengebühren verbot. Das zuständige Departement und der BR waren jedoch der Überzeugung, dass die Kantone als Inhaber der Strassen auch Polizeigewalt über die Strassen hatten, also die Kompetenz zur strassenpolizeilichen Gesetzgebung bei den Kantonen liege, wie das im auch in altBV 31 e vorgesehen

[225] ZH, UR, SZ, OW, ZG, FR, VS, GE (BBl, 1910 II, 607-608).
[226] TCS-Revue, 1910, 75-76.
[227] BE, LU, NW, GL, SO, BL, BS, SH, AI, AR, SG, AG, VD, NE.
[228] TCS-Revue, 1910, 75-76.
[229] BBl, 1910 II, 606-620.

war[230]. Die Bundesversammlung schloss sich der Einschätzung der Botschaft an.

Anderer Ansicht aber war Brennwald: Eine Oberaufsicht setze auch eine Oberhoheit voraus, da sonst die Oberaufsicht zum inhaltslosen Phantom verkomme. AltBV 31 e behalte zwar den Kantonen vor, Verfügungen über die Benutzung der Strasse zu treffen, im Sinne von altBV 31 sei dies jedoch auf den Rahmen der Handels- und Gewerbefreiheit beschränkt. AltBV 31 e könne aber auch so verstanden werden, dass es sich um eine "Restkompetenz" der Kantone handle, was hiesse, dass sie kompetent zum Erlass seien, soweit der Bund nicht im Rahmen seiner Oberhoheit davon Gebrauch gemacht habe. Tatsächlich gäbe es denn auch schon eidgenössische strassenpolizeiliche Vorschriften, beispielsweise durch den Beitritt zur IntUekl von 1909. Diese enthielten diverse strassenpolizeiliche Vorschriften, so über die Anforderungen an die Lenker, sowie die Anerkennung internationaler Fahrausweise. Die Bundesversammlung aber habe den Bundesrat ausdrücklich zum Beitritt ermächtigt, was nun in Widerspruch zur zurückhaltenden bundesrätlichen Interpretation von altBV 31 stehen würde (beziehungsweise der Ansicht, der Erlass eines Bundesgesetzes bedürfe einer vorgängigen Ergänzung der Bundesverfassung)[231]. 238

Brennwalds Argumente vermochten jedoch die Räte nicht zu überzeugen, oder deren Konsequenz schien im Umfeld argwöhnisch auf ihre Kompetenzen und Autonomie schielender Kantone nicht angebracht. In der Herbstsession 1911 behandelte der SR den bundesrätlichen Vorschlag, zu einem Zeitpunkt also, in dem seit der VII. Konkordatskonferenz vom März 1911 bereits ein Entwurf für ein revidiertes, zweites Konkordat vorlag. Nach der Vorprüfung des Geschäftes durch eine Nationalratskommission zeigten sich bereits in der Eintretensdebatte des Rates zwei gegenläufige Ansichten. 239

Die Kommissionsmehrheit unterstützte den bundesrätlichen Vorschlag aus mehreren Gründen. Erstens bevorzuge die bestehende, frakturierte Gesetzeslandschaft Unfallflüchtige, und die Vielgestaltigkeit des Landes und Organisation der Gesetzgebung sei in gewissem Masse ein Vorteil für die Gesetzesverletzer. Die Vielgestaltigkeit und Zersplitterung der geltenden Rechtslandschaft sei besonders für diejenigen ein Vorteil, welche sich nach einem Unfall oder einer Übertretung der rechtlichen Verfolgung entziehen wollten[232]. Zweitens begrüsste die Kommissionsmehrheit die Eigeninitiative des BR, denn der "[...] Gesetzgeber muss zeigen, dass er die Augen offen hat und dass er die Beschwerden und Klagen des 240

230 Sten Bul SR, Herbstsession 1911, 195.

231 Brennwald: Denkschrift, 29-30.

232 SR Bolli, Berichterstatter der Kommissionsmehrheit, Sten Bul SR, Herbstsession 1911, 194.

Publikums versteht und auf Abhilfe bedacht ist [...]. Es ist keine Zeit zu verlieren, ansonsten eine Volksinitiative oder kantonale Initiative eine Situation schaffen könnten, die dem Ansehen und der Volkswirtschaft schädlich wären"[233]. Nicht zuletzt fehle dem Konkordat die Garantie des allgemeinen Vollzuges, es sei "eine Klinge ohne Heft"[234].

241 Die Kommissionsminderheit befand, dass die Verschiedenheit des Landes und seine uneinheitliche Bodenstruktur – flaches Land und gleichzeitig Bergstrecken – eine einheitliche Regelung des Automobilverkehrs verunmögliche[235]. "Man könnte eigentlich im allgemeinen sagen, dass unsere sämtlichen Schweizerstrassen für den Automobilverkehr sich nicht eignen. Dieses Vehikel stellt an die Strassen Anforderungen, die man zur Zeit von deren Erstellung noch gar nicht gekannt hat"[236]. Und schliesslich lägen die Probleme des Konk1 nicht in dessen Inhalt, sondern in der uneinheitlichen Durchführung. Eine eidgenössische Regelung der Materie bringe jedoch keine Verbesserung in der Rechtsanwendung, denn auch diese müsste von den kantonalen Polizeiorganen durchgesetzt werden.

242 Die eigentliche Ratsdebatte offenbarte starke föderalistische und starke konservative Kräfte. Der Vertreter des BR begründete, weshalb der BR eine umfassende Regelung des Bereiches durch den Bund anstrebte: Es scheine unmöglich, ein Bundesgesetz mit Strafbestimmungen zu erlassen ohne eine gleichzeitige, einheitliche und bundesrechtliche Ordnung der Verkehrs- und Polizeivorschriften[237]. Tatsächlich war die Frage von Relevanz: Eine eidgenössische Haftpflichtregelung ohne eidgenössischen Unterbau konnte bei einem Unfall für den Automobilisten in zwei verschiedenen Kantonen zwei verschiedene Rechtsfolgen haben, je nach Ausgestaltung der kantonalen Vorschriften[238].

243 Jedoch – bereits das erste Kreisschreiben des BR hatte ergeben, dass ein Grossteil der ablehnenden Kantone eine Beeinträchtigung der kantonalen Strassenpolizei befürchtete. Nun sprachen sich die Standesvertreter dieser Kantone gegen eine eidgenössische Regelung aus, um die kantonale Hoheit zu bewahren. So monierte SR Brügger (GR), eine eidgenössische Regelung wäre nicht stufengerecht, da in Graubünden nicht einmal der Kanton über den Fahrradverkehr legiferiere, sondern nur die Gemeinden; und es sei nicht einsichtig, weshalb sich jetzt der Bund um Gemeinde-

233 SR Bolli, Sten Bul SR, Herbstsession 1911, 196.
234 SR Bolli, Sten Bul SR, Herbstsession 1911, 198.
235 SR Furrer, Berichterstatter der Kommissionsminderheit, Sten Bul SR, Herbstsession 1911, 204.
236 SR Furrer, Sten Bul SR, Herbstsession 1911, 204.
237 Bundesrat Schobinger, Sten Bul SR, Herbstsession 1911, 214.
238 Vertiefend vergleiche N 1253 S. 338.

dinge kümmern solle[239]. Überdies wäre eine eidgenössische Regelung noch verfrüht, denn "[...] gegenwärtig befindet sich der Automobilismus, wenigstens zum Teil noch, im Stadium der Flegeljahre"[240].

Der weitere Verlauf der Eintretensdebatte zeigte, dass der Rat die Hoheit der Kantone in der Strassenpolizei nicht weiter beschränken wollte, als dass dies durch die Oberaufsicht des Bundes über Strassen und Brücken und das Verbot der Erhebung von Strassen- und Brückenzöllen (altBV 37 I und 30 II) schon der Fall war. Er fand es ausreichend, wenn bloss die Automobilhaftpflicht durch ein Bundesgesetz geregelt würde und allfällige eidgenössische Strafbestimmungen gegen Missbräuche im Automobilverkehr aufgestellt würden, wozu die verfassungsrechtlichen Grundlagen in altBV 64 II und 64bis bestanden hätten[241]. 244

Die Eintretensabstimmung vom 4. Oktober 1911 ergab eine Pattsituation (18:18 Stimmen), worauf der Ständeratspräsident durch Stichentscheid Nichteintreten auf den bundesrätlichen Entwurf entschied. Der SR ersuchte den BR im weiteren, rasch einen Entwurf betreffend eines Automobilhaftpflichtgesetzes einzubringen und dabei zu prüfen, ob nicht zugleich eidgenössische Strafbestimmungen zum Schutze gegen Missbräuche des Automobilverkehrs zu erlassen wären[242]. 245

Die Automobilclubs reagierten mit Enttäuschung auf diesen Entscheid. Der TCS bedauerte, dass "die Gesetzgebung über die zivilrechtliche Verantwortung wichtiger sei als die Regelung des Automobilverkehrs", und er warf die Frage auf, auf was sich ein eidgenössisches Gesetz über die Haftung der Automobilisten reimen sollte, wenn deren Rechte und Pflichten nur in kantonalen Vorschriften fixiert wären, die sehr stark variieren würden[243]. Und zutreffend analysierte er, dass die Gegner einer eidgenössischen Regelung sich in zwei Lager aufteilten: Die Autophoben, welche das Publikum für entscheidungsfähig hielten, aber um die kantonale Hoheit bangten, und die Autophilen, die glaubten, die Bevölkerung sei mit dem Automobil noch zu wenig vertraut und sie hätte noch zu viele Vorurteile[244]. 246

Umfangreicher war die Reaktion des ACS. Dessen Mitglied G. Brennwald – Doktor des Rechts, Automobilist, Teilhaber einer Automobilfabrik und Vorstandsmitglied der ACS-Sektion Zürich – erhielt von den deutschschweizerischen Sektionen des ACS, der deutschschweizerischen Sektion des Verbandes schweizerischer Industrieller der Automobil- und Fahrradbranche sowie dem schweizerischen Radfahrerbund den Auftrag, 247

239 SR Brügger, Sten Bul SR, Herbstsession 1911, 208.
240 SR Brügger, Sten Bul SR, Herbstsession 1911, 205.
241 Strebel, 71.
242 Sten Bul SR, Herbstsession 1911, 223.
243 TCS-Revue, 1911, 241-242.
244 TCS-Revue, 1912, 215.

zuhanden der Bundesversammlung und des Bundesrates eine Stellungnahme zu verfassen. Seine Schrift sollte die Standpunkte seiner Auftraggeber verdeutlichen und präzisieren.

248 Brennwald fasste zuerst die Argumente zusammen, die für die Notwendigkeit eines eidgenössischen Gesetzes sprachen. Nebst den bereits bekannten Argumenten führte er ins Feld, dass die Automobilfrage in der Schweiz eine reine Verkehrsfrage und in letzter Linie eine Frage des Strassenbaues und des Unterhaltes sei[245]. Eine bundesgesetzliche Regelung würde auch gleich eine einheitliche Steuer zum Unterhalt der Strassen erlauben, und die Bussenerträge könnten vollumfänglich dem Strassenunterhalt zugesprochen werden[246]. Im weiteren beklagte Brennwald den Verleideranteil[247] – also den Umstand, dass ein Anzeiger einen Teil des Bussenertrages erhielt – weil der Kläger oft der einzige Zeuge des Vorfalls sei. Er rief die Interessen von Industrie, insbesondere der eigenen Fahrzeugindustrie, Handel und Verkehr in Erinnerung und vermerkte, dass manch einer sich nur deshalb keinen Wagen kaufe, weil er die Feindschaft des Publikums fürchte und sich im Gesetzesdschungel nicht auskenne. Ein geregelter Automobilverkehr läge auch im Interesse der Fremdenindustrie und der Bergtäler, was sich am Beispiel des (tatsächlich florierenden) Simplons im VS zeige. Nicht zuletzt hätten auch die Radfahrer ein Interesse an einem allgemeinen Verkehrsgesetz, denn auch für diese legiferierten die Kantone einzeln[248].

249 Brennwald formulierte im weiteren neue Argumente an die Gegner einer eidgenössischen Regelung. Dem Argument, Automobile seien Sport- und Spassfahrzeuge, für die keine Notwendigkeit bestünde, hielt er entgegen, dass dies zu differenzieren sei: Der einheimische Fahrzeugbestand rekrutiere sich aus Lastautomobilen sowie Fahrzeugen von Geschäftsleuten, Ärzten, Krankenwagen und dem Militär. Nur ausländische Fahrzeuge seien Sport- und Reisewagen – und diese seien aus anderem Grund sehr wohl erwünscht. Das Argument, der Automobilverkehr stelle eine permanente Gefahr auf Bergstrecken dar[249], entkräftete er mit der Aussage, dass bereits durch die Tatsachen im Rahmen des Konk1 der Gegenbeweis

---

245 Aussage von NR Walther (Sten Bul NR, Sommersession 1912, 141). Die (gegenteilige) Ansicht, wonach die Automobilfrage eine reine Strassenfrage sei, wurde 1913 an einem Kongress in Luzern erstmals in weiterer Öffentlichkeit propagiert. Der Redner untermauerte seine These mit Berechnungen nach dem Beispiel Englands, wo das Road Board mit dem Ertrag aus Automobil- und Benzinsteuer ein hervorragendes Strassennetz von 22 000 Kilometern geschaffen habe (Gubler, 92).

246 Brennwald: Denkschrift, 12.

247 Vertiefend vergleiche N 763 ff S. 205.

248 Alle Argumente aus Brennwald: Denkschrift, 13-26.

249 SR Furrer, Berichterstatter der Kommissionsminderheit, Sten Bul SR, Herbstsession 1911, 204.

erbracht worden sei. Überdies würde ein Bundesgesetz die Kantone nicht schlechter stellen, und die Kantone sollten weiterhin befugt sein, auf ungeeigneten oder für den Durchgangsverkehr nicht benötigten Strassen den Durchgangsverkehr zu untersagen[250]. Schliesslich stellte Brennwald in Frage, ob zum Erlass eines Bundesgesetzes überhaupt eine vorgängige Verfassungsänderung notwendig sei[251].

In der Sommersession 1912 lag das Geschäft beim NR. In der Eintretensdebatte wurden zuerst die Argumente für ein Eintreten aufgeführt. Genannt wurde unter anderem die Anomalie, die momentan im Konk2 (insbesondere Konk2 19, aber auch 8, 14 und 29) enthalten sei: Die Kantone hätten im Konk2 beschlossen, dass der Bund ein Register für sie führe, den Verkehr von Kanton zu Kanton vermittle und dafür sorge, dass was der eine Kanton anordne, im anderen Kanton vollzogen werde. Es sei aber nicht richtig, dass die Kantone befehlen und der Bund für sie den Diener machen müsse[252]. Hinzu komme die Unfähigkeit der Kantone, hätten es doch diese bis anhin nicht fertig gebracht, die zum Vollzug des Konk1 notwendige Ordnung zu schaffen, so beispielweise hinsichtlich der Nummerierung der Fahrzeuge oder der Meldung der Fahrzeugbesitzer an die bezeichnete eidgenössische Zentralstelle. 250

Auch mehrere Nationalräte griffen die Frage auf, ob eine bundesrechtliche Haftpflichtregelung ohne eine bundesrechtliche Automobilverkehrsregelung Sinn mache. NR Walther bezeichnete die Einheitlichkeit, die dank des Konkordates erreicht worden sei, als eine nur scheinbare Einheitlichkeit, denn eine solche Einheitlichkeit sei schlichtweg eine Utopie[253]. Jedoch sei seiner Überzeugung nach die Automobilfrage auch in der Schweiz eine reine Verkehrsfrage und in letzter Linie eine Frage des Strassenbaues und des Strassenunterhaltes[254]. Für eine einheitliche Regelung engagierte sich auch die Hotellerie, welche ein gewichtige Gruppierung innerhalb der Fremdenindustrie darstellte. Für sie sprach NR Seiler, der darauf hinwies, dass die 1907 erfolgte Öffnung der Simplonstrasse für den Verkehr nun bis in die letzten Täler positiv zu verspüren sei und seither viel mehr Touristen ins Wallis (und selbst ins autofreie Zermatt) kämen[255]. 251

Gegen ein Eintreten ins Feld geführt wurde die Befürchtung, dass ein zentrales Gesetz weniger griffig als die bestehende Ordnung würde, die 252

250 Brennwald: Denkschrift, 20-23.

251 Brennwald: Denkschrift, 29-30. Vertiefend vergleiche N 238 ff S. 65.

252 NR Mächler, Berichterstatter der Kommissionsmehrheit, Sten Bul NR, Sommersession 1912, 129.

253 NR Walther, Sten Bul NR, Sommersession 1912, 140.

254 Eine Aussage, die in der späteren politischen Diskussion immer wieder eingebracht wurde. NR Walther, Sten Bul NR, Sommersession 1912, 141.

255 NR Seiler, Sten Bul NR, Sommersession 1912, 167-168.

bekannten föderalistischen Bedenken sowie die Unmöglichkeit, gleich lautende Vorschriften für steile Bergstrassen und flache, breite Talstrassen zu formulieren[256]. Dem letzten Argument wiederum wurde entgegengehalten, dass Deutschland und Österreich bereits eine zentrale Regelung eingeführt hätten und beide Länder ebenfalls über Alpen- und Flachlandstrassen verfügten[257].

253 Immer wieder angesprochen wurde die Finanzierung des Strassenbaus, insbesondere die Einbeziehung der ausländischen Lenker, welche schwierig zu bewerkstelligen war.

254 In der Eintretensabstimmung vom Juni 1912 entschied der Rat schliesslich, nach langer vorgängiger Diskussion und im Gegensatz zum SR, auf die bundesrätliche Vorlage einzutreten.

255 Im März 1913 lag die Sache wieder beim SR, welcher aber mit Beschluss vom 28. März 1913 an seinem Nichteintreten festhielt, womit ein erster Anlauf für eine umfassende, eidgenössische Regelung des Automobilwesens im Differenzbereinigungsverfahren zwischen den Räten gescheitert war.

256 Während eine ganze Reihe von Nachbarstaaten schon seit Jahren über eine landesweit einheitliche Regelung verfügten (beispielsweise Deutschland, wo bereits am 3. Mai 1906 eine einheitliche deutsche Automobilverordnung die vorgängigen, teilgebietsweisen Erlasse abgelöst hatte)[258], trat in der Schweiz 1914 das seit 1911 prinzipiell fertig gestellte, seither aber zurückgehaltene 2. Konkordat[259] in Kraft. Da dieses immerhin die Erteilung einer Verkehrsbewilligung vom Abschluss einer Haftpflichtversicherung abhängig machte, war die Regelung der Haftpflicht auf Bundesebene vorerst kein Thema mehr. Ungelöst blieb aber die fehlende Einheitlichkeit und Übersicht über Automobilverordnungen und Fahrverbote in den 25 Kantonen, was der Nebelspalter 1913 (mit Hinblick auf die Landessausstellung 1914) in einer Karikatur persiflierte[260].

257 Die **ZWEITE PHASE** der zeitlichen Entwicklung hin zu einer bundesrechtlichen Kompetenz begann erst 1916, denn der Krieg minderte vorerst den Handlungsdruck. Ausschlaggebend für einen neuen Anlauf war die Suche

---

256 NR Ming, Vertreter aus dem Kanton Obwalden (Brünigroute), Sten Bul NR, Sommersession 1912, 146.

257 NR Sulzer, Sten Bul NR, Sommersession 1912, 160.

258 Isaac, VII sowie 29-32.

259 AS, Band XXXI NF 91-116.

260 Die Karikatur zeigt ein zweitüriges Automobil, auf das anstelle eines Kofferraumes ein das ganze Fahrzeug überragender Aktenschrank montiert worden war. Bildunterschrift: “Und hier sehen Sie Typ ‘Schweiz 1914’, Coupé für zwei Personen mit Bibliotheksschrank, in dem alle Gesetze und Verordnungen bequem mitgeführt werden können”.

des Bundes nach Finanzmitteln[261]. Eine Nationalratskommission verlangte vom BR einen Bericht[262], ob es möglich wäre, von den Automobilisten Abgaben zu verlangen, um so den Kantonen die Mittel zu verschaffen, um die Strassen dem Automobilverkehr anzupassen. Die Kommission lud den BR überdies zum Entwurf eines Automobilgesetzes ein, sofern er dies für angezeigt halte[263]. In seiner Antwort hielt der BR die Belastung des Automobilverkehrs zum Zwecke des Strassenunterhalts für möglich und gerechtfertigt, und schlug vor, hierzu die Betriebsstoffe fiskalisch zu belasten. Auf die Vorlage eines Automobilgesetzes verzichtete der BR, denn er wollte nicht riskieren, dass ein solches Gesetz anders aus der parlamentarischen Behandlung hervorginge als es konzipiert worden wäre und damit nicht mehr den Voraussetzungen entspräche, unter denen eine dazu vorab notwendige Verfassungsänderung angenommen würde. Der BR hielt aber eine Regelung des Automobilwesens für so wichtig, dass er einen 2. Entwurf für ein altBV 37bis präsentierte, welcher neu einen Absatz III hatte und der in Steuerhoheit der Kantone eingriff[264]: Vorgesehen war eine alleinige Steuerhoheit des Bundes, wobei die Abgaben zweckgebunden für Verbesserung und Unterhalt "der vom Bund zu bezeichnenden Strassen" hätten verwendet werden müssen. BR Müller zog, als Vertreter des Bundesrates, Parallelen zu Post, Eisenbahn, Telegraf und weiteren Gebieten – alles Bereiche, in denen der Bund mit Erfolg gesetzgeberisch eingriff, weil die Kantone dafür zu klein waren[265].

Im folgenden Differenzbereinigungsverfahren nahm der NR am 258
26. Juni 1917 einen revidierten Entwurf (mit leichter Veränderung in Abs. III) an[266]. Der SR lehnte diesen jedoch ab, weil er Abs. III der Vorlage als Bedrohung der kantonalen Steuerhoheit sah. Der Rat war der Ansicht, dass die Vorlage immer noch über die notwendige Einschränkung der kantonalen Strassenpolizeihoheit hinausging[267].

In der Zweitberatung des NR modifizierte dessen Kommission den Vor- 259
schlag des BR nochmals in den Punkten, die den SR zur Ablehnung bewogen und strich insbesondere den ganzen die Abgaben und Besteuerung betreffenden Abs. III der Vorlage. Der neue Vorschlag wurde am

---

261 Im Zuge der Schaffung einer bundesrechtlichen Kompetenz für den Strassenverkehr wurde in den Jahren 1916-1919 versucht, dem Bund auch gleich eine Kompetenz zur Erhebung von Steuern zwecks Finanzierung des Strassenbaus der Kantone zu verschaffen. Betreffend der abgabenrelevanten Aspekte dieses politischen Prozesses siehe N 1405 ff S. 380.

262 Strebel, 72, sowie BBl, 1916 IV, 115.

263 Strebel, 72, sowie BBl, 1916 IV, 115.

264 BBl, 1916 IV, 140-146.

265 Artikel "ein neuer BV-Art über den Automobilverkehr und die Luftschifffahrt", in Achtzig Jahre Verkehrspolitik im Spiegel der AR, 17.

266 Sten Bul NR, Sommersession 1917, 404-415.

267 Sten Bul SR, Frühjahrssession 1918, 36-57.

4. Juni 1919 vom NR gutgeheissen[268] und die modifizierte Vorlage fand am 10. Februar 1921 auch die Zustimmung des SR[269]. Zurecht hatte der BR somit in seinem Jahresbericht für das Jahr 1920 vermerkt: "Die Verfassungsrevision [...] hat im Berichtsjahre entscheidende Fortschritte gemacht, nachdem die Vorlage zehn Jahre zwischen den Räten hin und her wanderte"[270].

260 Die letzte Hürde nahm die Vorlage in der Volksabstimmung vom 22. Mai 1921, in welcher der bereinigte Verfassungsartikel mit 15 ½ zu 6 ½ Standesstimmen angenommen wurde[271]. Damit war im zweiten Anlauf die verfassungsmässige Grundlage geschaffen worden, dass der Bund das Strassenverkehrswesen regeln konnte.

2.4.5.2 Anwendbarkeit

261 Eine direkte Anwendbarkeit ergab sich aus der Kompetenzumlagerung von den Kantonen hin zum Bund nicht, jedoch konnte sich der Bund nun beim Erlass einer eidgenössischen Automobilgesetzgebung auf seine verfassungsmässige Kompetenz hierzu berufen.

2.4.5.3 Inhalt

262 AltBV 37bis I befugte den Bund, Vorschriften über Automobile und Fahrräder aufzustellen. AltBV 37bis II wahrte das grundsätzliche Recht der Kantone, den Automobil- und Fahrradverkehr zu beschränken oder ganz zu untersagen, indes konnte der Bund für den allgemeinen Durchgangsverkehr notwendige Strassen in vollem oder beschränktem Umfange als offen erklären. Überdies behielt sich der Bund die Benützung der Strassen im Dienste des Bundes vor.

2.4.5.4 Mitglieder

263 Durch die Verschiebung der Kompetenz auf die nationale Ebene verloren die Kantone tatsächlich einen Teil ihrer Autonomie. Insbesondere galt das für die Kantone, die sich bisher dem Automobil abgeneigt oder verschlossen gezeigt hatten, beispielsweise GR, denn einer bundesrechtlichen Regelung würden ausnahmslos alle Kantone unterworfen sein.

2.4.5.5 Revisionen und Ergänzungen

264 Im Betrachtungszeitraum der vorliegenden Arbeit erfuhr altBV 37bis keine Änderungen oder Revisionen.

---

[268] Sten Bul NR, Sommersession 1919, 502-505.
[269] Sten Bul SR, Frühjahrssession 1921, 41-75.
[270] GB BR, 1920, 327.
[271] AS, Band XXXVII NF 739.

2.4.5.6 Bedeutung und Würdigung

Durch die Neuregelung der Kompetenz blieb das Strassenrecht im engeren Sinne (Strassenbau-, Strassenbetriebs- und Strassenbenutzungsrecht) den Kantonen vorbehalten, welche dieses in Form der Strassenhoheit heute noch ausüben[272]. Allerdings wurde das Strassentransport- und Strassenpolizeirecht weitestgehend Bundesrecht, so auch die Gesetzgebung bezüglich Automobile und Fahrräder. 265

2.4.6 Zweite internationale Übereinkunft (1931)

2.4.6.1 Entstehung

Die IntUek1 betreffend den internationalen Automobilverkehr hatte sich im internationalen Verkehr bewährt, bedurfte aber durch die technische Weiterentwicklung, die zahlenmässige Zunahme des Motorfahrzeugverkehrs und Veränderungen auf der politischen Landkarte einer Revision. 266

Zur Vorbereitung einer Konferenz, welche eine neue internationale Übereinkunft beschliessen sollte, tagte ab 1923 in Paris ein technisches Gremium, in welches die Schweiz den Chef der Polizeiabteilung entsandte[273]. Bereits im Dezember 1925 wurde dem BR ein Vorentwurf zur Stellungnahme vorgelegt[274], und vom 20.–24. April 1926 fand in Paris die diplomatische Konferenz statt, anlässlich der zwei selbstständige Konventionen ausgearbeitet wurden. Einerseits das "internationale Abkommen über den Kraftfahrzeugverkehr vom 24. April 1926"[275], andererseits eine Konvention, welche im März 1931 in ein Abkommen über die Strassensignalisation mündete und welchem dann auch die Schweiz beitreten sollte[276]. 267

2.4.6.2 Anwendbarkeit

Die IntUek2 war anwendbar auf "Kraftfahrzeuge im Strassenverkehr" (IntUek2 1). Im Gegensatz zur IntUek1 wurde in der IntUek2 definiert, was darunter zu verstehen sei: Als Kraftfahrzeug galten alle mechanisch angetriebenen Fahrzeuge, die auf öffentlichen Wegen verkehrten, ohne dabei an Schienen gebunden zu sein, und welche der Beförderung von Personen oder Gütern dienten (IntUek2 2). 268

---

[272] Lendi, 21-22.
[273] GB BR, 1924, 374.
[274] GB BR, 1925, 276.
[275] AS, Band XXXXVI NF 719-748.
[276] GB BR, 1931, 287.

2.4.6.3 Inhalt

269 Die IntUek2 war eine Weiterentwicklung der IntUek1. Neu hinzu kamen Vorschriften bezüglich der Fahrzeugausrüstung für Fahrzeuge mit einem Bruttogewicht über dreieinhalb Tonnen (IntUek2 3 I d), einem Mindestalter der Lenker (im internationalen Verkehr) von 18 Jahren (IntUek2 6 III) sowie der Differenzierung des internationalen Führerscheines in drei Kategorien (IntUek2 7 III): Kategorie A für Kraftfahrzeuge bis zu einem Bruttogewicht von dreieinhalb Tonnen, Kategorie B für Kraftfahrzeuge mit einem Bruttogewicht über dreieinhalb Tonnen und Kategorie C für Krafträder mit und ohne Beiwagen.

270 Entfallen war gegenüber der IntUek1 die Verkehrsvorschrift über das Kreuzen und Überholen (IntUek1 7), was als konsequent bezeichnet werden konnte, denn IntUek1 7 war nur eine Verweisnorm auf nationales Recht, und überdies waren weder die IntUek1 noch die IntUek2 zur Regelung des Verkehrs gedacht, enthielten also ansonsten keine diesbezüglichen Normen.

2.4.6.4 Mitgliedsländer

271 Der IntUek2 traten rund 40 Staaten bei, wovon einige ausserhalb von Kontinentaleuropa lagen, beispielsweise in Südamerika (IntUek2 17).

272 Im Falle der Schweiz genehmigten die eidgenössischen Kammern das Abkommen am 26. September 1930. Am 21. Oktober 1930 ratifizierte die Schweiz das Übereinkommen von Paris[277] – doch dieses Mal, dank der neuen Bundeskompetenz und im Gegensatz zur IntUek1, ohne Vorbehalte zugunsten der Kantone. Am 3. Dezember 1930 kündigte die Schweiz ihre Mitgliedschaft bei der IntUek1[278] und am 21. Oktober 1931 trat die IntUek2 für die Schweiz in Kraft[279].

2.4.6.5 Revisionen und Ergänzungen

273 Im Betrachtungszeitraum der vorliegenden Arbeit erfuhr die IntUek2 keine Änderungen oder Revisionen mehr.

2.4.6.6 Bedeutung und Würdigung

274 Die IntUek2 brachte dem internationalen wie – indirekt – dem nationalen Verkehr Fortschritte im Bereich der gegenseitigen Anerkennung von Ausweisen. Überdies schuf und unterschied es verschiedene Fahrzeugkategorien, was den internationalen Verkehr und die Zulassung von Fahrzeugen erleichterte.

---

277 GB BR, 1930, 271.
278 AS, Band XLVI NF 749.
279 GB BR, 1931, 287.

Die typusbedingte Schwäche, nicht direkt anwendbares Recht zu sein und wiederum einer nationalen Implementierung zu bedürfen, musste wie bei der IntUek1 durch das Konk2 nun bei der IntUek2 durch erst noch zu bildendes Bundesrecht behoben werden. 275

Trotzdem ist die IntUek2 für die Schweiz von grosser Bedeutung, brachte sie doch – aufgrund des jetzt entfallenen Vorbehaltes zugunsten der Kantone – eine grössere Vereinheitlichung und Eingliederung der Schweiz in den internationalen Kontext. Auf innerschweizerischer Ebene wurden wiederum viele Elemente der IntUek2 direkt in das spätere Bundesgesetz übernommen, beispielsweise die Differenzierung von Fahrbewilligungen und Fahrzeugen in verschiedene Kategorien. 276

2.4.7 Bundesgesetz und Vollzugsverordnung (1933)

2.4.7.1 Entstehung

Die Entstehungsgeschichte des "Bundesgesetzes über den Motorfahrzeug- und Fahrradverkehr"[280] (fortan BG32) sowie der zugehörigen "Vollziehungsverordnung zum Bundesgesetz vom 15. März 1932 über den Motorfahrzeug- und Fahrradverkehr"[281] (fortan VOBG32) begann mit der Annahme der Verfassungsergänzung von altBV 37bis im Mai 1921. Damit waren die Grundlagen für ein Gesetz, das neben Haftpflicht- und Strafbestimmungen auch Verkehrsvorschriften enthalten konnte, geschaffen. Wie schon bei der Schaffung der Bundeskompetenz bedurfte es jedoch mehrere Versuche, bis dem Vorhaben Erfolg beschieden war. 277

Ein **ERSTER VERSUCH** wurde unverzüglich nach der Annahme der Verfassungsergänzung gestartet: Teilweise auf früheren Entwürfen basierend, unterbreitete der BR im April 1922 den interessierten Verbänden und Organisationen einen Vorentwurf zur Vernehmlassung. Unter Einbezug der Reaktionen erarbeitete eine Expertenkommission des zuständigen Departements im Juli 1922 einen Gesetzesentwurf, welchen den Bundesrat bereits im November 1922 genehmigte[282]. Der Entwurf enthielt unter anderem Bestimmungen zum Schutze des Publikums vor Belästigungen, Vorschriften für alle Strassenbenutzer, Geschwindigkeitslimiten sowie Normen zur Haftpflicht. Die Behandlung in den Räten ging rasch vonstatten, denn am 10. Februar hatten bereits beide Räte der Vorlage zugestimmt[283]. Trotzdem wurde das Referendum gegen die Vorlage ergriffen, wobei auch ins Feld geführt wurde, dass die Aufnahme von Vorschriften für alle Verkehrsteilnehmer nicht der Unfallverhütung die- 278

---

280 AS, Band IIL NF 513-533.
281 AS, Band IIL NF 715-777.
282 GB BR, 1922, 361.
283 Strebel, 74.

nen würden, sondern vielmehr die Haftungsbefreiung der motorisierten Verkehrsteilnehmer bezweckten[284]. Die Argumente der Referendumsinitianten verfingen, und die bundesrätliche Vorlage scheiterte in der Volksabstimmung vom 15. Mai 1927[285].

279 Damit war die zum Greifen nahe geglaubte eidgenössische Lösung wieder in weite Ferne gerückt. Als Reaktion liess die Polizeidirektorenkonferenz durch eine Kommission Vorschläge erarbeiten, wie auf der Rechtsgrundlage des nun weiterhin geltenden Konk2 Verbesserungen zu erzielen wären. Die erarbeiteten Vorschläge wurden daraufhin von einigen Kantonen in den nächsten Jahren umgesetzt[286].

280 **Zweiter Versuch.** Noch immer ungelöst war das Problem der Strassenfinanzierung. Insbesondere Bergkantone mit geringer Motorisierung hatten Finanzierungsprobleme für ihren Strassenraum und erhoben deshalb verfassungswidrig Alpentaxen für das Befahren ihrer Strassen[287]. Zwischenzeitlich herrschte ein allgemeiner Konsens, dass das Automobilproblem ein Strassenproblem sei, doch am 15. Mai 1927 war in Bezug auf dieses Strassen- beziehungsweise Finanzierungsproblem bereits ein zweiter Lösungsversuch gescheitert. Um den Strassenbau zu fördern, lancierten deshalb die Motorisierungsbefürworter eine Volksinitiative. Diese "Strassenverkehrsinitiative" kam im Oktober 1927 zustande und bezweckte eine Erweiterung von altBV 37bis in dem Sinne, dass der Bund die Kompetenz zur Gesetzgebung über den gesamten Strassenverkehr erhalten sollte. Aufgrund des Zustandekommens der Strassenverkehrsinitiative stellte der Bundesrat die Vorarbeiten für ein neues Bundesgesetz zurück, denn die Annahme der Strassenverkehrsinitiative hätte eine weitere Kompetenzverschiebung zur Folge gehabt[288]. Die Opposition gegen die Strassenverkehrsinitiative war aber zu stark, da sie hauptsächlich nur von den Motorisierten unterstützt wurde. Sie wurde denn auch in der Abstimmung vom 12. Mai 1929 vom Souverän verworfen[289].

281 **Dritter Versuch.** Nach der Ablehnung der Automobilinitiative wurden die Vorarbeiten des Bundes wieder aufgenommen[290]. Aufgrund der Dringlichkeit der Sache gingen in den Räten umgehend Motionen und Postulate ein und es wurden Forderungen der Verbände und der Interessengruppen angemeldet[291]. Das Eidgenössische Justiz- und Polizeidepartement (fortan EJPD) versandte Fragebogen an die interessierten Kreise

---

284 Nussbaum, 220.
285 BBl, 1927 I, 752.
286 Vertiefend vergleiche N 213 S. 56.
287 Vertiefend vergleiche N 1367 S. 368.
288 GB BR, 1928, 290.
289 AS, Band XLV NF 268.
290 GB BR, 1929, 294.
291 Strebel, 74.

und im September 1930 konnte es einen neuen Vorentwurf präsentieren[292]. Im Oktober 1930 ratifizierte die Schweiz in Paris die IntUek2, woraus sich für die Schweiz neue Auflagen ergaben, die jedoch schon vorgängig in den Entwurf des EJPD eingearbeitet worden waren. Am 12. Dezember 1930 genehmigte der BR einen zwischenzeitlich ausgearbeiteten Gesetzesentwurf[293]. Die Vorlage hatte nun die Natur eines Rahmengesetzes, indem verkehrspolizeiliche und technische Details in eine Verordnung verwiesen wurden, welche einfacher und effektiver als ein Bundesgesetz an veränderte Umstände angepasst werden konnte.

Vorlage und Botschaft gingen im Dezember 1930 an die Räte. In den Ratsdebatten besonders zu diskutieren gaben die Kompetenzaufteilung zwischen Bund und Kantonen, Regelungen zur Arbeits- und Ruhezeit der Berufschauffeure (BG32 17 III), die erlaubten Höchstgeschwindigkeiten sowie die Abschaffung der Tempolimite für anhängerlose Personenkraftwagen (BG32 25). Die Einführung der Gefährdungshaftung (BG32 37 ff) aber fand keinen ernsthaften Widerstand mehr. Beide Räte nahmen die Vorlage im März 1932 an. 282

Auch gegen diese Vorlage wurde ein Referendum erhoben, welches aber von den Automobilverbänden nicht unterstützt wurde, sodass innert der Referendumsfrist statt der geforderten 30 000 nur 20 487 gültige Unterschriften gesammelt werden konnten[294]. Das Referendum kam nicht zustande. Somit konnten, nach ihrer Publikation, das BG32 und die VOBG32 in Kraft treten: Das BG32 per 1. Dezember 1932 (Art 4, 58, 64–68) beziehungsweise 1. Januar 1933 (ganzes Gesetz)[295], die zugehörige VOBG32 integral per 1. Januar 1933[296]. Die Kantone hatte die für ihre Durchführung notwendigen Massnahmen zu treffen (VOBG32 85 II). 283

Damit hatte die Schweiz nach drei Versuchen endlich ein eidgenössisches Gesetz über den Motorfahrzeugverkehr in ihre Rechtsordnung aufnehmen können. 284

2.4.7.2 Anwendbarkeit

Sachlich war das BG32 anwendbar für Motorfahrzeuge oder Fahrräder im öffentlichen Verkehr (BG32 1 I). Endlich wurde, nach dem Konk1, wieder definiert, was unter einem Motorfahrzeug denn zu verstehen war: "Motorfahrzeuge sind Fahrzeuge, die durch motorische Kraft angetrieben werden und auf öffentlichen Strassen verkehren, ohne an Geleise gebun den zu sein" (VOBG32 1, in Anlehnung an die IntUek2). Aufgrund des 285

---

292 GB BR, 1930, 270.
293 BBl, 1930 II, 849-880.
294 BBl, 1932 II, 214.
295 AS, Band IIL NF 533 respektive 779.
296 AS, Band IIL NF 742.

Einbezugs aller Strassenbenutzer wurde der Kreis der Rechtsunterworfenen gegenüber dem Konk2 erweitert: Die neuen Normen galten auch für die Benutzer der dem Motorfahrzeug oder dem Fahrrad geöffneten Strassen (BG32 1 I).

286 Örtlich waren das BG32 und die VOBG32, aufgrund der bundesrechtlichen Ebene, flächendeckend in der gesamten Schweiz anwendbar.

2.4.7.3 Inhalt

287 Umfasste das Konk1 noch 35 Artikel und das Konk2 noch 75 Artikel, enthielt nun das BG32 75 Artikel und die das BG ausführende VOBG32 weitere 85 Artikel – kein Garant, aber ein deutlicher Hinweis auf einen gestiegenen Detaillierungsgrad der enthaltenen Normen.

288 Zwischen den Bundesnormen und dem Kon2 liegen fast zwei Jahrzehnte und eine internationale Übereinkunft, ein massiv gestiegenes Verkehrsaufkommen und damit eine deutlich höhere rechtliche und soziale Relevanz des Rechtsgebietes. Als bundesrechtliche Regelung sind das BG32 und die VOBG32 überdies keine Fortbildungen des Konkordatsrechts, sondern eigenständige Neuschöpfungen.

289 Als wesentliche Neuerungen gegenüber dem Konk2 liessen sich beim BG32 wie bei der VOBG32 eine ganze Reihe von Bestimmungen festhalten. Zu den wesentlichen Neuerungen im BG32 gehörten im 1. Titel das bundesrätliche Recht zur Strassenöffnung (BG32 2) sowie die Vereinheitlichung der Strassensignalisation (BG32 4). Im zweiten Titel zu erwähnen waren die Bildung verschiedener Kategorien von Fahrzeugausweisen (BG32 5–16) sowie die Ausdehnung der Verkehrsregeln auf andere Strassenbenutzer (BG32 33–35). Der dritte Titel, von der Haftpflicht und der Versicherung handelnd, war integral als Neuerung zu werten, ebenso der vierte Titel zu den Strafbestimmungen, welcher verschiedene Straftatbestände samt Strafdrohung auflistete (BG32 59–65).

290 Aus der VOBG32 besonders hervorzuheben waren die Definitionen verschiedener Fachbegriffe (VOBG32 1–4), die Einführung eines Lernfahrausweises (VOBG32 31), der Erlass von Verkehrsregeln für Fahrzeuge mit Tierbespannung oder Viehherden (VOBG 72–74) sowie die Entflechtung von statistischen und strafrechtlichen Kontrollmassnahmen (VOBG32 77–79).

2.4.7.4 Bedeutung und Würdigung

291 Mit der eidgenössischen Regelung konnten 1932 zwei Konkordate und eine Vielfalt kantonaler Regelungen abgelöst werden und – nach 30 Jahren zähem Ringen – endlich das Ziel der einheitlichen, flächendeckenden Rechtsgrundlage erreicht werden.

292 Die Bedeutung der einzelnen Teilregeln wird im Rahmen des 2. Teiles der Arbeit erfolgen.

3 Die Gesellschaft

3.1 Strassenbenutzergruppen und ihre Ansprüche

Die Motorisierung des Strassenverkehrs bewirkte einen Quantensprung im bislang überschaubaren Verkehrsalltag: Geschwindigkeit und Reichweite erhielten neue Dimensionen, doch ebenso die Belästigungen, die Gefährlichkeit und das Schadenpotenzial für Dritte. Die Motorisierung ergänzte die Gruppe der nichtmotorisierten, "traditionellen" Verkehrsteilnehmer um die neue Gruppe der motorisierten, "nichttraditionellen" Verkehrsteilnehmer. Um die Vorteile des Motorfahrzeuges nutzen zu können, hatte diese neue Gruppe von Verkehrsteilnehmern grundlegend andere Bedürfnisse und Ansprüche als die traditionellen Strassenbenutzer. 293

Eine durchgehende, für den ganzen Betrachtungszeitraum gleich bleibende Gruppierung der Verkehrsteilnehmer ist unmöglich, denn die Motorisierung ist ein Antriebskonzept, aber keine Wagenkategorie. Die Multifunktionalität der Motorfahrzeuge durchbrach die traditionell eindeutige Zuordnung des Verkehrsmittels (Kutsche, Fahrrad, Fussgänger, Pferde- u. Ochsenfuhrwerke, Hundegespanne, Handkarren) zu einem einzigen Verwendungszweck (Fern-, Nah- und Lokalverkehr für Personen beziehungsweise entsprechend für Waren). Diese Multifunktionalität machte für die rechtliche Erfassung der Motorfahrzeuge deren Differenzierung nach Fahrzeugtyp und Einsatzzweck notwendig: Für einen berufsmässigen Buschauffeur mussten andere Normen gelten als für den selbstfahrenden Automobilisten. In Höhe und Breite beschränkt werden mussten alle schweren Motorfahrzeuge, doch bei Gesellschaftswagen waren Vorschriften zur Sicherheit der Fahrgäste besonders wichtig, während bei Lastwagen Gewichtsbeschränkungen zwecks Strassenschutz notwendig waren. 294

Die vielfältige Verwendbarkeit des Motorfahrzeuges bewirkte nach 1920 eine starke, interessenabhängige Segmentierung der "motorisierten" Verkehrsteilnehmer, während die traditionellen Kategorien von Verkehrsteilnehmern einen starken Bedeutungsschwund erlebten, beispielsweise Pferdekutschen. Eine Ausleuchtung des ganzen Spektrums von Strassenbenutzern war trotzdem unabdingbar, denn jede Gruppe nutzte den Verkehrsraum anders und hatte andere Erwartungshaltungen, was zu Auseinandersetzungen und Konflikten um den Strassenraum führte. 295

Wie sich die Nutzergruppen im Betrachtungszeitraum dreier Jahrzehnte veränderten, so veränderten sich, bedingt durch die technische Entwicklung, auch deren strassenverkehrspolitischen Interessen und Allianzen. 296

3.1.1 Traditionelle, nichtmotorisierte Gruppen

297 Zu den traditionellen Verkehrsteilnehmern waren verschiedene Gruppen von Strassenbenutzern zu zählen.

298 Die **Fussgänger** verkehrten lokal und nutzten die Strassen nicht als Verkehrsfläche, sondern als sozialen Lebensraum, um Leute zu treffen, Geschäfte abzuschliessen, Waren feilzubieten oder als Spielplatz für Kinder. Vor der Motorisierung vertrug sich diese Zweckentfremdung, aufgrund der geringen Geschwindigkeiten, gut mit dem eher beschaulichen Verkehr der anderen Verkehrsteilnehmer.

299 Die **Fahrradfahrer** wollten die Verkehrsfläche für den lokalen Personentransport nutzen. Sie fühlten sich dabei dem Fussgänger verwandt und selten an Vorschriften gebunden, obwohl im ausgehenden 19. Jahrhundert in den meisten Kantonen bereits Vorschriften für Fahrräder bestanden.

300 Die Fahrradfahrer waren in vielerlei Hinsicht die Vorläufer des Automobils, sowohl technisch (beispielsweise Luftreifen, Kettenantrieb oder Kugellager), marketingmässig, in Recht und Besteuerung als auch in der Verbandsbildung. Die Fahrräder verunsicherten am Ende des 19. Jahrhunderts als bürgerliches Sportgerät die anderen Strassenbenutzer[297]. Sie brachten einen ersten Hauch von Geschwindigkeit[298] in das Strassenbild und waren der Einstiegsapparat in die motorisierte Gesellschaft. In politischer Hinsicht waren die Fahrradfahrer zuerst Wegbereiter, dann Trittbrettfahrer der Motorisierung.

301 **Fuhrwerke** wollten die Verkehrsfläche für den Warentransport und die Landwirtschaft nutzen. Die Landwirtschaft nutzte die Strasse für den Vieh- und Herdentrieb und die Ränder von Strassen und Wegen als Weidefläche für Kleinvieh.

302 In der Landwirtschaft eingesetzte Fuhrwerke transportierten Ernten und Feldfrüchte und wurden von Ochsen, Kühen oder Hunden gezogen, aber auch von Pferden, weil die Landwirtschaft erst in der Hochkonjunktur nach dem Krieg auf den motorbetriebenen Traktor umstellte[299]. Die von Handel und Gewerbe, beispielsweise Bierbrauereien, Möbelmanufakturen oder Bäckereien, eingesetzten Fuhrwerke transportierten die Erzeugnisse des jeweiligen Halterbetriebes. Es war ein eigentlicher Stückguttransport, wobei die Fuhrwerke über längere Distanz immer mehr durch die Eisenbahn verdrängt wurden.

303 Das Fuhrgewerbe schuf Brot für Schmiede, Wagner, Kutscher, Fuhrleute und Fuhrhalter. Viele dieser Berufe wurden Ende der 1920er Jahre von der Strasse verdrängt, aber durch neue Berufe ersetzt: Hufschmiede wur-

---

297 Merki: Unwegsames Gelände, 39.
298 Gisler-Jauch, 23.
299 Merki: Unwegsames Gelände, 43.

den Automechaniker, Wagner wurden Reifenhändler, Kutscher zu Chauffeuren und Fahrradhändler zu Autoimporteuren[300].

KUTSCHEN UND PFERDEPOSTEN wollten die Verkehrsfläche für den zumeist gewerblichen Personentransport nutzen. Da die Eisenbahn – schneller und bequemer – in Hochblüte war, verblieben den Kutschen und Pferdeposten Refugien in Regionen ohne Bahnanschluss. 304

Eine Sonderfunktion erfüllte die pferdebespannte Reisepost: Ab 1880 hatte sie eine regionale Erschliessungsfunktion, speziell in Gebieten mit dezentralen Industrieformen wie Heimindustrie oder Manufakturen, und in Agglomerationen, in denen es keine Trambetriebe gab, wie beispielsweise Chur, Freiburg, Thun oder St. Gallen. Bis 1920 waren sie praktisch das einzige schienenlose, öffentliche Strassenverkehrsmittel. Ein starker Motor für die Posttransporte war der alpine Tourismus, denn die ab 1890 aufblühenden Urlaubsorte im Wallis, Tessin oder Graubünden wurden nicht oder erst später durch die Eisenbahn erschlossen[301]. 305

Im Betrachtungszeitraum spielt die Reisepost eine Zwitterrolle, denn in dieser Zeit vollzog sie den Wechsel von der Pferdebespannung zur vollen Motorisierung. 306

Eine Zwitterrolle spielen auch die **EISEN- UND STRASSENBAHNEN**, wozu Bundes- und Privatbahnen, Strassenbahnen und Trambetriebe zu zählen waren. Wohl waren sie auch mechanisch angetrieben, doch sie waren – mit Ausnahme der Strassenbahnen – nur indirekte Verkehrsteilnehmer, indem ihre Schienenwege die Strassenfläche kreuzten. Stets aber standen sie in scharfer Konkurrenz zum Automobil und kämpften auf der Seite der nichtmotorisierten Verkehrsteilnehmer. Die Eisen- und Strassenbahnen nutzten die Verkehrsfläche als Trasse, soweit Strassenbahnschienen im Strassenbett eingelassen waren, und bei Niveauübergängen, auf denen sich Schiene und Strasse kreuzten. 307

3.1.2 Neue, motorisierte Gruppen

Auch die motorisierten Verkehrsteilnehmer liessen sich in verschiedene Gruppen aufteilen. 308

MOTORRÄDER wollten die Verkehrsfläche für den nichtgewerblichen Personentransport nutzen, so auf dem Weg zur Arbeit, in der Freizeit, für Ausflüge oder den Sport. 309

Die Motorräder waren eine Vorstufe des Automobils: Besonders in den zwanziger Jahren stieg man vom Motorrad auf ein Automobil um, wenn Familie und Einkünfte wuchsen. Die meisten Automobilisten machten sich zuerst auf zwei Rädern mit der Technik vertraut. Flink, klein, wendig und günstiger als das Automobil fuhr das Motorrad stets in dessen gesellschaftlichen und politischen Windschatten. 310

---

[300] Merki: Unwegsames Gelände, 43.
[301] Frey, 93-104.

311 **Personenwagen** im Sinne eines 2–6 plätzigen Personenwagens wollten die Verkehrsfläche entweder für gewerblichen und privaten Personentransport oder für Gütertransport zugunsten von Gewerbe respektive der öffentlichen Hand nutzen.

312 Private setzten die Personenwagen anfangs vorwiegend zu geschäftlichen und beruflichen Zwecken ein[302], zuweilen in Rennen, später auch zu Fern- oder Vergnügungsfahrten. Im gewerblichen Personentransport wurden die Fahrzeuge zu Taxizwecken eingesetzt, wobei bereits 1913 eine ansehnliche Dichte erreicht wurde: Luzern mit 40 000 Einwohnern hatte 20 Motortaxis, Zürich mit 190 000 Einwohnern 70 Stück, Lausanne mit 70 000 Einwohnern 70 Stück, Genf mit 154 000 Einwohnern 153 Stück und Bern mit 90 000 Einwohnern nur elf Stück[303]. Die öffentliche Hand setzte Personenwagen vor allem als Kranken- oder Leichenwagen ein, wobei die automobile Fachpresse entsprechende Neuanschaffungen jeweils ausführlich kommentierte und Vorteile der Schnelligkeit und deren allzeitige Verfügbarkeit hervorhob[304]. Ab etwa 1913 verfügte auch die Armee über einige wenige Personenwagen.

313 **Lastwagen und Zugmaschinen** wollten die Verkehrsfläche für Warentransporte im Auftrag von Produktionsbetrieben, öffentlicher Hand und Armee nutzen.

314 Lastwagen waren ursprünglich nur motorisierte Schlepper, welche jedoch mit steigender Leistungsfähigkeit ausdifferenziert wurden in beladbare "Frachtautomobile" zum Lastentransport, sowie in Schlepper und Zugmaschinen für Industriegelände und die Landwirtschaft. Die Zugmaschinen, nach dem lateinischen Wort trahere (für ziehen oder schleppen) auch "Traktoren" genannt, blieben jedoch im Bauernstand bis etwa 1930 ein exklusives und rares Arbeitsgerät, denn die Kleinheit und Steilheit der Höfe sowie die gute eisenbahnmässige Erschliessung sprachen einem frühen Einsatz entgegen[305].

315 Zahlenmässig geringe Verbreitung hatten Lastfahrzeuge in öffentlichen Diensten, wobei sie dort in publikumswirksamer Funktion eingesetzt wurden: so zur Abfuhr des Hausmülls oder als Feuerwehrwagen. Besonders Feuerwehrlastwagen waren Sympathieträger, denen in Printmedien grosse Berichte gewidmet wurden; denn ihre Motorleistung diente nicht nur zum schnellen Transport der Pumpe, sondern auch zu deren Betrieb, was eine Vervielfachung der Löschleistung erbrachte. Bereits im Sep-

302 Bericht des BR vom 15. Dezember 1902 über die Unterstellung der Automobile unter die Haftpflicht der Eisenbahnen (BBl, 1902 V, 849).

303 Was von der AR hinsichtlich der Landesausstellung 1914 in Bern mit Besorgnis vermerkt wurde (AR, 1913, 212).

304 AR, 1913, 161, 176, 720-721 respektive 258.

305 von Salis-Soglio, 34.

tember 1913 verfügten die Städte St. Gallen, Basel, Bern und Lausanne über Automobilspritzen[306].

Der Einsatz eigentlicher Lastwagen und damit die Motorisierung des Fuhrgewerbes setzte erst nach 1910 ein, da die früheren Schlepper und Transportfahrzeuge pannenanfällig und untermotorisiert waren. Danach jedoch verlief die Motorisierung, dank der starken und spezialisierten schweizer Lastwagenindustrie, viel schneller ab als bei den Personenwagen[307]. Zuerst im Werk- und Stückguttransport und auf kürzeren Strecken, nahm der Lastwagen der Eisenbahn später auch auf längeren Strecken immer mehr Anteile ab. Er konnte dabei die Vorteile ausspielen, dass keine Zeitverzögerung und Mehrkosten durch das Umladen von oder zur Eisenbahn entstanden, und weil die Emballage gleich wieder mitgenommen wurde[308]. Auf diese wachsende Konkurrenz reagierten die schweizerischen Bundesbahnen und die Privatbahnen 1926 mit der Gründung einer eigenen Lastwagentransportgesellschaft: Die "Schweizerischen Express AG SESA", welche 1929 in die "Automobil-Stückgut-Transport-Organisation ASTO" überging, übernahm die motorisierte Warenspedition ab den Bahnhöfen. 316

Gesellschaftswagen und Postautomobile verbreiteten sich erst nach dem Krieg. Vorher erfolgte der Transport grösserer Personengruppen durch private Lastwagen, welche temporär mit Bänken und Pritschen versehen wurden (die dabei entstandenen Missstände führten dann zum Erlass des Konk2Lw). Diese Wagenkategorie wollte die Verkehrsfläche für den gewerblichen Personentransport nutzen. 317

Im Fernverkehr erfolgte dieser Transport durch private Unternehmer oder durch Postautobetriebe. Die Reisepost setzte 1906 versuchsweise auf zwei Linien Automobilwagen zur Beförderung von Personen und Sachen ein. Diese Versuche verliefen erfolgreich, worauf sie noch im selben Jahr auf weiteren neun Linien die pferdebespannten Kurse einstellte und die Beförderung von Postsachen konzessionierten Automobilunternehmungen übertrug[309]. Im Nahverkehr erfolgte der Personentransport durch Automobilomnibusse, entweder mit Benzin-[310] oder Elektroantrieb: Im Januar 1912 wurde in Freiburg eine elektrische Oberleitungsomnibuslinie 318

---

306 AR, 1913, 236 respektive 173, 200-201, 652.

307 Merki: Siegeszug, 234, respektive 278-279.

308 Grimm, 7-10. Grimm war der Direktor der Industriellen Betriebe Bern, und suchte in seiner Studie von 1926 Massnahmen, welche die Bahnen gegenüber dem Motorfahrzeug konkurrenzfähiger machen sollten.

309 Meili: Kodifikation, 3-4.

310 Bereits um 1900 zirkulierte in Deutschland ein Daimler mit zehn PS und Platz für 18 - 20 Personen. Er erreichte etwa 14 Km/h, und transportierte in einem Jahr rund 10 000 Fahrgäste (Meili: Rechtliche Stellung, 13).

in Betrieb genommen. Dies war die erste solche Linie, die länger als nur einige Monate überlebte[311].

319 In mehrfacher Hinsicht eine Sonderrolle spielte die motorisierte Reisepost der Postautobetriebe, welche kursmässig und unter einer bundesrechtlichen Konzessionspflicht verkehrte[312]. Mit dem Aufbau eines flächendeckenden Eisenbahnnetzes wandelte sich die Reisepost vom Hauptverkehrsträger zum Zubringer, welcher beispielsweise im Flachland Kleinstädtchen an die Bahn anschloss[313]. Im Krieg erlebte die Pferdepost einen drastischen Einbruch, denn zum einen ging der Reiseverkehr massiv zurück, zum anderen sank der Pferdebestand aufgrund haussierender Futtermittelpreise[314]. Aufgrund der zunehmenden Verbreitung und Bewährung schwerer Motorfahrzeuge forcierte die Reisepost ihre Umstellung auf Motorfahrzeuge. Der Bundesrat erliess 1916 die dazu notwendigen Konzessionsvorschriften und ermächtigte das Postdepartement zur Erteilung dieser Konzessionen[315].

320 Nach dem Krieg trat die Armee 1919 der finanziell gebeutelten Post unentgeltlich 100 ausgemusterte Truppentransporter für den zivilen Einsatz ab. Diese wurden zu Postautomobilen oder car alpins umgebaut und ermöglichten der Reisepost eine rasche Umstellung: 1918 setzte die Post sechs Motorfahrzeuge ein, 1920 schon 65. Zehn Jahre später beförderten 606 Postautos 4.6 Millionen Reisende[316].

3.2 Sozioökonomische Faktoren der Motorisierung

321 Die Neu- und Fortbildung des Rechts kann nur im damaligen gesellschaftlich-politischen Umfeld beurteilt und verstanden werden. Verschiedenste Faktoren sozialer, wirtschaftlicher und struktureller Art haben die Verbreitung der Motorfahrzeuge gefördert oder erschwert. Das breite Einsatzspektrum des Motorfahrzeuges erschwert eine globale Analyse dieser Faktoren weiter, denn Sportautomobile wurden anders aufgenommen als Krankenwagen, Feuerwehrwagen, Milchtransportwagen oder Postkurse.

---

311 AR, 1912, 81-87. Der Bericht enthält ein interessantes Foto: Ein Niveauübergang einer Trolleybuslinie (mit Oberleitung) über eine Eisenbahnlinie (ohne Oberleitung). Im weiteren gab es nur eine Oberleitung pro Strasse. Wollten sich zwei Omnibusse kreuzen, so mussten sie den Stromabnehmer tauschen.

312 Verordnung betreffend die Konzessionierung und die Kontrolle der Automobilunternehmungen, Aufzüge und Luftseilbahnen vom 18. September 1906 (AS, Band XXII NF, 565).

313 Frey, 96.

314 Frey, 103.

315 AS, Band XXXII NF, 21 respektive 89.

316 Frey, 103 respektive 194.

Eine umfassende Analyse dieser Faktoren würde den Rahmen und die Zielsetzung dieser Arbeit sprengen. Zusammenfassend lassen sich jedoch zwei Faktorengruppen bilden, welche die gesellschaftliche und rechtliche Integration des Kraftfahrzeuges beeinflusst haben: die automobilfreundlichen Faktoren und die automobilfeindlichen Faktoren. 322

Interessant sind überdies die Formen, welche der Widerstand gegen die Motorisierung im Verkehrsalltag annahm, aber auch die Rolle, welche die Presse in dieser Auseinandersetzung spielte. 323

3.2.1 Motorisierungsfördernde Faktoren

Während einige der motorisierungsfördernden Faktoren von der technischen und zeitlichen Entwicklung und somit vom Lauf der Zeit abhängig waren, lagen andere in den systemischen Vorteilen des Motorfahrzeuges und waren damit von zeitloser Gültigkeit. 324

Zu den **SYSTEMIMMANENTEN VORTEILEN** des Motorfahrzeuges gehörte die freie Wahl von Ausgangsort, Zielort und Route, denn die Fahrt benötigte keine Schienenwege. Der Transport erfolgte ohne Umsteigen oder Umlad und die Abfahrts- und Rastzeiten konnten frei gewählt werden, weil keine Bindung an einen Fahrplan bestand. Diese Vorteile konnte die Eisenbahn nicht bieten – Kutsche und Fuhrwerk boten sie wohl, jedoch nur bei ungleich grösserem Zeitaufwand als beim Motorfahrzeug. Von Vorteil war überdies, dass die Verfügungsgewalt und das Eigentum beim Einzelnen blieben, wobei weder ausserordentlich viel Kapital zum Erwerb notwendig war, noch das Kapital überaus lange gebunden war, da es schnell realisierbar war. Das Motorfahrzeug war nicht vom tierischen Willen abhängig – was durchaus sicherheitsrelevant war – und es brauchte keine Fütterung bei Stillstand. 325

Es erlaubte grössere Reisegeschwindigkeiten und eine höhere Nutzlast, wodurch Unternehmen ihren Verkehrsradius gegenüber dem Pferdegespann um ein Mehrfaches erhöhen konnten. Kaufleute sowie Landärzte konnten in gleicher Zeit mehr Kunden besuchen und damit einen Mehrerwerb erzielen[317]. 326

Und ein letzter, aber nicht minder erwähnenswerter Vorteil: Motorfahrzeuge benutzten die bestehenden Strassen und konnten überall hingelangen, ohne etwas an die Kosten des Unterbaues beitragen zu müssen[318]. 327

Zu den **MOTORISIERUNGSFÖRDERNDEN FAKTOREN VOR DEM KRIEG** zu zählen waren die Automobilclubs, die Rennen, die Automobilausstellungen, der Tourismus, die Fachperiodika und Reiseliteratur sowie die anfängliche Sympathie der Bevölkerung: 328

---

317 von Salis-Soglio, 27 sowie Merki: Siegeszug, 48 und 73.

318 Brecht, 113.

329 Bereits vor der Jahrhundertwende wurden die beiden grössten und einflussreichsten Automobilclubs der Schweiz gegründet. Im September 1896 gründeten 205 Radfahrer in Genf den Touring Club der Schweiz (TCS)[319], mit dem Ziel, die Sache der Radfahrer – und später auch der Automobile – zu fördern. Im Dezember 1898 folgte die Gründung des Automobil Clubs der Schweiz (ACS)[320], der sich von Anbeginn weg der umfassenden Förderung der Automobilbelange verschrieb. Auf die Rolle und das Wirken dieser Clubs wird noch vertiefter einzugehen sein[321].

330 Für die Rechtsentwicklung waren Rennen von marginaler Bedeutung, nicht aber für die Verbreitung der Motorfahrzeuge an sich. In der Schweiz spielten Rennen nicht die zentrale Rolle, die ihnen in Frankreich zukam, aber auch die Schweiz hatte eine aktive Szene mit Rennen, Bergpreisen und Zuverlässigkeitsfahrten. Rennen waren ein gerne genutztes Marketinginstrument, kombinierte es doch in idealer Weise Sportsgeist und Abenteuer[322].

331 Dieselbe Marketingfunktion erfüllten Automobilausstellungen. Der 1. Automobilsalon der Schweiz fand im Frühling 1905 in Genf statt, und war zugleich Werbe- und Informationsplattform für die interessierten Kreise[323].

332 Motorisierung und Tourismus brachten sich gegenseitigen Nutzen: Um 1900 zeigte die städtische Bevölkerung eine allgemeine Naturbegeisterung für Alpen-, Berg- und Wintersport. In den Bergen und Gebirgsregionen, wirtschaftlich oft "unterentwickelte"[324] Gegenden mit wenig Verdienstmöglichkeiten, entstanden grosse Hotelpaläste, welche der Bevölkerung Arbeit und Verdienst brachten. Da diese Gebiete meist nicht durch die Bahn erschlossen waren, reisten die Gäste zunehmend mit Automobilen an. Die Automobilisten wurden als neue Zielgruppe erkannt. Die Alpendestinationen warben mit dem Hinweis, dass für Motorfahrzeuge Einstellmöglichkeiten vorhanden waren und priesen die Abenteuer, die mit dem Automobil zu erleben waren: Die Fahrt über einen Alpenpass wurde vom notwendigen Übel zum Naturerlebnis. Der durch den Tourismus geförderte motorisierte Verkehr brachte vielen Kantonen erste Automobilkontakte, Jahre bevor im Kanton selbst die ersten Motorfahrzeuge stationiert wurden, so beispielsweise in Obwalden mit der Brünigroute.

---

319 Merki: Siegeszug, 230.
320 La Suisse Sportive, No 195, 14. Januar 1901, 1-2.
321 Vertiefend vergleiche N 412 ff S. 108.
322 Vertiefend vergleiche N 81 ff S. 22.
323 Vertiefend vergleiche N 90 f S. 24.
324 Gisler-Jauch, 15.

Weitere Förderung bewirkte die Fachpresse. Reiseberichte in Clubperiodika und allgemeiner Automobilreiseliteratur beschrieben detailliert Sehenswürdigkeiten, Unterkunftsmöglichkeiten sowie Verkaufsstellen für Benzin und animierten die Leser zur Nachfahrt. Die Clubnachrichten des ACS waren bis 1906 ein Beilagenbund der revue sportive suisse, doch ab 1906 erschien sie als eigenständige Zeitung unter dem Namen "Automobil-Revue" – ein weiteres Abbild der zunehmenden Bedeutung der Motorfahrzeuge. 333

Die Literatur entdeckte die Themenwelt "Reisen", "Erlebnis" und "Abenteuer"; und bediente in der Folge einen stets wachsenden Leserkreis. Bekanntestes Werk aus diesem Sektor war "eine empfindsame Reise" von Otto Julius Bierbaum. Dieser reiste 1902 mit dem Automobil in 16 Etappen (Berlin - Wien - München - Eppan - Venedig - Rimini - San Marino - Florenz - Siena - Perugia - Terni - Frascati - Neapel - Sorrent - Rom - Mailand - Stein am Rhein) durch Europa. Die letzte Etappe führte durch die Schweiz und über den Gotthard, wobei Bierbaum anschaulich das Abenteuer einer Passfahrt beschrieb und illustrierte. 334

Die "empfindsame Reise" war aber kein neutraler Tatsachenbericht, denn die Reisekosten trug der Verleger der beiden Zeitschriften "Gartenlaube" und "Woche", der Wagen selbst wurde von den Adler-Werken zur Verfügung gestellt. Bierbaum seinerseits, getragen von einem bürgerlich-idealistischen Pathos, überhöhte das Automobil zu einem Symbol des "Fortschritts" und der "Freiheit"[325]. Im Windschatten dieses Berichtes und der erwachenden Automobileuphorie installierte sich eine ganze Batterie von Schriftstellern, die Oden und Lobpreisungen über das Automobil und seine Vorzüge verfassten. 335

Keine Förderung, aber zumindest eine anfängliche Sympathie, erfuhr das Automobil in den ersten Jahren seiner Verbreitung. Das Publikum war ihm noch wohl gesinnt; es dominierten Verwunderung, Erschrecken oder Neugier ob dem Wunderwerk. Widerstand sollte sich erst später regen, als die Geschwindigkeiten und Unfallzahlen stiegen und die negativen Begleiterscheinungen spürbar wurden[326]. 336

Motorisierungsfördernde Faktoren während dem Krieg gab es nur wenige. Der private Motorfahrzeugverkehr war bis 1919 bedeutungslos; der Krieg bremste die Motorisierung und die damit zusammenhängende Gesetzgebung[327]. Aufgrund der Rationierungsbeschlüsse für Benzin und Reifen wurden viele Fahrzeuge stillgelegt und eingelagert. 337

Gleichwohl erwies sich der Krieg als Chance für das Automobil. Bei Kriegsausbruch besass die Armee, ausser den rund 40 Personenwagen 338

325 Merki: Siegeszug, 25-26.
326 Merki: Siegeszug, 185.
327 Nussbaum, 24-25.

des Freiwilligen Armeekorps, keine eigenen Fahrzeuge, weshalb sie anlässlich der Mobilmachung 160 Personenwagen und 180 Lastwagen requirierte[328]. Die militärische Bedeutung der Pferde hingegen sank: Sie genügten bezüglich Kraft und Geschwindigkeit den Anforderungen immer weniger, litten an Futterknappheit und – wegen eines Einfuhrstopps – an Bestandesschwund, und sie verursachten hohe Standkosten, weil sie auch bei Nichtgebrauch gefüttert werden wollten.

339 Die Lastwagen, meist als Munitions- und Mannschaftstransporter im Einsatz, überzeugten durch hohe Effizienz sowie Zuverlässigkeit und verkehrten selbst im Gebirge ohne Probleme, beispielsweise in der Schöllenenschlucht und am Gotthard. Sie ersetzten viele Pferde und ermöglichten eine Versorgungsleistung, welche mit dem Pferdebestand gar nicht zu erbringen gewesen wäre. Selbst die landwirtschaftliche Bevölkerung, welche vor dem Krieg klar gegen das Motorfahrzeug opponierte, anerkannte, dass ihr das Automobil erhebliche Lasten abnahm: Hätte der Armee nicht ein bedeutender Automobilpark zur Verfügung gestanden, so hätten der Landwirtschaft viel mehr Pferde entzogen werden müssen[329].

340 Der Krieg schädigte das Automobil nicht, sondern bewies dessen Leistungsfähigkeit[330], und er überzeugte auch die meisten Gegner in Gesellschaft und in den eidgenössischen Räten davon, dass es nach Kriegsende nicht mehr um die Frage "Automobil – ja oder nein" gehen konnte, sondern um die Frage, wie das Motorfahrzeug in die bestehende Rechtsordnung einzugliedern war.

341 Das Ende des Krieges wiederum hatte eine unmittelbare, die Verbreitung von Motorfahrzeugen fördernde Konsequenz: Die europäischen Militärverwaltungen waren bemüht, ihre zwischenzeitlich grossen Motorfahrzeugbestände möglichst rasch zu verkleinern, weshalb insbesondere viele Lastwagen kostenlos oder zu günstigen Preisen an die öffentliche Hand oder Private übergeben wurden.

342 Eine Vielzahl von **MOTORISIERUNGSFÖRDERNDEN FAKTOREN NACH DEM KRIEGSENDE** führte zu einer nachfolgenden raschen Verbreitung der Motorfahrzeuge:

---

328 Nussbaum, 25.

329 AR, 1915, 2.

330 Militärisch vermochte es sogar den Verlauf von Kämpfen zu beeinflussen: Am 7. Juli 1914 wurden in Paris 600 Taxis requiriert, um in einer Nacht 6 000 Soldaten an die Front zu bringen. In der Folge änderte der Gefechtsverlauf (Nussbaum, 25).

Mit der Aufhebung der Treibstoffrationierung stand der notwendige Be- 343
triebsstoff für Motorfahrzeuge wieder zur Verfügung, während der Bahnbetrieb wegen Kohleknappheit weiterhin eingeschränkt blieb[331].

Ein starker Faktor war auch die Psychologie und Einstellung der Bevöl- 344
kerung: Nach den Ängsten und Entbehrungen des Krieges war das Publikum hungrig nach Geschwindigkeit, Luxus, Bequemlichkeit und Mobilität[332]. Es wollte den eigenen Horizont erweitern, die eigenen Möglichkeiten und die neue Freiheit auskosten, wobei aus Kostengründen die Erstanschaffung meist ein Motorrad war. Von der Sympathie, welche der Krieg den Lastwagen gegenüber aufgebaut hatte, profitierten nach Krieg auch die Personenwagen; und die Faszination der Technik und der Rennen, beispielsweise der Klausenrennen, trugen zur raschen Verbreitung des Motorfahrzeuges bei. Allerdings dürfen die medienwirksamen Auftritte von Rennwagen und Luxusfahrzeugen nicht darüber hinwegtäuschen, dass der Hauptanteil der Motorisierung aus Motorrädern, Kleinwagen und Mittelklassefahrzeugen bestand.

Ab 1920 wuchsen die Reallöhne, während die Fahrzeugpreise dank rati- 345
onellerer Produktionsmethoden sanken. Dies machte Motorfahrzeuge für breitere Kreise erschwinglich, und wer sich kein Neufahrzeug leisten konnte, wurde auf dem nun auch entstandenen Gebrauchtmarkt[333] fündig. Die Unterhaltskosten sanken nach dem Krieg ebenfalls deutlich; und die Zuverlässigkeit und leichte Bedienbarkeit der Fahrzeuge machte die Einstellung von Chauffeuren unnötig.

Zusätzlich kamen ab 1925 Abzahlungsgeschäfte auf; nur noch Unterhalt, 346
Steuern, Versicherungsprämien und Benzin mussten sofort und bar bezahlt werden[334]. Für immer mehr Leute wurde ein Motorfahrzeug greifbar – viele dachten zumindest darüber nach, und die allgemeine Einstellung gegenüber Motorfahrzeugen veränderte sich ins Positive.

Die Nachfrage nach Transport und Mobilität wuchs, mit Ausnahme des 347
Pferdetransportes, weiter: Bahnen und Strassenbahnen expandierten und die Verkäufe von Fahrrädern und Motorfahrzeugen nahmen jährlich zu. Personentransporte und Warentransporte, beispielsweise die Lieferung von Frischprodukten in die Städte, wurden schneller und gleichzeitig billiger. Die Städte ihrerseits änderten ihre Verkehrspolitik; Motorfahrzeuge wurden als neuer Verkehrsteilnehmer wahrgenommen und erhielten Raum (bcispiclswcise Parkplätze) und Rechte.

---

331 AS, Band XXXV NF, 167.

332 Fondin, 136.

333 So erschienen in der AR zunehmend Verkaufsinserate für gebrauchte Motorfahrzeuge, welche schliesslich unter “gelbe Seiten” als eigene und ständige Rubrik zusammengefasst wurden.

334 Nussbaum, 59.

348 Schliesslich reifte die Technologie weiter und brachte zunehmend Annehmlichkeiten, wie beispielsweise elektrisch betriebene Komponenten, auf den Markt und in den Wagen.

349 Aufgrund dieser vielen und starken Faktoren entwickelte sich das Motorfahrzeug nach Kriegsende Jahr für Jahr zum Massentransportmittel, und das Fahrzeugvolumen stieg massiv an.

3.2.2 Motorisierungshemmende Faktoren

350 Ein **ZEITLOSER MOTORISIERUNGSHEMMENDER FAKTOR** war der schweizerische Föderalismus, welcher erst mit Ende des Betrachtungszeitraums durch eine eidgenössische Motorfahrzeug- und Strassenverkehrsgesetzgebung abgelöst wurde. Dieser Föderalismus behinderte lange die Entfaltung des Motorfahrzeugverkehrs: Föderalismus und Massenverkehr widersprachen sich, denn eine Motorisierung bedurfte zentraler Lösungen, was aber Eingriffe in die Hoheit, insbesondere Steuer- und Finanzhoheit, der Kantone bedeutet hätte. Besonders fatal war die Wirkung des föderalistischen Systems zwischen dem Inkrafttreten des Konk2 bis zur Hochblüte der kantonalen Sonntagsfahrverbote[335], da in dieser Zeit in jedem Kanton andere Fahrverbote, Höchstgeschwindigkeiten und Strafnormen galten.

351 Ein weiterer Faktor, der die Ausbreitung des Motorfahrzeuges in der Schweiz zeitlos gebremst hat, war das Strassennetz, welches grosse Steigungen und Gefälle aufwies und welches aufgrund der Topografie nur langsam und mit hohen Kostenfolgen erweitert werden konnte.

352 Zu den **MOTORISIERUNGSHEMMENDEN FAKTOREN VOR DEM KRIEG** zu zählen waren die Unzuverlässigkeit der Fahrzeuge, ihr lange unersichtlicher oder fragwürdiger Nutzen, die hohen Anschaffungs- und Unterhaltskosten, die Belästigung des Publikums mit Staub und Lärm, die Schädigung der Strassen, die ungedeckten Unfallschäden, der allgemein schlechte Ruf des Automobils und die skeptische, ja gar feindliche Haltung von Teilen der Bevölkerung.

353 Die ersten Automobile waren wie Kutschen robust gebaut, doch störanfällig. In zeitgenössischen Witzblättern wurden Automobile grösstenteils mit einem unter dem Wagen liegenden reparierenden Chauffeur dargestellt[336]. So galten denn die ersten Automobilisten als verwegene Abenteurer, die das Risiko suchten – ein Automobil besass nur, wer begeisterter Mechaniker, sportbesessen oder sonst ein wenig verrückt war[337].

354 Der Nutzen von Automobilen war, aufgrund der Unzuverlässigkeit der fehlenden Infrastruktur zu ihrem Unterhalt, lange unersichtlich und frag-

---

335 Vertiefend vergleiche N 901 ff S. 241.
336 Nething, 180.
337 Fondin, 13.

würdig. Die Fahrzeuge galten deshalb lange als Kuriosum, Sportgerät und Luxusartikel; und Geschäftszwecke waren bis vor dem Krieg kein Grund, um ein Automobil anzuschaffen[338].

Die Anschaffungs- und Unterhaltskosten waren vor dem Krieg noch exklusiv hoch. Die Fahrzeuge wurden in Einzel- oder Kleinserien gefertigt und noch 1904 kostete ein Durchschnittswagen am grössten Automobilsalon 20 000 Franken[339]. Nicht minder kostspielig war der Unterhalt: Der Verbrauch an Reifen und Benzin war erheblich, wobei beide Positionen an sich schon kostspielige Aufwendungen waren. Unter deutschen Automobilisten galt vor dem Krieg die Faustregel, dass der Unterhalt pro Jahr gleichviel koste wie die Anschaffung[340]. Die Bedienung erforderte allenfalls einen eigenen Chauffeur; aufgrund der Explosionsgefahr des Benzins herrschte teilweise Garagenpflicht für Motorfahrzeuge, und der Benzinpreis stieg ebenso beständig an, denn der Verbrauch stieg schneller als die Herstellung, was die Kosten in die Höhe trieb: Kosteten 1895 100 Kilogramm Benzin noch 20–22 Franken, waren 1913 für die gleiche Menge 55–65 Franken zu bezahlen[341]. Damit waren die privaten Kosten der Haltung für den Grossteil der Bevölkerung zu hoch. 355

Die Belästigung des Publikums mit Staub und Lärm war einer der meistgenannten Nachteile, die dem Motorfahrzeug vorgeworfen wurden. Lärm entstand aus den Betriebsgeräuschen von Motor und Getriebe, dem Fahren mit offenem Auspuff (also unter Umgehung des Schalldämpfers) sowie dem intensiven Gebrauch der akustischen Warn- und Signalapparate – wobei die Vorschriften zeitweilig verlangten, dass bei jeder Kreuzung oder Gefahr zu warnen sei. Die Gummireifen wirbelten von den unbefestigten Schotterstrassen Staub, Steine und bei Regen auch Kot auf. Fussgänger wurden dadurch eingestaubt und bei Regen mit Dreck beworfen, während Wiesen entlang vielbefahrener Strassen mit einem grauen Staubschleier überzogen waren und deren Gras als Futter unbrauchbar war. Insbesondere der Bauernstand und seine Fachpresse standen deshalb der Motorisierung sehr kritisch gegenüber[342]. 356

Negativ ausgewirkt hatte sich auch die Schädigung der Strassen durch Motorfahrzeuge. Die beständig steigende Motorenleistung ermöglichte Geschwindigkeiten und Höchstgewichte, welche die Limiten eines Pferdefuhrwerkes um ein Mehrfaches übertrafen; und die Verwendung von Gummipneus anstelle der alten Eisenreifen lockerte den Strassenbelag der Schotterstrassen. In der Folge kam es zu massiven Strassenschäden, 357

338 Flik, 131.
339 Fondin, 85.
340 Merki: Siegeszug, 46.
341 Achtzig Jahre Verkehrspolitik im Spiegel der AR, 138.
342 Vertiefend vergleiche N 804 ff S. 218.

doch an die dadurch massiv gestiegenen Strassenunterhaltskosten trugen die Automobilisten nichts bei.

358 Bremsend wirkten im weiteren die ungedeckten finanziellen Schäden, die aus Unfällen mit Motorfahrzeugen resultierten. Verursachte ein Automobilist einen Unfall, so haftete er aufgrund der obligationenrechtlichen Bestimmungen um 1900 nur dann, wenn ihm der Geschädigte ein Verschulden und die Missachtung einer Vorschrift nachweisen konnte. Dies gelang aber nur äusserst selten, denn meist mangelte es an Zeugen und fast immer auch an gesetzlichen Bestimmungen, gegen die der Automobilist überhaupt hätte verstossen können. Doch selbst wenn ausnahmsweise einem Automobilisten die Schuld an einem Unfall nachgewiesen werden konnte, so war dieser finanziell oftmals gar nicht in der Lage, den verursachten Personen- und Sachschaden zu bezahlen. Da eine Haftpflichtversicherung bis zum Krieg nicht obligatorisch war, fuhren die meisten Automobilisten ohne Versicherung. Die Folge dieser Regelungen war, dass Opfer eines Automobilunfalles meist leer ausgingen. Wurde der Ernährer einer Familie durch einen Automobilisten bleibend versehrt oder gar getötet, konnte das – nebst dem seelischen Schaden – den finanziellen Ruin der Familie bedeuten.

359 Generell verbreitungshemmend war der schlechte Ruf des Automobils an sich, wobei dieser aus verschiedenen Quellen herrührte. Autorennen mit Verletzten und Toten[343] waren ebenso Image schädigend wie aristokratische Sportfahrer, welche ihr Fahrzeug als Sportgerät, die Strasse als Rennbahn und Autofahren als Zeitvertreib betrachteten. Dieses Selbstverständnis fand keine Unterstützung in einer Bevölkerung, deren Hauptteil der Arbeiterklasse zuzurechnen war und die sich mit den klassenkämpferischen Idealen eines Marx auseinander setzte[344]. Der Eindruck eines elitären Luxusartikels wurde nicht nur durch die Kosten für Anschaffung und Unterhalt gefördert, sondern auch durch die Exklusivität der Automobilistenclubs selbst, deren typischen Mitglieder Adelige oder reiche Bürgerliche waren, die keinem Beruf nachgingen und den Wagen nur zum Zweck der Teilnahme an Rennen und Tourenfahren, also am gesellschaftlichen Leben, hatten. Elitär wirkte überdies die Pracht der meisten Fahrzeuge, denn bis nach der Jahrhundertwende wurden nur zwei Fahrzeugtypen angeboten: Prunkkarossen für den Hoch- und Geldadel sowie Rennwagen für den gut betuchten Sportsmann. Das Image begann sich erst zu wandeln, als der Markt für Luxus- und Sportskarossen gesättigt war und ab circa 1908 die ersten kleineren und günstigeren Fahrzeuge auf den Markt kamen. Doch noch 1914 sah sich die ACS-Sektion Zürich genötigt, eine Anregung an den Polizeivorstand zu ma-

---

343 So das Autorennen Paris-Madrid von 1903, welches nach zwölf Todesopfern abgebrochen werden musste. Vertiefend vergleiche N 84 S. 22.

344 Merki: Siegeszug, 186.

chen, damit in Polizeirapporten anstelle von "Luxusautomobil" künftig die richtige Bezeichnung "Personenautomobil" verwendet werde, um unnötigen Ressentiments aus Neid keinen weiteren Vorschub mehr zu leisten[345]. Dem Automobilismus haftete auch der Ruf an, Sache reicher Ausländer zu sein, kamen doch vor dem Krieg jede Saison zwei bis drei Mal so viele Fahrzeuge ins Land, als in der Schweiz selbst immatrikuliert waren. Dieser "Fremdheitsfaktor" wirkte aber in Durchfahrtsorten, die nicht Etappenziel waren, negativ, denn die durchfahrenden aber nichts konsumierenden Automobilisten störten die wochenlang bleibenden Stammgäste[346]. Zum negativen Bild trug auch die Presse bei, sowohl durch eine reisserische Unfallberichterstattung als auch, insbesondere bei Blättern mit landwirtschaftlicher oder sozialistischer Leserschaft, durch die Duldung und teilweise Förderung der Auseinandersetzung zwischen Automobilisten und Publikum[347].

Verbreitungshemmend wirkte im weiteren die skeptische, teilweise gar feindliche Haltung eines Teils des Publikums. Dessen neugierige Unbekümmertheit und Bewunderung liessen rasch nach, als die vorgenannten Nachteile des Motorfahrzeuges immer augenfälliger wurden; und es wurde für grosse Teile der Bevölkerung aus dargelegten Gründen zu einem Ärgernis. Es formierte sich Widerstand gegen die Motorisierung, der auch klassenkämpferische, egalitaristische Untertöne hatte. Die Vorkriegsgesellschaft, die einen Grossteil des Einkommens für die Deckung der Grundbedürfnisse verwenden musste, sah im Automobil das Symbol einer neuen, reichen Herrenklasse. Gewerkschafter kämpften um ihren ungestörten Sonntagsspaziergang ohne Staubwolken[348], der Bauernstand kämpfte gegen besitzende Snobs, und die Dorfbevölkerung kämpfte steinewerfend, um ihre Dorfstrasse gegen den schnell fahrenden, arroganten Oberschichtfahrer zu verteidigen. Die Palette des Widerstandes reichte von Beschimpfungen, jugendlichen Steinewerfern, Barrikaden, Tätlichkeiten und Sabotage bis hin zu Schikanen durch Gemeinde- und Polizeiorgane sowie Gerichte. Örtlich manifestierte sich der Widerstand vor allem auf dem Lande, wo er in eigentliche Automobilfeindlichkeit oder Automobilhass ausartete und sich – mitgetragen von der Lokalpresse – auch in Gewalt entlud. 360

345 AR, 1915, 21.
346 Merki: Siegeszug, 190.
347 Vertiefend vergleiche N 386 ff S. 100.
348 So verlangte der christlichsoziale Arbeiterverein des Kantons Schwyz 1911 ein Sonntagsfahrverbot, weil nur am Sonntag die Arbeiterfamilie "einen erfrischenden Spaziergang" machen könne. Die Besitzenden könnten auch unter Woche ihre Ausflüge machen (Merki: Siegeszug, 177).

361 Zu den **MOTORISIERUNGSHEMMENDEN FAKTOREN WÄHREND DEM KRIEG** zu zählen war der Einzug der Fahrer und die Requisition eines ansehnlichen Teils der Motorfahrzeuge. Eine weitere starke Beschränkung des Automobilverkehrs brachte der Mangel und die spätere Rationierung von Reifen und Betriebsstoff. Bereits vor Kriegsausbruch gab es aufgrund der Motorisierungswelle in den europäischen Armeen Versorgungsengpässe bei Reifen und Betriebsstoff, in deren Folge in vielen Ländern nach Ersatzbrennstoffen geforscht wurde, beispielsweise Spiritus, Leuchtgas, Alkohol oder Benzon, einem Abfallprodukt der Kohleherstellung[349]. 1916 regelte der Bundesrat die Einfuhr von Petrol und Benzin sowie von Benzol und Ersatzstoffen[350], später mit diversen Beschlüssen auch die Abgabe und Höchstpreise von Benzin[351]. Auch Reifen waren Mangelware: 1916 gingen nicht mehr als 1/3 der eingeführten Reifen ans Militär; der Rest ging in den Privathandel, wo damit rege Spekulation betrieben wurde[352]. Im März 1916 verbot der Bundesrat, Gummireifen von stillgelegten Fahrzeugen zu verkaufen, da diese Fahrzeuge mit Beschluss vom 1. August 1914 über die Mobilmachung auf Pikett gestellt waren[353].

362 Aufgrund der Mangelsituation wurden tatsächlich viele Fahrzeuge stillgelegt[354]. In Genf liessen von 4000 Auto- und Motorradbesitzern nur 312 ihr Führerpatent für das Jahr 1915 erneuern. Viele gaben die Bewilligung zurück, um keine Steuern zahlen zu müssen[355]. Die Fahrzeuge wurden stillgelegt und kaum mehr unterhalten, doch gerade die Reifengummis überstanden eine Überlagerung nur sehr schlecht. Das Militärdepartement erliess deshalb im Juni 1917 ein Motorfahrzeugrenn- und Klubfahrtenverbot, um die Reifen- und Benzinvorräte weiter zu schonen[356]. 1917 wurde die Versorgungslage des Landes so schwierig, dass der Bundesrat im Juli 1917 die Abgabe von Treibstoff nochmals stärker einschränken musste[357], wozu er die Fahrzeuge in vier Kategorien einteilte. Benzin erhielt nur noch, wer eine Bezugskarte hatte – aber eine solche erhielten nur die allerwichtigsten Fahrzeuge[358]. Luxus- und Vergnügungsfahrten waren gänzlich untersagt.

---

349 von Salis-Soglio, 78.
350 AS, Band XXXII NF, 34 respektive 149.
351 AS, Band XXXII NF, 80, respektive 82, 174, 199-200 und 483-484, für 1917: AS, Band XXXIII NF, 376-377 und 715-716 und für 1918: AS, Band XXXIV NF, 473 sowie 884-885.
352 AR, 1916, 66.
353 AS, Band XXXII NF, 152.
354 Schweizerische Automobilstatistik, 6.
355 AR, 1915, 29.
356 Gisler-Jauch, 72.
357 AS, Band XXXIII NF, 512.
358 AS, Band XXXIII NF, 714 sowie Hildebrandt, 477-479.

Die Massnahmen der Landesregierung stiessen auf Verständnis, auch bei den privaten Fahrzeugbesitzern. Einzig die Vereinigung der Automobilhändler und -garagen opponierte stets gegen weitere Einschränkungen[359]. 363
Nach Kriegsende wurden die Abgabe- und Preisbeschränkungen innert ein bis zwei Jahren aufgehoben[360], und der Wegfall des militärischen Bedarfs und die einsetzende Wirtschaftskrise führten unmittelbar nach dem Kriegsende zu einem anfänglichen Verbrauchsrückgang[361]. 364
Das Automobilwesen war während dem Krieg sehr starken Einschränkungen unterworfen[362], was auch den Automobiltourismus zum Erliegen brachte. Gelegentlich nutzen ausländische Gäste ihre Fahrzeuge für Hamstereinkäufe, was klassenkämpferische und nationalistische Argumentationslinien im aktiven Automobilwiderstand nährte[363]. 365

Neue **MOTORISIERUNGSHEMMENDE FAKTOREN NACH DEM KRIEG** konnten die Motorisierung nicht aufhalten, aber deren Dynamik bremsen; so beispielsweise die Erhöhung des Benzinzolls um ein Mehrfaches, der Erlass kantonaler Sonntagsfahrverbote, die ungedeckten sozialen Kosten von Unfällen, die Unfallberichterstattung der Medien, die latent schwelende Automobilfeindlichkeit sowie ein schwer erweiterbares Strassennetz. 366
1921 und 1923 erhöhte der Bundesrat den Zolltarif auf Benzin um ein Mehrfaches[364], was die Betriebskosten eines Motorfahrzeuges deutlich erhöhte. 367
Zur Bekämpfung der Staubproblematik hingegen erliessen schon im Sommer 1919 fast alle Kantone Sonntagsfahrverbote. Diese waren von Kanton zu Kanton verschieden ausgestaltet, sowohl hinsichtlich ihrer tageszeitlichen Geltung während des Sonntages, als auch bezüglich ihres Anfangs- und Endedatums – was zu höchst unübersichtlichen Verhältnissen und empfindlichen Bussen für die Automobilisten führte. Ab 1923 ersetzten einige Kantone die totalen Sonntagsfahrverbote durch reduzierte Sonntagshöchstgeschwindigkeiten, doch erst 1928 gab es in keinem Kanton mehr ein totales Fahrverbot[365]. 368
Verbreitungshemmend wirkten überdies die sozialen Kosten, die der nichtautomobilen Bevölkerung aus Automobilunfällen entstanden. Die bereits vor dem Krieg bestehende Frage der Haftung war noch immer 369

---

359 Hildebrandt, 479.
360 AS, Band XXXV NF, 167 respektive 240, sowie AS, Band XXXVII NF, 762 und 892.
361 von Salis-Soglio, 79.
362 GB BR, 1919, 303.
363 Achtzig Jahre Verkehrspolitik im Spiegel der AR, 15-17.
364 Vertiefend vergleiche N 1407 ff S. 381.
365 Vertiefend vergleiche N 922 ff S. 247.

ungelöst. Die Presse ihrerseits nährte durch eine ausdrucksstarke, und je nach Blatt auch reisserische, Unfallberichterstattung die Meinung, das Automobil stelle eine übermässige Gefährdung dar und sei zu bekämpfen[366]. Die Dichte und Häufigkeit der Unfallberichte hatte allerdings auch eine Abstumpfung und Gewöhnung der Leserschaft und Öffentlichkeit zur Folge[367].

370 Widerstand erfuhr die Motorisierung im weiteren vonseiten der Kantone, welche ein gutes und effizientes Eisenbahnnetz hatten. In der Deutschschweiz machten insbesondere die Kantone GR, GL, SZ, UR und NW mit Nacht- und Sonntagsfahrverboten, Streckensperrungen und Gebührenerhebungen von sich reden[368].

371 Die bei Bevölkerung und Behörden teilweise noch latent schwelende Automobilfeindlichkeit schwand jedoch nach 1920 relativ rasch: Das Publikum fand sich aus Gewöhnung, Einsicht, Anpassung, Disziplinierung oder Resignation zunehmend mit der Motorisierung ab. Es wurde dabei durch den entstehenden öffentlichen Personenverkehr von Bus und Taxis mit dem Motorfahrzeug versöhnt, lange bevor sich die Mittelklasse ein eigenes Auto leisten konnte. Eine Anpassung fand aber auch bei den Automobilisten statt: Der Sportgedanke schwand, es wurden Haftpflichtversicherungen abgeschlossen und dank Fahrschulen stieg der allgemeine Ausbildungsstand der Lenker. Zementiert wurde der neue Konsens durch eine zunehmende Verrechtlichung der Materie, welche lokale Regeln harmonisierte und die Verkehrssicherheit erhöhte. Technische Massnahmen minderten das Konfliktpotenzial weiter; so die Ausrüstung der Fahrzeuge mit Signalhupe, Schalldämpfer, Blinker und Rückspiegel, durch die Installation von Gebots-, Verbots- und Warntafeln im Strassenraum, sowie durch weitere Massnahmen wie Fussgänger- und Mittelstreifen, Busspuren und Radwege, Sicherheitslinien und Ampelanlagen[369].

372 Der Abbau dieses Konfliktpotenzials und der Umstand, dass immer mehr Bürger selbst zu Automobilisten wurden, führte zu einem organisatorischen Zerfall des Automobilwiderstandes[370]. Im Gegensatz zur Vorkriegszeit ging es nicht mehr darum, Opposition gegen das Automobil an sich zu machen, sondern nur noch darum, die Auswüchse der Motorisierung zu bekämpfen.

3.2.3 Formen des Widerstandes im Verkehrsalltag

373 Dokumentierte Formen des Widerstandes waren primär Ereignisse, die gewaltsam waren, die zu Strafverfahren führten, oder wenn sich der Wi-

---

366 Vertiefend vergleiche N 386 ff S. 100.
367 Nussbaum, 10.
368 Merki: Fortschritt bremsen, 238.
369 Merki: Siegeszug, 194-195.
370 Nussbaum, 332.

derstand organisierte – meist nur in lokaler Form – und damit sozial wahrnehmbar wurde[371].

Das Arsenal an Widerstandsformen, dessen sich die Automobilgegner bedienten, war umfangreich: Der stille Groll, die Beschimpfung von Automobilisten oder das Ballen der Faust waren noch harmlose Formen, ebenso das provozierende Reiten in der Mitte der Strasse. Im Sommer 1912 beklagte sich die ACS-Sektion Zürich beim Luzerner Militär- und Polizeidepartement über schwere Beleidigungen, denen Automobilisten in Ebikon, Gisikon und Root wiederholt ausgesetzt waren. In der Folge hielt das Departement die drei Gemeindeammänner an, in ihren Gemeinden für Recht und Ordnung zu sorgen und die Automobilfeindlichkeiten zu unterbinden[372]. 374

Nicht aussergewöhnlich war das Bewerfen von Automobilen mit Steinen, was meist durch Kinder und Jugendliche, oft aber mit stillschweigender Duldung und Sympathie der Erwachsenen geschah. Nur selten jedoch konnte ein Steinewerfer tatsächlich rechtlich belangt und gar erfolgreich verurteilt werden[373]. 375

Wirksamer als das Steinewerfen war das Blockieren des Weges mit Hindernissen oder Barrikaden. In Uri wurde dieses Mittel eingesetzt, wenn Automobilisten im Nachbardorf Gesten oder Zurufe von Ordnungskräften "überhört" hatten[374]. Bekannt wurde die Barriereaktion in Mumpf (Kanton AG) von 1907: Jeder Bürger konnte die fest installierte Barriere schliessen, um "Rasende" anzuhalten. Anlass dazu bestand wohl, denn das sich kolonialisiert fühlende Mumpf lag am Weg, den süddeutsche Automobiltouristen wählten, um möglichst schnell an den Vierwaldstätter See oder ins Berner Oberland zu gelangen[375]. 376

Zu handgreiflichen Auseinandersetzungen kam es des Öfteren zwischen Automobilisten und Fuhrleuten. Berühmt berüchtigt waren die Fuhrleute für ihr Schimpfen und Fluchen, welches sich im Wesentlichen darum drehte, dass die Automobile die Pferde scheu machen würden. Auch vor den Peitschen, welche die Kutscher mitführten, mussten sich die Automobilisten in Acht nehmen. Die Automobilisten ihrerseits hielten den Kutschern vor, sie würden schlafen statt ihre Pferde zu beaufsichtigen, würden auf der falschen Strassenseite fahren, würden absichtlich nicht Platz machen und schliesslich ihre Fuhrwerke unüberwacht stehen las- 377

---

371 Merki: Siegeszug, 178-184.

372 Hildebrandt, 303-305.

373 Über einen dieser seltenen Fälle berichtete die AR 1913 frohlockend. Das Bezirksgericht Dielsdorf verurteilte einen Steinewerfer, welcher für Busse und Umtriebe über 200 Franken zu bezahlen hatte (AR, 1913, 619-620).

374 Gisler-Jauch, 58.

375 Merki: Siegeszug, 187. 1908 tauchte diese Aktion dann als Sujet an der Basler Fasnacht auf (Gubler, 70).

sen. Doch nicht nur zwischen Automobilisten und Fuhrleuten sind regelrechte Schlägereien überliefert[376]: Insbesondere nach Unfällen kam es mehrmals zu Übergriffen aus dem Publikum gegen den anwesenden Automobilisten – in diesen Momenten interessierte nicht immer, ob den Automobilisten überhaupt eine Schuld traf oder ob der lokale Landjäger bereits vor Ort war[377].

378 Zu Sabotageakten wie das Zerschneiden von Reifen oder das Verschmutzen des Wageninneren mit Urin und Fäkalien kam es vor allem nachts[378]. Das Streuen von Nägeln und Glasscherben war nicht minder effektiv, fiel aber weniger auf, da aufgrund des Pferdeverkehrs grundsätzlich bereits viele Hufnägel auf der Strasse lagen.

379 Es kam sogar zu regelrechten Anschlägen, wobei es in der Schweiz bei Versuchen blieb. Im Juni 1912 wurde über die Strasse Küssnacht am Rigi - Luzern ein dicker Draht gespannt, kurz nachdem ein halbtageweises Fahrverbot auf den Strassen Küssnachts aufgehoben worden war[379]. In Deutschland wurde im März 1913 eine Juweliersfamilie geköpft, als ihr Wagen in ein über die Strasse gespanntes Drahtseil fuhr. Die AR publizierte daraufhin konstruktive Vorschläge zur Montage von Drahtschneidern am Scheibenrahmen[380], und einzelne Automobilisten montierten Fang- und Schneidevorrichtungen an ihren Fahrzeugen[381].

380 Die Ermahnungen des Luzerner Militär- und Polizeidepartements an die drei Gemeindeammänner von Ebikon, Gisikon und Root, in ihren Gemeinden für Recht und Ordnung zu sorgen und die Automobilfeindlichkeiten zu unterbinden fruchteten wenig – weiterhin wurden bei Dunkelheit grosse Hölzer über die nämliche Strasse gelegt und so der nächtliche Automobilverkehr stark gefährdet[382]. Andernorts wurden selbst Schusswaffen mitgeführt und vereinzelt scheinen Automobilisten mit Waffen beschossen worden zu sein[383].

---

376 AR, 1913, 178.

377 Zumindest ein solcher automobilfeindlicher Exzess ist sogar gerichtlich abgeurteilt worden: Ein unbeteiligter Zuschauer verpasste einem älteren Automobilisten, der mit einem Polizisten diskutierte, einen Kinnhaken. Der Arzt konstatierte beim Verletzten ein gerissenes Ohr, "gequetschtes Zahnfleisch" und eine leichte Hirnerschütterung. Das Bezirksgericht Hinwil verurteilte den Schläger wegen leichter Körperverletzung zu 50 Franken Busse, 140 Franken Genugtuung und auferlegte ihm die Verfahrenskosten. Das Urteil erwuchs in Rechtskraft (AR, 1912, 305-306).

378 Gubler, 50.

379 Merki: Siegeszug, 180.

380 AR, 1913, 218-220.

381 Merki: Siegeszug, 180.

382 AR, 1912, 391-392.

383 Gubler, 51-54.

Eine besondere Form des Widerstandes war die Schikane durch lokale Gemeindeautoritäten und Polizeiorgane. Die Lage der Dorfpolizisten war nicht einfach, gerieten sich doch immer wieder zwischen die Fronten der einheimischen Automobilgegner und der durchfahrenden Automobilisten. Für den Automobilisten wurden diese Repressalien spürbar, wenn die Dorfobrigkeit sich dem lokalen Automobilwiderstand verpflichtet fühlte, und bestehende gesetzliche Regelungen äusserst streng anwandte oder gleich selbst zusätzliche Bestimmungen erliess[384]. Resultate dieser lokalen rechtssetzenden Kreativität waren Wegegelder, Fahrverbote oder drastische lokale Tempolimiten[385]. Die lokal übermässig strenge Durchsetzung von Normen und die Schikanen wurde in Automobilkreisen auch "Autofallen" genannt und die Clubzeitschriften der Automobilisten unterhielten ständige Rubriken, in denen vor besonders renitenten Gemeinden gewarnt wurde[386]. 381

Die Gegenreaktionen der automobilfreundlichen Seite liessen nicht auf sich warten. Die Automobilisten rüsteten sich auf: Gegen aggressive Hunde führten sie "Dog bombs" mit, und gegen Dorfjugend, die sich ans Automobil anhängen wollte, wirkten Peitschen und Stöcke. Nicht nur im Kanton Obwalden kam es zu Auseinandersetzungen, bei denen Automobilisten mit gezogenen Schusswaffen drohten[387]. Allerdings riskierten Automobilisten, welche ausstiegen, um beispielsweise einem Steinewerfer eine Tracht Prügel zu verpassen, selbst verprügelt zu werden, sofern sich das Dorf mit dem Täter solidarisierte[388]. 382

Die Automobilverbände, damals noch Vertreter einer kleinen Minderheit, wussten um ihre Lage und starteten 1909 eine Charmoffensive: Wurden Automobilisten beschimpft oder gar beworfen, so warf man Schokoladetaler und Bonbons zurück. Zielgerichtet wurde bei der Jugend für das Automobil geworben, indem lokale Clubsektionen Ausfahrten für benachteiligte Kinder organisierten, so für die Insassen eines Waisenhauses und einer Taubstummenanstalt, oder für 120 Kinder eines Kinderhortes[389]. Im weiteren hielten die Verbände ihre Mitglieder stets zur strikten Einhaltung der gesetzlichen Vorschriften an, um die Angriffsfläche für die Gegenseite klein zu halten. 383

---

384 Merki: Siegeszug, 188.

385 Bertho Lavenir, 119.

386 Vertiefend vergleiche N 780 ff S. 211 sowie N 1090 S. 295.

387 Sten Bul NR, Sommersession 1912, 147 respektive 155.

388 Merki: Siegeszug, 181.

389 Bericht in der AR, 1913, 393-394, über die 6. Maifahrt vom 21. Mai 1913 der Sektion St. Gallen. Die Bildunterschrift lautete "Das Auto wirbt für jugendliche Autofreunde". Siehe auch AR, 1913, 506 über einen vergleichbaren Anlass der Sektion Basel-Stadt.

384 Den Tourismus traf die Automobilfeindlichkeit in der Schweiz besonders hart. Im internationalen Vergleich hatte die Schweiz einen autofeindlichen Ruf, denn nicht nur in Obwalden wurden rigorose Automobilkontrollen durchgeführt, Automobilisten mit Steinen beworfen, mit Heugabeln bedroht oder mit Wasser bespritzt[390], oder Bussen zur reinen Finanzbeschaffung erhoben[391]. Diese Missstände fanden in den ausländischen Medien grosse Beachtung und ausländische Automobiltouristen fuhren stattdessen lieber ins Tirol, wo sie sehr willkommen waren. Aufgrund der automobilfeindlichen Missstände rief 1905 der internationale Automobilverband seine Mitglieder auf, die Schweiz als Automobilreiseland zu boykottieren, da man sich bei deren Durchfahrt nur Ärger einhandeln könne[392]. Obwohl bereits 1906 auf Zusehen hin wieder aufgehoben, wurde der Boykott erst 1911 definitiv beendet[393].

385 Das Ausbleiben dieser vermögenden Klientel verursachte in der Hotellerie schmerzhafte Einnahmenausfälle. Die Garagen der Hotelbetriebe blieben leer und die Gewinne gingen massiv zurück[394]. Dieses Ausbleiben verschärfte sich weiter, indem die gut betuchte Oberschicht immer weniger per Eisenbahn und immer mehr im eigenen Automobil reiste.

3.2.4 Rolle der Presse

386 Eine wichtige Rolle in der Information und Meinungsbildung über die Motorisierung spielte die journalistische Berichterstattung.

387 Die **NICHTSPEZIALISIERTE, ALLGEMEINE TAGESPRESSE** erreichte das grösste Publikum. Die Haltung der Zeitschriften und Tageszeitungen entsprach im Allgemeinem der ihrer jeweiligen Leserschaft: Städtische Blätter wie beispielsweise die Neue Zürcher Zeitung bedienten ein grossbürgerliches Zielpublikum, stiessen auf ein gewisses Interesse und Verständnis für die Sache der Automobilisten und leisteten in beschränktem Rahmen durchaus Aufklärungsarbeit zugunsten des Automobils und der Automobilisten. Provinzblätter, Bauernzeitungen und die sozialistische Presse vertraten eine kritische und bisweilen konfrontationsfördernde Haltung – entsprechend dem, was ihre nichtmotorisierten Leser gerne lasen – und verstärkten bei der Leserschaft das Gefühl, es sei verdienstvoll, aktiv gegen den überhandnehmenden Automobilismus vorzugehen[395]. Nachdem ab 28. Juni 1905 an prominenter Stelle im Bund ein umfangreiches Feuilleton gegen das Automobil erschienen war, setzte in

---

390 Nething, 180.
391 Vertiefend vergleiche N 771 ff S. 208.
392 Meili: Kodifikation, 34.
393 Nething, 180.
394 AR, 1913, 270 und 657 und 724 sowie 693-694 mit Zuschriften von Hoteliers.
395 Gubler, 62 respektive 50.

der lokalen Presse eine gesteigerte Automobilhetze ein, welche den Automobilfeinden wiederum als Freibrief für Übergriffe diente[396]. Diese Selbstjustiz stiess bei den entsprechenden Zeitungen wieder auf Verständnis, so beim Sozialistischen Volksrecht oder der schweizerischen Bauernzeitung[397].

Bemerkenswert war insbesondere die Unfallberichterstattung der allgemeinen Tagespresse. Ernstzunehmende Tageszeitungen wie die Neue Zürcher Zeitung informierten sachlich über die dunklen Seiten der Motorisierung und zeigten der Leserschaft auf, dass die Gefahren des Motorfahrzeuges jeden ereilen konnten. Die Sensationspresse hingegen schilderte häufig, detailliert und makaber die Wucht und Zerstörung der Fahrzeuge und arbeitete bewusst mit der Dramaturgie sich kreuzender Lebensstränge, indem jegliche Details, wie beispielsweise Namen, Berufe und Wohnorte, erwähnt wurden. Sie führte dem Leser vor Augen, wie schnell jeder das nächste Opfer der Motorisierung werden konnte. Den grössten Empörungswert hatten dabei naturgemäss Unfälle mit Kindern, Betagten oder nichtmotorisierten Opfern. Mehrmals mussten Zeitungen Richtigstellungen zu publizierten Unfallmeldungen abdrucken, in denen vorschnell und zu Unrecht Automobilisten als Schuldige präsentiert worden waren. Trotzdem erhielt die Öffentlichkeit ein verzerrtes Bild: Radfahrer und Fussgänger wurden als schwache Opfer dargestellt; Tierhalter und Landwirte erfuhren, wie Motorfahrzeuge Zugtiere erschreckten, Gefahren schufen und als Störfaktor ins bäuerliche Leben eindrangen[398]. 388

Grundsätzlich liess sich die Tagespresse viel Zeit, bis sie ein Interesse an der Sache anstatt am Ereignis zeigte und damit die Bevölkerung nicht mehr überwiegend negativ beeinflusste[399]. Gleichzeitig aber führte die intensive Berichterstattung zu einer Abstumpfung und Gewöhnung des Publikums. 389

Die **SPEZIALISIERTE FACHPRESSE** war das vermittelnde Element zwischen Öffentlichkeit, Automobilisten und Industrie. Sie gab Anweisungen für das richtige Verhalten auf der Strasse, Tipps für die Wagenpflege oder Tourenvorschläge und half den Automobilisten, sich im Dschungel der Gesetze und Vorschriften zurechtzufinden. Und – sie nannte Namen und machte Lokalpolitiker und Lokalzeitungen für Taten oder Unterlassungen verantwortlich[400]. 390

Der Markt für diese Fachpresse war ursprünglich klein und erst 1906 kam die erste reine Automobilzeitung, die Automobilrevue, auf den 391

396 Gubler, 32-43.
397 Merki: Siegeszug, 181.
398 Nussbaum, 97-98.
399 von Salis-Soglio, 122.
400 Merki: Siegeszug, 304 und 181.

Markt. Der Bedeutungszuwachs des motorisierten Strassenverkehrs – und die zunehmende Konkurrenzsituation im Verkehrswesen – widerspiegelten in den 1920er Jahren die zahlreichen Zeitschriften und Publikationen der Interessenvertreter, und 1930 gab es circa ein Dutzend dieser Periodika.

392 Die wichtigste und auflagenstärkste Publikation war und blieb die Automobilrevue. Sie bot umfangreiche Berichterstattung über Rennen, Prüfungsfahrten, Ausstellungen und technische Neuerungen; verstand sich aber auch politisch als Mittel der "Aufklärung und Abwehr" im Kampf gegen "die Uebergriffe einzelner Lokal-Behörden, Kirchturmspolitik, kurzsichtige Steuerverhältnisse, eine verkehrsfeindliche Gesetzgebung und dergleichen mehr [...]"[401]. Mit Artikeln wie "Neuling am Volant", "wie verhalte ich mich bei Unfällen?", "Wie baue ich meine Garage" und "Die Instandsetzung des Automobiles" betrieb die AR überdies Ausbildung in den Reihen der Leser und Lenker und unterstütze diese mit einer Fragekastenrubrik bei der Lösung kleiner technischer Probleme[402].

393 Die AR verfolgte und geisselte tendenziöse und autofeindliche Berichterstattungen der Tagespresse und Lokalblätter über Unfälle mit Automobilbeteiligung, was in mehreren Fällen zu Richtigstellungen in den betroffenen Blättern führte[403].

394 Von grosser Reichweite waren auch die beiden Verbandsorgane von TCS und ACS. Die Revue du Touring-Club Suisse publizierte Reiseberichte und technische Artikel[404], informierte die Mitglieder aber auch über die politischen Aktivitäten des Clubs. Das Journal des ACS informierte die Mitglieder über allerlei Praktisches und Rechtliches, beispielsweise das Versicherungswesen für Automobile, berichtete hämisch über Automobilfallen, publizierte die Nummernschilder von fliegenden Kontrollfahrzeugen der Stadtzürcher Polizei, aber orientiere auch über "Motorlastwagen und Luftbereifung"[405].

395 Stets zu bedenken war, dass die Cluborgane nicht objektiv waren, sondern Mittel zum (politischen) Zweck: bis 1910 gehörten ACS und TCS zur vorberatenden Kommission der Konkordatskantone. 1910 äusserte sich der damalige Präsident des TCS, C. Navazza, abfälligst über die Beratungen und Entschlüsse der Kommission, an denen er selbst teil-

401 AR, 1913, 1.

402 AR, 1913, 375-476, 533-534, 670-671 sowie 575-582.

403 So bei zwei ganz unterschiedlichen Schilderung desselben Unfalles, welcher am 30. Mai in Lengnau passierte (Hildebrandt, 243-246), oder einem Bericht über zwei tödliche Unfälle, in denen die Lenker als Schuldige präjudiziert wurden, aber von den Gerichten vollständig rehabilitiert wurden (AR, 1913, 134).

404 TCS-Revue, 1901, 101-114 und 1904, 107-113, respektive 1913, 306-309.

405 ACS Clubzeitschrift, 1923, S. 7-8, 23-24, 97-98, 227-228; 1922, 28; 1923, 163.

nahm. Dies erwies sich als Bumerang, denn daraufhin wurden keine Vertreter von Automobilclubs mehr zugelassen. Allerdings: Da der Vertreter des Kantons Genf gleichzeitig der Präsident des ACS war, verlor nur der TCS seine Vertretung in diesem wichtigen Gremium. Die TCS-Revue schrieb in dieser Sache nur, welche Erfolge man bisher erreicht hatte, nicht aber, dass und weshalb der TCS selbst seine beratende Stimme an der Konkordatskonferenz verloren hatte. Die ACS-Zeitschrift hingegen, wie auch die Tageszeitungen, legten diesen missglückten Schachzug des TCS offen.

3.3 Nutzergruppen kämpfen um die Strassenfläche

3.3.1 Verteilkampf um die Strassenfläche

Vor dem Auftauchen der Motorfahrzeuge erlaubte der schwache und langsame traditionelle Verkehr, die Strasse auch für andere Zwecke zu nutzen: Als Spielplatz, für Marktstände, zur Begegnung oder, ausserhalb von Dörfern, für den offenen Weidegang. Die Strassenfläche war unter den traditionellen Verkehrsteilenehmern aufgeteilt, man favorisierte kurze Strecken und die Reisegeschwindigkeit war nicht von Belang. Entsprechend hatte man Mühe, sich die Bedürfnisse und Praktiken der nun aufkommenden Motorfahrzeuge vorzustellen[406], denn sie repräsentierten einen gänzlich neuen Typus eines Strassenbenutzers: Automobilisten wollten weit reisen und den Geschwindigkeits- und Effizienzvorteil des Motorfahrzeuges ausnutzen. Sie wollten im Strassenbild Fuss fassen und die (beschränkte) Strassenfläche mitbenutzen. Die höhere Geschwindigkeit der Automobile und ein folglich längerer Bremsweg als bei Fuhrwerken verlangte mehr Platz und Ordnung auf der Strassenfläche[407]. Die Strassenfläche jedoch war begrenzt und konnte nicht schnell genug wachsen: Ein eigenes Trasse für die Eisenbahn war anerkannt, doch für Automobile schien ein solches aus Platz- und Finanzierungsgründen (noch) unmöglich. 396

In der Folge stritten sich soziale und berufliche Gruppen um die Benutzung und Neuverteilung der Fahrbahn, denn die verschiedenen Verkehrsteilnehmer – Automobilisten, Fahrradfahrer, Fussgänger, Lastwagenbesitzer, Postautobetriebe, Eisen- und Strassenbahnen, Fuhrwerke, Traktorführer – hatten teilweise gegenlaufige Interessen: Die traditionellen Verkehrsteilnehmer wehrten sich gegen die Zweckwandlung und ihre schleichende Verdrängung von der Strasse; sie verteidigten die Strasse als multifunktionalen Aufenthalts- und Spielort[408]. So entbrannte zwischen alten und neuen Strassenbenutzern ein Verteilkampf um die Neuvertei- 397

406 Bertho Lavenir, 124.
407 Gisler-Jauch, 31.
408 Merki: Siegeszug, 177.

lung von Nutzungsrechten und -arten an der beschränkten Strassenfläche. Dieser Kampf wurde mit wechselnden Strategien und auf verschiedenen Schauplätzen geführt.

398 Die **Strategien des Verteilkampfes** änderten im Laufe der Zeit, wurden jedoch hauptsächlich von den automobilfreundlichen Interessengruppen bestimmt, denn die Motorisierungsgegner waren kaum institutionell organisiert und agierten aus einer defensiven Position heraus.

399 In einer ersten Phase bis circa 1905 hiess die Strategie der Motorisierten "Konfrontation". Die Automobilisten – aus Bourgeoise und Aristokratie hervorgegangene Individualisten – waren sich ihrer kulturellen und sozialen Überlegenheit sicher und lebten ihre Superiorität aus, indem sie die Strasse nach ihren Vorstellungen nutzten. Sie hatten eine klare Vorstellung über den "richtigen" Strassengebrauch, denn schliesslich war es bedeutungsmässig etwas anderes, eine Fahrt von Paris nach Zermatt zu machen, als von der Scheune ins Dorf und vom Dorf ins Nachbardorf zu fahren. Der politisch aktive Teil der Motorisierten entwickelte eine intensive literarische und journalistische Aktivität, um die alten Gebrauchsmethoden der Strasse lächerlich zu machen, zu bekämpfen und zu disqualifizieren, und gleichzeitig den "richtigen", erstrebenswerten Gebrauch der Strasse bekannt zu geben. Wer ihnen bei diesem Gebrauch in die Quere kam, wurde mittels Worten disqualifiziert: Der Fussgänger sei ein Störenfried, der Zweiradfahrer eine öffentliche Gefahr, das am Strassenrand weidende Vieh Zeuge eines bedauernswerten Altertums und die Bauern mit Fuhrwerken und einachsigen Wagen unberechtigte halsstarrige Besetzer der Strasse. In ihrer Gesamtheit seien diese Nutzer rückwärts blickende Gegner des Automobils, welche einen aussichtslosen Kampf gegen die Kraft (des durch das Automobil repräsentierten) Fortschritts kämpften[409]. So erstaunte nicht, dass die traditionellen Strassenbenutzer wie Bauern, Anwohner, Fussgänger, Fuhrleute und Strassenbahngesellschaften die Automobilisten als verrückte Motorfanatiker betrachteten, welche rücksichtslos und ohne Respekt für die Bedürfnisse anderer die Strassen für ihre Zwecke in Beschlag nahmen.

400 In einer zweiten Phase ab circa 1905, wechselte, unter massgeblichem Einfluss der Verbände, die Strategie. Es galt das neue Schlagwort "Koexistenz statt Konfrontation". Nun wurden Allianz und Zusammenleben angestrebt, man suchte nach Verbündeten unter den Strassenbenutzern und hielt die eigenen Reihen zu partnerschaftlichem Auftreten im Verkehr an. Hierzu wurden zwei neue Erklärungsketten in den politischen Argumentationsfundus aufgenommen: Zum einen wurden Unfälle als ein technisches Versagen dargestellt (zum Beispiel eine gefährliche Strasse, zu schneller Wagen, unvermutetes Zusammentreffen zweier Wagen) und

---

[409] Bertho Lavenir, 124.

damit als durch technische Massnahmen behebbar (Verbesserung des Netzes, Signalisation sowie Kontrolle der anderen, für den Automobilisten "gefährlichen" Strassenbenutzer). Zum anderen wurde die Umerziehung moralischer "schlechter" Automobilisten in Angriff genommen: Die Verbände starten eine Ausbildungsoffensive und appellierten an den weltmännischen Geist im Automobilisten, damit das Auto seinen Platz in der Gesellschaft fand. Seine Fähigkeit sich zu kontrollieren; seine Höflichkeit und Ritterlichkeit; sein Verantwortungsbewusstsein; seine Sorge um die anderen – alles Attribute des wahren Gentlemans – würden ihm erlauben, den Platz auf der Strasse zu erreichen, der ihm angemessen war: Den ersten Platz[410].

Diese neue Strategie bewirkte eine Versachlichung der Diskussion und ein Schwinden der pauschalen Ablehnung der Motorisierung, denn diese spezifische Problemanalyse und differenzierte Lösungssuche entzog der indifferenten, diffusen Automobilopposition allmählich den Nährboden[411]. Die nach dem Krieg einsetzende Massenmotorisierung förderte dieses koexistive Vorgehen weiter; und so wurde beispielsweise 1925 die Aktion "Weisser Stern" initiiert, welche Prinzipien wie Korrektheit, Rücksicht und gegenseitige Hilfeleistung im Verkehr propagierte[412]. 401

Die **SCHAUPLÄTZE DES VERTEILKAMPFES** war nicht nur die Strassen im praktischen, alltäglichen Verkehrsalltag, sondern auch die Presselandschaft, die Rechtssetzung und Rechtssprechung sowie die politische Bühne. 402

Die Presse spielte eine gewichtige Rolle in der Information und Meinungsbildung, vertrat aber des Öfteren keine eigenständige Meinung, sondern war Abbild der bekannten Position ihrer Leserschaft. Nicht selten waren Zeitschriften Instrument und Sprachrohr der herausgebenden Organisation, welche eine bekannte Haltung oder einen politischen Standpunkt von Motorisierungsbefürwortern oder –gegnern unterstützte. Eine eigenständige Betrachtung der Presse im Rahmen des Verteilkampfes kann entfallen; gleichwohl standen die meisten Publikationen für eine Haltung zur Motorisierungsfrage. 403

Ein wichtiger Schauplatz des Verteilkampfes waren die Strassen im praktischen Verkehrsalltag. Der Kampf um Strasse war der Kampf um die Zweckbestimmung der Strasse: Sollte sie öffentlicher Vielzweckraum oder exklusiver Verkehrsweg sein?[413] Die Ausmarchung begann beim 404

---

410 Bertho Lavenir, 120-121.

411 Nussbaum, 74.

412 Achtzig Jahre Verkehrspolitik im Spiegel der AR, 145.

413 Die Antwort darauf kannten die Automobilisten schon 1904: "Hand aufs Herz, kann man vernunftgemäss leugnen, dass die Landstrassen in erster Li-

schlichten, faktischen Zurückdrängen der traditionellen Verkehrsteilnehmer über die allseitige Disziplinierung der alten und neuen Verkehrsteilnehmer und ging bis zum mit Worten und Taten geführten Kampf zwischen Verkehrsteilnehmern, Automobilisten und Anwohnern. Ein Indiz für die zunehmende Intensität des Verteilkampfes war die steigende Zahl von Unfällen mit Motorfahrzeugbeteilung, denn ein Unfall mit mehreren Beteiligten kann rechtlich gesehen auch als ein Dissens der Unfallbeteiligten über ihre Rechte und Pflichten im Strassenverkehr verstanden werden.

405 Geführt wurde der Verteilkampf um die Strassenfläche auch auf der juristisch-rechtlichen Ebene; sowohl in Rechtssetzung, der Rechtsanwendung und -durchsetzung als auch der Rechtssprechung. Für die Ausmarchung von grosser Bedeutung waren die ersten zwei Gefässe, denn die Rechtssetzung war das Ergebnis politischer Ausmarchungsprozesse, und die Rechtsanwendung und -durchsetzung war deren Umsetzung im Verkehrsalltag. In diesen Bereichen wurden alte Konflikte gelöst und neue entdeckt. Der Druck zur Weiterentwicklung des Rechts kam aus der Politik (aufgebaut durch die gewählten Volksvertreter auf Bundes- und Kantonsebene) und von der Strasse selbst, sowohl von den Motorisierungsgegnern als auch von den Befürwortern (um den Gegnern den Wind aus den Segeln zu nehmen).

406 Die Rechtssprechung an sich war ein sehr umfangreiches Gefäss, welches reich an einzelfallrelevanten Dokumenten, aber karg an konsistenten, flächendeckenden Entwicklungen war – eine Folge davon, dass bis 1932 keine bundesrechtliche Regelung bestand und sich im Allgemeinen keine Gerichtspraxis einspielen konnte. Die Bedeutung der Rechtssprechung für die Rechtssetzung ist in den ersten zwei Jahrzehnten der Motorisierung gering, ausser im Bereiche der Haftpflichtregelung, in der sie eine zentrale, korrektive Rolle spielte.

407 Zwischen diesen drei Gefässen bestand eine gegenseitige Rückkoppelung. Aufgrund der stürmischen technischen Entwicklung vor dem Krieg und der Notwendigkeit, die Grundzüge einer gänzlich neuen Materie zu regeln, war die Zusammenarbeit zwischen erstem Gefäss (Rechtssetzung und Politik) und dem zweiten Gefäss (Rechtsanwendung und -durchsetzung auf der Strasse) enger als die jeweilige Zusammenarbeit mit dem dritten Gefäss (Rechtssprechung). Ausnahmen bestätigten jedoch die Regel: So fand ein Urteil des Bundesgerichtes, in dem einem Automobilisten der ungenügende Einsatz der Hupe vorgeworfen wurde, umgehend Echo im Strassenalltag, indem die Automobilisten fortan bei jeder Gelegenheit präventiv hupten.

---

nie als Adern des Verkehrs aufzufassen sind und erst an zweiter Stelle Stätten der Erholung sein sollen?” (Brennwald: Automobilistenrecht, No 243).

Nicht wegzudenken war die Ebene der Politik. Sie beeinflusste die Rechtssetzung direkt und war ein bedeutungsvoller Aspekt des ganzen Ausmarchungsprozesses. Sie war auch die Bühne für die Interessenvertreter der Verkehrsteilnehmer. Diese Vertretung erfolgte durch wirtschaftliche Gruppierungen von Gewerbe, Industrie oder Landwirtschaft; durch nichtstaatliche Organisationen wie beispielweise Interessenverbände von Fremdenverkehrsorganisationen oder Fahrzeugbesitzern, von Parteien und anderen gesellschaftlichen Gruppierungen; aber auch durch die staatlichen Organe von Verwaltung und Kantonen, in denen ja wiederum Repräsentanten der Bevölkerung sassen. Und gar im lokalen Rahmen gab die Automobilpolitik eine gute Bühne zur Profilierung ab: Selbst der erste Kauf eines Automobils durch einen ansässigen Politgänger konnte als lokalpolitisches Ereignis verwertet werden[414]. 408

3.3.2 Interessenvertreter der Motorisierungsbefürworter

Nebst dem einzelnen Bürger liessen sich aufseiten der Motorisierungsbefürworter im Wesentlichen vier Gruppierungen von Interessenvertretern unterscheiden: Verbände, Verbündete in der Verwaltung, die Fremdenindustrie und die Industrie an sich. 409

3.3.2.1 Verbände

Die ersten Verbände, die den Individualverkehr förderten, waren die **Verbände der Fahrradfahrer**. 1883 wurde der schweizerische Radfahrerbund (SRB) gegründet, um die Radfahrer zu organisieren und politischen Einfluss zu nehmen. Bereits 1910 verlangte der SRB die Ausdehnung der Bundeskompetenz auf die gesamte Strassenpolizei; nach dem Krieg wurde er zum grössten Individualverkehrsverband der Schweiz[415]. 410

Der 1905 gegründete sozialistische Arbeiterradfahrerbund (ARB) versuchte, die Arbeiterradfahrer klassenmässig zu organisieren. Die Verbindung zwischen dem ARB und der Sozialistischen Partei der Schweiz (fortan SP) war jedoch stets problemgeladen. Beide vertraten die Arbeiterschaft, aber während der ARB pragmatisch war, war die SP radikal-fundamental eingestellt und betrachtete das Automobil und die Fahrradfahrer als verfeindete Gegner, nicht als Partner. So erwiesen sich die Parteiinteressen und Verkehrsinteressen meist als unvereinbar und die 411

[414] So im Kanton Uri, als erstmals ein aktiver Parteiexponent ein Automobil kaufte: Die liberale Tageszeitung lobte den Kauf des liberalen Parteimitglieds als Zeichen der Fortschrittlichkeit, während die konservative Tageszeitung die Unfallträchtigkeit und Probleme der Automobile hervorhob (Gisler-Jauch, 37).

[415] Nussbaum, 6 und 301 sowie Achtzig Jahre Verkehrspolitik im Spiegel der AR, 13.

Mitglieder mussten sich stets fragen, ob sie als Fahrradfahrer oder als Sozialist stimmen wollten. In der Folge erlangte der ARB trotz grossem Mitgliederpotenzial nur beschränkte Schlagkraft[416]. Der 1896 gegründete Touring Club der Schweiz (TCS) war ursprünglich auch eine reine Radfahrervereinigung, erweiterte aber später seine Aktivitäten auf den Bereich der Motorfahrzeuge (siehe nachfolgend).

412 Die wichtigsten Förderer der Motorisierung waren die **Clubs und Verbände der Motorfahrzeugbesitzer**. Ihnen kam eine zentrale Bedeutung zu, denn die Clubs bildeten den Kern der automobilen Lebenswelt und verankerten das Motorfahrzeug in der Gesellschaft. Sie sorgten mit Ausstellungen, Rennen, Ausflügen und Publikationen für den ideellen Kitt in der Auto fahrenden Gemeinde[417], und wurde noch wichtiger, als die Personenwagen herstellende Industrie in der Schweiz nach dem Krieg von der Bildfläche verschwand.

413 Die Clubs und Verbände hatten zwei Haupttätigkeitsfelder: Einerseits leisteten sie Koordinations-, Ordnungs- und Dienstleistungsaufgaben nach innen. Sie erstellten und vertrieben Strassenkarten, vermittelten preiswerte Versicherungsverträge, stellten Dokumente für Auslandfahrten – so genannte "Triptiks" – aus, und berieten ihre Mitglieder in juristischen Fragen bei Unfällen oder Bussen. Mittels Information und Publikationen gaben sie Neulenkern ein Verhaltensvorbild, berichteten über Unfälle, schikanöse Kontrollen, Gesetzgebung und Rechtssprechung. Mittels Rallyes, Geschicklichkeitsfahrten und Ausstellungen förderten sie den sozialen Zusammenhalt. Die Clubs leisteten auch Pannenhilfe, in dem sie ab 1890 entlang der Reiserouten Notfallposten und Reparaturbüchsen platzierten und später auch mobile Reparaturkolonnen aufstellten[418].

414 Andererseits hatten die Clubs Vertretungsaufgaben nach aussen: Sie waren sachkompetente Gesprächspartner für Behörden in der Gesetzgebung und -umsetzung (die Clubs haben den Gesetzgebungsprozess bis zum Krieg initiiert und massgeblich geprägt). Sie konnten politischen Einfluss gewinnen und ausüben und sie bemühten sich um die Verbesserung der Infrastruktur, so im Strassenbau oder der Beschilderung.

415 Der Organisationsgrad der schweizer Automobilisten kann heute nicht mehr genau bestimmt werden, da entsprechendes Zahlenmaterial fehlt; aber es kann davon ausgegangen werden, dass zwischen 1898 und 1930 gut die Hälfte, teilweise sogar noch etwas mehr, aller schweizer Motor-

---

416 Nussbaum, 313-318 sowie Achtzig Jahre Verkehrspolitik im Spiegel der AR, 13.

417 Merki: Siegeszug, 236 und Merki: Unwegsames Gelände, 42.

418 Seit 1930 wurden diese Posten mit Telephonen oder Notrufapparaten ausgestattet, so die Posten den ACS auf den Alpenpassstrassen (Merki: Siegeszug, 346).

fahrzeugbesitzer einem der beiden Clubs angehörten. Dementsprechend kam den Clubs und Verbänden eine grosse Bedeutung in der Forcierung der Motorisierung zu[419]. Dank potenten Mitgliedern und gebündelter Strategie erreichten sie eine hohe politische Schlagkraft und massgeblichen Einfluss über die Strasse und deren Gebrauch – selbst wenn die Automobilisten zahlenmässig nur einen kleinen Teil der Bevölkerung darstellten[420]. Da aber die anderen Teilnehmer im Verteilungskampf um den Strassenraum unorganisiert agierten (mit teilweiser Ausnahme der Bauern), schafften die Automobilisten diese Umverteilung des Raumes in kurzer Zeit.

Der ACS wurde 1898 von einigen TCS-Mitgliedern als reiner Automobilverband gegründet; ab 1904 folgten Sektionen in der ganzen Schweiz[421] und 1916 wurden 2244 Mitglieder in 15 Sektionen gezählt[422]. Bis 1906 nutzte er "La Suisse Sportive" als Informationsblatt, danach hatte er in Form der Automobilrevue ein eigenes Mitteilungsblatt. Seine Mitglieder waren ideologisch eher gemässigt, aber von grossem sozialem Einfluss. Gut vertreten war das Wirtschaftsbürgertum (Bankiers, Kaufleute, Industrielle, Direktoren, Unternehmer); selbstständige Berufe, welche das Auto berufshalber benötigten (Ärzte, Advokaten, Architekten) sowie Autohändler und Ingenieure[423]. Ein besonders erwähnenswertes Mitglied war der Züricher Gottfried Brennwald: Er war promovierter Jurist und damit juristisch kompetent, führte selbst eine Automobilfabrik und war damit auch sachlich kompetent. Überdies wirkte er aktiv im ACS mit und publizierte diverse Schriften und Bücher, womit er auch eine politische Präsenz erreichte. 416

Er engagierte sich in der Frage der Haftpflichtregelung, kämpfte gegen Sonntagsfahrverbote und analysierte und kommentierte die damalige Automobilrechtssprechung intensiv[424]. 417

Der ACS betrieb eine wirksame Verkehrspolitik. Bereits um die Jahrhundertwende wurde er zum dominierenden Akteur in der schweizerischen Automobilpolitik, weil er als reiner Automobilistenverband eine hohe Fachkompetenz und Homogenität aufwies und weil seine Mitglieder elitärer als die – an sich schon gut betuchten – durchschnittlichen Motorfahrzeugbesitzer waren[425]. Dank dieser Möglichkeiten konnte der ACS eine erfolgreiche Lobbyarbeit leisten: Bereits 1902 und 1903 opponierte 418

---

419 Merki: Siegeszug, 236.
420 Bertho Lavenir, 111.
421 Nussbaum, 7-8.
422 AR, 1916, 17.
423 Bertho Lavenir, 111.
424 Eine detaillierte Liste seiner Werke ist dem Literaturverzeichnis zu entnehmen. Ebenfalls zur Person Brennwalds siehe Fussnote 1117 S. 332.
425 Merki: Fortschritt bremsen, 236.

er mittels Eingaben an die Bundesbehörden gegen die Unterstellung der Automobile unter das Eisenbahnhaftpflichtgesetz[426]. Er setzte sich gegen den traditionellen Verleideranteil ein, also den Bussenanteil für jenen, der eine (wahre oder erfundene) Übertretung von Verkehrsregeln zur Anzeige brachte. Der ACS kämpfte gegen jegliche Beschränkung und formulierte proaktiv eigene Lösungen: Zusammen mit dem TCS gab er den Anstoss zum Konk1 und nahm bis nach 1910 beratend an den Konkordatskonferenzen teil, machte sich 1912 für eine eidgenössische Lösung der Automobilfrage stark, und in der Staubproblematik stellte er sich gegen Fahrverbote und engagierte sich für einen intensiveren Strassenbau und die ersatzweise Strassenbesprengung. Er war Bindeglied zwischen Behörden und Automobilisten[427], und schliesslich war auch der Aufbau des freiwilligen Automobilkorps als indirekte Lobbyarbeit zu sehen[428].

419 Der ACS betrieb überdies eine effektive Öffentlichkeitsarbeit. Nebst Zeitungsartikeln, allgemeinen Vorführungen (zum Beispiel der Bremsleistung von Automobilen), Ausflügen mit Heimkindern und der Charmoffensive von 1909[429] betrieb er aktive Verkehrserziehung zur Gewöhnung des Publikums. Dazu verteilte er Flugblätter über das korrekte Verhalten von Fussgängern, Fuhrleuten und Automobilisten auf der Strasse; produzierte Kurzfilme, welche die Gefahren der Strasse zeigen und erziehend wirken wollten[430], und brachte Schulen und Polizeiinspektorate dazu, dem Publikum die Verkehrsregeln näher zu bringen. Für Behördenmitglieder wurden Informationsfahrten organisiert, um Fehl- und Vorurteile abzubauen, so beispielsweise für das Obergericht Zürich oder für die Delegierten der Kantone, die über das Konk1 zu beraten hatten[431] – damit sie wussten, worüber sie überhaupt zu legiferieren hatten.

420 Letztlich betrieb der ACS auch eine Disziplinierung nach aussen und innen. Er distanzierte sich stets klar von Geschwindigkeitsexzessen[432] und drängte auf strenges Einhalten der Limiten, um weitere Einschränkungen zu verhindern. Rücksichtslose Fahrer wurden in der Verbandszeitung namentlich genannt und öffentlich an den Pranger gestellt, und das

---

426 GB BR, 1902, 851 sowie Meili: Kodifikation, 52.

427 Um 1911 ersuchte die kantonalbernische Baudirektion den ACS, seine Mitglieder zur Einhaltung der Höchstgeschwindigkeit von 10 Km/h zu ermahnen, und im Falle der überbordenden Automobilfeindlichkeit in Gisikon beschwerte sich der ACS beim Luzerner Militär- und Polizeidepartement (Hildebrandt, 297-305).

428 Viele Mitglieder des ACS standen für die Manövereinsätze mit ihren Fahrzeugen der Armee zur Verfügung. Vertiefend vergleiche N 1539 ff S. 417.

429 Vertiefend vergleiche N 383 S. 99.

430 AR, 1914, 22-23.

431 Brecht, 114 respektive Merki: développement, 72.

432 Brennwald: Denkschrift, 4.

Clubsekretariat verschickte Mahnungen an die fehlbaren Lenker[433]. Der Raser wurde zum gemeinsamen Negativstereotyp aller involvierten Kreise erklärt.

Der TCS wurde bereits 1896 in Genf von 205 Radfahrern gegründet. 421
Aufgrund des Mitgliederzustroms wurde er schnell zu einer Gruppe, die von den Politikern nicht vernachlässigt werden konnte. Entstanden mit dem Ziel, die Fahrradfahrer zu organisieren und verteidigen, wandte er sich um 1900 vom Fahrrad ab und dem Automobil zu[434]. Seine Mitglieder rekrutierte er aus der aufgeschlossenen Bourgeoise, die sich auch für Fliegerei und Fotografie begeisterte. Beruflich waren diese Mitglieder beispielweise Kaufleute, Unternehmer, Ingenieure, Bank- und Versicherungsangestellte sowie Beamte. Zahlenmässig hatte der TCS mehr Mitglieder als der ACS, jedoch waren TCS-Mitglieder eher Personen mit geringerem politischem und sozialem Einfluss. Die Information der Mitglieder erfolgte über die clubeigene Zeitschrift "Revue du Touring-Club Suisse".

Die Servicedienstleistungen des TCS entsprachen im Wesentlichen jenen 422
des ACS. Besonders engagierte sich der TCS bei der Anlage von Fahrradwegen sowie dem Aufstellen von Warn- und Hinweistafeln. Ab 1929 bot er eine Touringhilfe: TCS-Agenten kamen auf Motorrädern mit Seitenwagen den Automobilisten bei Pannen und Unfällen zu Hilfe[435]. In der Verkehrspolitik initiierte er – zusammen mit dem ACS – das Konk1, und nahm mit beratender Stimme an den Konkordatskonferenzen teil, bis die Verbände 1910 davon ausgeschlossen wurden.

Die Zusammenarbeit von ACS und TCS verlief anfänglich Hand in 423
Hand, so beim Engagement für das 1. Konkordat oder bei der Propaganda für die Staubbekämpfung mittels Strassenteerung. Aufgrund von Animositäten in den Führungsgremien von ACS und TCS – in deren Folge ein Ehrverletzungsprozess geführte wurde – kam es 1910 zum Zerwürfnis der Verbandsleitungen[436].

Die ständige Zunahme von Fahrzeugen brachte eine Ausdifferenzierung 424
der Clubs mit sich. Als sich nach der Jahrhundertwende die Wege von Motorrad und Automobil trennten, gründeten die Motorradfahrer eigene Organisationen. Diese Organisationen waren meist nur durch ein einzelnes Partikulärinteresse geeint (Marke, Wohngebiet, Renninteressen), und erreichten nur eine beschränkte politische Schlagkraft.

Die Besitzer von Lastwagen waren bis nach dem Krieg den Automobil- 425
verbänden angeschlossen. Mit der massiven Zunahme ziviler Lastwagen nach dem Krieg wurde 1921 in Olten die "Association Suisse des Propri-

---

433 Jahresberichte 1910–1916 der ACS-Sektion Zürich, 1912, 1921-1922.
434 Bertho Lavenir, 110.
435 Merki: Siegeszug, 230-231.
436 Merki: Siegeszug, 234.

étaires d'Autocamions" (ASPA) gegründet, nachdem der Bundesrat den Benzinzoll massiv erhöht hatte[437]. Die ASPA war der erste Nutzfahrzeugverband, und kämpfte als solcher gegen Steuer- und Gebührenerhöhungen, gegen zu tiefe Gewichts- und Geschwindigkeitslimiten sowie gegen den politischen Gegenspieler der Bahn.

426 Weitere eigenständige Organisationen zur Interessenvertretung gründeten die Garagenbesitzer (1909 respektive 1927), die Karosseriefirmen (1919) sowie die Strassenbaufachleute (1913). Diverse weitere Ligen und Gruppierungen entstanden im Zusammenhang mit dem Kampf gegen die Staubplage und für die Strassenteerung[438].

427 Die Funktion einer eigentlichen Dachorganisation übernahm ein 1911 ad hoc gegen ein Sonntagsfahrverbot im Kanton Zürich gegründeter Zusammenschluss von Fahrrad- und Automobilverbänden, der Fahrzeugindustrie, Fremdenverkehrsorganisationen, dem Brauereiverband sowie den Kohlehändlern. 1921 wiederbelebt, wurde dieser Zusammenschluss 1926 national unter dem Namen "Strassenverkehrsliga" neu formiert, um ein eidgenössisches Referendum beeinflussen zu können. Massgebende Schrittmacher innerhalb der Liga waren seit dem Krieg die Automobilverbände (ACS, TCS, ASPA), der schweizerische Hotelierverein sowie die schweizerische Verkehrszentrale[439].

428 Die Strassenverkehrsliga vertrat die gemeinsamen Ziele der motorisierten Verkehrsteilnehmer und versuchte, durch die Bündelung von Kräften die Behörden und Gesetzgebung in ihrem Sinne zu beeinflussen. Immer wieder betonte sie die wirtschaftliche Bedeutung der Verkehrspolitik. Sie engagierte sich mittels Referenden, Volksinitiativen und in Vernehmlassungsverfahren für die Förderung des Motorfahrzeugverkehrs, eine fortschrittliche Gesetzgebung, die Verkehrserziehung der Jugend[440] sowie eine Zentralisierung der Strassenfinanzierung beim Bund, und konnte in diesen Bereichen denn auch einige Erfolge verbuchen.

3.3.2.2 Verbündete in der Verwaltung

429 Die Motorisierungsbefürworter hatten in Verwaltungen, Regierungen und Parlamenten schon früh Verbündete, welche ihre Anliegen politisch begleiteten. Die Behörden hatten kaum Berührungsängste gegenüber der automobilen Welt. Politiker und Behördenmitglieder besuchten Automobilveranstaltungen und am Automobilsalon in Genf sprach stets ein Bundesrat einige Eröffnungsworte. Immer wieder gab es überdies personelle

---

437 Nussbaum, 9, 297

438 Merki: Siegeszug, 238-242.

439 Nussbaum, 278-294. Nussbaum macht eine aufschlussreiche und fundierte Betrachtung über die einzelnen Mitgliedsorganisationen und deren sehr unterschiedlichen Beweggründe für ein Mittragen der Strassenverkehrsliga.

440 Achtzig Jahre Verkehrspolitik im Spiegel der AR, 31.

Verflechtungen zwischen Verbänden und Clubs einerseits und Behörden und Verwaltung andererseits. So waren zwischen 1896 und 1926 mindestens fünf der höchsten ACS- oder TCS-Präsidenten Mitglieder des Stände- oder Nationalrates, und der Berner Benz-Händler Georg Hamberger, welcher ab 1895 Benz Wagen verkaufte, befehligte 1914–1929 den Motorwagendienst der Armee und war von 1920–1928 Vizepräsident der ACS-Sektion Bern[441].

3.3.2.3 Fremdenindustrie und Tourismus

Hotelindustrie und Fremdenindustrie sind keine Synonyme, doch die Hotelindustrie ist der bedeutendste Teil der Fremdenindustrie. Zwischen der Hotelindustrie und dem Automobil bestand schon sehr früh eine Symbiose: 1901 erschien in der La Suisse Sportive regelmässig eine Liste der Hotels und Werkstätten, welche als automobilfreundlich galten. Diese Hotels boten ihren Gästen Garagen und vornehme Hotels holten ihre per Zug anreisenden Gäste mit einem Motorwagen ab[442]. 430

Die übrigen Teilbereiche der Fremdenindustrie hatten jedoch in der Automobilfrage einen uneinheitlichen politischen Standpunkt: Um die Jahrhundertwende gewann der mehrtägige Automobiltourismus an Bedeutung, als die Fahrzeuge zuverlässiger, das Garagen- und Tankstellennetz dichter, die Strassenkarten besser und die Zollbestimmungen flexibler wurden[443]. Dies brachte der Fremdenindustrie, dank der Automobilisten, mehr Übernachtungen. Da Automobilisten vermögende Leute und damit gut zahlende Gäste waren, setzten sich die Verkehrsvereine und Hotelvertreter deshalb für die Öffnung der Alpenstrassen ein[444]. 431

Bis zum Ende des Krieges war das Lager der Fremdenindustrie gespalten: In den Etappen- und Ausflugszielen der motorisierten Gäste war das Automobil gern gesehen, nicht jedoch in den bloss durchfahrenen Durchfahrtsorten[445]. Trotzdem hatte die Fremdenindustrie ein Interesse an einer einheitlichen Regelung des Motorfahrzeugwesens und ihre Vertreter setzten sich auch in den eidgenössischen Räten für die Sache der Motorfahrzeuge ein[446]. Nach dem Krieg unterstützte die Fremdenindustrie in einer ersten Phase die schweizweit einheitliche Regelung der Sonntags- 432

---

441 Merki: Siegeszug, 244-246.

442 La Suisse Sportive, No 218, 1. Oktober 1901, 117-118, respektive No 296, 1. Januar 2005, 5.

443 Merki: Marktanteile, 84.

444 Gisler-Jauch, 47.

445 Vertiefend vergleiche N 432 ff S. 113 sowie N 448 S. 117.

446 So wies beispielsweise Nationalrat Seiler, Vertreter der Zermatter Hotelindustrie, in der Sommersession 1912 auf die wirtschaftlich belebende Wirkung des Automobilverkehrs über den kürzlich geöffneten Simplon hin (Sten Bul NR, Sommersession 1912, 167-168).

fahrverbote und in einer zweiten Phase die gänzliche Abschaffung der Sonntagsbeschränkungen.

433 Überwiegend war die Fremdenindustrie der Motorisierung gegenüber positiv eingestellt und engagierte sich durchaus für deren Interessen, sofern sie sich Synergien zu den eigenen Anliegen versprach.

3.3.2.4 Industrie

434 Die Fahrzeugindustrie der Schweiz war (und ist heute noch) dazu befähigt, hochqualitative und -spezialisierte Fahrzeuge herzustellen. Nach kurzer Blütezeit verlor aber das Massengeschäft des Personenwagenbaus beständig an wirtschaftlichem und politischem Gewicht. Die einsetzende Fokussierung der überlebenden Betriebe auf den Nutzfahrzeugbau bewirkte eine weitere Spezialisierung und wirtschaftliche Marginalisierung der Fahrzeugindustrie. Aufgrund dessen war die Fahrzeugindustrie nicht in der Lage, der Motorisierung der Schweiz massgebende Impulse zu vermitteln.

435 Die übrige Industrie und das Gewerbe engagierten sich in Wirtschafts- und Branchenverbänden, jedoch nur mittels situativem, einzelfallweisem Engagement, beispielsweise im Kampf gegen Sonntagsverfahrbote.

3.3.3 Interessenvertreter der Motorisierungsgegner

436 Träger des Widerstandes waren vorab Betroffene, die selbst nicht motorisiert waren, also Strassenanwohner und die traditionellen Strassenbenutzer, oder verallgemeinert: jeder, dem aus dem Automobil Nachteile erwuchsen, aber keine Vorteile. Die AR unterschied 1913 drei Gruppen von Automobilgegnern: Erstens jene Gruppe, welche grundsätzlich alles Neue ablehnte. Diese Gruppe machte früher auch gegen die Eisenbahn und das Fahrrad mobil, und beim Automobil bemängelte sie vornehmlich jene Nebenerscheinungen, welche sie selbst störten. Zum Zweiten gab es jene Gruppe, welche Automobile für Luxus- oder Sportgeräte hielt und die nicht wollte, dass die wenigen, welche sich ein solches leisten konnten, schneller fuhren als die Allgemeinheit. Zum Dritten schliesslich existierte eine Gruppe, welche vom Wert des Automobils überzeugt war, aber in seinem Betrieb eine zu grosse Gefahr sahen[447].

437 Im Grossen und Ganzen war der Widerstand nur lokal organisiert und damit den weiträumig koordiniert arbeitenden Motorisierungsbefürwortern unterlegen. Es gab keine nennenswerte institutionelle Organisation des Publikums und der traditionellen Strassenbenutzer. Hierzu fehlt denn auch ein ökonomischer Druck zur Organisation; denn eine Mitgliedschaft in einem Fussgängerverband konnte keine finanziellen Vorteile bieten. Überdies liess sich die grösste Gruppe – die Fussgänger – kaum organi-

---

[447] AR, 1913, 620.

sieren, währenddessen die Automobilclubs viel kleiner waren, aber sich auf ein einziges Ziel fokussieren konnten. Deshalb fehlte den Motorisierungsgegnern eine schlagkräftige institutionalisierte Vertretung, und es existierte nur eine inhalts- und bedeutungslose Fussgängerliga[448].

Aufgrund dieser fehlenden Organisation artikulierte sich der Widerstand 438
vor allem in Leserbriefen, da Verbandsorgane und einschlägige Schriften fehlten[449], sowie in eifrigen lokalen Dorfautoritäten.

Nachdem die Motorisierungsbefürworter um 1906 die Strategie gewech- 439
selt hatten, versachlichte sich die Diskussion zunehmend. Aufgrund der einsetzenden Massenmotorisierung verschwand nach dem Krieg der Typus des reinen Fussgängers zunehmend. Durch die Erhebung von kantonalen Motorfahrzeugsteuern und dem Treibstoffzoll leisteten die Motorisierten zunehmend auch finanziell einen Beitrag an die Benutzung der Strassen, und die Opposition verschwand ganz[450]. Insbesondere aber vor dem Krieg liessen sich durchaus einige Gruppierungen von Motorisierungsgegnern unterscheiden.

3.3.3.1 Behörden

Behörden traten durchaus auch als Motorisierungsgegner in Erscheinung. 440
Zum einen passiv, in dem sie teilweise nichts gegen die Übergriffe des Publikums unternahmen, zum anderen aktiv, indem sie den Anzeigeranteil an den Bussen verteidigten, die Behördenkassen mittels Bussgeldern sanierten[451], oder gänzliche Automobilverbote verhängten (so im Kanton Graubünden). Allerdings handelte die Behörde nicht aus Eigeninteresse, sondern stets als Vertreter und Abbild des Volkswillens. Auch die Polizei, das primäre Sanktionsorgan des Staates, leistete keinen systematisch-bewussten Widerstand, sondern einen technisch-organisatorisch bedingten und motivierten Widerstand. Technische und ausrüstungsmässige Mängel bei den Polizeikorps erlaubten diesen vorübergehend einen missbräuchlichen Vollzug der Rechtsnormen.

Der Widerstand der Behörden verschwand erst nach 1920 endgültig, als 441
sich ein Bewusstsein für die volkswirtschaftliche Bedeutung des Motorfahrzeuges hatte entwickeln und festigen können[452].

3.3.3.2 Eisenbahnen

Die Eisenbahnen wehrten sich stets gegen die zunehmende Konkurrenz, 442
welche sie sowohl im Personen- als auch im Güterverkehr spürten. Cars alpins und private Reisecars befuhren die interessanten und spektakulä-

---

448 Nussbaum, 338-348.
449 Merki: Siegeszug, 192.
450 Merki: Fortschritt bremsen, 249.
451 Vertiefend vergleiche N 771 f S. 208.
452 Nussbaum, 333.

ren Passstrassen. Der ab 1925 täglich durchgeführte Autoverlad in Airolo und Göschenen erfreute sich hingegen einiger Beliebtheit bei den Lastwagen, da diese so den hohen Benzinverbrauch einer Passfahrt vermeiden konnten[453]. Im Alpengebiet konnten sich die Eisenbahnen politisch relativ lange und gut durchsetzen, denn als regional bedeutende Arbeitgeber verfügten sie über ein hohes lokalpolitisches Gewicht.

443 Den Kampf gegen die Transportkonkurrenz auf der Strasse konnten die Eisenbahnen nun indirekt führen, denn eine Behinderung des Strassentransports schien nur über Konzessionsvorschriften und fiskalische Belastungen möglich. In der Folge verlangte der Verband der Normalbahnen 1925, dass der gewerbsmässige Automobilverkehr den gleichen, restriktiven Spezialgesetzen wie die Bahn zu unterstellen sei, insbesondere in Bezug auf Arbeitszeitregelungen und Feriengewährung. Gleichzeitig verlangten die Bahnen Beiträge aus den Erträgen des Treibstoffzolls, um für die Bewachungskosten von Niveauübergängen entschädigt zu werden[454].

3.3.3.3 Landwirtschaftliche Kreise

444 Die Landbevölkerung und Bauern pauschal als autofeindlich zu bezeichnen wäre zu plakativ und generalisierend und es gab stets Diskrepanzen zwischen der Basis und den landwirtschaftlichen Verbandsspitzen[455]. Fest steht, dass die Nachteile der Motorisierung für das Publikum auf dem Lande am stärksten waren und dass seinem Schaden lange kein greifbarer Nutzen gegenüberstand. So konnte sich der Widerstand auf dem Lande am heftigsten – zuweilen auch gewalttätig – äussern.

445 Die Gründe für die Ablehnung änderten sich im Laufe der Zeit. Vor dem Krieg litt die bäuerliche Sphäre besonders unter der Staubplage, und der landwirtschaftliche, tierbespannte Fuhrverkehr kam sich immer wieder mit dem schnelleren motorisierten Verkehr ins Gehege. Nach dem Krieg hatte das Automobil einen Habitus von "Luxus" und nährte damit die ideelle Opposition in der Landwirtschaft, denn diese konnte kaum vom wirtschaftlichen Aufschwung nach dem Krieg profitieren[456].

446 Zur allmählichen Aufweichung des landwirtschaftlichen Widerstandes nach dem Krieg führte zum einen die einsetzende Massenmotorisierung. Zum anderen lernte die Landwirtschaft selbst den Benzinmotor schätzen, indem dieser in Arbeitsmaschinen wie Fräsen, Winden oder Pumpen ihr gute Dienste leistete. Ab 1929 war der erste in der Schweiz hergestellte Traktor erhältlich, womit auch in der Landwirtschaft die Motorisierung endgültig anlief.

---

453 Gisler-Jauch, 154.
454 Grimm, 10.
455 Nussbaum, 4 und 339.
456 Nussbaum, 340.

Im Bereich des Rechts forderten die Landwirte seit Anbeginn, dass die Erweiterung des Strassenverkehrsrechts nur für Fahrradfahrer und Motorfahrzeuge gelten sollte. Dank einer guten Vertretung in den eidgenössischen Räten drang die Landwirtschaft mit dieser Forderung selbst 1932 noch durch: Landwirtschaftliche Motorfahrzeuge genossen gelockerte Sonderbestimmungen bezüglich der Zulassung und unterstanden einer geringeren Steuerpflicht. 447

3.3.3.4 Fremdenindustrie und Tourismus

Auch in Fremdenindustrie und Tourismus gab es zeitweilig eine grössere Fraktion, welche der Motorisierung ablehnend gegenüberstand. Dies galt insbesondere für Betriebe und Destinationen, welche an Staubstrassen gelegen waren, wie zum Beispiel das Engadin. Der motorisierte Mehrverkehr brachte mehr Staub, und Hotels an Durchgangsstrassen wurden gemieden. Dies führte unter anderem zum Erlass von Sonntagsfahrverboten. 448

Im weiteren verlangte der traditionelle Feriengast Sicherheit auf der Landstrasse, beispielsweise um diese als Fusswanderweg benutzen zu können. 449

Hinzu kam, dass es im Tourismusgewerbe viele unerfüllte Hoffnungen in Bezug auf das Automobil gab: Technische Verbesserungen steigerten den Aktionsradius der Automobile beständig, und die Etappenziele waren plötzlich nicht mehr dieselben wie diejenigen aus der Postkutschenzeit; der versprochene Aufschwung blieb aus, doch der Durchgangsverkehr nahm nicht mehr ab. 450

3.3.3.5 Traditionelles Fuhrgewerbe

Vor der Motorisierung führten Fuhrleute mit Pferde- oder Ochsenfuhrwerken Warentransporte durch, und Kutscher übernahmen den Personentransport. 451

Schon früh wurden im Personentransportwesen motorisierte Droschken eingesetzt; der Transport grösserer Gruppen in einem Gesellschaftswagen kam aber erst nach dem Krieg richtig in Schwung, denn vorher waren Komfort und Geschwindigkeit der Fahrzeuge zu gering. Der Widerstand des Transportgewerbes fusste daher schwergewichtig im Warentransport. Dieser alltägliche Widerstand konnte durchaus handgreifliche Formen annehmen, und in den Automobilzeitschriften wurde die Konkurrenz zwischen Kutscher und Automobilisten auch als Gegensatz von "primitiv und ständig betrunken" zu "gebildet und gewissenhaft" dargestellt[457]. 452

Bis zum Krieg verlief die Motorisierung des Transportgewerbes schleppend. Die Anschaffungskosten waren noch zu hoch und die Lastwagen 453

---

457 Gisler-Jauch, 51.

konnten ihren Geschwindigkeitsvorteil noch nicht ausspielen, weil die Kunden diesen nicht verlangten und die Tempolimiten noch zu tief waren. So sahen die Fuhrhalter, Fuhrleute und Kutscher den Lastwagen vor allem als lästige Konkurrenz, denn er zwang das lokale Fuhr- und Kutschergewerbe zur Umstrukturierung. Da der Betrieb eines Lastwagens leichter erlernbar und unabhängig vom Willen der Zugtiere war, galt der Lastwagen als längerfristig existenzbedrohend.

454 Doch der politische Widerstand der Fuhrhalter war nicht überall gleich erfolgreich. Während er in Graubünden stark und erfolgreich war, entwickelte sich die Lage im Nachbarkanton Tessin ganz anders: 1901 machte die Kutschergesellschaft von Lugano eine Eingabe an den Staatsrat, er möge das Fahren mit Motorfuhrwerken im ganzen Kanton Tessin verbieten. Der Staatsrat lehnte dies ab, beauftragte aber das Baudepartement, einen Entwurf zu einem Fahrreglement für Motorfahrzeuge auszuarbeiten. Dieses fand keine besondere Gefährlichkeit, und in der Folge öffnete der Kanton Tessin seine Alpenstrassen dem Motorfahrzeug früher als irgendein anderer Kanton[458].

455 Der Krieg brachte eine komplette Neuorientierung in der Branche. Schon während dem Krieg stiegen die ersten Fuhrunternehmer auf Motorfahrzeuge um, um ihre Pferde zu schonen; und in der Kriegszeit bewies der Lastwagen Tauglichkeit und Nutzen im Militäreinsatz. Nach dem Krieg konnte von den Kriegsparteien eine grosse Zahl von Heeresfahrzeugen günstig erworben werden, insbesondere Truppentransporter beziehungsweise Lastwagen, was diesem zu einem sprunghaften Verbreitungsschub verhalf.

456 Die technische Entwicklung des Lastwagens im Krieg baute seine technische Dominanz über das Tierfuhrwerk weiter aus. Damit wurde der Lastwagen nun auch vom Transportgewerbe akzeptiert und machte das Fuhr- und Kutschergewerbe längerfristig sogar wieder konkurrenzfähig zur Eisenbahn.

3.4 Entwicklung der Motorisierung in Zahlen

3.4.1 Erhebungsprobleme

457 Es ist unmöglich, die Entwicklung der Motorisierung in ihrer Frühzeit präzise zahlenmässig zu erfassen. Wohl sind Momentaufnahmen über Fahrzeugbestände möglich, aber es fehlt eine fortlaufende, auf gleich bleibenden Kriterien beruhende statistische Erfassung. Überdies führten verschiedene Erhebungsprobleme zu einer inkohärenten Quellenlage.

---

458 Gubler, 31.

Zählungen wurden von Städten, Kantonen oder dem Militärdepartement durchgeführt, und je nach zählender Institution resultierten andere Fahrzeugbestandeszahlen. 458

Einen grossen Einfluss hatte auch die Zähldauer: Zählungen über das ganze Jahr, Stichproben oder Hochrechnungen – beispielsweise von einem Monat auf ein Jahr – führten zu drei ganz unterschiedlichen Resultaten. Insbesondere Hochrechnungen vernachlässigten die saisonalen Schwankungen, welche damals viel ausgeprägter waren als heute. Aufgrund der schwachen Motoren waren die Fahrzeuge bis zum Krieg meist offen karossiert, was das Automobilfahren zum Saisonsport machte. Noch 1913 sprach die AR deutlich von der "Saison", welche am 1. April beginne[459]. 459

Weitere Differenzen ergaben sich daraus, dass die Zählweisen mehrfach geändert wurden. Teilweise wurden Ausserbetriebnahmen oder Halterwechsel nicht mitgezählt, oder bei Verkehrszählungen wurden Fahrräder oder Fussgänger plötzlich nicht mehr mitgezählt. 460

Die Erfassung von Fahrzeugzahlen war bereits im Konk1 vorgesehen, indem die von den Kantonen erteilten Bewilligungen gezählt wurden (Konk1 3 III). Das Konk2 verfeinerte die Fälle der Zählung, doch auch diese Zählung blieb auf das Gebiet der Konkordatskantone beschränkt. Erst die VOBG32 ermöglichte eine flächendeckende, einheitliche Zählung und Führung eines zentralen Registers über die ganze Schweiz[460]. 461

Erschwert wurde die statistische Erfassung überdies durch die Multifunktionalität der Fahrzeuge – was an Werktagen als Arbeitsgerät diente, wurde an Wochenenden für Vergnügungsfahrten benutzt. 462

Von besonderem Interesse wäre auch eine Unterscheidung zwischen dem "Muss-Verkehr" – also dem wirtschaftlich unerlässlichen Personen- und Güterverkehr – sowie dem "Kann-Verkehr" – also dem privaten, individuellen Verkehr. Auch hierzu fehlen Zahlen, wobei sicher zu sein scheint, dass der "Muss-Verkehr" beziehungsweise der gewerbliche Verkehr bis circa 1930 gewichtiger und umfangreicher als der "Kann-Verkehr" war, denn die Massenmotorisierung begann nicht beim Individualverkehr[461]. 463

3.4.2 Blicke in die Zulassungsstatistik

Ein Blick in die Zulassungsstatistik zeigt die zunehmend rascher werdende Verbreitung des Automobils. Aus den Anfangszeiten sind nur fragmentarische Zahlen erhalten; dies auch deshalb, weil eine Kontrollschild- und damit eine Anmeldepflicht erst nach und nach eingeführt wurde. Um 1900 wurden dennoch in 13 grösseren schweizer Städten 176 Automobile aller Art festgestellt. 464

---

459 AR, 1913, 134.

460 Vertiefend vergleiche N 720 ff S. 194.

461 Nussbaum, 31.

465 Für die Jahre 1910 bis 1930 sind den statistischen Quellenwerken weitere Zahlen zu entnehmen: 1910 zählte man in der Schweiz 7 249 Motorfahrzeuge, respektive 1 Motorfahrzeug pro 515 Einwohner. 1913 zirkulierten 10 370 Fahrzeuge, respektive eines pro 373 Einwohner; 1920 bereits 20 412 respektive eines pro 190 Einwohner; 1925 schon 56 593 Fahrzeuge respektive eines pro 70 Einwohner; und schliesslich 1930 124 676 Fahrzeuge respektive eines pro 32 Einwohner[462]. Eine andere Zählung zählte für 1920 pro 308 Einwohner ein Fahrzeug und für 1921 bereits pro 210 Einwohner ein Fahrzeug[463]. Auch im Ausland verlief die Motorisierung mit hoher Wachstumsdynamik[464].

466 Es zeigt sich klar, dass die Verbreitung nach dem Krieg massiv an Dynamik zunahm und eine eigentliche Massenmotorisierung in Gang kam, was der ganzen Integrationsproblematik eine neue gesellschaftliche und rechtliche Brisanz verlieh.

3.4.3 Motorisierungsgrad und Verkehrsdichte

467 Auch der Motorisierungsgrad, also die Anzahl Einwohner pro Motorfahrzeug, hat aus diversen Gründen nur allgemeinen Charakter. Zum einen war bereits die Zählung der Fahrzeuge inkohärent, zum andern aber schwankte der Motorisierungsgrad stark von Kanton zu Kanton. Aufgrund des teilweise hohen Anteils an Durchgangsverkehr bestand kein eindeutiger Zusammenhang zwischen Motorisierungsgrad und Bedeutung der Motorisierungsfrage in einem Kanton: So hatte beispielsweise Uri stets einen kleinen Motorisierungsgrad, hatte aber einen grossen Durchgangsverkehr und damit grosse Folgeprobleme der Motorisierung zu bewältigen[465].

468 Der Motorisierungsgrad schwankte im weiteren auch stark zwischen den Fahrzeugkategorien. Motorräder boten die günstige Mobilität für zwei Personen; sie waren in der Schicht der Arbeiter und Angestellten gut vertreten und tendenziell auf dem Lande stärker verbreitet als in der Stadt[466]. Automobile hingegen wurden aufgrund des höheren Anschaffungspreises eher in städtischen Gegenden gekauft und gehalten.

---

462 Tabelle in: Schweizerische Automobilstatistik, 5, mit den Zahlen der zitierten Vorjahre.

463 Zahlen basieren auf Erhebung des Generalstabes (von Salis-Soglio, 36).

464 Für 1899 wurden weltweit weniger als 15 000 Motorfahrzeuge gezählt; wovon 1 700 in Frankreich liefen. 1904 zählte Frankreich bereits 17 000 Fahrzeuge, 1909 rund 53 000 Fahrzeuge und 1914 107 000 Fahrzeuge. Weltweit zirkulierten 1914 rund 2 Millionen Fahrzeuge, 1966 bereits 262 Millionen (Temming, 161).

465 Nussbaum, 168.

466 Nussbaum, 32,41-42.

Trotzdem war in den Städten die Verkehrsdichte stets höher als in ländlichen Gegenden. Zum einen war die städtische Bevölkerung tendenziell vermögender und konnte sich früher ein Motorfahrzeug leisten, zum anderen gab es weniger Verkehrsfläche pro 1 000 Einwohner als auf dem Lande. 1901 zählte man in Basel 39 Motorfahrzeuge, in Bern 9, in Biel 4, in Chaux-de-Fonds 1, in Fribourg 5, in Genève 102, in Locle 9, in Neuchâtel 2, in Schaffhausen 2 und in Winterthur 2[467]. 469

Genf war lange Zeit die Stadt mit der höchsten Automobildichte der Schweiz. Genf lag geografisch und kulturell nahe an Frankreich, der führenden Automobilnation Europas bis zum Krieg. Beide wichtigen Motorfahrzeugclubs der Schweiz wurden in Genf gegründet, in Genf fand die 1. schweizerische Automobilausstellung statt und in Genf wurde die 1. schweizerische Chauffeurschule eröffnet[468]. 470

Die höhere Verkehrsdichte akzentuierte denn auch zuerst in den Städten Probleme mit dem Fussgängerstrom, was aufgrund des noch undisziplinierten Verhaltens der Fussgänger zu hohen Unfall- und Opferzahlen führte. Die Unfallberichte der Presse handelten denn auch vorab von Unfällen im städtischen Verkehrsraum. Und 1926 stellte ein Leser der NZZ fest, dass sich am Paradeplatz zur Mittagszeit ansehnliche Menschengruppen bildeten, die über die Strasse wollten, weshalb eine Regelung hier notwendig wäre[469]. 471

3.4.4 Fazit

Aufgrund dieser Umstände schwankte der aus der Motorisierung resultierende Handlungsdruck nicht nur von Kanton zu Kanton und von Region zu Region, sondern auch zwischen den Jahreszeiten und den Fahrzeugkategorien. In verschiedenen thematischen Bereichen stellten sich unterschiedliche Probleme, welche mit unterschiedlicher Dringlichkeit gelöst werden wollten. Die Abgrenzung dieser Problemkreise wie auch die Strategien zur Lösung dieser Probleme ist Gegenstand des zweiten Teils der vorliegenden Arbeit. 472

---

467 TCS-Revue, 1901, S. 33.
468 Merki: Fortschritt bremsen, 235.
469 NZZ 1926, Nr. 1460, S. 2.

Teil II: Problemkreise und Problemlösungen in der Motorisierung

4 Ausrüstung und Zulassung der Fahrzeuge

4.1 Vorschriften zu Ausrüstung, Konstruktion und Bedienung

473 Ausrüstungs-, Konstruktions- und Bedienbarkeitsvorschriften regelten Material, Konstruktion und Ausstattung eines Motorwagens, der zum Verkehr zugelassen werden sollte. Ihr Zweck war es, die technisch-betriebliche Sicherheit des Fahrzeuges an sich zu gewährleisten. Daneben spielten Ausrüstungsvorschriften eine wichtige Rolle in Bezug auf die Unfallprävention und als Grundlage einer strengen Haftpflichtregelung bei Automobilunfällen.

4.1.1 Ausrüstungsvorschriften

4.1.1.1 Lenkung

474 Die Lenkung der Fahrzeuge war unter zwei Aspekten von besonderem Interesse: dem Aspekt ihrer Platzierung, also der Frage, auf welcher Seite des Fahrzeuges sie platziert war und dem Aspekt ihrer mechanischen Ausführung.

475 Die **PLATZIERUNG** wurde erstmals gegen Ende des 19. Jahrhunderts zum Thema. Mitte 1890 löst das Steuerrad den in der Wagenmitte befestigten Steuergriff ab[470] und es stellt sich die Frage, ob die Fahrzeuge rechts oder links gelenkt werden sollen. Aus Gründen der Praktikabilität war dieser Entscheid eng verknüpft mit der Frage, ob im betreffenden Land Links- oder Rechtsverkehr galt. In der Schweiz galt, trotz teilweise wechselnder Regelungen im umgebenden Ausland (Frankreich, England), seit dem ausgehenden 19. Jahrhundert ununterbrochen der Rechtsverkehr, was denn auch im Konk1 festgehalten war (Konk1 11)[471]. Trotzdem kannten weder das Konk1 noch das Konk2 noch das BG32 eigentliche Ausrüstungsnormen über eine links- oder rechtsseitige Platzierung der Lenkvorrichtung im Wagen; der Entscheid lag somit bei den Käufern des Wagens.

476 Für die Sicherheit von höherer Bedeutung war die **MECHANISCHE AUSFÜHRUNG** der Lenkung. Das Konk1 enthielt noch keine Bestimmungen zur Lenkung. Steigende Fahrzeuggewichte und, aufgrund steigender Geschwindigkeiten, härter werdende Schläge belasten die Lenkmechanik zunehmend, was zur Formulierung einer Generalklausel über die Mindestanforderungen an Qualität und Belastbarkeit der Lenkung führte. Die

470 Merki: Siegeszug, 324.

471 Vertiefend vergleiche N 1321 ff S. 352.

IntUek1 verlangte die Ausrüstung des Fahrzeuges mit "[...] einer kräftigen Lenkvorrichtung, die leicht und sicher zu wenden gestattet" (IntUek1 2 lit. a). Konk2, die Implementierung der IntUek1 ins nationale Recht, verlangte sinngemäss, dass "[...] eine starke Lenkvorrichtung, die ein leichtes und sicheres Wenden gestattet" vorhanden sei (Konk2 4 lit. a). Diese Generalklausel garantierte für längere Zeit eine genügend sichere Fertigung des Lenkmechanismus, denn das Konk2Lw, obwohl ausschliesslich für die schweren Motorfahrzeuge geltend, enthielt keine Normen zur Lenkung, und IntUek2 3 I lit. a übernahm wortwörtlich die Formulierung aus der IntUek1. Die bundesrechtliche Regelung 1932 konnte sogar auf das Erfordernis einer "kräftigen" Lenkung verzichten, denn Motorwagen bedürfen einfach "eine Lenkvorrichtung, die leicht und sicher zu wenden gestattet" (VOBG32 12 I lit. a).

4.1.1.2 Bremsen

Die zentrale Bedeutung der Bremsen und der Bremsleistung für die Sicherheit ist nahe liegend. Weshalb aber diese Bremsleistung im Laufe der Entwicklung massiv erhöht werden musste, zeigt ein **AUSFLUG IN DIE PHYSIK**: Die Höhe der kinetischen Energie einer Masse berechnet sich nach der Formel $E_{kin} = \frac{1}{2} \times$ (Masse des Körpers) $\times$ (Geschwindigkeit des Körpers)^2. Werden also die Faktoren (Masse des Körpers) oder (Geschwindigkeit des Körpers) erhöht, steigt die kinetische Energie. Eine Verdoppelung der Masse verdoppelt die produzierte kinetische Energie, eine Verdoppelung der Geschwindigkeit quadriert diese sogar. Soll nun eine bewegte Masse, beispielsweise ein fahrendes Automobil, angehalten werden, so muss dessen kinetische Energie wieder abgebaut werden oder – aufgrund der Energieerhaltung – präziser: Die kinetische Energie muss in thermische Energie umgewandelt werden, also in Bremswärme. 477

Im Bau von Motorfahrzeugen hat diese Gesetzmässigkeit unmittelbare Konsequenzen auf die Leistung der Bremsen: 478

Wird das Gesamtgewicht des Fahrzeuges erhöht – sei es durch eine erhöhte Nutzlast oder ein höheres Eigengewicht des Fahrzeuges (beispielsweise durch eine luxuriösere Ausstattung oder ein festes Blechdach anstelle einer offenen Karosserie) – so müssen die Bremsen mehr kinetische Energie vernichten können, um das Fahrzeug auf derselben Strecke zum Stehen zu bringen. Dieser Fall, also dass die Bremsen aufgrund einer Gewichtszunahme verstärkt werden müssen, spielt vor allem bei den Nutzfahrzeugen eine für die Bremsen leistungstreibende Rolle. 479

Aber auch die Geschwindigkeiten stiegen. Die Beschleunigung des Fahrzeuges und das Halten seiner Geschwindigkeit erfolgt durch die Kraft des Motors oder auf Gefällen durch die Erdanziehung. Steigt die Motorleistung, steigt die erreichbare – und mangels Vorhandensein oder Durchsetzung von Tempolimiten auch die gefahrene – Geschwindigkeit. Damit 480 werden entweder die Bremswege länger oder die Bremsen müssen verstärkt werden.

481 Die damaligen Wünsche der Kunden erforderten (und die technische Entwicklung ermöglichte) eine gleichzeitige Erhöhung beider dieser Faktoren. "Höhere Nutzlast" respektive "mehr Luxus" als auch "mehr Motorenleistung" waren gefragt. Sollten die Bremswege nicht immer länger werden, musste deshalb die Erhöhung von Fahrzeuggewicht und Motorenleistung im Einklang stehen mit einer Erhöhung der Bremsleistung. Die **Entwicklung der Bremsvorschriften** war deshalb eng verknüpft mit der jeweils technisch machbaren Bremstechnologie.

482 Die ersten Kraftwagen hatten **lederbezogene Bremsklötze**, die von den Pferdekutschen übernommen worden waren; und sie verfügten über nur ein Bremssystem. Dies zeigte sich in den ersten gesetzlichen Regelungen für die Bremsen, beispielsweise in der Verordnung betreffend den Strassenverkehr des Kantons Obwaldens von 1900[472], welche in Art. 1 festlegte: "Jeder Motorwagen muss mit einer guten Spann- oder Bremsvorrichtung [...] versehen sein". Schnell wurde klar, dass die Bremstechnologie der Pferdekutschen – nämlich Bremsklotzsysteme mit organischen Materialien – den neuen thermischen Belastungen nicht mehr gewachsen waren. Selbst wenn die Motoren noch zu schwach waren, um den Fahrzeugen eine hohe Geschwindigkeit zu verleihen, so konnten die Lederbremsen doch bei längerer Talfahrt in Brand geraten. Da die Leistung der Lederbremsen mit den bekannten Werkstoffen nicht angemessen erhöht werden konnte, musste somit ein neues Bremssystem entwickelt werden.

483 **Aussenbandbremse** hiess die Neuentwicklung. Sie bestand aus metallenen Bremsbändern, welche über Bremsscheiben oder Trommeln liefen, und wurde durch Fusspedale betätigt. Die Aussenbandbremse konnte die traditionellen Bremsklötze als zweites Bremssystem ergänzen. Diese technische Verbesserung wurde vom Gesetz umgehend aufgenommen und zum neuen Minimalstandard gemacht: Konk1 7 verlangte zwei unabhängige Bremssysteme pro Motorwagen. Das schwächere System diente der Änderung der Geschwindigkeit und dem langsamen Anhalten, das stärkere dem sofortigen Anhalten bei Gefahr[473]. Gleichwohl verlangte das Konk1, dass jede Bremse alleine in der Lage sein musste, den Wagen in allen Geschwindigkeiten und allen Gefällen anhalten zu können (Konk1 7). Um den Bremsverschleiss zu mindern, bremste man lieber mit dem Motor als mit den auf die Räder wirkenden Bremsen, was aber aufgrund technischer Anfälligkeiten unzuverlässiger war. Deshalb machte das Konk1 den Gebrauch der Bremsen auf abfallendem Gelände obligatorisch (Konk1 7).

---

472 Gesetzessammlung OW, Band II, 482-483.

473 Isaac, 74.

Ab 1900 tauchten die ersten **INNENBACKENBREMSEN**, auch Trommelbremsen genannt, auf. Ihre Funktion basiert darauf, dass an der Radaufhängung zwei Bremsbacken montiert werden, welche in das Innere einer (mit dem rotierenden Rad fest verbundenen) Trommel hineinragen. Soll gebremst werden, dann werden die zwei Bremsbacken auseinander gespreizt, pressen sich dadurch gegen die Innenlaibung der Trommeln und bewirken eine Bremswirkung. Diese Trommelbremsen wirkten auf die ungelenkten Hinterräder und wurden meist durch einen Handbremshebel betätigt, welcher überdies durch eine Zahnraste feststellbar war[474]. Das neue System erhöhte die Bremsleistung der Fahrzeuge beträchtlich. Es war die Antwort auf die zwischenzeitlich weiter gestiegene Motorenleistung, löste jedoch aufgrund seiner höheren Kosten die lederbezogenen Bremsklotzsysteme erst nach und nach ab. 484

Auch eine **TROMMELBREMSE** konnte noch überhitzen, da die Kühlung des geschlossenen Mechanismus Probleme bereitete. Die Suche ging weiter und 1902 wurde die erste Scheibenbremse patentiert. Im Vergleich zur Trommelbremse war eine Überhitzung kaum möglich, der Staub der Bremsbeläge wurde laufend fortgeweht anstatt den Mechanismus allmählich zu blockieren, und sie war einfach zu montieren. Doch sie hatte auch ihre Nachteile: Die Wartungsintervalle waren kleiner und die Lebensdauer der Beläge meist kürzer. Aufgrund der kleineren Selbstverstärkung brauchte sie, im Verhältnis zur Bremskraft, grössere Betätigungskräfte als die Trommelbremse, weshalb die Scheibenbremse einen Bremskraftverstärker brauchte. Dies liess das technisch überlegene System der Scheibenbremse (noch) teurer werden, wodurch die so früh erfundene Scheibenbremse erst nach dem Zweiten Weltkrieg häufiger verwendet wurde. 485

Trotz der Weiterentwicklung der Technik konnten das Recht und das Gesetz die neue Technologie der Scheibenbremse nicht umgehend zur neuen Ausrüstungsvorschrift erheben, denn zwischen der technischen Verfügbarkeit und der Durchdringung des Marktes in allen Preissegmenten und des zirkulierenden Fahrzeugparks vergingen mehrere Jahre[475]. Bezüglich der Anzahl der Bremssysteme verlangte das Konk2 zwei unabhängige Systeme pro Motorwagen (Konk2 4 lit. b), in Nachvollzug derselben Vorschrift in der IntUek1 (IntUek1 2 lit. b). Verankert war überdies auch die Zweckbestimmung der Bremssysteme – eine Bremse für Gefahr, eine Bremse für langsames Verzögern: Eine der Bremsen musste "sofort wirksam" sein und "auf die Räder oder fest mit ihnen verbundene Umfassungen" wirken (Konk2 4 lit. b). 486

Die verbesserte Leistungsfähigkeit der Bremsen wurde durch eine Verschärfung der Leistungsvorschrift für Bremsen ins Gesetz aufgenommen. 487

474 Temming, 178.

475 Ein Grundsatz, der fast für alle technischen Innovationen im Automobilsektor Gültigkeit hatte und hat.

Jede Bremse musste für sich allein den Wagen mit voller Ladung bei einem Gefälle von 15 % aufhalten können (Konk2 4 lit. b), wobei die Verschärfung gegenüber Konk1 7 im Zusatz der "vollen Ladung" lag.

488 Neu verlangt wurde ebenfalls eine Rückrollsperre, also eine "Vorrichtung, die selbst bei starken Steigungen jede Rückwärtsbewegung zu verhindern vermag" (Konk2 4 lit. c); zumindest dann, wenn nicht eine der Bremseinrichtungen dieser Anforderung genügte. Bisher wurden parkierte Fahrzeuge arretiert, indem ein Gang eingelegt wurde und damit die Bremswirkung des Motors ein Davonrollen des Wagens verhinderte. Steigende Fahrzeuggewichte liessen aber diese Art der Arretierung immer unsicherer werden. Durch die neue Vorschrift wurde erreicht, dass die Fahrzeuge beim Parkieren mittels feststellbarer Bremsen oder anderweitiger Blockierung wieder zuverlässig arretiert werden konnten.

489 Das Konk2Lw, welches das Konk2 mit Sondernormen für schwere Motorfahrzeuge ergänzte, brachte im Bereiche der Bremsen eine deutliche Verschärfung und Verbesserung gegenüber den Vorschriften des Konk2. Eine Rückrollsperre musste auf jeden Fall und unabhängig von den vorhandenen Bremsen installiert werden. Überdies musste sie vom Führersitz aus bedienbar sein (Konk2Lw 3 I lit. a) – denn der Fahrer konnte das ungesicherte Fahrzeug ja nicht verlassen, um einen irgendwo am Wagengestell angebrachten Mechanismus zu betätigen.

490 Bezüglich der Leistungsfähigkeit der Bremssysteme verwendete das Konk2Lw eine besondere Sorgfalt auf Beschreibung, Dimension und Wartung der Bremssysteme bei schweren Motorfahrzeugen. Dies erstaunte nicht, standen doch diese Fahrzeuge bestimmungsgemäss stets unter einem besonderen ökonomischen Rentabilitätsdruck. Die Bremsen hatten besonders stark und gut unterhalten zu sein (Konw2Lw 3 I lit. c), und zur Erlangung der notwendigen Verkehrsbewilligung war der Nachweis einer Bremsinspektion zu erbringen, welche innert den letzten zwölf Monaten und durch einen amtlichen oder behördlich geprüften Experten durchgeführt worden sein musste (Konw2Lw 7 II). Überdies konnte die zuständige Behörde jederzeit eine Prüfung der Bremsen mit Demontage der Hinterräder und die Instandstellung mangelhafter Bestandteile anordnen, und sich ausweisende Experten konnten selbst Bremsprüfungen von Fahrzeugen anordnen, die unterwegs waren (Konw2Lw 7 III).

491 Der nächste technologische Quantensprung stellte die Entwicklung der **Vierradbremse** dar. Obwohl die Trommelbremse eine deutliche Verbesserung gegenüber ihren Vorläufern darstellte, war ihre Bremsfähigkeit durch die thermische Belastbarkeit begrenzt. Da sich jedoch die technisch überlegene Scheibenbremse aus Kostengründen noch nicht durchsetzen konnte, ging die technische Entwicklung dahin, auch die bisher ungebremsten Räder der Vorderachse zu bremsen, was (zumindest theoretisch) eine Verdoppelung der erreichbaren Bremsleistung versprach.

In der Kategorie der Personenwagen wurden 1905 in Paris die ersten Vorderradbremsen vorgeführt. Damit wurden die vorderen Räder bremsbar, allerdings noch unabhängig von den hinteren Rädern. 492

Eine eigentliche Vierradbremse wurde 1904, also ein Jahr früher, patentiert; aber die Überführung aus dem Experimentalstadium in die Serienfertigung sollte noch mehrere Jahre in Anspruch nehmen. Ähnlich erging es der schon 1895 patentierten Öldruckbremse, welche erst 1914 serienmässig eingebaut werden konnte[476]. Die Betätigung einer Vierradbremse konnte durchaus auf rein mechanischem Wege erfolgen (beispielsweise mittels Seilzügen), aber die Öldruckbremse verbesserte das Bremsverhalten deutlich, indem sie eine gleichmässigere Verteilung und schnelleren Auf- und Abbau des Bremsdruckes erlaubte. 493

Der Einbau und die Verfügbarkeit der Vierradbremsen in den Massenmodellen verlief sehr zögerlich, denn das Prinzip liess sich nur mit Trommel- oder Scheibenbremsen realisieren, die überdies an allen vier Rädern montiert sein mussten. Aufgrund der Anschaffungs- wie Unterhaltskosten wurden jedoch nur dann Bremsen an allen Rädern eingebaut, wenn die Leistung einer gebremsten Hinterachse nicht ausgreicht hätte. In der Folge gehörten Bremsen an allen vier Rädern bis in die 1920er Jahre nicht zum Durchschnittspersonenwagen[477]. Weitere Verbesserungen bei den Bremssystemen von Personenwagen brachten die 1919 von Hispano-Suiza für seine Luxuswagen vorgestellte Bremskraftverstärkung[478], sowie ein 1920 präsentiertes Antiblockiersystem, wobei aus Kostengründen vorerst beide Systeme auf das Segment der Luxuswagen beschränkt blieben und eine rasche Marktdurchdringung unterblieb[479]. 494

Der Kostenfaktor verhinderte auch einen schnellen Eingang der Vierradbremse in das Gesetz. Das Konk2 sah, aufgrund der Kosten und der zu geringen Verbreitung, noch keine Vierradbremsen vor, ebenso die – immerhin 13 Jahre später geschlossene – IntUek2 (IntUek2 3 I b). Erst die eidgenössische Regelung von 1932 verlangte nicht nur die bewährten zwei unabhängigen Bremseinrichtungen, sondern auch die Ausgestaltung einer der Bremseinrichtungen als Vierradbremse (VOBG32 12 I lit. b). Unverändert blieb die Generalklausel zur Leistungsfähigkeit der Bremsen (VOBG32 12 I lit. b), eine Verschärfung brachten aber zwei andere Normen. Erstens hob die Bundesgesetzgebung die Geschwindigkeitslimiten (zumindest für Personenwagen ohne Anhänger) auf, gleichzeitig wurde aber von den Bremsen verlangt, dass diese "sofort und hinreichend wirksam" waren (VOBG32 12 I lit. b), womit Bremsen, die allen 495

---

[476] Temming, 178.

[477] Nussbaum, 78.

[478] Diese ist ein Komfortmerkmal, und nicht zu verwechseln mit dem Wirkungsprinzip einer Öldruckbremse.

[479] Temming, 178.

Geschwindigkeiten des jeweiligen Fahrzeuges angemessen waren, unabdingbar wurden. Zweitens durften Motorwagen mit Zweiradbremsen wohl weiterhin verwendet werden, ihre Geschwindigkeit durfte jedoch ausserorts 40 Km/h und innerorts 25 Km/h nicht übersteigen (VOBG32 82 VII). Überdies war neu "[...] auf Strassen, deren Gefälle 5 % übersteigt, das Bergabwärtsfahren mit Freilauf, ausgeschalteter Kuppelung oder ausgeschaltetem Getriebe" untersagt (VOBG32 50).

496 In der Kategorie der schweren Motorfahrzeuge gab es erst gegen Ende der 1920er Jahre Bremsen, die auf alle vier Räder wirkten. Stattdessen kamen ab 1920 Motorenbremsen[480] und ab 1923 Druckluftbremsen zum Einsatz. Die Motorenbremse[481] hatte den Vorteil, dass die Bremsleistung weiter erhöht werden konnte, ohne die thermisch bereits stark beanspruchten Radbremsen noch mehr zu belasten, und dass sie verschleissfrei und damit (fast) kostenfrei arbeitete. Druckluftbremsen[482] wurden 1921 erfunden und ab 1923 in Lastwagen und Anhänger eingebaut[483]. Der Vorteil der Druckluftbremse lag im Sicherheitsgewinn: Das Gesamtgewicht der schweren Motorfahrzeuge stieg beständig und damit auch die zur Betätigung ihrer adäquaten Bremsen notwendigen Kräfte. Dies machte den Einsatz motorunterstützter Bremsverstärker notwendig. Alle bekannten Bremssysteme bedurften zu ihrer Funktion eines laufenden Motors. Die Druckluftbremse kehrte nun dieses Prinzip um: Sie benötigte einen laufenden Motor zum Lösen der Bremse. Ein Druckabfall, beispielsweise im Falle einer Motorenpanne oder Trennung von Anhänger und Zugfahrzeug, bewirkte dafür eine maximale Bremswirkung. Dies machte die Druckluftbremse zu einem sehr sicheren Bremssystem, welches noch heute im Einsatz ist.

497 IntUek2 3 I lit. d verlangte für schwere Motorfahrzeuge noch die bekannte, aber nur halbwegs bewährte Rückrollsperre. Die bundesrechtlichen Vorschriften von 1932 konnten die beiden neuen Bremssysteme, also Motoren- respektive Druckluftbremse, jedoch noch nicht aufnehmen; zu kurz war die Zeit zwischen Markeinführung und Redaktion des Gesetzes-

---

480 Merki: Siegeszug, 76.

481 Beim Prinzip der Motorenbremse werden dem Motor entweichende Auspuffgase in einem verstärkten Abgastrakt gestaut; die sich aufbauende Kompression bremst den Motor und, über das Getriebe, das ganze Fahrzeug.

482 Das Prinzip der Druckluftbremse beruht darauf, dass durch das Fahrzeug eine Leitung mit Druckluft verläuft, an welche die Bremsen angeschlossen sind. Ist diese Leitung drucklos, werden die Bremsbacken durch Federn auf die Bremsflächen gedrückt und entfalten ihre maximale Bremswirkung. Soll das Fahrzeug bewegt werden, wird über einen vom Motor angetriebenen Kompressor Druckluft erzeugt, die durch Druckleitungen in die Bremsen strömt und diese löst. Während der Fahrt gebremst wird durch eine kontrollierte, teilweise Druckabsenkung in der Druckleitung.

483 Temming, 178.

textes. So galten für die Kategorie der schweren Fahrzeuge, nebst den für alle Fahrzeuge geltenden Bremsvorschriften, nur zwei gegenüber dem Konk2 beziehungsweise dem Konk2Lw neue Sondernormen: Erstens mussten bei Sattelschleppern alle Achsen gleichzeitig gebremst werden können (VOBG32 12 I lit. b), und zweitens mussten die schweren Motorwagen mit einem Unterlegekeil, der das Zurückrollen verhinderte, ausgerüstet sein (VOBG32 12 I lit. b).

4.1.1.3 Bereifung, Radgeometrie und -ausrüstung

Vorschriften bezüglich Bereifung, Raddurchmesser, Radgeometrie sowie Gleitschutzketten wurden stets aus Gründen des Strassenschutzes erlassen, weshalb deren Betrachtung im Sachzusammenhang des Strassenschutzes erfolgt[484]. 498

4.1.1.4 Akustische Warnvorrichtung

Die akustischen Warn- und Signalapparate der Fahrzeuge wurden aus Gründen der Verkehrssicherheit und der Lärmreduktion reglementiert. Während an dieser Stelle nur die Vorschriften zur diesbezüglichen Ausstattung interessieren, sei für die Vorschriften über den Einsatz dieser Mittel auf den Sachzusammenhang der Lärmbekämpfung verwiesen[485]. 499

Die Notwendigkeit von Signalapparaten war unbestritten und deren Installation von Anfang an obligatorisch. Bereits die Obwaldner Verordnung von 1900[486] verlangte in Art. 1 einen "genügend weit vernehmbarer Signalapparat"; die erste Motorfahrzeugverordnung des Kantons Luzern von 1901 schrieb vor, dass jeder Wagen eine "Lärmtrompete" haben müsse[487], und auch das Konk1 verordnete jedem Wagen eine Warnvorrichtung (Konk1 6 I). Seit 1900 hatte sich bereits gezeigt, dass uneinheitliche, laute Signalinstrumente im Strassenverkehr verwirren konnten und es durch das Erschrecken der Passanten zu Unfällen kommen konnte[488]. Deshalb schrieb das Konk1 als Signalinstrument ein Horn vor, dessen Klang tief und nicht ändernd sein müsse (Konk1 6 I); andere Signalinstrumente, wie beispielsweise Rasseln an den Radnaben, waren nicht mehr zulässig. Ab 1905 tauchten die ersten durch Abgase betätigten Hupen auf[489], welche stärker und weiter hörbar als die von Hand betätigten Modelle waren. 500

Auch im Konk2 musste jeder Motorwagen mit einem Horn von tiefem Tone versehen sein, neu aber war jedem anderen Fahrzeug die Anwen- 501

---

[484] Vertiefend vergleiche N 1462 ff S. 395.
[485] Vertiefend vergleiche N 829 S. 224 sowie N 836 ff S. 226.
[486] Gesetzessammlung OW, Band II, 482-483.
[487] Meyer, 12.
[488] von Salis-Soglio, 39.
[489] Fondin, 98.

dung dieses Signalapparates verboten (Konk2 31 I). Der Gebrauch von Mundpfeife, mehrstimmigen Hupen sowie Sirenen (diese aus Lärmgründen nur ausserhalb von Ortschaften) war ebenfalls zulässig, alle anderen Signalapparate waren hingegen untersagt (Konk2 31 II). Das Konk2Lw, welches das Konk2 ergänzte, sprach nur von einer "Hupe mit tiefem Ton" (Konk2Lw 3 I lit. a Ziff. 3).

502 Zu Beginn der 1920er Jahre setzen sich elektrisch betriebene Geräte durch, so auch das elektrische Horn, das einen gleich bleibenden Ton erlaubte; worauf VOBG32 12 I lit. f Sirenen und andere gellende Warnvorrichtungen untersagen konnte. Der Ton der weithin obligatorischen Warnvorrichtung (BG32 20) hatte tief zu sein (VOBG32 12 I lit. f), doch war nun für Feuerwehrmotorfahrzeuge eine besondere Warnvorrichtung zulässig, mit welcher andere Fahrzeuge nicht ausgerüstet sein durften. Einsatzfahrzeuge (vorerst nur der Feuerwehr) konnten nun mit einer besonderen Warnvorrichtung ausgerüstet werden.

4.1.1.5 Auspuff und Schalldämpfer

503 Die rechtliche Regulierung des Abgastrakts erfolgte nicht primär aus Gründen der betrieblichen Sicherheit, sondern um das Publikum vor Immissionen wie Lärm, aufgewirbeltem Strassenschmutz und Staub zu schützen. Vorschriften über Auspuff und Schalldämpfer werden deshalb im Rahmen des Schutzes des Publikums vor Lärmimmissionen betrachtet[490].

4.1.1.6 Beleuchtung von Fahrzeug und Strasse

504 Sollte der Strassenverkehr auch in der Dämmerung und in der Nacht rollen, so war eine Beleuchtung notwendig. Dazu musste künstliches Licht das Tageslicht in drei Bereichen ersetzen: erstens in der Ausleuchtung der unmittelbar vor dem Fahrzeug liegenden Fahrbahn und zweitens in der Markierung der eigenen Position und Fahrrichtung für die anderen Verkehrsteilnehmer. Der dritte Bereich war die Beleuchtung der Infrastruktur (beispielsweise Strassen, Verkehrsschilder, Bahnschranken und Baustellen) sowie des ruhenden Verkehrs.

505 Das Fehlen einer potenten mobilen Energiequelle und einer leistungsstarken und gleichzeitig wartungsarmen Lichtquelle behinderte lange Zeit den Verkehr bei Dunkelheit und führte immer wieder zu schweren Unfällen. Erst die Entwicklung entsprechender Beleuchtungstechniken machte den nächtlichen Strassenverkehr sicherer und ermöglichte den Erlass gesetzlicher Normen über die Ausrüstung und den Betrieb von Fahrzeugbeleuchtungen. Die nachfolgenden Ausführungen konzentrieren sich auf den ausrüstungsmässigen Aspekt der Fahrzeugbeleuchtung,

---

490 Vertiefend vergleiche N 848 ff S. 228.

während die betrieblichen Aspekte (Dauer, Beleuchtung parkierter Fahrzeuge) im Sachzusammenhang der Unfälle zur Sprache kommen.

Zur **BELEUCHTUNG DER MOTORFAHRZEUGE** wurden zuerst die von den Pferdefuhrwerken bekannten Petrollaternen benutzt, die nur einen blassen und völlig ungenügenden Schimmer abgaben. Ambitiös verlangte die Obwaldner Verordnung von 1900[491] in Art. 1, dass die Wagen bei Nacht "mit genügender Beleuchtung" zu versehen waren. Was diese umfassten sollte, was "genügend" war und wie solches technisch zu bewerkstelligen war, blieb ungesagt. Immerhin, die Fahrzeugdichte war noch sehr gering und die wenigen zirkulierenden Motorfahrzeuge waren meist Reisende, die aus touristischen und landschaftlichen Motiven und damit bei Tageslicht unterwegs waren. Überdies waren die gefahrenen Geschwindigkeiten noch recht gering. 506

Einen deutlichen Fortschritt brachten die Azetyllaternen. Durch die Nässung von Kalziumkarbid mit Wasser konnte ein starkes, grellweisses Licht erzeugt werden. Die Laternen verbreiteten jedoch einen sehr unangenehmem Geruch und waren in der Bedienung anspruchsvoll, denn die Schwierigkeit lag in der für die Erzeugung der erforderlichen Gasmenge richtigen und kontinuierlichen Dosierung des Wassers[492]. Eine gewisse Verbesserung bot portioniertes Azetylen, das in Stahlflaschen auf den Markt kam. 507

Ohne sich auf das Funktionsprinzip festzulegen, sprach das Konk1 von "Laternen" (Titel vor Konk1 6). Motorwagen mussten vorne und hinten beleuchtet werden: vorne links durch eine grüne Laterne, in deren Mitte eine weisse Fläche erlaubt war, vorne rechts durch eine ausschliesslich weisse Laterne. Wenn der Wagen stillstand, hatte am Wagenheck eine rote Laterne zu leuchten (Konk1 8 I). Motorräder bedurften nur einer Laterne, die ausschliesslich weiss zu sein hatte (Konk1 8 II). Das Konk2 verlangte, dass bei Motorwagen neu beide frontseitigen Laternen ausschliesslich weiss zu leuchten hatten (Konk2 30 I). Die Beleuchtung des Automobilhecks war aufgrund des dort gelegenen Benzintankes nicht ungefährlich, doch der Gedanke der Verkehrssicherheit wurde höher gewichtet und gegenüber dem Konk1 eine deutlich ausgebaute Heckbeleuchtung eingeführt: Die rote Laterne hatte nun immer zu brennen, nicht nur bei Stillstand; und auch ins Schlepptau genommene Wagen hatten auf der Rückseite eine rote Laterne zu tragen. Überdies musste das hintere Nummernschild beleuchtet werden, und dies derart, dass es deutlich zu lesen war (Konk2 30 I). Überdies wurde eine erste minimale Leistungsvorschrift aufgenommen, auch wenn sie – als Folge der technischen Unmessbarkeit – vorerst noch als Generalklausel formuliert war: "Die 508

[491] Gesetzessammlung OW, Band II, 482-483.

[492] Fondin, 98.

Strasse soll nach vornen auf eine genügende Strecke hin beleuchtet werden" (Konk2 30 II). Für Motorfahrräder genügte ein weisses, auf der Rückseite mit einem roten Glase versehenes Licht, das seitlich der vorderen Radgabel anzubringen war (Konk2 30 III).

509 Einen bedeutenden Fortschritt der Beleuchtungstechnologie stellte die elektrische Beleuchtung dar. Erstmalig aufgetaucht war sie 1905, hatte jedoch aufgrund des Batteriebetriebes eine kleine Leistung und fand keine nennenswerte Verbreitung. Ab 1912 wurden in Motorfahrzeuge serienmässig erste, vom Motor mitbetriebene Stromgeneratoren eingebaut[493], um batterieunabhängig und ständig genügend Bordstrom zur Verfügung zu haben. Dies verhalf der elektrischen Beleuchtung zum Durchbruch und in der Folge den kleinen Stromgeneratoren zu ihrer heute noch gebräuchlichen Bezeichnung als "Lichtmaschine". Bereits am Pariser Automobilsalon von 1913 wurden viele elektrische Beleuchtungen vorgeführt, welche jedoch teilweise noch ohne Batterie auskommen wollten und deshalb, je nach Motordrehzahl und Anzahl eingeschalteter Lampen, in der Helligkeit stark schwankten[494]. Die TCS-Revue berichtete 1914, dass elektrische Beleuchtungen einen grossen Aufschwung erlebt hätten und nun als praxistauglich gelten dürften, selbst wenn die Generatoren wegen ihres ständigen Mitlaufens noch oft unter Hitzeproblemen litten[495]. Zu Beginn der 1920er Jahre setzten sich dann weitere elektrisch betriebene Geräte durch, so auch das Stopplicht und der Fahrtrichtungsanzeiger.

510 Das BG32 hielt (unter dem Ausrüstungsaspekt) zur Beleuchtung lapidar fest: "Das Motorfahrzeug muss [...] vorn und hinten mit Lichtern versehen sein" (BG32 19 I). Umso detaillierter äusserte sich die VOBG32 in Art. 13. Ohne dass ein bestimmtes Prinzip zur Lichterzeugung vorgeschrieben war, konnte gleichwohl nur noch eine elektrische Beleuchtung die komplexen Vorschriften erfüllen. Die Beleuchtungsvorrichtungen der VOBG32 konnten in drei Kategorien eingeteilt werden: die erforderlichen, die erlaubten, und die untersagten Beleuchtungsvorrichtungen.

511 Erforderlich waren an der Frontseite des Motorwagens zwei weisse Scheinwerfer (links und rechts montiert, maximal 1.2 Meter über der Fahrbahn, symmetrisch, mit gleich starkem Licht), sowie – neu gegenüber dem Konk2 – zwei Stand- oder Markierlichter (nicht blendend und schwach), die allenfalls mit den Scheinwerfern kombiniert sein durften (VOBG32 18 I lit. a). An der Fahrzeugrückseite erforderlich waren ein

---

493 In der Anfangszeit waren zum Starten des Fahrzeuges und zur Stromerzeugung während der Fahrt noch zwei separate Komponenten nötig. Erst mit der Entwicklung eines Ladereglers für die Bordbatterie gelang es, die beiden Funktionen ohne Brandgefahr in einem Gerät zu vereinen.

494 AR, 1913, 790.

495 TCS-Revue, 1914, 54.

rotes, nicht blendendes Schlusslicht (neu zwingend hinten links angebracht); eine Kontrollschildbeleuchtung (die – neu – beim Ausschalten auch die übrige Aussenbeleuchtung des Fahrzeuges ausschalten musste und für die eine Mindestleuchtkraft vorgegeben war[496]); und – als gänzlich neues Lichtelement – ein Bremslicht (nicht blendend, orangefarbig, stärker leuchtend als das Schlusslicht) (Bestimmungen nach VOBG32 18 I lit. c, e und d).

Zu den erlaubten Beleuchtungsvorrichtungen gehörten neu eine nicht blendende Nebellampe, ein zweites Schlusslicht hinten rechts sowie zwei Positionslichter vorne und eine Rückfahrlampe, wobei für die letzten beiden noch detaillierte Vorschriften galten (alle nach VOBG32 18 III). Untersagt schliesslich waren Sucherlampen, die fest mit dem Fahrzeug verbunden waren (VOBG32 18 IV). 512

Das **Problem der Blendung** war jedoch schon lange vor der bundesrechtlichen Regelung 1932 zu lösen. Auch in der Nacht wurde immer schneller gefahren, was stärkere, weit reichende Scheinwerfer notwendig machte – was wiederum gefährlich war, weil es zur Blendung der anderen Verkehrsteilnehmer führen konnte. 513

Ein erster Versuch zur Lösung wurde mittels einem rechtlichen Verbot angestrebt. 1908 schlug die TCS-Revue das Verbot blendender Leuchten in den Städten vor[497], was dann auch im Konk2 Aufnahme fand (Konk2 8 II 2. Satz). Die Durchsetzung verlief jedoch schleppend, denn ein Umschalten auf die Stadtlichter verkürzte das Sichtfeld des Lenkers massiv womit der Geschwindigkeitsvorteil der Motorfahrzeuge entfiel. Ein zweiter Lösungsversuch in den 1920er Jahren basierte auf technischer Innovation. Es gab Versuche mit schwenkbaren Scheinwerfern, die aber nicht überzeugen konnten, sowie mit auf- beziehungsweise abblendbaren Scheinwerfern. In diesen kamen zwei Leuchtmittel zum Einsatz. Eines davon wurde hälftig abgedeckt, verspiegelt oder so angeordnet, dass nur ein auf die Strassenfläche hinunterleuchtendes Strahlenbündel den Schweinwerfer verlassen konnte. Das Prinzip funktionierte, aber zum Durchbruch der neuen Technik kam es erst durch gesetzliche Gebote, so in der Verordnung zum Zürcher Motorfahrzeuggesetz von 1923 (§ 25: "stark blendende Lichter sind vor und während der Begegnung mit Fuhrwerken, Motorfahrzeugen, Fahrrädern und Personen abzublenden")[498], oder in der VOBG32, in der im Rahmen der detaillierten Leistungsanforderungen an die zwei weissen Frontlichter verlangt wurde, dass diese abblendbar waren (VOBG32 13 I lit. a). 514

[496] Es musste bei normalen atmosphärischen Verhältnissen auf eine Entfernung von 20 Metern noch deutlich lesbar sein (VOBG32 18 I lit. e).

[497] TCS-Revue, 1908, 233-234.

[498] Nussbaum, 75.

515 Eine ungenügende **EIGENBELEUCHTUNG DER ÜBRIGEN VERKEHRSTEILNEHMER** führte immer wieder zu schweren Unfällen. Der häufigste Unfalltyp war jener Fall, in dem langsame, schlecht oder gar nicht beleuchtete Fuhrwerke von schnelleren Automobilen angefahren wurden. Trotzdem kannte das Konk1 noch keine Beleuchtungsvorschriften für nichtmotorisierte Verkehrsteilnehmer, und nicht alle Kantone hatten ergänzende Vorschriften erlassen, um diese Lücke zu schliessen. Dies führte dazu, dass im vorgehend beschriebenen "typischen" Unfallereignis der Automobilist den ganzen Schaden selbst tragen musste, denn mangels kantonaler Beleuchtungspflichten für Fuhrwerke hatte sich der Lenker des Fuhrwerkes keines Vergehens schuldig gemacht.

516 1910 wurden deshalb die Verbände der Motorisierten aktiv, um, im Rahmen der damaligen Bestrebungen für ein eidgenössisches Automobilgesetz, gleich eine Gesamtkodifikation für alle Verkehrsteilnehmer zu erlassen. Eine solche Gesamtkodifikation hätte auch die notwendige Beleuchtung für Traktoren und Fuhrwerke vorgesehen. Die TCS-Revue schrieb, es sei unlogisch, dass Industrie- und Landwirtschaftstraktoren keine oder nur minimalste Beleuchtungsvorschriften hätten, wo sie doch die Langsamsten seien und am besten gesehen werden müssten. Zu beleuchten seien doch vorab jene Dinge, denen ausgewichen werden müsse[499]. Und 1910 machte die ACS-Sektion Zürich Vorschläge an die Kantonsregierung, um Fuhrwerke nachts von hinten zu beleuchten[500]. Doch auch das Konk2 enthielt noch keine Beleuchtungsvorschriften für nichtmotorisierte Verkehrsteilnehmer. In den 1920er Jahren sahen die Kantone in ihren Verordnungen vermehrt eine Beleuchtungspflicht für nichtmotorisierte Verkehrsteilnehmer vor, doch zu einer einheitlichen Regelung kam es erst 1932: BG32 33 I sah für Fahrzeuge mit Tierbespannung, Handkarren und Zugwagen ein Licht vor, das von vorn und hinten sichtbar war.

517 Ungelöst blieb die Beleuchtung des ruhenden Verkehrs. Als Folge des Autobooms nach dem Krieg wurden beispielsweise in der Innenstadt von Luzern die Fahrzeuge nachts, mangels genügender Parkplätze, oft einfach an den Strassenrändern stehen gelassen[501]. Wie im Übrigen auch bei den Zapfsäulen der Tankstellen reifte erst nach und nach die Überzeugung, dass stillstehende Fahrzeuge ausserhalb der Strassenfahrbahn aufzustellen waren, um für den rollenden Verkehr keine Gefahr mehr darzustellen.

---

499 TCS-Revue, 1908, 3.
500 Achtzig Jahre Verkehrspolitik im Spiegel der AR, 14.
501 Meyer, 72.

4.1.1.7 Tachometer

Stetig steigende mögliche Höchstgeschwindigkeiten der Fahrzeuge, gepaart mit einer dem Leistungszuwachs stets hinterherhinkenden Bremsleistung der Fahrzeuge, führten zu mehr Unfällen und schon früh zum Ruf nach Tempobeschränkungen. Auf der Ebene der Fahrzeugausrüstung hiess das, dass Geräte zur Geschwindigkeitsanzeige benötigt wurden. Für den Fall wiederholter Geschwindigkeitsexzesse eines Lenkers oder eines Unfalles waren überdies Geräte mit der Fähigkeit zur Aufzeichnung oder gar Begrenzung der Geschwindigkeit erwünscht gewesen. 518

Bis in die 2. Hälfte der 1920er Jahre kannte aber die Automobilindustrie keine Technologie, um eine Geschwindigkeitsanzeige mit einer brauchbaren Präzision anzubieten. In der Folge wurde erst 1932 die Ausrüstung der Motorfahrzeuge mit einem Tachometer ins Gesetz aufgenommen (BG32 25 II). 519

Trotz der erst späten tatsächlichen Verfügbarkeit der Messtechnologie wurde seit 1910 die Frage nach obligatorischer Einführung von Tachometern stets mit der Frage nach der Erhöhung der geltenden Tempolimiten verknüpft. Das legt nahe, die Tachometerfrage im Problemkreis der Geschwindigkeitslimiten zu erörtern[502]. 520

4.1.1.8 Beschriftung des Fahrgestells

Auch die Vorschrift, das Fahrgestell mit den essenziellen Angaben zum Fahrzeug zu beschriften, diente – indirekt – der Betriebssicherheit, denn erstens ermöglichte sie amtlichen Kontrollorganen, mit wenig Aufwand und ohne zusätzliche Unterlagen eine erste Einschätzung vorzunehmen, ob das kontrollierte Fahrzeug (in seinen Eckwerten) noch dem Originalzustand zum Zeitpunkt der Prüfung zwecks Inverkehrsetzung entsprach, und zweitens wirkte sie in präventivem Sinne gegen nachträgliche, unerlaubte Modifikationen an den Fahrzeugen. 521

Das Konk1 enthielt noch keine Bestimmungen, die eine Beschriftung des Fahrgestells verlangten. Dies war verständlich, denn bei der geringen Zahl der Fahrzeuge war noch jedes Fahrzeug eine Einzelanfertigung und zudem waren noch keine klar definierten Messgrössen und Angaben festgelegt worden, die sich hätten erfassen und kontrollieren lassen. 522

Die IntUek1 verlangte dann, dass jedes Automobil mit einem Schild versehen sein musste, aus dem Herstellerfirma und Nummer des Fahrgestells, das Eigengewicht des Fahrzeuges sowie die Anzahl der Pferdestärken des Motors oder die Zahl und die Bohrung der Zylinder ersichtlich waren (IntUek1 1 Ziff. 4). Das von Konk2 verlangte (Typen-)Schild hatte ebenfalls den Hersteller und die Fabriknummer des Chassis zu nennen. Die Stärke des Motors musste, im Sinne der Vereinheitlichung 523

---

[502] Vertiefend vergleiche N 1029 ff S. 276, insbesondere N 1041 S. 280.

und im Gegensatz zur IntUek1, zwingend in Pferdestärken angegeben werden. Die Angabe von Zylinderzahl und Bohrung war nicht zulässig (wobei zwischen den drei Grössen im amtlichen Verkehr eine fixe rechnerische Beziehung bestand). In Präzisierung der IntUek1 musste das Leergewicht mit montierten Gummireifen angegeben werden (Konk2 6). Alle diese Angaben wurden überdies auch im Fahrzeugausweis eingetragen (Konk2 7). Für Motorlastwagen und Omnibusse verlangte das Konk2 noch eine weitere Tafel mit achsweiser Angabe der Leer- und Maximalbelastung (Konk2 51 III).

524 IntUek2 verlangte ebenfalls die Bezeichnung des Herstellers und der Fabriknummer des Fahrgestells. Für den Motor wurde neu, anstelle der alten Leistungsangabe, ebenfalls eine Fabriknummer eingetragen. Damit wurde jeder Motor individualisiert und ein nachträglicher Einbau eines stärkeren Motors in ein bereits zum Verkehr zugelassenes Fahrgestell war nicht mehr form- und kontrolllos möglich. Die Angaben zum Gewicht entfielen ersatzlos (IntUek2 3 III Ziff. 2), da diese – auf nationaler Ebene – in den Fahrzeugausweisen vermerkt werden konnten. In Umsetzung der IntUek2 verlangte die VOBG32 dieselben Angaben (Hersteller und Fabriknummer des Fahrgestells, sowie Fabriknummer des Motors), wobei diese "an einer leicht zugänglichen Stelle" angebracht werden mussten (VOBG32 16).

4.1.2 Bedienbarkeit und sicherer Betrieb

525 Nebst den unabdingbar notwenigen Ausrüstungsmerkmalen wie Lenkung, Bremsen oder Beleuchtung gab es weitere Vorrichtungen am Fahrzeug, die nicht unabdingbar, aber der Betriebssicherheit förderlich waren.

4.1.2.1 Rückwärtsgang

526 Da sich die Drehrichtung eines Benzinmotors nicht ändern lässt, kann er – ohne entsprechende konstruktive Vorrichtungen im Getriebe – das Fahrzeug nur vorwärts oder nur rückwärts bewegen.

527 Die Automobile des ausgehenden 19. Jahrhunderts waren, aufgrund der leistungsschwachen verfügbaren Motoren, noch unter dem Aspekt der Gewichtsersparnis konstruiert worden. Im Fall der Fälle konnte sie der Fahrer noch von Hand schieben, beispielweise wenn es darum ging, rückwärts aus einer Sackgasse zu gelangen, oder auf einer Bergstrasse rückwärts einer vortrittsberechtigten Pferdepost auszuweichen. Nach der Jahrhundertwende erlaubten stärker gewordene Motoren, die Fahrzeuge mit mehr Komfort zu versehen. Das Fahrzeuggewicht stieg und es wurde für den Lenker schwieriger oder gar unmöglich, nötigenfalls sein Fahrzeug noch ohne fremde Hilfe rückwärts bewegen zu können. Das Konk2 enthielt deshalb eine Vorschrift, dass Fahrzeuge mit einem Leergewicht über 350 Kilogramm über eine Vorrichtung zum Rückwärtsfahren verfü-

gen mussten (Konk2 4 lit. e). Aus Sicherheitsgründen hatte diese überdies direkt vom Führersitz aus schaltbar zu sein, ein Verlassen des Wagens zum Einschalten der Vorrichtung war nicht zulässig, hätte dies doch, aufgrund des Eingriffs in die Kraftübertragung und dem Fehlen synchronisierter Getriebe, in den meisten Fällen bei laufendem Motor passieren müssen. 1932 gab es keine Automobile mehr, die unter 350 Kilogramm wogen[503], weshalb die wiederum vom Führersitz aus zu bedienende "Vorrichtung zum Rückwärtsfahren" unkonditional für alle Motorwagen verlangt war (VOBG32 12 I lit. c).

4.1.2.2 Rückspiegel

Die Einführung des Rückspiegels rührt aus dem Einsatz von schweren Motorfahrzeugen. Die Lenker von Lastwagen konnten die hinter ihnen fahrenden Fahrzeuge weder hören noch sehen, was zu gefährlichen Situationen oder bemühenden Stockungen führen konnte. Um den hinter dem Fahrzeug ablaufenden Verkehr verfolgen zu können, wurden Rückspiegel an die Lastwagen montiert; wobei Deutschland und Frankreich als Erste über entsprechende Vorschriften verfügten[504]. Da in der Schweiz die schweren Motorfahrzeuge erst nach dem 1. Weltkrieg deutlich zahlreicher wurden, findet sich erst im Konk2Lw eine erste Norm zum Thema Rückspiegel: "Der Führersitz muss versehen sein [...] mit einem seitlichen Spiegel, in welchem der Führer die hintenliegenden Strassenstrecke sieht [...]" (Konk2Lw 3 I lit. b Ziff. 2). Das Erfordernis fand auch in die IntUek2 Eingang – verlangt wurde ein Rückspiegel für Fahrzeuge mit einem Bruttogewicht über 3 500 Kilogramm (IntUek2 3 I lit. d). Erst mit der eidgenössischen Regelung von 1932 wurde der Rückspiegel für alle Motorwagenkategorien obligatorisch (VOBG32 12 I lit. g). 528

4.1.2.3 Fahrrichtungsanzeiger

Wie der Rückspiegel wurde auch der Fahrrichtungsanzeiger zuerst bei den schweren Motorfahrzeugen obligatorisch, denn der Lastwagen- oder Carchauffeur konnte hinter ihm fahrende Fahrzeuge weder sehen noch hören. Da die Problematik erst mit der Verbreitung der Lastwagen auftrat, enthielten weder das Konk1 noch das Konk2 diesbezügliche Vorschriften. Erst das Konk2Lw enthielt eine erste Norm: Verlangt war die Ausrüstung des Führersitzes "[...] mit einem die Karosserie überragenden, auch von hinten sichtbaren, die Fahrrichtung angebenden Zeiger" (Konk2Lw 3 I lit. b Ziff. 1). Explizit festgehalten wurde, dass der Zeiger, meist in auffälliger Farbe gehalten und der besseren Sichtbarkeit wegen 529

---

503 Zum Vergleich: Trotz gewichtsbewusster Konstruktion und Einsatz moderner Werkstoffe wiegt heute ein gebräuchlicher Personenwagen zwischen 900 und 1 700 Kg.

504 Merki: Siegeszug, 323.

teilweise auch wippend betätigt, auch von hinten sichtbar sein musste, um die nachfolgenden Fahrzeuge über die Absichten des schweren Motorwagens zu orientieren. Mit der VOBG32 mussten neu alle Motorwagenkategorien mit einem Fahrrichtungsanzeiger ausgerüstet werden, wobei zwei Ausführungsvarianten zur Wahl standen: Eine mechanische Variante, links und rechts angebracht, ausstellbar oder wippend, bei Tag und Nacht orange leuchtend, die betätigt auch von hinten sichtbar und ruhend gar nicht sichtbar sein musste (VOBG32 12 I lit. i). Zulässig war auch eine elektrische Variante, bei der aber zu beachten war, dass die Blinker auch von hinten gut sichtbar sein mussten.

4.1.2.4 Anordnung der Bedienelemente

530 Das Konk1 verlangte, dass die Fahrzeuge mit zwei unabhängigen Bremssystemen ausgerüstet waren, welche bei der Talfahrt, nebst der Lenkung, auch zu betätigen waren (Konk1 7). Wie das der Fahrer zu bewerkstelligen hatte, wo und wie die Betätigungshebel für die zwei Bremssysteme, die Vergasersteuerung und die diversen Hebel für den Getriebewechsel anzubringen waren – darüber schwieg sich das Konk1 jedoch aus. Doch die Bedienung der Fahrzeuge wurde stetig anspruchsvoller. Erstens hatten sich bereits 1905 Getriebe mit vier Gängen durchgesetzt, wobei diese Schaltungen noch unsynchronisiert waren. Überdies wiesen sie mehrere Betätigungshebel auf und es war Routine nötig, um die Gänge ohne Getriebeschaden zu wechseln[505]. Zweitens verkürzten die steigenden Geschwindigkeiten die Reaktionszeiten der Lenker. Der Effekt dieser komplexen Bedienungsvorgänge war, dass ein ungeübter Fahrer schnell überfordert war. Gefragt waren regulatorische Massnahmen, um dieses Sicherheitsrisiko zu vermindern. Das Konk2 sah deshalb zur Steigerung der Verkehrssicherheit eine Verbesserung der Fahrerausbildung vor (indem eine Fahrbewilligung nur erhielt, wer nachwies, einen Motorwagen ohne Gefährdung der öffentlichen Sicherheit führen zu können, Konk2 13 I) und nahm gleichzeitig – nach dem Vorbild in IntUek1 1 Ziff. 3 – eine sichere, blicklose Bedienbarkeit der Armaturen ins Gesetz auf: "Die Griffe zur Bedienung des Fahrzeuges müssen derart angeordnet sein, dass der Führer sie sicher handhaben kann, ohne sein Augenmerk von der Fahrtrichtung abzulenken" (Konk2 5). Da diese Norm auch für das Konk2Lw galt und genügte, enthielt das Konk2Lw keine weiteren Vorschriften zur Bedienung.

531 Die eidgenössische Regelung von 1932 bedurfte keines Artikels zur einfachen Bedienung mehr. Die technische Entwicklung hat in Zeit seit dem Konk2 diverse die Bedienung erleichternde Errungenschaften zur selbstverständlichen Grundausrüstung jedes Motorfahrzeuges werden lassen, so das synchronisierte, mit einem Hebel betätigte Getriebe oder ausge-

[505] Vertiefend vergleiche N 52 ff S. 14.

reiftere Bremssysteme. Der Durchbruch des Bordstromes und die Entwicklung von elektrischer Beleuchtung und Aktoren steigerten Komfort und Betriebssicherheit der Fahrzeuge und vereinfachte deren Bedienung. Richtungsanzeiger, Beleuchtung und Signalhorn funktionierten elektrisch und auf Knopfdruck, und das elektrische Bremslicht sowie der elektrische Starter trugen das ihre zur Sicherheit bei. 1932 war auch der Scheibenwischer zwingend motorbetrieben (VOBG32 12 I lit. h), der bei seiner Erfindung 1913 noch von Hand betätigt werden musste. Dies erlaubte, in der Regelung von 1932 auf Normen zur einfachen Bedienung zu verzichten.

4.1.2.5 Sitzplatz des Lenkers

Der Führersitz, Arbeitsplatz des Berufslenkers, wurde bis 1932 nicht eigenständig erfasst. Erwähnt wurde er allenfalls noch unter dem Aspekt des Bedienungsorts, wenn beispielsweise ein vom Führersitz aus bedienbarer Rückwärtsgang vorgesehen war (Konk2 4 lit. e) oder – für schwere Motorfahrzeuge – eine leicht zu betätigende Bergstütze am Wagenheck (Konk2Lw 3 I lit. a). Erst spät wurde dem Arbeitsplatz des Lenkers eigentliche Aufmerksamkeit zu teil: VOBG32 12 II verlangte für Lastwagen, Traktoren und Sattelschlepper einen gut eingerichteten, witterungsgeschützten Führersitz, der eine Mindestbreite von 65 cm aufzuweisen hatte. Bei schweren Motorwagen, die dem Personentransport dienten, musste der Führersitz überdies von den Nebensitzen abgetrennt sein. 532

4.1.2.6 Höchstgewicht und maximale Achslasten

Lange Zeit limitierte die beschränkte Motorenleistung und Belastbarkeit Rädern und Bereifung das bewegbare Höchstgewicht der Fahrzeuge. Beschränkungen des Höchstgewichtes – also dem Totalgewicht des beladenen Fahrzeuges, welches auf der Strassenfläche lastete – und der maximalen Achslast wurden bis 1932 überwiegend aus Gründen des Strassenschutzes erlassen, weshalb die Entstehung und Entwicklung dieser Limiten im Problemkreis des Strassenbaus untersucht wird[506]. 533

4.1.2.7 Mindestgewicht und Nutzlast

Vorschriften zum Mindestgewicht hingegen dienten zur Sicherung einer angemessenen Tragfähigkeit und Belastbarkeit des Fahrgestells für die zu transportierenden Lasten; sie bezweckten schlechthin eine “Mindeststabilität” der Fahrzeuge. 534

Die Motoren-, Reifen- und Fahrgestelltechnologie liess vor 1905 noch keine Lastwagen mit Nutzlasten über zwei Tonnen zu; und dementsprechend gering war die Verbreitung dieses Fahrzeugtyps. Das Konk1 ver- 535

---

506 Vertiefend vergleiche N 1457 ff S. 394.

langte wohl den Eintrag des Fahrzeuggewichtes in den Ausweispapieren (Konk1 3 II lit. c), enthielt aber keine eigentlichen Gewichtsnormen und folglich auch keine Strafnormen für deren Missachtung. Das Konk2 kannte ebenso keine Bestimmungen über Nutzlast oder Mindestgewichte, immerhin war aber in der Fahrzeugbewilligung die Tragkraft oder die Anzahl Plätze einzutragen (Konk2 7 I lit. g). Sanktionen für eine Missachtung dieser Bestimmungen enthielt das Konk2 keine und es überliess es den Kantonen, solche allenfalls im Rahmen ihrer eigenen Ergänzungskompetenz aufzustellen. Eine indirekte Nutzlastobergrenze ergab sich aus den zulässigen Höchstgewichten der Fahrzeuge, welche in Konk2 51 aus Strassenschutzgründen unter der Marginalen "Gewichtsverhältnisse" erlassen wurden.

536 Ein erster Versuch des Umdenkens fand im Konk2Lw statt, welches eine Mindeststabilität des Fahrgestells durch die Festlegung eines minimalen Fahrzeugleergewichtes garantieren wollte: Lastautos zum Personentransport bedurften einer Mindesttragfähigkeit von zwei Tonnen und einem Mindestgewicht von zwei Tonnen (Konk2Lw 3 II). Dieser Ansatz bewährte sich nicht, weil durch den zunehmenden Einbau von Nebenaggregaten und grösser werdenden Aufbauten das Mindestgewicht stets erreicht wurde oder gar stieg, die Tragfähigkeit des Fahrgestells an sich aber nicht erhöht wurde. Einen neuen Lösungsansatz brachte die VOBG32. Als Generalklausel für alle Motorwagen galt, dass die Belastung des Fahrgestells (Karosseriegewicht plus Nutzlast) die Garantiewerte der Herstellerfirma nicht überschreiten durfte. Als Einzelkorrektiv galt überdies für Personenwagen mit Wechselladebrücke eine maximale Nutzlast von höchstens 600 Kilogramm (VOBG32 11). Schliesslich enthielten die Übergangsbestimmungen noch eine Nutzlastobergrenze von fünf Tonnen für schwere Dieselmotorwagen, die schon im Verkehr standen oder bei schweizerischen Motorlastwagenfabriken in Arbeit waren (VOBG32 VIII).

4.1.3 Sondernormen für schwere Motorfahrzeuge

537 Der zur Bewegung grosser Lasten notwendige Technologieschub bei Motoren, Bremsen und Fahrwerk gelang erst vor dem 1. Weltkrieg und erst der Krieg selbst verhalf den schweren Motorfahrzeugen zum Durchbruch. Die schweren Motorfahrzeuge wurden deshalb auch erst in den späteren Normenwerken umfassend geregelt. Das Konk1 enthielt noch gar keine besonderen Vorschriften für schwere Motorfahrzeuge, und das Konk2 enthielt nur in Art. 50-56 spezielle Vorschriften für "Motor-Lastwagen" und "Motor-Omnibusse", welche aber einzig aus Gründen des Strassenschutzes ergingen.

4.1.4 Fahrzeugabmessungen

Die Beschränkung von Länge, Breite und Höhe der Fahrzeuge betrafen naturgemäss nicht die Personenwagen, sondern die grösseren und schweren Last- und Gesellschaftswagen. Deren Verbreitung setzte erst unmittelbar nach dem 1. Weltkrieg ein, wodurch Probleme wegen Übergrössen im Strassenalltag auch erst ab dann akut wurden und nach gesetzlichen Regelungen riefen. Deshalb waren im Konk1 und Konk2 noch keine Bestimmungen über maximale Abmessungen von Motorfahrzeugen zu finden. 538

Die **LÄNGE** eines Fahrzeugs ist unter drei Aspekten von Relevanz. Erster Aspekt ist der Wendekreis des Fahrzeuges: Je länger ein Chassis und die Distanz zwischen den zwei Achsen (wovon nur eine gelenkt werden kann), desto grösser wird der Wendekreis. Ein grosser Wendekreis beeinträchtigt das mögliche Spurfahren des Fahrzeuges; es ist auf Alpenstrassen, Dorfdurchfahrten und Kreuzungen vermehrt gezwungen, die andere Strassenseite für eine Richtungsänderung mitzubenutzen. Zweiter Aspekt ist der minimale Kurvenradius der durchfahrbaren Strassenbögen. Spitzkehren, wie sie auf den von den Gesellschaftswagen häufig befahrenen Berg- und Passstrassen üblich waren, waren in ihren Radien noch für Pferdefuhrwerke konstruiert, welche selten länger als fünf bis sechs Meter waren. Überlange Strassenfahrzeuge waren gezwungen, solche Kehren durch mehrfaches Vor- und Zurücksetzen zu passieren. Dritter Aspekt ist die “Bodenfreiheit”. Mit zunehmender Chassislänge und gleich bleibender Bodenfreiheit sinkt die Fähigkeit, konvexe (das heisst: aus dem Bogen herausragende) Hindernisse zu überfahren, beispielsweise Schienenübergänge (bei denen die Schienenoberkante erst im Laufe der Zeit auf das Strassenniveau abgesenkt verbaut wurde, während die Schienen ursprünglich auf die Strassenfläche aufgesetzt wurden). 539

Es führten also vor allem strassenbauliche Massnahmen zu einer gesetzlichen Längenbeschränkung der Fahrzeuge, welche jedoch erst 1932 Aufnahme im Gesetz fand: Motorwagen durften maximal 9.5 Meter, schwere Gesellschaftswagen und Feuerwehrmotorwagen maximal elf Meter lang sein (VOBG32 9 II). Festgelegt wurde auch die Messweise für Breite, Länge und Höhe: Sie waren über die äussersten hervorragenden Teile, mit Ausnahme des Rückblickspiegels und der Fahrtrichtungsanzeiger, zu messen (VOBG32 9 IV). 540

Die **BREITE** des Fahrzeugs ist von Relevanz für das sichere Kreuzen zweier sich begegnender Motorfahrzeuge bei gegebener Strassenbreite, insbesondere auf den Bergstrassen, auf denen kein Ausweichen ins freie Feld möglich ist. Deshalb beschränkte das Konk2Lw die Maximalbreite (einschliesslich aller vorstehenden Teile) auf 2.2 Meter (Konk2Lw 3 I lit. c). Bald reifte die Erkenntnis, dass diese fixe Regelung nicht allerorts und für jede Strassenkategorie angebracht war. 1932 beliess BG32 24 die Höchstbreite bei 2.2 Meter, ermächtigte aber den Bundesrat, auf be- 541 stimmten Strecken Ladebreiten bis 2.4 Meter zuzulassen. Gestützt darauf erlaubte der Bundesrat in der VOBG32 für alle schweren Gesellschaftswagen, die fahrplanmässig auf bestimmten Strecken verkehrten, eine Maximalbreite von 2.4 Meter (VOBG32 9 I). Zum Verkehr schon zugelassene Motorwagen, deren Breite 2.2 Meter überstieg, durften weiter benutzt werden, ihre Verwendung auf Bergstrassen war jedoch nur mit besonderer Bewilligung der jeweiligen Kantone gestattet (VOBG32 82 VI). Zur weiteren Präzisierung wurden auch Vorschriften zum Karosserieaufbau erlassen: Dieser durfte keine technisch nicht erforderlichen, hervorstehenden Bestandteile aufweisen, die bei engem Verkehr oder bei Zusammenstössen gefährlich werden konnten (beispielsweise Kühlerfiguren), und die Ladebrücke durfte seitlich nicht mehr als zehn Zentimeter über das äussere Reifenende, auf keinen Fall jedoch über die Kotflügel hinausragen. Immerhin: Die zuständige Behörde konnte Ausnahmebewilligungen für Spezialkarossierungen gewähren (VOBG32 12 III und IV).

542 Die **HÖHE** eines Fahrzeugs ist von Bedeutung für die Fahrzeugstabilität, da der Fahrzeugschwerpunkt mit zunehmender Höhe immer weiter nach oben wandert. Noch bedeutsamer ist die Fahrzeughöhe für die maximale Höhe eines lichten Profils, welches das Fahrzeug unterfahren kann. Eine grosse Zahl vorhandener Infrastrukturanlagen (Tunnelportale und Hausdurchfahrten, die Strasse querende Stromleitungen, Strom führende Drähte von Strassenbahnen sowie, seit der nach dem 1. Weltkrieg einsetzenden Elektrifizierung, zunehmend auch Eisenbahnniveauübergänge) führten dazu, dass im Konk2Lw die Maximalhöhe der Fahrzeuge auf vier Meter begrenzt wurde (Konk2Lw 3 I lit. c). Diese Höhe blieb denn auch in VOBG32 9 III unverändert[507] und gilt heute noch.

4.1.5 Folgen der umfassenden Bundesregelung 1932

4.1.5.1 Neuregelung bedingt lange Übergangsfristen

543 Mit der Einführung der eidgenössischen Regelung 1932 kam es im Bereich der Fahrzeugzulassung und Ausrüstung zu zahlreichen Änderungen und vielen erstmaligen Regelungen. Umfangreiche Übergangsbestimmungen in VOBG32 82–83 regelten deshalb detailliert die Anpassung des bestehenden Fuhrparks an die deutlich umfangreicheren und präzisieren Vorschriften.

544 Zu den wichtigsten Fristen gehörten die Jahresfrist für die Umrüstung von Bereifung sowie der übrigen Vorrichtungen am Motorfahrzeug (VOBG32 I, II) sowie die drei- bis fünfjährigen Fristen zur Ausserbe-

[507] Und sie beträgt, aufgrund der Langlebigkeit der Infrastruktur, heute noch vier Meter.

triebnahme von nicht umrüstbaren Traktoren und Anhängern (VOBG32 III–V).

4.1.5.2 Offenheit für technische Weiterentwicklung

Die fortlaufende technische Innovation und Weiterentwicklung machte es notwendig, die Regelungen von 1932 so auszugestalten, dass sie rasch an veränderte Verhältnisse angepasst werden konnten. Dazu wurde die Gesamtmaterie rechtssystematisch aufgeteilt. Die relativ unveränderlichen Grundzüge der Materie wurden in einem Bundesgesetz geregelt, während die präzisierenden Ausführungsbestimmungen in einer leichter anpassbaren (Ausführungs-)Verordnung gebündelt wurden. 545

Im weiteren enthielt die VOBG32 eine Bestimmung, welche für Neuentwicklungen eine eigentliche Probezulassung erlaubte: "Zum Sammeln von Erfahrungen kann das Justiz- und Polizeidepartement nach Anhörung von Fachleuten für eine jeweils festzusetzende Zeit Vorrichtungen zulassen, die von den Vorschriften der Verordnung abweichen" (VOBG32 12 V). 546

4.2 Überprüfung vor Inverkehrsetzung

4.2.1 Prüfungszweck

Die Umschreibung dessen, was mit der Überprüfung der Motorfahrzeuge vor deren Inverkehrsetzung erreicht werden sollte, reifte durch die Jahre von einer unbestimmten Generalklausel hin zu einer durch detaillierte Ausführungen ergänzten und präzisierten Handlungsanweisung. Die Obwaldner Verordnung von 1900[508] sah noch keine Fahrzeugkontrolle vor (allerdings besass bis 1902 auch niemand im Kanton ein Automobil). Die Motorfahrzeugverordnung des Kantons Luzern von 1903 schrieb eine Prüfung vor, ohne sich über deren Zweck zu äussern[509]. Kaum ergiebiger waren das Konk1 ("soll sich von guter Konstruktion des Wagens und Motors überzeugen", Konk1 2) oder das Konk2: "Ein Motorwagen wird erst dann zum öffentlichen Verkehre zugelassen, wenn dessen Eignung hierzu [...] anerkannt worden ist" (Konk2 2 I). Erst 1932 gelang eine präzise Formulierung: "[...] ob das Motorfahrzeug den gesetzlichen Vorschriften entspricht" (VOBG32 7 II). 547

4.2.2 Prüfungsumfang

Die Zulassungsprüfung nach dem Konk1 überprüfte das Vorhandensein der nötigen Bremsen und Warnvorrichtungen sowie der vorschriftsmässigen Lichter. Überdies solle sich der Prüfende "von der guten Konstrukti- 548

[508] Gesetzessammlung OW, Band II, 482-483.
[509] Meyer, 23.

on des Wagens und dessen Motors überzeugen" (Konk1 2). Die Prüfung beschränkte sich somit im wesentlichen auf die Frage, ob die technisch betriebsnotwendigen Ausrüstung vorhanden war, wogegen Fragen der Betriebssicherheit oder des Immissionsschutzes noch unerkannt blieben.

549 Deutlich umfangreicher und präziser war die Prüfung nach Konk2, indem auf die Vorschriften von Konk2 3–6 verwiesen wurde (Konk2 2 II). Geprüft wurde, ob eine starke Lenkvorrichtung, zwei unabhängige Bremssysteme, eine Rückrollsperre, ein wirksamer Auspufftopf und ein Rückwärtsgang vorhanden waren (Konk2 4), die Bedienungsarmaturen blicklos betätigt werden konnten (Konk2 5) und ob das Chassis das notwendige Schild mit den technischen Daten trug (Konk2 6). Im Rahmen der Betriebssicherheit wurde auch überprüft, ob die Feuer- und Explosionsgefahr minimiert war; denn während vom Vergaser eine Feuergefahr ausging, drohten beim Austritt des heissen, unter Druck stehenden Kühlwassers Verbrühungen[510]. Im Rahmen von Kon2 3 gehörte auch der Schutz vor Immissionen (Rauch, Dampf, Schutz der Tiere vor Erschrecken) zum Prüfungsumfang. Nicht ausdrücklich erwähnt wurden Warnvorrichtungen und Beleuchtung, beide waren jedoch im allgemeinen Prüfungszweck der "Eignung vom Verkehr" (Konk2 2) mitenthalten. Im Gegensatz zum Konk1 umfasste die Zulassungsprüfung gemäss dem Konk2 nebst der technisch betriebsnotwendigen Ausrüstung einerseits Ausrüstungsgegenstände zum Schutze der anderen Verkehrsteilnehmer und des Publikums und andererseits die sichere Bedienungsmöglichkeit der Vorrichtungen.

550 In der eidgenössischen Regelung erliess der Bundesrat die Vorschriften über Art und Umfang der Zulassungsprüfung (BG32 7 III). Die Prüfung umfasste die Betriebssicherheit des Fahrzeuges, insbesondere die sichere Wirkung von Bremsen und Lenkung sowie die Beleuchtung. Neu war das Fahrzeug durch eine Versuchsfahrt tatsächlich praktisch auszuprobieren und bei Prüfungsende hatte der Sachverständige einen schriftlichen Bericht an die Behörde zu verfassen (VOBG32 7 II). 1932 wurde die Zulassungsprüfung um die dynamische Überprüfung anhand einer Versuchsfahrt und einen eigentlichen Prüfungsbericht erweitert, und im Gegensatz zum Konk2 wurde die Beleuchtung – wie bereits im Konk1 – explizit als zu prüfend erwähnt. Die technische Verbesserung der Beleuchtungssys-

---

[510] Das Fahrzeug von Benz 1886 lief mit einem Verdampfungskühler. Durch Kondensation konnte später der Verbrauch an Kühlerwasser reduziert werden. Erst 1897 konstruierte Maybach einen Röhrchenwabenkühler mit geschlossenem Wasserumlauf. Dieser konnte mit sieben Litern Wasser auch einen Hochleistungsmotor ausreichend kühlen, was bisher unmöglich war. Die Weiterentwicklung des Maybachprinzipes führte zu einer Druckumlaufkühlung, welches heisses Kühlwasser mit Überdruck förderte (Temming, 154-163).

teme hinsichtlich Leuchtweite, Brenndauer und Inbetriebnahme seit dem Konk2 erlaubte zwischenzeitlich einen erwähnenswerten Verkehr bei Dunkelheit, zu dessen Sicherheit jedoch eine Ausrüstung der Fahrzeuge mit einer zuverlässigen und einheitlichen Beleuchtung unabdingbar war.

4.2.3 Nachprüfungen

Organische Materialien am Fahrzeug, wie Ledermanschetten, Schmierstoffe oder Reifen aus Naturkautschuk, verloren bei schlechter Pflege innert weniger Monate ihre Eigenschaften und nutzten sich rasch ab. Die Belastung durch täglichen Gebrauch und Strassenschlaglöcher, aber auch mangelhafte Pflege, falsche Bedienung sowie nicht instand gestellte Defekte von Unfällen setzten der Lebensdauer, der Mechanik und insbesondere der Betriebssicherheit der Fahrzeuge stark zu. 551

Trotzdem enthielt das Konk1 noch keine Bestimmungen über eine Nachprüfung. 1906 wurden, in der Diskussion um eine strenge Haftpflichtregelung, zwei flankierende Forderungen erhoben: Die Fahrzeuge hätten (nebst der Erstprüfung) eine periodische Nachprüfung zu bestehen und überdies dürften wesentlich mangelhafte Fahrzeuge nicht mehr benützt werden[511]. Das Konk2 sah in der Folge vor, dass der Wagen jederzeit von der zuständigen kantonalen Behörde kontrolliert werden konnte (Konk2 8 I), was aber nur eine halbe Lösung war, denn einerseits war dies immer noch keine zwingende periodische Nachprüfung und andererseits glich eine solche Kontrolle eher einer fliegenden Inspektion denn einer richtigen Nachprüfung. Eine substanzielle Verbesserung brachte das Konk2Lw, welches eine, von einem Experten ausgeführte, regelmässige Nachprüfung der Bremsen schwerer Motorfahrzeuge zur Personenbeförderung vorschrieb (Konk2Lw 4 in Verbindung mit 7 II). Daraus resultierte für den Fahrzeugeigentümer eine Pflicht zu sorgfältigem Unterhalt und Nachinspektionen des Fahrzeuges, was der Bundesrat in seinem Geschäftsbericht als Zwischenerfolg festhielt[512]. Erst 1932 wurde die alte Forderung für eine zwingende Nachprüfung von Unfallfahrzeugen ins Gesetz aufgenommen (VOBG32 8 I) und die jährliche Nachprüfung für Fahrzeuge im gewerblichen Personentransport wurde auf alle Motorfahrzeugkategorien ausgeweitet (VOBG32 8 II). 552

4.2.4 Typenprüfung statt Einzelprüfung

Mit der deutlichen Produktivitätssteigerung in der europäischen Fahrzeugherstellung ging ein deutlicher Rückgang der Typen- und Modellvarianz einher. Es lag deshalb nahe, das alte System der Einzelprüfung 553

---

511 Guyer, 44-45.

512 GB BR, 1921, 378.

jedes Fahrzeuges durch das effizientere Zulassungssystem der Typenprüfung[513] zu ersetzen.

554 Frankreich kannte bereits um 1900 die Typenprüfung, 1907 war das Verfahren auch in Deutschland, Frankreich, Italien, Österreich und Portugal eingeführt. In der Schweiz hingegen wurde das Prinzip der Typenbescheinigung im betrachteten Zeitraum aus mehreren Gründen nie eingeführt: Das Konk1 und das Konk2 standen unter kantonaler Hoheit. Aus Effizienzgründen wäre eine kantonsübergreifende, gegenseitige Anerkennung der Typenprüfung notwendig gewesen, was aber wiederum mit Verwaltungsaufwand verbunden gewesen wäre.

555 Das Verschwinden einer nennenswerten schweizerischen Fahrzeugindustrie im zeitlichen Umfeld des Weltkrieges bewirkte, dass nach dem Krieg sämtliche Personenwagen aus dem umliegenden Ausland importiert werden mussten. Dadurch entstand in der Schweiz wieder ein heterogener Fahrzeugpark mit grosser Typenvielfalt und kleiner Stückzahl pro Typ, sodass das System der Typenprüfung keinen grossen Effizienzvorteil gebracht hätte.

4.2.5 Person des Prüfers

556 Sollte die Fahrzeugprüfung korrekt durchgeführt werden, musste der Prüfende über entsprechende Sachkompetenz verfügen. In vielen Kantonen war es nach der Jahrhundertwende jedoch schwierig oder unmöglich, diese Kompetenz innerhalb des behördlichen Personalbestandes zu finden. Noch drastischer als bei der Fahrzeugprüfung zeigte sich dies bei der Suche nach Experten für die Fahrprüfung der Lenker.

557 Das Konk1 legte fest, dass die Prüfung durch einen Sachverständigen durchgeführt werden musste, welcher durch die zuständige kantonale Behörde bezeichnet worden war (Konk1 2). Dies ermöglichte, für die wenigen bis maximal ein paar Dutzend jährlich zu prüfenden Fahrzeuge einen externen Sachverständigen hinzuzuziehen, beispielsweise einen technisch versierten Ingenieur aus einer der über 30 Automobilfabriken der Schweiz. Die ausschliessliche Basierung auf behördenexternem Fachwissen war aber problematisch, weshalb – als Ergänzung zu einer strengen Haftpflichtregelung – 1906 der Aufbau hoheitlicher Sachkom-

---

[513] Das Funktionsprinzip der Typenprüfung: Die Zulassungsbehörde prüft nicht mehr jedes Fahrzeug einzeln, sondern prüft einmalig ein Exemplar eines Fahrzeugmodells, das genau umschrieben und abgegrenzt wird. Aufgrund einer solchen (bestandenen) Typenprüfung lässt sie danach den Modelltyp zum Verkehr zu. Soll nun ein Exemplar eines bereits geprüften Typs zum Verkehr zugelassen werden, prüft die Behörde nur noch, ob das einzelne Fahrzeug dem zugelassenen Typ angehört; die Einzelprüfung erübrigt sich. Die Zulassung geschieht durch die Erteilung einer Bescheinigung (Isaac, 108).

petenz in Form von kantonalen Strassenverkehrsämtern vorgeschlagen wurde[514].

Der Sachverständige, der gemäss Konk2 2 I die Zulassungsprüfung vorzunehmen hatte, konnte von der zuständigen kantonalen Behörde bezeichnet werden. Die Behörden konnten aber auch eine externe Gesellschaft ermächtigen, die Zulassungsprüfungen durchzuführen. In diesen Fällen hatte die externe Gesellschaft den Sachverständigen zu bezeichnen (Konk2 2 I). Diese Lösung bot sich vorab jenen Behörden an, die intern noch nicht über eine genügende Anzahl kompetenter Sachverständiger verfügten. 558

Erst 1932 verfügten alle kantonalen Behörden über genügend eigene Sachverständige, um die Zulassungsprüfungen vollumfänglich selbst vorzunehmen. So waren in Luzern bis 1928 das Fahrrad- und Automobilwesen am gleichen Ort zusammengefasst, danach wurden die Ämter getrennt. Das dabei neu geschaffene "Amt für Automobilwesen" entsprach der heutigen kantonalen Motorfahrzeugkontrolle[515]. Auch in anderen Kantonen waren zwischenzeitlich Strassenverkehrsämter und genügend personelle Fachkompetenz geschaffen worden, sodass die VOBG32 nur noch amtliche Sachverständige zuliess (VOBG32 7 I). Die zwischenzeitlich erlangte behördeninterne Kompetenz erlaubte überdies (endlich), im Gesetz für die Prüfer eine – bis anhin nicht immer ausreichend vorhandene – Minimalqualifikation festzulegen: Die Prüfer mussten die notwendigen theoretischen und praktischen Fachkenntnisse besitzen und die einschlägigen gesetzlichen Bestimmungen kennen (VOBG32 7 I). Definitiv vorbei waren damit die Zeiten, in denen Experten ohne eigene Fahrbewilligungen Fahrprüfungen von Neulenkern abnehmen konnten. 559

4.3 Registerzwang für zirkulierende Fahrzeuge

4.3.1 Fahrzeugausweis

4.3.1.1 Formular

Die Obwaldner Verordnung von 1900[516] sah noch keine Fahrzeugausweise vor, allerdings besass bis 1902 auch niemand im Kanton ein Automobil. Das Konk1 kannte auch noch keinen eigenständigen Fahrzeugausweis. Diese Funktion erfüllte ein "Verkehrserlaubnisschein", welcher eine Kombination von Fahrbewilligung einer Person und rudimentären Angaben zum gelenkten Fahrzeug enthielt: die Beschreibung, die Nummer und das Gewicht des Wagens (Konk1 3 II lit. c). 560

---

514 Guyer, 44-45.
515 Meyer, 76.
516 Gesetzessammlung OW, Band II, 482-483.

561 Diese Verbindung von Fahrausweis und Fahrzeugdaten auf einem Ausweispapier erwies sich als umständlich. Dies insbesondere, wenn der Halter eines Fahrzeuges mehrmals wechselte, als auch in Fällen vorübergehend anderer Fahrzeugbesitzer oder -benutzer, beispielsweise bei Neuwagenprobefahrten oder -überführungen sowie bei länger dauernden Fahrzeugreparaturen. Trotzdem wurden Angaben sowohl zum Fahrzeug, etwa hinsichtlich der Besteuerung, als auch zum Lenker, beispielsweise bezüglich seiner Fahrbefähigung, in Papierform benötigt. Die Lösung lag in der Verselbstständigung der Fahrzeugangaben in einem eigenständigen Fahrzeugausweis.

562 Das Konk2 führte diese "Verkehrsbewilligung" ein, welche jeder zum Strassenverkehr zugelassene Motorwagen benötigte (Konk2 7) und die stets mitgeführt werden musste (Konk2 8). Ausgestellt auf einem einheitlichen, vom EDI festgelegten Formular (Konk2 8), nannte sie die wesentlichen Angaben zum Fahrzeug[517], wobei aber die Kontrollschildnummer nicht eingetragen wurde.

563 1932 erhielt das Papier den heute noch gültigen Namen "Fahrzeugausweis" (BG32 5) und wurde in verschiedene Ausweistypen unterteilt[518]. Eingetragen wurden Angaben zum Wageneigentümer (Name, Adresse und Beruf) (BG32 7, VOBG32 Anhang B) als auch "alle für die Feststellung der Identität des Fahrzeuges wesentlichen Angaben" (BG32 7). Gegenüber dem Konk2 wurden neu diverse weitere Angaben verlangt, so die Anzahl Zylinder, Bohrung und Hub des Motors zur Berechnung der Steuern durch die Kantone.

564 Neu war auch die Nummer des Motors einzutragen, um zu verhindern, dass später zum Zwecke der Leistungssteigerung oder Steuerersparnis ein anderer, insbesondere stärkerer Motor eingebaut werden konnte, ohne das Fahrzeug einer erneuten Prüfung zu unterziehen. Neu einzutragen waren überdies die Farbe und Form der Karosserie, als auch die Kontrollschildnummer. Hinzu kam die Vorschrift, dass Änderungen am Motorfahrzeug, die eine Ergänzung oder Abänderung des Fahrzeugausweises bedingten, binnen 14 Tagen der zuständigen Behörde zu melden waren (VOBG32 21).

565 Die Angabe der PS war vorab von steuerrechtlicher Relevanz. Es handelte sich dabei um errechnete Steuer-PS, weil die realen PS anfänglich gar nicht korrekt messbar waren, oder aber jeder Motor zur Messung hätte

---

517 Namen und Wohnsitz des Wageneigentümers, Firma des Herstellers, Nummer des Chassis, Motorstärke in HP, Gewicht des vollständig ausgerüsteten Wagens, Tragkraft oder Zahl der Plätze sowie Datum der Prüfung des Fahrzeuges (alle Konk2 7).

518 Nämlich: Normaler Fahrzeugausweis, eidgenössischer Fahrzeugausweis, Kollektivfahrzeugausweis, Anhängerausweis sowie eidgenössischer Anhängerausweis (VOBG32, Anhang B).

ausgebaut werden müssen, weil die Fertigungsschwankungen von Wagen zu Wagen zu gross waren. Das Konk1 enthielt noch keine Formel zur Berechnung der Steuer-PS. Das Konk2 führte die international anerkannte, durch Messreihen gestützte Formel $N = 0.3 \times i \times d^2 \times S$ zur Berechnung der Pferdekräfte ein (Konk2 7)[519]. Den Fortschritten der Motorentechnologie und dem gestiegenen Finanzbedarf der Kantone Rechnung tragend wurde in einer Revision des Konk2 1921 die Formel zur Berechnung der steuerrelevanten Pferdestärken angepasst und der Faktor 0.3 auf 0.4 erhöht[520]. In dieser Form wurde die Formel auch 1932 in die Bundesregelung übernommen (VGBG32 22).

4.3.1.2 Erteilung

Zur Erteilung des Fahrzeugausweises waren im Konk2 ein Versicherungsnachweis (Konk2 11) und der Ausweis über eine bestandene Fahrzeugprüfung (Konk2 7 lit. h) vorzulegen. Das Konk2Lw verschärfte die Bestimmungen für die ihm unterstehenden Fahrzeugkategorien: Damit der Ausweis erteilt wurde, musste das Fahrzeug die spezielle Prüfung mit den erweiterten technischen Anforderungen bestanden haben, eine obligatorische Zusatzversicherung abgeschlossen worden sein[521] sowie der Nachweis erbracht werden, dass in den letzten zwölf Monaten durch einen amtlichen oder behördlich geprüften Experten eine Bremsinspektion vorgenommen worden war (Konk2Lw 2, 5 sowie 7 II). 566

Das BG32 brachte keine neuen Auflagen, war aber verständlicher und übersichtlicher formuliert als die älteren Bestimmungen. Überdies war jetzt die Zuständigkeit zur Ausstellung geregelt (nämlich durch den Standortkanton des Fahrzeuges, BG32 6) und die Rechtsmittel gegen eine Nichterteilung festgelegt (BG32 15). 567

4.3.1.3 Übertragung

Wechselte der Fahrzeughalter, beispielsweise durch einen Verkauf des Fahrzeuges, so trug die Behörde im Wohnsitzkanton des Erwerbers den neuen Fahrzeughalter in den Ausweis ein. Der neue Besitzer hatte zur Meldung des Erwerbes acht Tage Zeit (Konk2 8). 568

Das BG32 verlängerte diese Frist auf 14 Tage, im Unterlassungsfall drohten aber neu 5 bis 100 Fr. Busse (BG32 8). Neu wurde die Übertra- 569

---

519 N = Zahl der wirklichen Pferde; i = Zahl der Zylinder; d = innerer Durchmesser eines Zylinders in Zentimetern; S = Kolbenhub in Metern (alle nach Konk2 7). Es handelt sich um eine Näherungsformel, welche durch Messreihen empirisch festgelegt wurde; welche aber nur eine grobe Näherung darstellte, weil sie beispielsweise die Kompression ausser acht lies.

520 AS, Band XXXVI NF 831.

521 Vertiefend zum Versicherungsobligatorium vergleiche N 1266 ff S. 340.

gung erst mit dem amtlichen Eintrag auf dem Ausweispapier rechtswirksam.

4.3.1.4 Entzug

570 Das Konk2 sah den Entzug des Fahrzeugausweises nicht explizit vor, jedoch den Entzug der Fahrbewilligung und der Kontrollschilder (Konk2 16). Entzogen werden konnten diese nur aus Gründen, die beim Lenker liegen, nicht aber Gründen, welche aus dem Fahrzeug oder dessen Zustand herrührten.

571 Erst das Konk2Lw liess auch solche Gründe zu: Die Verkehrsbewilligung konnte nun entzogen werden, wenn der Wagen nicht mehr den Voraussetzungen genügte oder wenn Fahrten des Wagens zu begründeten Klagen Anlass gegeben hatten (Konk2Lw 4).

572 Das BG32 übernahm diese Entzugsgründe und fügte neu das Aussetzen der Versicherung als weiteren Entzugsgrund hinzu (BG32 13). Gefördert wurde auch die interkantonale Zusammenarbeit, denn die Kantone waren nun berechtigt, beim Standort- beziehungsweise Wohnsitzkanton den Entzug eines Ausweises zu beantragen.

4.3.1.5 Sondertypen

573 Versuchsfahrten und Fahrten, die im Zusammenhang mit dem Fahrzeughandel standen, führten vor dem Konk2 aufgrund der kurzfristigen Halter- und Lenkerwechsel immer wieder zu Zulassungsproblemen. Eine erste Verbesserung stellte das heute noch bekannte Händler- und Versuchsschild dar, das in Grundzügen mit dem Konk2 eingeführt wurde: Für Versuche mit Motorwagen, die noch keine Schilder besassen, stellten die kantonalen Behörden eine besondere Bewilligung aus (Konk2 9). Präziser war die Formulierung von 1932: Eine Sonderbewilligung war für Versuchsfahrten von Motorfahrzeugfabriken und Garagen erhältlich, wenn die Bestimmungen des BG32 nicht eingehalten werden konnten (BG32 28). Diese Sonderbewilligung umfasste einen besonderen Fahrzeugausweis, der zusammen mit speziellen Kontrollschildern abgegeben wurde (VOBG32 26)[522]. Eine zweite Verbesserung stellte die auf einen Tag befristete "Tagesbewilligung" dar, die jedoch erst mit dem BG32 eingeführt wurde (VOBG32 28)[523].

574 Einer speziellen Verkehrsbewilligung bedurften seit 1921 auch die schweren Motorfahrzeuge zum Personentransport (Konk2Lw 2). Die Bundesregelung von 1932 übernahm inhaltlich diese Bestimmungen, gab aber die gesonderte Verkehrsbewilligung auf und bildete für diese Fahr-

---

522 Vertiefend vergleiche N 590 ff S. 156.

523 Auch das Prinzip der Tagesbewilligung ist heute noch gültiges Recht, wobei eine maximale Gültigkeitsdauer von fünf Tagen möglich ist.

zeuge eine eigene Fahrzeugkategorie, welche auf dem normalen Fahrzeugausweis mittels eines Codes eingetragen wurde.

Als weitere Sonderformen des Fahrzeugausweises führte das BG32 den eidgenössischen Fahrzeugausweis ein (für bundeseigene Fahrzeuge, BG32 11 und VOBG32 21), überdies bestand für Anhänger in VOBG32 23 eine eigene Ausweisregelung. Auch betreffend der Ausweise ausländischer Fahrzeuge stellte der Bundesrat Vorschriften auf (BG32 18): Für Fahrzeuge, die im Ausland stationiert waren und nur vorübergehend in die Schweiz einfuhren, hing die Ausweispflicht davon ab, ob der Heimatstaat die IntUek2 unterzeichnet hatte (VOBG32 25). Fahrzeuge aus Unterzeichnerstaaten bedurften grundsätzlich eines internationalen Zulassungsscheins[524], während bei Fahrzeugen aus Nichtunterzeichnerstaaten das EJPD über die Anerkennung des nationalen Fahrzeugausweises entschied und allenfalls die Einholung eines schweizerischen Fahrzeugausweises anordnete (VOBG32 25). Jedoch wurde bereits seit 1925 im internationalen Zulassungsschein ausreisender schweizerischer Fahrzeuge in der Rubrik "Motor" von allen Kantonen dieselben Angaben eingetragen: Anzahl Zylinder sowie Bohrung und Hub des Motors. Damit wurde eine Benachteiligung der schweizer Lenker im Ausland verhindert, die ab und an entstand, wenn in der Rubrik "Motor" nur die PS nach der Konkordatsformel eingetragen waren[525]. 575

4.3.2 Kontrollschilder

4.3.2.1 Funktion

Die Ausrüstung und Individualisierung der Motorfahrzeuge mit Kontrollschildern war die Voraussetzung, um fehlbare Lenker und Fahrzeuge identifizieren und zur Rechenschaft ziehen zu können. Die Einführung der Kennzeichen um die Jahrhundertwende war eine Reaktion auf die steigenden Geschwindigkeiten und das Problem der Fahrerflucht[526]. Im Rahmen der Diskussion einer strengen Haftpflichtregelung forderte Guyer bereits 1906 Kontrollschilder, die leicht sichtbar waren, in ihrer Farbe vom Wagen abstechen und eine möglichst einfache Signatur haben sollten. Diese Kontrollschilder seien durch ein Schriftstück mit Adresse des Eigentümers zu ergänzen und eventualiter einem Ausweis über eine Zwangsversicherung[527]. 576

---

524 Diese war durch die Behörde auszustellen, die den nationalen Fahrzeugausweis ausgestellt hatte. In der Schweiz konnten die Kantone auch die Automobilverbände ermächtigen, die internationalen Zulassungsscheine auszustellen (VOBG32 25).

525 GB BR, 1925, 276.

526 Merki: Siegeszug, 350.

527 Guyer, 45.

577 Dem Kontrollschildobligatorium unterworfen waren nur Motorfahrzeuge, die übrigen Fahrzeuge waren aufgrund ihrer tieferen Geschwindigkeit davon nicht betroffen. 1910 schlug die Zürcher Sektion des ACS der Kantonsregierung vor, alle Fuhrwerke mit Namen und Wohnort des Besitzers zu bezeichnen. Dies einerseits, weil (betrunkene) Fuhrleute des Öfteren Automobilisten beschimpft und bedroht hatten, andererseits, weil Nachforschungen über die Identität fehlbarer Fuhrleute von den Automobilisten selbst zu berappen waren – und deshalb meist unterlassen wurden, wodurch die fehlbaren Fuhrleute straflos blieben[528].

4.3.2.2 Befestigungsort

578 Das Konk1 verlangte, dass das Kennzeichen beständig sichtbar sein musste und sowohl Vorder- als auch Hinterseite des Wagens ein Kontrollschild tragen mussten, wobei subsidiär auch eine seitliche Montage zulässig war, wenn die Sichtbarkeit anders nicht gewährleistet werden konnte (Konk1 4).

579 Mit der Verfügbarkeit einer elektrischen Beleuchtung verlangte das Konk2 eine nächtliche Beleuchtung für das hintere Kontrollschild. Diese hatte so zu beschaffen zu sein, dass das Schild deutlich lesbar war (Konk2 30). Das vordere Kontrollschild musste – aufgrund der Staub- und Kotproblematik – genügend hoch montiert werden, dass es vor Schmutz geschützt war. War dies nicht möglich, so konnte die Nummer ersatzweise in der vorgeschriebenen Grösse auf den Wagen aufgemalt werden (Konk2 23). Eine seitliche Anbringung der Kontrollschilder war jedoch nicht mehr zulässig.

580 Die Regelung von 1932 brachte für die Kontrollschildbeleuchtung eine messbare Leistungsnorm (VOBG32 13 I e) anstelle der alten Generalklausel "deutlich lesbar" (Konk2 30). Neu war auch eine Beschaltungsvorschrift für die Kontrollschildbeleuchtung: Das Ausschalten derselben musste auch die übrige Aussenbeleuchtung des Fahrzeuges ausschalten, womit kein Aussenlicht mehr brennen konnte, ohne dass das Kontrollschild beleuchtet wäre – ohne Licht war aber ein nächtliches Fahren unmöglich.

581 Im Gegensatz zum Konk2 war das Aufmalen der Nummer nicht mehr erlaubt. Der Schutz vor Staub und Schmutz verlor an Bedeutung, da der Anteil an Strassen mit Hartbelägen beständig zunahm.

4.3.2.3 Form und Anzahl

582 Die Form der Schilder war in allen Konkordatskantonen einheitlich (Konk1 4 I sowie Konk2 23 I), wobei in der Regel weisse Ziffern auf schwarzem Untergrund verwendet wurden[529].

---

528 Achtzig Jahre Verkehrspolitik im Spiegel der AR, 14-15.
529 Meyer, 47.

Die Bundesregelung von 1932 enthielt detaillierte Regelungen bezüglich Masse und Ausführung der Schilder. Neu war die Umkehrung des Farbschemas: Die Nummer wurde mit schwarzer, erhabener Schrift auf weissem Grund geprägt (VOBG32 Anhang C). Die Anzahl der Schilder blieb konstant, stets waren zwei Schilder vorgeschrieben (Konk1 4 I, Konk2 23 I, VOBG32 25 I), wobei Anhänger ab 1932 nur noch ein Schild benötigten (VOBG32 25 I). 583

4.3.2.4 Aufdruck

Konk1 4 I sah vor, dass die Kontrollschilder eine Ordnungsnummer sowie ein kantonales Wappen zu tragen hatten. 584

An der III. Konkordatskonferenz vom 6. Februar 1905 wurde beschlossen, eine einheitliche Nummerierung der Kennzeichen für die ganze Schweiz einzuführen[530]. Der TCS hätte eine kantonsweise Neunummerierung bevorzugt, da eine grosse Zunahme der Fahrzeugdichte absehbar war[531], drang aber mit seinem Vorschlag nicht durch. Folglich sah Konk2 33 I vor, dass die Kontrollschilder nebst kantonalem und – neu – eidgenössischem Wappen eine schweizweit einmalige Kontrollnummer gemäss einer Nummerzuteilung nach Konk2 Beilage B zu tragen hatten. Darin wurde der fortlaufende Nummernbereich von 0001 bis 9999 auf die 25 Kantone aufgeteilt, jeder Kanton erhielt ein Nummerkontingent (auch das autofreie Graubünden, welches 200 Nummern bekam) (Konk2 Beilage B). 585

Um mit der rasanten Zunahme der Fahrzeugzahlen Schritt halten zu können, brachte die bundesrechtliche Regelung von 1932 die Rückkehr zur kantonsweisen Nummerierung (VOBG32 Anhang C Abs. I Ziff. 1). Die kantonsweise Neunummerierung ab 0001 bedingte aber eine Umnummerierung des ganzen Fahrzeugparks der Schweiz, weshalb die VOBG32 Übergangsfristen für die Umrüstung auf die neuen Kontrollschilder vorsehen musste (VOBG32 82 XI). Im Weiteren wurden die Schilder neu mit einem Kürzel für den Standortkanton des Fahrzeuges versehen, wobei die Kantone mit zwei Grossbuchstaben gemäss einer Liste (VOBG32 Anhang C Abs. I Ziff. 1) bezeichnet wurden. 586

4.3.2.5 Übertragbarkeit

Das Konk1 wie das Konk2 knüpften die Kontrollschilder an die Person des Fahrzeughalters und nicht an das Fahrzeuggestell. Kontrollschilder waren somit persönlich und nicht übertragbar, was im Interesse einer vereinfachten Strafverfolgung als auch der Steuerbehörde lag (Konk1 4 I sowie Konk2 23 II). 587

---

530 La Suisse Sportive, No 299, 15. Februar 1905, 44.

531 TCS-Revue, 1905, 53.

588 Dieses Prinzip weiterführend regelte die VOBG32 das Vorgehen, wenn der Standort eines Motorfahrzeugs in einen andern Kanton verlegt wurde: Die Kontrollschilder waren binnen 14 Tagen bei der Behörde des neuen Standortkantons auszuwechseln, wobei diese Behörde die alten Schilder dem bisherigen Kanton übermittelte (VOBG32 30).

4.3.2.6 Sondertypen

589 Den sich ausdifferenzierenden Bedürfnissen aus Handel und Verkehr entsprechend führten das Konk2 und insbesondere die Bundesregelung von 1932 eine ganze Reihe besonderer Kontrollschildtypen ein.

590 Zur Einführung der **HÄNDLER- UND VERSUCHSSCHILDER** kam es, weil die Verbindung von Fahrausweis und Fahrzeugdaten auf einem Schriftstück sich nicht bewährt hatte. Bezüglich der Kontrollschildtypen standen dabei die Fälle im Vordergrund, in denen das Fahrzeug temporär einen anderen Benutzer oder Halter hatte, beispielsweise bei längeren Reparaturarbeiten oder bei Überführungen oder Probefahrten[532] von Neuwagen. Die Lösung lag in der Einführung eines unpersönlichen Kontrollschildes in Form des Händler- oder Versuchsschildes, in Verbindung mit der Einführung eines selbstständigen Fahrzeugausweises.

591 Der Verwendungszweck dieses Schildertyps, in Konk2 24 I noch auf Versuchsfahrten beschränkt, wurde in VOBG32 27 II um den Zweck der Schleppfahrten (nicht mehr aus eigener Kraft fahrfähiger Fahrzeuge) erweitert; alle Fahrten mussten aber unentgeltlich sein (VOBG32 27 I). Abgegeben wurden die Schilder gemäss Konk2 24 I an Automobilfabriken und -garagen, wogegen VOBG32 26 I den Kreis mit "im Motorfahrzeuggewerbe tätigen Personen und Firmen" erweiterte und so beispielsweise Karosseriebetrieben die Benutzung dieses Schildertyps ermöglichte. Erlangen konnten die Schilder aber nur Personen und Firmen, die für eine einwandfreie Geschäftsführung Gewähr boten und welche überdies – im Rahmen der 1932 eingeführten allgemeinen Versicherungspflicht – über eine gesetzlich vorgeschriebene Haftpflichtversicherung verfügten (VOBG32 26 I und II). Fahrberechtigt war im Konk2 nur der Fabrikant, während VOBG32 27 I nebst dem Inhaber auch dessen Angestellte und Arbeiter als Fahrer zuliess. Dem Antragssteller abgegeben wurden nach Konk2 24 I Schilder mit einem besonderen Zeichen[533] und eine entsprechende Fahrbewilligung; VOBG32 führte dann die Bezeichnung "Händler und Versuchsschilder" ein, benannte den zugehörigen Fahrzeugausweis als "Kollektiv-Fahrzeug-Ausweis" und präzisierte, welchen Sicherheitsvorschriften Fahrten mit diesem speziellen Fahrzeugausweis trotz

---

532 Also Fahrten, welche von Fabriken oder Händlern mit den zum Verkauf gestellten Fahrzeugen ohne Entgelt durchgeführt wurden (Isaac, 94).

533 Was auch heute noch der Fall ist: Schilder dieses Typus werden mit dem Buchstaben "U" (für Unternehmer) bezeichnet.

Erleichterungen stets unterstand (VOBG32 26 I sowie III). War das Gültigkeitsgebiet im Konk2 noch auf das Gebiet des ausstellenden Kantons beschränkt (Konk2 24 II) und konnten Ort und Zeit der Probefahrten von den kantonalen Behörden noch eingeschränkt werden (Konk2 49), so waren die Schilder 1932 grundsätzlich schweizweit gültig, wobei die kantonalen Behörden besondere Strassen und Benutzungsbedingungen festlegen konnten (BG32 28 IV).

Die **TAGESBEWILLIGUNG** wurde erst 1932 eingeführt. Sie diente dem 592
Ausprobieren, Vorführen oder Überführen eines bestimmten Motorfahrzeugs. Erlangen konnte sie, wer eine Fahrbewilligung für die entsprechende Kategorie besass und über die gesetzliche Haftpflichtversicherung verfügte. Der Antragssteller erhielt ein Kontrollschild und eine spezielle Bewilligung, welche ein oder sieben Tage gültig war (VOBG32 28). Auch dieses Prinzip gilt heute noch.

DIPLOMATISCHEN PERSONEN, oder präziser: Personen, die im Genuss 593
der diplomatischen Vorrechte und Befreiungen standen, hatten Anrecht auf ein zusätzliches Schild (nebst den ordentlichen Kontrollschildern), welches mit dem Buchstaben "CD" (für "corps diplomatique") auf den besonderen Status des Wagens aufmerksam machte (VOBG32 III).

Mit **EIDGENÖSSISCHEN KONTROLLSCHILDERN** ausgerüstet wurden 594
gemäss Konk2 25 die Militärmotorwagen im Dienst. Diese Schilder waren anstelle des kantonalen Kontrollschildes zu montieren. VOBG32 25 I weitete den Kreis der Fahrzeuge auf alle Motorfahrzeuge des Bundes aus, denn dieser besass zwischenzeitlich eigene, nichtmilitärische Motorfahrzeuge.

Schon früh geregelt wurde die **SCHILDERPFLICHT FÜR AUSLÄNDISCHE** 595
MOTORFAHRZEUGE. Konk1 5 entband ausländische Lenker von der konkordatlichen Kontrollschildpflicht, sofern diese Lenker das Konkordatsgebiet nur durchfuhren, deren Heimatstaat Gegenrecht hielt und sie die Bewilligung des Heimatstaates mitführten. Das Konk2 hingegen brachte eine ausnahmslose Kontrollschildpflicht, insbesondere zur Identifizierung nichtschweizerischer Verkehrsteilnehmer – und potenzieller Unfallverursacher: Fahrzeuge aus Unterzeichnerstaaten der IntUek1 hatten das nationale Nummerschild zu führen. Das Schild musste mit den durch die Übereinkunft zur Feststellung des Herkunftslandes vereinbarten Buchstaben ergänzt werden und der Fahrer musste einen internationalen Fahrausweis besitzen (Konk2 27). Fahrzeuge aus anderen Staaten hatten das Kontrollschild des Herkunftsstaates zu tragen, oder subsidiär eine (schweizerische) Interimsnummer; überdies musste deren Fahrer die Fahrbewilligung des Herkunftsstaates besitzen (Konk2 28). Eine analoge Vorschrift kannte auch die Bundesregelung von 1932 (BG32 16 i.V. VOBG32 29).

4.3.2.7 Interkantonale Anstände

596 Zu interkantonalen Anständen Anlass gab der Umstand, dass Fahrzeuge aus dem Kanton Uri – welches dem Konk1 nicht beigetreten war – ohne Kontrollschild fuhren. In der Folge gab es Bussen, wenn die wenigen Urner Automobilisten (1912: sieben Stück) aus dem Kanton herausfuhren[534]. Uri beschwerte sich daraufhin beim Bundesrat, dass die Urner Automobilisten beim Einfahren auf das Gebiet des Kantons Schwyz von den dortigen Polizeiorganen angehalten und genötigt würden, sich ein Konkordatsschild zu verschaffen, wofür sie eine ansehnliche Jahrestaxe zu bezahlen hätten. Der BR beschloss am 14. Januar 1910 jedoch Nichteintreten, weil die von Uri geltend gemachte Verletzung der Handels- und Gewerbefreiheit den Bundesrat nicht zu einem direkten Einschreiten ermächtigt hätte; und weil der BR auch aus Konkordatsrecht keine Kompetenz zur Beurteilung von Streitigkeiten und Regelungen der Konkordatskantone hatte[535]. Es blieb dabei, dass die Urner Automobilisten im Kanton Schwyz eine Konkordatsnummer zu lösen hatten. Erst Ende 1914 kaufte der Kanton Uri selbst einige konkordatskonforme Kontrollschilder, wobei angesichts der sieben Urner Motorwagen zwölf Schilder als genügend erachtet wurden[536].

---

[534] Gisler-Jauch, 44.
[535] Burckhardt, 1910 I 94.
[536] Gisler-Jauch, 64.

5 Ausbildung und Fahrtüchtigkeit des Lenkers

5.1 Bedeutung der Thematik

War um 1900 die technische Bedienung der Fahrzeuge noch anspruchsvoll und aufwendig, wurde diese durch die Weiterentwicklung allmählich vereinfacht[537]. Damit einhergehend aber brachten steigende Motorleistung und zunehmende Verkehrsdichte immer öfter die Fahrer selbst an den Rand ihrer Fähigkeiten und ihres Fahrkönnens. In der Folge stiegen die Unfallzahlen; und dies schneller als die Verkehrsdichte zunahm. Die steigenden Unfallzahlen machten es notwendig, dass über Person und Ausbildung der Lenker eine Kontrolle geführt wurde. Im Rahmen der Diskussion über eine Neuregelung der Haftpflicht für Automobilisten forderte Guyer 1906, dass der Lenker den Wagen sicher führen können und über technische Kenntnisse verfügen müsse. Beides sei durch einen Ausweis zu belegen und wer länger nicht "geführt" habe, der soll eine neue Prüfung absolvieren müssen[538]. 597

Um mit dem dichter werdenden Strassenverkehr und der steigenden Geschwindigkeit umgehen zu können, bedurfte der Lenker neuer Fähigkeiten. Gefragt waren ein ruhiges Verhalten unter Stress, Konzentrationsfähigkeit sowie das Vorausdenken und -sehen. Insbesondere Vorausdenken hiess: Automobilisten mussten höhere Qualifikationen und ein umsichtigeres Verhalten haben, um an der Stelle anderer (weniger fähiger Strassenbenutzer) zu denken und reagieren, respektive um deren Aktionen voraussehen zu können. 598

Dazu war auch eine schnelle Reaktion gefragt, die dem weiblichen Geschlecht nicht per se zugetraut wurde[539]. Eine weitere wichtige Eigenschaft war es, Lesen und Schreiben zu können. Im Artikel "Analphabeten als Lenker" von 1914 wünschte sich der TCS eine gesetzliche Norm, welche eine Fahrbewilligung nur jenen Lenkern erteilen liesse, die lesen 599

537 Vertiefend vergleiche N 42 ff S. 12.

538 Guyer, 45.

539 Im Artikel "Wenn die Damen am Volant sitzen ...!" rief die AR zur Vorsicht auf, wenn Frauen am Lenkrad sässen, da den Frauen mangels sportlichem Training von Entschlossenheit, Geistesgegenwart und der Fähigkeit zum raschen Handeln in der Jugend nun im Durchschnitt die Eignung zur Automobilistin abgehe. Immerhin kam der Artikel zum Schluss, dass weder ein hysterischer Mann noch eine hysterische Frau ans Steuerrad gehörten (AR, 1913, 540). Anzumerken bleibt, dass aber seit der Jahrhundertwende auch Frauen in Automobilwettfahrten immer wieder Erfolge verzeichnen konnten, die in der Presse überdies gebührende und unprätentiöse Erwähnung fanden.

und schreiben könnten. Der TCS verwies dabei auf den Kanton Tessin, in dem des Lesens und Schreibens unkundige Lenker aus Italien die Fahrprüfung ablegten, weil in Italien selbst die Fähigkeit von Lesen und Schreiben können eine Prüfungsvoraussetzung war[540]. In der Tat, 1914 enthielten das Konk2 und die kantonalen Reglemente noch keine Vorschrift über die Lese- und Schreibfähigkeit. Und dies, obgleich die (wenigen) Verkehrstafeln, die es gab, nicht symbolische Typen waren, sondern aus umfangreichen Gesetzestextauszügen bestanden.

600 Im Rahmen einer Fahrausbildung ging es also darum, die künftigen Automobilisten hinsichtlich dieser Fähigkeiten zu schulen; und durch die Einführung einer Fahrprüfung und eines Führerscheines diese Fähigkeiten zu überprüfen, bevor die Neulenker zum Verkehr zugelassen werden konnten. Mittels Lenkvorschriften konnte überdies auch nach einer bestandenen Prüfung auf die Fahrzeuglenker direkt Einfluss genommen werden.

5.2 Fahrausbildung

601 Die Fahrer eines Motorfahrzeuges rekrutierten sich bis vor dem 1. Weltkrieg aus zwei grundsätzlich verschiedenen sozialen und gesellschaftlichen Kreisen. Die **(Berufs-)Chauffeure** waren vielfach frühere Kutscher, Diener, Droschkenlenker oder Angestellte aus Automobilfirmen. Sie wurden von ihrem Dienstherrn sorgfältig ausgewählt, denn man vertraute ihnen doch eigenes Leben und Vermögen an[541]. Dementsprechend wurde vom Dienstherrn oft noch Geld in die Ausbildung seines Chauffeurs investiert, wodurch diese in der Regel als gut ausgebildet, und mit der Zeit als routiniert, gelten konnten. Bis zu einer griffigen Regelung des Haftpflichtrechts für Lenker hatten die Chauffeure überdies die Funktion, bei Unfällen durch ihre eigene Verantwortlichkeit ihren Arbeitgeber vor überrissenen, unberechtigten und allenfalls auch berechtigten Schadensansprüchen von Geschädigten zu bewahren[542].

602 Die andere Gruppe bildeten die **Selbstfahrer**. Sie rekrutierten sich zunehmend aus "aufgestiegenen" Motorradfahrern[543] (die stets ohne Chauffeur auskommen mussten); und verfügten über einen sehr unterschiedlichen, meist jedoch tiefen Ausbildungsstand, da sie das Lenken nicht berufsmässig betrieben.

---

540 TCS-Revue, 1914, 243.

541 Merki: Siegeszug, 328.

542 Heiss diskutiert wurde das Problem der Verantwortung. Konnte beim Unfall nebst dem Lenker auch der Halter belangt werden? Was sollte geschehen, wenn der Chauffeur das Unfallopfer nicht entschädigen konnte? Wer haftete, wenn der Chauffeur alleine fuhr, oder den Wagen für eine Spritztour missbrauchte? Vertiefend vergleiche N 1175 ff S. 318.

543 Merki: Siegeszug, 329.

Doch trotz ausgewiesenem Bedürfnis – eine staatlich überwachte Fahrerausbildung und Zulassungsbestimmungen gab es anfangs nicht. Wer das Geld zum Kauf eines Automobils hatte, war damit auch als Fahrer qualifiziert. Es galt die Formel "solvent" gleich "fahrtüchtig". 603

Die Verordnung betreffend den Strassenverkehr des Kantons Obwaldens von 1900[544] kannte weder eine Fahrprüfung noch einen Fahrzeugausweis. Das Konk1 kannte immerhin eine Fähigkeitsprüfung: Es verlangte zur rechtmässigen Führung eines Wagens, dass der Bewerber seinen Wagen ohne Gefahr für die öffentliche Sicherheit führen konnte (Konk1 3 I). Wie die Ausbildung zu dieser Befähigung erfolgen sollte, darüber schwieg sich das Konk1 aus. 604

Ausbildung fand aber trotzdem statt. Bereits im eigenen Interesse empfahl es sich, über solide Kenntnisse in Automobiltechnik zu verfügen; denn Reparaturwerkstätten waren unbekannt – dafür wurde mit den meisten Fahrzeugen ein reiches Werkzeug- und Ersatzteilsortiment mitgeliefert. Weitere Möglichkeiten zur Ausbildung boten Zeitschriften, welche umfangreiche Anweisungsartikel und Ratgeberrubriken publizierten, oder "Sportskameraden", die der Anfänger im lokalen Automobilclub kennen lernen konnte[545]. Üblich war auch eine mehr oder minder nachhaltige Instruktion durch die Verkaufs- oder Herstellerfirma, welche von einigen, aber nicht allen, Firmen ausdrücklich empfohlen wurde[546]. Bot sich für den bediensteten Chauffeur eher ein Lehrgang beim Wagenverkäufer oder der Herstellerfabrik an[547], schickte der Hersteller oder Verkäufer durchaus auch "Fahrmeister" zum selbstfahrenden Käufer nach Hause oder lieh diese aus[548]. 605

Nach und nach bot sich die Möglichkeit, bei Fahrschulen einzelne Fahrstunden zu absolvieren. Bezüglich einer umfassenderen Ausbildung übernahmen Fahrschulen in Deutschland eine gewisse Vorbildfunktion 606

---

544 Gesetzessammlung OW, Band II, 482-483.

545 Merki: Siegeszug, 330.

546 So in den ersten Verkaufsbedingungen von Peugeot: "Für den Amateur ist es unerlässlich, in unseren Fabriken oder bei unseren Vertretern eine kurze Lehre zu absolvieren. Für Personen mit einigen mechanischen Vorkenntnissen ist sie sehr leicht; darauf verzichten zu wollen wäre jedoch höchst unvorsichtig". (Fondin, 42).

547 Dokumentiert hierzu ist ein Fall aus dem Kanton Uri von 1904: Die Firma Orion Automobile bestätigte dem Käufer, dass er von einem Chauffeur angelernt wurde und nun des Automobilsfahrens kundig war. Die Justiz- und Polizeidirektion bestätigte dann auf einem amtlichen Papier, dass der Wagen fachmännisch untersucht worden sei und der Besitzer sein Fahrzeug ohne Gefahr für die Öffentlichkeit lenken könne (Gisler-Jauch, 41-43).

548 So 1907 bei einem Käufer aus dem Kanton Uri. Die Verkaufsfirma sandte ihm für vier Tage einen Fahrlehrer; die Fahrprüfung bestand er dann in einer Fahrt mit dem Polizeichef als Experten (Gisler-Jauch, 43-44).

gegenüber der Schweiz: Dort boten Fahrschulen Herrenfahrkurse an, welcher eine Woche dauerte - gegenüber dem Kurs für angehende Berufsfahrer, welcher sechs Wochen dauerte[549]. Doch allzu oft waren die Selbstfahrer mit einer solchen "Ausbildung" mehr schlecht als recht für den hektischen Strassenverkehr ausgebildet. 1912 konstatierte ein Motordroschkenunternehmer in der Stadt Zürich einen Mangel an fundiert ausgebildeten Fahrern. Er plädierte für eine staatliche Fahrschule, denn viele Fahrer seien nur schlecht und oberflächlich ausgebildet[550].

607 Die IntUekl verlangte vom Lenker im internationalen Verkehr den Nachweis seiner Befähigung mittels Erlaubnis der zuständigen Behörde; es enthielt aber – in Wahrung der nationalen Souveränitäten – keine Vorschriften zur Fahrerausbildung (IntUekl 2).

608 Das Konk2 kannte sowohl eine Fahrbewilligung als auch eine Fahrprüfung (Konk2 12 und 13). Bezüglich der Ausbildung der Fahrer regelte es nur, aber immerhin, die Zulässigkeit von Lernfahrten (nur in Begleitung einer mit einer Fahrbewilligung versehenen Person sowie nach Zustimmung der kantonalen Behörden, Konk2 17). Das Institut des Lernfahrausweises, wenn auch im Konk2 nicht explizit erwähnt, war zumindest ab 1920 bekannt[551]. Das Konk2 enthielt aber noch keine Vorschriften über eine weitergehende Befähigung der Begleitperson oder von berufsmässigen Fahrlehrern.

609 Die Regelung in der IntUek2 entsprach wortwörtlich jener in der IntUekl und brachte keinen Ausbau der Ausbildung (IntUekl 2 respektive IntUek2 6).

610 Eine umfassende Regelung der Fahrausbildung wurde erst 1932 dank der Bundeskompetenz möglich. So erfuhren die Lernfahrten eine detaillierte Regelung: Die Begleitperson musste neu seit mindestens einem Jahr den Führerausweis für Motorwagen besitzen (VOBG32 60 II), und sie war nun explizit für die Führung des Automobils verantwortlich (VOBG32 14 I, letzter Halbsatz). Überdies musste die Zustimmung der Behörden neu in Form des Lernfahrausweises vorliegen (VOBG32 14 II).

611 Auch der Lernfahrausweis erfuhr eine eingehende Regelung (VOBG32 31). Erfordernisse zur Erteilung waren die Einreichung eines Gesuches mittels Formular[552], die Vollendung des 18. Altersjahres und – für un-

---

549 Merki: Siegeszug, 330.

550 Jahresberichte 1910–1916 der ACS-Sektion Zürich, 1912, 27-28. Interessant: Das Unternehmen des betreffenden Unternehmers in der Stadt Zürich legt zwischen 1910 und 1912 1.2 Millionen Km zurück, und hatte dabei - dank konsequenter Beschäftigung von ausgebildeten Chauffeuren - nur Schäden von 12 000 Franken zu beklagen.

551 GB BR, 1920, 323.

552 Das Formular verlangte auch die Angabe der militärischen Einteilung und des Grades - ein Relikt aus der Zeit vor dem ersten Weltkrieg, das aber die

mündige und entmündigte Bewerber – die Zustimmung des gesetzlichen Vertreters. Auf dem Gesuch waren Angaben über Gebrechen zu machen, welche die Führung eines Motorfahrzeuges beeinträchtigen konnten; und die Erteilung des Lernfahrausweises konnte aus den gleichen Gründen verweigert werden wie die Erteilung des eigentlichen Führerausweises. Drei Monate gültig und um jeweils ein Monat verlängerbar, berechtigte der Lernfahrausweis zu Lernfahrten in der ganzen Schweiz (alle VOBG32 31). Der Bewerber erhielt einen Lernfahrausweis (VOBG32 31 IV), der stets mitzuführen war (VOBG32 60 IV) sowie die gesetzlichen Bestimmungen über den Motorfahrzeugverkehr (VOBG32 31 IV).

Umfassend geregelt wurde auch der zwischenzeitlich etablierte Beruf des Fahrlehrers. Dessen Ausübung bedurfte neu einer Bewilligung (durch den Wohnsitzkanton), deren Erteilung und Entzug durch den BR geregelt wurde (BG32 14 III): Die Erteilung der Bewilligung erfolgte aufgrund einer besonderen Prüfung; erforderlich waren überdies die Vollendung des 22. Altersjahrs, die Kenntnisse der gesetzlichen Vorschriften und der Technik, die klaglose Führung eines Motorfahrzeuges während zwei Jahren sowie ein guter Leumund. Die persönlichen Verhältnisse des Bewerbers mussten Gewähr für einwandfreie Ausübung des Berufes bieten und die körperliche Eignung des Bewerbers musste durch ein Zeugnis eines behördlichen Vertrauensarztes festgestellt sein. Schliesslich war die Fahrlehrerbewilligung jährlich zu erneuern (alle VOBG32 32). 612

5.3 Fahrbewilligung

Die Fahrbewilligung diente der Kontrolle über die Person des Lenkers und, mittels einer Fähigkeitsprüfung, seiner Zulassung zum Verkehr. 613

5.3.1 Erlangung

Die Erforderlichkeit einer formellen Bewilligung an sich stand kaum je in Frage. Von Beginn an war die Erteilung der Bewilligung meist, aber eben nicht immer, mit dem Ablegen einer Prüfung verbunden. Bereits die ersten kantonalen Regelungen aus der Zeit zwischen 1899 und 1901 enthielten entsprechende Bestimmungen[553]; die konkordatliche Regelung bereits vorwegnehmend sah auch die neue Luzerner Motorfahrzeugverordnung von 1903 eine Fahrprüfung für Lenker vor[554]. Das Konk1 verlangte zur Führung eines Wagens eine Ermächtigung des Wohnsitzkantons (Konk1 3 I), ebenso Konk2 (Konk2 12 I) – mit besonderem Hinweis, dass auch der Lenker eines abgeschleppten Fahrzeuges eine Fahrbewilligung brauchte (Konk2 44) – und ebenso die Bundesregelung 614

zentrale Bedeutung des Motorfahrzeuges für die Landesverteidigung unterstreicht.

553 Merki: Siegeszug, 331.

554 Meyer, 22-23.

(BG32 5 II). Allerdings kannten SZ und NW noch 1909 keine Prüfungspflicht[555]. Auch die gegenseitige Anerkennung kantonaler Fahrprüfungen musste sich erst einspielen: Noch 1914 anerkannte der Kanton Aargau keine Prüfungen, die im Kanton Zürich abgelegt worden waren[556], und 1920 wollte ein Kanton vom Bundesrat wissen, ob die besondere Bewilligung für Lernfahrten (Konk2 17) nur für das Gebiet des ausstellenden Kantons oder konkordatsweit gültig war. Das zuständige Departement kam hierauf zum Schluss, dass die Bewilligung für alle Konkordatskantone gültig sei[557].

615 Die Anforderungen zur Erlangung der Bewilligung waren zumindest am Anfang sehr tief. Nach ihrer Einführung selektionierte die Prüfung kaum, sie war eine reine Formsache. Von Beginn an besassen mehr Leute einen Fahrausweis als es Kraftfahrzeuge gab[558] und die Prüfung diente anfänglich vorwiegend Registrations- und Fiskalzwecken.

616 Das Konk1 regelte, aus Respekt vor der kantonalen Hoheit, nur die Grundzüge der Fahrprüfung. Immerhin wurde die Bewilligung erst ausgestellt, wenn die Fähigkeit des Bewerbers, seinen Wagen ohne Gefahr für die öffentliche Sicherheit zu führen, dargetan worden war (Konk1 3 I). Das Konk1 enthielt aber weder nähere Ausführungen über Art und Weise dieses Nachweises, noch über Voraussetzungen oder Ausschlussgründe beim Prüfungskandidaten.

617 IntUek1 verlangte (zumindest im internationalen Verkehr) den Nachweis der Lenkbefähigung durch die Erlaubnis der heimatlichen Behörde (IntUek1 2 II). Verschärfend wirkte neu ein Mindestalter: Die Erlaubnis durfte Personen unter 18 Jahren nicht erteilt werden (IntUek1 2 III).

618 Doch nur zögerlich wurde die Prüfung zu einem Examen, auf das man sich länger als einen halben Tag vorbereiten musste. Der eine Grund dafür war der Mangel an kompetenten Prüfern an sich. Es konnte durchaus vorkommen, dass der Prüfer selbst keine Fahrbewilligung besass[559]. Der andere Grund war die fehlende Unabhängigkeit der Prüfer. Im ersten Jahrzehnt des 20. Jahrhunderts kannte jeder jeden, der in der lokalen Automobilszene aktiv war. Kam hinzu, dass – wegen Mangels an anderen Experten – die Sachverständigen einzelner Clubs ermächtigt waren, Fahrprüfungen selbst abzunehmen. Es dürfte aber einem solchen recht

---

555 Merki: Siegeszug, 331.

556 So wurden beispielsweise die Prüfungen von ZH im Kanton AG nicht anerkannt (AR, 1914, 396). Die AR vermutete dahinter gebührenmässige Motive (AR, 1915, 22).

557 GB BR, 1920, 323.

558 Merki: Siegeszug, 331-332.

559 Was Jucker in einem NZZ-Artikel ironisch kommentierte: “Die nebenamtlichen Experten hatten zwar selbst noch nie ein Auto gelenkt, aber die amtliche Würde befähigte sie doch zu einem fachmännischen Urteil” (NZZ, Nr. 57, 9./10. März 1991, S. 23).

schwer gefallen sein, einen unter Umständen bedeutenden Gönner des Clubs, zumindest aber einen Clubkollegen, durchfallen zu lassen[560,561].

Eine deutliche Verschärfung der Prüfung brachte das Konk2. **ERSTENS** hatte der Befähigungsnachweis nun explizit mittels einer Prüfung zu erfolgen (Konk2 13). Diese Prüfung bestand aus einem theoretischen Teil, welcher die Kenntnisse der einschlägigen Verkehrsbestimmungen und der Bestandteile des Motorwagens umfasste, und einer praktischen Prüfung, welche auch die Wagenführung in Städten und die Handhabung der Bremsen bei grossem Gefälle oder starken Steigungen beinhaltete (Konk2 13 II). Bei einem Misserfolg war eine erneute Prüfung erst nach einer Wartefrist von vier Wochen zulässig. 619

ZWEITENS hatte der Lenker nun verschiedene Voraussetzungen zu erfüllen, um überhaupt zur Prüfung zugelassen zu werden: Nebst dem Mindestalter von 18 Jahren (dem Vollzug des IntUek1 2) musste er über einen guten Leumund verfügen und – auf Verlangen der zuständigen Behörde – die nötigen Ausweispapiere beibringen, insbesondere ein Leumundszeugnis oder ein Vorstrafenverzeichnis; in Fällen unmündiger Bewerber allenfalls auch eine Zustimmungserklärung der Eltern oder des Vormundes (Konk2 12 I). Zur Erlangung einer "besonderen Fahrbewilligung" (notwendig zum gewerblichen Personentransport mit schweren Motorfahrzeugen) galten strengere Zulassungsbedingungen[562]. 620

DRITTENS gab es neu eine ganze Reihe von Ausschlussgründen, die den Erwerb der Fahrbewilligung verunmöglichten. Eine Komponente der Prüfung umfasste das Vorhandensein tugendhafter moralischer und geistiger Eigenschaften des Kandidaten. Fehlten diese oder zeigte der Kandidat "mangelhaften Charakter, unsoziale Eigenschaften oder eine unvollkommene Erziehung"[563], so konnte die Behörde die Erteilung einer Fahrbewilligung verweigern. In diesem Kontext waren auch die moralisch-ethischen Appelle und Belehrungen in den Fachzeitschriften zu verstehen, durch welche die Automobilisten zu vorbildhaftem Verhalten aufgerufen wurden. Schwierig war die präzise, rechtliche Formulierung dieser Charakterzüge durch den Gesetzgeber: Konk2 12 II schloss von der Fahrbewilligung aus, wer als Trinker bekannt war, wer infolge gerichtlicher oder polizeilicher Bestrafung zur Führung eines Wagens moralisch nicht genügend qualifiziert erschien, oder wem aufgrund eines anderen 621

---

560 Merki: Siegeszug, 331-332.

561 Illustrativ ein Fall aus dem Kanton SG. Der Präsident der lokalen ACS-Sektion amtete als Experte. Ein ACS-Mitglied erinnerte sich später, dass seine Prüfung im Herbst 1912 zehn Minuten gedauert habe, und vom Prüfer mit den Worten "Es ist gut, jetzt nehmen wir noch einen halben im Hecht" beendet worden sei (Merki: Siegeszug, 331).

562 Vertiefend vergleiche N 648 ff S. 171.

563 von Salis-Soglio, 41.

Gebrechens (Epilepsie, erhebliche Kurzsichtigkeit, Taubheit und ähnlichem), das sichere Führen eines Motorwagens unmöglich war. Ungeregelt blieb aber auch im Konk2 die Person und notwendigen Eigenschaften des Prüfers.

622 Art. 6 der IntUek2 brachte keine Veränderung gegenüber Art. 2 IntUek1. Hingegen brachte die bundesrechtliche Regelung 1932 eine weitere Präzisierung der Prüfungsbestimmungen. Durch die Prüfung hatte der Kandidat neu auch nachzuweisen, dass er die Verkehrsvorschriften kannte (BG32 9 I) – ein Hinweis auf den an späterer Stelle noch zu diskutierenden zwischenzeitlichen Bedeutungszuwachs von Verkehrsvorschriften[564].

623 Der Umfang der Prüfung blieb unverändert, wurde aber präzisiert. Die körperlichen und geistigen Voraussetzungen wurden nun in jedem Falle kontrolliert. Hierzu prüfte der Sachverständige – nach fachmännischer Anleitung – summarisch die Sehschärfe und das Gehör des Bewerbers. Bestanden Zweifel über die körperliche oder geistige Eignung, so war ein Untersuch durch einen von der Behörde zu bestimmenden Arzt anzuordnen. Die Behörde konnte überdies eine vertiefende "psychotechnische Prüfung" anordnen (VOBG32 33 II). Der Kandidat selbst hatte Kenntnisse der Verkehrsvorschriften und der Funktionsweise von Lenkvorrichtung und Bremsen nachzuweisen, überdies, dass er das Fahrzeug in jeder Lage beherrschte und es ohne Störung und Gefährdung des Verkehrs zu führen verstand. Unverändert blieb die Wartefrist von vier Wochen im Falle eines Nichtbestehens (VOBG32 IV, VI).

624 Die notwendigen Voraussetzungen des Lenkers selbst wurden ergänzt um einerseits eine zwingende ärztliche Prüfung für Bewerber, die das 65. Altersjahr überschritten hatten (VOBG32 33 II) und andererseits um eine minimale Besitzdauer für den Lernfahrausweis: Die Prüfung konnte in der Regel frühestens drei Wochen nach Ausstellung des Lernfahrausweises abgelegt werden. Eine frühere Zulassung war aber noch möglich, wenn der zu Prüfende schon im Besitz eines inländischen oder ausländischen Führerausweises war (VOBG32 33 V). Einzelfallweise, nach Ermessen der Behörde, konnte diese immer noch ein Leumundszeugnis oder einen Strafregisterauszug einverlangen (VOBG32 III).

625 Eine Präzisierung erfuhren auch die Ausschlussgründe. Insbesondere wurden die generalklauselartigen Ausschlussgründe aus Konk2 12 II lit. a[565] durch den Begriff der "Urteilsfähigkeit" im Verständnis des Zivilgesetzbuches ersetzt. Keine Fahrbewilligung erhalten konnte, wer nicht urteilsfähig oder trunksüchtig war; ebenso, wem durch körperliches oder

564 Waren die Verkehrsvorschriften im Konk2 noch eine Marginale (Konk2 40-44), umfassten sie im BG32 nur schon für die Motorfahrzeugkategorie einen ganzen Titel (BG32 17-28).

565 ".. infolge gerichtlicher oder polizeilicher Bestrafung zur Führung eines Wagens moralisch nicht genügend qualifiziert erscheinen".

geistiges Gebrechen oder andere, jedoch durch die Bewilligungsbehörde zu überprüfende Gründe, nicht im Stande war, einen Wagen sicher zu führen (BG32 9 II).

Mit der Bundesregelung wurde neu auch vorgeschrieben, dass die Abnahme der Prüfung durch einen amtlichen Sachverständigen zu erfolgen hatte (VOBG32 33 I). Überdies gab es nun ein Rechtsmittel gegen eine Nichterteilung der Fahrbewilligung (BG32 15 I)[566]. Schliesslich konnte der Führerausweis auch verfallen: Wurde der Ausweis während zwei Jahren nach Ablauf nicht erneuert oder bestanden Bedenken über die Fahrtüchtigkeit des Führers, so war die Fahrprüfung nochmals abzulegen (BG32 9 IV, V). 626

5.3.2 Entzug

Der Entzug der Fahrbewilligung war sowohl im Konk1 (Art. 3 III), als auch im Konk2 (Art. 16 I) und im BG32 (Art. 13) vorgesehen. Dem Zweck einer Strafmassnahme entsprechend wird der Entzug der Fahrbewilligung im Rahmen der Sanktionen vertiefend behandelt[567]. 627

5.3.3 Zentralregister

Sowohl das Konk1 und das Konk2 wie auch das BG32 sahen ein zentrales Register beim Bund vor, in dem – nebst anderen Ereignissen – über Erteilung und Rückzug von Fahrbewilligungen Buch geführt wurde[568]. 628

5.3.4 Ausweiskarte

Der **Zweck** der Ausweiskarte war ein doppelter: erstens der Nachweis der Identität des Lenkers, insbesondere bei Unfällen, und zweitens der Ausweis darüber, welche Fahrzeugtypen der Lenker führen durfte. Diese Zwecke ergaben sich aus der gesetzlichen Regelung, wann die Ausweiskarte vorzuweisen war: Das Konk1 gebot die Vorweisung der Ausweiskarte, wenn der Lenker an einem Unfall beteiligt war (Konk1 14), oder jederzeit, wenn er von einem Behördenvertreter, der sich als solcher zu erkennen gab, angehalten und zur Vorlage des Papiers aufgefordert wurde (Konk1 15). Diese Regelung galt analog im Konk2 (Art. 45 und 46). Das BG32 hielt fest, dass Ausweis und Fahrzeug von den kantonalen Behörden jederzeit kontrolliert werden konnten und deshalb die Ausweise[569] stets mitzuführen waren (BG32 12). 629

Als Instrument der behördlichen Kontrolltätigkeit entwickelt sich die Ausweiskarte im Betrachtungszeitraum zum wichtigsten Kontrollmittel 630

---

566 Mittels schriftlicher Beschwerde, innert zehn Tagen ab Eröffnung, zu richten an die kantonale Regierung, welche endgültig entschied.

567 Vertiefend vergleiche N 791 ff S. 215.

568 Vertiefend vergleiche N 720 ff S. 194.

569 Nebst dem Fahrausweis war auch der Fahrzeugausweis gemeint.

der Behörde. Hiess sie im Konk1 – infolge der vielfältigen kantonalen Gegebenheiten – noch uneinheitlich "Ermächtigung" (Konk1 3 I), "Bewilligung" (Konk1 3 IV), "Ausweis" (Konk1 14) oder "Fähigkeitszeugnis" (Konk1 15), gelangte sie über "Fahrbewilligung" (Konk2 14) zum heute noch gültigen Namen "Führerausweis" (BG32 5 II).

631 Die **Äusserliche Form** des Ausweises blieb im Konk1 noch ungeregelt. Im Kanton Uri, welcher allerdings nicht Mitglied des Konk1 war, diente beispielweise 1907 ein Kutscherbuch mit handschriftlicher Ergänzung als Ausweispapier[570]. Das Konk2 benutzte ein für alle Kantone einheitliches, durch das Departement des Innern in Form eines Heftchens festgelegtes Formular (Konk2 14). Schweizweite Einheitlichkeit bezüglich der Form brachte erst die Bundeslösung, welche in Anhang B der Verordnung Muster und Farbvorschriften für die diversen Ausweisformen enthielt[571]. Bereits bestehende Führerausweise mussten innert Jahresfrist durch die neuen Ausweise ersetzt werden (VOBG32 82 X).

632 Die **Kompetenz zur Ausstellung** des Ausweises musste erst mit der bundesrechtlichen Regelung festgelegt werden: Zuständig für die Ausstellung des Führerausweises waren die Behörden des Wohnsitzkantons des Bewerbers (BG32 6 I).

633 Die **inhaltlichen Elemente des Ausweises** wurden im Konk1 durch Art. 3 und im Konk2 durch Art. 15 festgelegt. Die Bundesnormen von 1932 enthielten keine wörtliche Regelung im Gesetzes- oder Verordnungstext, stattdessen ergab sich der Inhalt nun aus den Formularvorlagen im Anhang B der VOBG32.

634 Die inhaltlichen Elemente liessen sich in mehrere Bereiche aufteilen, wovon die wichtigsten die Personalien des Lenkers und der Beschrieb des Fahrzeuges waren.

635 Im Bereiche der Personalien forderte das Konk1 den Namen, Vornamen, Wohnort und Beruf des Lenkers sowie eine Fotografie von ihm (Konk1 3 II). Das Konk2 verlangte überdies die Angabe der Nationalität sowie – aufgrund des neuen Mindestalters von 18 Jahren (Konk2 12 I) – das Geburtsdatum (Konk2 15). Bemerkenswert in der Regelung des Konk2 war der Hinweis, dass der Fahrausweis persönlich und nicht übertragbar war (Konk2 14). 1932 entfiel die Nationalität, stattdessen wurde die Heimatgemeinde oder das Heimatland eingetragen. Ebenfalls einzutragen waren die militärische Einteilung und der Grad.

636 Im Bereiche des Fahrzeugbeschriebs erforderte das Konk1 noch den Beschrieb und die Gewichtsangabe des konkreten, individuellen Fahr-

---

570 Gisler-Jauch, 44.

571 Geregelt wurden der Lernfahrausweis, der Eidgenössische Lernfahrausweis, der Führerausweis, der besondere Führerausweis sowie der eidgenössische Führerausweis. Lernfahrausweise hatten von weisser Farbe, Führerausweise von blauer Farbe zu sein (VOBG32 Anhang B).

zeuges, für das die Fahrprüfung abgelegt worden war – eine Konsequenz daraus, dass Fahrzeugausweis und Fahrbewilligung unter dem Konk1 noch in einem Dokument vereint waren. Einzutragen war im weiteren die Kontrollschildnummer des Fahrzeuges. Mit dem Konk2 wurde die Trennung der Papiere in Fahrzeugausweis (pro Fahrzeug) und Fahrbewilligung (für den Lenker) eingeführt. In der Fahrbewilligung wurde deshalb nur noch abstrakt die Fahrzeugtypen und Motorentypen eingetragen, zu deren Führung der Lenker durch den Ausweis berechtigt war. Eingetragen wurden im weiteren die Kontrollschildnummern aller Fahrzeuge des Ausweisinhabers. 1932 schliesslich, nach der Einführung des Kategoriensystems für die Fahrzeuge, wurde nur noch die Kategorie der Fahrzeuge eingetragen, die der Lenker führen durfte. Die Kontrollschildnummer wurde nicht mehr im Ausweis eingetragen, womit die Fahrbewilligung und der oder die Fahrzeugausweis(e) eines Lenkers gänzlich unabhängig wurden.

In Ergänzung des Ausweises wurde den Lenkern mit dem Fahrausweis ein Auszug aus den jeweiligen Konkordatsbestimmungen abgegeben (Konk1 3 II lit. e, Konk2 15 lit. e). 637

Die **GÜLTIGKEITSDAUER** der Ausweiskarte war gemäss dem Konk1 im Ausweis einzutragen. In Wahrung der föderalistischen Freiheit der Mitgliedskantone legte das Konk1 jedoch keine Gültigkeitsdauer fest. Diese festzulegen war Sache der kantonalen Ausführungsbestimmungen zum Konkordat; üblich war eine Gültigkeit von einem Kalenderjahr. Unter dem Konk2 war kein Eintrag der Gültigkeitsdauer mehr vorgesehen, hingegen war im Konkordatstext eine Gültigkeit von einem Kalenderjahr festgelegt (Konk2 16 I); und analog sah das BG32 eine Gültigkeit von einem Kalenderjahr vor (BG32 6 II). 638

Das **GÜLTIGKEITSGEBIET** der Ausweiskarte wurde zu keiner Zeit im Ausweis eingetragen, sie war aber im ganzen Konkordatsgebiet (Konk1 4 II, Konk2 16 II) und 1932 schweizweit gültig (BG32 6 III). 639

5.3.5 Fahrzeugkategorien

Im Konk1 waren Fahrzeugausweis und Fahrbewilligung noch in einem Dokument vereint; die Fahrbewilligung nannte und identifizierte gleichzeitig das individuelle Fahrzeug des jeweiligen Lenkers nach Beschreibung und Gewicht. 640

Im Konk2 wurde mit der Trennung der Ausweispapiere in Fahrzeugausweis und Fahrbewilligung die Identifizierungsfunktion neu durch den Fahrzeugausweis übernommen. Der Fahrausweis regelte nur noch abstrakt, welche Fahrzeugklassen der jeweilige Lenker führen durfte; sodass bei einem Fahrzeugwechsel keine neue Fahrbewilligung ausgestellt werden musste. Der Fahrausweis nannte nur die Art der Fahrzeuge (Perso- 641 nentransportwagen, Lastwagen, und so weiter) und die Art der Motoren (Benzin, Dampf oder elektrische Motoren) (Konk2 15 lit. c).

642 Die IntUek2 teilte die (internationalen) Führerausweise erstmals in "Kategorien" ein. Es gab drei Kategorien: Kategorie A für Kraftfahrzeuge bis und mit einem Bruttogewicht von dreieinhalb Tonnen; Kategorie B für Kraftfahrzeuge mit einem Bruttogewicht von über dreieinhalb Tonnen und Kategorie C für Krafträder mit und ohne Beiwagen (IntUek2 7 III).

643 Das BG32 übernahm das Kategoriensystem nach Vorbild der IntUek2, und differenzierte dieses weiter aus: Die Motorfahrzeuge wurden eingeteilt in Motorräder und in Motorwagen (umfassend Motorfahrzeuge aller Art, mit Ausnahme der Motorräder) (VGBG32 2 I). Die Gruppe der Motorwagen liess sich weiter aufteilen nach Fahrzeuggewicht – in leichte Motorwagen (Gesamtgewicht bis 3.5 Tonnen) und schwere Motorwagen (Gesamtgewicht über 3.5 Tonnen) – sowie nach Zweck und subsidiär nach Bauart der Fahrzeuge, wodurch sich eine Einteilung in Personenwagen, Gesellschaftswagen, Lastwagen, Dreiachser, Traktoren, Sattelschlepper, Motorkarren und Arbeitsmaschinen erzielen liess (VOBG32 3 II).

644 Die so gebildeten Fahrzeuggruppen wurden nun nach Gewicht (unter oder über 3.5 Tonnen), Einsatzzweck (Privatgebrauch, Gütertransport oder gewerblicher Personentransport) sowie bauartspezifischen Eigenheiten (Antrieb, Sattelzug) zu Kategorien zusammengefasst. Jede dieser Kategorien stellte unterschiedliche Anforderungen an die Fähigkeiten des Lenkers und es galten teilweise kategorienspezifische Vorschriften bezüglich Höchstgewicht, Höchstgeschwindigkeiten oder Verkehrsregeln. Unterschieden wurden die Kategorien "leichte Motorwagen", "leichte Motorwagen zur gewerbsmässigen Ausführung von Personentransporten", "schwere Motorwagen zum Personentransport", "schwere Motorwagen zum Gütertransport", "Traktoren", "Motorräder ohne Seitenwagen", "Motorräder mit Seitenwagen", "Dreiräder" sowie "Elektromobile" (VOBG32 35 I).

645 Der Führerausweis galt nun grundsätzlich für jene Kategorie(n) von Motorfahrzeugen, für die er ausgestellt worden war (BG32 9 III); berechtigte aber auch zum Lenken von untergeordneten Kategorien[572].

646 Diese tief greifende Systemumstellung durch Bundesrecht bedurfte abgewogener Übergangsbestimmungen. Auch um die Vorlage an der Urne nicht scheitern zu lassen, wahrten die Übergangsbestimmungen den berechtigungsmässigen Besitzstand der bereits zirkulierenden Lenker: Neue

572 So durften mit den beiden Kategorien der schweren Motorwagen auch Traktoren gefahren werden; die Kategorie der leichten Motorwagen zum gewerbsmässigen Personentransport berechtigte auch zum nichtgewerbsmässigen Gebrauch eines leichten Motorwagens (und analog bei den schweren Motorwagen) (VGBG32 35 III).

Vorschriften über die Zulassung betrafen nur neue Bewerber, nicht aber Altlenker. Diese waren nur betroffen, wenn sie eine neue Kategorie erwerben wollten (VOBG32 82 IX und X).

5.3.6 Besondere Bewilligungen

5.3.6.1 Lernfahrausweis

Das Institut des Lernfahrausweises kannten sowohl das Konk2 als auch das BG32 (Art. 14 II). Die vertiefende Diskussion fand vorstehend im Rahmen der Fahrausbildung statt[573]. 647

5.3.6.2 Besonderer Führerausweis

Höhere Fahrzeuggewichte machten eine bessere Ausbildung der Fahrzeuglenker notwendig, was sich auch in der Fahrprüfung niederschlagen musste. 648

Erstmalig Rechnung getragen wurde diesem Umstand im Konk2Lw: Zur Führung von Reisecars, Omnibussen und zur Personenbeförderung benutzten Lastautos (ausser zur nur gelegentlichen Beförderung von maximal acht Personen inklusive dem Fahrpersonal) war eine besondere Fahrbewilligung notwendig (Konk2Lw 1). Voraussetzung zu deren Erteilung war eine bestandene, besondere Prüfung bei einem Experten, der die Eignung sowie die klaglose Führung eines Lastwagens während mindestens einem Jahr bestätigte. 649

1932 erlaubte die Einführung des Kategoriensystems die Verschärfung der Ausbildung für besonders schwierig zu lenkende Fahrzeugkategorien, wodurch eine Steigerung der Verkehrssicherheit erreicht werden konnte. Das Institut des besonderen Führerausweises wurde durch die Einführung der Kategorien abgewandelt und modifiziert. Mittels besonderer Prüfungen zu erlangende Führerausweise waren nun erforderlich, wenn schwere Motorwagen gelenkt (bisher nur zwecks Personentransport), gewerbsmässig Personen transportiert (bisher erst ab acht Personen) oder Traktoren gelenkt werden sollten (BG32 10, VOBG32 35 III). 650

Voraussetzung zur Erteilung waren bei allen besonderen Prüfungen gründliche Kenntnisse der technischen Beschaffenheit des jeweiligen Fahrzeugs. Für den gewerbsmässigen Personentransport waren zusätzlich das Zeugnis eines durch die Behörde zu bezeichnenden Arztes notwendig, ebenso ein Leumundszeugnis und ein Strafregisterauszug sowie – bei Verwendung eines schweren Motorwagens – die Vollendung des 22. Lebensjahres (VOBG32 34, BG32 10). Zur Führung schwerer Gesellschaftswagen bedurfte es der klaglosen Führung eines schweren Lastwagen während eines Jahres (VOBG32 34). 651

---

573 Vertiefend vergleiche N 619 ff S. 165.

5.3.6.3 Eidgenössischer Führerausweis

652 Für seine eigenen Fahrzeuge konnte der Bund ab 1932 eigene, eidgenössische Führerausweise ausstellen. Die Prüfung konnte der Bund selbst vornehmen, oder diese den Kantonen übertragen (BG32 11, VOBG32 35 II).

5.3.7 Internationaler Verkehr

653 Vor der IntUek1 waren im internationalen Verkehr die Regelungen bezüglich der Zulassung zum Verkehr und der gegenseitigen Anerkennung des Fähigkeitszeugnisses der Lenker höchst uneinheitlich geregelt. In Kontinentaleuropa gab es mindestens fünf verschiedene Varianten der Regelung: **Erstens** – es fehlten spezielle Bestimmungen für ausländischen Lenker, weshalb die landesinternen Normen zur Anwendung kamen (Beispiel: Frankreich)[574]. **Zweitens** – einzelne Bestimmungen wurden nicht auf ausländische Lenker angewendet, stattdessen wurden minimale Vorschriften aufgestellt (Beispiel: Deutschland. Schweizerische Fähigkeitszeugnisse mussten von einer deutschen Behörde mit einem "Anerkennungsvermerk" versehen sein. Meist wurden die in den schweizerischen Konkordatskantonen ausgestellten Prüfungszeugnisse vom deutschen Konsulat beglaubigt[575]). **Drittens** – ausländische Lenker waren von landesinternen Zulassungsvorschriften dispensiert und mussten stattdessen die im Heimatland vorgeschriebenen Dokumente vorlegen (Beispiel: Italien). **Viertens** – wie Drittens, aber nur, wenn Gegenrecht gehalten wurde (Reziprozität). In diese Gruppe gehörte auch die Schweiz (Konk1 5), was von den kantonalen Ausführungsbestimmungen zum Konk1 übernommen wurde[576]. Bemerkenswert war, dass durch das Konkordat innerhalb der Schweiz eine ähnliche Situation geschaffen wurde: Da beispielsweise TG dem Konk1 nicht beigetreten war, mussten Normen über die gegenseitige Anerkennung von Fahrausweisen erlassen werden[577]. **Fünftens** – Österreich hingegen begnügte sich bei länger bleibenden Gästen nicht mit der Reziprozität und verlangte eine Fahrprüfung nach Österreichischem Recht, wenn sich ein Fahrer aus einem re-

---

574 Meili: Kodifikation, 168.

575 AR, 1906, 432.

576 Meili: Kodifikation, 170.

577 Den Automobilisten des Kantons TG wurde die Reziprozität gewährt, beispielsweise in der "Vollziehungsverordnung des Regierungsrates des Kantons Bern" vom 6. Juli 1904, § 9, oder durch Dekret des Staatsrates des Kantons Tessin (Decreto in purito alla libera circolazione degli automobilisti, moto-ciclisti e velocipedisti patentati provenienti dal Cantone di Turgovia) vom 26. Januar 1906. TG seinerseits anerkannte gemäss § 6 und § 40 des "Gesetz betreffend den Verkehr mit Motorwagen und Fahrrädern" von 1905 auswärtige Bewilligungen unter dem Vorbehalt des Gegenrechts (Meili: Kodifikation, 170).

ziprozitätsfähigen Land mehr als drei Monate im Land aufhielt[578]. Infolge dieser vielfältigen Regelungen wurde der Ruf nach einem internationalen Führerausweis immer lauter und dringlicher.

Diese Forderung wurde im Rahmen der IntUek1 verwirklicht. Mit dem "internationalen Fahrausweis" wurde ein einheitliches Dokument geschaffen, das in allen Vertragsstaaten anerkannt wurde und Lenkern aus den Unterzeichnerstaaten prüfungsfreie Zirkulation im ganzen Vertragsgebiet erlaubte (IntUek1 3 sowie Anlagen A und B). 654

Diese Vorgaben übernahm Konk2, soweit dies möglich war, denn das Konk2 war kein nationales Recht. In freiem Nachvollzug der IntUek1 wurde im Konk2 die Anerkennung des internationalen Führerausweises auf dem Konkordatsgebiet sowie die Ausstellung dieses Ausweises für ausreisende schweizerische Fahrzeuglenker geregelt. Schweizer Lenker erhielten den Ausweis gegen eine Gebühr von 2 Fr. (später 5 Fr.[579]) bei den zuständigen kantonalen Departementen aufgrund der kantonalen Fahrbewilligungen (Konk2 22 I). 655

IntUek2 7 übernahm die Regelung der IntUek1 und teilte die internationalen Führerscheine neu in Fahrzeugkategorien ein[580]. 656

Bereits 1926 aber veranlassten verschiedene Vorkommnisse den Bundesrat zur Überprüfung des praktischen Nutzens des internationalen Fahrausweises. Bund und Kantone kamen zum Schluss, dass der internationale Führerschein im Verkehr mit unseren Nachbarstaaten überflüssig sei und wollten deshalb dahingehend mit den Nachbarstaaten verhandeln. 1931 konnte mit Italien ein gegenseitiger Verzicht auf den internationalen Fahrausweis ausgehandelt werden, 1932 wurde auch mit Deutschland und Frankreich eine solche Regelung erreicht[581]. 657

Mit der Bundesregelung 1932 bestimmte der Bundesrat, welche ausländischen Prüfungen als genügend anerkannt wurden, und er stellte Vorschriften über die Ausweise ausländischer Fahrzeugführer (BG32 9 und 16): Stammte ein ausländischer Automobilist, der vorübergehend in die Schweiz einfuhr, aus einem Unterzeichnerstaat der IntUek2, so musste dieser den internationalen Führerschein mitführen, ausser der Bundesrat hätte im Verkehr mit seinem Heimatstaat darauf verzichtet. Stammte der Lenker nicht aus einem Unterzeichnerstaat, so musste er seinen nationalen Führerschein mitbringen und das EJPD entschied über dessen Anerkennung. Wurde der Ausweis als ungenügend erachtet, so hatte der Len- 658

578 "Österreichische Ministerialverordnung betreffend die Erlassung sicherheitspolizeilicher Bestimmungen für den Betrieb von Automobilen und Motorrädern vom 27. September 1905", Art § 20 (Meili: Kodifikation, 171).

579 Bundesratsbeschluss vom 16. Dezember 1920 (AS, Band XXXVI NF 831-832).

580 Vertiefend vergleiche N 640 ff S. 169.

581 GB BR, 1929, 295 sowie 1931, 288 und 1932, 287 .

ker einen schweizerischen Führerausweis einzuholen (VOBG32 36). Für schweizer Lenker war der internationale Führerschein durch jene Behörde auszustellen, die den nationalen Führerausweis ausgestellt hatte, wobei die Kantone Automobil- oder Motorradfahrerverbände ermächtigen konnten, diese Ausweise selbst auszustellen (unter Gegenzeichnung der zur Ausstellung zuständigen Behörde) (VOBG32 36 IV). Analog war auch die Ausstellung des internationalen Fahrzeugausweises geregelt (VOBG32 24).

5.4 Lenkvorschriften

659 Der Zweck der Lenkvorschriften war die Sicherstellung der Betriebssicherheit des Fahrzeuges und der Lenkfähigkeit des Fahrzeugführers im alltäglichen Fahrbetrieb. Erkannt wurde diese Problematik erst während des Aufblühens der Motorisierung nach dem 1. Weltkrieg, denn weder das Konk1 noch das Konk2 enthielten diesbezügliche Bestimmungen. Die Probleme und Gefahren nicht fahrtüchtiger Lenker waren aber bereits viel früher ein Problem im Strassenalltag.

660 Der **ALKOHOLGENUSS** blieb auf Konkordatsstufe bis 1921 ungeregelt. Erst dann setzte das Konk2Lw – welches aber nur für eine besonders anspruchsvolle Fahrzeugkategorie galt – erste diesbezügliche Normen: Dem Chauffeur war der Genuss von Alkohol während der ganzen Dauer der Fahrt untersagt; eine Verletzung der Vorschrift konnte den Entzug der Fahrbewilligung zur Folge haben. Polizeiorgane, welche die Trunkenheit eines Fahrers wahrnahmen, waren verpflichtet, die Weiterfahrt zu verhindern (Konk2Lw 10). Kantonale Verordnungen konnten das Problem schon vorher angehen, oder, wie im Falle des Kantons Obwalden von 1922, die konkordatlichen Alkoholvorschriften auf alle Motorfahrzeuglenker ausdehnen: "Polizeiorgane, welche Betrunkenheit eines Führers wahrnehmen, haben dessen Weiterfahren zu verhindern"[582]. Erst 1932 brachte die Bundesregelung eine Generalklausel, die allen nicht mehr fahrfähigen Lenkern das Fahren verbot: "Der Führer darf die Sicherheit des Verkehrs nicht durch Übermüdung oder einen anderen Zustand, der ihn in der Beherrschung des Fahrzeuges behindert, gefährden" (BG32 17 II). Eine Verschärfung brachte die VOBG32, welche präzisierend den Führern von Motorwagen zur gewerbsmässigen Ausführung von Personentransporten den Genuss alkoholischer Getränke während der Arbeits- und – neu – der Präsenzzeit untersagte (VOBG32 57). Den übrigen Motorfahrzeuglenkern war mässiger Alkoholgenuss weiterhin erlaubt, jedoch gab es nun explizite Strafbestimmungen für angetrunkenes Führen eines Motorfahrzeuges (BG32 59).

---

[582] Art. 17 II der Verordnung über den Motorwagen- und Fahrradverkehr, vom 28. Dezember 1922 (Gesetzessammlung OW, Band VI, 11).

Die ständige **Gewährleistung der Betriebssicherheit** der Fahrzeuge wurde auf Konkordatsebene ebenfalls erst 1921 vorgeschrieben: Verantwortlich für gute Instandhaltung und Funktionsfähigkeit der Bremsen war der Inhaber oder Chauffeur des Fahrzeuges (Konk2Lw 7 I). Die Bundesregelung von 1932 brachte nur eine marginale Verbesserung der diesbezüglichen Vorschriften: Einerseits war der berufsmässige Führer neben dem Fahrzeughalter für den betriebssicheren Zustand des ganzen Fahrzeuges verantwortlich (nicht mehr nur der Bremsen), im Übrigen war jeder Lenker verpflichtet, am Fahrzeug aufgetretene Mängel dem Fahrzeughalter unverzüglich zu melden (VOBG32 37 II). 661

Die **Aufsicht über Passagiere** war ein weiterer Aspekt der betrieblichen Sicherheit. Das Konk2Lw enthielt diesbezüglich nur zwei Vorschriften: Der Führer durfte nicht dulden, dass Personen stehend mitfuhren; und er durfte keine Personen mitnehmen, deren körperlicher oder Geisteszustand einen Unfall bewirken konnte (Konk2Lw 3 I lit. f und 11). 1932 wurde die Vorschrift bezüglich der Stehplätze fallengelassen, weil beispielsweise im Lokalverkehr nun Fahrzeuge mit Stehplätzen zulässig waren. Erhalten blieb aber das Beförderungsverbot für gefährliche Personen (VOBG32 52 II). 662

Die **Ruhezeit der Berufschauffeure** blieb gar bis 1932 ungeregelt. Bis dahin unterstanden die Chauffeure keinem Arbeitsgesetz oder Arbeitszeitvorschriften. Das Fahren in übermüdetem Zustand wurde durch die (bereits vorstehend erwähnte) Generalklausel im 2. Absatz von BG32 17 untersagt, während der 3. Absatz einen präventiven Ansatz verfolgte: Bis zum Erlass eines besonderen Bundesgesetzes über die Maximalarbeitszeiten hatte der Bundesrat durch einen Bundesratsbeschluss allen berufsmässigen Motorfahrzeugführern eine angemessene Ruhezeit vorzuschreiben. Der BR wurde mit dem Erlass von Arbeits- und Präsenzzeitvorschriften für Motorfahrzeugführer beauftragt, die in gewerbsmässigen Personentransportunternehmungen arbeiteten oder die dauernd oder vorwiegend mit dem Gütertransport beschäftigt waren. Zur Regelung und Kontrolle der Ruhezeitvorschriften konnte der BR auch ein Nachtfahrverbot für schwere Motorfahrzeuge zum Gütertransport erlassen (BG32 17 IV). 663

Sicherheitsvorschriften zur Beladung der Fahrzeuge dienten ebenfalls der Betriebssicherheit. Nebst den bereits früh ergangenen (und andernorts diskutierten) Auflagen für Höchstabmessungen und Höchstgewichte[583] kannte aber erst das BG von 1932 präzisierende Vorschriften zur Beladungsweise an sich: Die Ladung durfte weder Personen noch Sachen gefährden, noch das Fahrzeug in seiner vorgesehene Höhe und Breite übersteigen oder frontseitig überragen. Ausnahmebewilligungen 664

583 Vertiefend betreffend der Dimensionen vergleiche N 537 ff S. 142, respektive betreffend der Höchstgewichte N 1482 ff S. 400.

für besondere Transporte konnte der zu durchfahrende Kanton erteilen (VOBG32 54 I).

665 Überlange Ladung war bei Tag und Nacht besonders deutlich zu kennzeichnen, beispielsweise durch Tuchwimpel oder Strohkränze (BG32 19 II, VOBG32 54 II). Bemerkenswert war, dass nun auch dem Lärmaspekt der Beladung Beachtung zuteil wurde: Auch für die Ladung waren die zur Vermeidung des Lärms notwendigen Vorkehrungen zu treffen (VOBG32 41 I). Und schliesslich war der Bundesrat ermächtigt, für Gefahrengut (feuergefährliche, ätzende und explosionsgefährliche Waren) besondere Vorschriften zu erlassen (VOBG32 III).

6 Durchsetzung der Normen

Mit dem Erlass automobilspezifischer Normen auf Konkordats-, Kantons- und (letztlich) Bundesebene wurden die rechtlichen Grundlagen einer neuen Verkehrsordnung geschaffen. Um diesen neuen Normen Wirkung zu verleihen, mussten sie von hoheitlicher Seite auch um- und vor allem durchgesetzt werden: Durch Information wurden die Rechtsunterworfenen auf die gültige Rechtslage aufmerksam gemacht, die Administration betrieb die verwaltungs- und abgabenmässige Registratur und Kontrollführung über Motorfahrzeuge und deren Lenker, und Sanktionen trafen jene Lenker, die gegen das geltende Recht verstossen hatten und dabei von den Kontrollorganen angehalten wurden. 666

6.1 Information der Lenker

6.1.1 Mittels Publikationen

6.1.1.1 Zusammenstellungsbüchlein der besonderen Bestimmungen

Eine Möglichkeit der Information war, die geltenden Normen – beispielsweise den Konkordatstext oder Verordnungen des Heimatkantons – den Lenkern in gedruckter Form einmalig oder periodisch abzugeben. Eine solchermassen institutionalisierte Form der Information kannte erst das Konk2. Es sah einerseits vor, dass Neulenker zusammen mit der Fahrbewilligung auch die Bestimmungen des bestehenden Konkordates, sowie allfällige Spezialbestimmungen des die Bewilligung ausstellenden Kantons erhalten sollten (Konk2 15 lit. e), andererseits sollten diese Bestimmungen ebenfalls den in die Schweiz einreisenden Automobilisten abgegeben werden (Konk2 29). 667

Die sachlichen **ENTSTEHUNGSGRÜNDE** für das "Zusammenstellungs-Büchlein der besonderen Bestimmungen in der Schweiz" rührten aus der Problematik der föderalistischen Organisation der Schweiz: Mochten die Konkordatsbestimmungen auch beständig sein – das Problem des Vollzugs und der Übersicht lag auf kantonaler Ebene. Die kantonalen Bestimmungen waren von Kanton zu Kanton, von Gemeinde zu Gemeinde, teilweise von Strasse zu Strasse verschieden, und variierten nach Jahres- und Tageszeit oder nach Tagestyp (Werktage, Sonntage oder Feiertage)[584]. Besonders deutlich wurde der föderalistische Wildwuchs in Zusammenhang mit den Sonntagsfahrverboten[585]. Essenziell notwendig war 668

---

[584] Sager, 17.

[585] Vertiefend vergleiche N 901 ff S. 241.

die Übersicht auf der Stufe des kantonalen Rechts, dies auch angesichts der Tatsache, dass erst im Laufe der zwanziger Jahre eine einheitliche, funktionelle, aussagekräftige Strassensignalisation entwickelt und eingeführt wurde.

669 Im Sinne der Rechtssicherheit wurde seitens des ACS 1913 vorgeschlagen, dass das Verzeichnis und die Karte eine amtliche Urkunde darstellen sollten, damit ein Automobilist, der sich daran gehalten hatte, nicht hätte bestraft werden können[586]. Dem Vorschlag des ACS sollte aber während der ganzen Lebensdauer des Zusammenstellungsbüchleins kein Erfolg beschieden sein.

670 Der Grundstein der ZEITLICHEN ENTWICKLUNG zu einem Zusammenstellungsbüchlein wurde schon zwei Jahre nach Inkrafttreten des Konk1 gelegt: Am 23. April 1906 lud die IV. Konkordatskonferenz das Eidgenössische Departement des Innern ein, die Abgabe eines Büchleins an Fremde an der Grenze zu prüfen, enthaltend eine Zusammenfassung über die geltenden Automobilvorschriften in der Schweiz, und verfasst in deutscher, französischer und englischer Sprache[587]. Die wenig später in Kraft getretene IntUek1 erlaubte in Art. 9 II explizit die Information der ausländischen Lenker: Im Rahmen des Territorialitätsprinzips der Konvention von 1909 konnte jedes Land die einreisenden Automobilisten über die geltenden Regeln informieren.

671 In der Folge versandte der Bundesrat durch das EDI 1913 ein Kreisschreiben an die Kantone, um deren aktuelle Vorschriften zu erhalten, um gestützt auf diese ein Verzeichnis und eine Karte zu erstellen, die den Automobilisten an den Grenzübergängen abgegeben werden konnten. Einige Kantone bezeichneten dieses Verfahren aber mangels Rechtsgrundlage als ungesetzlich, weshalb die Zusammenstellung 1913 nicht erscheinen konnte[588].

672 Die Rechtsgrundlage für das Zusammenstellungsbüchlein wurde mit dem Konk2 geschaffen. In Umsetzung der IntUek1 regelte Konk2 29 detailliert, in welcher Form an wen, wo und was umfassend diese Information über das geltende Recht der Schweiz abgegeben werden sollte: Jeder in die Schweiz einreisende fremde Automobilist erhielt ein kleines Büchlein mit den grundsätzlichen Regeln in den Kantonen und eine Karte mit den verbotenen Strassen[589].

673 1914 erschien das Zusammenstellungsbüchlein erstmalig, herausgegeben vom EDI, später von der Polizeiabteilung des EJPD[590]. Im Juli 1919 erschien eine Nachtragszusammenstellung über zwischenzeitlich (auf-

---

586 AR, 1913, 133 f.
587 TCS-Revue, 1906, 190.
588 AR, 1913, 133 f und 271.
589 Merki: L'internalisation, 344.
590 Sager, 16.

grund des Krieges nicht sehr zahlreich) neu erlassene Automobilverkehrsverordnungen. Ab 1919 erschien das Werk jährlich. Die Auflage stieg dabei von 4 000 Stück im Jahr 1919 auf 28 800 Stück im Jahr 1931, sodass das Werk ab 1925 nicht mehr zweisprachig, sondern einsprachig erscheinen konnte sowie Text und Karte in einem Dokument zusammengefasst werden konnten[591].

Der Ankauf des Werkes war obligatorisch für alle in die Schweiz einreisenden ausländischen Lenker, der Stückpreis lag mit zwei bis drei Franken in einem von den Lenkern akzeptierten Rahmen. Nach einem massiven Auflagesprung galt ab 1925 eine Sonderregelung für Aufenthalte bis fünf Tage in den Kantonen GE, VD und NE: Solche Lenker erhielten, auf Kosten der Verbände, nur einen Auszug aus den Bestimmungen[592]. 674

Der **INHALT** umfasste auf jeweils circa 30 Seiten: 1. den Konkordatstext (am Anfang noch beider Konkordate), 2. einen Auszug aus der internationalen Übereinkunft von 1909 und 3. – als Hauptteil – die besonderen kantonalen Bestimmungen, welche nebst dem Konkordat galten. In diesem Hauptteil waren hauptsächlich Geschwindigkeitsbeschränkungen (zahlenmässig mit Km/h bestimmt) sowie Strassen mit Melde- oder Bewilligungspflicht für Durchfahrten (zur Erhebung von Gebühren) enthalten. Zwei weitere Normenbereiche kamen später hinzu: 4. die Zusammenstellung über Sonntagsfahrvorschriften und 5. die Vorschriften über den Wagenverkehr auf Bergpoststrassen. 675

Ab 1922 enthielt das Büchlein eine Karte des schweizerischen Strassennetzes. Diese umfasste drei Signaturarten ("unbeschränkt offene Strassen", "gänzlich verbotene Strassen" sowie "Strassen mit Auflagen"), und mittels Nummern wurden Querverweise in die kantonalen Bestimmungen gemacht. Aufgrund ständiger Aktualisierungsprobleme enthielt das Werk überdies den (wenig hilfreichen) Hinweis, dass auch all jene lokalen Vorschriften zu beachten seien, die in diesem Büchlein nicht aufgenommen worden waren[593]. Was in allen Jahrgängen des Bändchens fehlte, war eine Abbildung von Tafeln oder Verkehrszeichen, soweit diese in der Schweiz schon verbreitet waren. 676

591 Auflagen pro Jahr: 1919-1922 4 000 Stück, wobei 1922 wegen grosser Nachfrage ein Nachdruck von 600 Stück erstellt wurde, 1923 5000 Stück, 1924 5400 Stück und, wegen ausserordentlichen Verkehrsaufkommens in den Sommermonaten, Nachdruck von 1500 Stück, 1925 13 000 Stück, 1926 14 500 Stück, 1927 16 000 Stück, 1928 17 000 Stück, 1929 18 200 Stück, 1930 27 000 Stück, 1931 28 800 Stück (GB BR, 1920, 325; 1921, 376; 1922, 376; 1924, 346; 1924, 272; 1925, 275; 1926, 285; 1927, 267; 1928, 289; 1929, 293; 1930, 269 und 1931, 286).

592 GB BR, 1925, 275.

593 Sager, 17-18.

677 Die **BEDEUTUNG** des Büchleins war nicht zu unterschätzen, gab es doch eine – soweit überhaupt erreichbare – vollständige Übersicht über die geltenden Normen; und ersetzte teilweise eine noch fehlende Signalisationsmethodik. Trotzdem nahm die Repräsentanz des Werkes durch eine rege kantonale Gesetzgebungstätigkeit immer mehr ab. Mit der bundesrechtlichen Regelung von 1932 wurde das Werk schliesslich überflüssig: Einerseits galten nun schweizweit dieselben Rechtsnormen und überdies erlaubte zwischenzeitlich ein effektives Signalisationssystem eine lokale Information vor Ort.

6.1.1.2 Strassenkarten für Automobilisten

678 Karten für automobilistische Bedürfnisse waren ein Nebenprodukt der Signalisationsbemühungen von privater Seite. Die ersten Strassenkarten (basierend auf dem Material der Generalstäbe) wurden von nichtöffentlichen Organisationen erarbeitet (in Frankreich Michelin, in Italien der Touring-Club)[594]. Stadtpläne halfen dem ortsunkundigen Automobilisten, sich mittels genauer Distanz- und Richtungsangaben zurechtzufinden. Landesweite Karten zeigten steile Gefälle, Strassen in schlechtem Zustand, schnelle Fahrrouten sowie besonders sehenswerte Strassen. In der Schweiz erschien erstmals 1907 eine vom TCS publizierte Strassengefällskarte[595]. Dass es eine Gefällskarte war lag daran, dass die ersten Motorfahrzeuge kaum mehr als zwei PS leisteten, weshalb sie langsam fuhren und vor grösseren Steigungen kapitulierten. Dank der in den ersten Strassenkarten feinsäuberlich vermerkten Steigungen wussten die Automobilisten im Voraus, wo sie ihr Gefährt schieben mussten[596]. Tourenbücher – wie beispielsweise der heute noch erscheinende Guide Michelin – schliesslich enthielten Streckenpläne, Distanztabellen, Anweisungen für den Pannenfall, Adressen von Werkstätten und Benzinlagern sowie empfehlenswerte Hotels[597].

6.1.1.3 Weitere Publikationen

679 Ergänzend zum Zusammenstellungsbüchlein sowie den Strassenkarten erschienen weitere Publikationen. Mit einer gewissen Breitenwirkung (zumindest in motorisierten Kreisen) orientierten Fach- und Clubzeitschriften über die aktuellen Bestimmungen. Auf Bundesebene orientierte die Amtliche Sammlung sowie, retrospektiv orientiert, der Geschäftsbericht des Bundesrates über Neuigkeiten, doch blieb diesen Erzeugnissen die breite Beachtung verwehrt. Auf Konkordats- und Kantonsebene publizierten Amtsblätter, kantonale Publikationsorgane sowie Zeitungen mit

---

594 Bertho Lavenir, 115 und 123.
595 TCS-Revue, 1907, 74.
596 Merki: Siegeszug, 40.
597 Merki: Siegeszug, 345.

überregionaler Reichweite die aktuellen Verordnungen und Erlasse. Die grössten Probleme der Orientierung ergaben sich aber auf lokaler Stufe: Es gab keine Möglichkeit, lokale, gemeindeeigene Anordnungen den weit entfernt wohnenden potenziell Betroffenen zur Kenntnis zu bringen. Es musste eine andere Lösung gefunden werden, den Automobilisten die notwendigen Informationen und Anordnungen lokal bekannt zu machen: Eine Beschilderung vor Ort wurde notwendig.

6.1.2 Mittels Beschilderung vor Ort

Eine Möglichkeit der Information war, den Lenker unmittelbar vor Ort über Vorschriften, Gefahren oder Richtungen zu informieren. 680

6.1.2.1 Problemstellung

Durch den Automobilverkehr entstand nebst dem bekannten, traditionellen Typus der Strassenbenutzer ein zweiter, neuer Typus – die Automobilisten. Der traditionelle Strassenbenutzer war meist Landwirt oder Handwerker im Lokalverkehr, favorisierte kurze Strecken, ignorierte die Geschwindigkeit und hatte Mühe, sich die Bedürfnisse und Praktiken der Neuankömmlinge vorzustellen. Der neue Typus des Strassenbenutzers war jener des weit reisenden Automobilisten. Dieser fuhr über weite Strecken, wodurch ihm die subtile Kenntnis der lokalen Strassenbegebenheiten fehlte, über welche der lokale Strassenbenutzer verfügte. Diesem Strassenbenutzer wurde das Staatsgebiet plötzlich unbekannt und weit, und er lief Gefahr, sich zu verfahren und zu verlieren[598]. Mit steigender Anzahl Automobile wuchs folglich das Bedürfnis nach Informationsmöglichkeit – Information in Form von Orientierung, der Warnung vor Gefahr oder der Bekanntmachung einer Vorschrift. 681

Der Mangel an Orientierung wurde zuerst empfunden. Bis anhin fuhren die Fuhrwerke meist nicht so weit, dass sich Schilder mit Entfernungshinweisen, Ortsnamen oder Wegweisern gelohnt hätten[599], doch durch die Automobilisten entstand nun ein Bedarf danach. 682

Früh entstand auch das Bedürfnis, die Strassenbenutzer vor dem Strassenzustand oder daraus resultierenden Gefahren warnen zu können. Die zunehmende Motorisierung schuf durch ihre eigene Dynamik neue Gefahren: Mehr Motorfahrzeuge verlangten mehr Strassen (was eine steigende Anzahl von Kreuzungen und Kreuzungsvorgängen nach sich zog), und mehr Motorfahrzeuge verlangten auch nach breiteren Strassen (denn es kam zu mehr Überholvorgängen) – aber breitere Strassen hatten auch höhere Geschwindigkeiten zur Folge. Höhere Geschwindigkeiten wiederum liessen aus bisher harmlosen, engen und unübersichtlichen Kurven, aus Bombierungen (Querwölbungen) der Strassen und aus deren 683

---

598 Bertho Lavenir, 114, 124.

599 Merki: Siegeszug, 43-44.

unebenen Oberflächen neue Gefahren entstehen[600]. Eine weitere, immer wieder gerügte Gefahrenquelle waren die Niveauübergänge von Bahngeleisen[601]. Diese waren zu oft nicht oder undeutlich signalisiert, oder es wurde – mangels anderem Signal – ein unbewachter Niveauübergang mit dem Signal "bewachter Bahnübergang" markiert. Bereits 1913 beklagte die AR, dass die grösste Gefahr in der Nacht das Durchbrechen unbeleuchteter Eisenbahnschranken und Bauschranken war, da diese meist auch ohne Reflektoren montiert worden waren[602]. Als einzig rasch einführbare und wenig kostspielige Lösung zur Warnung vor Gefahren bot sich die Bezeichnung der gefährlichsten Stellen mit Tafeln an, doch es gab noch keine einheitlichen Warntafeln und Gefahrensignale.

684 Schliesslich wurde auch das Bedürfnis nach Vorschriftssignalen dringend. Die fehlende Signalisation erschwerte die Einhaltung und Befolgung der geltenden Vorschriften. Ein Grundproblem dieser Vorschriften war deren Komplexität, denn aufgrund der zahlreichen kantonalen, ja kommunalen Vorschriften konnte dem Fahrzeugführer bald nicht mehr zugemutet werden, alle diese Vorschriften auswendig zu kennen. Die Übersicht über geltendes Recht war – auch mithilfe des Zusammenstellungsbüchleins – kaum zu behalten[603].

685 Verschärft wurde die Problematik durch einen grossen Anteil ausländischer Lenker auf den schweizer Strassen. Diese waren automatisch den schweizerischen Strafgesetzen unterstellt und damit auch den Polizeiverordnungen. Schon 1907 wurde in der Rechtsdiskussion erkannt: "Das ist etwas viel verlangt, dass der Reisende ab initio alles kennt; insbesondere in Gebieten mit vielen heterogenen und voneinander abweichenden Automobilverordnungen. [...] Anzustreben ist deshalb, dass gewisse Polizeivorschriften – zB Höchstgeschwindigkeiten – wenigstens in einer Art eines verständlichen Stenogramms den Automobilisten lokal vor Augen geführt werden, bevor sie gegen die Vorschriften verstossen. zB: Warnungstafeln für gefährliche Wegstellen, Ecken, Kreuzwege, Abhänge"[604, 605]. Von dergestalt Tafeln hätte auch noch eine ganz andere Untergruppe der motorisierten Lenker profitieren können: die Analphabeten aus dem In- und Ausland[606]. Wie sollten diese die Verkehrstafeln lesen? Die ersten

---

600 Sager, 7.

601 Beispielsweise AR, 1923, 44; 1925, 67 und 71; 1927, 90.

602 AR, 1913, 818.

603 Sager, 9 und 18.

604 Meili: Kodifikation, 178-179.

605 Beispielgebend: Der Fall Mackenzie. Der Amerikaner, der auf kurzer Strecke zweimal wegen Geschwindigkeitsübertretung gebüsst wurde, machte auch geltend, dass er die Tafeln nicht lesen konnte. Vertiefend vergleiche N 228 ff S. 61.

606 Vertiefend vergleiche N 599 S. 159.

Verkehrstafeln bestanden aus langen Textauszügen – Symbole wurden erst später eingeführt.

Überdies waren einige Vorschriften ohne Signal praktisch kaum einhaltbar, beispielsweise die unterschiedlichen Tempolimiten für innerorts und ausserorts. Wo galt welche Tempolimite? Geschwindigkeitstafeln kamen erst allmählich auf, fehlten aber die Tafeln oder waren sie unklar, konnte der Motorisierte gar nicht wissen, wie schnell er fahren durfte: Beginn und Ende der Innerortsstrecke wurden nach dem Ermessen des Richters oder dem Gefühl des Polizeiorganes bestimmt, nicht nach dem Standort einer Tafel. 686

Dazu ein illustratives Urteil aus dem Kanton Bern[607]: Das Konk1 beschränkte die Geschwindigkeit auf 10 Km/h bei der Durchfahrt von Städten, Dörfern und Weilern. In Bern fuhr ein Automobilist mit 15–20 Km/h aus der Stadt heraus. Bei den ersten Häusern der Stadtgrenze überfuhr er einen Hund, was zu einer Strafanzeige wegen Übertretung der gesetzlichen Bestimmungen betreffend den Motor- und Fahrradverkehr führte. Der Polizeirichter sprach den Fahrer frei, weil sich Unfall ausserhalb des eigentlichen Stadtbezirkes zutrug. Die Staatsanwaltschaft appellierte gegen diesen Entscheid, worauf die Polizeikammer anders entschied und den Lenker zu Bussen und Kosten verurteilte. In der Entscheidbegründung wurde ausgeführt, dass es nicht entscheidend sei, ob der Unfall sich inner- oder ausserhalb des Stadtbezirkes ereignet habe. Die angeführte Bestimmung des Konkordates verlange vielmehr ihrem Sinne und Wortlaut nach 10 Km/h überall da, wo die Strasse dem täglichen Verkehr der Bewohner einer (wenn auch kleinen) Anzahl anliegender Häuser mitzudienen habe – weil eben durch diesen Umstand die Gefahren grösser seien. Die Richtigkeit dieser Auffassung ergebe sich schon daraus, dass die reduzierte Geschwindigkeit auch beim Durchfahren von blossen Weilern vorgeschrieben sei. Der Berichterstatter wies darauf hin, dass in der Folge die Automobile langsamer als jedes Hundefuhrwerk fahren mussten, während Pferdedroschken 18–25 Km/h fuhren. Dies, obwohl Versuche bewiesen hatten, dass Automobile schneller als jedes andere Fahrzeug anhalten konnten. Er berichtet weiter, dass der Entscheid auch Signalwirkung auf andere Kantone hatte[608]. Andere Quellen kritisierten das Urteil ebenfalls und erinnerten an England, wo ein Motorwagen nur auf der Strasse fahren durfte, wenn ein Mann mit roter Fahne vor dem Wagen herlief. 687

Wohl schlug der TCS schon 1904 vor, Ortschaften mit Ortstafeln zu kennzeichnen, was dann ebenfalls als klares Signal gedient hätte, das Tempo zu drosseln und aufmerksamer zu fahren, doch erst 1924 führte der Kanton Bern als erster Kanton Ortstafeln ein, die eindeutig und ver- 688

607 Hildebrandt, 256-257.
608 Hildebrandt, 258.

bindlich Beginn und Ende einer Ortschaft festlegten[609]. Indessen – nur wenige Kantone folgten diesem Beispiel.

689 Doch nicht nur Tempolimiten waren ohne Signale schwer einhaltbar, auch Fahrverbote gehörten dazu; wurden doch diese oft nur in Lokalblättern oder amtlichen Anzeigern publiziert und blieben somit der ausserkantonalen Lenkerschaft unbekannt. So vor dem 1. Weltkrieg in den Fällen der Sonntagsfahrverbote in den Kantonen Schwyz und Glarus[610].

690 Die fehlende Möglichkeit zur Signalisation von Vorschriften liessen deshalb Übertretungen als auch Kontrollen und Bussen zur Regel werden, was das Verhältnis zwischen Öffentlichkeit und Automobilisten unnötig belastete. Auch die Fachpresse behalf sich: Die Automobilrevue eröffnete 1923 eine ständige Rubrik "Fallen und Kontrollen", in welcher ausführlich Standorte und Arbeitsweisen der Kontrollposten und die Höhe der Bussen beschrieben wurde.

6.1.2.2 Entwicklung einer Strassensignalisation

691 Sager definiert die Strassensignalisation als "ein gesetzlich verankertes System von technischen Mitteln und Einrichtungen, die an, auf oder in den öffentlichen Strassen angebracht werden, um den Strassenverkehr zu warnen, regeln und leiten"[611]. Die Aufstellung von Wegweisern und Warnschildern, die diesen Zweck erfüllten, fiel damals in die Kompetenz der Kantone, denn der Bund hatte im Bereich der Strassensignalisation nur marginale Kompetenzen[612].

---

609 TCS-Revue, 1904, 236. Es waren Dreiecktafeln mit einem stilisierten Stadttor als Symbol der Ortschaft. Zwei Jahre später wurden diese Tafeln noch mit dem Namen der Ortschaft versehen.

610 AR, 1912, 210 und 356. Im Falle GL hinderten die fehlenden Verbotstafeln den Richter nicht an der Ausfällung einer Busse, allerdings wurde diese aufgrund der fehlenden Tafeln später herabgesetzt. Vertiefend vergleiche N 899 S. 240.

611 Sager, 40.

612 Zum einen in militärischen Fragen; doch die "Verordnung über das militärische Motorwesen" vom 12. Januar 1909 (AS, Band XXV NF 13 ff) berührte die Signalisation kaum, ausser in Art. 28, der Strassenverbote für militärische Fahrzeuge ausser Kraft setzte. Zum anderen enthielt das auf dem Postregal (altBV 36) gründende Bundesgesetz betreffend den Postverkehr vom 2. Oktober 1924 (AS, Band XXXXI NF 329 ff) einige wenige Vorschriften über den Verkehr mit Postwagen und führte drei Signale ein: Anfang oder Ende Bergpoststrassen, Strecke mit Bergseitskreuzen der Postautomobile. Betreffend der Eisenbahnen erliess der Bund gestützt auf BGalt 36 am 7. Mai 1929 eine Verordnung betreffend den Abschluss und die Signalisierung von Niveaukreuzungen der Eisenbahnen mit öffentlichen Strassen und Wegen (AS, Band XXXXV NF 219 ff), welche dem Bund erlaubte, einheitliche Vorschriften über Bahnübergänge zu erlassen - wozu auch deren Signalisierung auf den Strassen zu zählen war.

Das Konk1 erwähnte nur an einer Stelle Tafeln (Konk1 9 III); wobei es um Tafeln zur Geschwindigkeitsbeschränkung ging. Wohl gab Konk1 2. Titel den Kantonen das Recht, den Verkehr zu beschränken. Es blieb aber ungesagt, ob und gegebenenfalls wie solche Verbote an Ort und Stelle bekannt zu machen waren. Die Fragen der Strassensignalisation wurden im Konk1 noch nicht erkannt. 692

Erst anlässlich der IV. Konkordatskonferenz am 23. April 1906 wurde beschlossen, Tafeln einzusetzen, um die Vorschrift reduzierter Geschwindigkeit oder Strassensperrung zu bezeichnen[613]. Farblich wurde blau für Tempoverminderung und gelb für Fahrverbote gewählt[614]. Das Regelungs- und Informationsbedürfnis wuchs mit zunehmender Motorisierung rasch an und die Automobilisten verlangten von der Verwaltung eine Signalisationsverbesserung hinsichtlich Einheitlichkeit und Lesbarkeit aus grösserer Distanz[615]. Doch die lokalen Behörden hatten kein Geld für Tafeln, weshalb die Initiative zur Verbesserung von privater Seite beziehungsweise den Automobilclubs ausging. Der TCS anerbot im Jahre 1899, bei der steil nach Giswil abfallenden Brünigstrasse eine Warntafel aufzustellen, um damit Unfälle zu verhüten[616]. Die Mitglieder der Clubs waren aufgerufen, Gefahrenstellen den Clubs zu melden; und nicht wenige Mitglieder verfassten regelrechte Reiseberichte und Protokolle über Strassenzustände. Der TCS ersuchte 1904 seine Mitglieder um Mithilfe bei der Aktualisierung aufgestellter Tafeln und übernahm die Kosten für die Erstellung neuer Tafeln dort, wo die Clubmitglieder selbiges nicht von den lokalen Behörden erlangen konnten[617]. Diese Beschilderung wurde teilweise mit dem Sponsoring des Schildes finanziert (beispielsweise durch einen Reifenhersteller). Damit konnte dem Automobilisten gleich angezeigt werden, wer sich tatsächlich um ihn sorgte[618]. 693

1909 war das Regelungsbedürfnis so gross geworden, dass eine internationale Übereinkunft auf Nationenebene getroffen wurde – der dazu notwendige Eingriff in die nationale Souveränität wurde dabei bewusst in Kauf genommen. Die IntUek1 enthielt erstmals Vorschriften zur Signalisation, jedoch nur einen Artikel (IntUek1 8) über die Aufstellung von Hinweistafeln an öffentlichen Wegen. Im weiteren wurden die ersten vier Signale eingeführt ("Querrinne", "Kurve", "Bahnübergang" und "Kreuzung"), wobei die Signale tatsächlich nur aus Symbolen bestanden und damit international verständlich waren. Gleichwohl – das Abkommen überliess die eigentliche Verkehrsregelung den Vertragsstaaten; nur in 694

613 Meili: Kodifikation, 19.
614 TCS-Revue, 1906, 190.
615 Bertho Lavenir, 115.
616 Dillier / Dillier, 27.
617 TCS-Revue, 1904, 127.
618 Bertho Lavenir, 115.

Bezug auf die Signalisation enthielt es Vorschriften, die für alle beigetretenen Staaten verbindlich waren und die sich direkt mit der Verkehrsregelung befassten.

695 1913 gründeten ACS und TCS eine Organisation ("Société touriste de numérotage des routes"), welche in der Folge in Absprache mit den Behörden Orientierungstafeln aufstellte, die als Wegweiser und Ortstafeln dienten, was auch im Interesse der Fremdenindustrie und eines freieren, ungefährlichen Verkehrs lag. Die Wegweisung wurde mittels eines hierarchischen Beschilderungssystems aufgebaut, wobei auf den Tafeln der nächste Etappenort sowie die Distanz bis zu diesem Etappenort angegeben wurde. Ortstafeln trugen nebst dem Ortsnamen und der Distanz bis zum nächsten Ort noch einen Vermerk "Bitte, langsam fahren" und "Danke"[619]. Überdies wurden schweizweit dreieckige Gefahrentafeln aufgestellt[620].

696 Zu diesem Zeitpunkt vermochte das Fehlen einer Tafel bereits die Reduktion einer ausgesprochenen Busse zu bewirken, so beispielsweise im Falle des Sonntagsfahrverbotes des Kantons Glarus von 1912[621].

697 Das Konk2 enthielt aber noch keine direkte Umsetzung der Vereinbarungen aus der IntUek1. Bestimmungen über die Signalisation waren im Konk2 nur spärlich vorhanden. Konk2 51 VI brachte eine Beschilderungspflicht für Brücken und Strassen mit reduzierter Maximalbelastung, Konk2 39 II regelte die Tafelhöhe und die Distanz der Tafel zu der zu bezeichnenden Gefahrenstelle. Ein einheitliches Erscheinungsbild der Tafeln – ein gleichseitiges, mit der Spitze nach oben gerichtetes Dreieck von einem Meter Seitenlänge, mit schwarzer Inschrift auf weissem Grund – wurde mit Konk2 39 I angestrebt, und der Gebrauch dieses Erscheinungsbildes für andere öffentliche und private Signale oder Anzeigen untersagt. In Konk2 Beilage C wurden zwei Muster für Aufschrifttafeln aufgenommen ("Fahrverbot für Motorfahrzeuge" sowie "Höchstgeschwindigkeit 15 Km/h"), die an der VI. und VII. Konkordatskonferenz genehmigt wurden. Diese Vereinheitlichung belegte die Einsicht, dass mit der Vielfalt der Tafeln aufzuräumen war und gleichzeitig die Verwechslungsgefahr von Strassensignalen mit anderen Tafeln vermieden werden musste. Jedoch glaubte man damit – Einheitlichkeit und

---

619 Bertho Lavenir, 115 sowie AR, 1913, 132.

620 Sager, 19.

621 Am 8. Juli 1912 büsste der Polizeirichter von Glarus drei Automobilisten nur mit 60 Franken anstelle der (per Depot hinterlegten) 100 Franken, mit der Begründung: "Die Busse wurde darum so niedrig gehalten, weil an der Kantonsgrenze noch keine Tafeln, welche die für die Fahrt zu beobachtenden Vorschriften enthalten, angebracht sind. Die Anbringung solcher Tafeln ist ebensogut vorgeschrieben, wie die Innehaltung der Fahrzeiten; deshalb durfte man eine hohe Busse, die an und für sich gerechtfertigt gewesen wäre, nicht ausfällen" (AR, 1912, 344).

Ausschliesslichkeit der Form – den Anforderungen und Bedürfnissen des motorisierten Verkehrs entsprochen zu haben. Eine Differenzierung nach Form (für Gebote und Verbote) blieb unbekannt. Die Tafeln hatten in ihrer Wirkung noch einen weiteren Mangel: Sie galten nur für Lenker von Motorwagen und Motorfahrräder, nicht aber für die anderen Verkehrsteilnehmer[622].

In der Folge wurden vielerorts vorschriftsgemässe Tafeln aufgestellt, 698
doch glaubte man den Bestimmungen nachgelebt zu haben, wenn sie nur dreieckig waren – alles andere variierte von Tafel zu Tafel. Oft enthielten die Tafeln längere Auszüge aus Gesetzen und Gemeindeverordnungen mit Androhungen von Bussen und Strafen[623]. Dies wiederum war in zweierlei Hinsicht unpraktisch: Erstens waren diese aus dem fahrenden Automobil nicht lesbar; die Fahrt musste verlangsamt – wodurch gleichzeitig die Aufmerksamkeit von der Strasse abgelenkt wurde – oder gar unterbrochen werden. Zweitens war die Schweiz ein mehrsprachiges Land mit viel fremdem Verkehr – aber fremdsprachigen Lenkern und Analphabeten waren die Tafeln selbst bei Stillstand nicht verständlich. Der Ausweg lag in der Verwendung ikonischer, also nonverbaler Verkehrszeichen: Die Sprache oder Schrift wurde ersetzt durch Form, Farbe und Symbol – womit das Strassensignal[624] geboren war. Diese stilisierte, bildliche Darstellung hatte viele Vorteile: Sie war für jeden verständlich und sie lenkte die Aufmerksamkeit nicht ab, weil sie mit einem Blick erfassbar war. Allerdings: Die Bedeutung musste bekannt sein, was erforderte, dass sie gesetzlich abschliessend geregelt sein musste.

Nun waren Vorschläge für neue Signale gefragt. Solche kamen vorab von 699
privater Seite, wobei auch mittels Inseraten in den Fachzeitungen nach Ideen gesucht wurde[625]. Erst in der Zwischenkriegszeit wurde der Einfluss privater Verbände zurückgedrängt: Die Behörden bemühten sich um Ausbau und Vereinheitlichung des Zeichensystems[626], und es gab diesbezüglich gleich drei Initiativen von öffentlicher und hoheitlicher Seite.

Von Seite des schweizerischen Städteverbandes wurde, aufgrund des 700
hohen innerstädtischen Regelungsbedarfes, 1927 ein Vorschlag präsen-

---

622 Sager, 14-15. Sager interpretiert das als Zeichen, dass der motorisierte Strassenbenutzer als Eindringling im Strassenverkehr gesehen wurde, für den es Spezialvorschriften zu erlassen galt.

623 AR, 1923, 33 und 1925, 73.

624 Sager definiert ein Strassensignal als “eine nach Form, Farbe, Symbol, Schrift und Ausmass gesetzlich festgelegte Tafel, die zur Sicherheit, Regelung oder Vereinfachung des Strassenverkehrs von der zuständigen Behörde an oder auf den öffentlichen Strassen aufgestellt wird” (Sager, 40).

625 Beispielsweise die Aufforderung der AR an ihre Leser, Entwürfe für amtliche Tafeln einzusenden, mit “symbolischen Zeichen, die jedermann auch ohne Aufschrift [...] versteht” (AR, 1923, 44-48).

626 Merki: Siegeszug, 339.

tiert, der eine einheitliche Signalisation für alle Fahrzeuge umfasste. Vorgesehen war auch eine neue, weitere Tafelform: die runde Tafel. Allerdings befasst sich der Vorschlag nur mit dem Stadtverkehr[627].

701 Von internationaler Seite brachte 1928 die IntUek2 ein weiteres neues Signal: "unbewachter Bahnübergang", doch ansonsten enthielt sie keine wesentliche Neuerung, denn sie überliess die eigentliche Verkehrsregelung wiederum den Vertragsstaaten und regelte nur die Signalisation der Verkehrsregelung. Bei den Beratungen zur IntUek2 zeichnete sich ab, dass eine separate, eigenständige Regelung für Verbots-, Gebots- und Hinweistafeln prüfenswert wäre. Aufgrund der Verspätung der internationalen Signalisationsordnung verzögerte sich auch in der Schweiz eine entsprechende Normierung, sollte doch eine solche im Einklang mit dem internationalen Überbau stehen. Immerhin – 1928 erhielten die Bundesbehörden vom Sekretariat des Völkerbundes einen Entwurf der "Empfehlungen für die Strassensignalisation und Zeichengebung durch die Fahrzeugführer und Verkehrspolizisten" zur Vernehmlassung. Die daraufhin konsultierten Kantone signalisierten alle grundsätzliche Bereitschaft, diese zu übernehmen[628].

702 Als Dritte schliesslich präsentierten, des Wartens müde, 1929 die kantonalen Baudirektoren eine "Signalordnung für den Strassenverkehr", in dem erstmalig für den gesamten Strassenverkehr ein Signalisationssystem ausgearbeitet wurde. Grundlage des Systems war die äussere Form des Signals: dreieckig für Warntafeln, rund für Vorschriftstafeln und – als dritte und neue Form – rechteckig für Hinweistafeln[629].

703 Nun lagen drei Vorschläge vor, doch die Vorstellungen des schweizerischen Städteverbandes, der Baudirektorenkonferenz und der europäischen Kommission differierten. Zwecks nationaler Vereinheitlichung kam es 1929 zu einer Einigungskonferenz, welche die beiden schweizerischen Organisationen auf ein gemeinsames Vorgehen einen konnte: Man ersuchte das EJPD, einen Entwurf für eine schweizweite Regelung zu präsentieren. Das EJPD nahm an und stellte am 24. März 1930 den Kantonen mittels Kreisschreiben eine ausgearbeitete "Signal-Ordnung für den Strassenverkehr in der Schweiz" zu[630].

704 Um zumindest im Bereiche der Wegweisung – also der Benennung von Richtungen und Zielorten – eine rasche Lösung zu erreichen, erliess die Baudirektoren-Konferenz 1930, auf Vorarbeiten des Städteverbandes basierend, eine "Wegleitung für die Ausführung und das Anbringen von Wegweisern an den Hauptstrassen". Diese wurde den Kantonen zugestellt und zur Umsetzung empfohlen. Die Leitgedanken der Wegweisung

---

627 Sager, 20-22,31.
628 GB BR, 1928, 291.
629 Sager, 22.
630 GB BR, 1929, 294 sowie 1930, 270.

waren dabei die Führung des ortsunkundigen Strassenbenutzers sowie die Orientierung aus dem sich bewegenden Fahrzeug und ohne Benutzung von Detailkarten. Für die Gestaltung und Anbringung der Wegweiser galten fünf Grundsätze: Erstens musste der Wegweiser in Form und Farbe leicht erkennbar und von anderen Schildern und privater Werbung unterscheidbar sein. Als Form wurde die (heute noch gültige) Gestalt als Rechteck mit Pfeilspitze, in den Farben blau und weiss, gewählt. Zweitens sollte der Text so knapp als möglich sein, ausgerichtet nur für die Bedürfnisse des Fernverkehrs. Drittens sollte die Schrift leicht sichtbar und gut leserlich sein. Viertens sollte die Anbringung gut sichtbar erfolgen, in einer Höhe zwischen 0.6 bis 2.4 Meter über dem Boden. Fünftens sollten Wegweiser auch bei Nacht lesbar sein; sie mussten also beleuchtet werden – entweder durch Kunstlicht oder durch Anstrahlung mittels Scheinwerfer der Fahrzeuge[631]. Diese detaillierten Normen wurden in der Folgezeit sehr konsequent angewandt und umgesetzt. Dies erlaubte es auch, dass in der Schweiz auf eine Nummerierung der Strassen zwecks Verkehrsleitung verzichtet werden konnte.

Auch die europäischen Vereinheitlichungsbestrebungen machten nun Fortschritte. Im Mai 1930 tagte der ständige Ausschuss für Strassenverkehr des Völkerbundes und erkannte, dass seine Empfehlungen – auf die sich auch die Signalordnung des EJPD stützte – keine Handhabe zur internationalen Durchsetzung boten. Er beschloss die Anregung einer diplomatischen Konferenz zur Regelung der Materie. Im Mai 1930 bat das EJPD die Kantone, mit dem Erlass von Signalisationsverordnungen zuzuwarten bis eine internationale Konvention zur Materie vorliegen würde. Im März 1931 wurde an einer Konferenz des Völkerbundes ein Abkommen geschlossen, welches Musterabbildungen von Gefahrenzeichen, Verboten und Geboten sowie einfache Texthinweise enthielt[632]. Allerdings ratifizierte die Schweiz dieses Abkommen erst 1934[633]. 705

Da dessen Inhalt aber seit März 1931 bekannt war, konnte die Bundesregelung von 1932 im Bereiche des Signalisationswesens bereits entsprechend ausgestaltet werden. BG32 4 verlangte, dass die Strassen mit einheitlichen, vom BR zu bestimmenden Signalen zu versehen seien. Gleichzeitig wurden zulässige Standorte und Formate von Werbetafeln beschränkt, um die Verwechslungsgefahr zu vermindern. Die endgültige Vereinheitlichung brachte dann die darauf gründende bundesrätliche "Verordnung über die Strassensignalisation vom 17. Oktober 1932"[634], welche ausführlich die Formen und Gestaltung von Gefahren-, Vorschrift- und Hinweissignalen festlegte, und in der auch (die noch neuen) 706

[631] VSS-Zeitschrift, 1930, 245-246.
[632] GB BR, 1930, 270 und 1931, 287.
[633] AS, Band L NF 1097.
[634] AS, Band IIL NF 534.

Lichtsignale Eingang gefunden hatten: Grünes Licht stand für freie Fahrt, rotes Licht für Fahrverbot. Viele der in dieser Verordnung erstmals festgelegten Normen gelten bis in die heutige Zeit[635].

6.1.2.3 Strassenmarkierungen

707 Die Entwicklung und der Bedeutungsinhalt von Farbmarkierungen auf der Strasse blieben im Betrachtungszeitraum von marginaler Bedeutung und hinkte deutlich hinter der Entwicklung der Signalisation her. 1913 berichtete die AR über Versuche in Kalifornien, mittels Pfeilen und Linien auf der Strassenoberfläche das Kurvenschneiden zu vermindern und den Verkehr in Bahnen zu führen[636]. 1924 wurden in England und den USA Versuche durchgeführt, bei Hauptstrassen den Strassenrand und allenfalls zusätzlich die Strassenmitte durch eine weisse Markierung zu kennzeichnen. Eine Mittellinie bot insbesondere bei links gelenkten Fahrzeugen dem Fahrer grössere Sicherheit und hielt ihn dazu an, am rechten Strassenrand zu fahren. In der Schweiz ist zumindest von der Sihltalbahn überliefert, dass bereits 1924 an Stellen, wo die Bahn die Strasse benutzte, das Lichtraumprofil der Bahn mit weisser Farbe am Boden markiert worden war[637]. Eine wesentliche Rolle kam der Strassenmarkierung im Betrachtungszeitraum jedoch nicht zu.

6.2 Administration der Lenker und Fahrzeuge

6.2.1 Schaffung der Strassenverkehrsämter

708 Das nach 1900 einsetzende und nur durch den Krieg zeitweilig unterbrochene Wachstum der Motorfahrzeug- und Lenkerzahlen zwang die kantonalen Behörden dazu, der Bedeutungssteigerung des Automobilwesens Rechnung zu tragen. Es galt für die Kantone, eine dem Verkehrsaufkommen angemessene Verwaltung zu organisieren. Im Bereiche der Strassenbauverwaltung bedeutete dies, den Bau und Unterhalt von Strassen zu intensivieren und ein kantonales Strassenwesen zu etablieren. Im Bereich der Finanzverwaltung hiess das, die volkswirtschaftliche Bedeutung des motorisierten Verkehrs zu erkennen, und einerseits die Ausgaben für Strassenbau und Unterhalt nur kontrolliert ansteigen zu lassen sowie andererseits die Einnahmen aus Prüfgebühren, Fahrzeugsteuern, Nummerschildabgaben und Bussenwesen nicht brachliegen zu lassen.

---

635 Sager schrieb schon 1952: "Die Strassensignalisation, so wie wir sie heute kennen [...], verdankt ihre Entstehung dem motorisierten Strassenverkehr" (Sager, 2).

636 AR, 1913, 542.

637 VSS-Zeitschrift, 1924, 290-291.

Im Bereich, der die Verkehrsteilnehmer und Fahrzeuge verwaltete, bedingte das den Aufbau behördeninterner Sachkompetenz und Prüfkapazität. Sicherheitsgründe führten dazu, dass bereits im Konk1 für Lenker und Fahrzeuge, die neu zum Verkehr zugelassen werden wollten, Prüfungen (wenn vorerst auch nur rudimentärer Art) vorgesehen waren (Konk1 2). Die Kantone waren aber dazu anfänglich nicht in der Lage, da sie über gar kein oder zu wenig sachkompetentes Personal verfügten. Wollten die Kantone ihre in den Konkordaten eingegangen Verpflichtungen erfüllen, so war die Anzahl Prüfer für Fahrzeuge und Fahrprüfungsexperten zu erhöhen. Überdies waren diese Mitarbeiter fachlich zu schulen, sofern diese nicht aus ihrem beruflichen Vorleben, beispielsweise als ehemalige Mechaniker einer Autowerkstatt, die notwendige Sachkompetenz in die Behörde einbrachten. Immerhin – nachdem die schweizerische Automobilindustrie schon vor dem Krieg wieder schrumpfte, konnten auch aus diesen Personalbeständen kompetente Mitarbeiter rekrutiert werden. 709

Der Handlungsdruck auf die Kantone, ihre kantonseigene Prüfkompetenz und -kapazität zu erweitern, wurde weiter erhöht durch die beabsichtigte Neuregelung der Haftpflicht für Motorfahrzeuglenker. In deren Umfeld wurde ab circa 1906 auch gefordert, dass die Fahrzeuge periodisch daraufhin zu überprüfen seien, ob sie den geltenden Vorschriften noch entsprächen[638]. Solche Prüfungen der Fahrzeuge konnte jedoch nur eine kompetente, sachkundige Stelle durchführen. 710

Ausgebaut werden musste auch die Verwaltungskapazität zur Bewirtschaftung, denn die Zahl der Nummernschildwechsel, Handänderungen von Fahrzeugen, Wohnsitzänderungen von Lenkern sowie von periodisch zu erneuernden Fahrzeug- und Führerausweisen – oder dem Entzug derselben – wuchs beständig. Mehrmalige Verstösse gegen die Verkehrsregeln mussten registriert werden, was einen eingespielten Verwaltungsapparat notwendig machte. Ein solcher fehlte aber in den ersten Jahren noch und so gab es Fälle von Lenkern mit 30 bis 40 Bussen und Verwarnungen innert weniger Jahre[639]. 711

In der Folge kam es zu Personalaufstockungen (auch im Administrativwesen, nicht nur bei den polizeilichen Kontrollorganen) sowie zu verwaltungstechnischen Verbesserungen. Nach einer Phase der zentralen Verwaltung aller Fahrräder und Motorfahrzeuge schufen die Kantone eigenständige kantonale Motorfahrzeugkontrollen. So waren beispielsweise im Kanton Luzern anfänglich das Fahrrad- und Automobilwesen im gleichen Amt zusammengefasst. 1928 wurden dann die Ämter getrennt; das 712

[638] Beispielsweise in Guyer, 44.
[639] Nussbaum, 118.

neu geschaffene "Amt für Automobilwesen" wurde dann zum Vorläufer der heutigen kantonalen Motorfahrzeugkontrolle[640].

6.2.2 Interkantonale Zusammenarbeit

713 Da sich der Automobilverkehr nicht an Kantonsgrenzen orientierte, konnten die kantonalen Verwaltungen nicht isoliert ihre Aufgabe erfüllen; eine Zusammenarbeit mit ausserkantonalen Stellen war notwendig. Doch spätestens seit dem Konk2 gab es Kantone, die gar keinem Konkordat angehörten; solche, die dem Konk1 angehörten, aber dem Konk2 noch nicht oder gar nicht beitreten wollten; und solche, die dem Konk2 schon beigetreten waren. Daraus entstanden immer wieder neue Zuständigkeits-, Rechtsanwendungs- und -Auslegungsprobleme, über deren Klärung anlässlich von Konkordatskonferenzen beraten wurde[641], oder über deren Entscheidung der Bundesrat in seinem jährlichen Bericht über die Geschäftsführung orientieren konnte[642]. Kompetenzen und Zuständigkeiten mussten geklärt werden.

714 Zu Zeiten des Konk1 hatte der motorisierte Verkehr, ausser in wenigen Ballungszentren, noch eine kleine Bedeutung. Dementsprechend enthielt das Konk1 nur drei Regelungen, die kantonsübergreifende Aspekte betrafen: Der Verkehrserlaubnisschein war auf dem Gebiete aller Konkordatskantone gültig, ebenso die Kontrollschilder. Im weiteren wurde die Führung eines zentralen Registers über die von den Kantonen erteilten Fahrbewilligungen[643] eingeführt (Konk1 3 III, 4 II und 3 IV). Das Konk1 enthielt aber keine Vereinheitlichungsregelungen oder weitergehende Kompetenz- und Zuständigkeitsregelungen.

715 Das Konk2 übernahm und erweiterte die Regelungen des Konk1, setzte aber gemachte Erfahrungen um und enthielt auch Regelungen zur interkantonalen Zusammenarbeit. Weitergeführt wurde das Zentralregister und die daraus resultierenden Pflichten der Kantone (Konk2 19). Die konkordatsweite Gültigkeit der Nummerschilder wurde nicht mehr erwähnt, ergab sich aber selbstständig aus der nun schweizweit durchgehenden Nummerierung gemäss Konk2 Beilage B. Die Verkehrsbewilli-

---

640 Meyer, 74-76.

641 Beispielsweise fand am 6. Februar 1905 eine Konferenz der Kantonsdelegierten zum Konk2 statt, anlässlich dem der wichtige Beschluss gefasst wurde, Automobilisten aus den Nichtmitgliedskantonen TG, UR und GR wie Bürger aus Mitgliedskantonen zu behandeln (La Suisse Sportive, No 299, 15. Februar 1905, 44).

642 Beispielsweise in Fällen der Besteuerung, wenn ein Automobilist unter dem Jahr seinen Wohnsitz änderte; oder in Fällen von Fahrzeugen, die in einem anderen Kanton stationiert waren, als sie hauptsächlich eingesetzt wurden; oder in der Frage, ob Lernfahrausweise des einen Kantons auch zu Lernfahrten in einem anderen Kanton berechtigten (GB BR, 1920, 323-324).

643 Vertiefend vergleiche N 720 ff S. 194.

gung (für Fahrzeuge) und die Fahrbewilligung (für Personen), die aus der Aufteilung der Verkehrserlaubnis nach dem Konk1 hervorgingen, waren beide im ganzen Konkordatsgebiet gültig (Konk2 8 I sowie 16 I) – und auch der Rückzug der Fahrbewilligung war in allen Konkordatskantonen wirksam (Konk2 16 II).

Neu waren nun Normen, die vereinheitlichend, zuständigkeitsregelnd oder koordinatorisch wirkten. Zu den vereinheitlichenden Normen zählten Konk2 39, welche das Erscheinungsbild von Warntafeln festlegte, sowie Konk2 8 I und Konk2 14, welche für die Verkehrsbewilligung und die Fahrbewilligungen je konkordatsweit einheitliche, vom EDI festgelegte Formulare vorschrieben, was die kantonsübergreifende Verwaltung und Bearbeitung bei der Behörde, als auch die Kontrolle durch die Kontrollorgane auf der Strasse vereinfachte. Eine teilweise Vereinheitlichung wurde mit Konk2 72 und 73 auch in den Strafbestimmungen erreicht, in dem diese den Kantonen ein Minimalinhalt ihrer Strafbestimmungen vorschrieben. 716

Zu den zuständigkeitsregelnden Normen zählte Konk2 20 I, welcher die Kompetenz zur Erhebung der Fahrzeugsteuer dem die Verkehrsbewilligung ausstellenden Kanton zuwies. Für die Abgabe der Nummerschilder war aber der die Fahrbewilligung ausstellende Kanton zuständig, denn diese waren nicht übertragbar und an die Person des Lenkers gebunden (Konk2 23 I und II)[644]. Wechselte der Halter des Fahrzeuges – beispielsweise durch Verkauf des Wagens – so war die Behörde im Wohnsitzkanton des neuen Eigentümers für die Änderung im Verkehrserlaubnisschein des Fahrzeuges zuständig (Konk2 8 II); wie auch für Änderungen in der Fahrbewilligung des Lenkers selbst die Behörde in dessen Wohnsitzkanton zuständig war (Konk2 12 I). Nebst diesen, vorab aus steuerlichen und gebührentechnischen Gründen für die Kantone relevanten Normen gab es noch weitere zuständigkeitsregelnde Normen, die aber von geringerer praktischer Relevanz waren: Konk2 38 I (Anordnung zur Montage eines Geschwindigkeitsbegrenzers) sowie Konk2 48 und 49 (Bewilligung von Wett- und Probefahrten). 717

Koordinatorisch wirken sollte Konk2 40 II, wonach die Sperrung interkantonaler Strassen erst nach Anhörung der Regierungen der benachbarten Kantone erlaubt war. Diese Bestimmung blieb, zumindest im Zusammenhang mit den Sonntagsfahrverboten, jedoch toter Buchstabe. Insbesondere nach dem Krieg erliessen die Kantone unkoordinierte und nicht abgesprochene Sonntagsfahrverbote, was intensive nachträgliche Koordinationsbemühungen durch den Bundesrat und die Polizeidirektorenkonferenz notwendig machte[645]. 718

---

644 Es gab und gibt auch Länder, in denen das Kontrollschild an ein Fahrzeug gebunden ist.

645 Vertiefend vergleiche N 922 ff S. 247.

719 Die Bundesregelung von 1932 schuf, aufgrund der Kompetenzverschiebung zum Bund, eine neue Ausgangslage, welche einen Vergleich mit Konkordaten schwierig machte. Immerhin enthielten das BG32 und die VOBG32 auch einige Normen zu Zuständigkeit und Zusammenarbeit. Das BG32, über die Normen des Konk2 hinausgehend, ermächtigte die Kantone, beim Standort- oder Wohnsitzkanton den Entzug eines Ausweises zu beantragen (BG32 13 III), wobei die kantonalen Polizei- oder Gerichtsstellen sogar verpflichtet waren, die Behörde, die den Entzug des Führerausweises verfügen konnte, über jede strafbare Handlung zu informieren, welche zu einem Entzug Anlass geben könnte (BG32 68). Das Melderecht wurde also in eine Meldepflicht erweitert. Die VOBG32 auferlegte den Kantonen die Pflicht, mehr als drei Monate dauernde Entzüge von Fahrausweisen an die zentrale Stelle zu melden, von wo aus die anderen Kantone informiert wurden (VOBG32 80), und ebenso wurden ausserkantonale Strafen an den Wohnsitzkanton der Lenker weitergeleitet (VOBG32 81).

6.2.3 Führung eines Zentralregisters

720 Die Führung eines zentralen Registers ermöglichte sowohl eine konkordatsweite Übersicht über die zahlenmässige Entwicklung des Motorfahrzeugwesens, als auch eine Kontrolle über die zirkulierenden Fahrzeuge und Lenker. Dies war notwendig geworden, da eine interkantonale Vernetzung der Registratur vollständig fehlte, sich aber die Fahrer gerade ausserhalb der Kantonsgrenzen vieles zuschulden kommen liessen. Oftmals wurde das Verhalten dieser Lenker dem Wohnsitzkanton, der unter Umständen einen Führerausweisentzug hätte verhängen können, jedoch gar nicht bekannt.

721 Deshalb erklärte das Konk1, auf ein Angebot des Bundesrates zurückgehend, die Kanzlei des EDI zur Zentralstelle des Konk1, welche eine Register über die von den Kantonen erteilten Bewilligungen zu führen hatte (Konk1 3 IV).

722 Der zunehmende Verkehr führte im Konk2 zu einer Verfeinerung dieser Regelung. Die Bezeichnung der registerführenden Amtsstelle erfolgte nun durch den Bundesrat, welcher in Ausführung von Konk2 19 nicht mehr das EDI, sondern das eidgenössische statistische Bureau dazu bestimmte, das Register über Verkehrs- und Fahrbewilligungen zu führen[646]. Neu hatten die Kantone der Zentralstelle nicht nur die Ausstellung, sondern auch den Rückzug von Bewilligungen zu melden (über welche die eidgenössische Amtsstelle alle Kantone unterrichtete), überdies alle Handänderungen von Motorwagen und Motorfahrrädern sowie

646 AS, Band XXX NF 90.

die militärische Einteilung der Wagenführer (Konk2 19)[647]. Nachdem der Informationsfluss auf Basis des Konk1 nur stockend funktionierte und einige Kantone ihre Meldungen nur schleppend oder gar nicht ablieferten, wurden die Kantone nun per Gesetz dazu verpflichtet, ihre Angaben unverzüglich an die Zentralstelle weiterzuleiten (Konk2 19).

Aufgrund der seit dem Krieg sprunghaft angestiegenen Arbeitslast orientierte 1920 der Bundesrat die Kantone per Kreisschreiben, dass der Entzug von Fahrbewilligungen an eine Teilsektion des Generalstabes zu melden sei, welcher dann die Entzüge per Publikation bekannt machte[648]. 723

1932 wurde der Informationsfluss nochmals neu geregelt; insbesondere wurde eine Entflechtung nach Verwendungszweck der Information vorgenommen. 724

Statistische Informationen über Motorfahrzeuge und deren Führer waren neu an das eidgenössische statistische Amt zu übermitteln, wozu dieses ein einheitliches Erhebungsformular zur Verfügung stellte. Zur Schaffung einer definierten Datengrundlage hatten die Kantone dem Amt einmalig, innert sechs Monaten seit Inkrafttreten des BG32, alle im Kantonsgebiet stationierten Fahrzeuge zu melden. Danach waren monatlich die an- und abgemeldeten Motorfahrzeuge sowie Halterwechsel zu melden, vierteljährlich alle zur Kenntnis der Polizeiorgane gelangten Strassenverkehrsunfälle auf ihrem Kantonsgebiet, sowie jährlich die Anzahl Personen, die im Besitz eines Führerausweises waren (aufgeschlüsselt nach Geschlecht und der Motorfahrzeugart, auf die der Ausweis lautete). Alle diese Meldungen hatten die Kantone unentgeltlich zu machen (VOBG32 77–79). 725

Ebenso detailliert geregelt wurde die Registerführung über die Sanktionen, einerseits betreffend den Entzug von Führerausweisen (VOBG32 80), andererseits betreffend die Registrierung von Strafen, die gestützt auf Strafbestimmungen vom BG32 sowie die VOBG32 ergingen (VOBG32 81). In beiden Normen wurde die Informationsweiterleitung an die anderen Kantone oder den Heimatkanton geregelt. 726

6.2.4 Internationale Zusammenarbeit

Für die Konkordatskantone war die internationale Zusammenarbeit eher bedeutungslos, denn die Zuständigkeit für die internationale Koordination lag auf nationaler Ebene, also beim Bundesrat. Immerhin brachte der Betritt der Schweiz zur IntUek1 eine Erleichterung des grenzüberschreitenden Autotourismus, indem Führerscheine gegenseitig anerkannt und Verkehrszeichen schrittweise vereinheitlicht wurden. 727

[647] Eine Konsequenz der zwischenzeitlich erkannten militärischen Bedeutung von Motorfahrzeugen und Lenker. Überdies wurde im Konk2 die militärische Einteilung des Lenkers auch im Fahrausweis eingetragen.

[648] GB BR, 1920, 323.

728 Internationale Verwaltungskontakte entstanden allenfalls noch aus interkulturellen Missverständnissen, wenn lokal verwurzelte Dorfpolizisten durchfahrende ausländische Fahrzeuglenker anhielten und aus nicht immer nachvollziehbaren Gründen büssten[649]. Da der Bund aber gegenüber den Kantonen keine Weisungsbefugnis besass (insbesondere nicht zum Aufheben von ausgefällten Bussen), blieb es in diesen Fällen meist beim diplomatischen Rauschen und dem Austausch harscher Noten.

6.3 Sanktion der rechtsbrechenden Lenker

6.3.1 Aufbau leistungsfähiger Kontrollorgane

6.3.1.1 Rechtmässige und andere Kontrollorgane

729 Die schriftlich formulierten Normen in Form von Konkordaten, Erlassen und Bundesgesetzen sind heute noch greifbar und auf ihre zeitliche Entwicklung hin analysierbar. Kaum mehr feststellbar ist jedoch, mit welcher Konsequenz diese Normen in ihrer Zeit um- und durchgesetzt wurden. Das Verhältnis zwischen der gesellschaftlichen Praxis und schriftlich formulierter Norm – also beispielsweise wie stark die im Gesetz festgelegten Höchstgeschwindigkeiten im Verkehrsalltag tatsächlich beachtet wurden – ist nur noch anhand von Indizien und Sekundärquellen, beispielsweise statistischer Aufzeichnungen, zu rekonstruieren[650].

730 Ein Indiz ist die durch viele Berichte dokumentierte Tätigkeit und Leistungsfähigkeit der Organe, die den Strassenverkehr kontrollierten.

731 Als gesetzliche Kontrollorgane vorgesehen waren, erstens, Motorfahrzeugbehörden, welche aber an einen bestimmten Standort gebunden waren und im Allgemeinen erst nach dem Krieg substanzielle Leistungen erbringen konnten und, zweitens, Wegemeister und Strassenbaupersonal, welche in einigen Kantonen zur Verstärkung der Verkehrsüberwachung subsidiäre Kontroll- und Meldeaufträge erhielten[651]. Die Hauptlast aber trugen, drittens, die kantonalen Polizeikorps. Diese mussten durch die zunehmende Motorisierung umfangreichere und teilweise neue Leistungen erbringen, zu denen sie – als Landjägerkorps noch auf die Bedürfnisse des nichtmotorisierten Verkehrs des ausgehenden 19. Jahrhunderts ausgerichtet – ausrüstungsmässig, personell und organisatorisch noch nicht befähigt waren. Trotz erkanntem Nachholbedarf verunmöglichten aber die meist engen finanziellen Korsetts der kantonalen Polizeidepartemente eine schnelle Auf- und Ausrüstung und Schulung ihrer Polizeikorps. Dies brachte den Korps den Ruf der Ineffizienz und Prioritäten-

---

649 Illustrativ hierzu der Fall McKenzie in N 228 ff S. 61.
650 Merki: Unwegsames Gelände, 48.
651 Vertiefend vergleiche N 736 S. 198.

verkennung ein und bot Handlungsspielraum für "freischaffende", im Gesetz nicht vorgesehene Kontrollorgane.

Als Kontrollorgane ohne Rechtsgrundlage und Uniform traten sowohl lokale Dorfhoheiten (Gemeindepräsidenten, Bürgermeister, Wirte) als auch automobilkritische, meist jedoch automobilfeindliche Privatpersonen auf. Es gab durchaus Gemeinden, in denen Gemeindepräsidenten tatsächlich über (wenn auch nur kleine) Polizeibefugnisse verfügten; zahlreicher waren aber die Fälle, in denen hartes Durchgreifen nicht durch ein formelles Organisationsgesetz, sondern durch amtliche Würde und forsches Auftreten legitimiert wurde. Das eigeninitiative und meist von pekuniären Interessen motivierte Treiben dieser aussergesetzlichen Kontrollorgane ist jedoch für die Untersuchung der rechtmässigen Sanktionen nicht von Belang und wird deshalb in einem anderen Sachzusammenhang eingehender betrachtet werden[652]. 732

6.3.1.2 Probleme der Polizeikorps

Die Zunahme von Motorfahrzeugen im Strassenverkehr erweiterte die traditionelle Aufgabe der (Verkehrs-)Polizei. Durch diese quantitative und qualitative Ausweitung ihres Leistungsauftrages stiessen die Korps in mehrfacher Hinsicht an ihre Grenzen: ausrüstungsmässig, personell und organisatorisch. 733

AUSRÜSTUNGSMÄSSIG litten die Korps an fehlender technischer Ausrüstung, beispielsweise für Geschwindigkeitskontrollen. Wichtigster Ausrüstungsgegenstand, der in der Zeit vor dem Krieg fehlte, war – eine genaue Uhr: Der Landjäger, ein traditionell schlecht entlöhnter Berufsstand, besass keine eigene, genau laufende Uhr mit einem Sekundenzeiger. Eine solche wäre aber das ausrüstungsmässige Minimum gewesen, um – mangels anderer technischer Hilfsmittel – Geschwindigkeitskontrollen durchführen zu können. Die fotografische Auswertung mittels Start- und Zielbild war zwar um die Jahrhundertwende in Paris vorgestellt worden, lag aber finanziell ausser Reichweite der Polizeikorps. Was blieb, war die Messung der vom Fahrzeug benötigten Zeit über eine vorher abgemessene Strecke. Dem ungenügend ausgerüsteten Kontrollorgan stand damit zur Erfüllung seines Kontrollauftrages nur sein eigenes Augenmass und Zeitgefühl zur Verfügung[653]. Die Vernetzung der Polizeiposten mittels Telefonapparaten war in einigen Kantonen ebenfalls ein langwieriges Projekt, so in Nidwalden oder Uri, in dem erst 1929 alle Polizeiposten mit einem Telefon ausgerüstet waren[654]. Vorher basierten die Ortspolizeiposten auf Telefonapparaten in Wirtshäusern oder Bahnhöfen, wodurch 734

---

652 Vertiefend vergleiche N 782 ff S. 212.

653 Vertiefend über die sich daraus ergebenden Probleme bei Geschwindigkeitskontrollen vergleiche N 1082 S. 292.

654 Gisler-Jauch, 142.

eine schnelle Reaktion oder Alarmierung der nächsten Polizeiposten erschwert wurde. Ein dritter und ebenso schwerwiegender ausrüstungsmässiger Mangel waren die fehlenden eigenen Fahrzeuge des Polizeikorps. Oft hatten die Landjäger nur ihre Füsse oder ein Fahrrad, um fehlbare Automobilisten einzuholen – und das nicht nur in ländlichen oder finanzschwachen Kantonen: Im November 1910 führte die Kantonspolizei Zürich eine Kontrollaktion unter den Fuhrwerken durch. Diese erfolgte in Zusammenarbeit mit dem ACS, denn dieser musste die dazu notwendigen Fahrer und Fahrzeuge bereitstellen[655]. 1923 allerdings war – zumindest beim Züricher Korps – der Mangel behoben: Die ACS-Clubzeitschrift publizierte nun die Nummernschilder von fliegenden Kontrollfahrzeugen der Stadtzüricher Polizei[656]. Die Ausrüstung der Polizei mit einem einheitlichen Signalstab wurde jedoch bereits 1906 in die Wege geleitet: Der TCS, zusammen mit dem ACS und dem schweizer Hotelierverband, schrieb 1906 an den Bundesrat und wünschten die Kennzeichnung der Polizeikräfte mit besonderen Hoheitszeichen, beispielsweise einem Stab. Damit sollte auch die äusserliche Abgrenzung zu den nichtstaatlichen Kontrollorganen, die insbesondere in automobilkritischen Gegenden ihr Unwesen trieben (und damit auch dem Fremdenverkehr und somit der Hotellerie schadeten), ermöglicht werden. Die IV. Konkordatskonferenz vom 23. April 1906 beschloss in der Folge, dass die Polizisten aller Konkordatskantone künftig weisse Stäbe als einheitliches Signal zu verwenden hatten, um Motorfahrzeuglenker anzuhalten[657].

735 **PERSONELL** mangelte es den Korps in Zahl und Ausbildungsstand an genügend Kräften. Vor dem Weltkrieg wuchsen das Verkehrsaufkommen und der Aufgabenumfang beständig, doch der Personalbestand blieb – an der Front und in der Administration – auf dem Stand der Fuhrwerkszeiten. Es herrschte eine allgemeine Personalknappheit; die Korpsentwicklung hinkte dem Verkehrsaufkommen hinterher. Nach der vorübergehenden Entspannung während dem Krieg brachte das Kriegsende eine starke Verkehrszunahme, indes die Korps aus finanziellen Gründen immer noch nicht auf die benötigten Bestände aufgestockt werden konnten. In Luzern herrschte in Folge der Verkehrszunahme Polizistenmangel[658].

736 Auch in Uri waren mehr Kräfte zur Verkehrsüberwachung notwendig, doch das Landjägerkorps war personell überfordert, weshalb nun die Strassenwärter der Staatsstrassen strassenpolizeiliche (Hilfs-)aufgaben erhielten: Sie sollten Fahrzeuglenker ermahnen oder zur Einhaltung der Vorschriften auffordern und nötigenfalls bei einem Vorgesetzten Anzeige

655 Hildebrandt, 263.
656 ACS Clubzeitschrift, 1923, 163.
657 TCS-Revue, 1906, 79-81 und 180.
658 Meyer, 70.

erstatten[659]. Doch diese Behelfslösung vermochte nicht zu überzeugen: In ihrem Rechenschaftsbericht von 1924 respektive 1925 hielt die Regierung fest, dass diese Kontrollen Sache einer Verkehrspolizei wären, da die Strassenmeister weder Zeit zur Verkehrsüberwachung noch Stoppuhr noch angemessene Kleidung hätten, weshalb sie von dieser Aufgabe befreit werden sollten[660].

Nicht nur zahlenmässig, sondern auch ausbildungsmässig herrschte Nachholbedarf. Die noch fehlende Sachkompetenz und Erfahrung bei den staatlichen Organen zeigte sich nicht nur im Zusammenhang mit dem Aufbau der kantonalen Strassenverkehrsämter, sondern auch im Vollzug und in Verkehrskontrollen. 1906 sahen sich ACS, TCS und der schweizer Hotelierverband genötigt, in einem Brief an den Bundesrat einen obligatorischen Grundlagenunterricht über Automobiltechnik für Polizeikräfte zu fordern[661]. Die Polizei des Kantons Uri bildete im März 1928 selbst einen Fahrzeugführer aus, damit die Polizei verkehrswidrig abgestellte Fahrzeuge umparkieren konnte, ohne zuerst einen Chauffeur suchen zu müssen[662]. 737

ORGANISATORISCH hatten die Korps mit einer unzweckmässigen Organisation zu kämpfen. Eigentliche Verkehrsabteilungen fehlten lange Zeit – doch erst deren Einführung ermöglichte systematische Kontrollen, was sich dann in mehr Bussen und höheren Busserträgen niederschlug. Im Gegensatz zur Verwaltungsebene blieb aber die interkantonale Polizeizusammenarbeit der Ausnahmefall. Die bereits 1910 in Ob- und Nidwalden gesetzlich geregelte Zusammenarbeit der Polizeikräfte[663] war ein Sonderfall, der aus der diese Kantone durchquerenden Brünigroute rührte. 738

Der Ausbau der Korps zu einer modernen Verkehrspolizei kam erst ab 1920 in Gang, wobei die Städte in diesem Aufbau vorausgingen. Der Aufbau erfolgte auch auf Druck der Automobillobby[664], die sich von einer selbst motorisierten, modernen Verkehrspolizei mehr Verständnis erhoffte. 739

---

659 Art. 57, 58, 63, 64 der "Vorschriften für die Strassenwärter der Staatsstrassen" (Gesetzessammlung UR, Band 8, S. 131).

660 Gisler-Jauch, 141.

661 TCS-Revue, 1906, 79-81.

662 Gisler-Jauch, 142.

663 "Die Polizeiorgane beider Kantone werden einander in der Handhabung der Vorschriften über den Automobilverkehr unterstützen" (Art. 8 der "Vorschriften für den Automobilverkehr in den Kantonen Ob- & Nidwalden" vom 10. Mai 1910, publiziert im Gesetzessammlung NW, III. Band, Nr. 16).

664 Merki: Siegeszug, 367.

6.3.2 Entwicklung gesetzlicher Strafbestimmungen

740 Im Bereiche des Automobilrechts sind zivilrechtliche und strafrechtliche Verantwortlichkeit zu trennen. Im Gegensatze zum Zivilrecht spielt der Chauffeur strafrechtlich oder polizeirechtlich die erste und prinzipiell alleinige Rolle, wobei Polizeistrafen sich regelmässig in bescheidenen Grenzen bewegen. Für strafrechtliche Tatbestände wie Sachbeschädigung, Tötung oder Körperverletzung kommen die ordentlichen Strafgesetzbücher zur Anwendung, die mit deutlich höheren Strafdrohungen ausgestattet sind.

741 Im Konk1 lag die Kompetenz zum Erlass von Strafbestimmungen bei den Kantonen (Konk1 dritter Titel). Die kantonalen Instanzen dekreditierten in erster Linie Polizeibussen, meist in Form von Verordnungen[665]. Der textlichen Formulierung der meist als Generalklausel formulierten Straftatbestände mangelte es oftmals an der notwendigen Präzision, denn in dieser frühen Phase war die dazu notwendige Erfahrung und Sachkenntnis beim Normengeber noch nicht vorhanden. Dies liess den rechtsanwendenden Organen viel Interpretationsspielraum. Mehrfach gaben diese Verordnungen Anlass zur gerichtlichen Prüfung, ob sie verfassungsmässig gültig seien, namentlich auch gegenüber dem Satze nulla poena sine lege[666].

742 Bezüglich der Strafkompetenz enthielt das Konk1, in Wahrung der kantonalen Souveränität, keine Bestimmungen darüber, wer zur Ausfällung von Strafen befugt war. Somit regelte das jeder Kanton nach seinem Gutdünken. Zürich beispielsweise überliess die Ausfällung von Polizeibussen – sofern kein strafrechtliches Verfahren zu eröffnen war – dem Gemeinderat der Tatortgemeinde, wenn die auszufällende Busse im Rahmen seiner Strafkompetenz lag, oder dem Statthalteramt bei Bussen bis 200 Franken[667].

743 Bezüglich des Inhaltes der Strafbestimmungen sah das Konk1 keinen Mindestinhalt vor. Es war Sache jedes Konkordatskantons, die Strafbestimmungen für die Übertretungen der Bestimmungen des Konk1 aufzustellen sowie ergänzende Ausführungsbestimmungen zu erlassen (Konk1

---

665 So NE 1903 ("Loi d'adhesion au concordat concernant la circulation des automobiles et des cycles en Suisse", ernsthaftere Strafnormen enthaltend), TG 1905 ("Gesetz betreffend den Verkehr mit Motorwagen und Fahrrädern", insbesondere § 46), BE 1904, LU (Verordnung vom 21.3.1903, insbesondere § 34: "Zuwiderhandlungen gegen vorstehende Bestimmungen sind dem Statthalteramte zur Anzeige zu bringen und mit einer Buße von 2 bis 20 Francs, im Wiederholungsfalle von 6 bis 50 Francs zu bestrafen. Zudem haften die Schuldigen für allen durch sie angerichteten Schaden"), oder ZH (Verordnung 16. Februar 1903) (Meili: Kodifikation, 147).

666 Meili: Kodifikation, 146, mit Hinweis auf BGE XXXIL I 98 ff, insbesondere 107 ff.

667 Verordnung 16. Februar 1903, Art. 42.

dritter Titel). Somit war es den Kantonen überlassen, welche Fehlverhalten sie zum Straftatbestand erhoben und mit welcher Strafdrohung sie diese belegten. Einige Kantone basierten noch auf einer Verordnung aus der Pferdekutschenzeit, andere hatten bereits vor dem Konk1 eigene Motorfahrzeugverordnungen erlassen. Dies ergab im Bereiche der Strafnormen eine höchst uneinheitliche Rechtslage und führte zu Rechtsunsicherheit beim kantonsüberschreitenden Motorfahrzeugverkehr. Die kantonalen Unterschiede beschränkten sich nicht nur auf unterschiedliche Bussenhöhen bei gleichem Vergehen, sondern bewirkten auch unterschiedliche Effekte in der Verteilung der Haftung im Falle eines Unfalles[668]. Zu Recht beklagte Meili 1907, dass es in der Schweiz keine einheitlichen Bestimmungen über die strafrechtlich zu ahndenden Handlungen der Automobilhalter gäbe, da doch der Bund die Kompetenz zum Erlass eigentlicher Strafnormen hätte[669]. Das Problem der uneinheitlichen Strafbestimmungen war denn mit ein Grund, weshalb bald nach Erlass des Konk1 mit den Beratungen für das Konk2 begonnen wurde[670].

Der Kanton Thurgau, welcher dem Konk1 nicht beigetreten war, gab sich 744
(nach Vorlage des Konk1) ein Spezialgesetz, welches stark an das Konk1 angelehnt war, im Gegensatz zum Konk1 aber ernsthafte Strafbestimmungen enthielt[671].

Im Konk2 lag die Erlasskompetenz unverändert bei den Kantonen 745
(Konk2 72 I). Nach den Erfahrungen des Konk1 wurde die Strafkompetenz jedoch eingeschränkt: Mit Strafbefugnissen aus dem Konk2 durften nur Amtsstellen betraut werden, denen gemäss der kantonalen Gesetzgebung sonst schon Strafbefugnisse zustanden (Konk2 73 I). Dadurch wurde verhindert, dass die unerwünschte und verbotene Eigeninitiative der Dorfhoheiten und -bevölkerung dadurch autorisiert wurde, dass die Kantone den (sachunkundigen) Gemeindebehörden eine auf das Motorfahrzeugwesen beschränkte Strafkompetenz übertragen konnten.

Der Inhalt der Strafbestimmungen war grundsätzlich immer noch den 746
Kantonen überlassen (Konk2 72 I), jedoch wurde ein zwei Bestimmungen umfassender Mindestinhalt vorgegeben: Die kantonalen Bestimmungen mussten vorschreiben, dass bei wiederholter Übertretung oder bei schwerer Verletzung der Verkehrsbestimmungen dem Fahrer die Fahrerlaubnis zeitweilig oder ganz entzogen wurde (Konk2 72 II) und im Bussenwesen musste der Verleideranteil[672] verboten werden (Konk2 73 II).

Das Konk2Lw galt ergänzend zum Konk2 und brachte keine neuen 747
Strafnormen. Der Form halber wurde auf die kantonalen Strafbestim-

---

668 Vertiefend vergleiche N 1118 S. 303.
669 Meili: Kodifikation, 146.
670 Vertiefend vergleiche N 183 ff S. 47.
671 Derron, 10.
672 Anteil des Anzeigers am Bussertrag. Vertiefend vergleiche N 763 ff S. 205.

mungen bezüglich des Konk2 verwiesen, überdies blieb der Bewilligungsentzug gemäss Konk2 16 vorbehalten (Konk2Lw 12).

748 1932 wurde die Kompetenz zum Erlass von Strafbestimmungen auf die Bundesebene verschoben.

749 Die Strafkompetenz oblag weiterhin den Kantonen (BG32 67 I), wobei innerkantonal für Polizei- und Gerichtsstellen eine Meldepflicht für Fälle bestand, die zu einem Ausweisentzug Anlass geben konnten (BG32 68)[673].

750 Der Inhalt der Straftatbestände umfasste abschliessend acht Tatbestände, welche direkt im Gesetz geregelt waren (eine Übersicht über diese Tatbestände, ergänzt mit der jeweiligen Maximalbusse, der maximal möglichen Anzahl Gefängnistage und dem resultierenden Tagessatz ist im Anhang beigegeben)[674]. Nebst den (zumindest dem Prinzip nach) bereits aus dem Konk2 bekannten Tatbeständen der Übertretung der Verkehrsvorschriften, des angetrunkenen Lenkens und dem pflichtwidrigen Verhalten bei einem Unfall (BG32 58–60) wurden neu pönalisiert: das Fahren ohne Ausweis, die Entwendung zum Gebrauch, das Fahren ohne oder mit gefälschtem oder verfälschtem Kontrollschild sowie das Anbringen störender Reklamen und falscher Strassensignale (BG32 61–64). Mittels Verordnung – also der VOBG32 – konnte der Bundesrat weitere Verkehrsvorschriften und diesbezügliche Strafnormen einführen, war aber in den möglichen Strafdrohungen an das im Gesetz fixierte Höchststrafmass von BG32 58 III gebunden.

751 Eine vertiefte Analyse der gesetzlichen Tatbestände beziehungsweise des jeweiligen maximalen Strafmasses zeigt: Die höchsten Geldbussen drohten für Tatbestände, die im Zusammenhang mit der Unfallprävention oder den Unfällen selbst standen: Erstens dem angetrunkenen Führen eines Motorfahrzeuges als schwerer Fall oder als Wiederholungsfall (BG32 59); zweitens dem Zurücklassen eines hilflosen Verletzten nach einem Unfall (BG32 60), dem Tatbestand der Fahrerflucht; und drittens der Entwendung eines Motorfahrzeuges zum Gebrauch (BG32 62), also der Problematik der Strolchenfahrt und der fehlenden Versicherung des Lenkers.

752 Bemerkenswert ist auch, dass bei einer Übertretung der Verkehrsvorschriften einem Motorfahrzeuglenker eine Maximalbusse von 200 Franken drohte, während einem Radfahrer oder Führer eines Tiergespannes eine Maximalbusse von 20 Franken drohte, was einem Verhältnis von 10:1 entspricht. Ähnliches galt in schweren Fällen oder bei einem wiederholten Rückfall (maximal 10 Tage Gefängnis beziehungsweise 500 Franken beim Motorfahrzeuglenker gegenüber maximal 1 Tag Ge-

673 Vertiefend vergleiche N 713 ff S. 192.

674 N 1596 ff S. 436.

fängnis beziehungsweise 100 Franken) (BG32 58 I und III respektive II und III).

Aufschlussreich ist auch eine Analyse des Tagessatzes pro Tatbestand, also dem Verhältnis des maximalen Bussbetrages im Verhältnis zur maximalen Anzahl Gefängnistage. Der so errechnete Tagessatz liegt im Schnitt aller Tatbestände bei circa 33 Franken pro Tag. 753

Ein besonders tiefer Tagessatz – welcher aus überdurchschnittlich hoher Gefängnisdrohung oder besonders tiefer Busdrohung resultieren musste – deutete darauf hin, dass der Freiheitsentzug im Vorder- und die Geldstrafe im Hintergrund standen. Tatsächlich: Zu den tiefsten Tagessätzen von 17 Franken pro Tag führten die Entwendung eines Motorfahrzeuges zum Gebrauch (BG32 62) sowie die Beschädigung, Entfernung, Nachahmung oder Veränderung von Strassensignalen (BG32 64) – beides Tatbestände, deren Täterschaft potenziell weder Automobilist noch sonst wie (überdurchschnittlich) solvent war, womit sich hohe Bussen nur schwerlich hätten eintreiben lassen. 754

Bei einem besonders hohen Tagessatz stand die Bestrafung mit Busse im Vordergrund und der Freiheitsentzug im Hintergrund. Zum höchsten Tagessatz von 50 beziehungsweise 100 Franken pro Tag führten eine wiederholte oder schwere Übertretung der Verkehrsvorschriften (BG32 58) oder das angetrunkene Führen eines Motorfahrzeuges (BG32 59). Zur Begehung dieser Tatbestände war potenziell der Besitz eines Motorfahrzeuges notwendig, was auf eine potenziell solvente Täterschaft schliessen liess – um aber eine solche abzuschrecken, waren diese hohen Bussen notwendig. 755

Allen Bestimmungen gemeinsam war die Strafbarkeit auch der fahrlässigen Begehung sowie die mögliche Kombination von Freiheitsstrafe und Busse (BG32 65 I und II); immerhin war jedoch unter bestimmten Umständen auch ein bedingter Straferlass möglich (BG32 66). 756

6.3.3 Fahrzeugbeschlag

Wohl genehmigte der Bundesrat im November 1903 für den Bereich des Zivilprozesses ein Konkordat, wonach ein Schweizerbürger, der in einem anderen Kanton in einem Zivilprozess als Partei auftrat, zu keinerlei Kostensicherstellung angehalten werden konnte. Diesem Konkordat sind AI, FR, NW, OW, UR und VS nie beigetreten[675], doch nicht nur in diesen Kantonen war der Fahrzeugbeschlag gängige Praxis. 757

---

675 "Konkordat vom 5./20. November 1903 betreffend Befreiung von der Verpflichtung zur Sicherheitsleistung für die Prozesskosten", welches immer noch in Kraft ist (SR 273.2). Beigetreten sind bis 1907 ZH, BE, LU, SZ, GL, ZG, SO, BS, BL, SH, AR, SG, GR, AG, TG, VD, NE sowie GE, danach noch 1930 TI und 1979 JU.

758 Der Fahrzeugbeschlag, also die Beschlagnahme eines Motorfahrzeuges, war im juristischen Sinn keine eigentliche Strafmassnahme, sondern eine Sicherungsmassnahme. Der Fahrzeugbeschlag kam nach dem Sinne des Gesetzes dann zum Zug, wenn die Gefahr bestand, dass ein ausserkantonaler oder ausserschweizerischer Fahrzeuglenker für eine über ihn verhängte Busse oder Schadenersatzforderung nicht mehr belangt werden konnte, beispielsweise, weil er bis zur Rechtkräftigkeit des Urteils oder der Busse aus dem Kanton oder der Schweiz ausgereist sein würde.

759 Insbesondere nach der Jahrhundertwende war es nicht aussergewöhnlich, dass tatsächlich oder vermeintlich fehlbaren Lenkern, die von einem Landjäger oder Polizisten angehalten wurden, die Beschlagnahme ihres Fahrzeuges angedroht wurde, wenn sie nicht willens oder fähig waren, umgehend direkt eine hohe Busse zu bezahlen oder andernfalls eine entsprechende Kaution zu leisten. Ob die Busse rechtmässig oder angemessen war, spielte dabei keine Rolle; ebenso wenig der Interessenkonflikt, in dem sich der Landjäger aufgrund seines erwarteten Leidlohnes befand. Tatsache war, dass der bedrängte Lenker Gefahr lief, weitab von seinem Wohnort seiner Mobilität beraubt zu werden, und überdies das kostspielige Motorfahrzeug in nicht immer über alle Zweifel erhabener Obhut zurücklassen zu müssen – wodurch der Fahrzeugbeschlag durchaus den Zug einer Straffmassnahme annahm. In der Folge erwies sich für die Dorfpolizei die Androhung oder der Vollzug eines Fahrzeugbeschlages als patentes und beliebtes Mittel, unwillige Automobilisten zur Leistung der geforderten Sicherheit oder Busse zu bewegen. Zu Recht wurde deshalb der Fahrzeugbeschlag von den Automobilisten und ihren Verbänden als Erpressermethode gebrandmarkt.

760 Die Rechtslage an sich war klar: Ohne gesetzliche Grundlage war die Beschlagnahme zu Pfandzwecken unzulässig; und Androhung, man beschlagnahme das Fahrzeug, wenn der Lenker den verlangten Betrag nicht hergebe, war ungesetzlich und rechtswidrig. Denn selbst wenn der Lenker eine Kaution nicht leisten wollte, durfte zumindest ein Polizist das Fahrzeug nicht beschlagnahmen – dies wäre allenfalls Sache einer Behörde gewesen. Wohnte der Fehlbare im Kanton und konnte er sich ausweisen, so durfte er nicht einmal ersatzweise selbst verhaftet werden; andernfalls war er der zuständigen Polizeibehörde zuzuführen. Erst dieser Polizeibehörde war es erlaubt, den Lenker in Haft zu setzen, wenn dieser nicht von sich aus Kaution für die zu erwartenden Busse und die Kosten anbot[676].

761 Drei Gründe führten dazu, dass der Fahrzeugbeschlag nach dem ersten Jahrzehnt an Bedeutung verlor. Zum einen schuf die Einführung eines gesamtschweizerischen Zivilgesetzbuches um 1912 und eine seit dem Konkl intensiver werdende Zusammenarbeit der kantonalen Verwaltun-

---

676 Gubler, 62.

gen bei den Kantonen das notwendige Vertrauen, dass auch in Fällen, in denen der durch Fahrausweis identifizierte Lenker seinen Wohnsitz in einem anderen Kanton hatte, dieser für ihre Forderungen belangbar blieb. Hinzu kam, dass durch Konk2 73 die Strafkompetenz neu geregelt und der Leidlohn verboten wurde, womit ein direktes finanzielles Interesse an einträglichen Bussen schwand. Was Lenker aus Nichtkonkordatskantonen betraf, so waren per Beschluss der Konkordatskonferenz die Automobilisten aus den Nichtmitgliedskantonen TG, UR und GR ab 1905 wie Bürger aus Mitgliedskantonen zu behandeln – also auch in Fällen, in denen es um die Hinterlegung einer Kaution ging.

Die genaue Handhabe des Fahrzeugbeschlags und sein allmählicher 762
Bedeutungsrückgang, hing aber stets von der Ausgestaltung und der Empfehlung des kantonalen Rechts ab. Es gab durchaus Kantone, die tatsächlich eine gesetzliche Grundlage für den Fahrzeugbeschlag kannten, so beispielsweise Obwalden. Artikel 7 der Motorwagenverordnung von 1900[677] erlaubte es, Fahrzeuge ausserkantonaler Lenker polizeilich mit Beschlag zu belegen, wenn diese bei Übertretungen keine anderen, genügenden Sicherheiten für Busse und Schadenersatz leisten konnten. Dieselbe Bestimmung – ebenfalls für ausserkantonale (sic!) wie für ausserschweizerische – Lenker, fand als Art. 5 Eingang in die Obwaldner Ausführungsbestimmungen zum Konk1[678]. 1905 erging der erwähnte Gleichbehandlungsbeschluss der Konkordatskonferenz für ausserkantonale Lenker, was Obwalden – dem Konk2 noch nicht beigetreten – nicht daran hinderte, den Fahrzeugbeschlag selbst 1922 noch vorzusehen: Art. 25 der Verordnung über den Motorwagenverkehr[679] hielt fest, dass die Fahrzeuge ausserkantonaler Lenker – mangels anderer Sicherheit – mit Beschlag belegt werden konnten.

6.3.4 Bussenwesen

6.3.4.1 "Verleideranteil"

Das Ausfällen einer Busse hatte drei Zwecke: Sie war Sanktion, Präven- 763
tivmassnahme und – zumindest in der Zeit vor dem Krieg – auch eine Geldquelle. Die Funktion der Geldquelle verdankte sie einem Funktionsprinzip, das unter dem Namen "Verleideranteil" respektive "Klägerlohn" in der Literatur zirkulierte. Es beruhte darauf, dass derjenige, der der Behörde eine Übertretung oder einen Gesetzesverstoss zur Anzeige brachte, einen Anteil der Busse erhielt, die auf seine Anzeige hin ausgesprochen wurde.

---

677 Gesetzessammlung OW, Band II, 482-483.

678 Gesetzessammlung OW, Band III, S. 112-113.

679 Gesetzessammlung OW, Band V, S. 11-20.

764 Dieses Prinzip aus dem allgemeinen Verwaltungsrecht galt in vielen Kantonen um 1900 auch im Bereich des automobilen Bussenwesens. Dies erwies sich jedoch rasch als nicht sachdienlich und trübte die Objektivität der Rechtsanwendung. Einerseits förderte diese Regelung das Privatdenunziantentum, denn angesichts der tendenziell hohen Bussbeträge im Automobilwesen ergab sich mit den gängigen Anteilen von 20–30 % am Bussbetrag schnell eine erkleckliche Summe. So sind denn Fälle aktenkundig, in denen dieses Denunziantentum von Privatleuten (fast) gewerbsmässig betrieben wurde, beispielsweise an der Walenseestrecke[680]. Andererseits war der Verleideranteil für die traditionell schlecht entlöhnten Landjäger und Polizisten ein fester und notweniger Lohnbestandteil; was diese Berufsleute in einen ständigen Interessenkonflikt versetzte. Da sich der Automobilist gegen unberechtigte Anschuldigungen kaum verteidigen konnte – meist stand sein Wort gegen jenes des Dorfpolizisten, einer Dorfhoheit oder einer ganzen aufgebrachten Meute – war der Verleideranteil für den Anzeiger meist leicht verdientes Geld.

765 So ist nicht erstaunlich, dass der Verleideranteil von den Automobilisten immer bekämpft und in der Rechtslehre überwiegend kritisiert wurde[681]. Die IV. Konkordatskonferenz vom 23. April 1906 lud in der Folge die Kantone ein, den Verleideranteil abzuschaffen (auf eine Aufforderung oder gar einen Beschluss zur Abschaffung wurde wohlweislich verzichtet – dies wäre auf zu viel Widerstand in den Kantonsregierungen und -parlamenten gestossen). Im Sinne der Gewaltenteilung sollten die Kantone ihre Polizeiorgane dazu anzuhalten, weder Bussen auszusprechen noch deren Höhe vorherzusagen, sondern eine festgestellte Übertretung nur festzuhalten, sich gegen Quittung eine Kaution zu verschaffen und die Anwendung einer Strafe zu versichern[682].

766 Indes, die Umsetzung dieser Aufforderung von 1906 zog sich lange hin. Beispielgebend die Situation im Kantonsrat von Zürich am 3. März 1913, anlässlich der Beratung eines Gesetzes über den Strassenverkehr und die Motorfahrzeuge: Beim § 11, den Verleideranteil betreffend, votierten die Vertreter vom Land für einen Verleideranteil. Anders die Vertreter der Stadt, denn "[...] traurig genug wäre es und ein Armutszeugnis für unsere Beamten, wenn Gesetze von den ausführenden Organen nur mit Hilfe

---

680 Dort wurde das Abfangen von Autos 1907-1909 gewerbemässig betrieben (Hartmann, 7). Gleichenorts trieb auch eine Zivilperson in Militäruniform (anmassenderweise) "Bussen" von vorbeifahrenden Ausländern ein (Gubler, 57-58). Vertiefend vergleiche N 782 ff S. 212.

681 Zahlreich waren die Leserbriefe und Vorstösse aus dem Kreise der Automobilisten und ihren Verbänden. Stellvertretend für den Kreis der Juristen kritisierte Brennwald 1905 die Zürcher Prozessordnung, die für den Anzeiger von Übertretungen immer noch eine Belohnung vorsah (Brennwald: Automobilismus im Recht, 46).

682 TCS-Revue, 1906, 190.

von Prämien durchgeführt werden könnten"[683]. Der Verleideranteil wurde schliesslich noch beibehalten und 1914 durften die Zürcher Gemeindebehörden 30 % jeder Busse an den verzeigenden Polizeiangestellten verwenden. In der Praxis war das der Ausnahmefall; die Stadt Zürich zahlte gar nichts, ebenso viele Landgemeinden[684].

Richtungsweisend im Verzicht auf den Verleideranteil war das Konk2: "Dem Anzeiger darf kein Anteil an den Bussen zufallen, welche wegen Übertretung dieser Verordnung ausgesprochen werden" (Konk2 73 II). Mit dem Verbot des Verleideranteils wurde eine Forderung umgesetzt, die – im Interesse der Unparteilichkeit der Kontrollorgane – von den Motorisierten und ihren Verbänden schon seit Langem gestellt wurde. In der Folge ging in vielen Kantonen die Strafkompetenz vom Polizisten auf die Polizeidirektion über; Polizisten hatten nur noch Kaution zu verlangen. Doch nicht alle Kantone wollten oder konnten freiwillig auf diese entschwindenden Zusatzeinnahmen verzichten: Der Kanton Solothurn, dem Konk2 beigetreten, hatte eine Vollziehungsverordnung zum Konk2 zu erlassen. Der Entwurf dieser Verordnung sah in § 29, durch einen Verweis auf § 195 des kantonalen Strafrechts, einen Verleideranteil von 10 % für Geldbussen vor. Dagegen erhoben diverse solothurnische Automobilbesitzer staatsrechtliche Beschwerde ans Bundesgericht, weil diese vorgesehene Bestimmung dem Konk2 zuwiderlaufe, das Konk2 seinerseits aber der Strafrechtsordnung des Kantons Solothurn vorgehe. Mit Urteil vom 20. September 1917 hiess das Bundesgericht die Beschwerde denn auch gut[685]. 767

6.3.4.2 Bussen als Finanzquelle

6.3.4.2.1 Problematik der "richtigen" Bussenhöhe

Die "richtige" Höhe der Bussen war stets umstritten, vordergründig aus sachlichen Gründen. Einerseits mussten Bussen hoch genug sein, um abzuschrecken – was aber schwierig zu erreichen war, denn zumindest im ersten Jahrzehnt war jeder, der sich ein Automobil leisten konnte, in der Regel vermögend, zumindest aber gut verdienend. Sollte eine auszufällende Busse eine erzieherische Wirkung erzielen, so musste sie, um den Gebüssten spürbar zu treffen, dementsprechend hoch bemessen sein. 768

Andererseits durfte sie nicht im Missverhältnis zu Delikten in anderen Rechtsbereichen stehen – nicht zuletzt, um die Gefahr von Rekursen und damit von Mehraufwand zu mindern: In Beantwortung eines Kreisschreibens des EDI an die Kantone über die Frage, ob sie einer bundesgesetzlichen Regelung des Automobilwesens beipflichten würden, ver- 769

683 AR, 1913, 194.
684 AR, 1914, 170.
685 Burckhardt, 315.

merkte Appenzell Ausserrhoden in seiner Antwort, dass die Bussenminima – zur Vermeidung vieler Rekurse – nicht zu hoch sein sollten[686].

770 Nicht zuletzt sollte die Bussenhöhe auch der mehr oder minderen Geldentwertung Rechnung tragen. Illustrativ dazu der Kanton Obwalden: Die Maximalbussen in den Strafbestimmungen der kantonalen Vorschriften und Verordnungen betrugen 1900, 1904 und 1910 maximal 200 Franken, um 1912 auf 300 Franken zu steigen. 1922 stieg das Bussenmaximum auf 500 Franken an; denn die Geldentwertung der 1920er Jahre hatte die Abschreckungswirkung der Bussen (insbesondere für die finanziell eher gut bemittelten Automobilisten) gemindert[687].

6.3.4.2.2 Finanzbeschaffung mittels Bussen

771 Die Verhängung hoher Bussen konnte auch aus eigennützigen Gründen interessant sein. Automobilisten galten als finanzkräftig, eine Folge des häufigen "sich Freikaufens" der Automobilisten aus Bagatellunfällen[688]. Wenn auch nicht immer, doch so verschiedentlich wurde das Busswesen regelrecht usurpiert, um an der Finanzkraft der Automobilisten teilzuhaben. Einerseits sollten damit leere Gemeindekassen saniert und aufgefüllt werden – wobei die Automobilclubs stets Kritik daran übten, dass die Bussgelder in die Gemeindekassen flossen – andererseits diente der Verleideranteil (also die Beteiligung des Anzeigers am Bussertrag) als Lohnaufbesserung der Landjäger oder als Zusatzverdienst für Privatleute. Automobilisten und Clubs gleichermassen äusserten immer wieder die Vermutung, dass es den Landjägern um diese neue Einnahmequelle ging und weniger um die Erziehung der Fahrzeuglenker[689]. Von offizieller Seite wurden solche Motive selbstverständlich weder bestätigt noch offen ausgesprochen; stattdessen wurde dem Angehaltenen zumeist eine – mangels Messgeräten unwiderlegbare – Übertretung der lokalen Tempolimiten vorgeworfen. Und nicht jeder "initiative" Anzeiger war so redselig wie der praktisch denkende Bäcker Meier in Unterterzen, welcher sich als fleissiger Eintreiber für den Männerchor zu erkennen gab: "So, der [ein angehaltener Automobilist] soll jetzt nur ein paar Napoleons [Goldmünzen] schwitzen, das gibt dann gerade etwas an unseren Männerchor"[690].

772 Es gab aber gewichtige Indizien, dass selbst Gemeinwesen die Bussen gezielt zur Mittelbeschaffung einsetzten. So ist trotz Ausfällung hoher "Depositen" oder "Bussen" von 100 bis 200 Fr. kein Fall bekannt, in

---

686 TCS-Revue, 1910, 76.
687 Wirz, 3.
688 Vertiefend vergleiche N 1097 S. 297.
689 Merki: Siegeszug, 350.
690 Hartmann, 7.

welchem dem verzeigten Lenker die Sistierung des Ausweises angedroht oder dieser gar entzogen wurde[691].

Bemerkenswert war auch die Strafhöhe für Erststrafen. 1910 bezweifelt die Sektion Zürich des ACS, dass in der Schweiz eine zweite polizeiliche Vorschrift zu finden wäre, deren erstmalige Übertretung gleich mit 50 bis 200 Fr. geahndet würde. Daraus gehe der fiskalische Charakter dieser Bussen klar hervor, sie seien in der Tat nichts anderes als eine Automobilsteuer, die bei Zeit und Gelegenheit erhoben werde[692]. 773

Als weiteres Indiz wurde die Unverhältnismässigkeit der Bussenhöhe geltend gemacht. Gemäss dem Prinzip, dass Geldbussen, die nicht erhältlich gemacht werden können, mittels Tagessätzen in Haft umgewandelt werden, entsprach eine Busse von 50 Franken bei einem (vor dem Krieg üblichen und durchschnittlichen) Tagessatz von drei bis fünf Franken einer Haftdauer von mindestens zehn Tagen. Es war unbestritten, dass kein Polizeigewaltiger einen Fuhrmann, Rad- oder Automobilfahrer für mehr als 24 Stunden inhaftieren durfte, doch entsprechende Bussen durfte fast jeder Polizist aussprechen – was den Fiskalcharakter von Bussen weiter erhärtete[693]. 774

Gleiche Wirkung zeigte eine überlange Zustellfrist für Bussbescheide, insbesondere aufgrund einer "Contrevention au vol", also dem versteckten Auflauern und Festhalten einer angeblichen Übertretung, ohne dass sich der kontrollierende Polizist zu erkennen gab[694]. Wurden Bussbescheide den Lenkern erst Monate nach der vorgeworfenen Übertretung zugestellt, erschwerte dies die Verteidigung der betroffenen Person bedeutend, weil sie sich meist nicht mehr genau an die Fahrt erinnern konnte, wegen der sie nach Monaten gebüsst werden sollte[695]. Eine monatelange Zustellfrist brachte die Automobilisten in einen Beweisnotstand und sie waren – mangels der Möglichkeit eines Entlastungsbeweises – der behördlichen Willkür ausgeliefert. Zurecht wurde von Automobilisten und deren Rechtsvertretern gefordert, dass Bussenverfügungen innert Tagesfristen zugestellt sein mussten und nicht erst nach Wochen oder gar Monaten[696]. 775

Die Summe dieser Indizien legte den Fiskalcharakter der Bussen nahe; die pönale oder erzieherische Funktion einer Strafe trat damit in den Hintergrund. Es waren denn auch Fälle bekannt, in denen der Busse ausfällende Polizist nicht überprüfte, ob die Person, die bezahlte, auch 776

---

691 Gubler, 63.
692 Jahresberichte 1910–1916 der ACS-Sektion Zürich, 1910, 7.
693 Gubler, 62-63.
694 Vertiefend vergleiche N 1087 S. 293.
695 Isaac, 178.
696 Brennwald: Automobilismus im Recht, 47.

diejenige war, die zu bestrafen war[697] – Hauptsache, jemand im Wagen bezahlte die Busse oder leistete eine Kaution.

777 Die so erwirtschafteten Beträge konnten durchaus erklecklich sein. In Unterwalden und Grindelwald wurden in Einzelfällen "Bussen" oder "Depositen" von 200 und 500 Fr. von Ausländern erhoben[698]. Tendenziell neigten eher ländliche Gebiete dazu, die Automobilisten als willkommene Einnahmequelle zu sehen. Eine 1904 in der NZZ erschienene Gegenüberstellung zwischen der Stadt Zürich und dem rechten Zürichseeufer in der Region Küsnacht-Erlenbach zeigte, dass diese Landgemeinden meist schon beim ersten Mal das in ihrer Kompetenz stehende Bussenmaximum verhängten. Auf dem Lande waren die Bussen deutlich höher als in der Stadt – dies obwohl die Gefährdung, die aus einer Vorschriftmissachtung resultierte, in der Stadt ungleich höher als auf dem Lande war, für höhere Bussbeträge in der Stadt sprechen würde. Für die Gemeindeautoritäten war die Verlockung gross, bereits zwei Häuser in Strassennähe als "Dorf" zu betrachten und damit 10 Km/h für anwendbar zu halten[699]. Das aber hatte zur Folge, dass das ganze rechte Zürichseeufer als "Dorfzone" galt. Ein Automobilist brauchte für die Strecke dreieinhalb Stunden, während ein Fahrradfahrer dieselbe Strecke in anderthalb bis zwei Stunden zurücklegen konnte[700].

778 Das Motiv der Finanzbeschaffung konnte aber erstaunlicherweise auch dazu führen, dass die einzelne Busse nicht allzu hoch ausfiel – dafür aber beständig gebüsst wurde. So im Beispiel der Nidwaldner Gemeinde Hergiswil aus dem Jahr 1905, die sogar noch aktiv zum Schutze der Erwerbsquelle "Busserträge" beitrug. Dieser Fall war aus zwei Gründen besonders interessant: Erstens wurde der Bussbetrag so niedrig gewählt, dass es kein Rechtsmittel dagegen gab; und zweitens wurden – zum Schutze dieser Einnahmequelle – aktiv Personen daran gehindert, bussgefährdete Automobilisten vor der drohenden Automobilfalle zu warnen: Der Kanton Nidwalden war wegen tiefer Tempolimiten – in den Dörfern galt eine Geschwindigkeit von 6 Km/h – und strengen Kontrollen gefürchtet. In Hergiswil (NW) wurden zeitweilig grundsätzlich und ohne allfälliges Vergehen alle Automobilisten angehalten, und eine vorbereitete Busse verabreicht. Diese Busse betrug meist 20 Franken; und weil dieser Betrag in der Kompetenz der Gemeindebehörden und -polizei lag, war dagegen kein Rekurs oder Rechtsmittel gegeben. Die Luzerner Hoteliers, in Sorge um ihre aus der Region Interlaken anreisenden automobilen Gäste, entsandten deshalb zwei Mann in die Gegend, um die Automobilisten vor der drohenden Gefahr zu warnen. Die zwei Männer stan-

---

697 Jahresberichte 1910–1916 der ACS-Sektion Zürich, 1910, 8, mit Beispiel.
698 Brennwald: Automobilistenrecht, No 249.
699 Diese Qualifikation wurde vom Bezirksgericht Meilen mehrfach bestätigt.
700 Brennwald: Automobilistenrecht, No 244.

den beim Dorfeingang von Hergiswil, hielten die Automobile an und überreichten den Fahrern eine Textkarte folgenden Inhalts: "WARNUNG FÜR AUTOMOBILISTEN. Wenn Sie Unannehmlichkeiten vermeiden wollen, fahren Sie GANZ LANGSAM durch diese Ortschaft. Sollte man Sie trotzdem anhalten, so werden Sie im Dorfe unseren Vertreter finden. DAS KOMITEE". Obwohl die Mission der beiden lediglich darin bestand, die passierenden Automobilisten vor einer Übertretung zu warnen, erregten sie durch ihre Tätigkeit derart den Unmut der "beutehungrigen"[701] Gemeindebewohner, dass man sie – unter dem Vorwand, als Luzerner hätten sie kein Recht, Polizeifunktion auf Hergiswiler Boden auszuüben – kurzerhand verhaftete. Kurz darauf wurde die Gefahr für die zwei Männer so gross, dass sie zurückgezogen werden mussten. Der Vorfall erregte in Presse und Öffentlichkeit dermassen Aufmerksamkeit, dass die Kantonsverwaltungen von OW und NW die Brünigroute wenige Tage später für Automobile wieder schlossen[702]. In diesem Beispiel wurde die Überprüfung der Rechtmässigkeit dadurch umgangen, dass die Busse unterhalb des für einen Rekurs notwendigen Betrages angesetzt wurde.

Es erstaunt nicht, dass eine finanziell motivierte Bussenpraxis dem Vertrauen ins Recht nicht förderlich war. Gubler bezeichnete solches Verhalten als unmoralisch, denn es gewöhne das Publikum daran, dass ein Automobilist rechtswidrig behandelt werden dürfe. Im Volksempfinden werde damit Unrecht zu Recht und der halbwüchsige Knabe auf der Dorfstrasse werfe dann aus einem diffusen "Rechtsgefühl" heraus Steine[703]. Derlei Bussenpraxis wirkte auch demoralisierend auf die Automobillenker: Automobilfahren an sich war gestattet, aber Fahrer, die sich im Vertrauen auf die Loyalität der betreffenden Behörden auf deren Gebiet wagten, wurden ungesetzlich und ungerecht behandelt. 779

6.3.4.2.3 Beispiele örtlicher Fallenbetriebe

Bekannte Örtlichkeiten, die im Verdacht standen, mehr aus fiskalischen und weniger aus rechtsdurchsetzenden oder präventien Interessen besonders intensiv kontrolliert zu werden, wurden in der Fachwelt als "Autofallen", "Fallenbetriebe" oder – aufgrund der Bussen noch zutreffender – als "Mäusefallen"[704] bezeichnet. 780

---

701 Brennwald: Denkschrift, 8.

702 Ganze Begebenheit nach Brennwald: Denkschrift, 7-8; Meyer, 35 sowie einem Bericht des Hoteliers des Hotels Luzernerhof in La Suisse Sportive, No 323, 18. November 1905, 289.

703 Gubler, 63-64.

704 Titel eines Berichts der AR von 1908, betreffend einen Fallenbetrieb auf der Strecke Cham - Zug.

781 Nebst dem bereits vorstehend erwähnten Fallenbetrieb in Hergiswil (NW) sind aus der Zeit vor dem Krieg noch zwei weitere Beispiele besonders erwähnenswert: die Walenseestrecke in den Jahren 1907 bis 1909 und das Gebiet Zürich - Uster - Winterthur in der Zeit um 1914.

782 Der Fall der Walenseestrecke zeichnete sich aus durch eine überschiessende Privatinitiative und einen (fast) gewerbsmässigen Bussenbetrieb, welcher – auf Basis vorgehaltener Geschwindigkeitsübertretungen – zur Einkommensaufbesserung in einem Gebiet diente, das eher automobilfeindlich eingestellt war[705].

783 Zur rechtlichen Ausgangslage: Der Regierungsrat St. Gallen beschloss 1907 für das Sarganserland eine Höchstgeschwindigkeit von 10 Km/h auf offener, geradliniger, ebener Strasse; für alle anderen Stellen galt 6 Km/h. Diese tiefen Limiten bezweckten auch, dass ein Polizist mit seinem Fahrrad das Automobil noch überholen konnte[706]. Trotz dieser klaren Rechtslage herrschte vor Ort Rechtsunsicherheit und die Bussenpraxis trieb bunteste Blüten: Mehr oder minder willkürlich wurden Automobilisten auf Anzeige von Privatleuten hin oder wegen geringfügiger Vergehen belästigt, beschimpft, zur Leistung von Depots genötigt oder gar inhaftiert. Zeitweilig trieb gar eine Zivilperson in Militäruniform anmassenderweise "Bussen" von vorbeifahrenden Ausländern ein.

784 Diverse Beispiele belegten diese Missstände: Der Amerikaner A.A. Anderson, auf der Fahrt von Ragaz nach Zürich, wurde in Mels angehalten und samt Gattin von der Bevölkerung beschimpft, tätlich misshandelt und zur Bezahlung von 45 Fr. Busse genötigt. Herr W. fuhr am 13. Juli desselben Jahres ebenfalls von Ragaz nach Zürich und wurde von zwei Holzerknechten aufgehalten. Sämtliche Zeugen bestätigen die vorschriftsgemässe Fahrt des Fahrers, doch auch ihm wurde eine Zahlung abgenötigt. Die Nachforschungen des Fahrers ergaben, dass ein Wirt in Unterterzen erzürnt war, dass Herr W. ohne Einkehr vorbeifuhr; und der Wirt deshalb – um Herrn W. einen Denkzettel zu verpassen – sich als Polizist ausgab und ins Nachbardorf telefonierte, um Herrn W. aufhalten zu lassen. Herr G., auf dem Weg von Walenstadt nach Kerenzerberg, wurde auch mittels eines Vorwandes angehalten. Angesichts des Wohnsitzes von Herr G. in Zürich verlangte der Gemeindeammann "in liebenswürdiger Weise" 50 Fr. Depot (anstelle der sonst üblichen 100 Fr.)[707]. In einem Bericht über einen weiteren Vorfall schrieb ein Lu-

---

705 Auch das Angebot, dass Fahrzeuge "im Bedarfsfall jedermann im Bezirk Sargans in liberaler Weise gratis" zur Verfügung gestellt wurde, änderte wenig an der automobilkritischen Haltung der Lokalbevölkerung (Hartmann, 3, 7).

706 Hartmann, 5.

707 Alle drei Begebenheiten nach: Hildebrandt, 249-256 sowie 291-296, mit weiteren Beispielen.

xushotel, dass die "hinterwäldnerischen" und "tölpelhaften" lokalen Dorfmagnaten den Versuch der Fremdenindustrie, mehr Gäste in die Schweiz zu locken, durch ihr Treiben zerstörten. Weitere Berichte und Reportagen in Zeitungen und Zeitschriften trugen dazu bei, dass die Walenseestrasse im In- und Ausland als Automobilfalle bekannt wurde. Unter dem Titel "Hütet Euch am Walensee" erschien ein Warninserat in der NZZ, und am 22. August 1908 berichtete die AR unter dem Titel "Die Wegelagerei am Walensee" von lokalen Schikanen und Skandalen[708].

Zeichnete sich der Fall der Walenseestrecke durch Privatinitiative aus, ist der Fall aus dem Gebiet Zürich - Uster - Winterthur beispielgebend für eine straffe Organisation und systematische Bewirtschaftung einer ganzen Region durch die Behörden: 13 Gemeinden aus diesem Gebiet schlossen sich zusammen. An den Dorfeingängen wurden Tafeln mit einer Limite von 10 Km/h aufgestellt; bei Missachtung drohte eine Busse von 15 bis 100 Fr.. Zur Kontrolle wurde ein strenger Überwachungsdienst eingerichtet, in dem sich die Gemeinden tageweise ablösten. Jede Ablösung umfasste zwei Mann (ein Beauftragter der Ortspolizei und ein Kantonspolizist). Der Auftrag lautete, den Fallenbetrieb aufrecht zu erhalten und dazu nötigenfalls die Strasse mit Schlagbäumen zu sperren. Zur Vereinfachung der Koordination wurde gleich eine Zentralverbandsstelle geschaffen, die mit den Gemeindefunktionären die nötigen Beziehungen unterhielt. Durch die Mobilisation verschwand die dermassen installierte Organisation nach kurzer Zeit wieder, doch an ihrer Effektivität und Rentabilität herrschte kein Zweifel[709]. 785

Die Anzahl der Fallenbetriebe nahm nach dem Krieg deutlich ab, doch auch 1926 gab es noch Beispiele dafür: In einem Artikel der AR wurden verschiedene Orte im Kanton SZ des Fallenbetriebes bezichtigt[710]. 786

6.3.4.2.4 Reaktionen der Automobilisten und Verbände

Von den Verbänden wurden die Missstände in Artikeln der Verbandszeitschriften publiziert, so – stellvertretend für viele Berichte – die TCS-Revue über eine Autofalle in Zug sowie über Missstände und "Wegelage- 787

---

[708] AR, 1912, 1-3. Ein regelmässiger Anzeiger wurde namentlich als Denunziant bezeichnet. Der Betreffende - Bäcker, Wirt und Viehhändler Meier in Unterterzen, "mit Nebenerwerb Anzeige und Busse von Automobilisten" - war als ein besonders fleissiger Eintreiber für den Männerchor bekannt. Meier erhob Klage wegen Ehrverletzung und auf Schadenersatz, unterlag aber bis und mit vor Bundesgericht. 1912 wurde Meier wegen Brandstiftung und falscher Anschuldigung zu zwei Jahren Zuchthaus verurteilt; in der Folge ging die Vermutung, dass viele Automobilisten zu Unrecht bestraft worden seien (Gubler, 64).

[709] Gubler, 68-69.

[710] Achtzig Jahre Verkehrspolitik im Spiegel der AR, 153-154.

rei" im Wallis oder – ebenfalls stellvertretend – die ACS-Clubzeitschrift (in diesem besonderen Fall in hämischer Weise) über eine Automobilfalle in Schüpfheim[711]. Auch die AR übte, insbesondere 1920–1922, immer wieder schärfste Kritik an den Fallenbetrieben. 1923 wurde eine ständige Rubrik "Fallen und Kontrollen" eingeführt, welche 1925 in "Kontrollierte Strassen" umbenannt wurde und die über Arbeitsweise und Standorte der Kontrollposten orientierte, wie auch über die Höhe der "ortsüblichen" Bussen[712].

788 Die schweizer Automobilisten selbst reagierten, soweit möglich, mit der Benutzung von Ausweichrouten oder der Flucht ins grenznahe Ausland. Die Sektion Zürich des ACS erstattete in ihrem Jahresbericht für 1911 umfangreichen Bericht über die "Autohetze" im Kanton Zürich und empfahl, in der Schweiz äusserst langsam zu fahren, möglichst Strassen 2. und 3. Klasse zu benutzen und für grössere Ausflüge die Schweiz auf direktestem Weg Richtung Schwarzwald zu verlassen (also auf den Strecken Zürich - Kaiserstuhl oder Zürich - Eglisau - Hüntwangen). Dass die Automobilfeindlichkeit im eigenen Lande schweizer Automobilisten dazu bewog, ihre touristischen Freuden im Ausland zu suchen, belegen die Zahlen der Zollpapiere für Auslandfahrten, welche die Sekretariate der grösseren Sektionen von ACS und TCS für ihre Mitglieder ausstellten. In Relation zur Anzahl immatrikulierter Fahrzeuge nahm die Anzahl dieser "Triptiks" (Zollpapiere) jährlich zu und erreichte bald beachtliche Stückzahlen[713].

789 Dass auch die ausländischen Automobilisten reagierten, belegte der Bericht eines Basler Automobilindustriellen: "Im Kanton Basel [...] kam es vor, dass an einem Tag 10–15 Automobilfahrer gebüsst wurden. Jeder der durchfährt, fahre er nun 10 Km oder mehr, wird einfach angehalten und gebüsst. [...] Fremde Fahrer haben wir sowieso schon bald keine mehr"[714]. Tatsächlich – wegen den Automobilfallen, welche aufgrund der Bussgeld- und Depotpraktiken in einschlägigen Zeitschriften international bekannt wurden, aber auch aufgrund anderer, allgemeiner Schikanen – mieden die Automobiltouristen die Schweiz. Schliesslich verhängte der internationale Automobilverband 1905 einen Boykott über die Schweiz, mit entsprechenden schwer wiegenden negativen Auswirkungen auf die Fremdenindustrie und die Volkswirtschaft. Dieser Boykott wurde im Dezember 1906 auf Zusehen hin provisorisch aufgehoben, aber erst 1911 definitiv beendet[715] – doch er zeigte bis zum Krieg hin seine Wirkungen: Österreich war zwischenzeitlich in die Lücke gesprungen und hiess die

---

711 TCS-Revue, 1917, 97 sowie 1903, 313-314; ACS Clubzeitschrift, 1922, 28.
712 Sager, 18.
713 Gubler, 46.
714 Hildebrandt, 261.
715 Nething, 180.

Automobiltouristen mit offenen Armen und Strassen willkommen, während beispielsweise die AR über Umsatzeinbrüche bei Luxushotels aufgrund ausbleibender Kundschaft berichten musste. Die Gewinne der Hotelbetriebe waren rückläufig, die Garagen der Hotels blieben leer[716].

Der Missbrauch des Bussenwesens zu fiskalischen Zwecken führte also 790
dazu, dass die einheimischen Automobilisten die Schweiz für ihre Ausflüge verliessen und dass die Schweiz – zeitweilig offiziell boykottiert – von den ausländischen Automobiltouristen gemieden wurde[717].

6.3.5 Entzug des Führerausweises

Der Entzug des Führerausweises als Sanktion für Verkehrsregelverstösse 791
war schon im Konk1 vorgesehen, jedoch einzig in Fällen von wiederholten Verstössen (Konk1 3 III). Für erstmalige Verstösse war kein Entzug vorgesehen; ebenso ungeregelt blieb die Frage, ob der Ausweis vorübergehend oder dauernd entzogen werden sollte oder konnte.

Der Ausweisentzug stellte die Verwaltung vor Probleme: Mit dem Konk1 792
oder in den kantonalen Vollzugsverordnungen dazu wurden die gesetzlichen Grundlagen zum Entzug geschaffen, und die Verstösse nahmen aufgrund steigender Verkehrszahlen zu – doch es fehlte an organisatorischen und personellen Mitteln zur Registrierung und Verwaltung von Entzügen und mehrmaligen Verstössen. Diese Administration bedurfte eines eingespielten Verwaltungsapparates, welcher erst aufgebaut werden musste. Bis dahin blieben Fälle von 30 bis 40 Bussen und Verwarnungen eines Lenkers innert weniger Jahre unentdeckt[718], denn eine interkantonale Vernetzung der Registratur fehlte vollständig und gerade ausserhalb der Kantonsgrenzen liessen sich die Lenker einiges zuschulden kommen.

Die IntUek1 enthielt – in Konsequenz zur Nichtregelung des Erwerbes – 793
auch keine Bestimmungen zum Rückzug eines Fahrausweises.

Unter dem Konk2 war ein Entzug möglich bei wiederholter Übertretung 794
oder – neu – auch bei schwerer erstmaliger Verletzung der Verkehrsbestimmungen (Konk2 16 I). Ein Rückzug war neu auch möglich, wenn die Bedingungen, die zum Erwerb der Bewilligung zu erfüllen waren, vom Lenker nicht mehr erfüllt wurden (beispielsweise durch Verurteilung oder ein Gebrechen). Entzogen wurden sowohl die Fahrbewilligungen als auch die Schilder, wobei der Entzug für alle Konkordatskantone wirksam war (Konk2 16 II). Der Entzug konnte sowohl zeitweilig als auch definitiv ausgesprochen werden (Konk2 16 I). Dass der Entzug bereits im Konk2 ein wichtiges Mittel zur Durchsetzung der Verkehrsregeln war, zeigte sich darin, dass er als einzige sanktionsrechtliche Massnahme den Kantonen direkt als Mindestumfang für ihre Vollzugsverordnungen vor-

---

716 AR, 1913, 270 und 657.

717 Vertiefend vergleiche N 384 S. 100.

718 Nussbaum, 119.

geschrieben war (Konk2 72 II). Allerdings wurde der Entzug eher präventiv als Drohmittel eingesetzt; denn trotz Ausfällung von hohen "Depositen" oder "Bussen" von 100–200 Fr. sind keine Fälle bekannt geworden, in denen dem betreffenden Lenker der Ausweis tatsächlich entzogen wurde (was wiederum die These stützt, dass das Bussenwesen oftmals für fiskalische Zwecke missbraucht wurde).

795 Die bundesrechtliche Regelung von 1932 übernahm die Entzugsgründe des Konk2 (Eintritt oder nachträgliches Bekanntwerden von Ausschlussgründen, oder wenn der Lenker in verkehrsgefährdender Weise Verkehrsvorschriften schwer verletzt oder wiederholt übertreten hat) (BG32 13 I). Nun für die ganze Schweiz wirksam, wurde neu eine Mindestentzugsdauer eingeführt: minimal ein Monat, wenn der Lenker in angetrunkenem Zustand ein Fahrzeug gelenkt hatte, und gar minimal ein Jahr, wenn der Lenker alkoholisiert einen erheblichen Unfall verursacht hatte (BG32 13 II). Die Kompetenz zum Entzug lag bei der Verwaltungsbehörde des Wohnsitzkantons (BG32 13 II), gegen deren Entscheid der Rechtsmittelzug an die Kantonsregierung und danach an das EJPD offen stand (BG32 15). Neu eingeführt wurde auch eine behördeninterne Meldeberechtigung respektive -pflicht: Kantone waren berechtigt, beim Wohnsitzkanton eines Lenkers den Entzug eines Ausweises zu beantragen (BG32 13 III); und kantonsintern waren die Polizei- und Gerichtsstellen dazu verpflichtet, die Behörde, die den Fahrausweis entziehen konnte, von jeder strafbaren Handlung in Kenntnis zu setzen, die zu einem Entzug Anlass geben könnte (BG32 68).

6.3.6 Geschwindigkeitsbegrenzer

796 Im Zuge der steigenden Geschwindigkeiten wurden nach dem Konk1 die Bestrebungen zur technischen Entwicklung eines bordeigenen Geschwindigkeitsmessgerätes intensiviert. Basierend auf dessen Technologie sollte danach ein Gerät entwickelt werden, das die Geschwindigkeit dauerhaft aufzeichnen oder gar begrenzen konnte. Es war geplant, notorischen Schnellfahrern den Einbau eines solches registrierenden oder begrenzenden Gerätes vorzuschreiben.

797 In der Folge wurden die entsprechenden Rechtsgrundlagen geschaffen. Das Konk2 sah vor, dass das zuständige kantonale Departement notorischen Schnellfahrern die Anbringung eines die Geschwindigkeit automatisch kontrollierenden Messapparates auferlegen konnte, und allenfalls sogar die allgemeine Einführung eines Kontrollapparates zu beschliessen (Konk2 38). Auch in einigen kantonalen Verordnungen waren ähnliche Bestimmungen zu finden[719]. Doch selbst in den 1920er Jahren waren noch keine Messgeräte entwickelt, welche die Geschwindigkeit einiger-

719 Beispielsweise in der (neuen) Motorfahrzeugverordnung des Regierungsrates des Kantons Luzern vom 13. Juni 1911.

massen präzise anzeigen konnten, sodass diese Bestimmungen mangels technischer Umsetzbarkeit toter Buchstabe blieben.

6.3.7 Clubinternes Sanktionswesen

Motorfahrzeuglenker, die sich nicht an die gesetzlichen Vorschriften hielten, hatten nicht nur hoheitliche Sanktionen zu gewärtigen. Auch die Automobilclubs hatten ein Interesse, die Automobilisten zu einem gesetzeskonformen Verkehrsverhalten anzuhalten. Jeder Automobilist, der in der Öffentlichkeit durch Raserei oder Rücksichtslosigkeit auffiel, warf auch ein schlechtes Licht auf die Sache der Motorisierten an sich. Nebst präventiven und erzieherischen Massnahmen[720] kannten die Clubs auch katharsisch und repressiv wirkende Massnahmen. Durch die Clubsekretariate wurden Mahnungen an fehlbare Lenker verschickt und die Namen rücksichtsloser Fahrer wurden in der Verbandszeitung und im Jahresbericht namentlich genannt und öffentlich an den Pranger gestellt[721]. 798

Danebst verfasste beispielsweise die Sektion Zürich des ACS im April 1914 eine Eingabe an den städtischen Polizeivorstand, und bat – im Sinne der Erziehung in den eigenen Reihen – um öftere Anwendung des Entzugs der Fahrbewilligung gegen unverbesserliche Schnellfahrer[722]. 799

[720] Vertiefend vergleiche N 420 S. 110.
[721] Jahresberichte 1910–1916 der ACS-Sektion Zürich, 1912, 21-22.
[722] AR, 1915, 21.

7 Immissionsbekämpfung

800 Eine wachsende Anzahl zirkulierender Motorfahrzeuge brachte den anderen Verkehrsteilnehmern, dem Publikum und insbesondere den Strassenanliegern eine stetige Zunahme der Belästigung durch Immissionen.

801 Von unbefestigten Strassen wurden Staub und Schmutz aufgewirbelt; durch Signalapparate und Betriebsgeräusche verursachten die Fahrzeuge Lärm und durch ihren Motor Rauch und Russ; schwere Fahrzeuge erschütterten strassennahe Gebäude und nach der Durchfahrt blieben Rauch und Russ zurück.

802 Das nichtmotorisierte Publikum und die Anwohner waren immer weniger bereit, ohne einen unmittelbaren Nutzen von der Motorisierung nur deren Schaden und soziale Kosten in Form von Unfallopfern und zunehmenden Immissionen zu tragen. Der sich regende Widerstand war eine Reaktion auf den Lärm und Gestank, der dem Publikum zugemutet wurde[723].

803 In dieser Frage lag sozialer Zündstoff. Die zunehmenden Immissionen wirkten sich negativ und hemmend auf die Motorisierung und die Freiheit der Motorfahrzeuge aus. Sollte der Automobilkritik oder gar -feindlichkeit des Publikums kein weiterer Vorschub geleistet werden, so musste die Beschränkung und Minderung von Immissionen ein Ziel aller Beteiligten sein, denn die radikalste Form der Immissionsminderung – Sonntags- oder gar gänzliche Fahrverbote – hing in den ersten beiden Jahrzehnten immer wieder über dem motorisierten Verkehr. Es ist ein generelles Kennzeichen der Immissionsproblematik, dass der Druck zu deren Lösung vom Konk1 über das Konk2 zum BG32 stetig anstieg, verursacht durch die ständige Zunahme der Fahrzeugdichte.

7.1 Staub und Kotplage

7.1.1 Bedeutung der Thematik

804 Der Strassenbelag und die Strassen waren um die Jahrhundertwende in einem schlechten Zustand, weil diese während dem Eisenbahnbau vernachlässigt worden waren. Das Strassennetz bestand vor dem Krieg hauptsächlich aus unbefestigten, nicht gewalzten Schotterstrassen; Landstrassen waren geschottert oder gar blosses festgefahrenes Erdreich mit einer Fahrrinne[724].

805 Was die Bereifung der Motorfahrzeuge betraf, so hatte sich schon vor 1900 der Gummireifen durchgesetzt und um 1900 war der luftgefüllte Pneureifen bei den Personenwagen üblich[725]. Gummireifen entwickeln

---

723 Merki: Siegeszug, 167.

724 Nussbaum, 3 und 63.

725 Vertiefend vergleiche N 56 f S. 15.

jedoch auf der Strasse eine unangenehme Saug- und Schleuderwirkung: Die ursprünglich im Querschnitt runde Luftkammer wird durch das Wagengewicht in die Breite gedrückt und schmiegt sich dabei an die Strasse an. Beim Weiterrollen kehrt der Reifen in seine ursprüngliche Form zurück, wodurch kleinste Teile der Strassenoberfläche angesaugt, mitgerissen und weggeschleudert werden. In der Folge wurden bei Trockenheit Passanten eingestaubt und die Wiesen entlang vielbefahrener Strassen mit einem Schleier überzogen; beim (besonders gefürchteten) Regen- oder Tauwetter[726] hingegen wurden die Passanten mit Strassenkot und Dreck beworfen. Der mit Profil versehene Pneureifen hatte noch einen weiteren Nachteil: Er zog Steine aus dem Verbund des Strassenbelages heraus, was zu Steinwurf und Belagsschäden führte.

Die Leidtragenden dieser Probleme waren hauptsächlich die Bauern: 806
Ländliche Kulturen, Wiesen und Felder waren staubbedeckt und beschädigt, das Gras war als Futter unbrauchbar. So widmete denn die landwirtschaftliche Presselandschaft der Staub- und Kotplage mehr Aufmerksamkeit als andere Zeitungen. Sie sprach von der "Autopest" und der Entwertung gewisser Höfe, thematisierte ausführlich die Beschmutzung von Menschen und unterstützte den politischen Widerstand und Sonntagsfahrverbote[727]. So standen insbesondere der Bauernstand und seine Fachpresse der Motorisierung ablehnend gegenüber.

Zu den Leidtragenden gehörten sowohl die Fussgänger und das Publi- 807
kum, als auch die Strassenbauämter, welche über die zunehmenden Belagsschäden und die steigenden Unterhaltskosten klagten. Doch der Staub war selbst für die Automobilisten ein Problem, denn er nahm ihnen die Sicht auf die Strasse. Für die Automobilisten hatte die Staubfrage noch eine weitere Dimension: Eine Lösung der Staubfrage würde die Akzeptanz des Motorfahrzeuges deutlich erhöhen, denn der Staub belästigte eigentlich jeden, womit argumentativ auch jeder zur Antipathie gegen die Motorisierung berechtigt war. Mit der Lösung der Staubproblematik würde dieses Argument hinfällig.

Lösungen waren gesucht, denn das Problem wurde durch den zunehmen- 808
den Verkehr und die steigenden Geschwindigkeiten jährlich grösser; und der Umfang und die Reichweite der Immissionen nahmen beständig zu.

7.1.2 Rechtliche Lösungsansätze

Eine Lösung des Problems musste bei den massgebenden Faktoren des 809
Problems ansetzen: dem Strassenbelag und der Bereifung.

Dem Faktor "Strassenbelag" war weniger durch breitenwirksame 810
Rechtsnormen beizukommen als vielmehr durch strassenbauliche Mass-

---

[726] NZZ, Nr. 490, 1927, S. 2.

[727] Nussbaum, 64-65, mit weiterführenden Belegstellen.

nahmen[728]. Der Faktor "Bereifung" hingegen konnte durch konkrete, an die Allgemeinheit gerichtete Rechtsnormen beeinflusst werden.

811 Die radikalste Form der Problemlösung – ein Verbot der Gummireifen – wurde nie erwogen, zu offensichtlich waren die Vorteile dieses Bereifungstyps. Der rechtliche Hebel zur Eindämmung der Probleme setzte in der Drosselung der Geschwindigkeit an, da höhere Fahrgeschwindigkeiten auch stärkere Immissionen zur Folge hatten. Da aber die Geschwindigkeitslimiten auch noch aus anderen Gründen erlassen wurden, erfolgt deren Betrachtung nicht hier und isoliert, sondern im Kontext des jeweiligen Sach- oder Problemzusammenhanges[729].

812 Das Konk1 enthielt noch keine rechtlichen Bestimmungen zum Schutz des Publikums vor Immissionen, welche auf einer Temporeduktion basiert hätten. Im Wissen um die Staub mindernde Wirkung von Geschwindigkeitsbeschränkungen wurden allerdings in verschiedenen Gemeinden faktische Massnahmen zur Tempodrosselung ergriffen: Äusserst sorgfältig gepflegte, insbesondere tief genug ausgehobene Entwässerungsrinnen zwangen die Automobilisten automatisch zu langsamer Fahrt[730], wollten sie nicht vom Gefährt geschleudert werden oder diesem ernsthafte Schäden zufügen.

813 Das Konk2 hingegen enthielt zur Staub- und Kotproblematik sowohl betriebliche Vorschriften als auch Ausrüstungsvorschriften. Betrieblicher Natur war die Vorschrift, auf stark begangenen Strassen die Geschwindigkeit derart zu verringern, dass das Publikum weder durch Kotwurf noch durch Staubwirbel ernstlich belästigt wurde (Konk2 35 IV). Zahlreicher waren die Ausrüstungsvorschriften: Das Auspuffende musste möglichst nahe am Rahmen des Chassis angebracht sein und es durfte nicht gegen den Boden gerichtet sein (Konk2 3 II). Dadurch wurde die Aufwirbelung von Staub und Kot durch pulsierend austretende Abgase verhindert. Überdies musste das Fahrzeug über einen wirksamen Auspufftopf verfügen (Konk2 4 I lit. d), was nebst dem Effekt der Lärmdämmung auch den Effekt hatte, den vom Motor kommenden pulsierenden Abgasstrom in einen gleichmässigen, kontinuierlichen Abgasstrom umzuformen.

814 1932 wurden die betrieblichen Vorschriften verschärft und als Generalklausel formuliert: Überall, wo das Fahrzeug Anlass zu Belästigung des Publikums Anlass bieten konnte, war abzubremsen oder anzuhalten (BG32 25 I, VOBG32 42). Durch die zwischenzeitlich auf breiter Front

---

728 Der immissionsrelevante Strassenbau hat nur indirekt eine rechtliche Komponente, die im Rahmen dieser Arbeit zu betrachten sein wird - nämlich die Finanzierung des Strassenbaus.

729 Beispielsweise Schutz der Strasse, Sicherheit der anderen Strassenbenutzer, oder Schutz vor Kot, Staub und Lärm.

730 Flik, 132.

angelaufene bauliche Verbesserung beziehungsweise Verfestigung der Strassenbeläge verlor diese Vorschrift jedoch an Bedeutung und es kam ihretwegen zu keiner Beeinträchtigung des Verkehrsflusses.

Die ausrüstungsmässigen Vorschriften übernahmen grundsätzlich die Bestimmungen des Konk2, wobei aufgrund der zwischenzeitlichen Fortschritte im Karosseriebau eine neue Lokalisierung des Auspuffendes gefunden werde musste. Da die Karosserie den tragenden Rahmen überragte, genügte die Führung des Auspuffendes bis zum Rahmen nicht mehr, da sich sonst die Abgase unter der Karosserie gesammelt hätten. Der Auspuff musste deshalb neu bis zum Rande der Karosserie geführt werden (VOBG32 12 I lit. k). 815

7.1.3 Weitere Lösungsansätze

Die Suche nach technischen Lösungen für das Staub- und Kotproblem war eine Symptombekämpfung, wenn auch eine halbwegs wirksame. Das Publikum wurde durch Schutzbleche am Fahrzeuge geschützt; eigentliche "Kotflügel" fingen den Aufwurf von Kot und – reduziert – Staub ab. Mit steigenden Geschwindigkeiten mussten diese Flügel verbreitert werden, weil zunehmende Geschwindigkeit mehr Schmutz aufwirbelte. Zwecks Schutz des Publikums gab es zeitweilig Versuche mit einer anderen Kotschutzvorrichtung. Diese basierten alle auf demselben Grundprinzip: Ein Vorhang, gebildet von Borsten, Ketten, Eisenmaschen oder ähnlichem, wurde vor dem Rad an dessen Nabe befestigt[731]. Diese besenartigen seitlichen Kotschützer konnten sich aber nicht durchsetzen, eine Folge der beschränkten Wirksamkeit und Praktikabilität. 816

Da die Wagen offen karossiert waren, schützten sich die Fahrer selbst mit bodenlangen Spezialmänteln. Ab 1904 kamen Windschutzscheiben auf, welche die Lenker ebenfalls vor Wind, Staub und Kotspritzer schützte. Der kurz darauf zur Scheibenreinigung eingeführte Scheibenwischer musste jedoch bis zum Krieg meist noch von Hand betätigt werden[732]. 817

Der entscheidende Ansatz zur Lösung der Staub- und Kotproblematik waren die strassenbaulichen Massnahmen. Über mehrere Entwicklungsstufen wurde eine Strassenbautechnologie entwickelt, die das Problem endgültig lösen sollte. Die ersten Ansätze – Staubbindung durch Besprengung, Beschichtung der Strassenoberfläche oder die Tränkung der Strasse – waren günstig und wurden von den Kantonen meist subventio- 818

---

731 Automobilclubs veranstalteten Mess- und Vergleichsfahrten mit diversen Fabrikaten. Dazu wurde mit verschiedenen Fabrikaten, aber immer gleicher Geschwindigkeit, durch eine verschmutzte Normgasse gefahren. Seitlich der Gasse befanden sich Messfelder, deren Verschmutzungsgrad nach der Durchfahrt bestimmt wurde (AR, 1912, 55-57).

732 Merki: Siegeszug, 173.

niert[733], doch sie waren nur von beschränkter Wirksamkeit und mussten ständig wiederholt werden. Ab circa 1910 wurden die Prinzipien der Teerstrasse sowie der Strasse aus Betonplatten bekannt, bis sich schlussendlich die Technologie der Asphaltierung etablieren konnte. Jede dieser letzten drei Methoden hatte Vor- und Nachteile, aber keine von ihnen war günstig, was dazu führte, dass vor dem Krieg nur wenige Teilstücke befestigt und saniert wurden[734].

819 Als letzte Massnahme zu erwähnen blieben die Aufrufe, die vonseiten der Verbände regelmässig an ihre Mitglieder ergingen und in welchen – im Sinne der Akzeptanzsteigerung – zur Rücksichtnahme und Tempodrosselung aufgerufen wurde[735].

7.2 Lärm

7.2.1 Lärmquellen

820 Bei den Lärmquellen war zwischen den konstruktiv bedingten und den vom Lenker durch seine Fahrweise beeinflussbaren Lärmquellen zu unterscheiden.

821 Zu den konstruktiv bedingten Lärmquellen gehörte der Motor. Da der Verbrennungsvorgang im Motor noch nicht vollkommen gesteuert werden konnte, kam es zu Fehlzündungen des Gemischs, welches sich erst im Auspufftopf entzündete und einen lauten Knall verursachte. Nicht nur Tiere, sondern auch Menschen konnten ob dem unerwarteten, ohrenbetäubenden Knallen im Auspufftrakt erschrecken.

822 Im weiteren hatten die frühen Fahrzeuge im Motorenbereich eine offene Karosserie, um eine genügende Motorenkühlung sicherzustellen. Motoren mit Wasserkühlung laufen an sich leiser als solche mit Luftkühlung, denn die Kühlflüssigkeit absorbiert die Schallwellen des Verbrennungsvorgangs; überdies erlaubt der Einsatz wassergekühlter Motoren eine im Motorenbereich geschlossene Fahrzeugkarosserie. Doch erst auf dem Pariser Automobilsalon von 1902 war die überwiegende Zahl der Fahrzeuge mit Wasserkühlung ausgerüstet[736].

823 Nicht nur die Kühlung, auch die Schmierung der Motoren verursachte anfänglich Lärmprobleme. Das schnell laufende Ventilgestänge sowie die

---

733 Beispielsweise im Kanton UR: Gemäss Art. 4. der kantonalen Motorfahrzeugverordnung vom 20. März 1919 konnte der Regierungsrat Gemeinden und Verkehrsvereinen, die wirksame Massnahmen gegen die Staubplage auf kantonalen Strassen ergriffen, angemessene Beiträge gewähren (Gisler-Jauch, 101).

734 Vertiefend vergleiche N 1511 ff S. 408.

735 Beispielhaft für viele weitere: TCS-Revue, 1911, 223-224.

736 AR, 1913, 705.

Stirnradketten[737] bedurften der häufigen Schmierung und Justierung. Erst im Laufe der Entwicklung gelang es, den Schmiermittel- und Ölbedarf der Motoren soweit zu reduzieren, dass Ventilsteuerung und Stirnrad durch Blechgehäuse verschalt werden konnten. Die in die Gehäuse eingefüllten Ölbäder wirkten nicht nur schmierend, sondern auch kühlend und lärmdämpfend.

Nebst den technisch zwingenden Gründen führten auch optische Gründe zu zurückhaltender Motorenisolation: Der Motor, Zeichen und Symbol der Kraft, sollte sicht- und hörbar sein; und bis in die 1930er Jahre begeisterte man sich an überlangen Motorhauben und wuchtig daraus hervorragenden chromglänzenden Auspuffrohren. 824

Eine weitere Lärmquelle stellten die Getriebe dar. Ab 1895 tauchten verschalte, mechanische Getriebe auf. Diese waren aber unsynchronisiert, das heisst: Ein stillstehendes Zahnrad musste durch brüsken Ruck mit einem sich drehenden Zahnrad verbunden werden – was in der Regel bei jedem Schaltvorgang mit beträchtlichem Lärm verbunden war. Dementsprechend waren die Zahnräder der Getriebe auf eine unsanfte Belastung hin optimiert, nicht auf lärmreduzierten Lauf – ein für das Geräuschverhalten des Getriebes heute noch zentraler Faktor. 825

Lärm resultierte auch aus der Kraftübertragung in den Fahrzeugen. Bei den ersten Fahrzeugen, welche Daimler, Benz und andere ab 1886 konstruierten, war der Motor hinter den Passagieren montiert. Erst nach Lizenzvergaben im Jahre 1889 platzierten die Franzosen den Motor vor den Fahrgästen[738]. Die angetriebene Achse blieb hinten – denn das Frontantriebprinzip, welches Lenkung und Antrieb auf einer Achse kombinierte, war erst um 1930 marktreif[739] – während der Motor nun vorne war. Dadurch wurde eine Kraftübertragung notwendig. 826

---

[737] Die Ein- und Auslassventile des Motors müssen zu genau bestimmten Zeiten geöffnet und geschlossen werden. Die Ansteuerung dieser Ventile erfolgt über eine rotierende Nockenwelle. Damit diese Nockenwelle bei hohen Drehzahlen absolut synchron mit der Kurbelwelle läuft, müssen diese zwei Wellen entweder mit Zahnrädern oder mit einer nichtdehnbaren Kette verbunden sein. Diese Kette wird Stirnradkette genannt. Gegen Ende des 20. Jahrhunderts wurde sie durch gezahnte Riemen - sogenannte Zahnriemen - abgelöst, welche aber bei Hochleistungspersonenwagen regelmässig ersetzt werden müssen.

[738] Temming, 162 und 181.

[739] Schon um die Jahrhundertwende hatte man in Frankreich versucht, Wagen mit Frontantrieb zu bauen, aber die technischen Probleme konnten nicht gemeistert werden. 1929 erschien ein amerikanischer Luxuswagen, konstruiert von Erret Lobban Cord, als erstes Serienfahrzeug mit Frontantrieb; europäische Automobilfirmen, voran DKW (1931) und Citroen, zogen nach (Temming, 162 und 181).

827 Die dafür anfänglich eingesetzten Transmissionsriemen waren den steigenden Motorenleistungen bald nicht mehr gewachsen. Der Kettenantrieb, 1891 aus dem Fahrradbau übernommen[740], war laut, musste gut geschmiert und ständig nachgespannt werden und – er rasselte beständig. Der leisere Kardanwellenantrieb, 1897 in Frankreich und 1898 in Deutschland erstmals vorgestellt, war 1902 zumindest bei den kleineren Fahrzeugen Standard, für schwere Wagen wurde aber auch 1907 noch immer Kettenantrieb bevorzugt[741]. Folge dieser Art der Kraftübertragung war Kettenlärm, der erst in der Zeit vor dem 1. Weltkrieg gänzlich vom Kardanwellenantrieb beseitigt wurde.

828 Als weitere Lärmquelle in Betracht zu ziehen waren Komponenten, die durch intensiven Gebrauch ausgeleiert waren.

829 Zu den vom Lenker beeinflussbaren Lärmquellen zählten vorab die Warninstrumente. Diese waren laut und von vielfältigem Klang, denn erlaubt war ursprünglich alles: Hörner, Pfeifen und Schellen – Hauptsache, es war laut und vom Lenker rasch einsetzbar. Nicht minder bedeutsame Lärmquelle dieser Kategorie war das Fahren mit offenem Auspuff, das heisst der Betrieb des Wagens ohne Schalldämpfer[742].

7.2.2 Tageslärm und Nachtlärm

830 Nicht immer war das Zusammenspiel der einzelnen Lärmquellen gleich; am Tag oder in der Nacht war die Gewichtung unterschiedlich.

831 Für den Tageslärm publizierte die NZZ 1919 eine "Hitparade" der Lärmintensität: Schwächstes Geräusch war das Rollen der Personenautos. Es wurde übertroffen vom Rattern der Strassenbahnwagen, dem Knattern der Motorräder sowie dem Rasseln der Lastwagen. Dominant aber war das Konzert von Warnhupen und Tramglocken[743]. In der zeitgenössischen Presse kreisten die Lärmklagen hauptsächlich um zwei Lärmquellen: das Fahren mit offenem Auspuff, welches immer wieder Tiere und Menschen erschreckte, und den Einsatz der Warninstrumente. Der Lärm der Warninstrumente nahm beständig zu, denn durch die Zunahme des motorisierten Verkehrs fielen mehr Kreuzungsvorgänge an und es verkehrten mehr schnelle Fahrzeuge. Kritisiert wurde auch, dass kein einheitliches Warnsignal vorgeschrieben war.

832 Nachts suchte die tagsüber arbeitende Bevölkerung Ruhe und Erholung im Schlaf. Grundsätzlich waren in der Nacht deutlich weniger Fahrzeuge unterwegs, insbesondere, weil die Beleuchtungsfrage lange ungelöst blieb. Aufgrund der nächtlichen Ruhe wurden diese wenigen Fahrzeuge

---

740 Panhard baut einen 3-PS-Wagen mit vorne liegendem Motor und Kraftübertragung auf das Hinterrad durch zwei seitliche Ketten (Temming, 162).

741 Temming, 163 und 169, sowie AR, 1913, 705.

742 Vertiefend vergleiche N 848 ff S. 228.

743 Nussbaum, 68.

jedoch deutlich wahrgenommen. Kritisiert wurde vor allem das nächtliche Warnen und Hupen mit den Signalinstrumenten, denn diese waren nachts kilometerweit zu hören[744]. Öfter als am Tag beklagt wurde auch das Fahren mit offenem Auspuff – ein Phänomen der Nacht, denn dann waren die Polizeiwachen unbesetzt[745]. Ebenso spielte der Motorenlärm – im Gegensatz zu Tag – eine Rolle. Ursache des Motorenlärms war in den Städten die langwierige Suche nach einem Parkplatz oder das lange Laufenlassen der Motoren beim Parkieren der Fahrzeuge. In der Motorisierungswelle nach dem Krieg wurden die Fahrzeuge mangels genügender Parkplätze nachts oft einfach an den Strassenrändern stehen gelassen[746]. In der Nacht waren auch die (zahlenmässig häufiger vorkommenden) Motorräder deutlicher wahrnehmbar. Zu Klagen Anlass gaben auch die Molkereilastwagen, welche frühmorgens ganze Quartiere aufweckten.

Handlungsbedarf war damit gegeben. Wie die Staub- und Kotplage nahm 833
auch die Lärmbelastung des Publikums mit steigender Verkehrsdichte zu und damit der Ruf nach Lärmbeschränkung, nach Ruhe und notfalls nach nächtlichen oder gänzlichen Fahrverboten für motorisierte Fahrzeuge.

7.2.3 Lärmreduktion

Das Hauptproblem bei der Lärmreduktion war die Unmessbarkeit des 834
Lärms: Eine wissenschaftlich fundierte Schallmessungsmöglichkeit fehlte, die Einheiten des "Dezibels" und des "Phons" wurden erst Ende der 1920er Jahre eingeführt[747]. Das machte die technische und rechtliche Erfassung des Problems schwierig. Statt klar definierte Grenzwerte festzulegen und deren Einhaltung zu kontrollieren, mussten Lärmreduktionsmassnahmen technischer und rechtlicher Natur an Hand genommen werden.

Die Verschiedenartigkeit der Quellen erforderte für jede Lärmquelle ein 835
gesondertes Vorgehen zur Lärmreduktion. Bei den konstruktiv bedingten Lärmquellen wurde über die Jahre durch konstruktive Verbesserungen eine allmähliche Lärmreduktion erreicht. Bei den vom Lenker beeinflussbaren Lärmquellen war eine raschere Eindämmung möglich, indem unmittelbar mittels rechtlicher Normen auf den Betrieb des Fahrzeugs Einfluss genommen wurde.

---

[744] NZZ, Nr. 464, 1926, S. 2.

[745] VSS-Zeitschrift, 1926, 44. In dieser Artikelserie berichtete Polizeiinspektor Heusser aus Zürich über die aktuelle Lage und Probleme im täglichen Strassenverkehr.

[746] Beispielweise in Luzern (Meyer, 72).

[747] Merki: Siegeszug, 175.

7.2.3.1 Gebrauch der Warninstrumente

836 Die Eindämmung des von Warninstrumenten stammenden Lärms setzte in mehreren Punkten an: einerseits einer Reglementierung über Bauart und Klang der Signalapparate sowie Ausrüstung der Fahrzeuge mit denselben. Dieser Aspekt der Bekämpfung von Signallärm wurde im Rahmen der Ausrüstung und Zulassung der Fahrzeuge bereits beleuchtet[748]. Andererseits erfolgte eine Reglementierung des Gebrauchs der Warnvorrichtung, also eigentliche Betriebsvorschriften, deren Entwicklung im Folgenden näher beleuchtet wird.

837 Die ersten Betriebsbestimmungen waren von Vorsicht geprägt; sie verlangten – aufgrund der Neuartigkeit des Gefährts und der Unvertrautheit des Publikums – einen vielfältigen und intensiven Einsatz der Warnvorrichtung. Die Verordnung betreffend den Strassenverkehr des Kantons Obwaldens von 1900[749] regelte in Art. 4, dass Kreuzen oder Überholen durch dauerndes Warnsignal anzukünden waren. Eine ähnliche Bestimmung kannte die neue Motorfahrzeugverordnung des Kantons Luzern vom 21. März 1903, gemäss der vor unübersichtlichen Stellen zwingend präventiv zu warnen war[750]. Detaillierter dann die Regelung im Konk1: Beim Kreuzen oder Überholen von Fuhrwerken, Fahrrädern, querenden Fussgängern sowie vor scharfen Kurven und Einmündungen von Flur- und Privatwegen war zwingend zu warnen, überdies war bei Nachtzeit oder Nebel "ab und zu" zu warnen (Konk1 6). Die Gesetze verpflichteten also zu einem häufigen Einsatz der Hupe.

838 Mit der steigenden Fahrzeugdichte wurde der Signallärm zum Problem. Rein rechnerisch betrachtet bewirkten mehr zirkulierende Fahrzeuge eine inflationäre Zunahme der Begegnungen zweier Fahrzeuge und damit der gesetzlich vorgeschriebenen Warnsignale. Der Nutzen der zwingenden Signalgebung war ambivalent. Einerseits war sie wichtiges Warn- und damit Sicherheitsinstrument, andererseits war der Warneffekt fraglich, denn es musste stets gehupt werden[751], ob nun Gefahr und Bedarf bestand oder nicht.

839 Die Warnpflicht hatte auch eine subjektiv-soziale Komponente: Das Publikum sagte, das ständige Warnen diene nur dem Schnellfahren – anstatt vorsichtig und langsam zu fahren werde gewarnt, gerast und die Kurven geschnitten – und verwies auf den (trotz höherer Fahrzeugdichte) ruhigeren Verkehr in England oder den USA. Die Automobillenker entgegneten, das Verhalten der Nichtautomobilisten sei blosse Schikane; diese blieben bewusst und absichtlich stehen, bis der Automobilist ge-

---

748 Vertiefend vergleiche N 499 ff S. 131.
749 Gesetzessammlung OW, Band II, 482-483.
750 Meyer, 23.
751 Merki: Siegeszug, 176.

hupt habe[752]. Von Salis-Soglio wies zurecht darauf hin, dass die Art und Weise der Signalgebung massgeblich die Wahrnehmung des Klanges beeinflusste: Ein Signal konnte höflich wie ein Gespräch gegeben werden, aber auch fordernd, schreiend oder drohend[753]. Ab 1905 war das Prinzip der durch Abgas betätigten Hupe bekannt, wodurch der Signalton lauter wurde als bei den manuell betriebenen Hupen[754]. Lautere Signalapparate sorgten aber wiederum für böses Blut unter den Kritikern, weil sie den Vorrang des Automobils auch akustisch eindrücklicher unterstrichen.

Die Klagen über Signallärm entsprangen also auch einem menschlichen 840
Fehlverhalten, mangelnder Rücksicht und sozialem Fehlverhalten beider Seiten (Automobilisten und Publikum)[755]. Die Automobilclubs und Fachzeitschriften erkannten dieses schwelende Konfliktpotenzial und reagierten. Die TCS-Revue schlug 1908 Strafbestimmungen gegen zu viel Rauch und Lärm vor[756] und 1913 räsonierte die AR unter dem Titel "Wann brauche ich die Hupe?" pro und kontra der häufigen Signalgebung. In der Diskussion um das exzessive Hupen kam unter Automobilisten selbst die Theorie auf, man sei ein umso besserer Autofahrer, je weniger man hupe. Dies bewog einen Teil der Lenker, viel zu wenig zu warnen[757].

Die Gerichte, im Gegensatz zum Publikum, honorierten die Lärmbe- 841
kämpfungsanstrengungen der Clubs nicht. Bei Prozessen über Verkehrsunfälle prüften die Richter konsequent, ob den gesetzlichen Vorschriften entsprechend bei jeder Kreuzung und Gefahr gewarnt worden war[758]. Oft wurde dem in einen Unfall verwickelten Automobilist vorgeworfen, zu wenig oder gar nicht gewarnt zu haben. Dies bewog einen anderen Teil der Lenker, präventiv und immer, also viel zu oft, zu warnen[759].

Eine verbesserte rechtliche Regelung war dringend geboten, denn die 842
Belastung durch übermässigen Gebrauch des Warnsignals entsprang nicht dem Fehlen von Gesetzesnormen, sondern dem Befolgen vorhandener, aber problemträchtiger Normen.

Das Konk2 erkannte dies und regelte den Gebrauch des Signalapparates 843
neu, indem deutlich zwischen notwendiger und überflüssiger Signalgebung unterschieden wurde. Zu warnen war nun nur noch, so oft als es zur Sicherheit des Verkehrs als nötig erschien, immerhin aber namentlich in

752 Nussbaum, 69-70.
753 von Salis-Soglio, 39.
754 Fondin, 98.
755 Nussbaum, 71.
756 TCS-Revue, 1908, 243.
757 AR, 1913, 436.
758 Nussbaum, 69.
759 AR, 1913, 436.

scharfen Kurven oder wenn der Lenker von einer Strasse in eine andere abbog. Es war jedoch verboten, in Städten und Dörfern oder zur Nachtzeit ohne Grund zu warnen (Konk2 31 I, II und III).

844 Im Laufe der 1920er Jahre verlor das Problem der Signalgebung durch die Gewöhnung des Publikums an Bedeutung: Je selbstverständlicher das Publikum dem Automobil den Vortritt liess, desto weniger musste gewarnt werden. Als Folge der Gewöhnung und Verkehrserziehung des Publikums wurde die Hupe langsam überfüssig, nachdem ihr Gebrauch noch vor kurzem vorgeschrieben war. Die Automobilclubs forderten ihre Mitglieder auf, die Hupe nur noch im Notfall zu benutzen[760].

845 Ungelöst blieb aber das Problem der Warnsignale in der Nacht. Das Konk2 unterschied noch nicht zwischen Tag und Nacht. Eine akustische Warnung war nachts wenig sinnvoll, weshalb die Automobilclubs ihre Mitglieder anhielten, nächtlichen Huplärm zu vermeiden. Die technische Lösung des Problems kam erst im Laufe der 1920er Jahre: die Warnung mit Licht. Und das Bundesgericht hielt 1928 fest, dass das akustische Signal nachts durch das optische Signal zu ersetzen sei[761].

846 Dieser technische Fortschritt wurde von den Bundesnormen 1932 aufgenommen. Auslegungsbedürftig schrieb BG32 20 noch vor, den Signalapparat dort zu verwenden, wo es die Sicherheit des Verkehrs erforderte. Präziser äusserte sich die VOBG32. Der grundlose und übermässige Gebrauch war untersagt; in Ortschaften hatte die Signalgebung besonders kurz und nur durch die in der VOBG32 erlaubten Warnvorrichtungen zu erfolgen. Die Benutzung der Warnvorrichtung war verboten, ausser zur Abgabe von eigentlichen Warnungszeichen. Die Warnung mittels optischer anstelle akustischer Signale war ab Eintritt der Dunkelheit erlaubt und innerorts von 23 Uhr bis Eintritt der Tageshelle sogar Pflicht; in dieser Zeit durften akustische Signale nur noch in Notfällen gegeben werden (VOBG32 I, II, III, IV).

847 Die VOBG32 enthielt überdies eine erste Sonderregelung für Einsatzfahrzeuge: Feuerwehrmotorfahrzeuge, welche auf dem Weg zu einer Hilfeleistung waren, durften eine besondere Warnvorrichtung verwenden (VOBG32 V).

7.2.3.2 Auspuff und Schalldämpfer

848 Die rechtliche Regulierung des Abgastrakts erfolgte nicht primär aus Gründen der betrieblichen Sicherheit, sondern um das Publikum vor Immissionen zu schützen. Im Vordergrund stand der akustische Schutz vor Lärmbelästigung, sekundär ging es um den Schutz vor aufgewirbeltem Staub und Kot.

---

760 Merki: Siegeszug, 364.
761 Merki: Siegeszug, 364.

Die Lärmbelästigung entstand dabei vor allem durch das Fahren "mit offenem Auspuff". Viele Fahrzeuge hatten im Abgastrakt eine vom Fahrer bedienbare Klappe, welche die Abgase nach dem Motorenblock direkt ins Freie entweichen liessen, anstatt diese durch den Schalldämpfer zu führen. Das erbrachte eine spürbare Mehrleistung, und ein lautes Donnern und Knallen war als ein Zeichen von Leistung auch erwünscht; allerdings führte das Fahren mit offenem Auspuff zu grösserer Rauch- und erheblich grösserer Lärmentwicklung. Lärm und Krach aber wurden mit der zunehmenden Verbreitung der Motorfahrzeuge immer mehr als störend und belästigend empfunden. 849

Im Konk1 war der akustische Publikumsschutz noch kein Thema. Das Konk2 enthielt jedoch bereits sachbezügliche Ausrüstungs- und Betriebsvorschriften. Im Gegensatz zu den meisten anderen Ausrüstungserfordernissen des Konk2, die bereits in der IntUek1 (zumindest grundsätzlich) verlangt wurden, waren in der IntUek1 keine Vorschriften zur Lärmverminderung aus dem Auspuff zu finden. Das Konk2 verlangte jedoch einen wirksamen Auspufftopf (Konk2 4 I lit. d), wodurch die durch den Auspuff entweichenden Betriebsgeräusche leiser und gleichförmiger wurden. Das Fahren mit offenem Auspuff wurde mittels der Betriebsvorschrift von Konk2 32 untersagt. Konk2 32, welcher überdies alle Lärm verursachenden Aspekte des Fahrzeugbetriebes betraf, wurde jedoch laufend missachtet; insbesondere nachts, wenn die Polizeiwachen unbesetzt waren[762]. 850

Die Bundesvorschriften von 1932 enthielten Ausrüstungs- wie Betriebsvorschriften. Nachdem die betriebliche Vorschrift des Konk2, nicht mit offenem Auspuff zu fahren, schlecht eingehalten wurde, verbot die neue Regelung nun den offenen Auspuff mittels einer Ausrüstungsvorschrift: Das Motorfahrzeug musste eine Schalldämpfungsvorrichtung haben, deren Wirkung vom Führer nicht beeinträchtigt werden konnte (BG32 21 II). Die VOBG32 verordnete überdies den Einbau einer wirksamen Schalldämpfvorrichtung von dichtem Material, womit ein Auspufftopf nun zwingend vorgeschrieben war (VOBG32 12 I lit. k). Die Ausrüstung des Fahrzeuges mit einem Schalldämpfer, der nicht umgangen werden konnte, war damit Vorschrift geworden. 851

Auf betrieblicher Ebene galten erstens die Generalklauseln von BG32 21 I – "der Führer hat dafür zu sorgen, dass kein übermässiger Lärm, Rauch oder Geruch entsteht" beziehungsweise VOBG32 41 I, wonach bei der Bedienung des Motorfahrzeugs jeder vermeidbare Lärm zu unterlassen und der Motor bei stehendem Fahrzeug abzustellen war. Zweitens drohte die behördliche Stilllegung von Fahrzeugen, die zu laut waren; insbesondere bei einer mangelhaften Schalldämpfvorrichtung (VOBG32 41 II). 852

---

762 Nussbaum, 67.

7.2.3.3 Motor, Getriebe und Kraftübertragung

853 Bei diesen drei Lärmquellen trugen vor allem konstruktiv-technische Verbesserungen zur Minderung des Problems bei. Die Gewichtsreduktion von Chassis und Karosserie reduzierte die notwendige Motorenleistung und -grösse; ebenso wurden die Untersetzungsverhältnisse in den Getrieben für das schweizerische Terrain optimiert. Um 1902 erschienen die ersten Kardanwellen, welche die lauten Getriebeketten ablösten; und 1912 war die Transmissionskette am Pariser Salon fast gänzlich verschwunden.

854 Verbessert wurde ebenfalls die Präzision von Getriebe und Getrieberädern. 1913 wurde das erste synchronisierte Getriebe vorgestellt, das fast geräuschlose Schaltvorgänge erlaubte[763]. Die Serieneinführung kam allerdings deutlich später: Erst 1928 verbaute Cadillac die ersten Synchrongetriebe in der Serienproduktion[764]. Früher zum Tragen kam die Lärmbekämpfung in den Getrieben durch neue Zahnräder, deren Zähne hochpräzise geformt waren und dadurch den Schlag oder Stoss beim Eingriff zweier Zähne milderten, sowie den Einsatz einer grösseren Teilung, also mehr, dafür kleinere Zähne[765]. Der technische Fortschritt der 1920er Jahre sorgte im Normalbetrieb für eine relative Zumutbarkeit des Lärms, einerseits durch Schalldämpfung, andererseits durch Verbesserung in Motor und Getriebe.

855 Die rechtlichen Normen unterstützen und förderten diese Entwicklung.

856 Das Konk1 erkannte die Lärmbelästigung des Publikums noch nicht als Problem, so fehlten denn beispielsweise Verbotsnormen betreffend den offenen Auspuff. Eingang fand aber immerhin der Sicherheitsgedanke, dass Tiere durch Motorfahrzeuge nicht erschreckt (und womöglich zum Ausbrechen gebracht werden) sollten. Deshalb hatte der Automobilist anzuhalten, wenn Tiere Scheu zeigten (Konk1 9 I). Diese spärlichen Normen des Konk1 relativierten sich aber aufgrund der 1903 noch kleinen Stückzahl zirkulierender Motorfahrzeuge.

857 Das Konk2 übernahm den (indirekten) Tierschutzgedanken aus dem Konk1 und grenzte die in Frage kommenden Tiere auf Reit- und Zugtiere sowie Viehherden ein (Konk2 34). Eine Fokussierung auf den Lärm und das dadurch verursachte Erschrecken der Tiere brachte Konk2 3 I: Die Vorrichtungen des Fahrzeuges mussten derart angelegt sein, dass Reit- und Zugtiere durch das Geräusch nicht scheu wurden. Neu wurde nun auch das (menschliche) Publikum geschützt. Konk2 3 I verlangte, dass das Publikum nicht ernstlich durch Rauch oder Dampf belästigt wurde, was allerdings keinen Lärmschutz umfasste. Unter der Marginale "Vermeidung von Lärm und Rauch" wurde in Konk2 32 jedoch nur das Fah-

---

763 AR, 1913, 113-115 sowie 310.

764 Fondin, 143.

765 AR, 1916, 124.

ren mit offenem Auspuff erwähnt, und Konk2 35 IV verlangte, dass auf stark begangenen Strassen die Geschwindigkeit derart zu verringern war, dass das Publikum weder durch Kotwurf noch durch Staubwirbel ernstlich belästigt wurde. Kein Grund zur Tempominderung war aber der Schutz des Publikums vor Lärm.

Trotz dreier Normen und beständiger Zunahme des motorisierten Verkehrs wurde das Publikum nicht durch eine betriebliche Generalklausel vor Lärm geschützt. Der Lärmschutz wurde noch fast ausschliesslich über ausrüstungsmässige Vorschriften verfolgt; was mit ein Grund dafür war, dass die technische Inspektion, ob ein Fahrzeug den gesetzlichen Vorschriften entsprach, rasch an Bedeutung zunahm. 858

Erst 1932 kam eine allgemeine Lärmschutznorm. Bei der Bedienung des Motorfahrzeugs war jeder vermeidbare Lärm zu unterlassen und der Motor bei stehendem Fahrzeug abzustellen. Neu waren auch für die Ladung die zur Vermeidung des Lärms notwendigen Vorkehrungen zu treffen (VOBG32 41 I). Andernfalls drohte Fahrzeugen, welche infolge mangelhaften Zustandes – namentlich der Schalldämpfungsvorrichtung – störenden Lärm verursachten, aus dem Verkehr gezogen zu werden (VOBG32 41 II). 859

7.2.3.4 Nachtfahrverbote

Mittels Nachtfahrverboten – einer aus dem 1. Weltkrieg bekannten Massnahme – sollte der spezifische Nachtlärm bekämpft werden. Der Verbreitungsschub, den Lastwagen nach dem Krieg erlebten, führte Anfang der 1920er Jahre zuerst zum Ruf nach allgemeinen Nachtfahrverboten für alle Kategorien, um die Bevölkerung vor nächtlichem Lärm zu schützen. Politisch gesehen drohten die Nachtfahrverbote vor allem als Druckmittel zur Mässigung der Motorisierten, insbesondere der Motorräder und Lastwagen[766]. 860

Die Zulässigkeit der Nachfahrverbote war anfänglich unklar. 1921 erkundigte sich der Kanton Zürich beim EJPD, ob es zulässig sei, das Fahren sonntags und nachts gänzlich zu verbieten. In seiner Antwort hielt das EJPD fest, dass diese zulässig seien, denn es bestünde kein allgemeines Interesse, die ganze Nacht hindurch Automobil fahren zu können[767]. 861

Die rasche technische Entwicklung kam undifferenzierten, grossflächigen Nachtfahrverboten zuvor. Der Motorenlärm konnte durch Schalldämmung vermindert werden; allerdings wurden vor allem Automotoren bedämmt, Motorradmotoren bleiben unbedämmt. Dies ermöglichte eine Differenzierung der Verbote, beispielsweise eine Einschränkung auf Motorrad- und Lastwagennachtfahrverbote. So erliess der Kanton Bern im November 1927 ein Dekret, das ein Nachtfahrverbot nur für Lastwa- 862

766 Nussbaum, 73 und 122 und 327.
767 Burckhardt, 319.

gen, Personenwagen mit mehr als acht Sitzplätzen sowie alle lärmenden Motorfahrzeuge enthielt[768].

863 Nachdem die wirtschaftliche Bedeutung der Massenmobilisierung erkannt worden war, versuchten die Behörden Ende der 1920er Jahre nicht mehr, nur repressiv oder regulatorisch den motorisierten Verkehr – also den Lärmverursacher – einzuschränken, sondern auch die Bereitschaft zur Toleranz in der Bevölkerung – also bei den Lärmbetroffenen – zu heben[769].

864 Der Differenzierung und der gewandelten Bedeutung des motorisierten Individualverkehrs entsprechend erlaubte die Bundesregelung von 1932 nur noch ein beschränktes Nachtfahrverbot: Der Bundesrat konnte zur Wahrung der Nachtruhe ein Nachtfahrverbot für schwere Motorfahrzeuge zum Gütertransport einführen (BG32 17 IV).

7.3 Weitere Immissionen

7.3.1 Abgase

865 Die Geruchsbelästigung durch Abgase wurde, aufgrund der noch geringen Fahrzeugdichte, kaum wahrgenommen. Die Giftigkeit der Abgase hingegen war bekannt, wurde aber nur in Zusammenhang mit geschlossenen Räumen erwähnt. Eine flächendeckende Verschlechterung der Luftqualität war kein Thema und selten eine Stimme, welche die Zunahme der Abgase beklagte[770]. Trotzdem berichtete die AR schon 1913 über einen "Auto-Abgaszersetzer". Die Konstrukteure suchten nach Lösungen für diese Aufgabe, wobei zwei Ansätze verfolgt wurden: Ein rein mechanischer Ansatz, dessen Wirkung aber beschränkt war und ein chemischer Ansatz, dessen Nachteil aber die Wartung war, denn die bindenden Chemikalien mussten regelmässig erneuert werden, sobald sie gesättigt waren[771]. Beide Ansätze führten nicht zum Erfolg. Die laufende Verbesserung der Verbrennungssteuerung in den Motoren und die Qualitätssteigerung beim Betriebsstoff Benzin trugen das ihre dazu bei, dass die Thematik der Abgasreinigung in den folgenden Jahrzehnten in den Hintergrund trat.

7.3.2 Rauch und Russ

866 Mehr als die Abgase störten Rauch und Russ des Einzelfahrzeuges. Dieses wurde als weisses (Idealfall) oder schwarzes (Normalfall) Wölkchen wahrgenommen.

---

768 GB BR, 1927, 267.
769 Nussbaum, 329.
770 NZZ, 1927, Nr. 181, S. 2.
771 AR, 1913, 823.

Die Ursachen einer übermässigen Rauchentwicklung waren vielfältig: Die Motoren verbrauchten mehr Benzin und Öl als heute, das Benzin war – insbesondere im Umfeld des Krieges – von minderer Qualität und russend. Hinzu kamen die mangelnde Effizienz damaliger Vergaser und Schmiersysteme, schlechte Einstellung der Motoren, ungenügende Wartung durch die Chauffeure oder die Überfüllung des Öls im Kurbelwellengehäuse. Rauch fördernd wirkte sich auch das Fahren mit offenem Auspuff aus[772]. 867

Die Lösungsansätze waren sowohl technischer wie rechtlicher Natur. Technisch massgebend war die Entwicklung selbstregulierender Vergaser. 1914 entwickelte Solex einen Vergaser, der die Gemischaufbereitung recht gut an die momentanen Bedürfnisse des Motors anpasste und somit lästige Immissionen reduzierte. 868

Der rechtliche Ansatz erwies sich schwieriger, denn mangels Messbarkeit war in dieser Frage – wie beim Lärmproblem – ein grosser Ermessensspielraum gegeben. 869

Das Konk1 kannte keine Regelungen betreffend Rauch und Russ. Die TCS-Revue schlug 1908 Strafbestimmungen gegen zu viel Rauch und Lärm vor[773], was aber mangels einheitlicher Strafbestimmungen der Kantone und des Konk1 nicht praktikabel war. 870

Die Vorschläge des TCS fanden aber im Konk2 ihren Niederschlag. Das Konk2 hatte gleich zwei sachbezügliche Betriebsvorschriften: Einerseits durfte das Publikum nicht ernstlich durch Rauch oder Dampf belästigt werden (Konk2 3 I), andererseits hatte der Lenker dafür zu sorgen, dass, abgesehen von Momenten des Anfahrens, Geschwindigkeitswechsels und ähnlichem, kein belästigender Rauch mehr entstand (Konk2 32). Die Lenker waren zu einer ordentlichen Wartung und rücksichtsvoller Fahrweise gehalten. Automobilisten, deren Fahrzeuge zu stark russten und rauchten, konnten mit Busse belegt oder gar aus dem Verkehr gezogen werden. 871

BG32 21 I schrieb dem Lenker vor, dafür zu sorgen, dass kein übermässiger Lärm, Rauch oder Geruch entstand. Der Russ hingegen wurde nicht mehr erwähnt, was auf die Lösung des Vergaserproblems und der gesteigerten Treibstoffqualität zurückzuführen war. 872

Es bleibt festzustellen, dass die Thematik im Betrachtungszeitraum, auch dank der Weiterentwicklung der Motorentechnik, keine grosse Rolle spielte. 873

7.3.3 Benzindämpfe

Wegen seiner Explosionsgefahr war das leichtflüchtige Vorkriegsbenzin sehr gefürchtet, was zu Vorschriften über die Lagerung von Treibstoffen 874

---

772 VSS-Zeitschrift, 1926, 44, sowie Merki: Siegeszug, 176.
773 TCS-Revue, 1908, 243-244.

und die Einstellung von Fahrzeugen führte. Diese Vorschriften werden im Sachzusammenhang der Benzinversorgung eingehend erläutert[774].

7.3.4 Blendung

875 Die Blendung von Publikum und anderen Verkehrsteilnehmern war ein Problem, das erst mit der Einführung der elektrischen Beleuchtung gelöst werden konnte. Die detaillierte Diskussion der rechtlichen und technischen Aspekte erfolgte im Rahmen der Ausrüstungsvorschriften für Motorfahrzeuge[775].

7.3.5 Erschütterungen

876 Der Verkehr von schweren Lastwagen hatte – nebst den Lärmimmissionen – eine weitere Immission zur Folge: Erschütterungen. Diese Immission wurde besonders stark wahrgenommen in der Ruhe der Nacht und in den frühen Morgenstunden, wenn ein Grossteil der Bevölkerung noch im Bett lag. Es erstaunte nicht, dass sich die Klagen oft gegen Molkereilastwagen richten, die frühmorgens ganze Quartiere aufweckten und strassennahe Häuser erschütterten. Hauseigentümer rügten vor allem Lastwagen, die bei hohem Tempo Erschütterungen und Risse an Gebäuden verursachten[776]. In Zürich wurden entsprechende Messungen vorgenommen und die Klagen als begründet bezeichnet[777].

877 Als Ursachen der Gebäudeschäden konnten vier Gründe eruiert werden: Erstens waren die Gebäude von schlechter Bausubstanz. Zweitens hatten die Fahrzeuge entweder Eisenreifen oder Vollgummireifen, welche mit nachlassender Profiltiefe immer weniger federten und härtere Schläge zur Folge hatten. Drittens hatten die Lastwagen vor dem Krieg noch keine Federung, was bei Strassenunebenheiten zu harten Stössen führte, welche dem Fahrzeug, der Strasse und den anliegenden Gebäuden zusetzten. Als vierter Grund wurden zu hohe Geschwindigkeiten der Fahrzeuge eruiert, was physikalisch zu härteren Stössen führte. Die Ursache dieses Schnellfahrens lag oft darin, dass die Chauffeure zu viele Tagesaufträge von ihren Arbeitgebern erhielten und deshalb möglichst schnell von einem Etappenziel zum nächsten kommen wollten.

878 Abhilfe brachte einerseits die technische Entwicklung, in dem die Luftbereifung mit der Zeit auch für schwere Motorwagen verfügbar wurde und durch die Verwendung anderer Strassenbeläge, die wenige auswuschen, eine glattere Oberfläche behielten und teilweise über stossdämpfende Eigenschaften verfügten.

---

[774] Vertiefend vergleiche N 1529 ff S. 413.
[775] Vertiefend vergleiche N 513 ff S. 135.
[776] Nussbaum, 73 und 80.
[777] VSS-Zeitschrift, 1926, 42.

Abhilfe geschaffen wurde andererseits durch gesetzliche Normen; zum einen durch Nachtfahrverbote für Lastwagen, zum anderen durch einen Grossteil der Normen, die zum Zweck des Strassenschutzes für schwere Motorwagen erlassen wurden: Vorschriften bezüglich Achslasten, Gewichten, Tempobeschränkungen und der Federung bewirkten alle auch einen Schutz der Gebäude vor Erschütterungen. 879

7.3.6 Verlustschmierung

Die Schmierung basierte anfänglich auf dem Prinzip der Verlustschmierung: Öl tropfte aus kleinen Vorratsbehältern dank der Schwerkraft auf die Lagerstellen und von dort irgendwann auf die Strasse. 880

Im Laufe der Zeit entwickelten die Hersteller geschlossene Ölkreisläufe, bei denen kein Öl mehr an die Umwelt abgegeben wurde; jedoch weniger aus Sorge um die Umwelt denn aus Sparsamkeit. Verlustschmierungen gab es aber noch bis weit in die dreissiger Jahre, allerdings in der weiterentwickelten Form einer Zentralschmierung, bei der die Schmierstoffe mit einer Pumpe an die meisten Reibungspunkte befördert wurden. 881

Gesetzliche Massnahmen gegen die Verlustschmierung gab es im Betrachtungszeitrahmen keine; die Umweltproblematik wurde – wie bei den Abgasen – noch nicht erkannt. Das allmähliche Verschwinden der Verlustschmierung wurde durch den technischen Fortschritt bewirkt: Ab 1900 gab es Fahrzeuge, die mit den ersten Kugellagern ausgerüstet waren. Aufgrund der höheren Kosten wurden Kugellager jedoch erst im Laufe der Jahrzehnte zum Standard in allen Fahrzeugklassen. 882

8 Fahrverbote

883 Nicht lange nachdem die ersten Automobile auf schweizer Strassen auftauchten, wurden auch die ersten Fahrverbote erlassen. Auf ein Kreisschreiben des Bundesrates vom 11. August 1902, in dem nach dem Bestehen kantonaler polizeilicher Vorschriften für Automobile gefragt wurde, antworteten 20 Kantone, solche Vorschriften zu kennen; fünf Kantone hatten gar partielle oder gänzliche Automobilverbote[778].

884 Fahrverbote waren stets eine ultima ratio, wenn andere, mildere Massnahmen – wie beispielsweise Geschwindigkeitsbeschränkungen oder Lärmschutznormen – zur Begrenzung von Auswüchsen und Missständen nicht mehr genügten. Die verschiedenen Arten von Fahrverboten wurden jedoch aus unterschiedlichen Gründen erlassen. Während Sonntagsfahrverbote die Sonntagsruhe sicherstellen sollten, wurde durch Nachtfahrverbote eine Lärmreduktion während der Zeit des Nachtschlafes angestrebt. Kantonale Fahrverbote angestrebt oder gar einführt wurden aus drei Gründen: Protektionismus für eine bereits vorhandene Bahninfrastruktur oder für lokale Tourismusinteressen, die höher gewichtet wurden als ein reger Durchgangsverkehr oder aus Sorge um die Strasseninfrastruktur. Die Motive für lokale Strassensperrungen hingegen waren meist in lokal begrenzten, spezifischen Gegebenheiten zu finden, welche sich unter dem Nenner "Den Schaden tragen ohne einen Nutzen zu haben" zusammenfassen liessen. Alpen- und Passstrassen schliesslich wurden aus Gründen des Strassenschutzes sowie zum Schutz der Personenpostlinien nur mit Einschränkungen freigegeben oder gänzlich gesperrt.

8.1 Sonntagsfahrverbote

8.1.1 Ursachen des Handlungsbedarfs

885 Die zunehmende Motorisierung beschränkte und gefährdete durch die Staub-, Kot- und Lärmplage den Erholungsraum der nichtmotorisierten Bevölkerung. Die Sonntagsruhe wurde gestört und die Strasse stand nicht mehr uneingeschränkt als Erholungs- und Freizeitraum zur Verfügung. So hatten GL und SZ Anfang der 1920er Jahre zur Gewährleistung der Sonntagsheiligung Sonntagsfahrverbote verhängt. Deshalb wichen die Automobilisten in Kantone aus, in denen das sonntägliche Fahren erlaubt war, was zu einem Mehrverkehr in UR führte. UR kannte seit 1900 das "Gesetz betreffend Heiligung der Sonn- und Feiertage", welches die Arbeit von Bauern und Gewerbe beschränkte – weshalb die Urner Fahr-

778 GR, UR,VS, NE, SZ (BBl, 1902 V, 850).

verbotsbefürworter nun auch die Beschränkung des "sinnlosen Autosports"[779] verlangten. Ähnliches galt in vielen anderen Kantonen.

Im weiteren hatte der Sonntagsverkehr einen Sonntagsverkauf bei den Tankstellen zur Folge, was wiederum arbeitsrechtliche Konsequenzen für das Bedienpersonal nach sich zog. 886

Aufgrund dieser Beeinträchtigungen verlangte die breite, noch unmotorisierte Bevölkerung von Behörden und Politikern Massnahmen, um den Sonntagsverkehr einzudämmen. Behörden, welche Sonntagsfahrverbote erliessen, konnten sich auf diesen Wunsch breiter Bevölkerungskreise berufen; und die gewählten Politiker gerieten in Handlungsdruck, denn das Publikum wollte zumindest am arbeitsfreien Sonntag unbelästigt von Staub und Lärm bleiben. Nicht zuletzt erwachten politische, klassenkämpferische Ideen. Eine Petition des christlichsozialen Arbeitervereins an das Parlament des Kantons Schwyz zeigte deutlich egalitaristische Züge: Der Sonntag sei für Arbeiterfamilien der einzige Tag zu einem erfrischenden Spaziergang; man wolle sich diese Erholung nicht durch Automobile verekeln lassen, und die besser verdienenden Stände hätten auch an anderen Wochentagen Gelegenheit zu motorisierten Ausflügen[780]. 887

8.1.2 1. Ansatz – Fahrverbote

Der erste Ansatz war, auch mangels Finanzen für andere Lösungen, ein rechtlicher: der Erlass von Fahrverboten, welche immer sonntags Geltung hatten. Diese galten teilweise nur am Sonntagnachmittag, sowie teilweise nur im Sommerhalbjahr, weil dann mehr Verkehr herrschte und aufgrund der Trockenheit die Staubproblematik aktueller war. 888

8.1.2.1 Gegenwehr der Automobilisten

Erwartungsgemäss wurden von den Automobilisten jegliche Sonntagsfahrverbote heftig bekämpft. Geltend gemacht wurden vorab juristische Gründe: Erstens seien die Sonntagsfahrverbote eine verpönte Kollektivstrafe. Ein Totalverbot sei übertrieben, besondere Sonntagsbestimmungen bezüglich Geschwindigkeit oder Rauch würden auch genügen[781]. Zweitens, und das war das juristische Hauptargument, bedeuteten Sonntagsfahrverbote für Automobilisten eine Ungleichbehandlung im Recht, denn die Automobilisten seien Steuerzahler wie jeder andere Bürger und die Strassen gehörten der Allgemeinheit. Deshalb sei es unzulässig, Automobilisten als Bürger zweiter Klasse zu behandeln und ihnen am Sonntag zu verbieten, ihr Verkehrsmittel zu benutzen. Alles andere – Fuhrwerke, Velos, Pferde – dürfe benützt werden. Die einzigen Strassenverkehrsteil- 889

---

[779] Gisler-Jauch, 131.
[780] Merki: Auto-Protzen, 241.
[781] Nussbaum, 145 sowie Brennwald: Leitende Gesichtspunkte, 6.

nehmer, die Strassengebühren bezahlten, sollten aber nicht fahren dürfen – und dies sei rechtlich unzulässig.

890 Aus gleichem Grunde verfange auch das Argument der zu schützenden Sonntagsspaziergänger nicht, denn es sei Bestimmung der Verkehrsadern, für alle Verkehrsteilnehmer zur Verfügung zu stehen; und überdies seien die grossen Landstrassen auch nicht zur Erholung angelegt worden. Es wurde auf Frankreich, Deutschland und Österreich verwiesen, die keine Sonntagsfahrverbote kannten.

891 Das Argument der Rechtsungleichheit wurde noch mit einer weiteren Frage unterstrichen: Müssten denn nicht auch der Tram-, Eisenbahn- und Dampfschiffbetrieb eingestellt werden?[782]

892 Nebst rechtlichen Einwänden wurden weitere Argumente gegen Sonntagsfahrverbote vorgebracht: so die Interessen des Fremdenverkehrs; wobei der Tourismusverband selbst dieses Argument erst nach dem 1. Weltkrieg aufgriff und mit Vehemenz vertrat. Aufgeworfen wurden auch praktische Bedenken, denn auch sonntags gab es Werkverkehr, so die Motordroschken (also Taxis), Krankenwagen, Wagen von Ärzten oder die öffentlichen Omnibusse.

893 Hingewiesen wurde ebenfalls auf die (vor dem Krieg noch bedeutende) schweizerische Automobil- und Zulieferbranche, beziehungsweise die potenzielle Bedrohung der Arbeitsplätze in diesen Branchen. Die Automobilherstellung und -Wartung schuf Arbeitsplätze, insbesondere für die Zulieferbranchen der Sattler, der Kugellagerfirmen, der Pneuhändler und der Reparaturwerkstätten. Wenn aber das Automobil am Sonntag nicht benutzt werden dürfe, werde es sich mancher überlegen, ob er überhaupt ein Automobil kaufen wolle.

894 Der Kampf der Automobilisten gegen die Fahrverbote wurde von den Verbänden organisiert, koordiniert und geführt. Insbesondere der ACS bediente sich dazu einer regelrechten Strategie: Am 11. Juli 1912 fand eine Konferenz der ACS-Delegierten in Zürich statt. Man beriet Abwehrmassnahmen gegen eine Ausdehnung der kantonalen Sonntagsfahrverbote und in der Folge wurde Gottfried Brennwald[783] mit der Ausarbeitung einer Verteidigungsstrategie gegen die automobilfeindlichen Bewegungen beauftragt. Noch im selben Jahr publizierte Brennwald seine Kampfschrift "Leitende Gesichtspunkte zum Sonntagsverbot". Darin listete er umfassend alle sachlichen Gründe gegen Sonntagsfahrverbote auf und ergänzte diese mit verbandspolitisch gefärbten Argumenten. Er prägte die Parole "Getrennt marschieren und gemeinsam schlagen". Das

[782] Brennwald: Leitende Gesichtspunkte, 3-7.

[783] Dr. iur. Gottfried Brennwald war nicht nur Jurist, sondern selbst Automobilist und Automobilfabrikant, publizistisch aktiv und überdies verbandsmässig engagiert - eine damals sehr seltene und für den ACS äusserst gewinnbringende Kombination.

"Gespenst des Sonntagsverbotes" zu bannen erklärte er zur Aufgabe nicht nur aller Automobilfreunde, sondern aller fortschrittlich gesinnter Zeitgenossen[784].

Zur Führung des Kampfes empfahl er das Halten von Vorträgen, die private Rücksprache mit wichtigen Persönlichkeiten, die Veranstaltung von Ausfahrten für Entscheidungsträger und Politiker (wobei die Tempolimits streng zu beachten seien), sowie das frühzeitige Anlegen von Namenslisten, um bei dringenden Eingaben schnell viele Unterschriften sammeln zu können. Vor allem aber seien Eingaben an die Regierungen zu machen, und zwar einzeln von möglichst vielen verschiedenen Gruppierungen, aber – im Hintergrund bleibend – mit textlicher und inhaltlicher Koordination durch eine lokale Sektion des ACS. Diese Strategie wurde anlässlich der nächsten Konferenz der ACS-Delegierten abgesegnet und zum Programm erhoben[785]. 895

Umgehend wandte man sich mittels Aufrufen direkt an die Öffentlichkeit, belieferte die Presse mit massgeschneiderten, individuellen Spezialartikeln, oder machte – im Verbund mit weiteren betroffenen Interessenverbänden – Eingaben an Kantonsregierungen. Zwecks politischer Einflussnahme suchte man sich Verbündete von wirtschaftlicher Bedeutung: In Zürich kämpften die ACS-Sektion Zürich, die industriellen Werke, die Versicherungsgesellschaften, die Deutschschweizer Sektion des Verbandes schweizerischer Industrieller der Automobil- und Fahrradbranche, das Konsortium von Automobilfabrikanten und -händlern sowie der Verein der Hoteliers von Zürich und Umgebung vereint gegen ein geplantes Sonntagsfahrverbot. 896

In St. Gallen agierte ebenfalls eine geballte Wirtschaftslobby: Die lokale ACS-Sektion, 139 Inhaber von Betrieben der Automobilbranche, der Verein schweizerischer Maschinenindustrieller sowie der Industrieverein St. Gallen spannten zusammen. Mitengagiert waren ebenfalls 578 kantonale Stickereifirmen, denn das Automobil diente ihnen als Verbindung zwischen Verkaufs-, Handels- und Produktionsstätten. 95 Vertreter der Hotelindustrie kämpften mit, weil das Automobil die Landstrasse, welche durch Eisenbahn stark an Bedeutung verloren hatte, wieder belebt hatte und Landgasthöfen, die abseits der Schienen lagen, neuen Verdienst gebracht hatte. Der ärztliche Verein St. Gallen unterstützte den Kampf, um den ärztlichen Notfalldienst und die Mobilität der Hebammen sicherzustellen. Selbst ausserkantonale Interessen waren vertreten: 120 Geschäfts- und Amtspersonen aus dem Kanton AR beteiligten sich am Widerstand, denn sie drohten sonst im Kanton eingeschlossen zu werden: Da AR von SG umschlossen wird, hätten die Appenzeller sonntags nicht per Automobil aus ihrem Kanton hinausfahren können und wären somit 897

784 Brennwald: Leitende Gesichtspunkte, 8 respektive 2.
785 Brennwald: Leitende Gesichtspunkte, 7-12.

in ihrer verfassungsmässigen Bewegungsfreiheit eingeschränkt worden; und gleichzeitig wäre die eigene Fremdenindustrie durch das sonntägliche Fehlen automobiler Gäste ausgehungert worden[786].

8.1.2.2 Örtliche Beispiele vor dem Krieg

898 SZ hatte (mit Unterbrüchen und Modifikationen) von 1912 bis 1924 ein kantonsweites Sonntagsfahrverbot, um die Belästigung der herkömmlichen Strassenbenutzer sowie der Anwohner durch motorisierten Ausflugsverkehr zu mindern. Für Zürcher und St. Galler Automobilisten war dieses Verbot fatal, denn eine Sonntagsrundfahrt um den Zürichsee war unmöglich geworden. Ebenso war die Axenstrasse gesperrt – die einzige Zufahrt zum Gotthard. Dieses Fahrverbot wurde in Automobilkreisen heftig diskutiert, denn ihm hafteten aus rechtlicher Sicht zwei schwere Mängel an: Erstens waren (zumindest in den Anfangsmonaten) nirgends Warn- oder Verbotstafeln angebracht, welche die Lenker über das Verbot informiert hätten. Und, zweitens, war das Sonntagsfahrverbot, das seit dem 27. März 1912 galt, nur auf Ausländer und nicht im Kanton Schwyz wohnhafte Schweizer anwendbar. Nicht davon betroffen waren Automobilisten, die seit mindestens drei Monaten im Kanton niedergelassen waren, Ärzte auf Krankenbesuch, Militärfahrzeuge sowie Fahrten zur Hilfeleistung. Trotz der (nachfolgend noch aufzuzeigenden verfassungswidrigen) Ungleichbehandlung inner- und ausserkantonaler Lenker wurde das Verbot erst im 1. Weltkrieg aufgehoben[787].

899 In GL verlangte 1912 eine Volkseingabe das vollständige Automobilverbot für den Kanton. Die Regierung wollte ein Totalverbot verhindern und schlug stattdessen ein Sonntagsfahrverbot nach dem Muster des Kantons Schwyz vor, also mit einer Sonderstellung für kantonsansässige Lenker. Tatsächlich liess sich die Landsgemeinde vom Antrag der Regierung überzeugen und sah zugunsten eines Sonntagsfahrverbotes von einem Totalverbot ab[788]. Auch dieses Verbot wurde bis im Juli 1912 nicht signalisiert und in der Folge kam es zu Bussen wegen Verstössen. Die Bussen wurden aber, wegen der fehlenden Signalisation, durch Richterspruch in ihrer Höhe herabgesetzt[789].

900 Beide Fahrverbote wurden in den einschlägigen Publikationen heftig kritisiert, insbesondere der Umstand, dass keine Publikation erfolgte und Hinweistafeln an den Kantonsgrenzen erst Wochen nach Inkrafttreten angebracht wurden. Die AR stellt überdies die Spottfrage, ob – bei einem Verleideranteil von 25 % – die Polizistenstellen nicht an die Meistbieten-

---

786 Brennwald: Leitende Gesichtspunkte, 8-9.
787 AR, 1912, 120 und 148.
788 AR, 1912, 149 und 187-191.
789 Siehe Fussnote 621 S. 186.

den versteigert werden sollten[790]. Kritisiert wurde ebenso die Sonderstellung kantonsansässiger Lenker, welche als Verstoss gegen das verfassungsrechtliche Gleichbehandlungsgebot nach altBV 4 betrachtet[791] wurde. Doch erst 1922[792] stellte das Bundesgericht höchstrichterlich fest, dass ein Sonntagsfahrverbot, welches für im Kanton niedergelassenen Automobilisten nicht gelte, gegen die Rechtsgleichheit nach altBV 4 verstosse[793].

8.1.2.3 Massive Ausweitung nach dem Krieg

Während des Krieges ruhte der Privatverkehr mehr oder minder; denn aufgrund der Treibstoffrationierung und des Mangels an Pneus waren die meisten Fahrzeuge stillgelegt worden. 901

Mit dem Ende des Krieges beziehungsweise dem Waffenstillstand zwischen den Alliierten und Deutschland konnte das Fahrverbot aufgehoben werden, doch wegen der Reifenknappheit und der Sonntagsfahrverbote setzte der Privatverkehr nicht umgehend wieder ein. Erst als der Bundesrat die Benzinrationierung am 28. Februar 1919 aufhob, lebte der Verkehr auf[794] und die Autobesitzer machten ausgiebigen Gebrauch von ihren Fahrzeugen. Darauf reagierte die mittlerweile ruheverwöhnte Bevölkerung mit heftigen Klagen. Ebenso setzte sich der Bauernstand zu Wehr, so beispielsweise der Thurgauer Jungbauernbund, welcher aufgrund der Staubplage eine neue Kampagne für Sonntagsfahrverbote startete[795]. 902

Als Konsequenz führten einzelne Kantonsregierungen im selben Sommer Sonntagsfahrverbote ein (wovon die meisten nur nachmittags von 12 bis 18 Uhr galten), oder erliessen spezielle sonntägliche Geschwindigkeitsbeschränkungen, die bis auf 6 Km/h hinunterreichten[796]. Bald zogen weitere Kantone nach, denn der Verkehr hatte tatsächlich stark zugenommen. In Nachbarkantonen galten bereits Einschränkungen, oder die jeweilige Kantonsregierung wollte durch Eigeninitiative einer Initiative 903

---

790 AR, 1913, 126.

791 AR, 1912, 148.

792 Dr. Brennwald wollte schon 1912 eine Klärung der Rechtslage provozieren. Zwecks Schaffung eines Präzedenzfalles machte er am Sonntag, 5. Mai 1912, eine verbotene Ausfahrt in den Kanton Schwyz. Tatsächlich wurde sein Fahrzeug angehalten; der Polizist bezog ein Depot von 20 Fr. und stellte die Zustellung einer regelrechten Bussenverfügung in Aussicht. Bei Redaktionsschluss - drei Wochen später - war diese aber immer noch nicht bei ihm eingetroffen. Leider fehlt in den späteren Ausgaben ein Hinweis über den weiteren Verlauf des Experiments.

793 BGE 48 I 1-6. Vertiefend vergleiche N 909 ff S. 243.

794 Achtzig Jahre Verkehrspolitik im Spiegel der AR, 140.

795 Gubler, 122.

796 Hildebrandt, 485.

der Landbevölkerung (mit strengeren Regelungen) zuvorkommen[797]. Jedenfalls verbot und beschränkte jeder Kanton den Verkehr nach eigenem Gutdünken und lokalen Gegebenheiten, doch ohne Abgleich mit den Nachbarkantonen. Ende 1919 hatten 15 Kantone Sonntagsfahrverbote, und nur drei Kantone hatten (nebst den konkordatlichen Vorschriften) keine eigenen, besonderen Verkehrsvorschriften erlassen[798].

904 Bald schon war die Lage unüberschaubar, da sich die kantonalen Bestimmungen von Jahr zu Jahr änderten. Das einzige Organ, das einigermassen die Übersicht behalten konnte (weil es sowohl regelmässig als auch schweizweit erschien) war die AR. Diese gab periodisch Hefte heraus, in denen die geltenden Bestimmungen so gut als möglich nachgeführt wurden. Vollständigkeit war aber nicht zu erreichen, da einzelne Kantone Vorschriften und Änderungen nur in der lokalen Presse bekannt gaben.

905 Selbst heute, aus der Retrospektive, fällt die Orientierung schwer (eine – bereits vereinfachte – Zusammenstellung der kantonalen Sonntagsfahrbeschränkungen nach dem Krieg ist im Anhang beigegeben)[799]. Die Vielfalt der vorkommenden Regelungen war eine Ausexerzierung von Variationen und Kombinationen zur Beschränkung des Sonntagsverkehrs. Innerhalb eines Jahres gab es Unterschiede von Kanton zu Kanton: Im Falle eines Fahrverbotes konnten diese in der Uhrzeit oder im Datum von Beginn und Ende des Verbotes liegen oder in der Ausnahme gewisser Strecken. Im Falle einer blossen Sonntagsbeschränkung waren die Geschwindigkeiten auf unterschiedliche Limiten festgelegt, wobei zusätzlich nach Strecken innerorts und ausserorts unterschieden wurde. Doch auch die Regelungen eines einzelnen Kantons waren nicht konstant, oft wurden die Sonntagsbestimmungen von Jahr zu Jahr verändert und angepasst. Weiter kam erschwerend hinzu, dass Sonn- und Feiertage nicht gleich behandelt wurden, und überdies die Feiertage an sich von Kanton zu Kanton unterschiedlich geregelt waren. Eine der wenigen Konstanten in dieser Zeit blieb Graubünden mit seinem langjährigen totalen Fahrverbot.

906 Dem Bundesrat blieb diese Entwicklung nicht verborgen. In seinem Rechenschaftsbericht für das Jahr 1919 vermerkte er, dass vor allem Kantone der Zentral- und Ostschweiz Sonntagsfahrverbote erlassen hatten, die "durch die Mannigfaltigkeit ihrer Geltungsdauer und der vorgesehenen Verbotsstunden dem Automobilverkehr grosse Schranken auferlegt haben", und erkennt zurecht: "Es wäre dringend wünschbar, dass

---

797 So in Luzern, wo vom 13. Juli - 30. September 1920 ein Sonntagsfahrverbot galt, jedoch - wegen des innenstädtischen Fremdenverkehrs - nur ausserhalb der Stadt (Meyer, 64).

798 Nämlich BL, GE und FR (Gubler, 123).

799 N 1599 S. 439.

wenigstens eine gewisse Einheitlichkeit in diesen Fahrverboten erreicht werden könnte". Doch der bundesrätliche Wunsch verhallte ungehört. Nachdem sich die Lage 1920 weiter verschlechtert hatte, berichtete er dieses Jahr deutlicher über den föderativen Flickenteppich: Dieser sei "ein wahrlich buntscheckiges Bild", und bemerkte, dass die wirtschaftlichen Landesinteressen gebieterisch nach Abhilfe verlangten[800].

907 Tatsächlich war die Situation zwischenzeitlich unhaltbar geworden. Für die Automobilisten war der Planungsaufwand enorm, jede Sonntagsfahrt durch die Schweiz bedurfte intensivstem vorgängigem Gesetzes- und Zeitschriftenstudiums[801], sonst drohte irgendwo ein Verstoss und eine Busse. Trotzdem blieb die Wirkung der Verbote beschränkt, denn – beispielhaft für andere Kantone – schrieb die kantonale Luzerner Automobil- und Velokontrolle: "Sonntagsfahrverbot hin oder her, gefahren wird gleichwohl, nur mit dem Unterschied, dass beim Sonntagsfahrverbot sich die Fahrzeuge bis nach Ablauf der Wartefrist stauen und dann plötzlich ein fast unaufhörliches Fahren und Rennen einsetzt"[802]. Oder die Lenker setzten sich gleich ganz über das Fahrverbot hinweg: Sie befeuchteten vor der Abfahrt ihr Nummernschild mit Wasser oder Öl. Nach kurzer Fahrt war dieses dann so stark mit Staub und Schmutz bedeckt, dass es nicht mehr erkannt werden konnte, und die Gefahr gebüsst zu werden kaum mehr bestand.

908 Die verfahrene Situation bei den Sonntagsfahrverboten war ein Hauptgrund dafür, dass 1921 das Ungenügen einer konkordatlichen Regelung des Motorfahrzeugverkehrs in der Schweiz erkannt wurde, und das Volk mittels einer Verfassungsergänzung in Form von altBV 37bis die Kompetenz zur Legiferierung im Automobilwesen an den Bund übertrug.

8.1.2.4 Umstrittene Rechtmässigkeit

909 Solange der Bund aber keinen Gebrauch davon machte, durften die Kantone weiterhin gesetzgeberisch tätig sein – was sie in Bezug auf die Sonntagsfahrverbote auch ausgiebig taten. Es mehrten sich jedoch die Zweifel an der Zulässigkeit der Sonntagsfahrverbote, insbesondere mit Hinblick auf Konk2 40 I. So erkundigte sich der Kanton Zürich 1921 beim EJPD, ob es zulässig sei, das Fahren sonntags (und ebenso nachts) gänzlich zu verbieten. Mit Hinweis auf Konk2 40 I teile das EJPD mit, dass der Verkehr örtlich, aber nicht zeitlich beschränkt werden dürfe. Da das Konkordat in keiner Weise ein allgemeines Verbot zulassen wolle, dürfe der Verkehr überdies nur auf gewissen, nicht aber auf allen Strassen beschränkt werden. Ein Sonntagsfahrverbot, welches nur für einige Stunden gelten würde, könnte noch als zulässig betrachtet werden, denn dann

800 GB BR, 1919, 304 sowie 1920, 326.
801 Beispielsweise der Übersicht in der AR, 1923, 192.
802 Meyer, 65.

würde der Verkehr wohl eingeschränkt, aber nicht unterbunden. Ein gänzliches Sonntagsfahrverbot hingegen sei mit Konk2 40 I nicht mehr vereinbar[803].

910 Nebst der generellen Frage nach der Zulässigkeit von Sonntagsfahrverboten wurde eine andere Rechtsfrage ebenso oft diskutiert: Sollte es zulässig sein, dass Sonntagsfahrverbote nur für Lenker gelten würden, die nicht im Kanton Wohnsitz hatten? Bereits vor dem Kriege immer wieder gestellt[804], wurde die Frage erst 1922 vom Bundesgericht geklärt, basierend auf einem Vorfall, der sich 1921 im Kanton Glarus ereignete[805]: Glarus kannte seit 1920 in den Sommermonaten ein Sonntagsfahrverbot, welches von 9 bis 18 Uhr galt. Vom Fahrverbot ausgenommen waren Fahrzeuge, deren Besitzer seit mindestens drei Monaten als Bürger oder Niedergelassene im Kanton wohnten. Bei Übertretung des Gesetzes drohte eine Busse von 5 bis 100 Fr..

911 Am 17. Juli 1921, einem Sonntag, wollte der Genfer Bürger Monsieur d'Arcis über den Klausenpass fahren, um abends in Bad Ragaz zu sein. Auf der Passhöhe des Klausens erfuhr er vom Sonntagsfahrverbot und erkundigte sich deshalb telefonisch bei Polizei in Lintthal, ob seine Weiterfahrt verboten wäre. Der Polizeiposten beschied ihm, dass die Weiterfahrt tatsächlich verboten sei und dass er bei Nichtbeachtung in Lintthal eine Kaution von 20 Fr. zu bezahlen hätte. D'Arcis fuhr trotzdem nach Lintthal, wo er beim Polizeiposten eine "Barkaution von 20 Fr. wegen Klage auf Gesetzesübertretung" hinterlegen musste. Man erstattete gegen ihn Anzeige beim Polizeigerichtspräsidenten in Glarus – und liess ihn weiterfahren. Elf Tage später büsste ihn der Polizeigerichtspräsident von Glarus mit 50 Fr. D'Arcis rekurierte daraufhin beim Glarner Polizeigericht, mit der Begründung, dass ein Sonntagsfahrverbot, welches nur für auswärtige Fahrzeugbesitzer gelte, das Gebot der Rechtsgleichheit verletze.

912 Am 2. Dezember gleichen Jahres bestätigte das Polizeigericht den Entscheid des Polizeigerichtspräsidenten im Grundsatz. Die Busse wurde jedoch auf 20 Fr. gesenkt und die Kontrollstelle Lintthal wurde getadelt, weil sie die Übertretung hätte verhindern sollen, anstatt diese käuflicherweise zu gestatten. Auf die Frage der Verfassungsmässigkeit trat das Gericht nicht ein. Wohl müsse es zugeben, dass die Ungleichbehandlung gegen das Gleichheitsgebot in altBV 4 verstosse, aber auch das Gericht müsse sich an das Gesetz halten[806].

---

803 Burckhardt, 318-319.

804 AR, 1912, 148.

805 BGE 48 I 1.

806 Mit Hinblick auf die derogative Kraft des Bundesverfassungsrechts eine höchst interessante Ansicht.

D'Arcis gelangte mit staatsrechtlichem Rekurs an das Bundesgericht und 913
beantragte die Aufhebung des Urteils. Er rügte die Verletzung von altBV 4, indem Glarner Lenker am Sonntag frei fahren könnten, während auswärtige Lenker dies nur tun könnte, wenn sie eine Kaution erlegen würden, welche nachträglich in eine Polizeibusse umgewandelt werde. Das angestrebte Schutzziel der Bestimmung, der Schutz der Spaziergänger vor dem Sonntagsverkehr, werde durch den regen Verkehr der kantonseigenen Automobile bereits vereitelt.

In seiner Vernehmlassung an das Bundesgericht schrieb das Polizeige- 914
richt Glarus, dass es keinen (für ein Sonntagsfahrverbot) rechtserheblichen Unterschied zwischen einheimischen und auswärtigen Lenkern angeben könne. 1912, als das erste Sonntagsfahrverbot für ausserkantonale Lenker erging, seien im Kanton nur zwölf einheimische Fahrzeuge zirkuliert, womit der sonntägliche Schutz der Bevölkerung noch einigermassen gewährleistet gewesen sei; doch nun, bei fast 200 innerkantonalen Fahrzeugen, sei wohl ein solchermassen ausgestaltetes Fahrverbot nicht mehr dazu geeignet, die Sonntagsruhe zu schützen. Das Gericht hielt sich jedoch ausdrücklich nicht für kompetent, formell rechtsgültige Gesetze auf ihre Verfassungsmässigkeit hin zu prüfen – das sei Sache des Bundesgerichtes.

Das Bundesgericht hielt daraufhin fest, dass die im Kanton wohnenden 915
Automobilisten ihre Steuern – im Gegensatz zu den auswärtigen Lenkern – im Kanton bezahlen und damit an die stark gestiegenen Unterhaltskosten beitragen würden. Dieser Umstand könne allenfalls noch ein allgemeines Fahrverbot für auswärtige Lenker rechtfertigen, niemals aber ein blosses Sonntagsfahrverbot. Das Gericht stützte die Auffassung der Vorinstanz, dass 1912 mit zwölf Fahrzeuge ein Sonntagsfahrverbot für auswärtige Lenker zur Erreichung des Schutzzieles noch zulässig war, 1920 aber – angesichts der über 200 Fahrzeuge im Kanton – nicht mehr. Es führte aus, dass ein bloss fiskalischer Gesichtspunkt – also die Erhebung von Bussen bei ausserkantonalen Lenkern wie im fraglichen Fall – keine Ungleichbehandlung zu rechtfertigen vermöge. Aufgrund dieser Erwägungen hiess es den Rekurs gut und hob das Urteil des Polizeigerichts Glarus auf.

Erstaunliches zeigt ein kleiner Exkurs in die Gegenwart: Gegen Ende des 916
20. Jahrhunderts gab es auf nationaler wie kantonaler Ebene vereinzelte Vorstösse zum erneuten Erlass von Sonntagsfahrverboten. Von besonderem Interesse ist aber der Fall einer kantonalen Volksinitiative für zwölf autofreie Sonntage im Kanton Appenzell: Die Initiative kam mit genügend Stimmen zustande, wurde aber vom Kantonsrat wegen Bundesrechtswidrigkeit für ungültig erklärt. Das hierauf angerufene Bundesgericht stützte den Entscheid der Kantonsregierung und verwies darauf, dass die Kantone, im Gegensatz zum Bund, nicht befugt sind, den motorisierten Verkehr auf ihrem Hoheitsgebiet per Rechtssatz zu verbieten.

Ein grundsätzlich kantonsweites Sonntagsfahrverbot könne nur per Rechtssatz erlassen werden, aber die Kantone verfügten nicht über dazu erforderliche Rechtssetzungskompetenz[807].

8.1.2.5 Gegenwehr des Tourismus

917 Nebst dem Bundesgericht respektive der Rechtsordnung an sich fanden die Automobilisten in ihrem Kampf gegen die Sonntagsfahrverbote nach dem Krieg noch einen neuen Verbündeten: das Tourismusgewerbe. Dieses fand nun auch mehr und mehr Gründe, sich gegen die Sonntagsfahrverbote zu wenden.

918 Einerseits wurde der motorisierte Tourismus nach dem Krieg wichtiger und bedeutungsvoller, insbesondere dank der grossen Gesellschafts- und Ausflugswagen. So organisierten beispielsweise rund um den Vierwaldstätter See örtliche Verkehrsvereine und Reisebüros für Kurgäste und Touristen Passfahrten mit Gesellschaftswagen, wovon die beliebtesten Touren nach Engelberg, dem Rhonegletscher, Klausenpass und über den Brünig nach Interlaken führten[808]. Generell brachte der Fremdenverkehr regelmässig zahlreiche und begüterte Fremde in die Schweiz. Während sich das Ausland dem Automobilfremdenverkehr weit öffnete, schädigte die Schweiz durch die Sonntagsfahrverbote ihrer Tourismusindustrie.

919 Andererseits zeigten zwei Beispiele aus der eigenen, nationalen Erfahrungswelt die Zweischneidigkeit der Verbote[809]. Einerseits der Fall der Kantone VS und FR von 1920, welche ohne Sonntagsfahrverbote gute Erfahrungen machten. FR warb aktiv in der AR mit der Anzeige "Automobilistes! Visitez le canton de Fribourg, la circulation est autorisée le dimanche" und auch VS konnte vermelden, dass der Ausflugsverkehr aus anderen Kantonen dem kantonalen Gastgewerbe gut tue.

920 Andererseits der Fall des Kantons Bern, der kurz darauf mit einem Sonntagsfahrverbot schlechte Erfahrungen machte. 1923 erliess BE ein Sonntagsfahrverbot, worauf die Automobilisten das Berner Oberland kurzerhand aus ihrem Sonntagsprogramm strichen. Die Berner fuhren in andere Kantone, auswärtige Gäste mieden den Kanton ganz, und selbst der Werktagsverkehr ging zurück, weil fremde Wochengäste nicht mehr frei über ihre Fahrzeuge verfügen konnten. Aufgrund des Sonntagsfahrverbotes (und schikanöser Kontrollen an den übrigen Tagen) rief der ACS-Kantonalverband des Kantons Bern unterstützend und selbstbewusst die Automobilisten dazu auf, den Kanton Bern gleich gänzlich zu meiden[810].

---

807 BGE 130 I 134 ff.

808 Eckert, 42.

809 Beide Beispiele stammen aus einem Artikel "Bilanz der Sonntagsfahrverbote" (Achtzig Jahre Verkehrspolitik im Spiegel der AR, 22-23).

810 ACS Clubzeitschrift, 1923, 406-407.

Der Aufruf zeigte Wirkung, und der Kanton Bern wurde vom Boykott schmerzhaft getroffen[811].

Mit diesen Erfahrungen bemühte sich die schweizerische Tourismuszentrale ab 1923 aktiv darum, Sonntagsfahrverbote aufzuheben oder diese ersatzweise durch Sonntagstempolimiten zu ersetzen, zumindest aber einheitliche Sperrzeiten zu erreichen. Sie führte überdies ein neues Argument gegen die Sonntagsfahrverbote ins Feld: Es stimme nicht, dass mit dem Verbot besonders wohlhabende Kreise betroffen seien, denn gerade diese blieben sonntags zu Hause und würden es vorziehen, an Wochentagen ihre Ausflüge zu machen[812]. Im Übrigen betonte sie, dass gerade in Bezug auf den Fremdenverkehr eine überkantonale Sicht der Dinge wichtig sei. 921

8.1.2.6 Vereinheitlichende Bemühungen

Sollten vereinheitlichende Bemühungen erfolgreich sein, so mussten sie kantonsübergreifend sein. Die Plattform der Polizeidirektorenkonferenz, also die Fortsetzung der früheren Konkordatskonferenz, bemühte sich schon im Februar 1920 um eine Vereinheitlichung. Die Konferenz beschloss, dass ein einheitliches Sonntagsfahrverbot von 12 bis 18 Uhr, dauernd ab 1. Mai bis 30. September, angestrebt werden sollte. Diese Empfehlung wurde vom EJPD aufgenommen und allen Kantonen, die Fahrverbote erlassen wollten, zum Nachvollzug empfohlen. Für 1922 konnte die Konferenz eine weitere Vereinheitlichung erreichen, indem gewisse Kantone nur noch Sonntage sowie den Auffahrtstag dem Fahrverbot unterwarfen[813]. 922

Am 19. November 1923 fand in Bern eine ausserordentliche Konferenz der kantonalen Polizeidirektoren statt, um über die Erfahrungen zu diskutieren, die im Sommer 1923 in einigen Kantonen mit speziellen Sonntagsfahrgeschwindigkeiten (anstelle von -verboten) gemacht wurden. Es herrschte allgemeiner Konsens, dass diese Erfahrungen positiv waren und in der Folge wurde eine Empfehlung an die Kantone beschlossen, im Jahre 1924 anstelle von Sonntagsfahrverboten für die Zeit von Mai bis September eine reduzierte Sonntagshöchstgeschwindigkeit von 30 Km/h (anstelle der sonst erlaubten 40 Km/h) einzuführen. Überdies wurden die Kantone nachdrücklich aufgerufen, sich für 1924 auf einheitliche Bestimmungen zu einigen[814]. 923

Der Aufruf der Konferenz, anstelle des Sonntagsfahrverbotes nur eine reduzierte Geschwindigkeitslimite einzuführen, wurde in den Kantonen intensiv geprüft. So veranstaltete der Kanton Luzern zu diesem Aufruf 924

---

811 Achtzig Jahre Verkehrspolitik im Spiegel der AR, 152.

812 Meyer, 64.

813 GB BR, 1920, 325 sowie 1922, 361.

814 Meyer, 65 sowie GB BR, 1923, 347.

eine Umfrage bei seinen Gemeinden. Im Resultat votierten grössere Gemeinden und Städte eher für eine Aufhebung, während Landgemeinden – insbesondere Durchgangsorte – eine Beibehaltung des Sonntagsfahrverbotes wünschten. Die Befürworter der Aufhebung der Sperre wiesen auf die Verkehrsansammlungen am Ende der Sperrzeiten hin; die Gegner der Aufhebung befürchteten, die reduzierten Tempolimiten wären wirkungslos, da diverse Gemeinden gar keinen eigenen oder besetzen Polizeiposten zur Kontrolle der Limiten hatten. Sie befürchteten weiter, dass allfällig doch noch verhängte Bussen, wegen ihrer zu geringen Höhe, zu wenig abschreckend wären. In Abwägung der Argumente und der wirtschaftlichen Bedeutung beschloss der Regierungsrat des Kantons Luzern am 29. März 1924 die Aufhebung des Sonntagsfahrverbotes und dessen Ersatz durch eine Sonntagsgeschwindigkeit von 30 Km/h[815]. Wie in Luzern hatte der Aufruf der Konferenz auch in anderen Kantonen Erfolg: Galt 1923 noch in elf Kantonen ein Sonntagsfahrverbot, waren es 1924 nur noch drei Kantone, die den Sonntagsverkehr zeitweise verboten[816].

925 Trotz dem Umstand, dass die Bemühungen zur Vereinheitlichung bereits 1920 begannen, dauerte es aufgrund des Föderalismus und der (von der Erwartungshaltung der Wähler beeinflussten) politischen Entscheide bis 1928, um eine Vereinheitlichung zu erreichen. Dieser Prozess verlief über mehrere Schritte: Ab 1919 wurde die Front der komplexesten und restriktivsten Regelungen aufgeweicht, und beginnend 1923 wurden reduzierte Sonntagsgeschwindigkeiten anstelle von totalen Fahrverboten eingeführt. 1927 gab es keine ganzjährigen Sonntagsfahrverbote mehr (welche jedoch nur in OW und NW bekannt waren; dies aber seit 1920) und ab 1928 hatte kein Kanton mehr ein totales Fahrverbot. Es gab noch zwei, circa gleich grosse Gruppen von Kantonen: Kantone mit eingeschränkter Sonntagsgeschwindigkeit und Kantone ohne spezielle Sonntagsbeschränkungen.

8.1.3 2. Ansatz – Teerung und Toleranz

926 Die Fahrverbote waren der erste Ansatz, den die meisten Kantone für das Problem der Staub-, Kot- und Lärmplage wählten. Unter dem Druck der wirtschaftlichen und touristischen Interessen und der expansiven Kraft der Motorisierung hatte er sich jedoch nicht bewährt. Im Grunde genommen bekämpfte er die Symptome und nicht die Ursachen.

927 Das Problem löste sich auf eine andere, jedoch nicht rechtliche Weise. Einerseits trug die strassenbauliche Massnahme der Teerung der Strasse dazu bei. Die Technik der Strassenteerung war schon seit Kriegsende bekannt und eine fortschreitende Asphaltierung der Strassen hätte eine

---

815 Meyer, 66-67.

816 GB BR, 1923, 347 sowie 1924, 374.

rasche Aufhebung der Sonntagsfahrverbote und -beschränkungen erlaubt. Lange aber blieb dieser Weg versperrt, denn mit der Lösung des einen Problems hätte man sich ein neues eingehandelt: dessen Finanzierung. Aufgrund der hohen Kosten konnten die Kantone die Asphaltierung ihres Strassennetzes nicht mit der gewünschten Geschwindigkeit vorantreiben. Erst die Neuregelung der Bundessubventionen für den Strassenbau verschaffte auch finanzschwachen Kantonen mehr Möglichkeiten im Strassenausbau[817].

Andererseits führten gesellschaftliche Veränderungen zu einer kompletten sozialen Neubewertung des Problems: In den 13 Jahren seit 1919 nahm die Motorisierung stark zu; die Akzeptanz der Motorfahrzeuge in der Gesellschaft stieg an. Immer mehr Bürger wurden selbst zu Automobilisten, wechselten die Front und wollten selbst an den automobilen Freuden teilhaben – was zu einer anderen Gewichtung der Vor- und Nachteile eines automobilfreien Sonntages führte. 928

Nicht zuletzt lag die Kompetenz ab 1932 beim Bund. Nach dem BG32 – welches keine Sonntagsbeschränkungen irgendwelcher Art mehr enthielt, wurden erst im Rahmen der wirtschaftlichen Landesversorgung während dem 2. Weltkrieg 1939 neue Einschränkungen für den Motorfahrzeugverkehr an Sonn- und Feiertagen erlassen[818]. 929

8.2 Lokale Fahrverbote

Lokale Fahrverbote und Strassensperrungen gab es vorwiegend auf dem Lande. Automobilkritisch war aber nicht pauschal die ganze Landbevölkerung, sondern vorab jene Ortschaften, denen als blosse Durchgangsstation nur das Nachsehen blieb[819]. Diese Orte litten unter einem Zuviel an Durchgangsverkehr, welches ihnen immateriellen Schaden sowie materielle Mindereinnahmen oder Aufwände ohne Mehreinnahmen einbrachte. Die einheimische Bevölkerung und die lokalen Feriengäste wurden durch Lärm und Staubwolken belästigt, doch der Durchgangsverkehr berücksichtigte das lokale Gastronomie- und Tourismusgewerbe nur marginal, belastete die lokale Strasseninfrastruktur und beeinträchtigte die Lebensqualität entlang der Verkehrsachse. Die lokale Bevölkerung und ihre Behörden reagierten darauf mit Protesten in verschiedenen Formen[820], wobei als ultima ratio lokale Fahrverbote zur Eindämmung des Verkehrsstroms verhängt wurden. Trotzdem sind viele dieser lokalen Fahrverbote erst im Zusammenhang mit der konkreten Situation vor Ort 930

---

817 Vertiefend vergleiche N 1401 ff S. 378.

818 Bundesbeschluss über die Einschränkung des Motorfahrzeugverkehrs an Sonn- u. Feiertagen (AS, Band LV NF, 925).

819 Merki: Siegeszug, 187.

820 Vertiefend vergleiche N 373 ff S. 96.

zu verstehen, denn als Massnahme ultima ratio stehen sie am Ende eines ganzen, lokal verankerten gesellschaftlichen und politischen Prozesses.

8.2.1 Küssnacht am Rigi

931 Der Fall Küssnacht ist von Interesse, weil er als Musterfall einer belasteten Durchgangsgemeinde, welche ihren Lokaltourismus schützen wollte, gelten kann. Als Nebenaspekt hinzu kam die Einflussnahme ausserkantonaler Kräfte, welche schlussendlich Hand zu einer gütlichen Lösung boten.

932 Küssnacht am Rigi war nach der Jahrhundertwende durch die Eisenbahn sowie die Schifffahrt zweier Seen erschlossen, und litt unter dem zunehmenden Durchgangsverkehr zwischen dem Touristenort Luzern und der für Automobilisten attraktiven Axenstrasse entlang des Urner Sees. In Sorge um ihre Dauergäste verlangte die Küssnachter Fremdenindustrie ein lokales Fahrverbot, denn diese waren durch den Verkehr beständig Lärm, Staub, Gestank und hektischer Geschäftigkeit ausgesetzt. In der Folge setzte der Bezirksrat Küssnacht 1909 ein Fahrverbot in Kraft, welches täglich von Mittag bis Mitternacht galt. Damit wurde jedoch den Automobiltouristen aus Luzern der Zugang zur Axenstrasse und dem Urner See stark erschwert, worauf sich die Luzerner Fremdenindustrie – im Verbund mit weiteren Interessierten – an den Bezirksrat von Küssnacht wandte und auf verschiedenen Wegen politischen Druck aufbaute, um das lästige Fahrverbot wieder aufzuheben. 1912 hatten diese Bemühungen Erfolg: Die Sperre wurde aufgehoben, im Gegenzug aber überliess die Fremdenindustrie von Luzern den Küssnachtern einen Besprengungswagen[821], womit zumindest die verbotsmitauslösende Staubplage bekämpft werden konnte.

8.2.2 Strecke Greppen - Weggis - Vitznau

933 Dieser Fall ist von Interesse, weil einerseits Gemeinden des Kantons Luzern auf Wohlwollen der ausserkantonalen Gemeinde Küssnacht beziehungsweise des sie umschliessenden Kantons Schwyz angewiesen waren, und andererseits das Fahrverbot nur für Personenwagen, nicht aber für Lastwagen galt.

934 Auf Ersuchen der Gemeinderäte von Greppen, Weggis und Vitznau erliess der Regierungsrat des Kantons Luzern im Dezember 1908 ein Fahrverbot für diese Strecke, wobei Lastwagen vom Fahrverbot ausgenommen waren. In der Folge gelangten der Luzerner Fremdenverkehr und der Stadtrat von Luzern an den Regierungsrat und ersuchten um eine Lockerung des Verbotes. Im Juni 1909 lockerte dieser das Verbot – in Abstimmung mit einem gleichzeitig in Küssnacht geltenden Fahrverbot – dahin-

---

821 Merki: Auto-Protzen, 242.

gehend, dass das Verbot von Montag bis Samstag jeweils erst ab Mittag galt. Nachdem im Juni 1912 das Fahrverbot in Küssnacht aufgehoben worden war, beschränkte der Luzerner Regierungsrat im Juli 1912 das Fahrverbot auf Luzerner Boden auf die Zeit von 14-19 Uhr sowie den ganzen Sonntag.

Wären die Fahrverbote auf Luzerner und Schwyzer Boden nicht interkantonal aufeinander abgestimmt worden, hätten die isolierten Luzerner Seegemeinden keinen lokalen Automobiltourismus mehr aufbauen können. 935

8.2.3 Thunerseeufer

Interessant an diesem Fall ist die Ausgangslage: Der Zielort der Touristen war aufgrund seiner geografischen Lage zur Zusammenarbeit mit den Gemeinden an der Anreiseroute gezwungen ist; eine Umfahrung der belasteten Region war nicht möglich. 936

Die Gemeinden am linken Thunerseeufer wehrten sich gegen den ständig zunehmenden Verkehr, der aus dem nahen Interlaken herrührte. In der Folge ergingen 1911 Verkehrsvorschriften und Sonntagsfahrverbote für die linke und rechte Thunerseestrassen. Die TCS-Revue von 1911 kritisierte dieses pauschale Verbot auf beiden Seeseiten als zu weit gehend, da die Verhältnisse auf beiden Ufern unterschiedlich seien[822]. Tatsächlich erwies sich die Teilsperre von 1911 als grosser wirtschaftlicher Schaden für die Verkehrs- und Hotelkreise, weshalb der Regierungsrat im April 1912 das Sonntagsfahrverbot am rechtsseitigen Ufer wieder aufhob und gleichzeitig anordnete, an den Endpunkten der betroffenen Streckenabschnitte die konkordatsgemässen Avistafeln mit den notwendigen Aufschriften aufzustellen. 937

Vor Ort tatsächlich eingerichtet wurden dann Kontrollstellen, welche (ohne gesetzliche Grundlage) einen Kontrollschein für zwei Fr. verkauften; währenddem die vorgesehenen Tafeln nicht angebracht wurden. Stattdessen wurde der Automobilverkehr täglich von 20 Uhr bis 7 Uhr untersagt – dies ebenso ohne gesetzliche Grundlage, denn der Beschluss des Regierungsrates sah nur ein Sonntagsfahrverbot vor. Auf diese Art wurden diverse Fahrer angehalten und es sollen auch Bussen abgenommen worden sein[823]. Aufgrund seines Erlasses war bekannt, dass der Regierungsrat des Kantons Bern den Autoverkehr nicht unterbinden, sondern in geordnete Bahnen lenken wollte. Die AR, in Klage über die übereifrigen Kontrollen vor Ort, argwöhnte, dass die neuen Anordnungen nur von unteren Instanzen erlassen und genehmigt worden sein konnten. In der Folge wurde die ACS-Sektion des Kantons Bern aktiv. Es kam zum Lokaltermin der interessierten Kreise, anlässlich dem sich zeigte, 938

[822] TCS-Revue, 1911, 216-217.
[823] AR, 1912, 342.

dass erstens die kritisierten Einschränkungen in keiner Weise vom Regierungsrat autorisiert waren und zweitens unter den Kontrollorganen selbst Uneinigkeit herrschte, was aktuell geltendes Recht sei. Überdies wurde festgestellt, dass die neuen Anordnungen unzweckmässig, schädigend und überstürzt beschlossen worden waren[824].

939 Es zeigte sich, dass die andauernde Staubplage in den Seegemeinden den Anstoss für das eigenmächtige Handeln der Seegemeinden gegeben hatte. Da man sich über die Kostentragung einer Staubbesprengung nicht einig geworden war, hatte man den billigeren Weg der Verkehrsbeschränkung gewählt. Der Staatsanwalt des Kantons Bern stellte in diesem Zusammenhang fest, dass die Durchführung der Automobilpolizei und die Durchsetzung der bestehenden Vorschriften im Kanton Bern sehr mangelhaft waren. In erster Linie sei der Vollzug den Gemeinden übertragen worden, doch bei diesen herrsche vielfach Willkür, Unbeholfenheit und namentlich grosse Ungleichheit[825].

940 Nach dem Lokaltermin organisierte der an einer Lösung interessierte Verkehrsverein Berner Oberland einen "runden Tisch", bei dem alle betroffenen Kreise ihre (bekannten) Bedenken und Ansprüche äusserten. Die Gemeinden schlossen sich zu einem Zweckverband zusammen, um die Besprengung zu übernehmen[826] und es wurden verschiedene Beschlüsse für das weitere Vorgehen getroffen. Einer Umsetzung kam dann allerdings der 1. Weltkrieg zuvor, indem in dessen Folge der private Individualverkehr fast vollständig zum Erliegen kam.

8.2.4 Kontrolle am Brünig

941 Dieser Fall weist mehrere Besonderheiten auf. Erstens, weil zwei Kantone ihre Massnahmen gegenseitig aufs Engste abstimmen mussten; zweitens der Umstand, dass ein Hotelierverein verpflichtet wurde, bei der Regierung des Nachbarkantons ein ständiges Depot für nichterhältliche Bussen zu unterhalten; und drittens war er ein Beispiel dafür, wie eine Kantonsregierung ein totales Fahrverbot abwenden konnte, indem erkleckliche Strassengebühren eingeführt wurden und damit zumindest der finanzielle Aufwand des Kantons sank[827].

942 Zur Ausgangslage: Obwohl bis 1902 in Obwalden noch kein Fahrzeug immatrikuliert war, gab es auf dem Kantonsgebiet bereits Autoverkehr. Der Brünigpass – der Übergang zwischen den Kantonen Obwalden und Bern – wurde von ausserkantonalen Automobilisten auf ihrem Weg zwischen Interlaken und Luzern rege benützt. Davon zeugte auch das Ange-

---

824 AR, 1912, 356.

825 AR, 1913, 155.

826 AR, 1913, 98 sowie 153 ff und 176.

827 Der Fall ist deshalb auch abgabenrechtlich von Interesse. Vertiefend vergleiche N 1378 f S. 371.

bot des (1896 gegründeten) Touring-Clubs der Schweiz, im Jahr 1899 bei der steil nach Giswil abfallenden Strasse eine Warntafel aufzustellen, um damit Unfälle zu verhüten[828]. Zur Regelung des Durchgangsverkehrs erliess der Regierungsrat Obwalden am 22. August 1900 eine "Verordnung betreffend den Strassenverkehr mit Motorwagen", welche bis zur Inkraftsetzung des Konk1 in Kraft blieb[829].

Das Konk1 räumte den Kantonen das Recht ein, den Motorwagen- und Fahrradverkehr auf einzelnen Strassen zu verbieten oder gar auf einzelne Strassen zu beschränken sowie die Strafbestimmungen und ergänzende Ausführungsbestimmungen zum Konkordat zu erlassen (Konk1, II. und III. Titel). Von diesem Recht machte Obwalden – wie die meisten Kantone – nach der bundesrätlichen Genehmigung des Konkordates ausführlich Gebrauch. In seinen Ausführungsbestimmungen zum Konk1 vom 27. Juli 1904 behielt sich der Obwaldner Regierungsrat in Art. 3 vor, den Motorwagen- und Fahrradverkehr auf einzelnen Strassen zu verbieten. Solche Verbote sollten im Amtsblatt publiziert und an den betreffenden Strassen mittels Tafeln angeschlagen werden[830]. 943

Wie an anderer Stelle bereits dargelegt, war die Akzeptanz des Automobils in der schweizerischen Bevölkerung nach der Jahrhundertwende gering[831]. Denn zu oft missachteten die Automobilisten die vom Konkordat vorgeschriebenen Verkehrs- und Geschwindigkeitsregeln und vertrauten auf das Recht des Stärkeren. Erschwerend kam hinzu, dass in jedem Kanton andere Regeln galten, sei es, weil der Kanton nicht im Konkordat war, oder weil der Kanton extensiven Gebrauch seiner ihm vorbehaltenen Rechte gemacht hatte. Im Kanton Obwalden akzentuierte sich das Problem der Rechtsunkenntnis noch aus einem weiteren Grund: Ein Grossteil der Lenker, die durch den Kanton fuhren, stammte aus dem europäischen Ausland (wie sich aus den Aufzeichnungen der Autokontrolle Brünig ergibt), und war mit den hierzulande geltenden Verkehrsrechtsordnungen nicht vertraut. 944

Vielerorts wurde das Automobil angefeindet und wie in anderen Kantonen wurden in Obwalden zu schnell fahrende Automobile mit Wasser abgespritzt oder mit vorgehaltenen Heugabeln und Sensen aufgehalten. Aufgrund sich mehrender Übergriffe gegen Automobilisten machten die Tourismusverbände, welche sich für das Automobil engagierten, 1905 ein Rundschreiben an die innerschweizer Regierungen, solcherlei Übergriffe und Treiben der Landbevölkerung zu unterbinden[832,833]. Die Regierung 945

828 Dillier / Dillier, 27.
829 Gesetzessammlung OW, Band II, 482-483.
830 Gesetzessammlung OW, Band III, S. 112-113.
831 Vertiefend vergleiche N 356 ff S. 91.
832 Autokontrolle Brünig, 1.

des Kantons Obwalden antwortete (wider besseres Wissen), dass bisher keine solchen Auftritte vorgekommen seien. Man wisse aber um den wachsenden Widerwillen der Bevölkerung gegen die Rücksichtslosigkeit der Automobilisten und so erwäge man, zum Schutz des Publikums die Brünigstrasse für den gesamten Automobilverkehr zu sperren. Diese Drohung verhallte ungehört und so entschied der Regierungsrat in Anwendung von Art. 3 seiner Ausführungsbestimmungen, die Brünigstrecke zwischen Giswil und Passhöhe ab Ende August 1905 für den Automobilverkehr zu sperren. Automobile mussten nun mit vorgespannten Pferden zur Passhöhe gezogen werden.

946 Dies provozierte heftige Proteste von Automobil- und Tourismusverbänden und die Regierungen von Luzern und Bern meldeten sich zu Wort. Nach langem Hin und Her fand am 21. Juni 1906 in Lungern eine Konferenz zwischen den interessierten Kreisen statt. In deren Folge wurde am 2. Juli 1906 die Brünigstrecke wieder für Automobile geöffnet. Mit der Absicht, die über diesen Entscheid verärgerte Obwaldner Bevölkerung zu beruhigen und die Autofahrer präventiv vom Brünig fern zu halten, war jetzt aber für das Befahren der Brünigstrecke eine spezielle Bewilligung notwendig[834].

947 Diese Bewilligung war gratis an den zwei Kontrollstationen Brünig-Kulm und Giswil erhältlich. Der Automobilist hatte sich am jeweiligen Bahnhofbuffet zu melden und Angaben zur Person und zum Fahrzeug zu machen[835]. Danach wurde auf einer Kontrollkarte seine Abfahrtszeit festgehalten.

948 Die Strecke stand den Automobilen werktags von 9 bis 16 Uhr offen; ausserhalb dieses Zeitfensters durften sie wie bis anhin nur mit vorgespannten Pferden verkehren. Auf Anfrage des TCS erklärte der Regierungsrat, man wolle den selbstfahrenden Automobilverkehr während gewissen Tagesstunden von der schmalen Brünigstrasse fern halten, um so einen ungehinderten Verkehr, zumal mit Viehherden, zu ermöglichen[836]. Im weiteren war die Geschwindigkeit zwischen Alpnachstad und Brünigpasshöhe auf maximal 10 Km/h limitiert.

949 So blieb die Durchfahrt ein Spiessrutenlauf. Die Vorschriften wurden von der lokalen Polizei rigoros durchgesetzt: Wer für die zwölf Kilometer lange Strecke zwischen Giswil und Brünigpasshöhe weniger als 72 Mi-

---

833 Die sich mehrenden Übergriffe und Anfeindungen bewogen auch 1905 den internationalen Automobilverband zu einem Boykottaufruf gegen die Schweiz. Vertiefend vergleiche N 384 S. 100.

834 Autokontrolle Brünig, 1.

835 Die diesbezüglichen Aufzeichnungen enthalten aufschlussreiche Informationen, so über längst verschwundene Automarken oder über Fahrzeugfrequenzen: 1906 bis 1910 fuhren jährlich 700-800 Autos über den Brünig, 1914/1915 noch 303 und 1915/1916 nur noch 168.

836 Wirz, 2.

nuten benötigte, wurde gebüsst. Die Härte der Polizei war aktenkundig und die verhängten Bussen boten Stoff zu den abenteuerlichsten Geschichten in den Automobilfachblättern[837].

Auch die lokale Bevölkerung blieb dem Automobil kritisch gesinnt, immer wieder kam es zu Zwischenfällen[838]. 1910 wurde im Kanton Nidwalden eine Initiative für ein Automobilverbot eingereicht, aber vom dortigen Landrat als unzulässig erklärt[839]; ähnliche Begehren und Versuche wurden auch in Obwalden gestartet[840]. In der Folge erliessen Ob- und Nidwalden – um den politischen Druck in Richtung eines totalen Fahrverbotes zu mindern – gemeinsame, restriktivere Vorschriften für den Automobilverkehr. 950

Die Bestimmungen[841] zählten positiv die geöffneten Strassen auf (6 Strecken) (Art 1). Die Verkehrszeiten wurden zeitlich minimal ausgedehnt und neu auf Montag bis Samstag von 8 bis 19 Uhr (Brünigstrecke nur bis 18 Uhr) festgelegt (Art. 2). Die Gebührenkarte kostete nun eine Kontrollgebühr von zwei Franken, womit die Brünigroute gebührenpflichtig wurde (Art. 3); für länger im Kanton verbleibende Fahrzeuge war jedoch eine Jahreskarte erhältlich (Art. 4). Die Höchstgeschwindigkeit betrug auf allen Strecken 10 Km/h (Art. 5). Zur Kontrolle des Verkehrs arbeiteten die Polizeiorgane beider Kantone zusammen (Art. 8) – womit die Polizeikorps die Nachteile der kurzen Durchfahrts- und somit Reaktionszeit pro Kanton und ihrer ungenügenden materiellen Korpsausrüstung teilweise umgehen konnten. 951

Aussergewöhnlich war Art. 10 der Bestimmungen: "Der Hotelverein von Engelberg wird für unerhältliche Bussen bei der Polizeidirektion Nidwalden einen Betrag von 1000 Fr. deponieren. Verminderungen sind jeweils sofort zu ersetzen. Die bezogenen Bussen verbleiben dem Kanton, in welchem dieselben verhängt wurden". Diese Regelung war unter zwei Aspekten bemerkenswert. Einerseits, weil ein Verein der Obwaldner Gemeinde Engelberg per Verordnung zu einer Depotleistung im Kanton Nidwalden verpflichtet wurde – dies in einer Zeit, in der blühender Föderalismus dazu geführt hatte, dass die Einführung einheitlicher Strafbestimmungen auf Konkordatsebene unmöglich schien; in einer Zeit, in der gewisse Kantone die Fahrbewilligungen eines anderen Kantons nicht anerkannten; und in einer Zeit, in der im Gebiet der ganzen Schweiz 952

837 Wirz, 2.

838 Aus dem Jahre 1911 ist ein Vorfall aktenkundig, bei der ein Regierungsrat böswillig ein (zu) schnelles belgisches Automobil mit dem Gartenschlauch bespritzt haben soll; was in der Folge zu hektischen, aber fruchtlosen diplomatischen Aktivitäten zwischen Belgien, der Schweiz und der Obwaldner Regierung führte (Wirz, 2).

839 Vertiefend vergleiche N 1026 f S. 274.

840 Flüeler-Martinez, 90-95.

841 Gesetzessammlung OW, Band V, S. 11-20.

kantonsweise, regional und teilweise gar lokal unterschiedliche Geschwindigkeitslimiten und Fahrverbotszeiten galten. Andererseits war diese Regelung interessant, weil rechtlich gesehen ein Verein subsidiäre Haftung (in nicht unerheblichem Umfang) für nicht eintreibbare Bussen übernahm – Bussen, die erstens in ihrem Zustandekommen nicht immer über alle Zweifel erhaben waren, und zweitens, wenn sie denn berechtigt ausgefällt worden waren, von Lenkern verursacht worden waren, die gegen geltendes Verkehrsrecht verstossen hatten.

953 Im Mai 1912 erliessen Ob- und Nidwalden erneuerte, gemeinsame Vorschriften für den Strassenverkehr, in deren Folge jede Fahrt drei Franken kostete[842]. 1913 berichtete in die AR über die Kontrollstation am Brünig. Die Zeitschrift errechnete aufgrund der bekannten Verkehrszahlen und der Gebührenansätze, dass die verkauften Passierscheine für die beiden Kantone ein erkleckliches Geschäft waren, und bemängelte (angesichts der Erträge) die mangelnde Gegenleistung der zwei Kantone. Der Bericht unterschlug aber, dass die hohe Gebühr auch zur Besänftigung des Volkes diente[843]. Denn: Aufgefordert zu einem Beitritt zum Konk2 schrieb die Obwaldner Regierung dem Bundesrat im Dezember 1913, dass nur schon die in Konk2 vorgesehene höhere Geschwindigkeitslimite reichen würde, um den Beitritt zum Thema einer Landsgemeinde zu machen, wo dann über den Ausgang der Sache kaum Zweifel bestehen würden[844].

954 Der Krieg brachte den privaten und touristischen Verkehr auch in Ob- und Nidwalden zum Erliegen. Nachdem im Mail 1921 die Kompetenz zur Gesetzgebung im Automobil- und Fahrradverkehr auf den Bund überging, öffnete Obwalden 1922 schliesslich dem motorisierten Verkehr das ganze Kantonsstrassennetz (wenn auch noch mit zeitlichen Einschränkungen)[845].

8.2.5 Walenseestrecke

955 Nicht in allen Fällen waren die Bestrebungen nach Strassensperrung von Erfolg gekrönt. Im Strom der gesamtschweizerischen Entwicklung gelang es teilweise, die Probleme durch weniger einschneidende Massnahmen wie tiefere Tempolimiten oder Sonntagsfahrverbote zu lindern.

956 So in der Region des Walensees, in der die Autofahrer in der Zeit nach 1912 auf Druck des Kantons wieder mehr behördlichen Schutz genossen. Lokal wurde eine Automobilinitiative erwogen, die den Automobilverkehr in der Gegend gänzlich verboten hätte; doch hatte die St. Galler Kantonsregierung für solcherlei Begehren kein offenes Ohr. Deshalb

842 Wirz, 3.
843 AR, 1913, 228.
844 Merki: Fortschritt bremsen, 245.
845 Art. 8 der Verordnung über den Motorwagen- und Fahrradverkehr, Gesetzessammlung OW, Band VI, 11.

wurden Rufe laut, das Glarnerische Teilstück vom Kerenzerberg bis zur Kantonsgrenze St. Gallen zu sperren. Automobilfeindliche Kreise reichten eine Initiative ein, um ein kantonsweites Verbot des sportlichen Automobilverkehrs zu erwirken[846]. Dies warf einmal mehr die Frage auf, ob kantonale Fahrverbote auf mit Bundesmitteln erstellten Strassen zulässig waren. Der ACS wollte deshalb durch Bundesgerichtsentscheid feststellen lassen, ob ein Kanton die gesetzliche Handhabe hatte, eine grossteils mit Bundesgeld finanzierte Durchgangsstrasse für den motorisierten Teil der Kantonsbewohner zu sperren[847]. Die Glarner Regierung, welche auch die Klausen- und Sernftalstrasse geöffnet hatte, kam diesem Projekt jedoch zuvor, und beantragte dem Landrate die Ablehnung der Initiative, unter Empfehlung der Herabsetzung der zulässigen Geschwindigkeit und einem Sonntagsfahrverbot von 10–16 Uhr. Der Glarner Souverän nahm diesem Vorschlag an, wodurch – wie schon im Falle von Obwalden – ein komplettes Fahrverbot durch Einführung eines Sonntagsfahrverbotes und einer reduzierten Höchstgeschwindigkeit verhindert werden konnte.

8.2.6 Kandersteg

Dieser Fall aus dem Jahre 1913 ist von Interesse, weil mittels einem lokalen Fahrverbot – und nicht nur einem sonntäglichen Fahrverbot – eine Ungleichbehandlung von Einheimischen und Fremden praktiziert wurde. 957

Nachdem die Automobilsperre im Frutigental aufgehoben worden war, glaubte man, nach Kandersteg fahren zu können. Doch war in diesem Kurort das Fahren nur Ortsansässigen gestattet, nämlich dem Arzt und vier Hotelbussen. Alle anderen Lenker – also nicht ortsansässige Schweizer sowie alle Ausländer – mussten ihr Fahrzeug vier Kilometer vor Kandersteg stehen lassen, wobei für diese Fahrzeuge immerhin eine Einstellhalle errichtet wurde[848]. 958

8.3 Alpen- und Passstrassen

8.3.1 Bedeutung der Alpenstrassen

In der Zeit nach der Jahrhundertwende war die Haltung der Automobilisten zum Strassennetz ambivalent: Ihre Organisationen beklagten sich bei den Behörden über den schlechten Strassenzustand, gleichzeitig befuhren wagemutige Neuerer die schwierigsten Strassen, um in der Erkundung neuer Wege ein sportliches Vergnügen zu finden. 959

Für einige Jahre wurden die Alpen in Frankreich und der Schweiz zum Spielplatz der Automobilpioniere. Das alpine Prinzip der "Erstbestei- 960

[846] AR, 1912, 10-11 sowie 58.
[847] AR, 1912, 11.
[848] Gubler, 60.

gung" wurde in den Automobiltourismus transponiert: Man versuchte, mit dem Automobil noch unbefahrene Pässe zu bezwingen[849].

961 Nebst anderen Pässen war der Gotthard – Sinnbild der wilden und herausfordernden Natur – schon um 1900 Ziel experimentierfreudiger Automobilisten. Eine Beschreibung einer Passüberquerung von 1901 erzählte von technischen Problemen – aufwärts war der Motor zu schwach, abwärts gerieten die Lederbremsen in Brand – und von fehlender Infrastruktur in Form von Tankstellen und Reparaturwerkstätten[850]. Später war es, mit der einsetzenden Massenmotorisierung nach dem 1. Weltkrieg, für viele Automobilisten "Ehrenpflicht", mindestens einmal jährlich jede Passfahrt zu absolvieren. Zum König der Pässe der 1920er Jahre avancierte, mitbedingt durch die regelmässigen Rennen, der Klausenpass.

8.3.2 Rechtliche Entwicklung der Befahrbarkeit

962 Nicht nur in Graubünden, aber dort in längster und radikalster Ausgestaltung[851], blieben die schweizer Passstrassen den Automobilen nach der Jahrhundertwende verschlossen. Zur Begründung wurde meist angeführt, das Automobil gefährde die Sicherheit des übrigen Alpenverkehrs. Dieses Argument wurde insbesondere vom lokalen Fuhrhaltergewerbe ins Feld geführt, um damit den leistungsfähigen Konkurrenten Motorfahrzeug auszubremsen. So lehnte beispielsweise das Fuhrhaltergewerbe in Graubünden ungefragt und präventiv jegliche Verantwortung für die Verkehrssicherheit ab, wenn die Strassen dem Automobil geöffnet werden sollten.

963 Auch andere Argumente für Automobilfahrverbote auf Passstrassen hielten einer eingehenden Prüfung, zumindest mit der Optik der Automobilisten, nicht stand. Der Einwand der Strassenschädigung erschien unbegründet, fuhr doch ein Automobil auf Pass- und Bergstrassen maximal mit 25 Km/h und schädigte damit die Strasse weit weniger als Hufe und Eisenreifen der anderen Passstrassenbenutzer. Eindrückliches Beispiel für diesen Umstand war die österreichische Stilfserjochstrasse, welche trotz regem Automobilverkehr stets in vorzüglichem Zustand war. Gegen Passstrassenfahrverbote sprach auch die Tatsache, dass davon meist Strassen betroffen waren, die grösstenteils mit Bundesgeld finanziert worden waren. Als weitere Argumente dienten der Umstand, dass die pferdebespannte Alpenpost schlecht rentierte, und dass die schweizer

---

849 Dieses sportliche Vergnügen brachte es mit sich, dass Natur und Landschaft "konsumiert" werden konnten (Bertho Lavenir, 116-117).

850 Gisler-Jauch, 21.

851 Mit der "Maienfelder Initiative" von 1909 wurde auf den Bünder Passstrassen der private Automobiltourismus (zum Nutzen der Dolomitenregion) bis 1923 beziehungsweise 1927 verboten. Vertiefend vergleiche N 986 ff S. 264.

Industrie vorzügliche Transportfahrzeuge hätte liefern können. Prognostiziert wurde auch eine Gefahr für den schweizer Tourismus, wurde doch im Sommer 1909 das letzte Teilstück der Dolomitenstrasse fertig und plante doch Frankreich den Bau einer Alpenstrasse vom Genfersee nach Nizza. Das Ausland kannte sogar Bergrennen auf Alpenstrassen, so die Semmering-Konkurrenz oder das Rennen Susa-Mont Cenis[852,853].

Die Automobilisten waren überzeugt, dass eine Koexistenz von motorisierten und nichtmotorisierten Verkehrsteilnehmern auf schweizer Passstrassen möglich wäre, denn derselbe Verkehr auf den französischen, italienischen und österreichischen Alpenstrassen verlief problemlos – und diese Strassen waren weder breiter noch besser noch waren sie weniger steil als die schweizer Strassen – aber sie waren besser unterhalten. Die Strasse auf das Stilfserjoch galt auf österreichischer Seite als gefährlichste und kurvenreichste aller Alpenstrassen; doch war kein Fall bekannt, in dem auf ihr ein Pferdefuhrwerk wegen eines Automobils – beispielsweise durch Scheuen der Pferde – verunglückt wäre. Im weiteren unterhielten die Mönche auf dem Grossen St. Bernhard auf italienischer Seite einen regelmässigen Camionverkehr nach Aosta[854]. Der Beispiele für eine mögliche Koexistenz nicht genug wurde in der TCS-Revue die Möglichkeit erwogen, an den Ausgangspunkten von Bergstrassen Lotsen zu postieren, welche die Strassen genau kannten, beispielsweise aus einer früheren Tätigkeit als Kutscher. Diese Lotsen wären dann, analog den Schiffslotsen, von den Automobilisten auf jede Fahrt mitzunehmen gewesen[855]. 964

Entsprechend der geringen Bedeutung regelte das Konk1 den Alpenstrassenverkehr für Automobile nur rudimentär: Beim Überholen von Postwagen war besondere Vorsicht walten zu lassen, bei der Begegnung mit denselben gar anzuhalten; und auf den von den Kantonen geöffneten Bergstrassen galt eine Maximalgeschwindigkeit von 10 Km/h beziehungsweise Pferdetrab (Konk1 9 II und V). 965

1906 wurde der Simplon als erster schweizerischer Alpenpass offiziell für den Motorfahrzeugverkehr an je drei Tagen wöchentlich freigegeben. 1906 wurde auch der Brünig (wieder) geöffnet, und 1909 folgte endlich durchgehend auch der Gotthard. Der Simplonpass wurde vor seiner offiziellen Eröffnung zumindest einmal bei Nacht befahren – ohne Kenntnis des Militärs, das den Pass bewachte. Am 8. Juni 1906 absolvierten TCS-Mitglieder mit dem Staatsrat des Kantons Wallis Versuchsfahrten auf dem Pass. Diese Versuche verliefen ermutigend und der Staatsrat be- 966

852 Der Col du Mont Cenis liegt auf der Verbindungsstrasse zwischen dem französischen Lanslebourg mit dem italienischen Susa.

853 Achtzig Jahre Verkehrspolitik im Spiegel der AR, 95-97.

854 Achtzig Jahre Verkehrspolitik im Spiegel der AR, 96.

855 TCS-Revue, 1903, S. 139-140.

schloss eine Öffnung der Passstrasse, wenn auch nur mit umfangreichen Auflagen: Der Pass war täglich offen, ausser montags, donnerstags und samstags in den Monaten Juni, September und Oktober beziehungsweise Donnerstags im Juli und August. Wer die Strasse befahren wollte, musste sich auf den Polizeiposten Brig oder Gondo einschreiben. Nachts herrschte immer ein Fahrverbot; die späteste Abfahrt hatte deshalb um 15 Uhr zu erfolgen, die minimale Reisezeit hatte 4.5 Stunden zu betragen und die erlaubte Höchstgeschwindigkeit war auf 10 Km/h festgesetzt. Verstösse gegen die Bestimmungen wurden mit Busse in Höhe von 25–500 Fr. geahndet[856]. Diese Bestimmungen wurden in der Praxis tatsächlich eingehalten; vermerkte doch der staatsrätliche Bericht, dass seitens der Gemeinden keine Klagen eingingen; weshalb der Passverkehr in den Folgejahren mit zunehmenden Freiheiten wiederum erlaubt werden konnte[857].

967 Auch der Gotthard wurde 1906 teilweise geöffnet. Gegen eine Fahrbewilligung, welche für zwei Fr. im Polizeiposten Göschenen oder einem Restaurant erworben werden konnte, durften die Strecke Göschenen bis Hospental von 5–8 und 19–21 Uhr sowie die Strecke Hospental bis Urnergrenze von 5–21 Uhr befahren werden, wobei eine Maximalgeschwindigkeit von 12 Km/h zu beachten war. 1910 wurden diese Bestimmungen auf Urner Seite weiter gelockert, während die Südseite bereits uneingeschränkt offen war, ohne dass dabei Probleme mit der Pferdepost entstanden[858].

968 1910 und 1911 stellte das Militär Versuche zur Befahrbarkeit der Alpenpässe an. Der Generalstab der Armee wollte Aussagen zur Gebirgstauglichkeit von Lastwagen gewinnen und veranlasste deshalb Versuchsfahrten über diverse Alpenstrassen, welche grösstenteils mit kantonalen Fahrverboten belegt waren. Diese Versuche verliefen gut und die Fahrzeuge erwiesen sich als sehr praxistauglich.

969 Der zwischenzeitlich gestiegenen Bedeutung der Thematik entsprechend regelte das Konk2 die Bergstrassen ausführlicher als das Konk1. Die Maximalgeschwindigkeit wurde auf 18 Km/h beziehungsweise in Kurven auf 6 Km/h festgelegt, bei Begegnungen mit Fuhrwerken oder Viehherden hatte der Automobilist zu bremsen oder nötigenfalls gar anzuhalten, und überholt werden durfte nur mit der absolut notwendigen Geschwindigkeit und aller wünschbaren Vorsicht (Konk2 37).

970 1917 wurde der Klausenpass dem Automobilverkehr geöffnet; ein Ereignis, dass der ACS politisch zur Schaffung von Sympathie ausnutzte:

---

856 TCS-Revue, 1906, S. 219.

857 Achtzig Jahre Verkehrspolitik im Spiegel der AR, 95.

858 Gisler-Jauch, 30, sowie TCS-Revue, 1906, S. 219 und Achtzig Jahre Verkehrspolitik im Spiegel der AR, 95.

Nach der Öffnung des Klausens wurde eine Sammlung zugunsten von Lawinenopfern durchgeführt, welche 2 500 Fr. ergab[859].

Eine Ausführliche rechtliche Regelung erfuhren die Alpenstrassen jedoch 971
erst 1932. Als "Bergstrassen" galten alle Passstrassen sowie alle steilen und kurvenreichen Strassen in bergigen und hügeligen Gegenden, welche nicht mindestens sechs Meter breit und für den Automobilverkehr besonders ausgebaut waren. Die Geschwindigkeit war auf Bergstrassen stets zu mässigen, sowie der Breite und Anlage der Strasse und deren Übersichtlichkeit anzupassen. Bei Begegnung mit andern Fahrzeugen oder Viehherden war zu bremsen. Für Motorwagen mit Anhängern – wobei nur Anhänger an Personenwagen und nur zur Beförderung des Touristenreisegepäcks erlaubt waren – galt eine Maximalgeschwindigkeit von 30 Km/h, doch in unübersichtlichen Strassenbiegungen hatten alle Fahrzeuge bei Berg- oder Talfahrt auf einem maximalen Bremsweg von sechs Metern anzuhalten. Bei schwieriger Kreuzung hatte der talwärts Fahrende anzuhalten (VOBG32 62).

8.3.3 Postbus-Linien

Gegenüber der Pferdepost hatten die Postbusse diverse massive Vorteile: 972
Die höhere Sicherheit, der Zeitgewinn – denn die Postbusse waren drei bis vier Mal schneller als die Postkutschen – die Zuverlässigkeit und Betriebssicherheit des Automobils, als auch der ideelle Vorzug des Tierschutzes, der aus der Abschaffung der Pferdepost resultierte. Hinzu kam, dass die Postbusse deutlich mehr Platz als Postkutschen boten, wodurch die Transporttaxen sanken und der Lokalverkehr erst in Schwung kam.

Trotzdem dauerte es bis nach dem 1. Weltkrieg, bis die Pferdeposten auf 973
breiter Front abgelöst wurden. Am 15. September 1921 fuhr die letzte Pferdepost über den Klausen. 1921 wurden auch Oberalp und Furka umgestellt, ein Jahr später auch der Gotthard[860].

Der zunehmende Verkehr von Postautomobilen hatte auch Einflüsse auf 974
die Rechtsentwicklung: Ein freier Verkehr für Postautomobile erforderte Breitenbeschränkungen für den übrigen Schwerverkehr. Die Höchstgeschwindigkeiten auf Alpenstrassen stiegen, denn 18 Km/h statt 12 Km/h bergauf sparte beispielsweise auf der Klausenroute eine Stunde Fahrzeit. Um den guten Willen zum Strassenschutz zu zeigen, wurden Postautomobile schon früh auf Luftreifen umgerüstet.

Der gestiegenen Bedeutung Rechnung tragend erliess der Bund im Okto- 975
ber 1924 ein Gesetz über den Postverkehr und die Reisepost[861]. Darin wurde der Bundesrat ermächtigt, allgemein verbindliche Vorschriften für den Fahrverkehr zu erlassen, soweit es zur Sicherheit des Postverkehrs

---

859 Gisler-Jauch, 86.
860 Gisler-Jauch, 145.
861 AS, Band XLI NF, 329 ff.

auf Bergstrassen notwendig war. 1932 erliess der Bundesrat einen Beschluss betreffend den Wagenverkehr auf Bergpoststrassen[862]. Dieser enthielt Fahrvorschriften (§ 1–2), Bestimmungen zur Fahrgeschwindigkeit der Postautomobile (§ 3), das besondere Erkennungsmerkmal der Postwagen und zwei Verkehrssignale (§ 4) sowie Strafbestimmungen (§ 5), überdies eine verbindliche Aufzählung aller schweizer Bergpoststrassen (§ 6).

8.3.4 Alpenstrassenöffnung am Beispiel des Gotthards

976 1901 verbot Uri mit Dekret vom 14. November 1901 den Motorwagenverkehr auf seinen Alpenstrassen (Gotthardstrasse ab Göschenen, Furka- und Oberalpstrasse, Klausenstrasse von Unterschächen bis Urnerboden). Fortan war das Selbstfahren der Automobile auf diesen Alpenstrassen verboten, zulässig aber blieb das Vorspannen von Pferden[863]. Dementsprechend wurde Julius Bierbaum 1902 anlässlich seiner Automobilreise nach Italien auf der 18. Etappe zwischen Mailand und Stein am Rhein in Göschenen gebüsst, denn er war mit eigener Motorkraft von Andermatt nach Göschenen gefahren, anstatt vorschriftsgemäss Tiere vorzuspannen[864]. 1902 sah der Entwurf des Konk1 noch vor, die Alpenstrassen zu öffnen, was zum Nichtbeitritt des Kantons Uri zum Konk1 führte (obwohl im endgültigen Konk1 dieser Passus nicht mehr enthalten war). 1906 lockerte Uri das Fahrverbot auf seinen Passstrassen, jedoch war pro Fahrt eine Fahrbewilligung à zwei Fr. zu erwerben[865]. Immerhin ermöglichte diese Öffnung den Automobilclubs die Durchführung von Zuverlässigkeitsprüfungen auf diesen Strecken[866], und damit auch einen weiteren Nachweis der Unbedenklichkeit von motorisiertem Alpenstrassenverkehr.

977 1910 stellte der Generalstab der Armee einen Antrag an den Urner Regierungsrat für Versuchsfahrten mit Lastwagen auf den (vom Bund zu 2/3 bezahlten) Passtrassen. Dieses Gesuch wurde 1910 und nochmals 1911 bewilligt. 1914 nutzten die Automobilverbände die Klausenfahrt als Werbekampagne, um sich vom Image des "fremden Geldprotzen" zu distanzieren: Beim Telldenkmal in Altdorf wurde Halt gemacht, ein Kranz niedergelegt und das Vaterlandslied angestimmt[867].

978 Aufgrund der grundsätzlich positiven Erfahrungen und des zunehmenden Druckes setzten intensive politische Umtriebe und Querelen ein, ob das Fahrverbot für die Urner Alpenstrassen gelockert werden sollte oder

[862] AS, Band IIL NF, 165 ff.
[863] Gisler-Jauch, 24-26.
[864] Bierbaum, 252-254.
[865] AR, 1907, 45 und 313.
[866] Gisler-Jauch, 28-30, 63.
[867] Gisler-Jauch, 62-63.

nicht. Dagegen votierte der Bauernstand, weil er den auf den Alpenstrassen herrschenden freien Weidegang für Kleinvieh nicht verlieren wollte und weil im Falle eines Unfalles insbesondere bei ausländischen Lenkern die Haftungsfrage ungeklärt blieb. Ebenso gegen eine Lockerung agierten fremdenfeindliche Kreise, weil reiche Ausländer, welche aus dem umliegenden, im Kriege liegenden Europa stammten, verdächtigt wurden, Schieberei, Wucherei und dunkle Geschäfte zu betreiben, und dazu den Schweizern ihr Brot wegzuessen und ihr Benzin zu verfahren[868].

Für eine Lockerung sprachen sich die Hoteliers aus, denn das Hotelgewerbe lag im und nach dem Krieg darnieder – und Automobilisten galten (noch) als kapitalkräftig. Für eine Lockerung war auch die Regierung, denn der Bund hatte die Alpenstrassen mitfinanziert, weshalb sie im Falle der Nichtlockerung eine Bundesintervention befürchtete. 979

Tatsächlich kam es zu einer Lockerung des Passfahrverbotes, was eine rasante Zunahme des Automobilverkehrs brachte. Immer mehr Automobile waren unterwegs und die Presse berichtete nun jeweils mit grosser Freude von neuen Rekordergebnissen bei den Automobilfrequenzen, welche anhand von Kontrollstellenverkäufen und Fahrzeuganzahl auf den Passhöhen eruiert wurden. Damit kehrte neues Leben in die Alpentäler ein, denn es entstanden neue Verdienstquellen. Gleichzeitig bekamen die Automobilclubs nun auch in Uri einen sozialen Stellenwert: Eine Clubmitgliedschaft setzte den Besitz eines Automobils voraus. Ein solches konnte sich nicht jedermann leisten; womit sich ein Club vorwiegend gutsituierter Leute bildete. Man traf sich unter seinesgleichen, und empfing Besuche ausländischer Sektionen[869]. 980

8.4 Kantonale Fahrverbote

8.4.1 Rechtliche Grundlagen

Bereits vor dem Konk1 hatten die Kantone diverse Strassenzüge gesperrt; und auf dieses Recht wollten sie aus Autonomiegründen nicht verzichten, weil sonst ein Konkordatsbeitritt des jeweiligen Kantons an sich fraglich geworden wäre (so beispielsweise Obwalden oder Wallis). Das Konk1 wahrte denn auch bewusst das Recht der Kantone, den Motorwagen- und Fahrradverkehr auf einzelnen Strassen zu verbieten oder auf einzelne Strassen zu beschränken (Konk1 zweiter Titel). 981

1906 beziehungsweise 1907 öffnete Uri, aufgrund der Bemühungen von ACS, TCS und dem Hotelierverein, den Gotthard; Wallis öffnete die Simplonstrasse und Obwalden die Brünigroute[870]. 982

[868] Gisler-Jauch, 77, mit Verweis auf das Berner Tagblatt als Primärquelle und eine Urner Lokalzeitung von 1917 als Sekundärquelle.
[869] Gisler-Jauch, 92-94.
[870] Meili: Kodifikation, 35.

983 Durch Beschluss vom 21. Dezember 1910 beauftragte der Bundesrat die schweizerische Gesandtschaft in Paris, mit Wirksamkeit per 1. Mai 1911 der IntUekl beizutreten[871]. Allerdings musste der Bundesrat das Recht der Kantone vorbehalten, innerhalb ihres Gebietes den Verkehr mit Automobilen und Motorrädern auf einzelnen Strassen oder gänzlich zu verbieten – eine Konzession an die föderalistische Struktur der Schweiz.

984 Im Grundsatz bestand dieses Recht auch im Konk2 weiterhin (Konk2 40 I). Neu aber durften interkantonale Strassen nur noch nach Anhörung der Regierungen der benachbarten Kantone gesperrt werden (Konk2 40 II). Allerdings brauchte es einen staatsrechtlichen Entscheid, dass dieses Anhörungsrecht nur Kantonsregierungen zustehen sollte, nicht aber den einzelnen Motorwagenbesitzern der Nachbarkantone[872]. Die TCS-Revue kommentierte diese Bestimmung mit "cet article est purement platonique"[873] – eingedenk der Tatsache, dass bis anhin jeder Kanton in solchen Fragen eigenmächtig gehandelt hatte.

985 Die Neuregelung kam 1932 mit der Bundesregelung und der Neuverteilung der Kompetenzen: Der Bundesrat konnte für den allgemeinen Durchgangsverkehr notwendige Strassen ganz oder mit Auflagen öffnen, unter vorheriger Anhörung der Kantonsregierung (BG32 2). Die Kantonsregierungen ihrerseits konnten Verkehr auf Strassen, die dem Durchgangsverkehr nicht geöffnet waren, ganz untersagen oder zeitlich beschränken, unter vorgängiger Anhörung des Bundesrates. Die Kantone konnten zwecks Sicherheit oder in Folge der Strassenanlage weitere Beschränkungen machen, und sie behielten das Recht zur örtlichen Regelung mittels polizeilicher Verkehrsvorschriften.

8.4.2 Kanton Graubünden

8.4.2.1 Ausgangslage

986 Wie in den meisten Kantonen tauchten auch im Kanton Graubünden die ersten Automobile in den Jahren vor der Jahrhundertwende auf; insbesondere im Engadin, wo sich die Gäste von Welt zur Erholung einfanden. Einer der ersten Einheimischen, der ein Automobil sein eigen nannte, war im Jahre 1897 der Davoser Landammann[874]. Wie andernorts waren auch im Kanton Graubünden die übrigen Strassenbenutzer den Umgang

---

871 AS, Band XXVII NF, 49.

872 Brennwald: Forensische Automobilpraxis, 27-28 mit Hinweis auf Praxis X, Nr. 141 (Urteil vom 8. Juli 1921, in Sachen Confidentia gegen Kanton Schwyz).

873 TCS-Revue, 1912, S. 85-90. Der TCS-Direktor Navazza kommentierte darin das neue Konk2 (wobei der TCS kurz davor von den Beratungen des Konk2 ausgeschlossen worden war).

874 Maissen, 10.

mit dem neuartigen Fahrzeug nicht gewohnt, was des Öfteren zu Konflikten und Unfällen zwischen Automobilisten und übrigen Verkehrsteilnehmern führte. Die engen Strassen im Kanton erschwerten den Stand des Automobils weiter; und es litt unter seinem ausgeprägten Ruf als Sport- und Vergnügungsgerät für Begüterte.

Aktenkundig sind auch zwei Unfälle mit Personenschaden, an denen Postkutschen und Automobile beteiligt waren. In der Folge gelangte die Kreispostdirektion Chur an den kleinen Rat[875] von Graubünden und erkundigte sich, ob die Verwendung von Automobilen auf den Bündner Strassen nicht gänzlich zu verbieten wäre. 987

Bis anhin fehlte in Graubünden jegliche gesetzliche Regelung; und man behalf sich dadurch, dass man auf die Regelungen des alten Strassenpolizeigesetzes von 1882 zurückgriff[876]. 988

8.4.2.2 Erstes Fahrverbot von 1900

Nachdem Fälle vorgekommen waren, in denen der Post- und Fahrverkehr durch Automobile gefährdet wurde, musste der kleine Rat schliesslich aufgrund der Eingabe der Kreispostdirektion und weiterer Reklamationen handeln. Im August 1900 erschien im Bündner Amtsblatt der Entschluss des kleinen Rates, das Autofahren auf sämtlichen Strassen des Kantons zu verbieten. Damit war die Ausgangslage für die weitere Entwicklung in den nächsten 25 Jahren gelegt: ein (vorerst) absolutes Automobilverbot im ganzen Kanton. Wohl reagierten andere Kantone anfänglich ähnlich restriktiv auf die aufkommenden Automobile, doch bereits 1911 sollte Graubünden der einzige Kanton sein, in dem noch alle Strassen für den Automobilverkehr gesperrt waren. 989

Der Beschluss des kleinen Rates fand in der Bevölkerung und in den einheimischen Gazetten breite Zustimmung; und unverhohlen schwang dabei auch der föderative Stolz mit, der Herr im eigenen Hause zu sein. Kritischer und differenzierter äusserte sich die ausserkantonale Pressewelt und verwies unter anderem auf Weltstädte wie Paris, wo das Automobil innert weniger Jahre ins Strassenbild eingegliedert wurde[877]. La Suisse sportive kommentierte den Entschluss der Regierung als "würdig eines Sioux-Häuptlings"[878]. 990

---

875 Der "kleine Rat" entspricht der Exekutive im Kanton Graubünden, also der Kantonsregierung.

876 Maissen, 11.

877 Maissen, 14.

878 "[...] nous devons agir [...] parce que nous estimons que cette interdiction est un attentat à la liberté des gens. Les routes sonst créés pour faciliter la circulation, tous les modes de circulation, [...] et non pour interdire la circulation. Quecette dernière soit réglementée, c'est juste, mais prohibée [...], c'est digne d'un Conseil de grands chefs Sioux et non d'un Conseil d'Etat cantonal Suis-

991 Meili, ein in Automobilbelangen aktiv publizierender Jurist, hielt 1902 die Automobilverbote in Graubünden und Uri sachlich nicht für unberechtigt, doch für juristisch bedenklich. Absolute Fahrverbote schössen über das Ziel hinaus und überdies seien sie bundesrechtlich anfechtbar: Der Bund könne einerseits aus militärischen Interessen gegen die absoluten Verbote einschreiten. Andererseits, und dies sei von grösserem Gewicht, könne er auch einschreiten, weil Strassen als öffentliche Sachen gelten und demnach Kantone und Gemeinden nicht deren unbeschränkte Eigentümer im Sinne des Privatrechts seien. Gemäss altBV 37 hatte der Bund die Oberaufsicht über Strassen und Brücken von eidgenössischem Interesse, und gemäss altBV 30 zahlte der Bund den Alpenkantonen Anteile an den Unterhalt der Alpenstrassen. Folglich habe der Bund zumindest bei den internationalen Alpenstrassen mitzubestimmen[879].

992 Das absolute Automobilverbot hatte indes vier Voraussetzungen, die es zu einem europäischen Sonderfall werden liessen, und ohne die es kaum zu verstehen war: **ERSTENS** war es ein Resultat der halbdirekten Demokratie: Engagierte Bürger konnten mittels Unterschriftensammlung eine Volksabstimmung über ein Fahrverbot bewirken. **ZWEITENS** war es eine Folge der ungelösten Kostenverteilung. Graubünden war der grösste Kanton der Schweiz, aber der am wenigsten besiedelte. In der Folge hatte er ein grosses Strassennetz zu unterhalten, was pro Quadratmeter Strassenfläche zu überdurchschnittlich hohen Pro-Kopf-Kosten führte. Die Instandhaltung der Strassen wurde weiterhin verteuert, weil das ganze Strassennetz im Gebirge lag und viele Kunstbauten umfasste. Für den Bau und Unterhalt dieses Strassennetzes musste jede Bündner Gemeinden mitzahlen oder Material liefern. Diese Beitragspflicht der Gemeinden war dem Stimmvolk sehr wohl vertraut, denn es spielte auf Gemeindeversammlungen stets eine prominente Rolle. Dem Bürger war damit der direkte Zusammenhang zwischen Strassenabnützung und Gemeindesteuern bekannt; und einzelne Gemeinden brachte diese Verpflichtung an den Rand des Ruins[880]. **DRITTENS** kam die Eisenbahn in Graubünden später als in der restlichen Schweiz; nämlich fast gleichzeitig mit dem Automobil. Dies belastete den Kanton finanziell sehr stark. **VIERTENS** wussten die Stimmbürger aus eigener Erfahrung um den Mehraufwand, den das Automobil im Strassenunterhalt verursachte. Das war eine Folge des in Graubünden noch praktizierten "Gemeinwerkes": Zu Begin des 20. Jahrhunderts war in vielen Berggemeinden der genossenschaftliche

---

se" (La Suisse Sportive, No 180, 1. Oktober 1900, S. 2, über das Fahrverbot in Graubünden).

879 Meili: Rechtliche Stellung, 31-32.

880 So gab beispielsweise das hochgelegene Avers für seine Strassen-, Alp- und Waldwege zeitweilig mehr aus als für die Schule und das Armenwesen (Merki: Siegeszug, 148 und 158).

Geist noch lebendig; und Wege und Strassen wurden mancherorts bis weit ins 20. Jahrhundert mittels Gemeindefron erstellt und gepflegt. Weil die Steuerpflichtigen in den Gemeinden beim Strassenunterhalt teilweise noch selbst Hand anlegen mussten, lagen für sie die zusätzlichen Aufwendungen für motorisierten Durchgangsverkehr "auf" – oder treffender "in" – der Hand. Die Ablösung der Gemeindefron durch Geldleistungen erfolgte erst später[881].

Diese speziellen, vor allem volkswirtschaftlich geprägten Umstände, lassen das Bündnerische Automobilverbot in einem etwas anderen, weniger selbstherrlichen und weltfremden Lichte erscheinen, als Teile der damaligen, automobilfreundlichen Presselandschaft es darzustellen versuchten. 993

8.4.2.3 Lockerung durch Ausnahmebewilligungen

Der kleine Rat war sich durchaus bewusst, dass er dem Automobil den Zutritt zum Kanton nicht unbeschränkt würde verwehren können. Er beobachtete die Rechtsentwicklung in den anderen Kantonen und erkannte auch den sich abzeichnenden Bedeutungswandel des Automobils vom Sportgerät zum Verkehrsmittel[882]. 994

1903 ging der erste Antrag um Lockerung des Automobilverbotes beim kleinen Rat ein: Der Verkehrsverein Chur erbat die Öffnung einiger Strassen im Kanton, insbesondere der Strecke Chur - Ragaz. 1904 stellte auch Ragaz einen diesbezüglichen Antrag; nach Anhörung der betroffenen Gemeinden wurde das Begehren jedoch abgelehnt. Zwischenzeitlich interessierten sich auch Handwerk und Gewerbe für Autotransporte; doch auch mehrere dermassen begründete Gesuche wurden abgelehnt. 995

Im Frühjahr 1904 ersuchte die Firma Gebrüder Meissen in Chur um Erlaubnis, mit Lastautomobilen Tuffsteintransporte aus der Lenzerheide durchführen zu können. Nach eingehender technischer Prüfung und Stellungnahme der betroffenen Gemeinden beschloss der kleine Rat am 23. August 1904, dem Gesuch zu entsprechen und eine Fahrbewilligung für die Strecke Chur - Lenzerheide - Tiefencastel zu erteilen, wobei die Erteilung der Bewilligung mit detaillierten Spezialvorschriften verbunden war[883]. 996

In der Folge wurden vereinzelte Ausnahmebewilligungen erteilt; so auch dem Kurverein Davos für einen Busbetrieb zwischen Davos Platz und Davos Dorf. Im Jahre 1907 wurde einem Kurgast erlaubt, sein Automobil nach St. Moritz führen zu dürfen – allerdings nur mit vorgespannten Pferden, nicht aus eigener Motorenkraft; und im selben Jahr erhielt ein 997

881 Merki: Siegeszug, 158, 166 und 383).
882 Maissen, 16.
883 Gesetzessammlung GR, 6. Band, 323 ff.

Davoser Arzt die Erlaubnis, im Gemeindegebiet zwecks Krankenbesuchen ein Elektromobil verwenden zu dürfen.

998 Die Erteilung einer Ausnahmebewilligung war stets an die strengen Spezialvorschriften geknüpft, die schon den Gebrüdern Meissen auferlegt wurden. Auch wenn Graubünden dem ersten Automobilkonkordat nicht beigetreten war, stand doch der Konkordatstext Pate bei der inhaltlichen Regelung der für die Gebrüder Meissen ausgearbeiteten Spezialvorschriften. In Inhalt und Umfang entsprach sie durchaus dem, was in anderen Kantonen als allgemeines Gesetz für den Automobilverkehr galt[884].

8.4.2.4 Versuch einer Öffnung im Jahre 1906

999 Basierend auf einer Vorlage des kleinen Rates erarbeitete der Grosse Rat im Jahre 1906 eine Verordnung, gemäss der grundsätzlich jedes nicht besonders konzessionierte Fahren mit Motorfahrzeugen im Kanton verboten gewesen wäre. Bei nachgewiesenem Bedürfnis für Handel und Gewerbe hätte die Regierung jedoch für einzelne besonders geeignete Strassenstrecken periodisch Fahrkonzessionen erteilen können, sofern die Konzessionäre für klaglosen Gebrauch der Motorfahrzeuge und für unbedingte Haftbarkeit bei allen Schadenfällen Gewähr geboten hätten[885].

1000 Nach der Publikation, aber vor dem Inkrafttreten, wurde eine Volksinitiative gestartet, die eine Volksabstimmung über diese grossrätliche Verordnung verlangte. Die Initiative kam zustande, und an der Abstimmung vom 13. Oktober 1907 wurde die Verordnung mit rund 9 000 gegen 2 000 Stimmen abgelehnt. Damit blieb es beim Status quo und die Regierung musste sich weiterhin mit Einzelgesuchen beschäftigen. 1907 wurden 16 Gesuche bewilligt und 7 abgelehnt, 1908 7 bewilligt und 3 abgelehnt, 1909 5 bewilligt und 13 abgelehnt, und 1910 3 bewilligt und 2 abgelehnt.

8.4.2.5 Zweites Fahrverbot von1911

1001 1910 machte der kleine Rat einen neuen Anlauf mit einem Verordnungsentwurf, der für gewisse Zeiten und Strecken einen provisorischen Automobilverkehr zulassen wollte. Im Grossen Rat entbrannte darüber eine ausführliche Debatte, welche am 24. Mai 1910 im Beschluss einer neuen Verordnung endete. Inhalt dieser Verordnung war eine Öffnung der Strecke Chur - Tardisbrücke.

---

884 So auch in der Gliederung in drei Titel: 1. Titel - Beschaffenheit des Fuhrwerks, 2. Titel - Fahrordnung, 3. Titel - Bussbestimmungen.

885 Meili kritisierte diesen Antrag aus rechtsdogmatischer Sicht: Die Ausübung des Gemeingebrauches dürfe nicht an die Erteilung einer Konzession geknüpft werden. Anders liege die Sache dann, wenn ein gewerbsmässiger Automobildienst eingerichtet werden soll (Meili: Kodifikation, 33-34).

Gegen diesen Beschluss wurde erneut eine Volksinitiative lanciert, die ausgehend von ihrem Geburtsort Zizers als "Zizerser Initiative" bezeichnet wurde. Sie bezweckte, nebst anderem, ein gänzliches Automobilverbot auf dem ganzen Kantonsgebiet sowie die Aufhebung des grossrätlichen Beschlusses vom Mai 1910. Die Initiative wurde als gültig erklärt, und am 5. März 1911 konnte der Souverän sowohl über den Grossratsbeschluss vom Mai 1910 als auch über die Zizerser Initiative abstimmen. Die Initiative obsiegte nach einem heftigen Abstimmungskampf im Verhältnis 4:1 über den Grossratsbeschluss, was selbst in ausländischen Zeitungen ausführlich kommentiert wurde[886]. 1002

Die Auswertung der Unterschriftenbogen des Initiativkomitees von Zizers zeigte eine hohe direkte Betroffenheit der Unterzeichner: Von den 104 Unterschriften aus St. Moritz stammte fast die Hälfte von Sattlern, Schmieden, Wagnern, Kutschern, Stallmeistern, Postbeamten oder Postillionen. Von den 563 Unterzeichnern aus Chur war beruflich rund 1/5 im traditionellen Strassentransport tätig, und jeder 10. arbeitete bei der Bahn. Der Widerstand hatte in der Regel seine Wurzel in den Ortskernen. Er entzündete sich meist ganz direkt entlang einer bestimmten Strasse, deren Anwohner fürchteten, dass ihnen das Automobil nur das Nachsehen lasse[887]. 1003

Aufgrund des Volksentscheides erging das "Gesetz betreffend das Automobilverbot". Dessen Art. 1 verbot "das Fahren mit Automobilen, Lastwagen und Motorvelos [...] auf allen Strassen des Kantons". Explizit festgehalten war auch, dass die Regierung keinerlei Kompetenz hatte, irgendwelche Fahrbewilligungen zu erteilen (Art 2), überdies wurde der Grossratsbeschluss vom 24. Mai 1910 aufgehoben (Art. 3)[888]. Die Regierung liess keinen Zweifel, das Verbot genau handhaben zu wollen; und in der Folge wurde auch ein Gesuch für eine selbstfahrende Holzverarbeitungsmaschine abgelehnt[889]. 1004

Damit galt in Graubünden (wieder) ein totales Automobilverbot; ein allfälliger Beitritt zum interkantonalen Automobilkonkordat war damit a priori gegenstandslos geworden. Präventiv wurden schon 1910 im Rat darüber diskutiert, ob Graubünden durch den Beitritt der Schweiz zur internationalen Automobilkonvention gezwungen sein konnte, seine Strassen zu öffnen; bald zeigte sich aber, dass der Text der Konvention dies nicht vorsah. 1005

---

886 So die NZZ, die in einem ausführlichen Artikel vor allem die volkswirtschaftlichen und politischen Konsequenzen hervorhob. Auch die "Deutsche Automobilzeitung" widmete dem Thema einen längeren Artikel (Hildebrandt, 283-289).

887 Merki: Siegeszug, 157-161.

888 Gesetzessammlung GR, 6. Band, 349.

889 Fischer, 76.

1006 Aufgrund des Verbotes wurde im März 1911 beschlossen, an allen Einfahrtsstrassen des Kantons diesbezügliche Verbotstafeln anzubringen. In den folgenden Jahren hatte Graubünden kaum Einnahmen aus dem Automobilwesen, ausser ein paar wenigen jährlichen Bussen für die Übertretung des Verbotes.

8.4.2.6 Neue Versuche zur Lockerung

1007 Nach dem Volksentscheid von 1911 tat sich auf politischer Ebene vorerst nichts mehr. Wie in anderen Kantonen – beispielsweise Uri – brachten erst das Militär und der 1. Weltkrieg neuen Wind in die Sache.

1008 Bereits in der grossrätlichen Diskussion bezüglich der Verordnung vom Mai 1910 wurde für eine Öffnung ins Feld geführt, dass auch das Militär Automobile einsetzen wolle, und dass sich der Bund kaum an ein kantonales Verbot halten würde. In der Tat wollte der Generalstab der Armee 1910 Angaben über die Gebirgstauglichkeit von Lastwagen gewinnen. Dazu sollte eine Versuchsfahrt mit zwölf Lastwagen über diverse Alpenstrassen durchgeführt werden – Strassen, die alle mit kantonalen Fahrverboten belegt waren. Das eidgenössische Militärdepartement ersuchte deshalb die betroffenen Kantone um deren Zustimmung. Diese reagierten jedoch nur langsam und stellten verschiedene Bedingungen, sodass die Fahrt schliesslich nur mit zwei Last- und zwei Personenwagen durchgeführt werden konnte. 1911 wollte das Militärdepartement diese Versuche mit neuen, verbesserten Fahrzeugen wiederholen. Der kleine Rat von Graubünden teilte dem Departement jedoch mit, dass er aufgrund des Volksverdikts vom 5. März 1911 keine Bewilligung mehr erteilen könne. Der Rat stellte aber die Frage, ob hier nicht Bundesrecht über kantonalem Recht stünde, und Fahrten damit ohne kantonale Bewilligungen möglich wären. Da die Fahrten im Interesse der Landesverteidigung erfolgen würden, berief sich das Militärdepartement auf Art. 28 der Verordnung über das militärische Automobilwesen von 1909[890], wonach Strassenverbote für Militärmotorwagen nicht angewendet werden durften, und ordnete von sich aus Versuchsfahrten in verschiedenen Alpenkantonen an[891]. Im Gebiete von Graubünden absolvierte eine Gruppe uniformierter Offiziere des Generalstabes mit je drei Personen- und Lastwagen verschiedene Versuchsfahrten über den Oberalp- und den Lukmanierpass[892].

1009 Die Generalmobilmachung von 1914 bewirkte, dass auch in den Tälern Graubündens Personen- und Lastwagen unterwegs waren. Dabei zeigte sich, dass diese mit den engen Strassen besser zurande kamen als die Fuhrwerke; denn die Motorfahrzeuge waren auch in der Lage, rückwärts

890 AS, Band XXV NF, 13.
891 Hildebrandt, 189-196.
892 Maissen, 35 und 124.

zu fahren und konnten damit effizienteren Gebrauch der Ausweichstellen machen. Die AR schrieb 1906, dass die Automobilfeindlichkeit in Graubünden dank der Kriegswirren beziehungsweise dieser problemlosen Abwicklung des militärischen Verkehrs deutlich nachgelassen habe[893].

1915 reichte der Bündner Grossrat Meuli mit 19 Mitunterzeichnern eine Motion ein, ob nicht eine beschränkte Zulassung des Automobilverkehrs anzustreben sei. Begründet wurde der Vorstoss mit dem problemlosen Militärverkehr sowie mit den guten Erfahrungen, die man im benachbarten Tirol gemacht hatte. Dort herrschte kein Automobilverbot, und es herrschte – zumindest noch vor dem Krieg – ein reger Automobiltourismus, der auch dem örtlichen Fremdenverkehrsgewerbe gute Auslastungen brachte. 1916 wurde zur Aufnahme des momentanen Stimmungsbarometers eine breit angelegte Umfrage bei Behörden und Amtsstellen durchgeführt. Die Umfrage ergab aber, dass sich die Volksmeinung seit 1911 nicht spürbar gewandelt hatte, und in der Folge wurde die Motion Meuli zu den Akten gelegt. 1010

Der Krieg dezimierte den Pferdebestand in der Schweiz innert vier Jahren um 50 %; viele Tiere wurden über Gebühr beansprucht und die Nachzucht kam in der Kriegszeit zum Erliegen. In der Folge fehlte dem Transportwesen 1918 und 1919 dringend notwendige Transportkapazität. Der kleine Rat Graubünden gelangte an den Bundesrat und ersuchte diesen um die Erlaubnis, im Rahmen der (bundesrechtlich abgestützten) kriegswirtschaftlichen Massnahmen Transportfahrten im Kanton bewilligen zu dürfen. Diese Erlaubnis wurde dem kleinen Rat im Juni 1918 erteilt[894]; worauf dieser am 6. August 1918 eine entsprechende Vollziehungsverordnung erliess und veröffentlichte. Umgehend ging eine Vielzahl von Gesuchen ein, und bereits Ende 1918 waren 18 Last- und Transportfahrzeuge auf den Strassen Graubündens unterwegs[895]. 1011

Eine zweite Lockerung des Verbotes brachte die Grippeepidemie vom Herbst 1918, in deren Folge einigen Ärzten die Erlaubnis erteilt werden musste, Krankenbesuche und -transporte mittels Automobilen durchzuführen. Auch diese Bewilligung fusste auf einer Ermächtigung aus Bundesrecht[896]. 1012

1918 waren sogar die Kantonspolitiker selbst ausnahmsweise auf Automobile angewiesen: Während des Generalstreiks im November 1918 standen fast alle Züge still, und die bürgerlichen Bündner National- und 1013

---

893 Ausführlicher Bericht in AR, 1916, 52-54.

894 BRB zur Ermächtigung des Kleinen Rates GR, Bewilligungen zur Benützung von Kraftwagen auf Kantonsgebiet zu erteilen, soweit es zur Landesversorgung notwendig ist (AS, Band XXXIV NF, 677).

895 Maissen, 56-59.

896 BRB vom 19. Oktober 1918 (AS, Band XXXIV NF, 1064).

Ständeräte wären ohne Automobil nicht rechtzeitig zur Sondersession der Vereinigten Bundesversammlung in Bern eingetroffen[897].

1014 In der grossrätlichen Januarsession 1920 wurde ausgiebig über die beiden bisherigen Lockerungen und die Zukunft des Automobilverbotes diskutiert; denn die bis anhin gewährten Bewilligungen stützten sich auf die ausserordentlichen bundesrätlichen Vollmachten, die aber mit dem Ende des Krieges hinfällig geworden waren. Es galt, eine dauerhafte, kantonale Lösung zu finden.

1015 Für eine Lockerung des Verbotes wurde überwiegend mit der Not leidenden Fremdenindustrie argumentiert. Vor dem Krieg war deren Haltung noch gespalten: Durchgangsorte wie beispielsweise Chur waren eher für das Automobil, Zielorte, angeführt von Engadin, eher dagegen, denn das Automobil brachte Staub und Lärm – und vor genau dem flüchteten die Erholung und Ruhe Suchenden aus Europas Grossstädten in die Bündner Sommerfrische. Nach dem Krieg aber war die Fremdenindustrie immer mehr gegen das Verbot. Nach dem Einbruch des Tourismus infolge des Krieges galt es, neue Kunden zu gewinnen, doch drohten die Automobilisten, abgeschreckt durch das Fahrverbot, Graubünden zugunsten des Tirols zu meiden. Überdies zeichnete sich die Ablösung des exklusiven Kurtourismus durch den raschen Massenreise-, Vergnügungs- und Sportverkehr ab[898]. Gegen eine Lockerung des Verbotes votiert wurde mit der Ansicht, dass man bisher auch gut ohne das Automobil habe leben können.

1016 Nach etlichem Ringen und Feilschen wurde eine Gesetzesvorlage entworfen, die dem Souverän im März 1920 zur Abstimmung unterbreitet wurde. Diese wollte die Strassen für Lastwagenverkehr und für Reiseautomobile zu An- und Abreise öffnen, wurde aber am 21. März mit 2:1 verworfen[899].

1017 Chur, die Kantonshauptstadt, nahm bezüglich des Automobilverkehrs seit dem 1. Weltkrieg eine Sonderstellung im Kanton ein. Zwischen dem mehrheitlich autofeindlichen Kanton Graubünden und der seit Kriegsende auf eine autofreundlichere Linie einschwenkenden Stadt Chur bestand ein deutlicher Gegensatz. Dies ergeht einerseits aus der Durchsicht zeitgenössischer Inserate in der Lokalpresse, andererseits aus dem Umstand, dass ab März 1920 in Chur das Lastwagenfahren auf den Stadtstrassen erlaubt war[900]. Erlaubt war auch das Kreuzen der Kantonsstrassen, nicht

---

897 Jecklin, 316.

898 Merki: Siegeszug, 157-165.

899 Maissen, 66.

900 Eine Analogie zu den Sonntagsfahrverboten im Kanton Luzern ab 1920, während denen ein kantonsweites Fahrverbot herrschte, ausser in der Kantonshauptstadt selbst. Das Verbot im Kanton Luzern hatte jedoch andere Hintergründe.

aber das Fahren auf den Kantonsstrassen. Aufgrund dieses Verbotes ausgesprochene Bussen wurden von der Stadt Chur erfolglos bis vor Bundesgericht angefochten[901].

1921 kam es nochmals zu einer Öffnung einer Strasse aufgrund von Bundesrecht. Mit Beschluss vom 17. August 1921 öffnete der Bundesrat, gestützt auf noch geltendes Kriegsrecht, die Strasse Castasegna - St. Moritz für einen Monat. 1922 wurde vom Kanton Graubünden diese Öffnung wiederum beantragt; sie konnte aber vom Bundesrat nicht mehr erteilt werden, weil durch Bundesbeschluss vom 19. Oktober 1921 die besonderen Kriegsvollmachten des Bundesrates wieder aufgehoben worden waren[902]. 1018

1921 wurde ein erneuter Vorstoss zur Aufhebung des Fahrverbotes lanciert, welcher für das "Nutzauto" eine Zulassung für Lastwagen, Busse und Traktoren ermöglichen wollte, da diese keine Konkurrenz zu den Schmalspurbahnen darstellen würden. Der Vorstoss wurde aber am 13. März mit einem Verhältnis von 3:2 an der Urne verworfen. 1019

1922 starteten die Automobilbefürworter eine Volksinitiative, welche die Zulassung für das "Arztauto" wollte, doch auch diese wurde am 30. April 1922 mit 53 % abgelehnt[903]. 1020

Der nächste Impuls ging wieder von der Regierung aus. Diese schlug 1923 die probeweise, befristete Öffnung der Strecke Chur - Engadin sowie zweier weiterer Strassenstrecken vor. Das entsprechende Gesetz wurde am 24. Juni 1923 – direkt vor der Reisesaison – angenommen, und öffnete die vorgesehenen Strecken für Personenwagen[904]. Umgehend berichtete das ACS-Journal ausführlich über eine erste, offizielle Rundfahrt in Graubünden nach der Öffnung per 1. Juli 1923[905]. In der Folge reisten 1923 rund 3 000 und 1924 rund 5 000 Automobilisten nach Graubünden ein, die durch eine bei der Einfahrt zu entrichtende Gebühr an den Strassenunterhalt beitrugen. Die einheimischen Automobilisten blieben aber zurückhaltend, war doch die Öffnung nur probeweise und zeitlich befristet; und so wurden bis Ende November 1924 im Kanton nur 43 Fahrbewilligungen erteilt[906]. 1021

Am 31. Dezember 1924 endete die Regelung vom Juni 1923 nachfolgelos. Die Regierung legte deshalb einen zurückhaltenden Entwurf für eine allgemeine Zulassung des Automobils vor, welcher jedoch am 18. Januar 1022

901 Jecklin, 316.
902 Für 1921: AS, Band XXXVII NF, 656; für 1921: GB BR, 1922, 362.
903 Maissen, 70 und 75 sowie Merki: Siegeszug, 152-153.
904 GB BR, 1923, 347.
905 ACS Clubzeitschrift, 1923, 293-298.
906 Merki: Siegeszug, 153.

knapp scheiterte – mit der Folge, dass wieder das totale Fahrverbot von 1911 galt[907].

8.4.2.7 Durchbruch 1927

1023 Doch die Entwicklung war nicht mehr aufzuhalten, und in der 10. Volksabstimmung vom 21. Juni 1925 wurden die Bündner Strassen für das Automobil freigegeben[908]. Das allgemeine Fahrverbot wurde beseitigt, allerdings galt für Busse und Lastwagen – wegen den subventionierten Bahnen – eine restriktive Zulassungspraxis. Das Motorradfahren war nur Einheimischen erlaubt, wogegen ein St. Galler Motorradfahrer beim Bundesgericht akzessorische Beschwerde erhob, weil er die Verletzung der verfassungsrechtlichen Gleichheit vor dem Gesetz sah. Das Bundesgericht schützte die Beschwerde, und hob die gegen den Motorradfahrer erhobene Busse auf[909].

1024 Am 20. Februar 1927 schliesslich nahm der Bündner Souverän ein neues Strassengesetz an, in dessen Folge auch eine Verordnung erging und das auf allen Pass-, Tal- und Kommunalstrassen den Verkehr von Personenwagen bis acht Sitzplätzen gestattete[910]. Künftig standen grundsätzlich alle Strassen dem Automobil offen.

8.4.3 Kanton Tessin

1025 Im Kanton Tessin nahm die Entwicklung einen ganz anderen Verlauf als im Nachbarkanton Graubünden. Tessin war der einzige Alpenkanton, der dem Automobil auf Bergstrassen keine Hindernisse in die Fahrbahn legte, was auch an dem im Kanton schwach oder gar nicht organisierten Fuhrgewerbe lag. Die Tessiner Seite des Gotthards blieb immer frei von Fahrverboten, obwohl es im Val Tremola mehr Kurven als auf jeder anderen schweizerischen Alpenstrasse hatte. Trotz dieser offenen Politik sind keine Schwierigkeiten mit dem Automobilverkehr aktenkundig.

8.4.4 Kanton Nidwalden

1026 Der Umstand, dass insbesondere in Bergkantonen ein Grossteil der Strassen durch den Bund mitfinanziert war, schränkte diese Kantone in der Verfügungsfreiheit über diese Strassen ein, was sich – nebst den Kantonen Uri und Graubünden – auch im Kanton Nidwalden zeigte.

1027 Am 15. Februar 1910 wurde durch drei Gemeindepräsidenten eine Initiative für ein Automobilverbot eingereicht. Sie verlangte ein kantonales Verbot des Automobilverkehrs für Personentransport; ausgenommen

---

907 GB BR, 1924, 272, sowie Merki: Siegeszug, 153 und 155 und Maissen, 90-91.

908 Caminada, 19.

909 BGE 53 I 345-351.

910 GB BR, 1927, 267.

davon waren Fahrzeuge von im Kanton ansässigen Besitzern sowie Fahrzeuge von Ärzten auf Krankenbesuchen. Am 28. Februar prüfte der Landrat die Initiative auf ihre Konformität mit der Kantons- und Bundesverfassung, und entschied nach längerem Abwägen, diese für unzulässig zu erklären. Massgeblicher Umstand seiner Erwägungen war dabei Tatsache, dass die Brünigstrasse auf dem Gebiet des Kantons Nidwalden gänzlich mit Bundesgeldern gebaut worden war; und es deshalb nicht angebracht erschien, durch einen offenen Konflikt ein bundesrechtliches Machtwort zu provozieren[911].

8.5 Nachtfahrverbote

Nachtfahrverbote wurden insbesondere nach dem 1. Weltkrieg in verschiedenen Kantonen erwogen oder gar eingeführt. Hauptmotiv dieser Bestrebungen war der Lärmschutz für die Bevölkerung, weshalb die vertiefende Betrachtung der Nachtfahrverbote im Rahmen und Sachzusammenhang des Immissionsschutzes erfolgt[912]. 1028

[911] Flüeler-Martinez, 90-95.
[912] Vertiefend vergleiche N 860 ff S. 231.

9 Geschwindigkeitslimiten

9.1 Ausgangslage

9.1.1 Bedeutung der Geschwindigkeit

1029 Geschwindigkeitslimiten wurden aus verschiedenen Gründen erlassen. Geschwindigkeitsbeschränkungen für die leichten Automobile erfolgten schon früh aus Gründen der Verkehrssicherheit, beispielsweise der Verkürzung der Bremswege. Den Geschwindigkeitsbeschränkungen in dieser Fahrzeugkategorie soll in diesem Kapitel das Augenmerk gelten.

1030 Die schweren Last- und Gesellschaftswagen erreichten aufgrund der zu geringen Motorenleistung und der fehlenden Luftbereifung bis in die Mitte der 1920er Jahre keine hohen Geschwindigkeiten, sodass für diese schweren Motorfahrzeuge erst ab dann Geschwindigkeitslimiten aus Sicherheitsgründen erlassen werden mussten. Frühere Geschwindigkeitslimiten für diese Fahrzeugkategorie wurden vor allem aus Gründen des Strassenschutzes und zur Vermeidung von Lärm- und Erschütterungsimmissionen erlassen, weshalb die Untersuchung der Geschwindigkeitslimiten für schwere Motorfahrzeuge in den diesbezüglichen Kapiteln und nicht in diesem Kapitel erfolgt.

1031 Der zentrale Vorteil des Motorfahrzeuges lag darin, dass es sich deutlich schneller als alle anderen (nichtmotorisierten) Strassenverkehrsteilnehmer bewegen konnte. In dieser höheren Geschwindigkeit gründet seine Effektivität. Bis circa 1920 verfolgte die automobiltechnische Forschung primär die Steigerungen der erreichbaren Höchstgeschwindigkeiten; danach verlagerten sich die Forschungsschwerpunkte Richtung Komfort und Leistungssteigerung, also verbesserter Beschleunigung. Um 1920 waren die oberen Geschwindigkeitslimiten erreicht, die im Alltagsverkehr aufgrund von Verkehrsdichte und Strassenzustand überhaupt gefahren werden konnten: Ein vierplätziger Citroën, ein Kleinwagen, erreichte bereits 1919 65 Km/h, Fahrzeuge der Oberklasse erreichten Anfang der 1920er Jahre dreistellige Höchstgeschwindigkeiten. Damit lag die technisch mögliche Geschwindigkeit aller Personenwagentypen weit über den gesetzlich zulässigen Limiten. Der Geschwindigkeitsrekord für Landfahrzeuge lag 1922 sogar bei 215 Km/h, 1932 sogar schon bei 408 Km/h[913].

1032 Die Fahrzeuggeschwindigkeit und deren Beschränkung stand seit dem Erscheinen der ersten Motorfahrzeuge stets und unterbruchlos im Fokus

913 Nussbaum, 76-77.

der Auseinandersetzung um die Motorisierungsfrage. Dies hatte vielerlei Gründe, wobei aus rechtlicher Perspektive zwei davon besonders hervorzuheben sind: **ERSTENS** war eine hohe Geschwindigkeit an sich nichts Aussergewöhnliches, denn hohe Geschwindigkeiten technischer Konstrukte kannte man bereits in Form der Eisenbahn. Dort trat aber die hohe Geschwindigkeit fahrplanmässig und durch die Bindung an den Schienenstrang ortsfest auf – durch die Automobile konnte einem aber jetzt hinter jeder Ecke und jederzeit eine schnelle Maschine begegnen, was alle Verkehrsteilnehmer zu einem vorsichtigen und bedachten Umgang im öffentlichen Verkehrsraum zwang. Die Beschränkung des Tempos war für das Publikum eine Möglichkeit, die neue Maschine zu zügeln und in ihre vertraute Erfahrungswelt einzubinden[914].

ZWEITENS war es eigener Verdienst der Automobilisten, dass die Tempofrage ein ständiges Thema in der Motorisierungsdebatte war. Dazu trugen die breitenwirksamen Rennen und Automobilausstellungen bei. Das Tempo wurde zum raison d'être des Automobils erklärt, "Automobil" und "Fortschritt" wurden bedeutungsmässig sogar zu Synonymen. Programmansage war der Schluss der Eröffnungsansprache zum 1. internationalen Automobilkongress in Paris vom 9. Juli 1900: "Das Automobil muss schnell sein – oder es wird nicht sein"[915]. Diesem Prinzip wurde auch im Verkehrsalltag nach Kräften nachgelebt: Fehlten Geschwindigkeitslimiten, wurde durchaus gefahren, was der Motor hergab – trotz nicht erwähnenswerter Bremsen. Aber: Die Länge des Bremsweges entschied allenfalls über Anhalten können oder den Fussgänger zu überfahren; über Ausweichen können oder die Kontrolle verlieren. 1033

9.1.2 Bedeutung des Bremsweges

Eine Verkürzung der Bremswege brachte mehr Sicherheit. Diese Verkürzung konnte auf zwei Arten erreicht werden: **EINERSEITS** durch technische Ausrüstungsvorschriften, also durch Verbesserungen am Bremssystem und einer Normierung dessen Unterhaltes. Bremsen an allen vier Rädern gehörten bis in 1920er Jahre nicht zum Durchschnittsfahrzeug. Insbesondere Kleinwagen verfügten über billige, einfache und meist nur ungenügend wirksame Bremsen[916]. Schlechte Wartung und Pflege verminderten die Leistung der Bremsanlage weiter. Mit den (an anderer Stelle bereits diskutierten)[917] Minimalvorschriften über die Anzahl Bremsen, der Leistungsfähigkeit des Bremssystems sowie den Vorschriften über dessen Wartung und Zustand wurde im Bereiche der Fahrzeugaus- 1034

[914] Merki: Fortschritt bremsen, 247.
[915] Merki: Fortschritt bremsen, 247.
[916] Nussbaum, 78.
[917] Vertiefend vergleiche N 477 ff S. 125.

rüstung einiges unternommen, um die Sicherheit im Verkehr durch kürzere Anhaltewege zu erhöhen.

1035 **Andererseits** konnte der Bremsweg durch betriebliche Vorschriften zur Geschwindigkeit verringert werden. Hier galt es, die Bremsleistung und die Höchstgeschwindigkeit im von der Physik gesetzten Rahmen in Einklang zu bringen. Aus der Physik ergibt sich, dass bei gleicher Masse, aber doppelter Geschwindigkeit beim Bremsen die vierfache kinetische Energie zu vernichten ist, der Bremsweg also überproportional ansteigt[918]. Eine Beschränkung der Geschwindigkeit bewirkte somit deutlich kürzere Bremswege, was im Verkehr zu mehr Sicherheit und weniger oder weniger schweren Unfällen führte.

9.1.3 Beschränkung der Geschwindigkeit

1036 Die Beschränkung der Geschwindigkeit galt als probates Mittel, um die schnelle Maschine auf den Takt und Trott des vormodernen Verkehrs abzustimmen[919]. Auf rechtlicher Ebene boten sich zwei Ansatzpunkte an, um die Geschwindigkeit der Fahrzeuge zu beschränken: Entweder das Vorschreiben eines Gerätes im Fahrzeug, das die Höchstgeschwindigkeit technisch beschränkte, oder der Erlass von Tempolimiten, kombiniert mit Kontrollen und Sanktionen zu deren Einhaltung. Beide Ansätze konnten aber nur Erfolg haben, wenn einerseits die Geschwindigkeit im fahrenden Fahrzeug überhaupt präzise gemessen werden konnte und andererseits die zur Durchsetzung notwendigen Kontrollen durchgeführt wurden.

9.2 Geschwindigkeitsmessung und -begrenzung im Fahrzeug

1037 In diesem Bereich waren drei Funktionalitäten zu unterscheiden. Vorab erwünscht war eine präzise Geschwindigkeitsmessung an sich, in Form einer aufzeichnungslose Anzeige für den Fahrer. Darauf aufbauend angestrebt wurde die Geschwindigkeitsaufzeichnung sowie eine mechanisch bewirkte Geschwindigkeitsbegrenzung.

1038 Die technische Entwicklung dieser erwünschten Funktionalitäten erwies sich als äusserst schwierig. Das Konk1 enthielt keine Vorschriften bezüglich Geschwindigkeitsmessern, denn erst am Pariser Automobilsalon von 1905 wurde ein erster Geschwindigkeitsmesser vorgeführt[920]. Das Automobilgesetz des Nichtkonkordatskantons Thurgau von 1905, welches dem Konk1 nachempfunden war, verlieh jedoch in § 10 dem Regierungsrat bereits die Kompetenz, mit Zustimmung des Grossen Rates für Mo-

---

918 Vertiefend vergleiche N 477 S. 125.

919 Merki: Siegeszug, 336.

920 AR, 1913, 705.

torwagen und Motorvelos den Einbau von Geschwindigkeitsmessern vorzuschreiben[921].

Diese Möglichkeit war jedoch eher theoretischer Natur, denn die Geräte waren noch unausgereift. In den Blättern für Zürcher Rechtssprechung ist der Prozess über den Geschwindigkeitsmesser "Momento" kommentiert. Darin beschrieb der Kläger ausführlich die Mängel des Produktes: Eine unrichtige Anzeige der "Schnelligkeit", ein schnelles Ausleiern des Anzeigegetriebes, die Verwendung von Scheinfedern anstelle wirklicher Federn sowie der Umstand, dass eine vorschriftsgemässe Ölung das Zifferblatt so stark verschmutzte, dass eine Ablesung unmöglich wurde[922]. Analoges galt für die meisten Konkurrenzprodukte, die auf den durchaus danach verlangenden Markt kamen. Die Entwicklung ging weiter und immer wieder tauchten Geräte auf dem Zubehörmarkt auf, wobei mit der Zeit Modelle mit Streckenkilometerzähler hinzukamen[923]. 1916 berichtete die AR in einem redaktionellen Artikel: "Dem modernen Automobilisten ist der Geschwindigkeitsmesser ein unentbehrliches Requisit am Wagen. Er braucht ihn zu seiner eigenen Sicherheit und zur Mahnung, die polizeilichen Vorschriften für die einzelnen Wegstrecken nicht zu überschreiten"[924]. 1039

Auf Konkordatsebene wurden die Geschwindigkeitsmesser auf der Konkordatskonferenz vom 23. April 1906 zum Thema. Diese ersuchte das EDI, ein Gutachten über die Anwendung von Apparaten zur Geschwindigkeitsmessung und -begrenzung zu erstellen[925]. Gesucht waren brauchbare Messinstrumente, denn verschiedene Gruppierungen verlangten von der Konkordatsversammlung schnelle und wirksame Massnahmen: Die schweizerische Bauernzeitung verlangte im Oktober 1905, dass alle Kraftfahrzeuge mit "selbstregistrierenden Geschwindigkeitsmessern" auszustatten seien. Ähnliches verlangten Gemeinden, die an viel befahrenen Strassen lagen, so das "Komitee zur Überwachung des Automobilverkehrs auf der Route Bern-Thun", oder eine Gruppe von Aargauer Gemeinden in einer Eingabe an das Kantonsparlament. Doch nicht nur Autogegner befürworteten die Apparate, sondern auch die Polizeidirektoren der Kantone und die Autolobby selbst. Dieser ging es insbesondere um die Distanzierung von den "Schnelligkeitsexcessen" verantwortungsloser Fahrer, als auch um den Schutz des disziplinierten Fahrers vor unzulässigen Vorwürfen[926]. 1908 lag das Gutachten des EDI vor. Nach 1040

[921] Meili: Kodifikation, 155.

[922] ZR, 1906, V. Band NF, Nr. 196, 312-314.

[923] Siehe (beispielhaft für viele andere) entsprechende Werbeinserate in AR, 1913, 80 sowie 96 und 150.

[924] AR, 1916, 152.

[925] TCS-Revue, 1906, S. 190 sowie Hildebrandt, 267.

[926] Merki: Fortschritt bremsen, 241.

Prüfung diverser Fabrikate kam es zum Schluss, dass keiner der Apparate einen grossen Nutzen bot und dass sich eine obligatorische Einführung nicht empfehle[927].

1041 Trotz Gegensteuer der Interessensorganisationen der motorisierten Verkehrsteilnehmer[928] bildete sich in der politischen Diskussion nun allmählich ein Junktim zwischen der Erhöhung der Tempolimiten einerseits und der obligatorischen Einführung von Tachometern andererseits[929]. Das eine sollte ohne das andere nicht mehr durchgesetzt werden können.

1042 In der V. Konkordatskonferenz vom Januar 1909 wurden der Bericht des EDI ausgewertet und erkannt, dass für Apparate zur Beschränkung der Geschwindigkeit eine zwangsweise Einführung undurchführbar wäre. Eine obligatorische Einführung von Apparaten, welche die Geschwindigkeit registrieren konnten, wurde grundsätzlich von allen Teilnehmern befürwortet, jedoch bezweifelten die meisten Teilnehmer deren technische Machbarkeit[930, 931].

1043 Immerhin beschloss man eine Weiterbearbeitung durch das EDI und im Sommer 1909 fand eine neue Testrunde statt. Das EDI wurde ersucht, eine neue, erweiterte Prüfung geschwindigkeitsanzeigender Geräte zu machen. Daraufhin lobte das EDI einen Wettbewerb unter den Fabrikanten solcher Geräte aus, worauf 21 Fabrikate in drei Produktegruppen eingereicht wurden: Tempoanzeiger, Tempoanzeiger mit Aufzeichnung auf Papier (Fahrtenschreiber) sowie Geräte zur optischen oder akustischen Information des Publikums über die Geschwindigkeit eines herannahenden Wagens (beispielsweise mittels Glocken oder farbiger Scheiben)[932]. Nach Ablauf der Einsendefrist am 15. Juli 1909 wurden am 23. und 24. September 1909 mit den verbliebenen sieben Produkten Probefahrten zwischen Bern und Thun durchgeführt. Die Geräte waren dabei auf vom ACS zur Verfügung gestellte Fahrzeuge montiert. Gemessen wurde die Präzision (Wegstrecke) als auch die Rüttelfestigkeit (brüskes bremsen oder anfahren) der Apparate[933].

1044 Die Auswertung der Feldversuche ergab, dass eine Kontrolle der Fahrgeschwindigkeit möglich war, aber keine Aufzeichnung, die synchron zur

927 Hildebrandt, 269.

928 So schrieb der TCS in seiner Revue, der obligator. Tachometer sei "un coup mortel porté à l'industrie et au tourisme automobile" (TCS-Revue, 1909, S. 77-79).

929 Merki: Fortschritt bremsen, 242.

930 Hildebrandt, 269.

931 Die TCS-Revue schrieb dazu: "Nous n'ignorons pas que l'introduction du tachymètre [...] est toute platonique et qu'on ne trouvera jamais d'appareil réunissant les conditions voulues et donnant toutes les garanties possibles d'exactidue" (TCS-Revue, 1909, S. 19-20).

932 Merki: Fortschritt bremsen, 242.

933 Hildebrandt, 269-270.

Uhrzeit lief. Und selbst wenn eine Geschwindigkeit von 20 Km/h registriert wurde, so war doch nicht ersichtlich, wo diese gefahren wurde – ob innerorts oder ausserorts. Damit konnte eine aufzeichnende Version nur noch dann von Nutzen sein, wenn Ort und Zeit der gefahrenen Geschwindigkeit klar nachvollziehbar waren – vor also bei Unfällen oder Zusammenstössen. Apparate ohne Aufzeichnungsfunktion boten aber mangels Beweiskraft nur einen zweifelhaften Nutzen. Hinzu kam die leichte Manipulierbarkeit der Mechanismen, die Notwendigkeit einer regelmässigen Inspektion der Geräte oder Begrenzer durch die Polizei sowie die fragliche Dauerhaftigkeit der Apparate[934].

Das Kardinalproblem war aber der Preis brauchbarer Geräte. Mit 300 bis 1045
500 Franken hätten diese Geräte rund 10 % des ganzen Wagens gekostet – ohne einen konkreten Nutzen zu erbringen. Auch wären die Kosten einer zwangsweisen Ausrüstung ein grosser Nachteil für die ausländischen Gäste gewesen. Und diese Klientel durfte nicht vergessen werden, denn 1910 waren in der Schweiz immerhin 7 003 ausländische Fahrzeuge unterwegs, während der eigene Fahrzeugbestand der Schweiz nur 2 276 Fahrzeuge zählte.

Das Fazit der Kommission war eindeutig: Sie konnte eine Einführung 1046
(mit und ohne Registrierung) nicht empfehlen. Da man sich von den Apparaten zu viel versprochen habe, sei von einer obligatorischen Einführung abzusehen. Immerhin - die Einführung eines "akustischen Minimal-Geschwindigkeits-Kontrollapparates" könne den Kantonen freigestellt werden[935].

1910 zeichnete sich eine Totalrevision des Konk1 ab, um der "internatio- 1047
nalen Übereinkunft betreffend den Automobilverkehr" beitreten zu können. Deshalb wurde eine definitive Lösung der beiden zusammenhängenden Probleme aufgeschoben, denn ein Tachometerobligatorium wäre mit der Übereinkunft nur schlecht zu vereinbaren gewesen. Hauptpunkte der Tagung zur Revision des Konkordates im März 1911 waren die Frage der obligatorischen Haftpflichtversicherung sowie das Tachometerproblem. Anlässlich dieser Tagung wurde entschieden, von der obligatorischen Einführung von Geschwindigkeitsbegrenzern abzusehen – wobei die Vertreter der Bergkantone mit 8 zu 12 Stimmen unterlagen[936].

So enthielt das Konk2 keine Vorschriften über die Ausrüstung mit einem 1048
Geschwindigkeitsmesser, denn die erreichbare Präzision war für eine gesetzliche Ausrüstungspflicht noch zu ungenau. Jedoch wurden die Rechtsgrundlagen für eine spätere Ausrüstung bereits geschaffen: Konk2 38 erlaubte, dass Motorfahrzeuglenkern, welche wiederholt wegen zu schnellen Fahrens bestraft worden waren, durch das zuständige kantonale

---

934 Hildebrandt, 275.
935 Merki: Fortschritt bremsen, 242-243.
936 Merki: Fortschritt bremsen, 242-245.

Departement die Anbringung eines die Geschwindigkeit automatisch kontrollierenden Messapparates auferlegt werden konnte. Überdies blieb der Konkordatskonferenz das Recht vorbehalten, die allgemeine Einführung irgendeines Kontrollapparates – nach Einholung eines diesbezüglichen Gutachtens des EDI – zu beschliessen. Diese Normen wurden von den Kantonen, trotz ihrer vorläufigen Inhaltslosigkeit, in ihre Einführungsgesetze übernommen[937].

1049 Selbst in den 1920er Jahren waren die bordeigenen Messgeräte der Fahrzeuge noch unpräzise. Bei Toleranzen von 10 Km/h zwischen angezeigter und tatsächlich gefahrener Geschwindigkeit war es schwierig, überhaupt 25 Km/h zu fahren[938]. Diesem Stand der Technik entsprechend enthielt auch das Konk2Lw diesbezüglich keine neuen Vorschriften.

1050 Erst Ende der 1920er Jahre konnte die Präzision gesteigert werden, sodass das BG32 vorschreiben konnte, jedes Motorfahrzeug, welches mehr als 20 Km/h erreichen konnte, müsse mit einem Geschwindigkeitsanzeiger ausgerüstet sein (BG32 25 II). Für Personenwagen entfielen jedoch gleichzeitig die Geschwindigkeitsbeschränkungen; stattdessen galt generalklauselmässig, dass der Lenker jederzeit Herr über sein Fahrzeug sein musste (BG32 25 I). Im Übrigen wurde der Bundesrat ermächtigt, Vorschriften zu erlassen bezüglich der Anbringung von registrierenden Geschwindigkeitsmessern für Motorfahrzeuge oder für bestimmte Kategorien derselben, wenn der Stand der Technik es ermöglichen würde (BG32 69 II lit. l). Diese registrierenden Geschwindigkeitsmessgeräte wurden später, nach Entwicklung der entsprechenden Technologie, in Form des Fahrtenschreibergerätes für schwere Motorfahrzeuge sowie Taxifahrzeuge zur obligatorischen Ausrüstung erklärt; und sie sind in diesen Kategorien auch heute noch geltende Vorschrift.

1051 Zusammenfassend ist festzuhalten, dass erst gegen Ende der 1920er Jahre eine Geschwindigkeitsmesstechnologie zur Verfügung stand, um im Fahrzeug die aktuell gefahrene Geschwindigkeit mit annehmbarer und in Massenfabrikation herstellbarer Präzision anzuzeigen. Die Aufzeichnung oder Begrenzung der Geschwindigkeit mittels technischer Mittel im Fahrzeug erwies sich im Betrachtungszeitraum noch als nicht realisierbar.

1052 Nach dem Willen der Konkordatskonferenz und der meisten Polizeidirektoren hätte die gesetzliche Entwicklung im Bereich der bordeigenen Geschwindigkeitsüberwachung einen anderen, restriktiveren Verlauf genommen, wenn die dafür notwendigen Geräte zur Verfügung gestan-

---

937 So beispielsweise in Luzern, in der regierungsrätlichen Verordnung vom 13. Juni 1911 (Meyer, 53).

938 Nussbaum, 81.

den hätten. So aber war die Gesetzesentwicklung geprägt vom Warten auf geeignete Geräte.

9.3 Festlegung von Geschwindigkeitslimiten

9.3.1 Doppelnormen in Km/h und Pferdegangarten

Sowohl im Konk1 als auch im Konk2 wurden Geschwindigkeitslimiten 1053 zumeist als Doppelnorm angegeben: in Kilometern pro Stunde, und in der dieser Geschwindigkeit ungefähr entsprechenden Pferdegangart. So sah das Konk1 für gefährliche Stellen eine Höchstgeschwindigkeit von 6 Km/h oder die eines "Pferdes im Schritt" vor, und für innerorts eine solche von 10 Km/h oder die eines "Pferdes im Trabe" (Konk1 9 II und III). Diese Angabe in einer Doppelnorm hatte zwei Gründe: Erstens erfolgte sie aus Akzeptanzgründen. Die Motorfahrzeuge sollten im überbauten Gebiet nicht schneller als die traditionellen Verkehrsteilnehmer sein. Der schnellste traditionelle Verkehrsteilnehmer war die Pferdekutsche und es lag nahe, deren Geschwindigkeiten in einer ersten Phase auch als Obergrenzen für die Motorfahrzeuge zu übernehmen[939]. Zweiter Grund war die Messbarkeit der Geschwindigkeit an sich: Die ersten, jedoch noch höchst ungenauen Geschwindigkeitsmesser in Automobilen wurden erst 1905 verfügbar und selbst in den 1920er Jahren hatten die Geräte bei einer tatsächlich gefahrenen Geschwindigkeit von 25 Km/h noch Toleranzen von 10 Km/h. Die Fahrzeuglenker als auch andere Verkehrsteilnehmer mussten deshalb die Geschwindigkeit vorerst noch durch Vergleich mit einem Pferd beziehungsweise dessen bekannten Gangarten feststellen.

Die Festlegung der zulässigen Höchstgeschwindigkeit mittels Doppel- 1054 norm schuf jedoch neue Probleme. So gab es für 30 Km/h keine Entsprechung in einer Pferdegangart mehr – zumindest keine, die der Allgemeinheit vertraut genug war. Für die zulässige Höchstgeschwindigkeit von 30 Km/h konnte das Konk1 denn auch keinen Vergleichswert mehr nennen, was aber nicht allzu gravierend war, durften doch 30 Km/h überhaupt nur ausserorts gefahren werden (Konk1 9 IV). Gravierender war, dass auch der Pferdetrab selbst nicht messbar war, was Uneinheitlichkeit und Rechtsunsicherheit zur Folge hatte: Waren im Konk1 innerorts noch maximal 10 Km/h oder die "Geschwindigkeit eines Pferde im Trab" zulässig (Konk1 9 II), so waren im Konk2 innerorts 18 Km/h oder die "Geschwindigkeit eines trabenden Pferdes" zulässig (Konk2 35 I). Damit wäre der Pferdetrab innert zehn Jahren fast doppelt so schnell geworden, was nicht nur den Kritikern reiches Argumentationsmaterial bot. Diese beklagten bereits beim Konk1, dessen Geschwindigkeitslimiten seien zu

[939] Nussbaum legt diesen Umstand soziologisch aus: Die Technik sollte humane oder tierische Leistungsgrenzen nicht einfach sprengen (Nussbaum, 76).

tief und falsch berechnet, denn der Pferdetrab betrage 15 Km/h und nicht 10 Km/h. Sie verwiesen dabei auf die 1905 bereits vorliegende "Polizeiverordnung für den Polizei-Bezirk Berlin", in der in § 28 festgelegt wurde, dass "Pferdetrab" ungefähr 15 Km/h entsprächen[940].

1055 Trotz der Unmöglichkeit, die aktuell gefahrene Geschwindigkeit im Fahrzeug selbst zu messen, machte die Angabe der zulässigen Höchstgeschwindigkeit in Km/h pro Stunde ebenso Sinn, denn dies erleichterte den Verkehrspolizisten – bei bekannter Länge einer Strecke – die Überwachung der gefahrenen Geschwindigkeit. So war beispielsweise im Kanton Obwalden die zwölf Kilometer lange Strecke von Giswil auf den Brünig mit 10 Km/h zu befahren, womit sie folglich mindestens 72 Minuten dauern musste. Da in Giswil eine Bewilligung für das Befahren des Brünigpasses zu lösen war, wurde auf dieser Bewilligung auch die Abfahrtszeit mitvermerkt. Wer für die Fahrt weniger als 72 Minuten benötigte, war demzufolge zu schnell gefahren und hatte eine Busse zu gewärtigen. Andernorts ging die Polizei nach demselben Prinzip vor, wobei – soweit schon vorhanden – auch das Telefon zum Einsatz kam[941].

1056 Die Angabe in Doppelnormen ist erst 1932 aus dem Gesetz gestrichen worden. Einerseits hatte die Bevölkerung und die Verkehrsteilnehmer zwischenzeitlich eine präzisere Vorstellung und Einschätzung der Geschwindigkeit eines fahrenden Fahrzeuges, andererseits musste jedes Fahrzeug, welches über 20 Km/h erreichen konnte, mit einem Geschwindigkeitsanzeiger ausgerüstet sein (BG32 25 II).

9.3.2 Rechtliche Entwicklung

1057 Der Betrachtung der rechtlichen Entwicklung der Tempolimiten sind zwei Vorbemerkungen vorauszuschicken.

1058 **Erstens.** Die rechtliche Entwicklung der Limiten ist im ganzen Betrachtungszeitraum von einer Eigenheit geprägt: Durch den Umstand, dass die zulässigen Höchstgeschwindigkeiten im Rahmen der Motorfahrzeuggesetzgebung geregelt wurden, waren die Adressaten dieser Temponormen stets nur die motorisierten Verkehrsteilnehmer. Ziel der Motorfahrzeuggesetzgebung war die Integration der motorisierten Verkehrsteil-

---

940 Brennwald: Automobilismus im Recht, 42.

941 Bemerkenswert ist, dass heute, rund 70 Jahren später, dieses Prinzip der Limitenüberwachung wieder eingesetzt wird. Das schweizerische Nationalstrassennetz ist an wichtigen Knotenpunkten mit Überwachungskameras ausgestattet, welche die Kontrollschilder der passierenden Fahrzeuge registrieren. Diese Kameras werden Schweizweit vernetzt. Benötigt ein Lenker weniger Zeit, als er unter Einhaltung der geltenden Tempolimiten für die Fahrt von einer Überwachungsstation zur nächsten benötigen würde, so hat er eine Busse zu gewärtigen.

nehmer in den bestehenden Verkehr – jedoch nicht die Regelung des gesamten Strassenverkehrs an sich.

Selbst die allmähliche Einführung von Geschwindigkeitstafeln gegen Ende des Betrachtungszeitraumes vermochte nichts daran zu ändern, dass die nichtmotorisierten Verkehrsteilnehmer nicht an die hier zu beleuchtenden Tempolimiten gebunden waren. Dies, obwohl Fahrradfahrer und, soweit noch vorhanden, auch Pferdekutschen durchaus in der Lage waren, sich zumindest innerorts schneller als Motorfahrzeuge zu bewegen. Die Geschwindigkeit der nichtmotorisierten Verkehrsteilnehmer blieb damit ungeregelt. 1059

ZWEITENS. Die Entwicklung der Limiten auf den Berg- und Alpenstrassen wurde durch andere Motive und Umstände als die Entwicklung im Flachland geprägt. Bei dieser Strassenkategorie waren andere Elemente Takt gebend, weshalb die Betrachtung derer Limiten hauptsächlich im Sachzusammenhang der Alpenstrassen erfolgt[942]. 1060

Die hier interessierende rechtliche Entwicklung der Tempolimiten im Flachland begann um die Jahrhundertwende in Form von kantonalen Dekreten und Polizeiverordnungen. In der Verordnung des Kantons Obwalden von 1900 war jedoch noch keine Regelung für eine Höchstgeschwindigkeit zu finden. Bezüglich der Geschwindigkeit wurde bloss verlangt, dass in gefahrenträchtigen Situationen nur mit der Geschwindigkeit eines Fussgängers gefahren werden durfte (Art 2)[943]. Das Fehlen einer Limite an sich kann dabei nicht auf die mangelnde Leistungsfähigkeit der Fahrzeuge zurückgeführt werden, erreichten doch zumindest die stärker motorisierten Fahrzeuge bereits damals Geschwindigkeiten von 30 bis 40 Km/h. Der Grund für diese lückenhafte Regelung lag vielmehr darin, dass einerseits aufgrund der geringen Fahrzeugzahlen die Bedeutung des Problems noch klein war und andererseits der Gesetzgeber noch kaum Erfahrung hatte, wie denn die Geschwindigkeit von Motorfahrzeugen gemessen oder gar gesetzlich normiert werden konnte. 1061

Zwei Jahre später lagen deutlich mehr Erfahrungen vor. Basierend auf vielen ausländischen Vorbildern erliessen diverse Kantone Verordnungen betreffend der Motorfahrzeuge, welche auch Normen über zulässige Höchstgeschwindigkeiten enthielten[944]. 1062

---

942 Vertiefend vergleiche N 959 ff S. 257.

943 Gesetzessammlung OW, Band II, 482-483.

944 Luzern erlaubt unter gewissen Umständen 30 Km/h (VO vom 31.8.1901), TI erlaubt innerorts 10 Km/h und ausserorts 20 Km/h (regierungsrätl. Reglement des Kantons Tessin, Sept 1901), AG erlaubt innerorts 10-12 Km/h, ausserorts 30 Km/h (aargauische VO betreffend den Verkehr mit Fahrrädern und Motorwagen), während in BE innerorts 15 Km/h erlaubt sind (VO des Regierungsrates Bern vom 19.2.1900 über den Verkehr von Motorwagen (Automobiles) jeder Art auf Strassen). Auch Zürich kennt entsprechende

1063 Das Konk1, welchem 1904 bereits 22 Kantone angehörten, brachte eine grossflächige Vereinheitlichung der Limiten mit sich. In Städten, Dörfern und Weilern galten 10 Km/h oder Pferdetrab (Konk1 9 II). Vergeblich wies der ACS, welcher innerorts eine Limite von 15 Km/h anstrebte, in den Beratungen zum Konk1 darauf hin, dass der Trab eines Pferdes – welcher als zu verwendende Referenzgrösse unbestritten war – wohl eher mit 15–18 Km/h zu referenzieren gewesen wäre. Auf dem "flachen Land" und überall da, wo sonst keine Limiten des Konk1 zur Anwendung kamen, durfte die Geschwindigkeit nie mehr als 30 Km/h betragen (Konk1 9 IV). Diese Ausserortsgeschwindigkeit galt bereits vorher in mehreren Kantonen; sie geht zurück auf einen Vorschlag von ACS und TCS von 1902 an den Bundesrat, da sie "den Führer in den Stand setzt, immer Herr seiner Maschine zu bleiben"[945]. Besondere Limiten galten im Umfeld von Engnissen und Gefahrenstellen. 6 Km/h oder die Geschwindigkeit eines "Pferdes im Schritt" einzuhalten galt es auf Brücken, Durchfahrten, engen Strassen, Kehren, im starken Gefälle sowie dort, wo die kompetente Behörde (beispielsweise durch gut sichtbare Tafeln) auch den Fuhrwerken tiefere Geschwindigkeit befohlen hatte (Konk1 9 III). Gebremst oder gar angehalten werden musste, wenn das Fahrzeug Anlass zu einem Unfall oder Verkehrshemmnis geben konnte, oder wenn Viehherden, Reit-, Zug- oder Lasttiere Scheu zeigten (Konk1 9 I). Insbesondere war immer dann anzuhalten, wenn dem Automobilisten auf Bergstrassen Personenpostwagen begegneten.

1064 Bereits nach wenigen Jahren zeichnete sich eine Totalrevision des Konk1 ab, im besonderen jedoch seit dem Zeitpunkt, in dem die Schweiz sich an den Verhandlungen für die IntUek1 beteiligte. Im Vorfeld dieser Revision drängten die Interessenorganisationen des motorisierten Verkehrs auf die Erhöhung der geltenden Geschwindigkeitsbeschränkung[946], blieben doch diese immer mehr hinter den technischen Möglichkeiten der Fahrzeuge zurück. Um den Verkehrsablauf innerorts zu verflüssigen, votierten aber auch Nichtmotorisierte für eine Erhöhung der Geschwindigkeit, zumindest innerorts[947]. Der Weg zwischen künftiger Kompatibilität mit der Übereinkunft einerseits und alltäglichem Vollzug einer effektiven Geschwindigkeitskontrolle andererseits war jedoch eine heikle Gratwanderung, denn es konnte jederzeit eine eidgenössische Initiative gegen das

---

Normen (VO des Regierungsrates des Kantons Zürich vom 6. Februar 1902) (Alle Beispiele aus Meili: Rechtliche Stellung, 19-22).

945 Merki: Fortschritt bremsen, 241.

946 Der ACS wandte sich beispielsweise im Mai 1909 in einem 16-seitigen Rundschreiben an seine Mitglieder (Merki: Fortschritt bremsen, 252), in ähnlicher Weise äusserte sich die TCS-Revue (TCS-Revue, 1909, S. 77-79).

947 Nussbaum, 82. Nussbaum weist im weiteren auf Fälle hin, in denen Zürcher Bezirksgerichte fallweise eine höhere Geschwindigkeit erlaubten. Diese Entscheide wurden jedoch vom Zürcher Obergericht wieder umgestossen.

Automobil lanciert werden – der Kanton Graubünden hatte das mit dem an der Abstimmung vom 5. März 1911 im Verhältnis 4:1 angenommenen totalen Fahrverbot eindrücklich demonstriert.

Im März 1911 tagte die Konkordatskonferenz zwecks Revision des Konk1 und genehmigte einen Entwurf, der eine Erhöhung der Tempolimiten auf 18 Km/h innerorts und auf 40 Km/h ausserorts vorsah. Im Lichte der immer mehr zunehmenden Verstösse gegen die aus Konk1 geltenden Limiten beugte sich die Konferenz dem Druck und hielt es für besser, die zulässige Geschwindigkeit massvoll zu erhöhen und dann darüber zu wachen, dass diese Grenze eingehalten wird, als eine Bestimmung aufrecht zu erhalten, von der man schon im Voraus wusste, dass sie nicht befolgt werden würde[948]. 1065

1914 setzte der Bundesrat das revidierte Konk2 in Kraft. In Städten, Dörfern und Weilern galten nun 18 Km/h oder die "Geschwindigkeit eines trabenden Pferdes", auf flachem Land und offenem Feld 40 Km/h (Konk2 35 I sowie Konk2 36). Die Limiten im Umfeld von Engnissen und Gefahrenstellen blieben unverändert, jedoch wurde die Liste der gefahrenträchtigen Situationen, in denen tiefere Limiten gelten sollten, erweitert. Diese Limiten galten neu auch beim Zusammentreffen mit Umzügen oder – im Kontext eines sich für den Krieg rüstenden Europas – mit militärischen Abteilungen (Konk2 35 III). Durch die Vorschrift, auf stark begangenen Strassen die Geschwindigkeit derart zu verringern, dass das Publikum weder durch Kotwurf noch durch Staubwirbel ernstlich belästigt wurde (Konk2 35 IV), wurde eine neue Norm aufgenommen, welche durch den bisher unbekannten Gedanken des Immissionsschutzes motiviert war. Als letzte Neuerung waren bei Nacht oder Nebel noch maximal 25 Km/h zulässig (Konk2 36); dies eine Reaktion auf den zunehmenden motorisierten Nachtverkehr. 1066

Die spürbar erhöhten Limiten des Konk2 reichten aus, um mehrere Kantonsregierungen davon abzuhalten, ihrer Bevölkerung den Beitritt zum Konk2 zu unterbreiten – im Wissen darum, dass ein labiles Kräftegleichgewicht im Kanton kippen könnte und am Ende des politischen Prozesses statt einem Beitritt zum Konk2 ein totales Fahrverbot stehen könnte. So beispielsweise in den Kantonen Ob- und Nidwalden, welche Mitglieder des Konk1 waren, die jedoch in ihren (gemeinsamen) Vorschriften zum Automobilverkehr von 1910[949] in Art. 9 eine Höchstgeschwindigkeit von 10 Km/h statuierten. Damit galten ab 1910 tiefere Limiten als bis anhin (durch Verweis auf das Konk1). Ein Beitrittsversuch zum Konk2 und damit eine Übernahme dessen im Vergleich zum Konk1 deutlich höheren Limiten, war damit ein zu heikles Unterfangen, wollten die 1067

948 Merki: Fortschritt bremsen, 245, mit weiteren Verweisen.

949 Vorschriften für den Automobilverkehr in den Kantonen Ob- & Nidwalden vom 10. Mai 1910 (Gesetzessammlung NW, III. Band, Nr. 16).

Regierungen doch ein komplettes Automobilverbot vermeiden[950]. Nebst OW und NW wollte auch ZG dem Konk2 nicht beitreten, weil es am Junktim zwischen "Tachometerobligatorium" und "Erhöhung der Maximalgeschwindigkeit" festhalten wollten – oder musste.

1068 Mit dem Ende des 1. Weltkrieges und dem Waffenstillstand zwischen den Alliierten und Deutschland konnte das faktische Fahrverbot wieder aufgehoben werden. Kaum war das Benzin freigegeben, blühten Geschwindigkeitsbeschränkungen bis auf 6 Km/h hinunter und Sonntagsfahrverbote wieder auf[951]. Das Konk2 galt de jure bis 1932 – de facto wurde es in den 1920er Jahren nur noch halbherzig durchgesetzt, mit Ausnahme einzelner Gemeinden, welche weiterhin Autofallen betrieben[952]. Diese Liberalisierung der Tempofrage erfolgte auch unter Sachzwang der mangelnden Kontrollierbarkeit. In der Folge liessen auch Klagen über schikanöse Kontrollen seit Mitte 1920er Jahre nach[953].

1069 Eine komplette Neuregelung brachte die Bundesregelung von 1932. Allgemeine Tempolimiten entfielen, denn das Gesetz selbst enthielt keine solchen mehr[954]. Immerhin aber wurde der Bundesrat ermächtigt (und im Falle der Kategorie "schwere Motorwagen" verpflichtet), Höchstgeschwindigkeiten in der zugehörigen Ausführungsverordnung festzusetzen (BG32 25 III). In der Folge erliess der Bundesrat Limiten für schwere Motorwagen als auch für den Verkehr mit Anhängern, sodass effektiv nur für Personenwagen ohne Anhänger keine Tempolimiten mehr bestanden.

1070 Anstelle bezifferter respektive messbarer Tempolimiten wurde eine Generalklausel zur Fahrzeugbeherrschung ins Gesetz aufgenommen. Nebst der allgemeinen, vagen Vorschrift, dass der Fahrer sein Fahrzeug stets zu beherrschen hatte (Konk1 9 I, Konk2 33 beziehungsweise BG32 25 I und VOBG32 42), kam die deutlich präzisere Bestimmung hinzu, dass der Lenker seine Geschwindigkeit den gegebenen Strassen- und Verkehrsverhältnissen anzupassen hatte (BG32 25 I, VOBG32 42).

1071 Aufgrund fehlender absoluter Tempolimiten war nun in Ortschaften, also innerorts, "der Lauf zu mässigen" und nötigenfalls anzuhalten (BG32 25 I, VOBG32 42). Für Strecken ausserhalb von Ortschaften gab es – ausser den allgemeinen Normen zur Fahrzeugbeherrschung und den nachstehend zu betrachtenden Normen für spezielle Fahrzeugkategorien – gar keine Vorschriften mehr. Gänzlich neu formuliert wurden die geschwin-

---

950 Vertiefend vergleiche N 941 ff S. 252 (insbesondere N 950 S. 255) sowie Merki: Fortschritt bremsen, 245.

951 Hildebrandt, 485.

952 Merki: Siegeszug, 353.

953 AR, 1925, 537.

954 Nussbaum sieht dies als Resultat einer Ausmarchung während des Gesetzgebungsprozesses: Im Gegenzug für die (erst mittels der bundesrechtlichen Lösung erreichten) Einführung der Kausalhaftung wurden die allgemeinen Tempolimiten aufgegeben (Nussbaum, 330).

digkeitsrelevanten Normen im Umfeld von Engnissen und Gefahrenstellen. Zu bremsen oder gar anzuhalten war an Unfallstellen oder Verkehrsstörungen, wenn Vieh erschrak, bei Bahnübergängen (eine echte Neuerung gegenüber dem Konk2) oder wenn das Fahrzeug Anlass "zu Belästigung des Publikums" bot (was einer generalisierten Formulierung des zwischenzeitlich nicht mehr so brisanten "Kotwurfs und Staubwirbels" aus Konk2 35 IV entsprach) (alle Stellen BG32 25 I respektive identisch in VOBG32 42). Ergänzend ordnete VOBG32 45 III an, dass auch vor den zwischenzeitlich eingeführten Fussgängerstreifen die Geschwindigkeit zu drosseln oder gar anzuhalten war, um den sich schon darauf befindenden Fussgängern die ungehinderte Überquerung der Fahrbahn zu ermöglichen.

Konkrete Höchstgeschwindigkeiten ordnete der Bundesrat für zwei Fahr- 1072
zeugkategorien an: einerseits für schwere Motorwagen (mit Ausnahme von Feuerwehrmotorfahrzeugen auf dem Weg zur Hilfeleistung) (VOBG32 43 und 44) sowie für Anhänger- und Schleppzüge (VOBG32 44). Für Personenwagen mit Anhängern zur Beförderung von Reisegepäck galten ausserorts 50 Km/h und innerorts 30 Km/h als zulässige Höchstgeschwindigkeiten. Nebst diesen beiden wichtigen Kategorien galten weitere Limiten für das Abschleppen, den Verkehr auf Bergstrassen, Fahrzeuge mit Vollgummireifen sowie Motorkarrenzüge (VOBG32 43 und 44).

9.3.3 Mangelnde Einhaltung

Die ständig steigende Motorenleistung liess immer weniger Automobilis- 1073
ten langsam und gesetzeskonform fahren. Naheliegenderweise ausserorts, auf geraden, offenen Landstrassen bestimmte sich die Geschwindigkeit immer mehr nach Gutdünken des Fahrers und der Motorenleistung als nach der gesetzlichen Norm. Deutlicher Hinweis darauf war, dass auch die Versicherungsprämien nach der Realität und nicht nach den geltenden Limiten ausgerichtet waren[955].

Zur mangelnden Einhaltung der Limiten führten mehrere Gründe. Zu den 1074
Wichtigsten und Häufigsten zu zählen waren die technisch bedingten Gründe, namentlich die mangelnden fahrzeugeigenen Mess- sowie Begrenzungsmöglichkeiten. Im Bereich der rechtlichen Gründe zu nennen waren einerseits die mangelnden Kontrollen, welche eine mehr oder minder systematische Missachtung der Tempolimiten verhindert hätten. Doch mangels Kontrollierbarkeit waren die Limiten nur schwer durchzusetzen. Andererseits führte eine unklare oder gar fehlende Beschilderung zu Rechtsunsicherheit. Nicht selten konnte der Motorisierte gar nicht wissen, wie schnell er fahren durfte. Geschwindigkeitstafeln kamen erst

[955] Nussbaum, 330.

allmählich auf, sodass der Automobilist vielfach selbst entscheiden musste, ob er nun innerorts oder ausserorts fuhr[956].

1075 In der zunehmenden Missachtung der Limiten trafen zwei Vorstellungswelten aufeinander. Aus Sicht der Automobilisten war die Tempoüberschreitung eine Auflehnung gegen eine ungerechte Behandlung durch den Staat, weil dessen Tempolimiten aus ihrer Sicht viel zu tief angesetzt waren[957]. Doch höhere Tempi brachten häufigere und schwere Unfälle sowie eine stärkere Belastung des Publikums mit Staub, Kot und Lärm mit sich. Aus Sicht des Publikums war eine Tempoüberschreitung deshalb der Inbegriff der motorisierten Rücksichtslosigkeit und mit Strafe zu ahnden. "Raserei" wurde zum Inbegriff und Synonym der motorisierten Rücksichtslosigkeit.

1076 Das Publikum reagierte auf die Übertretungen auf verschiedene Arten. Gegen die Schnellfahrer wurde Anzeige erhoben, was jedoch selten war. Öfters wurden Lenker laut beschimpft, allenfalls auch handgreiflich bedrängt, so man ihrer habhaft werden konnte. Das Publikum sah jeden Automobilisten als Rennfahrer an, der die Tempolimiten konsequent missachtete – ein Nebeneffekt der publikumswirksam medial zelebrierten Automobilrennen in Europa und Übersee[958]. Politisch wurden die Forderungen erhoben, mehr Polizeikontrollen durchzuführen, um die Limiten durchzusetzen und vor den Gefahren der Motorisierung besser geschützt zu werden. Gefordert wurden ebenso höhere Bussen sowie, im Wiederholungsfalle, der Entzug des Führerscheins. Stets vernehmbar war auch der Ruf nach der zwangsweisen Einführung von Fahrtenschreibern und registrierenden Tachometern, also Geräten, welche die Geschwindigkeit auf eine Papierrolle aufzeichneten, und die bei den Eisenbahnen mit Erfolg eingesetzt wurden[959].

1077 In der mangelnden Nichteinhaltung der Geschwindigkeitslimiten und den zunehmenden Geschwindigkeitsexzessen lag aus gesellschaftlicher Sicht jedoch eine grosse soziale Brisanz. Zwischen der Missachtung der Limiten und der Automobilfeindlichkeit bestand eine entwicklungsmässige Korrelation, denn es waren vorab Geschwindigkeitsexzesse, welche die Abneigung und den Hass gegen die Motorisierung schürten. Überdies stieg die Unfallgefahr mit wachsendem Tempo drastisch an, das Lärm-, Staub- und Kotproblem verschärfte sich mit steigender Geschwindigkeit und nicht zuletzt machte eine höhere Geschwindigkeit in der Nacht stärkere, jedoch belästigende und blendende Scheinwerfer notwendig[960].

---

956 Nussbaum, 84-88.
957 Gisler-Jauch, 35.
958 Merki: Marktanteile, 89.
959 Nussbaum, 80.
960 Nussbaum, 329, sowie 379-380.

9.4 Kontrolle der Limiteinhaltung

9.4.1 Aufgabe der Polizei

Tempokontrollen waren notwendig, damit die Rechtsunterworfenen in 1078
die zwangweise und tatsächliche Durchsetzung der Normen vertrauten. Ein Fehlen der Kontrollen führte zu mangelhafter Einhaltung der Gesetzesbestimmungen. Solange Motorfahrzeuge nur ausnahmsweise mit Tachometern ausgerüstet waren, blieben die Vorschriften über die Höchstgeschwindigkeit allzu oft Makulatur.

Für die Polizeikorps und insbesondere, soweit schon vorhanden, die 1079
verkehrspolizeilichen Abteilungen war die Kontrolle der Geschwindigkeit im Strassenverkehr bis anhin keine traditionelle Aufgabe. Die steigenden Fahrzeugzahlen und Übertretungsfälle, sowie der Druck des Publikums, verlangten jedoch immer mehr nach diesen Kontrollen, was die Polizeikorps vor vielfältige Probleme im Bereiche der Ausrüstung, des Personals und der Organisation stellte[961]. Für die Durchführung von Geschwindigkeitskontrollen machten der Polizei insbesondere Ausrüstungsmängel und Personalprobleme zu schaffen. Wichtige Ausrüstung fehlte, so eigene Dienstfahrzeuge, ein eigener Telefonanschluss und teilweise selbst eine genaue Uhr. Im Personalsektor war der Personalbestand zu klein, die Sachkompetenz war noch zu gering und es fehlte an Erfahrung und Übung, die allenfalls fehlende Messgeräte hätte ersetzen können. In der Folge konnte die Polizei, mangels technischem Gerät und mangels Erfahrung, tatsächliche Geschwindigkeitsübertretungen oft nicht wissenschaftlich exakt nachweisen.

9.4.2 Messmethoden

Zur Kontrolle der Geschwindigkeit bediente sich die Polizei verschiede- 1080
ner Methoden.

Eine erste Methode war die Messung der Zeit, die ein Fahrzeug für eine 1081
im Voraus abgemessene Strecke brauchte. Zur Durchführung brauchte es nur zwei Dinge: eine Stoppuhr und eine Messstrecke; wobei – wenn der Polizist nicht über eine persönliche, eigene Uhr verfügte – des Öfteren eine Stoppuhr fehlte. Eine andere Methode bestand in der vergeblichen Verfolgung der Raser mit dem Fahrrad. So war immerhin erhärtet, dass der Automobilist tatsächlich zu schnell fuhr – allerdings war er dann meist auch dem direkten Zugriff des Kontrollorganes entwischt. Erfolg versprechender war eine Nachfahrmessung mit einem Motorrad. Dies bewährte sich besonders in Fällen, in denen der Lenker nicht zur obligatorischen Passage von zwei im Voraus bekannten Durchfahrtspunkten

---

961 Vertiefend vergleiche N 733 ff S. 197.

gezwungen war. Dies war die zuverlässigste Methode, welche jedoch mangels Motorrädern in den Korps selten durchführbar war.

1082 Oft blieb dem Ordnungshüter nur, sich auf seine Augenschätzung und sein Gefühl zu verlassen. Diese Methode war höchst umstritten. Irrte sich der Beamte während einer Messdauer von 1 Sekunde um 1 Meter, dann ergab dies auf Stunde und Kilometer umgerechnet einen beachtlichen Fehler von plus oder minus 3.6 Km/h. Sachverständige wiesen überdies darauf hin, dass die geräuschvoll arbeitenden Motorfahrzeuge in ihrer Geschwindigkeit gewöhnlich überschätzt wurden und infolge dessen häufiger gebüsst wurden als die ruhiger fahrenden Elektromobile[962]. Entsprechend ihrer Fehleranfälligkeit und Subjektivität – bis zum Konk2 erhielten die meisten Polizisten einen Anteil an jeder ausgefällten Busse – wurde diese Methode von den Motorisierten immer wieder kritisiert. Besonders stossend und in der Literatur des Öfteren referenziert wurde ein Fall von 1921, bei dem ein Polizist aus einer Gartenlaube (eines Gasthofes) stürmte und – gestützt auf sein Augenmass – ein Depot von 50 Fr. einzog[963]. Doch nicht nur Polizisten bedienten sich dieser Methode, es sind auch Fälle bekannt, in denen Bussen gestützt auf Messungen von Zeugenaussagen oder anderen Kantonsbediensteten ausgefällt wurden[964].

1083 Zu den bedeutungslosen Methoden zu zählen war einerseits der Einsatz fotografischer Mittel. Eine Methode mit einem Zielfilm, welche die genaue Bestimmung der Geschwindigkeit erlaubte, wurde wohl 1900 in Paris von einem Fotografen vorgestellt, aber die Methode war teuer und nicht praktikabel. Ebenso bedeutungslos war die Befragung des Lenkers selbst, denn selbst dieser – selbst wenn er noch die Wahrheit gesagt hätte – konnte kaum sagen, wie schnell er tatsächlich gefahren war, denn die Tachometer waren oft ungenau, meist teuer und gehörten nicht zur Standardausrüstung eines Fahrzeuges[965].

9.4.3 Auswüchse bei Geschwindigkeitskontrollen

1084 Aus Sicht der Fussgänger waren die Kontrollen lasche Alibiübungen der Polizei. Die Behörden verteidigten ihre Geschwindigkeitskontrollen als absolut notwendige und hoheitliche Rechtsdurchsetzungsakte. Die Automobilisten schliesslich sahen darin oft "Automobilfallen", welche als

[962] Isaac, 175.

[963] NZZ, Nr. 1399, 1921, S. 2.

[964] Aktenkundig beispielsweise in einem Bericht über einen Herr Euler aus Frankfurt am Main, der 1907 von einem Strassenknecht wegen zu schnellem Fahren angezeigt wurde. Man glaubte dem Strassenknecht mehr als dem Fahrer; selbst eine schriftliche Reklamation des Deutschen Generalkonsulates in Genf blieb wirkungslos (Hildebrandt, 427).

[965] Merki: Siegeszug, 347.

Schikane autophober Behörden empfunden wurden und vor denen sich die Motorfahrzeuglenker gegenseitig warnten[966]. Zu dieser bei den Automobilisten vorherrschenden negativen Grundeinstellung bezüglich polizeilicher Tempokontrollen trugen diverse Missstände und Auswüchse bei, die nicht nur von automobilistischer Seite immer wieder kritisiert wurden.

Ein erster Auswuchs der Kontrollen war die Bussenverhängung aus fi- 1085
nanziellen Interessen. Probates Mittel zur Ausfällung einer hohen Busse war der Vorwurf an einen Fahrzeuglenker, zu schnell gefahren zu sein, denn dieser konnte den Vorwurf mangels Messgeräten kaum je entkräften. Interpretierte das Kontrollorgan die Umschreibung "in Städten, Dörfern und Weilern" extensiv, so konnte es fast überall die tieferen Innerortslimiten zur Anwendung bringen (Konk1 9 II, Konk2 35 I), was die Busse entsprechend höher ausfallen liess. Die aus finanziellen Gründen verhängte Busse diente nicht mehr der Erziehung der Lenker, sondern der Sanierung der Gemeindekasse oder der Lohnaufbesserung des Landjägers. Die so erwirtschafteten Erträge konnten durchaus erkleckliche Beträge in die betreffenden Kassen spülen. Erfolgte diese Methode der Finanzbeschaffung an einem Ort regelmässig und institutionalisiert, so wurde dieser Streckenabschnitt von den Automobilisten als "Automobilfalle" bezeichnet[967].

Ein weiterer Auswuchs war eine dermassen fehlende Präzision, dass sie 1086
in Willkür überging. Hierzu zählte nicht nur die bereits erwähnte Augenschätzung, sondern auch die Verwendung zu kurzer Strecken (100 Meter und weniger) oder die Verwendung ungenauer Taschenuhren anstelle von Chronografen. Die Gerichte akzeptierten anfänglich als Beweismittel Bussgeldbescheide, welche sich lediglich auf den Eindruck eines Polizisten stützten, was zu reger Kritik Anlass gab[968]. Ab circa 1905 bestätigten die Gerichte jedoch nur noch Strafen, die auf überprüfbaren Angaben beruhten, beispielsweise einer Messung mit der Stoppuhr[969].

Besonders verpönt war aber die "Contrevention au vol". Diese bestand 1087
darin, dass der überwachende Polizeibeamte die Nummer des seiner Ansicht nach zu schnell fahrenden Automobils notierte und den Fahrer anzeigte, ohne ihn vorher gewarnt, ja oft ohne sich überhaupt gezeigt zu haben[970]. Diese neue, versteckte Verkehrsüberwachung, die Möglichkeit

---

966 Das gegenseitige Warnen vor Kontrollen wurde vom Bundesgericht 1926 verboten (Nussbaum, 85-90).

967 Vertiefend vergleiche N 771 ff S. 208.

968 Brennwald umschrieb dies zutreffend mit der "Omnipotenz des für seine Denunziation prämierten Polizeiorganes" (Brennwald: Automobilistenrecht, No 244).

969 Merki: Siegeszug, 349.

970 Isaac, 178.

des Gebüsstwerdens ohne angehalten zu werden, wich vom gewohnten Bild der offenen Polizeipräsenz ab. Es erweckte beim Automobilisten den Eindruck, hinterhältig behandelt zu werden[971]. Nicht selten wurde offenbar auch die Nummer des fehlbaren Fahrzeuges falsch abgelesen – was bei den kleinen, weiss auf schwarz gedruckten Nummernschildern durchaus passieren konnte – und auch nicht selten wurde auf diese Weise nicht nur Geschwindigkeitsübertretungen, sondern auch weitere angebliche Verstösse gebüsst. Die Automobilisten machten geltend, dass sich diese Praxis des Auflauerns nicht durch den Hinweis auf die Pflicht der polizeilichen Überwachung rechtfertigen lasse; denn diese Praxis erschwerte die Verteidigung des betroffenen Lenkers bedeutend. Meist konnte sich dieser nicht mehr genau an die Fahrt erinnern, wegen der er – oft erst nach Monaten – zur Verantwortung gezogen wurde. Es erstaunt nicht, dass sich die meisten so gebüssten Lenker als mehr oder weniger unschuldige Opfer eines übereifrigen Beamten fühlten und dass diese Praxis unnötige Verbitterung hervorrief[972]. Auch aufgrund ihrer speziellen Handhabung der "Contrevention au vol" galt vor dem 1. Weltkrieg die Stadt Genf als Dorado der Automobilisten, denn der Genfer Polizeipräsident – ein erklärter Gegner der Automobilfallen – erliess eine Verordnung, die den Polizisten verbot, sich zwecks Verkehrskontrolle hinter Bäumen, Hecken, Mauern und dergleichen zu verstecken. Anzeigen, die aus versteckter Beobachtung ergingen, galten als null und nichtig[973].

1088 Ebenso als Auswuchs der Kontrollen zu bezeichnen war deren Missbrauch im Dienste einer Automobilfeindlichkeit. Der Vorwurf der Geschwindigkeitsüberschreitung konnte, aufgrund der Unwiderlegbarkeit und gleichzeitiger Rentabilität, gut für das Ausleben einer eigentlichen lokalen Automobilfeindlichkeit instrumentalisiert werden.

1089 Letzter, aber nicht minder und wiederkehrend beklagter Auswuchs der Tempokontrollen war die stete Rechtsunsicherheit. In Sachen Tempolimiten war der Ermessensspielraum von Justiz und Polizei enorm, sowohl in der Masslichkeit der Überschreitung, als auch in der Gleichbehandlung verschiedener fehlbarer Lenker. Besonders gegen Ende des Konk2 drückte die Polizei ab und an ein Auge zu und duldete 30 statt 18 Km/h beziehungsweise 50 statt 40 Km/h – aber eben nicht immer. Im Sinne einer Ungleichbehandlung wurde auch oft beklagt, dass motorisierte Rechtsbrecher härter und öfter bestraft wurden als nichtmotorisierte Verkehrsteilnehmer, selbst wenn ein spezifisches Verhalten der Nichtmotorisierten eine grössere Gefahr für die allgemeine Verkehrssicherheit in sich barg. Dem war jedoch entgegen zu halten, dass bis 1932 auch keine eigentliche Verkehrsgesetzgebung existierte, sondern vorab eine Normen-

---

971 Nussbaum, 89.
972 Isaac, 178.
973 AR, 1913, 824.

sammlung, die sich an die motorisierten Verkehrsteilnehmer richtete. Selbst wenn sich ein nichtmotorisierter Verkehrsteilnehmer gefährlich verhielt – mangels Normen machte er sich dadurch meist keines Vergehens im rechtlichen Sinne strafbar. Unbestritten war, dass die Motorfahrzeuglenker allgemein als eher betucht und damit zahlungskräftig galten. Ebenso unbestritten war eine gewisse polizeiliche Skepsis und Antipathie gegenüber dem neuen Verkehrsmittel, welches neue Probleme und Arbeit mit sich brachte. Es lag nahe, dass sich diese Vorbehalte auch in der täglichen Kontrolltätigkeit niederschlugen[974].

9.4.4 Reaktion der Automobilisten

Als Reaktion gegen die Auswüchse anlässlich der Tempokontrollen engagierten sich insbesondere die Automobilverbände. Dazu bedienten sie sich vorab ihrer Verbandszeitschriften. Über Missstände wurde ausführlich berichtet, so in der TCS-Revue beispielsweise über eine Autofalle in Zug oder über "Wegelagerei" im Wallis, ebenso in der ACS Clubzeitschrift über eine Automobilfalle in Schüpfheim[975]. 1090

Bereits 1905 publizierte die AR ein Merkblatt mit zehn Verhaltensregeln, wie bei Konflikten mit Polizeiorganen vorzugehen sei. Dieses riet, auf polizeiliche Zeichen hin sofort anzuhalten und den Ausweis des Beamten zu verlangen. Man solle sachlich und ruhig bleiben und nicht mit dem Beamten diskutieren, da dieser auf seinem Standpunkt beharren werde; stattdessen solle man die Personalien nützlicher Zeugen aufnehmen und die Richtigkeit jedes Schriftstückes prüfen. Eine Busse soll nicht bezahlt, aber allenfalls eine Kaution hinterlegt werden. Nötigenfalls sei ein lokaler Anwalt einzuschalten, immer aber sich nach dem weiteren Verfahrensgang zu erkundigen, um keine Fristen zu verpassen. Schliesslich solle man, wenn man von seinem Recht überzeugt sei, den Rechtsweg beschreiten. Als Letztes solle man über jeden solchen Vorfall die regionale ACS-Sektion benachrichtigen[976]. 1091

Als ultima ratio drohten die Verbände mit dem Aufruf zum Boykott eines Kantons. Tatsächlich rief beispielsweise der ACS 1923 seine Mitglieder auf, den Kanton Bern wegen besonders dubioser Kontrollen zu umfahren. In der Folge kam es zu Verhandlungen, die lokal zulässigen Geschwindigkeiten wurden erhöht und die Bussentätigkeit auf das gesetzlich abgestützte Mass reduziert[977]. 1092

Im Sinne der Prävention, zur Versachlichung und Professionalisierung der Kontrollen, forderte der TCS, zusammen mit dem ACS und dem 1093

---

974 Nussbaum, 88-91.

975 TCS-Revue, 1917, S. 97 und 100 sowie 1903, S. 313-314; als auch ACS Clubzeitschrift, 1922, 28.

976 Hildebrandt, 248-249.

977 Nussbaum, 91.

schweizer Hotelier-Verband, 1906 in einem Schreiben an den Bundesrat die Kennzeichnung der Polizeikräfte mit besonderen Machtinsignien, beispielsweise einem Stab[978]. Anlässlich der IV. Konkordatskonferenz vom 23. April 1906 wurde denn auch beschlossen, dass die Polizisten aller Konkordatskantone künftig weisse Stäbe als einheitliches Signal verwenden sollten, um Motorfahrzeuglenker anzuhalten[979].

1094 Die Clubs hatten auch intern das Bestreben, ihre Mitglieder und andere Automobilisten zu einem gesetzeskonformen Verkehrsverhalten anzuhalten. Jeder Automobilist, der in der Öffentlichkeit durch Raserei auffiel, warf auch ein schlechtes Licht auf die Sache der Motorisierten an sich und zementierte alte Vorurteile in der Bevölkerung. Im Bereiche der Erziehung und Prävention erfolgte dies durch Ausbildung und Aufrufe in Zeitschriften, aber auch in Form von Ermahnungen. So ersuchte 1911 die kantonalbernische Baudirektion den ACS des Kantons Bern, seine Mitglieder zur Einhaltung der Höchstgeschwindigkeit von 10 Km/h auf Stadtgebiet zu ermahnen[980]. Wo Prävention nicht weiterhalf, griffen die Verbände zu Sanktionen. Motorfahrzeuglenker, die sich nicht an die gesetzlichen Vorschriften hielten, hatten nicht nur hoheitliche Sanktionen zu gewärtigen, sondern mussten auch mit clubinternen Repressionen rechnen[981].

1095 Doch auch auf internationaler Ebene blieben schikanöse Kontrollen nicht unbeachtet. Insbesondere im Kontext des Automobiltourismus kam es zu warnenden Leserbriefen in ausländischen Tages- und Automobilzeitschriften und von 1905 bis 1911 galt vorab aus Gründen schikanöser Vorfälle eine Empfehlung des internationalen Automobilverbandes, als Automobiltourist die Schweiz zu boykottieren[982].

978 TCS-Revue, 1906, 79-81.
979 TCS-Revue, 1906, 189, sowie Sager, 21.
980 Hildebrandt, 297-303.
981 Vertiefend vergleiche N 420 S. 110 sowie N 798 f S. 217
982 Vertiefend vergleiche N 787 ff S. 213.

10 Unfälle und Unfallfolgen

10.1 Ausgangslage

Mit dem Auftauchen der Automobile entstand eine neue Kategorie von Unfällen auf der Strasse: Unfälle mit Motorfahrzeugbeteiligung. Unfälle dieser Kategorie wurden meist zu einem Ereignis, welches verschiedene Strassenbenutzer und verschiedene Vorstellungswelten zusammenbrachte[983]. 1096

10.1.1 Unfallerledigung durch Freikauf

In den ersten Jahren war die Fahrzeugdichte noch klein und die Unfallschäden, aufgrund eher kleiner Geschwindigkeiten, tendenziell noch gering. In Bagatellfällen liess sich der Unfall oft durch einen Freikauf des Automobilisten erledigen – unabhängig vom Verschulden des Automobilisten. Denn nach Ansicht der traditionellen Verkehrsteilnehmer waren sie, in Fortführung der alten und bewährten Ordnung, im besseren Recht. Wer in diese bestehende Ordnung eindrang, hatte seinen Preis zu bezahlen, also die Unfallkosten zu tragen. Kostenfolgen eines Unfalles wurden nicht nach Schuld, sondern nach moralischer Pflicht entschieden. Insbesondere auf dem Land galt: Wenn die einheimische Bevölkerung den Eindringling schon duldete, so sollte der "reichere" Automobilist wenigstens den Schaden auf sich nehmen, denn eine Schadentragung als Dank für die bereits aufgebrachte Toleranz widersprach dem Gerechtigkeitssinn. In der Folge wurden viele Unfälle per Handschlag erledigt, der Automobilist kaufte sich sozusagen frei[984]. Gut beraten war ein Automobilist, wenn er nebst Bargeld stets einige Zigarren mit sich führte, um aufgebrachte Wortführer und Dorfhoheiten vor Ort zu beschwichtigen[985]. 1097

---

983 Aus soziologischem Standpunkt schrieb Merki: "Auch innerhalb ein- u. derselben Kultur lassen unterschiedliche Transport- u. Kommunikationsmodalitäten verschiedene Lebenswelten entstehen, deren divergierende Bedeutungshorizonte, Wertvorstellungen und Wirklichkeitsauffassungen immer dann besonders eklatant zum Vorschein kommen, wenn sie, wie bei einem Unfall, miteinander kollidieren[...]" (Merki: Tachostoria, 290).

984 Gisler-Jauch, 33-34.

985 Brennwald beschrieb 1904 eine Begebenheit, die sich nach selbem Muster auch andernorts ereignet hatte. Nach einer Fahrzeugpanne (ohne Unfallfolge) stand das Publikum um das Fahrzeug herum und kritisierte den Fahrer für seinen Fahrstil. Doch: "Der Besitzer des Autos schien seine Pappenheimer zu kennen. Ohne ein Wort zu verlieren, entnahm er der Seitentasche des Wagens ein Kistchen Zigarren und lies es im Kreise herumgehen. Der Effekt war überraschend, denn sofort erklärte man uns übereinstimmend als die

Die Wirkung dieses Freikaufs war jedoch für die weitere rechtliche Integration des Motorfahrzeuges fatal: Denn einerseits festigte dieses Vorgehen die Auffassung, dass der Automobilist stets der Schuldige sei, andererseits bestärkte es die Gewissheit, dass der Automobilist auch immer finanzkräftig sei.

10.1.2 Mehr und schwerere Unfälle

1098 Einerseits stiegen mit steigender Motorfahrzeugdichte auch die Unfallzahlen, denn es waren mehr Überhol- und Kreuzungsvorgänge zu bewältigen. Infolge des höheren Verkehrsaufkommens hatten insbesondere Grossstädte im Vergleich zur Fahrzeuganzahl deutlich mehr Unfälle zu verzeichnen. Andererseits bewirkten die ansteigenden Geschwindigkeiten der Motorfahrzeuge eine höhere Schadensintensität und einen höheren Schadensbetrag. Besonders gravierend waren Unfälle auf Landstrassen, was auf die höheren ausserorts gefahrenen Geschwindigkeiten zurückzuführen war.

1099 Dass zwischen steigenden Geschwindigkeiten und sogar relativ steigenden Unfallzahlen ein Zusammenhang bestehen musste, ergab sich bereits aus den Gesetzen der Physik: Soll ein fahrendes Fahrzeug zum Stillstand gebracht werden, muss es seine Bewegungsenergie abbauen respektive, aufgrund des Energieerhaltungssatzes, seine kinetische Energie in eine andere Energieform umwandeln. In kontrollierter Form passiert diese Umwandlung durch Betätigung der Bremsen: Kinetische Energie wird in thermische Energie umgewandelt, weshalb sich die Bremsen erwärmen. Bei einem Unfall passiert diese Umwandlung auf anderem, unkontrolliertem Wege: durch Deformation von Material, Maschine und (meist auch) Mensch.

1100 Die traditionellen, nichtmotorisierten Verkehrsteilnehmer verfügten im Maximum über 4–6 PS, was den bewegbaren Gewichten wie auch den erreichbaren Geschwindigkeiten enge Grenzen setzte. Aufgrund der geringen Antriebsleistung war jedoch das Schädigungspotenzial gegenüber anderen Verkehrsteilnehmern beschränkt.

1101 Motorfahrzeuge hingegen konnten aufgrund der höheren Antriebsleistung deutlich höhere Geschwindigkeiten erreichen. Nach der Formel für die kinetische Energie eines sich unbeschleunigt bewegenden Körpers[986] bewirkt, dass bei einem gleich schweren Körper eine Verdoppelung seiner Geschwindigkeit eine Vervierfachung seiner Energie bewirkt – Energie, die bei einem Unfall abzubauen ist. Motorfahrzeuge besassen damit eine viel höhere kinetische Energie als die nichtmotorisierten Ver-

---

vernünftigsten Fahrer, die je das Dorf passiert hätten" (Brennwald: Automobilistenrecht, No 249).

986 Kinetische Energie = ½ × (Masse des Körpers) × (Geschwindigkeit des Körpers)^2 [$E_k = \frac{1}{2} \times m \times v^2$].

kehrsteilnehmer, was sich an drei Rechenbeispielen anschaulich zeigen lässt. Als Vergleichsgrundlage diene jener Vertreter aus der nichtmotorisierten Gruppe, der bis anhin die grösste kinetische Energie erreichen konnte: das Pferdefuhrwerk. Dieses wiege zum Zwecke des Vergleiches zwei Tonnen und erreiche eine Geschwindigkeit von 6 Km/h. Nach vorstehend eingeführter Formel hat diesem Pferdefuhrwerk gegenüber ein Lastenzug von acht Tonnen und 6 Km/h eine 4–fach höhere kinetische Energie, ein Personenwagen von zwei Tonnen und 20 Km/h eine 11–fach höhere und mit 30 Km/h sogar eine 25–fach höhere kinetische Energie als das Pferdefuhrwerk. Kommt es also zu einem Unfall, so ist die Geschwindigkeit der beteiligten Fahrzeuge ein Schlüsselfaktor für die resultierende Schwere des Unfalls.

10.1.3 Statistik und Verkehrsalltag

Der Jahresbericht der schweizerischen Unfallversicherungsanstalt Luzern 1102
hielt 1927 fest, dass die Nichtbetriebsunfälle seit dem Aufkommen der Automobile erheblich zugenommen haben, sowohl in ihrer Anzahl als auch ihrer Schwere[987]. Diese Entwicklung liess sich auch der Statistik entnehmen: Hochgerechnet auf jeweils 10 000 Motorfahrzeuge (Last- und Personenwagen sowie Motorräder) starben 1901–1903 im jährlich Durchschnitt je 6 Personen, 1906–1908 je 18 Personen, 1910 31 Personen, 1912 34 Personen und 1922 gar 41 Personen[988]. Eigentliche Unfallstatistiken waren aber nur kümmerlich vorhanden, wurde doch das Phänomen Automobilunfall erst im Laufe der 1920er Jahre tatsächlich erkannt und zahlenmässig systematisch erfasst und ausgewertet.

Mit Kreisschreiben vom 11. August 1902 an die Kantone erkundigte sich 1103
der Bundesrat unter anderem danach, ob die Automobile zu erheblichen Unfällen geführt hätten. In seiner Auswertung hält der Bundesrat fest, dass diese Frage nur von zwölf Kantonen überhaupt beantwortet worden war, was keine schlüssige Antwort zulasse. Die Kantone wurden ebenfalls befragt, ob die Sicherheit des Strassenverkehrs durch den Einsatz von Automobilen erheblich beeinträchtigt worden war. Die eingegangenen Antworten waren uneinheitlich, jedoch schien die Gefährdung in den gebirgigen, grossen Kantonen (GR, UR, VS, SZ) grösser zu sein als in den kleinen, verkehrsreichen, städtischen Kantonen (GE, BS), was vom Bundesrat auf die Gewöhnung der Pferde und der auf kleinem Raum einfacheren Polizeiaufsicht zurückgeführt wurde. Immerhin: Die Haupt-

---

987 Gisler-Jauch, 140, mit Verweis auf Gotthardpost No 40 vom 1. Oktober 1927.

988 Merki: Siegeszug, 170.

gefahren gingen von scheuenden Pferden und zu schnellem Fahren aus[989].

1104 Der Kanton Zürich veröffentlichte erst 1926 eine komplette Unfallstatistik, gesamtschweizerisch erschien eine solche gar erst 1929[990]. Im Februar 1928 beschloss die Konferenz der Justiz- und Polizeidirektoren, dass die Kantone eine Statistik der Strassenverkehrsunfälle führen sollten. Im Oktober gleichen Jahres stimmte die Konferenz einem dazu vorgeschlagenen Erfassungsbogen zu, worauf die Verarbeitung der Unfallzahlen durch das eidgenössische statistische Amt erfolgen konnte[991].

1105 Erst mit der Bundesregelung von 1932 wurde jedoch eine schweizweite, einheitliche Erfassung der Unfalldaten eingeführt: Die Kantone hatten dem eidgenössischen statistischen Amt vierteljährlich alle Strassenverkehrsunfälle zu melden, von denen ihre Polizeiorgane Kenntnis erhalten hatten (VOBG32 78).

1106 Deutlicher als die Statistiken zeigte der Verkehrsalltag, dass es mangels Regelung auf den schmalen, noch aus der Zeit vor den Eisenbahnen stammenden Strassen oft zu Konflikten und Unfällen kam[992]. Am meisten Unfälle ereigneten sich, wenn der Regen die Pflasterstrassen in Rutschbahnen verwandelte sowie nachts, wenn Fuhrwerke oder Radfahrer unbeleuchtet unterwegs waren[993].

1107 Verkehrsregeln an sich gab es schon lange, so über die maximal zulässige Breite oder über die Vorschriften bezüglich des Ausweichens und Kreuzens; diese scheinen aber in der Regel nur wenig beachtet worden zu sein. So schliefen Kutscher ab und an auf ihren Fuhrwerken, oder wichen auf die linke – und damit falsche – Strassenseite aus, um jemanden vorbeizulassen, wenn die Strasse links besser befestigt war. Da die Geschwindigkeiten tief waren, hatten derlei Unachtsamkeiten oder Missverständnisse kaum je gravierende Konsequenzen[994]. Nun aber konnte eine Unachtsamkeit oder ein Missverständnis zu einem tödlichen Verkehrsunfall führen. Das war ein neuer Effekt – Unfälle mit tödlichem Ausgang gab es in der Fuhrwerkszeit fast nie, ausser auf Passstrassen[995].

10.1.4 Bewusstsein für Unfallgefahr erwacht

1108 Ins Bewusstsein einer breiten Öffentlichkeit gelangten die zunehmend schweren und spektakulären Unfälle durch die Unfallberichterstattung

---

989 Aus dem Bericht des Bundesrates über die Unterstellung der Automobile unter das EHG (BBl, 1902 V, 849).

990 Nussbaum, 29.

991 GB BR, 1928, 290.

992 Bundesrat Schobinger in Sten Bul SR, Herbstsession 1911, 214.

993 Flik, 132.

994 Merki: Siegeszug, 366-367.

995 Gisler-Jauch, 139.

der Presse. Die Tagespresse schilderte meist detailliert und makaber die Wucht und Zerstörung der Fahrzeuge und führte dem Leser eindrücklich vor Augen, wie schnell jeder ein Opfer der Motorisierung werden konnte[996].

Die Gesellschaft und das Recht mussten sich der Thematik der Verkehrsunfälle nun annehmen. Da das Automobil neue Gefahren mit sich brachte, die dem Verkehr bisher unbekannt waren, mussten die neuartigen Unfallgefahren eingedämmt und die Bewältigungen von Unfallfolgen geregelt werden. Es galt, die Unfallursachen zu identifizieren, um danach einerseits präventive Massnahmen zu ergreifen um Unfälle bestmöglichst zu verhindern und andererseits eine rechtliche Abwicklung, Bewältigung und Verantwortungsregelung für die sich trotzdem noch ereignenden Unfälle zu finden. 1109

10.2 Unfallursachen

Aussagekräftige Statistiken oder Untersuchungen über Unfallursachen entstanden nicht vor dem 1. Weltkrieg. Erst die massiv steigenden Unfallzahlen sowie die Neuregelung der Haftungsfrage für Automobilisten bewirkten die notwendige Sensibilisierung zur zahlenmässigen Erfassung und Analyse von Unfallereignissen im Strassenverkehr. Aufschlussreich ist, nebst Artikeln in Automobilzeitschriften, eine Beitragsserie des Polizeiinspektors der Stadt Zürich, welche 1926 in der Zeitschrift der schweizerischen Strassenbaufachmänner erschienen ist[997]. 1110

10.2.1 Unfallursachen traditioneller Verkehrsteilnehmer

Zu dieser Gruppe gehörten nebst den Fussgängern, Fahrradfahrern, Fuhrwerken und Kutschen auch Handkarren, Reiter, Hundegespanne und dergleichen. Mit dem Aufkommen der Automobile mussten sie den bestehenden Verkehrsraum zunehmend mit den Motorfahrzeugen teilen. 1111

Vor dem Krieg waren die Verkehrsdichte und damit die Unfallzahlen noch (relativ) gering. Der Krieg brachte den privaten Motorfahrzeugverkehr gänzlich zum Erliegen und die traditionellen Verkehrsteilnehmer gewöhnten sich umgehend wieder an die Alleinbenutzung des Verkehrsraumes. Nach dem Krieg kehrten die Motorfahrzeuge rasch und mit grosser Wachstumsdynamik ins Strassenbild zurück. In der Folge schnellten die Unfallzahlen in die Höhe, denn die traditionellen Verkehrsteilnehmer waren sich nicht (mehr) an Motorfahrzeuge gewöhnt. 1112

---

996 Nussbaum, 98.

997 VSS-Zeitschrift, 1926: "Der Fussgänger im Strassenverkehr" (S. 2-5), "Der Motorwagen im Strassenverkehr" (S. 42-46) sowie "Fuhrwerk und Radfahrer im Strassenverkehr" (227-231).

10.2.1.1 Fussgänger

1113 Von allen Normengruppen im Strassenverkehr wurden die Fussgängernormen am meisten missachtet. Selbst in den Aussenquartieren von Städten war eine sorglose Strassenbenützung noch möglich. Doch sie war auch verfänglich, weil dasselbe Verhalten im Stadtkern verhängnisvoll sein konnte. Die Polizei versuchte Aufklärungsarbeit zu leisten und wurde dabei von der Presse unterstützt. Diese schilderte in ihren Unfallberichten auch ausführlich die verletzten Normen, um die Gefährlichkeit einer Missachtung zu illustrieren[998].

1114 Hauptfehler der Fussgänger war das Nichtbenutzen des Trottoirs beziehungsweise der zugewiesenen Verkehrsfläche, insbesondere das Spazieren in der Strassenmitte, was nicht selten auch die Zeitung lesend oder diskutierend geschah. Eine weitere Unfallquelle war die Art und Weise, wie die Fussgänger die Strassen überquerten. Nicht nur, dass Kreuzungen auf diagonalem Wege überschritten wurden – insbesondere bei automobilfeindlich denkenden Fussgängern beliebt war, die Strasse bewusst langsam zu überqueren, um die Motorisierten zum Bremsen zu zwingen. Eine weitere Unsitte war, dass Fussgänger, ohne sich umzusehen, unvermittelt auf die Strasse schritten – auf ein mögliches Warnsignal von Motorfahrzeug wartend, im Wissen darum, dass die Motorfahrzeuglenker ja zur Signalabgabe verpflichtet waren[999]. Eine weitere und spezifisch städtische Unsitte war, dass sich vor Schaufenstern mit spektakulären Auslagen Menschentrauben bildeten, welche dann die Fahrbahn der Motorfahrzeuge blockierten[1000]. Ein eher ländliches Phänomen hingegen war, dass Fussgänger, aufgrund geringer Gewöhnung an überraschend auftauchende Automobile, bei plötzlich erklingenden Warnsignalen kopflos umherrannten[1001]. Eine besondere Gefahr ging von der Schuljugend aus, welche auf der Strasse spielte oder sich gerne von Lastwagen mitziehen liess[1002].

1115 Tatsächlich war ein verkehrsgerechtes Verhalten für die Fussgänger anfänglich schwierig, weil die Aufteilung der Strasse und sich daraus ergebende Ausweichmanöver noch unnormiert, geschweige denn eingespielt waren. Zögernd nur passten die Fussgänger ihr Verhalten der neuen Situation an, und durch eine strenge Bestrafung fehlbarer Automobilisten wurden sie in der Einstellung bestärkt, Herr der Strasse zu sein, dem sich die anderen unterzuordnen hätten. Noch 1907 entschied das Bundesge-

---

998 VSS-Zeitschrift, 1926, 3.
999 Nussbaum, 114.
1000 VSS-Zeitschrift, 1926, 3-5.
1001 Gisler-Jauch, 138.
1002 VSS-Zeitschrift, 1926, 3 und 5.

richt, dass ein Betrunkener, der vor ein Automobil lief, weil dieses ihn erschreckt hatte, kein Verschulden treffe[1003].

Erst 1932 wurden Fussgänger als Teil des Verkehrssystems erkannt und aktiv in die Verkehrsgesetzgebung eingebunden. BG32 35 schrieb ihm vor, dass er Trottoirs und die (zwischenzeitlich erstellten) Fussgängerstreifen zu benutzen hatte. Die Strasse hatte er vorsichtig zu überschreiten und er hatte sich an der Strassenseite zu halten, wenn er sich auf unübersichtliche Strassenstrecken begab oder wenn Motorfahrzeuge herannahten. Überdies hatte auch er die Anordnungen der Verkehrspolizei zu beachten. 1116

10.2.1.2 Radfahrer

Die Gruppe der Radfahrer stellte eine Zwittergruppe dar, denn einerseits waren sie unmotorisiert, andererseits fuhren sie verkehrspolitisch im Windschatten der Automobilverbände, weil auch sie von besseren Strassen profitieren konnten. 1117

Ein ansehnlicher Teil der Radfahrer kümmerte sich nicht um Verkehrsregeln. Der Polizeiinspektor der Stadt Zürich hielt bezüglich dieser Kategorie von Verkehrsteilnehmern fest: "Beim Radfahrer muss [...] gesagt werden, dass er der Verkehrs-Anarchist per excellence ist"[1004]. Nicht nur das häufige Befahren von Fahrverboten oder Trottoirs führte dazu, dass die Radfahrer in den 1920er Jahren ins Visier der Verkehrspädagogen gerieten[1005], sondern vielmehr die Feststellung, dass sich viele Unfälle mit Radfahrerbeteiligung auf eines von drei Vergehen der Radfahrerkategorie zurückführen liessen: Entweder das Fahren nebeneinander oder das sich abschleppen lassen oder das nächtliche Fahren ohne Beleuchtung. Gefährlich war Letzteres in allen Kantonen; aber nicht alle Kantone hatten für Fahrräder eine Beleuchtungsvorschrift, was bezüglich der Schadentragung im Falle eines Unfalles stossende Folgen haben konnte: In Kantonen, in denen eine Beleuchtungsvorschrift für Fahrräder fehlte, musste der Motorfahrzeuglenker den Schaden übernehmen, während in den Kantonen mit Beleuchtungsvorschrift der Fahrradfahrer seinen Schaden selbst zu tragen hatte. 1118

10.2.1.3 Fuhrwerke

1926 konstatierte der Polizeiinspektor der Stadt Zürich den Fuhrwerken allgemein eine gute Befolgung der Verkehrsregeln[1006]. Dem war aber nicht immer so und insbesondere die Sprachrohre der motorisierten Ver- 1119

1003 BGE 33 II 278 ff.

1004 VSS-Zeitschrift, 1926, 230.

1005 Merki: Siegeszug, 364.

1006 VSS-Zeitschrift, 1926, 228.

kehrsteilnehmer vermittelten ein anderes Bild, waren doch Fuhrwerke ein häufiger und meist schwerwiegender und kostspieliger Unfallgegner.

1120 Ursache von Unfällen mit Fuhrwerksbeteiligung war, auf Seite der Fuhrwerke, das mangelhafte Spurfahren. Die Fuhrwerke fuhren in der Strassenmitte, auf der linken Fahrbahn, oder sie machten beim Überholtwerden nur zögernd und langsam Platz. Ein weit verbreitetes Übel war, wie bei den Radfahrern, das nächtliche Fahren ohne Beleuchtung. Doch auch für Fuhrwerke galt nicht in allen Kantonen eine nächtliche Beleuchtungsvorschrift, was wiederum von Kanton zu Kanton unterschiedliche Konsequenzen bezüglich der Schadentragung bei Unfällen hatte. Im November 1910 führte die Kantonspolizei Zürich eine Kontrollaktion für Fuhrwerke durch. Da das Polizeikorps keine eigenen Fahrzeuge besass, wurden die notwendigen Fahrzeuge und Fahrer vom ACS bereitgestellt, während vonseiten der Polizei pro Fahrzeug ein Polizist in Zivilkleidung mitfuhr. Anlässlich dieser Aktion wurden von rund 200 kontrollierten Fuhrwerken 22 verwarnt. Diese Aktion hatte auch grossen präventiven Wert: Inskünftig konnte kein Fuhrmann mehr sicher sein, ungestraft ohne Laterne fahren oder auf dem Wagen schlafen zu können[1007].

1121 Schlafende oder betrunkene Fuhrleute waren eine weitere Unfallursache aufseiten der Fuhrwerke, aber auch das Stehen lassen des Fuhrwerkes ohne die Tiere anzubinden, das Lenken im Stehen oder das Lenken durch Minderjährige. In Städten mit Strassenbahnen ereigneten sich des Öfteren Unfälle durch das Vorfahren bei haltenden Tramwagen, wogegen das Promenadefahren auf Hauptverkehrsachsen wohl ein Ärgernis, aber kaum je Unfallursache war[1008].

1122 Das aufkommende Automobil zwang die Fuhrwerke zur Einhaltung der Regeln, doch Zugeständnisse für den lokalen Langsamverkehr der Landbevölkerung (Feld zum Hof, Hof zur Gastwirtschaft, Gastwirtschaft zur Kirche)[1009] waren selbst 1932 noch unumgänglich: Tierbespannte Fuhrwerke, die abends vom Felde kamen, durften nachts ohne Laterne fahren (BG32 33 I). Diese Ausnahmeregelung zugunsten der Landbevölkerung war der politische Preis, der an diese Bevölkerungsgruppe im Gegenzug für ihre Akzeptanz der neuen Gesetzesregelungen zu bezahlen war.

1123 Die ganze Unfall- und Verhaltensproblematik der Fuhrwerke war jedoch schon 1910 für den TCS ein Grund gewesen, anlässlich einer durchzuführenden Revision der Bundesverfassung gleich eine Gesamtkodifikation für alle Verkehrsteilnehmer anzustreben[1010].

1007 Hildebrandt, 263.

1008 VSS-Zeitschrift, 1926, 228-230.

1009 Merki: Siegeszug, 367.

1010 TCS-Revue, 1910, S. 3.

10.2.1.4 Tiere

Tiere waren häufiger Opfer als Verursacher von Unfällen. Überfahrene Hühner, Hunde und Katzen konnte fast jede Familie geltend machen, die an einer Strasse wohnten. Pferde, welche noch nicht an den Lärm der Motorfahrzeuge gewohnt waren, konnten scheuen und ausbrechen, was (im Ausland) teilweise dazu führte, dass bei der Begegnung mit Pferdefuhrwerken der Motor abzustellen war. 1124

Zum Unfallverursacher werden konnten Tiere, wenn sie durch den Halter frei und unbeaufsichtigt laufen gelassen wurden. Immerhin machten aber seit den 1920er Jahren die Gerichte auch den Tierhalter für Schaden verantwortlich, wenn er seine Tiere unbeaufsichtigt liess. Und ein Hundehalter, der in einer belebten Ortschaft seinen Hund frei auf der Strasse laufen liess, ohne ihn an die Leine zu nehmen, musste den Schaden selbst tragen, wenn der Hund unter ein Automobil geriet[1011]. 1125

10.2.1.5 Hauptverstösse

Zusammenfassend waren als Hauptverstösse und häufigste Unfallursachen der nichtmotorisierten Verkehrsteilnehmer das Nichtbenutzen von Trottoirs, das fahrlässige Überqueren der Fahrbahn, das mangelhafte Spurfahren sowie die fehlende Beleuchtung zu nennen. Vor dem Hintergrund der Entwicklung waren diese Fehler verständlich, nun aber konnten sie gefährlich werden. 1126

Die Polizei wollte kontrollierend und korrigierend eingreifen, hatte aber ein Durchsetzungsproblem mit gesetzlichen Normen, deren Verletzung von ihr bislang mehr oder weniger toleriert wurde. Deshalb verlangten die Automobilverbände schon vor dem ersten Weltkrieg ein Bundesgesetz mit schweizweiten Vorschriften, die dem modernen Verkehr entsprachen und die auch die nichtmotorisierten Verkehrsteilnehmer einbinden sollte. 1127

10.2.2 Unfallursachen motorisierter Verkehrsteilnehmer

Zu den Unfallursachen, die spezifisch bei den motorisierten Verkehrsteilnehmern auftraten, war vorab das Nichtanpassen der Geschwindigkeit zu nennen. Die Anwendung von Apparaten zur Geschwindigkeitsbeschränkung wurde zwar erwogen, erwies sich aber als technisch unmöglich; und eine zwangsweise Einführung war, mit Hinblick auf die Kosten und den Tourismus, nicht durchsetzbar[1012,1013]. Eine weitere Unfallursache 1128

1011 Brennwald: Forensische Automobilpraxis, 117, mit Verweisen auf einzelrichterliche Entscheide des Bezirksgerichtes Zürich vom 27. April 1922, 12. November 1923 und 3. April 1924 sowie der NZZ vom 18. August 1920 über einen analogen Fall im Kanton Aargau.

1012 Hildebrandt, 269.

1013 Vertiefend vergleiche N 1045 S. 281.

war das Unvermögen der Fahrer, war doch die Bedienung der Fahrzeuge vor dem Krieg noch anspruchsvoll, kompliziert und ablenkend[1014].

1129 Die nächtliche Dunkelheit führte ebenfalls zu höheren Unfallzahlen. Vor der Entwicklung des abblendbaren Scheinwerfers wurde der entgegenkommende Verkehr geblendet (was dazu führte, dass in den beleuchteten Strassen der Innenstadt der Gebrauch von starken Scheinwerfern verboten war), oder Fahrzeuge wurden in der Dunkelheit an unbeleuchteten Orten stehen gelassen. Allgemein wurde unvorsichtiger gefahren, weil die Fahrer aufgrund verminderter Verkehrsdichte und unbesetzter Polizeiposten mehr riskierten[1015].

1130 Am Tage konnte die Verwendung uneinheitlicher Signalinstrumente und Zurufe seitens der Fahrzeuglenker die Passanten zu instinktiven Bewegungen und Reaktionen verleiten, was mehrfach zu Unfällen geführt hatte[1016].

1131 Für die Zeit vor dem Weltkrieg durfte die persönliche Haltung einiger Automobilisten nicht ausser Acht gelassen werden: Die Automobilisten erlebten die Fussgänger vorab als "Könige der Strasse", obwohl diesen in einigen Kantonen schon 1913 gesetzlich vorgeschrieben war, wo sie zu gehen hatten. Ein Teil der Automobilisten sah sich durch das nicht regelkonforme Verhalten von Fussgängern provoziert und fühlte sich, mitbedingt durch den sozialen Führungsanspruch einer Automobil fahrenden Elite, zur Erziehung der anderen Verkehrsteilnehmer berufen[1017].

1132 Ein immer wiederkehrender Unfallort waren die Bahnübergänge, welche oft als Niveauübergänge ausgeführt waren. Da strassenbaulich noch keine andere praktikable Lösung zur Verfügung stand, waren die Schienen im Kreuzungspunkt mit der Strasse nicht vertieft in Strassenkörper verlegt, sondern das Schienenprofil wurde auf die ebene Strassenoberfläche aufgesetzt. Die querenden Schienen standen deshalb in voller Höhe aus dem Strassenbelag heraus und konnten von den Automobilen nur in Schrittgeschwindigkeit gequert werden. Die so ausgerüsteten Übergänge waren meist schlecht beleuchtet; und oftmals entweder gar nicht oder, mangels unterschiedlicher Signale für bewachte und unbewachte Übergänge, falsch signalisiert. Bei jenen Übergängen, die mit Barrieren versehen waren, wurden diese aus falsch verstandenem Sports- und Abenteuergeist des Öfteren von den Automobilisten seitlich umfahren.

10.2.3 Gemeinsame Unfallursachen aller Gruppen

1133 Allen Verkehrsteilnehmern gemeinsam war eine allgemeine Sorglosigkeit und Fahrlässigkeit im Strassenverkehr. 1913 schrieb die AR, "viele Un-

---

1014 Vertiefend vergleiche N 40 S. 11.
1015 VSS-Zeitschrift, 1926, 45.
1016 von Salis-Soglio, 39. Vertiefend vergleiche N 500 S. 131.
1017 Nussbaum, 112-114.

fälle könnten durch grössere Selbstzucht des Publikums vermieden werden"[1018]. Nach dem Krieg wirkten sich starke regionale Unterschiede in der Verkehrsdichte nachteilig auf die Gewöhnung der Verkehrsteilnehmer aus.

Nachteilig auf die Verkehrssicherheit wirkte sich auch der Alkohol aus. 1134
Dessen Wirkung – verlangsamte Reaktionszeit, gestörtes peripherisches Sehen und dergleichen – war wohl landläufig bekannt und ab 1920 auch wissenschaftlich erwiesen[1019]; doch bis anhin fanden diesen Nebenwirkungen keine grosse Beachtung, denn ein Pferdefuhrwerk konnte auch durch einen alkoholisierten Lenker geführt werden, wenn auch mehr schlecht als recht. Bei einem Automobilisten hatte übermässiger Alkoholgenuss nun aber schnell fatale Auswirkungen.

Mängel in der strassentechnischen Infrastruktur trugen das ihre dazu bei, 1135
dass die Unfallzahlen stiegen. Schlechte Strassen, ausgefahren von Wagenrädern, stellten an sich schon Unfallursachen dar[1020]. Schwerwiegender war jedoch das Fehlen einer geeigneten Signalisation. Ortsunkundigen Lenkern waren lokale Gefahrenquellen nicht bekannt und mangels Signalisation konnten sie auch nicht vor Ort davor gewarnt werden. Die ACS-Sektion Zürich stellte 1927 fest, dass an einem Drittel der Unfälle auf Kantonsgebiet ausserkantonale Lenker beteiligt waren[1021]. Bei Nacht gingen die grössten Gefahren von Verkehrsteilnehmern aus, welche unbeleuchtet fuhren, oder von unbeleuchteten, reflektorlosen Eisenbahn- und Baustellenschranken. 1915 wurden denn auch bundesgerichtlich entschieden, dass die Eisenbahn ein Verschulden treffe, wenn nachts auf einem schlecht beleuchteten und nur primitiv gesicherten Niveauübergang ein Fahrzeug die Schranke durchfahre und der herannahende Zug den Lenker tödlich verletze[1022]. Die fehlende Signalisation wirkte sich auch aufgrund zweideutiger und noch nicht eingespielter Vortrittsregelungen aus.

Das Fehlen tauglicher Verkehrsregeln stellte in der vorautomobilen Zeit 1136
kein Problem dar, denn Kutschen und Fuhrwerke bedurften ihrer, aufgrund ihrer kleinen Geschwindigkeit, nicht. Den frühen Automobilen fehlten jedoch Stabilität, Lenkbarkeit, Bremskraft und Profilreifen der späteren Modelle und so zwangen unvorsichtige Fussgänger und achtlose

[1018] AR, 1913, 620.
[1019] Nussbaum, 107.
[1020] So beispielsweise bei einem Unfall bei Ste. Croix (AR, 1913, 284). Nach dem Krieg wurden verschiedene Haftpflichtprozesse gegen Gemeinden angestrengt, welche teilweise zur Entschädigungszahlungen seitens des Gemeinwesens an die Unfallopfer führten. Vertiefend vergleiche N 1497 S. 405.
[1021] Nussbaum, 109, mit weiterführenden Verweisen.
[1022] AR, 1915, 158.

Fuhrleute manchen Fahrer zu verzweifelten Manövern mit fatalem Ausgang[1023].

10.2.4 Fazit

1137 Verkehrsrecht und Verkehrsverhalten sind zwei verschiedene Dinge. Hauptursache der Unfälle war zu 95 % menschliches Versagen und nur zu 5 % Zufall oder höhere Gewalt[1024]. Das Publikum brauchte Zeit für eine Umgewöhnung. Nicht nur das Schnellfahren führte zu einer Zunahme der Verkehrsunfälle, sondern auch die Undiszipliniertheit der Strassenbenutzer und der Umstand, dass eine Verkehrsregelung von weiten Kreisen der Bevölkerung als lästig empfunden wurde, brachte doch diese Einschränkungen ohne neuen Nutzen zu bringen[1025].

1138 Die technische Entwicklung der Fahrzeuge bewirkte über die Jahre eine Verlagerung der Unfallursachen. Das Fahrzeug und seine technische Ausführung wurden sicherer und traten als Unfallursache in den Hintergrund. In den Fokus gerieten nun der Lenker selbst, strassenbauliche und regulatorische Unzulänglichkeiten[1026] sowie das Verhalten der anderen Verkehrsteilnehmer und des Publikums. In der Mitte der 1920er Jahre galt nicht mehr das Automobil an sich als gefährlich, sondern nur noch dessen Missbrauch[1027].

1139 Eine steigende Verkehrsdichte brachte eine Gewöhnung des Publikums an motorisierte Strassenfahrzeuge mit sich. Eine Untersuchung aus der Stadt Zürich bestätigte dies, zumindest im städtischen Umfeld: Im Zeitraum 1898–1902 wurden durchschnittlich 38 Unfälle pro Jahr und 1 000 Einwohner verzeichnet, 1908–1912 sank diese Zahl auf 31 Unfälle pro Jahr und 1 000 Einwohner. Die absoluten Unfallzahlen stiegen in dieser Zeit an, was auf das Wachstum der städtischen Bevölkerung in dieser Zeit zurückzuführen war. Die relativen Unfallzahlen, gemittelt auf 1 000 Einwohner, sanken jedoch, was die AR auf besser geübte Fahrzeuglenker und ein gewöhnteres und aufmerksameres Publikum zurückführte[1028].

1140 Ein grösserer Erfahrungsschatz von Verkehrsteilnehmern, Aufsichtsorganen und Jurisprudenz erlaubte auch eine zunehmend differenzierte Betrachtung der Unfallursachen. Die Unterscheidung zwischen normalem und exzessivem Gebrauch eines Motorfahrzeuges, respektive zwischen normalen Betriebsgefahren und eo ipso gefährlichen Fahrern, festigte sich und brachte eine Versachlichung der Diskussion. So schloss 1913

1023 Fondin, 68.

1024 Nussbaum, 109.

1025 von Salis-Soglio, 40.

1026 Beispielsweise Kreuzungen, Fussgängerzonen oder zu enge Strassenzüge, insbesondere in Städten mit Trambahnen.

1027 Gisler-Jauch, 138.

1028 "Gefährdet das Automobil die Verkehrssicherheit?", in AR, 1913, 610.

ein Bericht der AR über die Strolchenfahrt eines Chauffeurs, bei der ein Insasse starb, mit der Feststellung: "Keinem einsichtigen Menschen wird es einfallen, derartige Unfälle auf Rechnung einer *besonderen* Gefährlichkeit des Automobils zu setzen"[1029].

Der Vielfältigkeit der Unfallursachen musste mit einer Vielfalt von Massnahmen begegnet werden. Diese liessen sich in zwei Gruppen einteilen: einerseits Massnahmen zur Unfallprävention und andererseits Massnahmen zur Unfallbewältigung, welche als reaktive Handlungsweisen lange im Vordergrund standen. Nachfolgend zur Diskussion stehen sollen Massnahmen, die sich an die Kategorie der Motorfahrzeuglenker wandten. Massnahmen für andere Zielgruppen oder gar der Versuch einer systematischen Gesamtverkehrsregelung müssen im Rahmen dieser Arbeit unberücksichtigt bleiben[1030]. 1141

10.3 Unfallprävention

Aus der politischen Diskussion um die gesetzliche Neuregelung der Haftpflicht wie auch vor dem Hintergrund hängiger oder mit stossenden Ergebnissen abgeschlossener Haftpflichtprozesse wuchs die Einsicht, dass nicht nur bessere reaktive Handlungsstrategien zur Unfallbewältigung zu entwickeln waren, sondern ebenso präventive Strategien zur Unfallprävention. 1142

Verstärkt wurde dieser Druck durch das Argument der Vermeidbarkeit. Schwere Unfälle mit Pferden galten als unvermeidbar, weil in diesen Fällen der ungebändigte Tierwillen durchdrang. Schwere Unfälle mit Automobilen hingegen galten als vermeidbar, weil diese meist aus der Unvernunft der Menschen entstanden[1031]. 1143

In der Folge wurde der Ruf nach präventiv wirkenden rechtlichen Normen und abschreckenden Sanktionen immer grösser. 1144

10.3.1 Unfallprävention durch Rechtssetzung

10.3.1.1 Funktion von Polizeiverordnungen

Bereits kurz nach der Jahrhundertwende verfügte über die Hälfte der Kantone über eigene Normen die Motorfahrzeuge betreffend. Diese wurden meist in Form von Polizeiverordnungen erlassen. Mit Kreisschreiben vom 11. August 1902 an die Kantone erkundigte sich der Bundesrat unter 1145

[1029] Das Wort "besonderen" ist im Original kursiv gesetzt. AR, 1913, 179.

[1030] Im Sinne einer gesamtheitlichen Sicht der Unfallprävention zu diskutieren wären beispielsweise die Gesetzgebung für Fuhrwerke, Fahrräder oder Fussgänger, ebenso die Verkehrserziehung für das Publikum, beispielsweise Schulkinder. So kaufte 1927 die städtische Polizeidirektion von Luzern 600 Verkehrsbüchlein zur Verteilung an den Schulen (Meyer, 73).

[1031] Gisler-Jauch, 137.

anderem danach, ob in den Kantonen polizeiliche Vorschriften zum Motorfahrzeugwesen bestehen würden. Es ergab sich, dass 15 Kantone über entsprechende Reglemente oder Verordnungen verfügten[1032]. Fünf Kantone kannten nur Fahrverbote: GR hatte ein totales Fahrverbot, UR und VS hatten ein Fahrverbot für Gebirgsstrassen, NE hatte ein regierungsrätlich genehmigtes Fahrverbot in Les Brenets auf der Strasse des Saut-du-Doubs, und SZ war dabei, ein Fahrverbot für die Axenstrasse zu erlassen. In der Auswertung seines Kreisschreibens wies der Bundesrat darauf hin, dass der Erlass und eine strenge Handhabe von Polizeiverordnungen nicht genügen würden, um das Automobilwesen zu regeln. Wohl wirke eine Kontrolle der in Verkehr zu setzenden Maschinen und der fahrwilligen Lenker präventiv und es sei eine einheitliche Ordnung der Materie notwendig, weil ein Automobil in einem Tag mehrere Kantone durchfahren könne. Doch Polizeiverordnungen könnten Unfälle nicht komplett verhüten, weil sie nicht gegen die Unvorsichtigkeit von Lenker und Publikum schützen würden[1033].

1146 Auch einige Exponenten der juristischen Haftpflichtdiskussion setzten sich dafür ein, die Automobilmaterie durch Polizeiverordnungen zu regeln.

1147 Gmür war gegen die Unterstellung der Automobile unter das Eisenbahnhaftpflichtgesetz, denn die besondere Gefährlichkeit des Automobils liege im "raschen Fahren", welches wiederum nicht zum Begriffe des Eisenbahnbetriebes gehöre. Das Schnellfahren könne aber durch Polizeiverordnungen wirksam eingeschränkt werden, weshalb der Erlass strenger Polizeiverordnungen zweckdienlicher wäre als der Erlass einer strengen Haftpflichtregelung[1034].

1148 Guyer und Meili[1035], welche beide dafür kämpften, dass Motorfahrzeughalter nicht nur für Fahrlässigkeit, sondern auch für Zufall haften sollten, verfolgten einen ganzheitlichen Ansatz. Nicht nur die Unfallbewältigung, sondern auch die Unfallprävention sei eine Aufgabe des Gesetzes und in diesem Rahmen sei auch die Funktion der Polizeiverordnungen zu sehen.

1149 Insbesondere Meili forderte 1902 den Erlass von Polizeiverordnungen, um die zu erlassende Haftpflichtregelung für Motorfahrzeuge zu ergänzen. Der Zweck von Polizeiverordnungen ergebe sich aus der Gerichtspraxis: Ein Haftungsansatz ergebe sich erst, wenn der Verstoss gegen

---

1032 ZH, LU, OW, NW, ZG, FR, BS, BL, SH, AG, TI, VD, VS, GE. Ebenso BE (Verordnung vom 10. Februar 1900), welche aber von Juristen als verfassungswidrig betrachtet wurde.

1033 Aus dem Bericht des Bundesrates über die Unterstellung der Automobile unter das EHG (BBl, 1902 V, 850-855).

1034 Gmür, 153. Zur Person von Dr. Max Gmür siehe Fussnote 1114 S. 331.

1035 Zu den Personen Guyer und Meili siehe Fussnote 1105 S. 329 (Guyer) respektive N 117 S. 30 (Meili).

eine Norm nachgewiesen werden könnte. Dies sei aber nur möglich, falls überhaupt entsprechende Normen bestehen würden. Allerdings sollten diese Polizeiverordnungen möglichst einheitlich redigiert werden, wozu eine kantonale Regelung nicht genüge. Da aber das Bundesrecht keine direkte Regelung zulasse, sei anderweitig eine möglichst grossflächige Lösung anzustreben, beispielsweise im Rahmen eines Städteverbandes. Sofern diese Polizeiverordnungen erschöpfend genug wären, würde es sich auch erübrigen, im Strafgesetzbuch besondere Normen bezüglich des Automobilverkehrs aufzunehmen[1036].

Guyer entwarf 1906 eine dreiteilige Systematik, wie Polizeiverordnungen eine strenge Haftpflichtregelung ergänzen sollten. Demnach konnten Polizeiverordnungen drei rechtliche Bereiche besonders effizient regeln: **ERSTENS** die Kontrolle über den Wagen selbst, also über die Betriebssicherheit des Fahrzeuges, **ZWEITENS** die Kontrolle über die Person des Führers, also über den Lenker und dessen Fähigkeiten und **DRITTENS** die Kontrolle über die Erkennungstafeln, also die Erkennung und Registrierung der Fahrzeuge mittels Nummernschilder, um mittels Identifikation bei Unfällen Haftpflichtansprüche geltend machen zu können[1037]. 1150

Eine Regelung des Verkehrsablaufes, beispielsweise der Geschwindigkeiten, zwecks Prävention hatte Guyer 1906 noch nicht in seine Systematik aufgenommen. Seine dogmatische Differenzierung verschiedener Funktionen von Polizeiverordnungen setzte sich hingegen schnell durch und floss umgehend in die laufende Gesetzgebung in Bund und Kantonen ein. 1151

Bereits in den ersten Normenwerken zum Automobilwesen, sowohl in den kantonalen Polizeiverordnungen wie auch den Konkordaten, waren Normen zur Unfallprävention enthalten: in den Normen über den Lenker, über die Fahrzeugausrüstung, die Verkehrsregulierung oder den Strafbestimmungen für Unfälle. 1152

10.3.1.2 Prävention mittels Normen über den Lenker

Die Normen zur Unfallprävention über den Ansatzpunkt des Fahrzeuglenkers liessen sich grundsätzlich in zwei Typen unterscheiden: Normen über die Erlangung der Fahrbefähigung, also betreffend die Fahrausbildung und -prüfung, sowie Normen über Lenktätigkeit an sich, also den Betrieb des Fahrzeuges. 1153

Dic Standardisierung der Fahrausbildung und die Qualitätssicherung mittels Fahrprüfung erfolgten erst im Konk2, indem Minimalerfordernisse festgelegt wurden. Eine Verschärfung der Erfordernisse brachte das Konk2Lw, welches bei schweren Motorfahrzeugen und Omnibussen zur Personenbeförderung eine besondere Fahrbewilligung erforderlich mach- 1154

[1036] Meili: Rechtliche Stellung, 33-35.
[1037] Guyer, 44-45.

te (Konk2Lw 6). Diese bewährte Regelung wurde 1932 fortgeführt, in dem zur gewerbsmässigen Ausführung von Personentransporten oder dem Führen schwerer Motorwagen zum Personen- oder Gütertransport ein besonderer Führerausweis erforderlich war[1038]. Die erreichten Verbesserungen in der Ausbildung liessen sich jedoch nicht direkt aus der Entwicklung der Unfallzahlen ablesen – zu komplex war das Unfallgeschehen, als dass es sich nur auf diesen Faktor reduzieren liess[1039].

1155 Die betrieblichen Normen (zur Unfallprävention mit Ansatz über die Person des Lenkers) umfassten insbesondere die Lenkvorschriften, beispielsweise die Alkoholprävention. Für die Lenker schwerer Motorfahrzeuge zur Personenbeförderung galt ab dem Konk2Lw nebst einem Alkoholkonsumationsverbot auch die Vorschrift, die Aufsicht über die Passagiere auszuüben. Überdies waren sie persönlich verantwortlich für eine gute Instandhaltung und Funktionsfähigkeit der Bremsen[1040].

10.3.1.3 Prävention mittels Normen über Ausrüstung und Zulassung

1156 Grundsätzlich konnte jede Ausrüstungsnorm als eine der Unfallprävention dienende Norm aufgefasst werden, doch standen in Bezug auf diesen Zweck insbesondere die Normen über die Bremsen[1041] und die Bereifung im Vordergrund. Bereifungsvorschriften dienten nicht nur dem Strassenschutz, sondern auch der Sicherheit – eine Folge des Bremsverhaltens, des Schwingungsverhaltens und der Profilierung der Lauffläche bei verschiedenen Reifentypen. Schloss das Konk2Lw mit der Vorschrift, dass die Räder mit Pneus oder Vollgummi versehen sein müssen (Konk2Lw 3 I lit. e) erst die Eisenbereifung aus, legte die VOBG32 in Art. 14 I fest, dass alle Motorwagen zum Personentransport mit Luftbereifung versehen sein mussten. Und jene Fahrzeuge, die noch mit Gummireifen verkehren durften, mussten über Gummireifen mit genügendem Gleitschutz verfügen (VGBG32 14 VI).

1157 Nicht jede Norm über die Zulassung diente der Unfallprävention; denn Zulassungsnormen konnten auch durch fiskalische oder verwaltungsrechtliche Zielsetzungen motiviert sein. Mit Hinblick auf eine unfallpräventive Funktion besonders wichtige Zulassungsvorschriften waren einerseits jene über die Fahrzeugprüfung und andererseits jene über die Einführung von Kontrollschildern. Zweitere wirkten indirekt präventiv, erlaubte doch die Kennzeichenpflicht die Identifikation allenfalls vom Unfallort geflohener Lenker[1042]. Bezüglich der Zulassung brachte das

---

1038 Vertiefend zum besonderen Führerausweis vergleiche N 648 ff S. 171.
1039 Merki: Siegeszug, 334.
1040 Vertiefend vergleiche N 659 ff S. 174.
1041 Vertiefend vergleiche N 477 ff S. 125.
1042 Vertiefend vergleiche N 576 ff S. 153.

Konk2Lw eine Verschärfung der bestehenden allgemeinen Zulassungsvorschriften. Schwere Motorfahrzeuge zur Personenbeförderung hatten eine spezielle Fahrzeugprüfung mit erweiterten technischen Anforderungen zu bestehen. Besonders überprüft wurden die Einrichtungen zur Personenbeförderung sowie die Beschränkung der zur Beförderung zugelassenen Personenzahl. Für die Bremsen musste der Nachweis erbracht werden, dass innert der letzten zwölf Monate eine Bremsinspektion durch einen amtlichen oder behördlich geprüften Experten vorgenommen und bestanden wurde; Nachprüfungen konnten jederzeit angeordnet werden (Konk2Lw 7 II und III). Überdies musste für das Fahrzeug eine obligatorische Zusatzversicherung abgeschlossen werden[1043].

Mit der Bundesregelung von 1932 wurden endlich auch Zulassungsvorschriften für Arbeitsmaschinen, landwirtschaftliche Fahrzeuge und Anhänger festgelegt. Die Zulassung zum öffentlichen Verkehr bedurfte diverser Vorrichtungen; Anforderungen wurden definiert für Bremsen, Warnvorrichtung, Schalldämpfung, Beleuchtung sowie Bereifung (VOBG32 38). 1158

10.3.1.4 Prävention mittels Normen über den Betrieb

Zu den bedeutungsvollsten Normen dieser Zielsetzung gehören die Geschwindigkeitslimiten. Mittels diesen konnte unmittelbar das Unfallrisiko durch Limitierung der maximal zulässigen Geschwindigkeit begrenzt werden. 1159

Allerdings blieb der Raster mit diesem Vorgehen eher grob (zumindest solange keine Signalisation zur Verfügung stand), auf lokale Gegebenheiten konnte damit keine Rücksicht genommen werden. Diesbezüglich waren wieder die Behörden vor Ort gefragt, um mit zusätzlichen Tempobeschränkungen den Verkehr den lokalen Begebenheiten anzupassen. Eine andere Legitimation zur Beschränkung der Höchstgeschwindigkeit fand sich in der besonderen Gefährdung, beispielsweise der Passagiere. Aus diesem Grund wurde im Konk2Lw die Höchstgeschwindigkeit für schwere Motorfahrzeuge zur Personenbeförderung auf 20 Km/h beschränkt (Konk2Lw 9). 1160

Eine weitere Normengruppe mit derselben Zielsetzung waren die Normen zur Handhabung der Beleuchtung, sowohl was die Dauer und die Vermeidung der Blendung als auch was die Beleuchtung parkierter Fahrzeuge betraf. Bezüglich der Dauer regelten das Konk1 wie das Konk2 nur, dass die Beleuchtung mit Beginn der Dämmerung in Betrieb genommen werden musste (Konk1 8 I, Konk2 30 I). Andere Vorschriften zur Betriebsdauer fehlten noch. Die bundesrechtliche Regelung von 1932 übernahm diese Vorschrift, ergänzte sie aber dahingehend, dass auch bei dichtem Nebel die Beleuchtung in Betrieb zu nehmen war (BG32 19 1161

[1043] Vertiefend vergleiche N 1275 S. 342.

I)[1044]. Präzisierend legte die VOBG32 fest, dass die Beleuchtung bis zum Eintritt der Tageshelle in Betrieb zu bleiben hatte (VOBG32 39 I).

1162 Bezüglich der Blendung des entgegenkommenden Verkehrs enthielt das Konk1 noch keine Normen, was auf das Fehlen leistungsstarker Lichtquellen zurückzuführen war. Nachdem zwischenzeitlich leistungsstarke Scheinwerfer verfügbar wurden, untersagte das Konk2 immerhin den Gebrauch stark blendender Lichter in Ortschaften (Konk2 30 II). Jedoch erst nach der Erfindung des abblendbaren Lichtes in den 1920er Jahren konnten 1932 detaillierte gesetzliche Normen über den Betrieb der Beleuchtung aufgenommen werden, nachdem in den vorgehenden Regelwerken das Blendungsproblem noch über Ausrüstungsvorschriften angegangen werden musste. VOBG32 39 I b enthielt eine umfangreiche Liste der Fälle, wann abgeblendet werden musste[1045]. Zusammenfassend handelte sich um Fälle, in denen die Gefahr oder Gewissheit bestand, dass ein anderer Verkehrsteilnehmer geblendet wurde. Jederzeit erlaubt waren jedoch optische Warnungssignale (im Rahmen der diesbezüglichen Vorschriften von VOBG32 40 IV).

1163 Eine weitere unfallpräventive Beleuchtungsregelung war die Vorschrift zur Beleuchtung parkierter Fahrzeuge. Das Konk1 konnte es, aufgrund der kleinen Bedeutung nächtlichen Verkehrs, dabei belassen, dass der Lenker zur Nachtzeit seinen Wagen durch sichtbare Zeichen bemerkbar machen sollte (Konk1 12 I). Das Konk2 verwies darauf, dass die reglementarischen Lichter anzuzünden waren (Konk2 43 III). Nachdem bis 1932 vorab in Ortschaften Strassenbeleuchtungen installiert worden waren, war es im Bereich dieser Beleuchtungen sowie auf behördlich zugewiesenem Parkflächen nicht mehr vorgeschrieben, abgestellte Fahrzeuge nachts zu beleuchten (BG32 19 I respektive VOBG32 39 I a). An allen anderen Orten (im öffentlichen Verkehrs- und Strassenraum) mussten jedoch beim Parkieren die Markierlichter, das Schlusslicht sowie die Kontrollschildbeleuchtung in Betrieb gesetzt werden (VOBG32 39 I a).

1164 Eine letzte, bedeutungsvolle Normengruppe zur betrieblichen Unfallprävention waren die Vorschriften zum Anhängerbetrieb. Mit dem Konk2Lw

---

1044 Von der Ergänzung ausgenommen waren, im Sinne eines Zugeständnisses an die Bauernsame, tierbespannte Fuhrwerke und landwirtschaftliche Fuhrwerke auf der Rückkehr vom Felde.

1045 Es waren dies: Spätestens 100 Meter vor der Kreuzung mit einem anderen Motorfahrzeug, einem bespannten Fahrzeug, einer auf oder unmittelbar neben der Strasse fahrenden Tram- oder Überlandbahn, einem Fahrrad, einer Truppenabteilung, einer Fussgängergruppe, einem Reiter oder einer Viehherde sowie beim Hintereinanderfahren und Anhalten von Motorfahrzeugen. Sofort abzublenden war, wenn der entgegenkommende Fahrzeugführer durch Ein- und Ausschalten der eigenen Scheinwerfer darum ersuchte. Untersagt war die Verwendung blendender Scheinwerfer in Ortschaften mit beleuchteten Strassen.

ergingen diesbezüglich detaillierte Vorschriften, welche später auch von der bundesrechtlichen Regelung fortgeführt wurden. Insbesondere war der Personentransport auf Anhänger untersagt. An Autoomnibussen waren nur einachsige Anhänger zum Zwecke der Gepäckbeförderung erlaubt, während an Lastwagen, welche Personen beförderten, gar keine Anhänger mehr erlaubt waren (Konk2Lw 8).

10.3.1.5 Prävention mittels Strafbestimmungen

Das Konk1 enthielt keine Strafbestimmungen[1046], denn der Erlass derselben sowie ergänzender Ausführungsbestimmungen war Sache der Konkordatskantone (Konk1 dritter Titel). Das Konk2 enthielt ebenfalls keine direkt präventiv wirkenden Strafbestimmungen; es verpflichtete jedoch die Kantone dahingehende Strafbestimmungen zu erlassen, dass bei wiederholter Übertretung oder bei schwerer Verletzung der Verkehrsbestimmungen das Recht zur Führung des Motorfahrzeugs zeitweilig oder ganz entzogen werden konnte (Konk2 72 II). Das Konk2Lw galt ergänzend zum Konk2 und brachte keine neuen Strafnormen. Dank der bundesrechtlichen Kompetenz konnte hingegen das BG32 ausführliche Strafbestimmungen enthalten (BG32 58 bis 68). Besonders hohe Strafdrohungen standen auf Tatbestände, welche einen Sachzusammenhang mit Unfällen aufwiesen. Dazu gehörte das angetrunkene Führen eines Motorfahrzeuges in einem schweren oder wiederholten Fall (BG32 59), das Zurücklassen eines hilflosen Verletzten bei einem Unfall, also der Fall der Fahrerflucht (BG32 60 III), sowie die Entwendung eines Motorfahrzeuges zum Gebrauch, welcher die Problematik von Strolchenfahrten mit fehlender Versicherung anging (BG32 62)[1047]. Bemerkenswert an den unfallpräventiven Strafnormen des BG32 war die tatbestandsweise deutlich unterschiedlichen Tagessätze, also die Verhältnisse von maximal ausfällbarer Busse und maximal ausfällbarer Gefängnisstrafe. Diese Tagessätze variierten von Tatbestand zu Tatbestand und waren immer auf den jeweils wahrscheinlichsten Tätertypus angepasst. Dadurch verstärkte sich die (auch präventive) Wirkung der Normen, in dem sie den jeweiligen Täter nachhaltiger treffen konnten. 1165

10.3.2 Unfallprävention durch Rechtssprechung

Vor 1932 gab es kein eigentliches Verkehrsrecht, das den Strassenverkehr als ein System begriff. Die Integration des Motorfahrzeuges wurde fast ausschliesslich durch Normen angestrebt, welche nur für Motorfahrzeuge galten. Der integrative Beitrag der Rechtssprechung lag darin, bis zum Erlass einer strassenverkehrsrechtlichen Gesamtkonzeption die unvoll- 1166

[1046] Vertiefend zur Entwicklung gesetzlicher Strafbestimmungen an sich vergleiche N 740 ff S. 200.

[1047] Ausführlich zu den Strafnormen von 1932 vergleiche N 750 ff S. 202.

ständige rechtliche Einpassung des Motorfahrzeuges in den Strassenverkehr zu korrigieren. Es galt, mittels Rechtssprechung jene normativen Lücken zu füllen und rechtlichen Grauzonen auszuleuchten, welche vom Gesetz – teilweise auch bewusst, im Sinne eines föderalistischen Kompromisses – nicht geregelt wurden.

1167 Im Bereiche der Unfallthematik leistete die Rechtssprechung, in Ergänzung zu bestehenden oder als Ersatz für fehlende Rechtsnormen, zwei wesentliche Beiträge. Einerseits entwickelte sie unfallbewältigende Richtlinien für die Frage der Haftungsabwicklung, andererseits zwang die Rechtssprechung die Motorfahrzeuglenker unfallpräventiv dazu, spontane und unüberlegte Reaktionen des Publikums in ihr Fahrverhalten mit einzubeziehen[1048].

1168 Dies galt insbesondere für die Frage der Vortrittsregelung. Das Konk1 enthielt nur, aber immerhin, die Minimalvorschrift, dass der Motorfahrzeuglenker hinter einem querenden Fussgänger oder Wagen durchzufahren habe (Konk1 11). Das Konk2 enthielt keine entsprechende Vorschrift mehr, was in der Folge immer wieder zu Unfällen führte. Aufgrund angestrengter Prozesse bemühten sich die Gerichte um die Klärung dieser Fragen und entwickelten die Praxis, dass Fahrzeuge auf Hauptstrassen vortrittsberechtigt waren und dass bei gleichgestellten Strassen ein Rechtsvortritt zu beachten war[1049]. Diese Praxis fand als Norm Eingang in die bundesrechtliche Regelung; sowohl der Rechtsvortritt als auch der Vortritt von Hauptstrassen gegenüber Nebenstrassen (BG32 27)[1050]. Bezüglich des Abbiegens nach links wurde neu festgehalten, dass entgegenkommende Fahrzeuge vortrittsberechtigt waren (VOBG32 47).

10.3.3 Unfallprävention durch weitere Massnahmen

1169 Einen wichtigen unfallpräventiven Beitrag leisteten die baulichen Massnahmen. Nebst der allmählichen Entwicklung von Fussgängerinseln und Fussgängerstreifen galt dies insbesondere für die Niveauübergänge von Eisen- und Strassenbahnen.

1170 1924 forderte die Vereinigung der Strassenbaufachmänner, dass Niveauübergänge bei Hauptverkehrsstrassen durch geleisefreie Kreuzungen zu ersetzen seien und dass die Übersichtlichkeit von Übergängen durch das Entfernen oder Schneiden von Bäumen, Sträuchern und den Abbruch von Wärterbuden zu verbessern sei. Überdies seien im Bereich der Schienenübergänge ausschliesslich Kleinpflästerungen einzusetzen, weil andere Beläge den Erschütterungen durch die schweren Züge nicht gewachsen

---

1048 Nussbaum, 113.

1049 Nussbaum, 109.

1050 Neu hingegen war die Verwendung von Strassenkategorien wie “Hauptstrasse” oder “Nebenstrasse”.

waren[1051]. Da diesem Gremium die Entscheidungsträger der kantonalen Baubehörden angehörten, wurden diese Forderungen vielerorts rasch in die Praxis und den Alltag umgesetzt. Ebenfalls 1924 wurden im Sihltal an Stellen, wo die Bahn die Strasse benutzte, das Lichtraumprofil der Bahn mit weisser Farbe am Boden markiert – eine der ersten Strassenmarkierungen in der Schweiz überhaupt[1052].

Basierend auf den zwischenzeitlich gewonnenen weiteren Erkenntnissen erliess der Bundesrat eine "Verordnung betreffend den Abschluss und die Signalisierung der Niveaukreuzungen der Eisenbahnen mit öffentlichen Strassen und Wegen". Diese regelte eingehend die Verwendung von Barrieren sowie optischer und akustischer Signalisierung und Warnsignale für unbewachte Übergänge. Überdies beschrieb sie die Signale und bahnpolizeilichen Vorschriften, welche für den Strassenbenutzer von Belang waren. 1171

1932 waren die meisten Kreuzungen mit Hauptstrassen durch Barrieren gesichert. Dies brachte eine Reduktion der Unfälle, welche aber durch das steigende Verkehrsaufkommen wettgemacht wurde. Nun zeigte sich ein neues Unfallbild: Die meisten Unfälle ereigneten sich bei bewachten Übergängen, da dort der Verkehr viel grösser war. Hauptunfallursache waren dabei unvorsichtige Motorfahrzeugfahrer, die in geschlossene Barrieren einfuhren[1053]. 1172

Ein wichtiger Beitrag zur Unfallprävention war nebst den baulichen Massnahmen auch die Entwicklung einer einheitlichen und aussagekräftigen Signalisation[1054]. 1173

Ebenfalls als wirksam erwiesen hatte sich die Aufklärungsarbeit von Automobilclubs, welche in ihren Magazinen und Clubzeitschriften immer wieder auf Fragen ihrer Mitglieder erschöpfende Auskünfte gaben und durch einheitliche und konsistente Information und Aufklärung aktiv zur Unfallprävention beitrugen[1055]. 1174

1051 VSS-Zeitschrift, 1924, 263-264.
1052 VSS-Zeitschrift, 1924, 291.
1053 VSS-Zeitschrift, 1932, 218.
1054 Vertiefend vergleiche N 680 ff S. 181.
1055 Vertiefend vergleiche N 413 S. 108.

10.4 Unfallbewältigung

10.4.1 Regelungsbedarf entsteht

10.4.1.1 Ausgangslage

1175 In der Zeit vor dem ersten Weltkrieg galt nur in gefährlichen Industrie- und Gewerbebetrieben ein Obligatorium für Krankenkassen- und Unfallversicherung[1056]. Ein Grossteil der Bevölkerung zirkulierte unversichert.

1176 Kam es im Strassenverkehr zu einem Verkehrsunfall, ging es aus juristischer Sicht hauptsächlich um die Abwicklung und Überwälzung der materiellen und gesundheitlichen Unfallkosten der Opfer. Dabei ergaben sich bei Unfällen mit Motorfahrzeugbeteiligung verschiedene Probleme, wovon die Problematik des Schuldnachweises, die Bestimmung des Haftpflichtigen sowie dessen Solvenz im Vordergrund standen.

10.4.1.2 Problematik, die Schuld nachzuweisen

1177 Die Verteilung der finanziellen Folgen beziehungsweise der Ersatzpflichten eines Unfalls ist im schweizerischen Recht ein Fall von ausservertraglicher Haftung. Aufgrund der zentralen Bedeutung der Haftungsfrage für die ganze Motorisierungswelle in der Schweiz ist an dieser Stelle ein kleiner Exkurs ins Haftungsrecht unumgänglich:

1178 Das schweizerische Recht unterscheidet in diesem Zusammenhang zwei Haftungstypen – die Verschuldenshaftung und die Kausalhaftung.

1179 **VERSCHULDENSHAFTUNG** ist diejenige Haftung, bei der für die Abwälzung eines Schadens neben dem Kausalzusammenhang und der Widerrechtlichkeit ein persönliches Verschulden des Ersatzpflichtigen vorausgesetzt ist[1057]. Der Schädiger haftet also nur, wenn er dem anderen schuldhaft, sei es fahrlässig oder absichtlich, widerrechtlich einen Schaden zufügt hat[1058].

1180 **KAUSALHAFTUNG** hingegen setzt kein persönliches Verschulden des Haftpflichtigen voraus; sie ist eine Haftung ohne Verschulden[1059]. Sie tritt unabhängig vom Verhalten des Verantwortlichen ein und kann für eigenes oder für fremdes Verhalten oder für Zufall greifen[1060] und heisst deshalb auch “Zufallshaftung”. Die Kausalhaftung wird unterteilt einerseits in die einfache (auch “gewöhnliche” oder “milde”) Kausalhaftung, bei der sich der Haftpflichtige durch einen Sorgfaltsbeweis von der Haftung

---

1056 Nussbaum, 328.
1057 Rey, 15.
1058 Schaffhauser / Zellweger, 27.
1059 Vito, 12.
1060 Schaffhauser / Zellweger, 28.

befreien kann[1061] und andererseits in die strenge (oder "scharfe") Kausalhaftung. Die strenge Kausalhaftung knüpft, ohne die Möglichkeit eines Sorgfaltsbeweises, an die besondere Gefährlichkeit einer Anlage, eines Betriebes oder einer Tätigkeit an und wird deshalb auch **GEFÄHRDUNGSHAFTUNG** genannt[1062].

Die Verteilung der Unfallkosten basierte damit auf dem aus dem römischen Recht stammenden Verschuldensprinzip. Die Zuteilung der Haftung bemass sich massgeblich nach der Schuldverteilung. Die Grundregel "ohne Schuld kein Geld" entsprach der Tradition – auch im traditionellen Verkehrsrecht. 1181

Mit dem Aufkommen der Automobile schuf diese traditionelle Regel zur Schadenstragung Probleme. Einerseits waren bei Unfällen mit Automobilbeteiligung, aufgrund der grösseren Geschwindigkeiten, die Schadensummen meist beträchtlich höher als bei Unfällen mit Fahrrädern und Ochsengespannen. Statt eines bloss umgekippten Fuhrwerks wurde nun das Zugtier getötet, dem Fussgänger drohte statt eines Beinbruchs der Verlust des Lebens oder eine lebenslange Arbeitsunfähigkeit[1063]. Andererseits war die Bemessung und Verteilung der Schuld bei Automobilunfällen viel umstrittener. Nach Publikum und Presse waren die Automobilisten mit ihrer Schnellfahrerei die Hauptschuldigen; gemäss den Automobilisten aber wurden die Unfälle durch das Fehlverhalten von Fussgängern und anderen Strassenbenutzern verursacht[1064]. 1182

Gemäss damals geltendem Recht (altOR 50) galt immer noch das Grundprinzip der Verschuldenshaftung: Der Täter oder Schädiger haftete ausschliesslich dann, wenn ihm der Geschädigte Arglist, also Handeln in böser Absicht, oder Fahrlässigkeit, also versehentliches Handeln, nachweisen konnte[1065]. Der Automobilist haftete nur bei nachweisbarem Verschulden und die Beweislast trug der Geschädigte. Basierend auf diesen rechtlichen Grundlagen erwies sich das traditionelle Verkehrsrecht bei Automobilunfällen in mehrfacher Hinsicht als unzureichend. 1183

So ergaben sich immer wieder Beweisprobleme. Ein Unfall ereignete sich stets überraschend. Das Opfer war mit sich selbst beschäftigt und konnte vor Schreck nichts registrieren. Zeugen und Passanten achteten 1184

1061 Vito, 12. Die Schadensabwälzung aufgrund einer einfachen Kausalhaftung setzt eine Ordnungswidrigkeit oder eine Unregelmässigkeit voraus (Rey, 18).

1062 Vito, 12.

1063 Nussbaum bezeichnet die Automobilunfälle als "fatalste gesellschaftliche Komponente der Motorisierung" (Nussbaum, 62).

1064 Nussbaum, 108.

1065 Meili: Kodifikation, 46. Dies galt nicht nur in der Schweiz, sondern auch in den zeitgenössischen Gesetzen der Nachbarstaaten Österreich (BGB 1293), Deutschland (BGB § 823) sowie Frankreich (code civil Art. 1382).

erst beim Aufschrei auf das Geschehen und kümmerten dann sich zuerst um das Opfer, konnten aber kaum etwas zum Unfallhergang aussagen. Oder die Zeugen, die Umständlichkeit einer gerichtlichen Vernehmung scheuend, entfernten sich ohne ihren Namen zu hinterlassen, worauf die Unfallopfer mittels Inseraten in der Tageszeitung nach Zeugen ihres Unfalles suchen mussten. Diese momentane Verwirrung konnte ein fehlbarer Verkehrsteilnehmer leicht ausnutzen, um unerkannt und ohne Hinterlassung seines Namens zu entwischen[1066]. Gestützt auf unklare und unvollständige Zeugenaussagen war es aber später für den Richter nicht mehr möglich, die Tatbestandsmerkmale der Fahrlässigkeit herauszuarbeiten. Doch auch die Automobilisten waren sich des Wertes der Zeugen bewusst: 1913 empfahl die AR, Zeugen unmittelbar nach einem Unfall einzuvernehmen und nicht erst nach Monaten, wenn sich beim Zeugen tatsächlich Gesehenes und später Hinzugedachtes oder -gehörtes zu einem untrennbaren Ganzen verwoben hätten[1067].

1185 Eine weitere Unzulänglichkeit des traditionellen Verkehrsrechtes war der schwierige Nachweis des Verschuldens. Mangels anderer Normen galt altOR 50, womit die Verletzung einer Norm oder Pflicht gegeben sein musste. Als allenfalls verletzte Normen in Frage kamen Vorschriften aus Polizeiverordnungen, Bestimmungen der Strassen- oder Wegepolizei oder des Strafrechts oder allenfalls der Missachtung der im Verkehr erforderlichen Sorgfalt. Fand sich aber keine Norm, die ein allenfalls sogar unbestrittenes unrichtiges Verhalten unter Strafe stellte, lag kein Gesetzesverstoss vor. Damit liefen auch die Schadentragungsnormen kantonaler Polizeiverordnungen ins Leere, beispielsweise der Verordnung betreffend den Strassenverkehr des Kantons Obwaldens von 1900[1068], welche in Art. 6 Verstösse mit einer Geldbusse von 5–200 Franken oder entsprechender Freiheitsstrafe sanktionierte und welche den Fehlbaren für allen angerichteten Schaden haften liess. Mangels einer existierenden Norm, gegen die verstossen werden konnte, gelang der Verschuldensnachweis nicht und dem Unfallverursacher konnte keine Haftungspflicht auferlegt werden.

1186 So konnte die Schuldfrage und -verteilung vor Gericht oft nicht geklärt werden. Jede Partei trug die finanziellen Folgen selbst. Damit blieb der materielle Schaden des Opfers ungedeckt. Die meisten Opfer gingen leer aus, was in vielen Fällen zu stossenden Ergebnissen führte.

[1066] Ganzer Ablauf nach: Bericht des BR vom 15. Dezember 1902 über die Unterstellung der Automobile unter die Haftpflicht der Eisenbahnen (BBl, 1902 V, 854).

[1067] Artikel "Zeugen bei Auto-Unfällen", in AR, 1913, 568.

[1068] Gesetzessammlung OW, Band II, 482-483.

10.4.1.3 Problematik, den Haftpflichtigen zu bestimmen

Systematisch gesehen waren in dieser Problematik zwei Fälle zu unterscheiden: einerseits der Fall, dass aus mehreren möglichen Personen ein Haftpflichtiger zu bestimmen war und andererseits der Fall, dass gar keine Person als Haftpflichtiger greifbar war. 1187

Der Fall, dass mehrere mögliche Haftpflichtige zueinander in Konkurrenz standen, ergab sich dann, wenn ein bediensteter Chauffeur mit seiner Herrschaft unterwegs war und er mit dem Motorfahrzeug einen Unfall verursachte. Die Frage war nun, wer haften sollte – der Chauffeur, weil er den Wagen lenkte, oder der Automobileigentümer, weil ihm der Wagen gehörte, oder gar beide? Der Chauffeur war meist mittellos. Der Eigentümer hingegen unterlag wohl der Geschäftsherrenhaftung (altOR 62), konnte sich aber leicht exkulpieren, denn der Chauffeur war gewöhnlich ein Schlosser oder Maschinentechniker mit guten Zeugnissen, und damit hatte der Eigentümer respektive Geschäftsherr sein Personal sorgfältig ausgewählt, war also nicht belangbar. 1188

Nach den allgemeinen Rechtsgrundsätzen haftete vorab der Chauffeur. Für Automobileigentümer war deshalb die Anstellung von Chauffeuren geradezu ein (finanzielles) Gebot der Vorsicht. Es galt, Grundlagen in Rechtssetzung und Rechtssprechung zu schaffen, um einerseits die Haftung bei mehreren potenziell Haftenden zuweisen zu können und andererseits zu verhindern, dass die Opfer von solchen Automobilunfällen trotz mehrerer potenziell Haftender leer ausgingen[1069]. 1189

Der andere Fall, dass kein Haftpflichtiger greifbar war, konnte aus zwei Gründen eintreten. Es konnte sein, dass der Täter mit dem Tatfahrzeug geflohen war. Die Automobilinsassen selbst waren, zumindest bis zur Erfindung der Windschutzscheibe im Jahre 1905[1070] beziehungsweise der geschlossenen Karosserie vor dem Krieg, oft mit Brillen, Lederkappen und Staubmänteln vermummt, damit aber auch identitätslos und unkenntlich. Form und Farbe der meisten Automobile war wenig unterschiedlich und Kontrollschilder waren wegen des Strassenstaubes vielfach unleserlich oder das abgebildete Kantons- oder Landeswappen war unbekannt, und so passierte es immer wieder, dass ein unfallverursachender Automobilist mitsamt seinem Fahrzeug unerkannt vom Unfallort fliehen konnte[1071]. 1190

[1069] Erst 1924 entschied das Bundesgericht, dass der mitfahrende Eigentümer, der nicht selbst lenkt, bei einem Unfall aufgrund eines Tempoexzesses trotzdem mithafte. Dies nicht aufgrund der Geschäftsherrenhaftung, sondern aus eigener Schuld, da er nicht eingeschritten war (Brennwald: Forensische Automobilpraxis, 11, mit Verweisen auf weitere Urteile im selben Sinne).

[1070] Fondin, 98.

[1071] Guyer, 32.

1191 Weitaus häufigere Ursache eines nicht zu ermittelnden Fahrers war aber die Entwendung eines Fahrzeuges durch einen Unberechtigten, der bei der anschliessenden Strolchenfahrt[1072] einen Unfall verursachte und sich dann, unter Zurücklassung des gestohlenen Fahrzeuges, aus dem Staube machte. Es kam immer wieder vor, dass Diebe oder Chauffeure ohne Auftrag einen Wagen stahlen oder entwendeten, sei es, um den Wagen teilweise oder gänzlich zu versilbern, oder sei es zum Vergnügen für Freunde und Freundinnen[1073]. Da der Entwender meist über keinen Führerschein verfügte oder alkoholisiert war, endete die Fahrt oft mit Schaden an Leib oder Gut von Dritten, als auch mit Nachteilen für den Besitzer: Nicht nur drohte die Zerstörung des Wagens – weshalb auch die Automobilisten eine harte Verfolgung der Strolchenfahrer verlangten – sondern als Kennzeichenbesitzer stand der Fahrzeugeigentümer unter Umständen auch selbst unter Tatverdacht.

1192 Nicht jede Strolchenfahrt endete mit einem Unfall, aber jene mit Unfallausgang fanden grosses Echo in der Presse. Presseberichte über Strolchenfahrten mit Unfallausgang hatten einen grossen Empörungswert, weil das Opfer hilflos liegen blieb und überdies, falls der Täter nicht gefasst wurde, auch noch alle Kosten selbst tragen musste. Identifizierte Unfallflüchtige wurden in der Presse namentlich genannt, um sie an den sozialen Pranger zu stellen. Trotz einer Zunahme der Diebstähle und Entwendungen mit steigender Fahrzeugdichte blieb die Wirkung der Strolchenfahrten auf die Automobilfeindlichkeit gering, denn war das Publikum auch empört – das breite Publikum war nur indirekt und somit wenig betroffen[1074].

1193 Trotzdem brachte die Strolchenfahrt einen bisher unbekannten Aspekt in das Verkehrsrecht ein. Einerseits wurde das Motorfahrzeug selbst zum Mittel krimineller Handlungen, andererseits führte eine ungenügende gesetzliche Regelung der Haftung an sich zu umstrittenen Haftpflichtmodellen für Fälle von Strolchenfahrten[1075].

1194 Zur Unterbindung von Strolchenfahrten tauchten auf dem Markt immer neue Ideen auf. Einzelne Polizeibehörden schrieben für Automobile Kurzschliesser vor, die mit einem (immer gleichen) Schlüssel bedient wurden. Auch mit geheimen Starterknöpfen wurde experimentiert, doch diese waren unbequem und umständlich und sie waren auch nicht mehr geheim, waren sie einmal im Beisein von Fahrgästen bedient worden.

[1072] So der zeitgenössische Name für diese unberechtigten Ausfahrten.

[1073] AR, 1913, 706.

[1074] Nichtgravierende Probleme, welche aber einen grossen Betroffenheitskreis hatte (beispielsweise die Staubplage) waren viel geeigneter, um eine politisch relevante Opposition zu erzeugen (Nussbaum, 102-103).

[1075] Nussbaum, 103 sowie Brennwald: Forensische Automobilpraxis, 47-48, mit weiteren Verweisen.

Erst 1913 präsentierten zwei Zürcher Ingenieure ein Zündschloss mit individuellen Schlüsseln[1076].

Die gesetzliche Erfassung der Strolchenfahrt erwies sich als weit schwieriger. Die Justiz des Kantons Zürich behalf sich dadurch, dass eine vorhandene Strafnorm betreffend der "Entwendung zum Gebrauch" sehr weit ausgelegt wurde, um jegliche Strolchenfahrten darunter subsumieren zu können[1077]. Generell waren Publikum wie bestohlene Fahrzeugeigentümer gesetzlichen Bestimmungen unterworfen, die den materiellen Schaden nicht decken konnten, und die keine angemessenen Strafen bewirkten. Es galt, die rechtlichen Grundlagen dafür zu schaffen, dass Opfer von Automobilunfällen für ihren finanziellen und gesundheitlichen Schaden angemessen entschädigt wurden, auch wenn der Unfallverursacher nicht belangt werden konnte. 1195

10.4.1.4 Lösungsansätze

Die zunehmende Anzahl von Automobilunfällen zeigte, dass Probleme in den rechtlichen und gesetzlichen Grundlagen zu deren Abwicklung vorlagen, und mit steigender Automobildichte der Leidensdruck der Bevölkerung zunahm[1078]. 1196

Aus versicherungsrechtlicher Sicht genügte die Regelung der Haftung der Automobilhalter mittels Verschuldenshaftung nicht mehr. Angestrebt wurde die Ablösung der Verschuldenshaftung durch eine Kausalhaftung in Form einer einfachen Kausalhaftung oder, wenn möglich, einer Gefährdungshaftung. Diese sollte ergänzt werden durch eine obligatorische Haftpflichtversicherung für Automobillenker. 1197

Auch die übrigen Aspekte der rechtlichen Bewältigung von Unfallereignissen mussten entwickelt und verbessert werden. Dazu zu zählen waren beispielsweise die Pflichten des Lenkers, wenn es zu einem Unfall kam, oder die Vorschriften zur Identifikation von Lenkern und Fahrzeugen. 1198

1076 AR, 1913, 706.

1077 Nussbaum, 104.

1078 Nussbaum betont die soziale Komponente des Problems: Die Verbreitung des Motorfahrzeuges verlief sozial von oben nach unten, was hiess: Solange nicht alle Schichten motorisiert waren, war eine Haftpflichtstreitigkeit aus Automobilunfall eine zivilrechtliche Gegenüberstellung von arm und reich, weshalb die Verschuldenshaftung die Automobilfeindlichkeit der breiten Bevölkerung geschürt habe (Nussbaum, 326-327).

10.4.2 Einführung der Gefährdungshaftung

10.4.2.1 Ausgangslage

10.4.2.1.1 Ideen und Erfahrungen aus dem Ausland

1199 Grundidee einer Neuregelung der Fahrzeughalterhaftung in der Schweiz war eine verschärfte Haftpflicht in Form der Gefährdungshaftung. Der Automobilist sollte haften, selbst wenn ihm keine Schuld nachzuweisen war. Der Vorteil der Gefährdungshaftung lag auf der Hand: Bereits die Schaffung einer Gefahr war ein Haftungsgrund, und die Gefährdungshaftung bewirkte eine Beweislastumkehr. Das Prinzip der Gefährdungshaftung wurde gegen Ende des 19. Jahrhunderts bedeutsam, weil sich im Gefolge der Industrialisierung jene Schadensereignisse häuften, für die niemand haftbar gemacht werden konnte: Arbeiter gingen bei einem Betriebsunfall leer aus, wenn sie dem Patron kein Verschulden nachweisen konnten, oder Passagiere erhielten bei einem Bahnunfall keine Entschädigung, weil sich der Betreiber aus der Verantwortung stehlen konnte[1079].

1200 Erstmalig vorgeschlagen wurde die Übertragung des Gefährdungsprinzips in die Rechtswelt des Automobils im Jahre 1900, anlässlich eines Vortrages vor der juristischen Gesellschaft in Berlin, durch den deutschen Juristen Karl Hilse. Die von Hilse formulierten Grundgedanken wurden auch für die schweizerische Diskussion um ein Haftpflichtrecht wegleitend und, aufgrund einer rechtlich ähnlichen Ausgangslage in der Schweiz und in Deutschland, immer wieder aufgenommen.

1201 In der Schweiz als auch in verschiedenen Ländern Europas wurde die rechtliche Frage diskutiert, ob Automobile der Eisenbahngesetzgebung unterstellt werden sollten. Hilse analysierte hierzu, dass die Folgen bei einem Unfall mit einem Automobil in der Regel gravierender waren als bei Unfällen mit schienengebundenen Tram- oder Pferdebahnen. Er stützte sich dabei auf die – in der nachfolgenden rechtlichen Diskussion allerdings stark umstrittenen – statistischen Erhebungen im Strassenbahnbetrieb. Er kam zum Schluss, dass Fahrzeuge, die nicht an Schienen gebunden waren, eine grössere Gefahr für den allgemeinen Verkehr darstellten, weil ihre Fahrtrichtung nicht wie bei einem Schienenfahrzeug voraussehbar war[1080]. Aufgrund dieser Überlegungen wurde in der Schweiz 1902 die Forderung erhoben, die Automobile dem in Revision befindliche Eisenbahnhaftpflichtgesetz zu unterstellen.

1202 Hilse argumentierte einerseits mit der Billigkeit für ein deutsches Automobilhaftpflichtgesetz. Es entspreche der Billigkeit mehr, dass die Kos-

---

[1079] Merki: Siegeszug, 354.
[1080] Hilse, 31-32.

ten einer Gefahrenerhöhung von denjenigen getragen würden, die auch den Nutzen aus dem Betrieb hätten, als wenn andere den doppelten Schaden – Verlust der Gesundheit beziehungsweise Versorgerschaden und Verschlechterung ihrer Wirtschaftslage – zu tragen hätten. Es gelte deshalb, für Sachwerte einen Schadenersatz zu erreichen. Hilse argumentierte auch mit dem Beweisnotstand des Geschädigten und forderte eine Beweislastumkehr[1081]. Die bisherigen Verluste an Leib und Leben seien dabei weniger auf die neue Betriebsform als auf das Zögern des Gesetzgebers zurückzuführen, denn eine (wirksame) Haftpflichtregelung würde erzieherisch wirken. Wäre die Gefahr aus der Verwendung von Automobilen tatsächlich grösser als der Aufwand für eine Regelung der Haftpflicht, müsste die Staatsgewalt selbst auf den Gebrauch von Automobilen verzichten – was diese aber weder in Deutschland noch in der Schweiz tat[1082].

In der Diskussion um die Unterstellung der Automobile unter ein eigenes 1203
Haftpflichtgesetz wurde in Deutschland auch erwogen, nur Automobile im öffentlichen Dienst oder bei Unternehmern, die sie in grösserer Zahl hatten, einem Haftrecht zu unterstellen, wogegen Fahrzeuge zum Einzelgebrauch – für persönliche oder geschäftliche Zwecke – diesen nicht unterstellt werden sollten. Hilse lehnte diesen vermittelnden Vorschlag aus drei Gründen als unhaltbar ab: Erstens würden gerade Grossbetreiber, aufgrund der Gewerbsmässigkeit, bei der Auswahl ihrer Chauffeure mehr Sorgfalt walten lassen. Zweitens würde nur ein verschwindender Anteil der Fahrzeuge unter einer Haftpflicht stehen und drittens dürfe für die Unfallopfer kein Unterschied in den Genugtuungsfolgen bestehen, welcher aus der Eigenschaft des Lenkers herrühre[1083]. Gestützt auf diese Überlegungen wurde eine solche Regelung in der Schweiz gar nicht mehr erwogen, hätte sie doch diametral dem bedingungslosen Schutz des Opfers widersprochen.

Die Vorschläge Hilses wurden auf dem deutschen Juristentag ausführlich 1204
erläutert und in der Folge auch von der schweizerischen Rechtswelt aufgegriffen.

Eine zweite wichtige Inspirationsquelle zur Lösung der helvetischen 1205
Haftpflichtprobleme fand sich in Frankreich. 1902 trugen der Advokat Louis Rixens und der Publizist Jean Lafont in Frankreich alles aus Gesetzgebung und Rechtssprechung zusammen, was in irgendeiner Weise mit dem Zweirad- oder Automobilsport zu tun hatte[1084]. Aufgrund der

---

[1081] Hilse, 26 respektive 39.

[1082] Hilse, 27.

[1083] Hilse, 29.

[1084] Aufnahme fand auch einiges über das Ausland. Bezüglich der Schweiz waren die Fahrverbote von GR und VS aufgeführt, ebenso die Sperrung ei-

automobiltechnischen und verbreitungsmässigen Pionierrolle hatte Frankreich bereits um 1900 eine reiche Kasuistik und Erfahrungen zur zivilrechtlichen Verantwortlichkeit motorisierter Fahrzeuglenker[1085]. Ebenso wurden in Frankreich bereits Versicherungspolicen für Automobile angeboten und es gab Erfahrungen mit der Versicherung von Schadenfällen[1086]. Das Werk von Rixens und Lafont diente in der Folge auch in der Schweiz in verschiedener Hinsicht als Vorlage zu einer eigenen Lösung.

10.4.2.1.2 Fragestellungen in der Schweiz

1206 Gestützt auf die rechtstheoretischen Vorlagen aus Deutschland und die Praxiserfahrungen aus Frankreich behandelte auch der schweizer Juristentag die Automobilhaftpflichtfrage[1087]. Erwogen wurden einerseits die Unterstellung der Automobile, als eine Art "Privateisenbahn", unter die rigide Eisenbahnspezialgesetzgebung[1088], was im Rahmen der anstehenden Revision des schweizerischen Eisenbahnhaftpflichtgesetzes möglich gewesen wäre. Deutschland war diesen Weg gegangen, was in der Folge zu einem starken Anstieg der Haftpflichtprämien führte und sich (später) als grosses Hemmnis für die Verbreitung des Automobils in Deutschland erwies[1089].

1207 Andererseits erwogen wurde die Erstellung eines eigenständigen Normenwerkes. Wurde aber die prinzipielle Unterstellung der Automobile unter ein strenges Haftpflichtgesetz bejaht, so waren weitere Fragen zu klären. Sollte zum "Betrieb" eines Automobils auch die Tankexplosion eines parkierten Fahrzeuges, das Fahren mit vorgespannten Pferden (beispielsweise auf der Brünigstrasse) oder das Davonrollen eines abgestellten Fahrzeuges gehören – immerhin verbot Konkl 13 dem Lenker, sein Fahrzeug zu verlassen, ohne den Motor abzuschalten? Was sollte gelten, wenn der Geschädigte den Unfall selbst verschuldet hatte? Immerhin sahen sowohl Artikel 4 des alten Bundesgesetzes von 1875 zur Eisenbahnhaftpflicht[1090] als auch der sich dazumal in Beratung befindliche Entwurf eine Minderung der Haftung vor, wenn das Opfer am Unfall mitschuldig war. Und was die Einführung einer obligatorischen Haftpflichtversicherung betraf – wer sollte der Versicherungsnehmer sein? Der Fahrzeughalter, der jeweilige Lenker oder gleich beide?

---

niger Bergstrecken und Informationen zu Zollformalitäten und -ansätzen (Rixens / Lafont, 177 sowie 338-339).

1085 "De la responsabilité", in Rixens / Lafont, 341-425.

1086 "Assurances contre les accidents", in Rixens / Lafont, 625-632.

1087 Achtzig Jahre Verkehrspolitik im Spiegel der AR, 20.

1088 Meili: Kodifikation, 50 .

1089 Flik, 132.

1090 AS, Band I NF, 787-791.

In der Folge entspann sich in Lehre und Politik ein heftiger Disput, ob und wie die bestehende Haftpflicht zu verschärfen sei. 1208

10.4.2.1.3 Befürworter und ihre Argumente

Für eine Verschärfung oder gar Verselbstständigung der Haftpflichtregelung sprachen sich – nebst dem Bundesrat – zwei Exponenten der zeitgenössischen Rechtsdiskussion aus: Meili und Guyer. 1209

Meili[1091] sah die Revision des Haftpflichtgesetzes für Tötung und Verletzung auf Eisenbahnen und Dampfschiffen als ideale Gelegenheit zur Regelung der Haftungs- und Automobilfrage. Er forderte einerseits den Erlass präventiv wirkender Polizeiverordnungen, andererseits die Unterstellung der Automobile unter die Eisenbahnhaftpflicht[1092]. Für dieses staatliche Einschreiten führte er verschiedene Argumente ins Feld: 1210

So riefen die Automobile neue, ernste Gefährdungen des Verkehrs hervor. Wohl sei die Unfallchance gering, wenn ein kundiger Lenker in einer funktionierenden Maschine sitze. Doch wenn die Technik versage, komme es zum Unfall. Was den Lenker betreffe, so sei eine bestandene Prüfung keine Garantie für gutes Fahren und selbst die Automobilclubs betonten, dass "[...] die sorgfältige und korrekte Führung von Automobilen an sich erlernt werden muss und dass sie also mit Gefahren verknüpft ist"[1093]. Ebenso könnten Tiere und speziell Pferde, nie gänzlich unempfindlich gegen Automobile werden. Automobile wiederum könnten schneller und zuverlässiger als Tiere gelenkt werden, doch Automobile seien von sehr unterschiedlicher Qualität und teilweise unzuverlässig, so bei den Bremsen. Verschärfend hinzu käme, dass gewisse Automobilisten ein Gefühl von "Superiorität" hegen und sich als eigentliche Beherrscher der Strasse fühlen würden. Schliesslich hätten die Automobile eine grosse Wucht und mechanische Gewalt, was gegenüber Personen und Sachen sehr grosse Schäden anrichten könne, insbesondere bei Schnee und Glatteis[1094]. 1211

Für eine Unterstellung spreche auch, dass das Automobil grosse Ähnlichkeit mit anderen Anstalten habe, die der Rezeptumshaftpflicht, also der Haftung für Zufall, unterstellt seien. Am nächsten stehe es den verschiedenen Formen der Eisenbahn, die allerdings über ein eigenes Trasse verfüge, deshalb müssten Automobile "[...] juristisch den Eisenbahnen 1212

[1091] F. Meili war ein technisch interessierter Jurist, welcher auch zum Thema Luftfahrrecht und Telegraphie publizierte. Dem Automobil stand er mit grosser Sympathie gegenüber und bemühte sich, dessen gesellschaftliche Integration von Anfang an in geordnete rechtliche Bahnen zu lenken.

[1092] Meili: Rechtliche Stellung, 33-34. Meili legt darin ausführlich seine Gründe für eine Unterstellung unter das Eisenbahnhaftpflichtgesetz dar.

[1093] Meili: Automobile und schweizerische Gesetzgebung, 39.

[1094] Meili: Automobile und schweizerische Gesetzgebung, 39.

angehängt werden"[1095]. Die in der Schweiz bereits bestehende strenge Rezeptumshaftpflicht sei nicht an das Vorhandensein von Schienen gebunden, denn auch Dampfschiffe, Pferdeposten und Pferdebahnen und selbst der Postautomobilomnibusverkehr zwischen Neuenburg und Chaumont vom Sommer 1902 unterstünden ihr[1096], weshalb es stossend wäre, wenn die privaten Automobile einem anderen Recht unterstünden. Und nur eine Rezeptumshaftpflicht würde Garantie für eine sorgfältige Benützung und Verwendung der Automobile bieten[1097].

1213 Ein weiteres Argument für eine Unterstellung sei die Interessenhaftung: Cuius est commodum, eius est incommodum[1098]. Es sei allgemeine Überzeugung, dass Handlungen, die für Dritte mit Gefahren verbunden sind, nicht auf Kosten dieser Dritten vorgenommen werden dürften, und dieser Grundsatz gelte speziell für den Betrieb mit Elektrizität und ähnlichen Kräften und Motoren[1099].

1214 Zu bedenken sei auch der vorhandene Beweisnotstand des Geschädigten. Dieser wisse in der Regel viel weniger als der Verursacher, was in oder mit dem Automobil falsch lief. Würden Automobile nicht der Zufallshaftung unterworfen, so würde dadurch die Beweislast zugunsten des Automobilisten umgekehrt[1100].

1215 Ebenso gehe es darum, das Verantwortlichkeitsgefühl bei den Automobilisten zu steigern.

1216 Und letztlich bedeute die Unterstellung keine unüberwindbare Härte für die Automobilisten, könnten doch Versicherungen die Härten der Haftpflicht mildern. Die allfällige Einführung eines Versicherungsobligatoriums wäre überdies dazu geeignet, die Gegner des Automobils milder zu stimmen[1101].

1217 Auch über die Frage des Haftpflichtigen äusserte sich Meili: Haftpflichtig seien solidarisch der Eigentümer und Inhaber des Automobilwagens, also jeder für den ganzen Schaden. Keine Haftpflicht treffe jedoch Personen, die im Dienstvertrag angestellt seien[1102].

1218 Als 1907, einige Jahre später, noch keine Lösung absehbar war, wies Meili darauf hin, dass der rasche Erlass eines Haftpflichtgesetzes auch in

---

1095 Meili: Rechtliche Stellung, 40.

1096 Gemeint sind Art. 4 des Bundesgesetzes betreffend die Haftpflicht der Eisenbahn- und Dampfschifffahrt (AS, Band I NF, 787-791) sowie Art. 18 des Bundesgesetzes über das Postregal von 1894 (AS, Band XIV NF, 385-399), welcher auf Art. 4 des ersten Gesetzes hinweist.

1097 Meili: Automobile und schweizerische Gesetzgebung, 38.

1098 Wer den Nutzen - im Falle der Automobile die Geschwindigkeit - habe, der soll auch den möglichen Schaden tragen.

1099 Meili: Automobile und schweizerische Gesetzgebung, 40.

1100 Meili: Kodifikation, 67.

1101 Meili: Kodifikation, 89.

1102 Meili: Ein Gesetzesparagraph, .

der Schweiz unbedingt zu befürworten sei, dies jedoch mit Konzessionen im Interesse der Gerechtigkeit und der ungestörten Entwicklung der Automobilindustrie vor sich zu gehen habe. Die Regelungen sollten sich aber materiell an das (zwischenzeitlich erlassene) EHG, also dem Gesetz betreffend der Haftpflicht der Eisenbahn- und Dampfschifffahrtsunternehmungen und der Post vom 28. März 1905, anschliessen[1103]. Im Gegensatz zu seiner früheren Haltung erwog Meili nun aber Minderungsgründe für die Zufallshaftung, so beim Scheuen von Tieren oder für Fahrzeuge im öffentlichen Dienst, beispielsweise Militärwagen, Feuerwehr und Postautomobile. Und er war nun, anders als früher, der Meinung, das Automobil sei weniger gefährlich als das von animalischer Kraft bewegte Fahrzeug[1104].

Für eine Zufallshaftung sprach sich auch Guyer aus[1105]. Den von Gmür 1219
1903 gemachten Vorschlag, den Automobilbesitzer nur der Tierhalterhaftung zu unterstellen[1106], lehnte er als unsinnig ab, denn das Tier habe einen eigenen Willen und könne damit selbst Schaden anrichten, das Automobil aber nicht[1107]. Guyer präsentierte stattdessen einen eigenen Entwurf für ein künftiges Automobilhaftpflichtgesetz.

Erlassen werden sollte dieses direkt durch den Bund, denn seine Kompe- 1220
tenz dazu sei gegeben: Nach altBV 64 hatte der Bund die Kompetenz über das Obligationenrecht zu legiferieren, und Haftpflichtrecht sei ein Teil des OR. Örtlich könnten die Bestimmungen direkt im OR, beispielsweise als weiteres Kapitel hinter den unerlaubten Handlungen nach altOR 50 ff, eingefügt werden, wodurch dieses aber zu umfangreich würde. Verschiedene Gründe würden jedoch dafür sprechen, in der Sache ein Spezialgesetz zu erlassen, so die Verschiedenheit der rechtlichen Verpflichtung aus Haftpflicht beziehungsweise unerlaubter Handlung. Ein Spezialgesetz würde auch künftige Revisionen erleichtern, da sich die Materie noch entwickle und schliesslich sei das Haftpflichtrecht lex specialis zum allgemeinen Obligationenrecht, wie auch das EHG und das Fabrikhaftpflichtgesetz, welche ebenfalls beide als Spezialgesetze ergangen seien.

Es sei deshalb auch nicht zu bedauern, dass die Automobile nicht, wie 1221
teilweise erwünscht, per einfachem Verweis dem EHG unterstellt worden seien, hätte dies doch zwingend zu Rechtsunsicherheit bei der "analogen" Auslegung der eisenbahnrechtlichen Bestimmungen geführt.

Inhaltliche Hauptaufgabe des Gesetzes sollte es sein, in erschöpfender 1222
Behandlung der Materie dem Geschädigten einen Anspruch für erlittenen

[1103] AS, Band XXI NF, 378-385.
[1104] Meili: Kodifikation, 122-126 sowie 162.
[1105] Ernst Guyer war ein Befürworter einer strengen Haftpflicht.
[1106] Vertiefend vergleiche N 1228 S. 331.
[1107] Guyer, 57.

Schaden zu geben und die Realisierung dieses Anspruches zu sichern und zu erleichtern. Die Erzielung einer präventiven Wirkung, welche eine Verminderung der aus der Verwendung von Automobilen entstehenden Gefahren bezwecke, sei jedoch die Aufgabe von Polizeiverordnungen und sollte deshalb nur ein Nebeneffekt der spezialgesetzlichen Automobilhaftpflichtregelung sein[1108].

1223 Guyer präsentierte einen detaillierten Gliederungsaufbau[1109]. Der Charakter der Vorschriften sollte zwingender und nicht dispositiver Natur sein. Ebenso definierte Guyer den Begriff des "Automobils" selbstständig und umfassender als im bisherigen, bundesrätlichen Vorschlag, denn dieser habe zwei Lücken: Stillstehende Wagen würden nicht berücksichtigt, ebenso wenig die Bewegung des Fahrzeuges durch menschliche oder tierische Kraft, beispielsweise im Falle des Abschleppens[1110].

1224 Er wies ebenfalls darauf hin, dass die Positionen von Geschädigtem wie auch Schädiger noch weiterer Klärung bedürften: Durch wen und wie sollte die Geltendmachung erfolgen, wenn das Opfer tot war – die Erben, die vom Opfer wirtschaftlich Abhängigen, die Gemeinde oder Drittgeschädigte? Und wie sollte die Haftung verteilt werden, wenn Eigentümer und Halter nicht identisch waren[1111] – solidarisch oder einer subsidiär?

1225 Guyer präsentierte nicht nur eigene Überlegungen zur Berechnung von Personenschäden, sondern auch von Sachschäden und erwog Minderungen aufgrund von Einreden, beispielsweise höherer Gewalt, Selbstverschulden des Geschädigten oder von Drittverschulden. Zur Sicherung der Haftung schlug er eine Zwangsversicherung vor, damit kein Fahrzeug ohne Versicherung zirkuliere. Diese Versicherung sollte unabhängig vom Automobilhalter bestehen und jeden Benutzer decken, also beispielweise auch Mieter, Diebe und Dienstboten, und sie sollte alle Schadenfälle decken, die in irgendeiner Art vom Automobil herrührten. Zur Sicherung des Haftpflichtanspruches schlug er ein gesetzliches Pfandrecht an der Versicherungssumme vor. Damit sollte verhindert werden, dass der Schädiger das Geld selbst einzog und statt zur Schadensdeckung anderweitig verbrauchen konnte. Schlussendlich schlug Guyer nebst dem Gerichtsstand des Wohnsitzes nach altBV 59 vor, auch den Unfallort oder

---

1108 Guyer, 59-63.

1109 Guyer präsentierte denn auch eine Dogmatik für Polizeiverordnungen, welche in Lehre und Praxis einfloss. Vertiefend vergleiche N 1150 f S. 311.

1110 Der Vorschlag Guyers: "Unter dem Ausdruck 'Automobil' sind alle Fahrzeuge verstanden, welche zufolge ihrer Konstruktion vermittelst elementarer Kraft, durch mechanischen Antrieb, jedoch nicht auf Geleiseanlagen, bewegt werden können" (Guyer, 71).

1111 Was bereits damals ein Fall von Relevanz war, beispielsweise bei der Vermietung von Fahrzeugen an die Militärverwaltung, welche erst in der Kriegszeit eigene Fahrzeuge angeschafft hat.

den Sitz der Versicherung als Gerichtsstand zur Klageeinreichung zuzulassen[1112].

Die Kernforderung Guyers war ein Haftpflichtgesetz, welches eine Zwangsversicherung, ein gesetzliches Pfandrecht an der Versicherungssumme bis zur Schadenshöhe, die zusätzlichen Gerichtsstände des Unfallortes und des Versicherungsdomizils sowie eine Haftpflicht auch für Sachschäden enthielt. Dieses sollte begleitet werden von Polizeiverordnungen zur Kontrolle der Fahrzeuge, Führer und Zwangsversicherungen. Schliesslich sei im Rahmen eines künftigen eidgenössischen Strafgesetzbuches dem Problem der Fahrerflucht Beachtung zu schenken, beispielsweise im Hinblick auf die Verletzung oder Tötung von Menschen, sowie der Beschädigung oder Vernichtung von Sachen[1113]. 1226

10.4.2.1.4 Gegner und ihre Argumente

Gegen eine Verschärfung oder gar Verselbstständigung der Haftpflichtregelung sprachen sich zwei Exponenten der zeitgenössischen Rechtsdiskussion aus: Gmür und Brennwald. 1227

Gmür[1114] sprach sich 1903 in einem oft kritisierten Beitrag gegen eine Zufallshaftung für Automobile aus, einerseits aus Gründen der Geringfügigkeit, denn auch die Strassenbahnen würden des Öfteren Vieh überfahren[1115], andererseits aufgrund der Unterschiedlichkeit von Automobil und Eisenbahn. Der Grund für die Ausnahmeregelung der Eisenbahn läge in deren Schienengebundenheit, wodurch diese nicht schnell reagieren und ausweichen könne. Das Automobil hingegen könne schnell ausweichen oder sofort anhalten. Gegen eine Unterstellung des Automobils unter das EHG sprächen auch die fehlende Kapitalkräftigkeit des Unternehmers und die "komplizierte Maschinerie des Betriebes". Die besondere Gefährlichkeit des Automobils liege im raschen Fahren, welches wiederum nicht zum Begriffe des Eisenbahnbetriebes gehöre. Gegen das Schnellfahren hingegen sei vor allem durch Polizeiverordnungen vorzugehen, welche in vielen Kantonen schon vorhanden waren. Gmür schlug einen Mittelweg vor: Automobilbesitzer sollten den Pferdebesitzern gleichgestellt werden. Dadurch wären sie der strengen Haftpflicht der Tierhalter (altOR 65) unterstellt worden. Bei Unfällen wäre demnach das Verschul- 1228

[1112] Guyer, 95-106.

[1113] Guyer, 112.

[1114] Doktor Max Gmür war Rechtsprofessor in Bern und Herausgeber der Zeitschrift des Berner Juristenvereins.

[1115] "Wegen jedem durch ein Automobil erschrockenen und seiner Sinne nicht mehr mächtigen Huhn, wegen jeder überfahrenen Katze soll also nicht nur von den gewöhnlichen Haftungsgrundsätzen, sondern dazu noch von den üblichen Beweisregeln der Prozessgesetze abgegangen werden!" (Gmür, 151-152.

den präsumiert worden, aber es hätte keine Haftung für Zufall bestanden[1116].

1229 Gegen eine Zufallshaftung sprach sich auch Brennwald[1117] aus und begründete seine Meinung dadurch, dass er die Argumente, welche für eine Zufallshaftung sprachen, relativierte und widerlegte, indem er nebst juristischen Argumenten auch technische Präzisierungen oder statistische Relativierungen einband.

1230 Dem befürworterischen Argument der Beweisschwierigkeit und des Beweisnotstandes hielt er entgegen, dass die Fahrerflucht eine Ausnahmeerscheinung sei. Überdies helfe gegen die Flucht eines Schädigers auch die Zufallshaftung nicht weiter. Würde aber ein geflüchteter Schädiger doch gefasst, so hätte dieser, aufgrund seiner Flucht, prozessual einen schwierigen Stand, denn der Richter müsse seine Flucht als Indiz für ein Schuldbewusstsein werten[1118].

1231 Dem Argument der erhöhten Gefährdung des Strassenverkehrs durch Automobile hielt er entgegen, die leichte Lenkbarkeit erhöhe die Gefahr nicht, sondern vermindere sie. Das Automobil sei leichter lenkbar und könne augenblicklich anhalten. Überdies publiziere die Presse vieles als "Automobilunfall", wenn ein Auto bloss daran beteiligt war, unabhängig von dessen Schuld. Lastwagen-, Droschken- oder Trambahnunfälle würden hingegen nicht dergestalt breitgetreten[1119].

1232 Gegen die "Gleichstellung mit der Eisenbahn", wie dies beispielsweise von Meili gefordert wurde, spreche die geringe Ähnlichkeit. Den beiden Verkehrsmitteln gemeinsam sei nur der mechanische Antrieb, hingegen sei bei der Eisenbahn die Fahrspur absehbar und überdies sei diese in ihrem Betrieb geschützt, denn die Betriebsgefährdung stehe bei der Eisenbahn unter Strafe. Demzufolge sei eine Unterstellung des Automobils unter das Eisenbahngesetz juristisch falsch[1120].

1116 Gmür, 153.

1117 Der Züricher Jurist Dr. Brennwald war eine Ausnahmeerscheinung unter den Juristen. Als Teilhaber einer Automobilfabrik verfügte er über ein fundiertes automobiltechnisches Grundlagenwissen. Überdies sass er lange Zeit als rechtsberatendes Mitglied im Vorstand der Zürcher ACS-Sektion ein (siehe auch N 416 f S. 109) und publizierte Bücher und Zeitungsartikel im Bereiche des Automobilrechts. Besondere Erwähnung verdient das Werk "Haftpflicht für Automobilschaden" von 1909, welches eine ausführliche doktrinale Analyse der Zufallshaftung darstellte, eine detaillierte und autorenbezogene Kritik an der herrschenden Lehre der Gegnerschaft enthielt und mit vielen technischen Details und Erklärungen zur Versachlichung der Diskussion beitrug.

1118 Brennwald: Automobilismus im Recht, 14-16.

1119 Brennwald: Automobilismus im Recht, 18-19 sowie 24.

1120 Brennwald: Automobilismus im Recht, 25.

Die Vorteilstheorie sei zur Begründung einer speziellen Haftpflicht ebenfalls unbehilflich, denn diese müsse für jeden Verkehrsteilnehmer gelten, also auch für Tiergespanne, Fahrradfahrer, ja sogar Fussgänger[1121]. 1233

Auch dem Argument der Steigerung des Verantwortungsgefühls konnte Brennwald nicht beipflichten, denn das Gefühl der Verantwortlichkeit stehe in engster Verbindung mit dem Begriff der Schuld. Die, nebst der schon bestehenden Verschuldenshaftung, neu zu schaffende Zufallshaftung könne aber keine Steigerung des Verantwortungsgefühls erwirken, denn der Zufall sei nicht voraussehbar[1122]. 1234

Im weiteren wäre eine Haftungsverschärfung eine Gefahr für die einheimische Automobilindustrie, denn eine Zufallshaftung führe zu höheren Versicherungsprämien, was wiederum den Automobilabsatz und das Industriewachstum hemme und damit letztlich die Innovationskraft zur Verbesserung des Automobils bremse[1123]. 1235

Überdies brächte eine Haftpflichtverschärfung auch Nachteile für die Fremdenindustrie, würde doch die Zahl der Automobilreisenden deutlich abnehmen[1124]. 1236

Brennwald kam deshalb zum Fazit, dass es keine wirklichen Gründe gab, welche für die Einführung der Zufallshaftung sprächen. Eine Ausnahme stelle die Gefahr aus den Tempoexzessen dar, bei diesen liege jedoch stets ein Verschulden vor[1125]. 1237

10.4.2.2 Chronologie der Einführung

10.4.2.2.1 Nichteinbezug ins EHG von 1905

Was die Unfallhaftung bei Personentransporten betraf, galten um 1900 in der Schweiz zwei Erlasse: das BG betreffend die Haftpflicht der Eisenbahn- und Dampfschifffahrtsunternehmung bei Tötung und Verletzung vom 1. Heumonat 1875[1126] sowie das BG über das Postregal vom 5. April 1894[1127], welches in Art. 18–23 eine strenge Haftpflicht für den staatlichen Postpersonentransport statuierte. Nirgends in Europa aber 1238

1121 Brennwald: Automobilismus im Recht, 25. Guyer hielt dem wiederum entgegen, dass dies nur als Folge der Annahme gelten könne, dass Automobile keine besondere Gefährdung darstellen würden - was aber eine falsche Grundlage sei (Guyer, 53).

1122 Brennwald: Automobilismus im Recht, 26.

1123 Brennwald: Automobilismus im Recht, 27. Guyer hielt dem den Aufschwung der Eisenbahnindustrie nach der Einführung des Eisenbahnhaftpflichtgesetzes von 1875 entgegen (Guyer, 49).

1124 Brennwald: Automobilismus im Recht, 28.

1125 Brennwald: Haftpflicht, 16 sowie 71.

1126 Insbesondere Artikel 4 (AS, Band I NF, 787-791).

1127 AS, Band XIV NF, 385-399.

hatte sich die privatrechtliche Gesetzgebung mit dem Thema der Haftpflicht beschäftigt.

1239 Anlässlich der Revision des EHG beantragte deshalb NR Füllemann am 23. Juni 1902 in der ersten Lesung im Nationalrat, auch den Betrieb von Motorwagen dem Art. 19 des revidierten Eisenbahnhaftpflichtgesetzes zu unterstellen[1128] und dabei eine Solidarhaftlicht für Eigentümer und Inhaber vorzusehen. Die Notwendigkeit dazu war, aufgrund der in der täglichen Rechtspraxis erkannten Mängel, gegeben und verschiedentlich schon hatten Richter, Parlamentarier und Exekutivmitglieder die Einführung einer Kausalhaftung gefordert.

1240 Darauf hin wandte sich der Bundesrat mit Kreisschreiben vom 11. August 1902 an die Kantone, um das grundsätzliche Bedürfnis nach Regelungen im Automobilbereich abzuklären. Er erkundigte sich bei den Kantonen auch, ob diese eine besondere Regelung der zivilrechtlichen Haftpflicht für den Automobilbetrieb wünschten, was die meisten Kantone bejahten. Gleichzeitig wurde Professor Meili um eine Expertenmeinung gebeten, ob eine Unterstellung der Automobile unter das gegenwärtige Eisenbahnhaftpflichtgesetz aus rechtlicher Sicht zweckdienlich wäre, was von diesem bejaht wurde[1129]. Gestützt auf diese Ergebnisse erstattete der Bundesrat der Bundesversammlung Bericht, der auch eine ausführliche Analyse der geltenden Rechtslage enthielt.

1241 Danach sprachen verschiedene Gründe für eine Neuregelung, beispielsweise der schwierige Nachweis des Verschuldens, mit der Folge, dass ein an sich begründeter Anspruch tatsächlich nicht eingefordert werden konnte. Doch eine aktuelle Haftpflichtregelung alleine würde wenig helfen, denn einerseits seien die Chauffeure selten in der Lage, den ökonomischen Schaden selbst zu bezahlen und andererseits deckten die Haftpflichtversicherungen des Geschäftsinhabers den Unfallschaden nicht. Generell habe die Einführung der Automobile im Strassenverkehr besondere Gefahren entstehen lassen, denn aufgrund der Geschwindigkeit werde der ganze öffentliche Raum genutzt – und gefährdet. Überdies könne die Kraft des Motors durch technisches oder menschliches Versagen zu Unfällen führen, weshalb ein grösseres Mass an Aufmerksamkeit notwendig sei. Da Automobile mehrere Personen befördern könnten, sei überdies bei einem Unfall auch deren Gefährdung in Betracht zu ziehen. Der Erlass und die strenge Handhabung von Polizeiverordnungen genügten nicht, um diese Gefahren ausreichend einzudämmen[1130].

1242 Der Bericht entkräftete auch Einwände gegen eine Neuregelung. Die Schadenersatzpflicht nach Obligationenrecht genügte eben nicht, weil die

[1128] Sten Bul NR, Sommersession 1902, 344.

[1129] Bericht des BR vom 15.12.1902 über die Unterstellung der Automobile unter die Haftpflicht der Eisenbahnen (BBl, 1902 V, 848-851).

[1130] BBl, 1902 V, 854-855.

Widerhandlung an sich als auch der Kausalzusammenhang zwischen schuldhafter Handlung und Schaden bewiesen werden müssten. Ebenso ungenügend sei die alleinige Basierung auf den bestehenden Polizeiverordnungen, denn auch diese könnten Unfälle nicht vollständig verhindern. Der Einwand, dass eine Neuregelung die aufstrebende schweizer Industrie behindert hätte, verfange ebenfalls nicht, denn der Automobilist habe es in seiner Hand, vorsichtig zu fahren und er könne sich auch durch eine Versicherung schützen. Durch die Verschärfung der Haftpflicht werde sich aber die Industrie bemühen, die Fahrzeuge noch sicherer zu machen. Dem Einwand, dass die Fremdenindustrie geschädigt werde, wurde mit dem Hinweis auf die (noch) kleine Anzahl von Automobiltouristen begegnet. Und wäre der Ausfall tatsächlich gross, so hätte man das aus den Kantonen mit Fahrverboten bereits vernommen, doch bis jetzt lägen keine solchen Klagen vor. In Würdigung dieser Einwände betrachtete der Bundesrat diese als zu wenig gewichtig, um jedwelche Regelung der Haftpflicht der Automobile abzulehnen.

Bei einer Einführung einer besonderen Haftpflicht sei abzuwägen, ob 1243 diese als Verschuldens- oder Kausalhaftung ausgestaltet werden solle. Da Automobilunfälle oft auch Sachschäden bewirkten, müsse auch eine Haftung für Sachschaden vorgesehen werden. Zur Person des Haftenden schlug NR Füllemann eine Solidarhaftung von Eigentümer und Besitzer vor, während der Bundesrat eine Lösung bevorzugte, nach der vorab der Eigentümer haften sollte, dafür aber ein Rückgriffsrecht auf einen allfälligen Besitzer haben sollte. Auch nicht unterschieden werden sollte zwischen den Ansprüchen Geschädigter aus dem Publikum und geschädigter Mitfahrer. Im weiteren sprach sich der Bundesrat gegen eine Beschränkung der Schadenersatzhöhe aus, wie sie beispielsweise im Fabrikhaftpflichtgesetz vorgesehen war. Einerseits, weil die Autohaftpflicht, im Gegensatz zum Fabrikhaftpflichtgesetz, auch Sachschaden decken sollte, sich aber für Sachschäden keine plausible Grenze bestimmen lasse[1131]. Andererseits seien die meisten Automobileigentümer ökonomisch gut situiert und damit in der Lage, die finanziellen Folgen eines Unfalles zu tragen. Überdies würde dieses Risiko rasch von Versicherungsgesellschaften übernommen, womit sich der einzelne Lenker günstig absichern könne.

Am Ende seiner Ausführungen kam der Bundesrat zum Schluss, dass 1244 eine Unterstellung mittels Verweis auf die eigentliche Haftpflicht für Eisenbahnen unpassend sei. Stattdessen schlug er die Ergänzung des Eisenbahnhaftpflichtgesetzes mit einem zusätzlichen Artikel 19bis vor und unterbreitete dazu einen ausgearbeiteten Entwurf, welcher im We-

[1131] Dieser magistrale Gedankengang belegt die generelle Mühe von Rechtsetzung und Rechtsprechung, in der Zeit nach der Industrialisierung körperliche Schädigungen oder gar Todesfälle finanziell zu erfassen oder zu gewichten.

sentlichen eine milde Kausalhaftung vorsah, also die Haftung für Zufall beinhaltete, jedoch gewisse Exkulpationsmöglichkeiten vorsah[1132].

1245 Aufgrund dieser Absichten opponierte der ACS beim EJPD mittels Eingabe vom 20. Oktober 1902 gegen die vorgesehene Regelung. Er machte geltend, dass kein anderes Land Automobile der Eisenbahnhaftpflicht unterstellt hätte. Auch würden dadurch die Bemühungen des ACS untergraben, fremden Automobilverkehr in die Schweiz zu ziehen und unberechtigte fremde Vorwürfe gegen das schweizerische Strassen- und Polizeiwesen zu entkräften. Eine Unterstellung würde nicht nur die Hotelindustrie schädigen, sondern auch die schweizer Automobilindustrie und mit ihr ganze Berufsgruppen, beispielsweise Mechaniker, Maschinisten, Spengler sowie Öl- und Benzinverkäufer. Und schliesslich würden die Automobilbesitzer benachteiligt, wären sie doch einer strengeren Haftpflicht unterworfen als alle anderen Fahrzeugbesitzer im Strassenverkehr.

1246 Im März 1903 wiederholte der ACS seine Eingabe, diesmal an die Bundesversammlung gerichtet[1133]. Trotzdem nahm der Nationalrat den bundesrätlichen Entwurf an. Der Ständerat hingegen lehnte diesen ab und verlangte vom Bundesrat einen besonderen Gesetzesentwurf zur Automobilhaftpflicht. Eine eigene Kommission sollte überdies einen eigenen Entwurf für ein Automobilhaftpflichtgesetz ausarbeiten, welcher aber zumindest im Jahre 1906 noch nicht vorlag[1134].

1247 Zwischenzeitlich wurde die Revision des Eisenbahnhaftpflichtgesetzes abgeschlossen und dieses trat als revidiertes Gesetz 1905 in Kraft[1135]. Es enthielt auch eine detaillierte Regelung der Haftpflicht, beispielsweise in Art. 5 eine Minderung der Haftpflicht bei Mitverschulden des Opfers. Unerwähnt aber blieben die Automobile – in der Meinung, dass der Bundesrat ein Spezialgesetz für Automobile vorlegen würde. Damit war ein erster Versuch zur Neuregelung der Haftung auf Bundesebene gescheitert.

10.4.2.2.2 Scheitern eines Bundesgesetzes 1913

1248 Der zweite Versuch einer bundesrechtlichen Haftpflichtregelung ab 1908 war eng verwoben mit der Schaffung einer bundesrechtlichen Kompetenz zur Regelung des Strassenverkehrs. An dieser Stelle stehen die haftpflichtrelevanten Aspekte dieses politischen Prozesses im Vordergrund,

---

1132 Zum genauen Wortlaut: BBl, 1902 V, 865-866.

1133 Meili: Kodifikation, 52.

1134 Guyer, 16.

1135 Bundesgesetz betreffend die Haftpflicht der Eisenbahn- und Dampfschiffahrtsunternehmungen und der Post vom 28. März 1905 (AS, Band XXI NF, 378-385).

während die Aspekte der Schaffung einer Bundeskompetenz andernorts zu diskutieren sind[1136].

Nach dem Scheitern eines ersten Versuches und dem zunehmenden Bedarf nach schweizweit einheitlicher Regelung des Automobilwesens ging 1908 im Nationalrat die Motion Walther ein, welche das Ziel hatte, die Kompetenz zur Regelung des Automobilverkehrs an den Bund zu übertragen. Gestützt auf die Motion Walther führt das EDI mittels Kreisschreiben[1137] eine diesbezügliche Vernehmlassung unter den Kantonen durch. Aufgrund der mehrheitlich positiven Reaktionen leitete der Bund daraufhin das Verfahren zu einer Verfassungsergänzung ein. 1249

Am Sommer 1909 ging ein neues Postulat eines Nationalrates ein. Dieses lud den Bundesrat ein, mit tunlichster Beförderung ein Gesetz betreffend die Haftpflicht der Automobile vorzulegen[1138]. Das Postulat wurde vom NR am 23. Juni 1909 und vom SR am 29. Oktober 1909 angenommen[1139]. Daraufhin arbeitete das EJPD einen ersten Entwurf aus. Dieser wurde aber vom Bundesrat 1910 zurückgewiesen, in der Meinung, dass zuerst die Verfassung im Sinne der Motion Walther zu revidieren und erst dann die Haftpflichtfrage zu klären sei. 1250

Stattdessen legte der Bundesrat im März 1910 die Botschaft und einen Entwurf in Sachen Motion Walther vor. Im Oktober 1911 sollte der Ständerat über diesen Entwurf beraten, beschloss aber, nicht darauf einzutreten. Stattdessen ersuchte der SR den BR, rasch einen Entwurf betreffend eines Automobilhaftpflichtgesetzes einzubringen und dabei zu prüfen, ob nicht zugleich eidgenössische Strafbestimmungen zum Schutze gegen Missbräuche des Automobilverkehrs zu erlassen wären[1140]. Der Ständerat lehnte, in Besorgnis um die Autonomie der Kantone, eine Verschiebung der Kompetenzen hin zum Bund weiterhin ab. 1251

Im Juni 1912 lag der Entwurf von 1910 beim Nationalrat, in dem bereits in der Eintretensdebatte die grundsätzlichen Fragen zur Automobilgesetzgebung aufgeworfen wurden. Die vorberatende Kommission des Nationalrates plädierte für ein Eintreten auf die bundesrätliche Vorlage. Mit Bezug auf die Haftpflicht argumentierte sie, dass eine strenge Haftpflicht auch einer gleichzeitigen Strassengesetzgebung bedürfe, denn "Es wäre fatal, eine strenge Haftpflicht zu haben, aber keine positiven Vorschriften bestehen, was erlaubt ist und was verboten ist"[1141]. Eine Kommissionsminderheit plädierte gegen das Eintreten. Mit Hinblick auf die 1252

1136 Vertiefend vergleiche N 234 ff S. 63.

1137 Derron, 11.

1138 Strebel, 70.

1139 Sten Bul SR, Herbstsession 1909, 191.

1140 Sten Bul SR, Herbstsession 1911, 223.

1141 NR Mächler, Sprecher der Kommissionsmehrheit, Sten Bul NR, Sommersession 1912, 131.

Haftpflicht war sie der Meinung, dass auch das EHG und das Fabrikgesetz Haftpflichtgesetze wären, doch auch diese würden nicht auf einer vorgängigen Eisenbahn- oder Fabrikgesetzgebung aufbauen[1142]. Überdies sollte eine Haftpflicht nicht auf der Übertretung polizeilicher Vorschriften gründen, sondern aus der Tatsache, dass aus dem Betrieb Schaden entstanden sei[1143]. Immer wieder warfen die zahlreichen Sprecher die Kernfrage auf: War eine bundesrechtliche Haftpflichtregelung ohne bundesrechtliche Automobilverkehrsregelung (welche einer Verfassungsänderung bedurfte) sinnvoll? Der Rat kam zum Schluss, dass tatsächlich mehr als nur die Haftpflichtfrage zu regeln wäre, aber dem Bund dazu die Kompetenz fehlte. Trotzdem trat er nach langer Diskussion auf die Vorlage ein.

1253 Die Frage einer eidgenössischen Haftpflicht ohne eines eidgenössischen Unterbaus war tatsächlich von Relevanz. Kam es zu einer nächtlichen Kollision zwischen einem Automobil und einem unbeleuchteten landwirtschaftlichen Fuhrwerk, so lag in den meisten Kantonen die Schuld beim Fuhrwerk. In einigen Kantonen aber war diesen Fuhrwerken das Fahren ohne Beleuchtung erlaubt, womit der Schaden durch den Automobilisten zu tragen war. Somit war für den Automobilisten die Verantwortlichkeit nicht dieselbe, je nachdem ob sich die Kollision im einen oder anderen Kanton ereignet hatte[1144].

1254 1913 lag das Geschäft zur Zweitberatung wieder beim Ständerat. Dieser hielt mit Beschluss vom 28. März 1913 an seinem Nichteintreten fest. Damit war die bundesrätliche Vorlage im Differenzbereinigungsverfahren zwischen den Räten gescheitert und ein zweiter Versuch zur Neuregelung der Haftung auf Bundesebene war fehlgeschlagen.

1255 1914 trat das Konk2 in Kraft, welches insbesondere die Erteilung einer Verkehrsbewilligung vom Abschluss einer Haftpflichtversicherung abhängig machte. In der Folge sollte die Regelung der Haftpflicht auf Bundesebene für längere Zeit kein Thema mehr sein.

10.4.2.2.3 Scheitern einer Gesetzesvorlage 1926

1256 Nach der Verfassungsergänzung von 1923 verfügte der Bund über die kompetenzmässigen Grundlagen für ein Gesetz, das neben Haftpflicht- und Strafbestimmungen auch Verkehrsvorschriften enthalten konnte. Nachdem der Bundesrat einen umfassenden Entwurf samt Haftpflichtbe-

---

1142 NR Scherrer-Füllemann, Sprecher der Kommissionsminderheit, Sten Bul NR, Sommersession 1912, 149.

1143 Für oder gegen ein Eintreten wurden noch weitere Gründe geltend gemacht, die aber nicht aus dem Kontext der Haftpflichtfrage stammten. Vertiefend vergleiche N 218 ff S. 58.

1144 TCS-Revue, 1914, S. 243.

stimmungen ausgearbeitet hatte, wurde dieser am 10. Februar 1926 von beiden Räten angenommen.

Gegen die Vorlage wurde jedoch das Referendum erhoben. Die Radfahrer befürchteten, dass die strengen Haftpflichtregelungen des Entwurfes später auch auf sie anwendbar werden würden und mit den zahlreichen Unterschriften der Radfahrer kam das Referendum zustande. Es kam zur Volksabstimmung, in welcher die Vorlage am 15. Mai 1927 scheiterte[1145]. 1257

10.4.2.2.4 Einführung der Gefährdungshaftung 1932

Die Einführung der Gefährdungshaftung sollte erst 1932 mit dem Bundesgesetz gelingen. Unter dem 3. Titel regelte das BG32 die Haftpflicht und Versicherung der Motorfahrzeughalter. 1258

Dem Grundsatz nach haftete der Halter für den Schaden, wenn durch den Betrieb des Motorfahrzeugs ein Mensch getötet oder verletzt oder ein Sachschaden verursacht wurde (BG32 37 I). Aus dieser Haftpflicht gänzlich befreien konnte er sich, wenn er beweisen konnte, dass einerseits der Schaden durch höhere Gewalt oder durch grobes Verschulden des Geschädigten oder eines Dritten entstanden war und dass andererseits ihn oder Personen, für die er verantwortlich war, kein Verschulden traf. Lag immerhin noch eine leichte Mitschuld des Geschädigtem oder eines Dritten vor, so konnte ihn der Richter ganz oder teilweise von der Haftpflicht befreien (BG32 37 II). Nur teilweise befreien konnte ihn der Richter, wenn – nebst einem Verschulden des Geschädigten oder Dritten – ein Verschulden des Halters, ein Verschulden von Personen, für die er verantwortlich war, oder ein technischer Defekt am Unfall mitschuldig war (BG32 37 III). 1259

Gegenüber Geschädigten, welche unentgeltlich auf dem Unfallfahrzeug mitfuhren, konnte der Richter die Haftpflicht des Halters ganz oder teilweise aufheben, wenn den Halter keine Schuld am Unfall traf (BG32 37 IV). Damit wurde eine Abgrenzung zum entgeltlichen Personentransport geschaffen und der Gedanke der diesbezüglichen Spezialversicherung aus dem Konk2Lw weitergeführt. Ebenso blieb die Haftung für Sachschaden nach Transportrecht vorbehalten (BG32 37 VII). 1260

Wurde ein Motorfahrzeug ohne Verschulden des Halters von einem Dritten eigenmächtig verwendet, so haftete der Dritte anstelle des Halters (BG32 37 VI). Durch diese Regelung war der Fahrzeughalter nicht mehr für Strolchenfahrten verantwortlich. Damit aber nicht mittellose Chauffeure als Haftende vorgeschoben werden konnten, legte BG32 37 VII fest, dass nicht als Dritter im Sinne von BG32 37 VI galt, wer als Chauffeur des Halters angestellt war oder wer das Fahrzeug mit Einwilligung des Halters führte. 1261

[1145] BBl, 1927 I, 752. Vertiefend zur Vorlage an sich vergleiche N 227 f S. 61.

1262 Im weiteren enthielt das BG32 detaillierte Regelungen über die Haftung bei Schadensverursachung durch mehrere Schädiger und deren internes Rückgriffsrecht, das anwendbare Recht für Personenschäden oder Sachschäden zwischen Haltern (also dem Fall zweier kollidierender Motorfahrzeuge), die Haftpflicht bei noch nicht abgeschlossenem Halterwechsel, das Zusammentreffen mehrerer Haftungen und Rückgriffe, die Ausrichtung einer Genugtuung an Verletzte oder Hinterbliebene sowie Verjährungsfristen und Gerichtsstände (BG32 38–45).

1263 Bemerkenswert war die Entbindung des Richters von den Beweisregeln des kantonalen Prozessrechts, soweit er über obige Ansprüche zu urteilen hatte (BG32 46).

1264 Und schliesslich wurden auch Vorkehrungen gegen ungültige oder anfechtbare Vereinbarungen getroffen: Einerseits waren Vereinbarungen, welche die Haftpflicht wegbedingten oder beschränkten, automatisch nichtig, andererseits waren Vereinbarungen, die offenbar unzulängliche Entschädigungen von Geschädigten festsetzten, binnen Jahresfrist nach ihrem Abschluss anfechtbar (BG32 43).

10.4.2.2.5 Fazit

1265 Mangels einer gesetzlich verankerten Gefährdungshaftung legten die Gerichte bis 1932 den Verschuldensbegriff weit aus und vermuteten beim Fahrzeuglenker ein Verschulden[1146]. Erst 1932 wurde durch Bundesrecht die Gefährdungshaftung eingeführt und eine zwingende Haftungsbefreiung erfolgte nur dann, wenn den Fahrer kein Verschulden traf und "der Schaden durch höhere Gewalt oder durch grobes Verschulden des Geschädigten oder eines Dritten verursacht" worden war (BG32 37 II).

10.4.3 Versicherungsobligatorium

1266 Obwohl die rechtliche Position der Unfallgeschädigten nach und nach gestärkt wurde, gingen diese immer wieder leer aus, wenn der Fahrzeughalter keine Versicherung hatte oder wenn er seine Verantwortung auf den insolventen Chauffeur abschob[1147]. Auch der Bundesrat vermerkte 1902 in seinem Bericht über die Unterstellung der Motorfahrzeuge unter die Eisenbahnhaftpflicht, dass eine strenge Haftpflichtregelung alleine wenig hilfreich wäre, weil die Chauffeure selten in der Lage wären, den ökonomischen Schaden selbst zu bezahlen und die Haftpflicht der Geschäftsinhaber solche Schäden nicht decke[1148].

1267 Um diese Missstände zu beheben, musste die rechtliche Verantwortung des Halters für den Chauffeur oder Wagenbenutzer geklärt werden. Insbesondere aber musste ein möglichst hoher Versicherungsgrad oder gar

---

1146 Merki: Siegeszug, 355.
1147 Merki: Siegeszug, 358.
1148 BBl, 1902 V, 855.

ein Versicherungsobligatorium der Fahrzeughalter angestrebt werden, denn mittels Versicherung konnte sich der Fahrzeughalter vor den finanziellen Forderungen eines Unfallgeschädigten absichern.

Das Konk1 enthielt noch keine Bestimmungen zu einem Versicherungsobligatorium, denn weder war die Thematik von Automobilunfällen an sich noch deren haftpflichtrechtlicher und versicherungsrechtlicher Aspekt schon erkannt worden – dazu waren die Fahrzeugzahlen und Unfallereignisse zahlenmässig noch zu gering. 1268

IntUek1 enthielt ebenso keine Bestimmungen zu einem Versicherungsobligatorium. 1269

Während der Abschluss einer Versicherung noch nicht vorgeschrieben war, förderten die Automobilclubs aktiv die Verbreitung der Versicherung durch eigene Angebote, indem sie ihren Mitgliedern bei den Gesellschaften günstige Konditionen vermittelten, oder das Geschäft gleich selbst in die Hand nahmen. Der TCS bot ab 1912 eine Kaskoversicherung für Automobile an, allerdings in Zusammenarbeit mit einem deutschen Partner, weil den schweizerischen Versicherern das Risiko zu hoch schien[1149]. Der ACS bot Sammelverträge zwischen Sektionen und Versicherungen an, um den Mitgliedern billigere Versicherungspolicen zu ermöglichen. Tatsächlich zeigten die Bestrebungen der Clubs Wirkung, denn der Versicherungsgrad der schweizerischen Motorfahrzeughalter erhöhte sich zwischen 1907 und 1914 von etwa 40 % auf etwa 75 %[1150]. 1270

Ein gesetzlicher Zwang zum Abschluss einer Versicherung wurde erst ein paar Jahre später eingeführt. 1911 lag ein ausgearbeiteter Entwurf zum Konk2 vor, der aber, mit Rücksicht auf bundesrechtliche Bestrebungen, erst 1914 in Kraft trat. Aufgrund des absehbaren Inhaltes aber übernahmen ab 1911 diverse Kantone präventiv die Regelungen des künftigen Konk2. So auch Luzern, welches in der neuen Motorfahrzeugverordnung vom Juni 1911 für Motorfahrzeuglenker obligatorisch den Abschluss einer Haftpflichtversicherung mit einer Minimaldeckung von 20 000 Fr. vorschrieb[1151]. 1271

Nachdem im März 1913 ein bundesrechtlicher Lösungsversuch im Differenzbereinigungsverfahren gescheitert war, wurde das Konk2 in Kraft gesetzt. Demnach musste der Fahrzeugeigentümer bei einer anerkannten Versicherungsgesellschaft eine Haftpflichtversicherung über minimal 20 000 Fr. Deckungssumme abschliessen, welche für vom Fahrzeug verursachten Schaden aus Tötung oder körperlicher Verletzung von Drittpersonen aufzukommen hatte (Konk2 11 I). Eine Versicherungspflicht für Sachschäden hingegen war nicht vorgesehen. 1272

1149 Merki: Siegeszug, 231.

1150 Merki: Siegeszug, 358, mit Hinweis auf die dürftige Quellenlage bezüglich genauer Zahlen.

1151 Meyer, 52.

1273 Nachzuweisen war der Abschluss einer solchen Versicherung beim Gesuch um einen neuen Fahrzeugausweis (Konk2 11 I), ebenso bei der jährlichen Erneuerung des Fahrzeugausweises sowie jederzeit auf Verlangen der zuständigen Behörde (Konk2 11 II). Um die Lenker nicht ganz jeglicher Verantwortlichkeit zu entbinden, war ein Selbstbehalt von mindestens 10 % pro Schadenereignis, minimal aber 100 Fr. vorgeschrieben (Konk2 11 II). Versicherte Lenker waren der Eigentümer sowie andere Personen, welche mit seiner Ermächtigung fuhren (Konk2 11 III).

1274 Zumindest auf konkordatlicher Ebene wurde somit eine obligatorische Haftpflichtversicherung eingeführt, lange bevor sich die Gefährdungshaftung richtig etabliert hatte oder gar im Gesetz vorgeschrieben war[1152].

1275 Das Konk2Lw übernahm die versicherungsobligatorischen Regelungen von Konk2, wobei diese noch ausgebaut wurden. Während für Einzelunfälle für die minimale Versicherungssumme die Bestimmungen des Konk2 zur Anwendung kamen, galten "für Kollektivunfälle (Katastrophen)" zusätzlich minimale Gesamtschadensummen. Diese waren, in Abhängigkeit von der bewilligten Höchstzahl der Passagiere, in drei Kategorien gestaffelt (Konk2Lw 5 II). Im weiteren musste der Versicherungsvertrag zeitlich mindestens so lange Schutz bieten, wie die Verkehrsbewilligung Gültigkeit hatte (Konk2Lw 5 III). Damit konnte, effektiver als bei den Personenwagen, verhindert werden, dass der Versicherungsschutz während der Gültigkeit der Verkehrsbewilligung erlosch.

1276 Die Automobilclubs informierten ihre Mitglieder immer wieder über die Neuerungen in der haftpflichtrelevanten Rechtssprechung und im Versicherungswesen, so beispielsweise 1923 der ACS in seiner Clubzeitschrift mit der Artikelserie "Was muss der Automobilist vom Versicherungswesen wissen?"[1153].

1277 1932 schliesslich wurde der Abschluss einer Haftpflichtversicherung schweizweit vorgeschrieben. Im 3. Titel des BG32, "Haftpflicht u. Versicherung", wurde im 2. Abschnitt die Versicherung ausführlich geregelt: Versicherungspflichtig war jeder Halter eines Motorfahrzeuges, nicht aber Bund oder Kantone, da die öffentliche Hand jederzeit solvent war (BG32 48 I und IV). Deutlich ausgebaut wurde der Minimalumfang der obligatorischen Versicherung. Für Personenschäden wurde pro Ereignis, gestaffelt für die drei Kategorien Motorrad, Motorwagen sowie schwere Motorwagen zum Personentransport, eine minimale Deckungssumme vorgeschrieben. Bei Personenwagen betrug diese Summe neu mindestens 50 000 Fr. pro verunfallte Person, was das Zweieinhalbfache der Summe des Konk2 betrug (BG32 52 I). Neu war auch eine Versicherungspflicht für Sachschäden vorgesehen, deren Deckung wiederum pro Ereignis, gestaffelt für Kategorie Motorrad oder Motorwagen, bestimmt war. Bei

---

1152 Merki: Siegeszug, 359.

1153 ACS Clubzeitschrift, 7-8, 23-24, 97-98 und 227-228.

Personenwagen betrug diese minimal 5 000 Fr. pro Sachschaden (BG32 52 IV).

Eine Reduktion hingegen erfuhr der Selbstbehalt. Dieser war neu nicht mehr obligatorisch, sondern nur noch zulässig und auch dies nur für Sachschäden und bis zur Maximalhöhe von 100 Fr. (BG32 52 VI). Dagegen erhielten nun die Versicherungen die Möglichkeit, gegebenenfalls auf den Schädiger zurückzugreifen (BG32 50 II). 1278

Gegenüber dem Konk2 vereinfacht wurde die Durchsetzung des Anspruches für den Geschädigten. Neu hatte er, im Rahmen des abgeschlossenen Versicherungsvertrages, ein direktes Forderungsrecht gegen den Versicherer des Schädigers (BG32 49 I) und als Gerichtsstand konnte wahlweise der Wohnsitz des Halters oder der Unfallort gewählt werden. Ebenso wurde dem Schädiger eine Einredebeschränkung auferlegt (BG32 50 I). Allerdings verjährte der Anspruch innert zwei Jahren (BG32 49 III). Aufnahme fand auch eine anteilsmässige Regelung für den Fall, dass bei mehreren Geschädigten die Deckungssumme des Unfallverursachers zu gering war (BG32 49 II). 1279

Ebenso Aufnahme fand eine besondere Versicherung für den unverschuldeten Missbrauch von Fahrzeugen, beispielsweise für Strolchenfahrten. Danach schloss der Bundesrat selbst eine Versicherung für Personenschäden ab, welche durch den eigenmächtigen, vom Halter unverschuldeten Gebrauch eines Motorfahrzeugs durch einen Dritten entstanden. Diese Versicherung erbrachte jedoch keine Leistungen für Personen, die obligatorisch gegen Unfall versichert waren, oder mitfahrende Personen, denen der eigenmächtige Gebrauch des Fahrzeugs bekannt war. Die Kosten dieser Versicherung finanzierte der Bund aus seinem Anteil am Benzinzoll (BG32 55). 1280

Als weitere Regelung aufgenommen wurde die Vorschrift, dass der Lenker seine Versicherung bei einer vom Bundesrat zum Geschäftsbetrieb in der Schweiz zugelassenen Versicherungsunternehmung abschliessen musste (BG32 53); womit allfälligen luschen Scheinversicherungen das Geschäftsfeld entzogen wurde. Die Versicherer wiederum mussten das Aussetzen oder Aufhören der Versicherung der kantonalen Behörde melden (BG32 51). 1281

Was die Haftpflichtversicherung ausländischer Motorfahrzeuge betraf, so sollte der Bundesrat die erforderlichen Vorschriften erlassen, wobei ihn das Gesetz direkt ermächtigte, allfällige Eingangsgebühren zur Deckung der Versicherungskosten zu verwenden (BG32 54). 1282

Bemerkenswert schliesslich war die Übertragbarkeit der Versicherung: Die Rechte und Pflichten aus dem Versicherungsvertrag gingen mit der Übertragung des Fahrzeugausweises auf den neuen Halter über, worauf der neue Halter oder der Versicherer binnen 14 Tagen vom Versicherungsvertrag zurücktreten konnten (BG32 48 II). Dies ist eine der weni- 1283 gen Regelungen, welche heute in keiner Form mehr gilt, da das Risiko heute strikte personenbezogen berechnet und versichert wird.

1284 Im 3. Abschnitt des 3. Titels wurde das Verhältnis zur eidgenössischen Unfallversicherung und zur Militärversicherung geregelt (BG32 56–57).

1285 Die VOBG32 schliesslich enthielt die Übergangsbestimmungen zur Einführung obiger Regelung. Anders als bei der Weiterverwendung bereits im Verkehr stehender Fahrzeuge gab es im Versicherungswesen kein Nebeneinander von altem und neuem Recht, denn auf den Zeitpunkt des Inkrafttretens des Gesetzes waren bestehende Versicherungsverträge den neuen Bestimmungen des Gesetzes anzupassen. Motorfahrzeughalter, deren Haftpflichtversicherungsvertrag dem Gesetz nicht angepasst wurde, waren durch die Versicherer der kantonalen Behörde zu melden (VOBG32 83 I und II).

10.4.4 Identifikation von Lenker und Fahrzeug

1286 Um bei einem Unfall die Identität des Lenkers feststellen zu können, war dieser stets verpflichtet, bei einem Unfall seine Ausweise vorzulegen (Konk1 14, Konk2 45, BG32 36 II).

1287 Weiterführend sah das Konk2 sogar vor, Fabrikanten und Vermieter von Motorwagen und Motorfahrrädern zur Führung von Kontrollaufzeichnungen zu verpflichten, aus welchen die Abgangszeiten der Motorwagen und die Namen ihrer Führer ersichtlich waren. Die Kontrollbücher waren beständig zur Verfügung der Polizei zu halten (Konk2 47). Diese Bestimmung wurde jedoch nicht in die Bundesregelung von 1932 aufgenommen.

1288 Zur Identifikation der Fahrzeuge dienten die Kontrollschilder, die seit dem Konk1 ununterbrochen obligatorisch waren. Konk1 4 begnügte sich noch damit, dass die Kontrollschilder beständig sichtbar sein mussten. Präziser dann war Konk2, welches nebst der beständigen Sichtbarkeit (Konk2 23) vorne eine vor Staub und Kot geschützte Montage verlangte. Wenn die dazu notwendige Montagehöhe konstruktiv nicht zu erreichen war, durfte das Kennzeichen subsidiär auch auf den Wagen selbst gemalt werden (Konk2 23 III). Aus Identifikations- und Sicherheitsgründen musste das rückwärtige Nummernschild mit einer Beleuchtung ausgerüstet sein (Konk2 30 I).

1289 Die VOBG32 übernahm diese Regelungen (VOBG32 25 II), wobei das Aufmalen nicht mehr zulässig war und für die rückwärtige Nummernschildbeleuchtung eine minimale Leuchtstärke vorschrieben war, ebenso wie eine Beschaltungsvorschrift: Das Ausschalten der Nummernschildbeleuchtung musste auch die übrige Aussenbeleuchtung des Fahrzeuges abschalten (VOBG32 13). Damit wurde verhindert, dass ein Fahrzeug nachts unter Verwendung der Frontscheinwerfer fahren konnte, ohne sein Nummernschild vorschriftsgemäss zu beleuchten.

10.4.5 Pflichten des Lenkers bei einem Unfall

Schon die ersten Polizeiverordnungen vor dem Konk1 enthielten Bestimmungen über das Verhalten der Lenker bei Unfällen. So legte die Verordnung betreffend den Strassenverkehr des Kantons Obwaldens von 1900[1154] in Art. 5 fest, dass, wenn ein Motorwagen einen Unfall herbeigeführt hatte, der Lenker sofort anhalten und Hilfe leisten musste. Auf Verlangen hatte er auch seinen Namen und Wohnort bekannt zu geben; eine eigentliche Ausweiskarte der Lenker war jedoch zu dieser Zeit noch nicht üblich. 1290

Konk1 14 brachte eine Präzisierung des Verhaltens bei Unfällen. Der Motorfahrzeuglenker hatte auch anzuhalten, wenn ihn keine Schuld traf. Er hatte für die Verletzten um Hilfe zu sorgen und er hatte auf erstes Verlangen die (zwischenzeitlich obligatorische) Ausweiskarte vorzuweisen und seine Adresse oder seinen Aufenthaltsort in der Schweiz anzugeben. Diese letzte Vorschrift ermöglichte es, das Delikt der Führerflucht zu pönalisieren – jetzt erst bestand eine Vorschrift, gegen die ein Verstoss möglich und bestrafbar war[1155]. 1291

Das Konk2 übernahm in Art. 45 die Regelung des Konk1 unverändert, mit der einzigen Anpassung, dass nun die Fahrbewilligung anstelle der (abgelösten) Ausweiskarte vorzuweisen war. 1292

1932 schliesslich wurde eine weitere Präzisierung des Verhaltens bei einem Unfall vorgenommen. Unverändert musste der Motorfahrzeuglenker sofort anhalten, wenn er an einem Unfall beteiligt war, sich ausweisen sowie seinen Wohnsitz oder Aufenthaltsort angeben. War es ein Unfall mit Personenschaden, so hatte der Lenker überdies seinen Beistand anzubieten, für Hilfe zu sorgen und der nächsten Polizeistelle Meldung erstatten. Lag nur Sachschaden vor, so hatte er nur Anzeige davon zu machen, wahlweise beim Geschädigten selbst oder bei der nächsten Polizeistelle (BG32 36). Die Neuerung der Bundesregelung in diesem Bereich lag somit bei der Anzeigepflicht, differenziert nach Personen- und Sachschäden. 1293

10.4.6 Schädigungen durch ausländische Lenker

Besondere Probleme entstanden in Fällen, in denen ein ausländischer Lenker in der Schweiz einen Schaden verursachte. Vorab stellte sich die Frage, ob ausländische Automobile ohne weiteres und ausnahmslos dem schweizer Gesetz unterworfen waren. Dies war zu bejahen, denn Ausländer wurden automatisch den internen Strafgesetzen der Schweiz unterstellt; und damit auch deren Polizeiverordnungen[1156]. 1294

[1154] Gesetzessammlung OW, Band II, 482-483.
[1155] Meili: Kodifikation, 157.
[1156] Meili: Kodifikation, 178.

1295 Weiter stellte sich die Frage des Gerichtsstandes. Der Gerichtsstand des Schadensortes war bei ausländischen Lenkern problematisch, denn wenn der Schädiger keine Aktiven in der Schweiz hatte und sein Heimatland die Vollstreckung oder Exequatur des schweizer Urteils ablehnte, oder wenn seine Aktiven in der Schweiz noch nicht mit Arrest belegt waren, so ging der Geschädigte leer aus. Deshalb wurde erwogen, von einreisenden ausländischen Motorfahrzeuglenkern eine Sicherheitsleistung oder eine Kaution zu verlangen. Eine präventive Erhebung schien aber unzulässig zu sein, denn das hätte bedeutet, dass der einfahrende Ausländer grundsätzlich als Täter verdächtigte wurde und ihm zwingend immer ein Depot oder eine Kaution abzunehmen gewesen wäre. Doch erschien es rechtlich gesehen ebenso unzulässig zu sein, reaktiv von ausländischen Automobilisten eine Kaution zu fordern, beispielsweise aufgrund einer Denunziation oder nach einem Schadensereignis.

1296 Genau dies geschah aber: In Bezug auf die Denunziation erliess beispielsweise FR am 14. September 1901 eine Verordnung, welche in Art. 16 vorsah: "Dans le cas où ils (les étrangers au canton) seraient l'objet d'une dénonciation pour atteinte à la sûreté publique, ils peuvent être tenus de fournir un cautionnement en rapport avec l'importance du préjudice présumé"[1157]. Mit Bezug auf die Unfälle kann beispielsweise auf das vom Staatsrate Genf erlassene Reglement vom 31. Oktober 1905 verwiesen werden. Dieses sah in Art. 15 vor, dass Ausländern, die einen Unfall mit Personenschaden verursacht hatten, der Wagen beschlagnahmt wurde, ausser wenn der Lenker genügende Garantien hinterlegte, um das Opfer zu entschädigen[1158]. Ähnliches sah die Vollziehungsverordnung des Kantons Zug betreffend den Motorwagen- und Fahrradverkehr von 1905 vor. In § 9 legte sie fest: "Unbekannten und kantonsfremden Fahrern darf im Übertretungsfalle das Fahrzeug für Busse und Schadenersatz, falls keine andere Sicherheit geleistet wird, polizeilich mit Beschlag belegt werden"[1159].

1297 Zur Lösung dieser Problematik standen zwei Ansätze zur Wahl: einerseits der Abschluss bilateraler oder multilateraler Staatsverträge über die gegenseitige Anerkennung und Vollstreckung von Zivilurteilen. Allerdings waren diese Abkommen aufwendig und nach der Jahrhundertwende erst im Entstehen begriffen. Während beispielsweise 1907 solche Verträge

---

1157 Sinngemäss: Ausserkantonale Lenker, gegen die eine Anzeige wegen Verstoss gegen die öffentliche Sicherheit vorliegt, können zur Leistung einer angemessenen Kaution angehalten werden (Meili: Kodifikation, 175).

1158 "En cas d'accident de personne, si l'auteur de l'accident n'est pas domicilié en Suisse, la machine sera séquestrée, à moins que l'auteur de l'accident ne fournisse des garanties suffisantes pour en indemniser la victime" (Meili: Kodifikation, 176).

1159 (Meili: Kodifikation, 176).

mit Frankreich oder mit Belgien bereits bestanden, gab es noch kein solches Abkommen mit Ungarn, von welchem aus aber ein reger touristischer Automobilverkehr in die Schweiz herrschte[1160]. Der andere Ansatz war der Abschluss einer temporären Versicherung im Gastland, was aber in der Schweiz auf heftigen Widerstand in der Tourismusbranche gestossen wäre und auch in der Rechtslehre nicht unumstritten war[1161].

1160 (Meili: Kodifikation, 177).

1161 Befürwortend Meili (Meili: Kodifikation, 177), ablehnend hingegen Guyer (Guyer, 95-96.

11 Regeln und Regulierung des Verkehrs

1298 Anfänglich waren Unfälle mit Automobilbeteiligung oft auf das Fehlen tauglicher Verkehrsregeln zurückzuführen. Kutschen und Fuhrwerke bedurften ihrer, aufgrund ihrer geringen Fahrgeschwindigkeit, nicht. Die höheren Geschwindigkeiten, welche die Motorfahrzeuge erreichten, verkürzten jedoch die Reaktionszeit aller Verkehrsteilnehmer. Unvorsichtige Fussgänger, unaufmerksame Fuhrleute und uneinsichtige Reiter zwangen manchen Automobilisten zu verzweifelten Manövern mit fatalem Ausgang[1162].

1299 Automobilisten, Fahrradfahrer, Fussgänger, Lastwagenbesitzer, Postautobetriebe, Eisenbahnen, Fuhrwerke, Traktorführer – all diese Verkehrsteilnehmer und -interessierten hatten teilweise gegenläufige Interessen. Die Verkehrsfläche jedoch war beschränkt und deren Nutzung musste im Verkehrsalltag neu verteilt und reguliert werden[1163]. Diese Regulierung verfolgte zwei Zwecke: die Erhöhung der Leistungsfähigkeit der Strasse, die Minderung der gegenseitigen Behinderung[1164] sowie die Minderung des Unfallrisikos durch klare Regulierung der Rechte und Pflichten der einzelnen Verkehrsteilnehmer.

11.1 Verteilung und Nutzung der Strassenfläche

1300 Nebst der generellen Neuaufteilung der Strassenfläche unter den konkurrenzierenden Benutzern des Verkaufsraumes gab es, mit Hinblick auf die Nutzung der Fläche, auch einige Sonderthemen zu regeln: Wett- und Probefahrten, das Fahren mit überhängender Ladung sowie die Sperrung gewisser Verkehrsflächen.

11.1.1 Wett- und Probefahren

1301 Beide Nutzungsarten stellten eine besonders geregelte Nutzung der Strassenfläche dar. Probefahrten, also Fahrten eines einzelnen Fahrzeuges, das die übrigen Verkehrsteilnehmer nicht beeinträchtigte, waren Teil der Prozedur zur Neuzulassung eines Fahrzeuges und werden in diesem Sachzusammenhang erörtert[1165].

1302 Bei einer Wettfahrt – also dem gleichzeitigen Fahren mehrerer Fahrzeuge auf derselben Strecke im Kampfe um ein bestimmtes Ziel[1166] – hingegen wurden die übrigen Verkehrsteilnehmer im Gebrauch der Strasse massiv eingeschränkt, weshalb schon früh Normen zu dieser Form der besonde-

---

[1162] Fondin, 68.
[1163] Vertiefend vergleiche N 396 ff S. 103.
[1164] Merki: Siegeszug, 336.
[1165] Vertiefend vergleiche N 590 f S. 156.
[1166] Isaac, 213.

ren Strassennutzung ergingen. Konk1 16 verbot grundsätzlich Wettfahrten auf öffentlichen Strassen, wobei die zuständigen kantonalen Behörden Ausnahmebewilligungen erteilen konnten. Dieselbe Regelung galt mit Konk2 48 I, wobei für solche bewilligten Wettfahrten auch Ausnahmen von den Vorschriften des Konk2 möglich waren (Konk2 48 II). Nach BG32 28 I war eine kantonale Behörde für allfällige Bewilligungen von Wettfahrten zuständig. Nachdem sich insbesondere bei ausländischen Veranstaltungen mehrere schwere Unfälle ereignet hatten, wurde vom Veranstalter zwingend der Abschluss einer Versicherung verlangt. Im weiteren konnte die bewilligende Behörde auch besondere Sicherungsmassnahmen vorschreiben. Und in Folge der neu bundesrechtlichen Regelung hatte das EJPD eine Einsprachemöglichkeit, sofern Durchgangsstrassen für Wettfahrten benutzt werden sollten (BG32 28 II, III).

Auch in der Schweiz wurden zwischen der Jahrhundertwende und 1930 diverse Bergprüfungen und Zuverlässigkeitsfahrten abgehalten. Diese waren jedoch nicht von Relevanz für das alltägliche Automobilrecht, noch wurden sie von der breiten Bevölkerung wahrgenommen. Davon auszunehmen waren jedoch die Klausenrennen, welche eine enorme Faszination ausübten und in den Zeitschriften breiteste Beachtung fanden[1167]. 1303

Die Durchführung der Klausenrennen zwischen 1922 und 1934 war stets ein Gemeinschaftswerk von sportbegeisterten Automobilisten sowie den Regierungen und der Bevölkerung zweier Kantone. Die mit der Grösse des Anlasses zunehmenden Probleme, aber auch die erzielten Chancen und Vorteile in Form von Verdienst konnten teilweise als Abbild oder Mikrokosmos der schweizweiten Motorisierung verstanden werden, was sich bereits aus einer sehr gerafften Betrachtung des Anlasses ergibt. 1304

Im Juni 1922 war es der ACS-Sektion Zürich nicht mehr möglich, auf der Albispassstrasse ihr jährliches Bergrennen durchzuführen. In der Folge wurden die Regierungen von GL und UR um eine Rennbewilligung für die Klausenpassstrasse ersucht. In der Absehbarkeit der touristischen Wirkung des Anlasses wurde diese Bewilligung erteilt, und am 27. August 1922 fand das 1. Klausenrennen statt. Bereits jetzt waren sämtliche Fremdenzimmer im Talboden belegt, und die Rennstrecke wurde von 05:30 Uhr bis 13:00 Uhr für Wagen-, Rad- und Fussgängerverkehr gesperrt. 1305

1923 wurde das Klausenrennen international ausgeschrieben. Die Verkehrsvereine erkannten die Bedeutung und spendeten den Siegerpreis. Der Regierungsrat von Glarus senkte die Taxe für die Befahrung der Passstrasse: Rennteilnehmer bezahlten künftig keine Passtaxe mehr, 1306

[1167] Über die technischen Herausforderungen des Klausenrennens sowie die allgemeinen Imagemässigen Wirkungen der Wettfahrten in der Schweiz vergleiche N 86 ff S. 23.

Besucher nur noch den halben Tarif. 1923 kam es zum ersten Unfall (ein Rennwagen fuhr in einen Zuschauer, der einen Beinbruch erlitt); in der Folge kritisierten die Zeitungen eine ungenügende Streckenabsperrung wie auch das Verhalten der Zuschauer[1168]. Kantone und Bevölkerung hatten einerseits Einnahmen (aus Fahrbewilligungen und Übernachtungen), andererseits kostete das Rennen Geld in Form der Instandstellungskosten der Strasse.

1307 1924 wurde die Wettfahrt als internationales Rennen im Namen des ganzen ACS ausgetragen. In diesem Jahr verlangte die Korporation Uri pro Fahrzeugparkplatz zehn Franken, was einen hohen Betrag darstellte. Die Glarner Bauern verlangten – aufgrund vieler wild parkierter Fahrzeuge – gar ein Rennverbot.

1308 1925 wurden die Tunnels beleuchtet und es herrschte vor dem Rennsonntag drei Tage lang Trainingsbetrieb. An den Renntagen galten spezielle Ordnungsvorschriften, wonach nicht die Kantone, sondern das Organisationskomitee direkt die Herrschaft über die Strecke hatte. Dieses Jahr berichtete das Radio live über den Rennverlauf.

1309 1926 fand ebenfalls ein Rennen statt, mit wiederum grösserem Publikumszustrom und entsprechenden Schäden an Parkierungsflächen und Strasse, worauf für 1927 diverse Anordnungen an die anreisenden Besucher ergingen: "Kolonne fahren! Tempo halten! Auspuff geschlossen!"[1169]. Für den Rennsonntag musste das in Glarus geltende Sonntagsfahrverbot aufgehoben werden und zur Verstärkung der Verkehrsregelung wurde eine Mannschaft der Zürcher Verkehrspolizei eingesetzt[1170].

1310 1928 zog sich die Bewilligungserteilung – aufgrund grösser werdenden Widerstandes aus der Bevölkerung – so lange hin, dass die ACS-Sektion Zürich schlussendlich entschied, dieses Jahr kein Rennen durchzuführen. Landsweit regte sich auch gegen andere Zuverlässigkeitsfahrten Opposition, meist genährt aufgrund der hohen Geschwindigkeiten und nur marginalen Sicherheitsmassnahmen.

1311 1929 konnte das Rennen wieder durchgeführt werden. Die Zürcher Verkehrspolizisten, zwischenzeitlich zahlreicher aufgeboten und in ihrer Tätigkeit routiniert, regelten wiederum den Verkehr in Glarus, was von den eine Verkehrsregelung ungewohnten Einheimischen mit grossem Interesse verfolgt wurde. Die Verkehrspolizisten wurden unterstützt von der Feuerwehr und einem Hilfsdienst des ACS, welcher auf der ganzen Zufahrtsstrecke eine Pannenhilfsorganisation aufgebaut hatte.

1312 1930 konnten die Organisatoren auf eine eingespielte Organisation zurückgreifen. Mehrere hundert Polizisten, Feuerwehrleute und Wegmacher waren längs der Strecke postiert und alle kritischen Stellen waren deut-

---

1168 Gisler-Jauch, 161.
1169 Gisler-Jauch, 167.
1170 NZZ, vom 27. August 1927.

lich markiert. Sanitätskolonnen waren gut auf der Strecke verteilt und mit allem Notwendigen versehen und Verbindungsposten in genügender Zahl vorhanden[1171].

1932 und schliesslich 1934 fand das Rennen noch einmal statt. Danach fanden bis zum 1. Chlausenmemorial-Rennen von 1993 keine Rennen mehr statt, denn – auch aufgrund der Kompressormotoren – waren die gefahrenen Geschwindigkeiten zu hoch geworden und die Gefahr schwerer Unfälle auf der Strecke war nicht mehr zu verantworten[1172]. Betrug die Durchschnittsgeschwindigkeit in der Kategorie der Rennwagen 1922 noch 56.7 Km/h, lag sie 1934 schon bei 83.9 Km/h[1173] und damit über dem, was die Strecke trotz Absperrmassnahmen verkraften konnte. 1313

11.1.2 Überhängende und überlange Ladung

Obwohl bereits früher Vorschriften zu Höchstabmessungen und Höchstgewichten galten, enthielt erst die bundesrechtliche Regelung von 1932 Vorschriften zu überhängendem oder überlangem Transportgut wie beispielsweise Langholz[1174]. 1314

Grundsätzlich durfte die Ladung das Fahrzeug in dessen Höhe und Breite nicht überragen; für besondere Transporte konnte jedoch zu durchfahrende Kantone eine Ausnahmebewilligung erteilen (VOBG32 54 I). Beim Transport von Langholz oder anderen, das Fahrzeug überhängenden Gegenständen, musste das Ende der Ladung bei Tag und bei Nacht besonders deutlich gekennzeichnet werden, beispielsweise durch Tuchwimpel oder Strohkränze (BG32 19 II, VOBG32 54 II). 1315

11.1.3 Für Motorfahrzeuge gesperrte Verkehrsflächen

Nebst den örtlich und zeitlich konkret bestimmten Fahrverboten für Strassenstücke oder ganze Kantone[1175] gab es auch (Be-)Fahrverbote, die es Motorfahrzeugen untersagten, gewisse Teile der Strassen- oder Verkehrsfläche zu befahren. Konk1 10 untersagte den Motorfahrzeugen das Fahren auf Fussgängerwegen, Trottoirs und Strassenrändern. Kürzer fasste sich Konk2 41, wonach der Motorfahrzeugverkehr auf den den Fussgängern vorbehaltenen Wegen untersagt war. 1316

Die VOBG32 übernahm diese Regelung teilweise. Einerseits war die Benutzung von Fahrradwegen durch andere Fahrzeuge untersagt, andererseits deren Benutzung, soweit vorhanden, den Fahrradfahrern zwingend vorgeschrieben (VOBG32 71). 1317

1171 NZZ, vom 11. August 1930.
1172 Brägger, 128.
1173 Brägger, 123-124.
1174 Vertiefend vergleiche N 664 f S. 175.
1175 Vertiefend vergleiche N 883 ff S. 236.

11.2 Entwicklung und Fortbildung von Verkehrsregeln

1318 Die ersten Verkehrsregeln aus der Zeit der Jahrhundertwende regelten vorab das Verhältnis zwischen den Motorfahrzeuglenker einerseits und den nichtmotorisierten Verkehrsteilnehmern sowie dem Publikum andererseits. 1910 wollte der TCS, im Sinne einer Gesamtregelung, die anstehende Revision der Bundesverfassung dazu nutzen, ein Strassenverkehrsrecht für alle Verkehrsteilnehmer einzuführen, womit auch das Problem der schlafenden Fuhrleute hätte angegangen werden sollen; doch das Vorhaben scheiterte[1176].

1319 Je mehr dann das Publikum von der Strasse wich, desto wichtiger wurden Normen, die auf das Verhältnis der Motorfahrzeuglenker untereinander abzielten, beispielsweise die Anzeige des Bremsens, Vorfahrtsregeln oder das Anzeigen des Abbiegens mittels Armen oder mechanischem Winker[1177].

11.2.1 Geschwindigkeitslimiten

1320 Diese werden in einem separaten Kapitel behandelt[1178].

11.2.2 Fahrbahnseite und Kurvenfahren

1321 Vor der Motorisierung waren kaum Regeln zur Benützung der Fahrbahn notwendig, denn aufgrund der tiefen Geschwindigkeit blieb genügend Zeit um auszuweichen. Des Öfteren entschied schlichtweg das Recht des Stärkeren, wer seiner Spur folgen konnte und wer ausweichen musste[1179]. Mit der einsetzenden Motorisierung hatten jedoch schlafende Kutscher, welche die Wahl der Strassenseite ihren Pferden überliessen, nichts mehr auf der Strasse zu suchen.

1322 Um 1895 löste das Steuerrad den in der Wagenmitte befestigten Steuergriff ab; und es stellte sich die Frage, ob dieses Steuerrad links oder rechts im Fahrzeug zu platzieren war. Mehrere Gründe sprachen für eine (in Fahrtrichtung gesehene) rechtsseitige Anbringung im Wagen. Die Fahrzeugindustrie favorisierte diese Platzierung, weil damit die Getriebeschalthebel, welche stets rechts vom Fahrer montiert waren, ausserhalb der Karosserie montiert werden konnten. Die Motorfahrzeuglenker ihrerseits konnten mit der rechtsseitigen Platzierung besser am Bordstein entlang einparken, und sie konnten die Fussgänger gut beobachten. Nachteilig erwies sich die rechtsseitige Platzierung beim Überholen auf

---

1176 TCS-Revue, 1910, S. 19.

1177 Merki: Siegeszug, 368.

1178 Vertiefend vergleiche N 1029 ff S. 276 (für Personenwagen) respektive N 1487 ff S. 401 (für schwere Motorfahrzeuge)

1179 Merki: L'internalisation, 345-346.

offener Strecke, denn nun wurde der Blick auf den Gegenverkehr eingeschränkt[1180].

Trotzdem etablierte sich der Rechtsverkehr, nur Britannien und Irland blieben beim Linksverkehr. Bereits Konk1 11 schrieb denn auch vor, dass auf der rechten Strassenseite zu fahren sei. Das Konk2 übernahm diese Regelung und ergänzte sie dahingehend, dass Kurven nach rechts "kurz" und Kurven nach links "ausreichend weit" zu befahren seien, um damit entgegenkommenden Fuhrwerken genügend Raum zu lassen (Konk2 42). 1323

Nach dem Krieg war der Rechtsverkehr auf dem europäischen Festland definitiv etabliert, die Bevölkerung hatte sich daran gewöhnt. Allmählich wuchs der Druck auf die Industrie, die Fahrzeuge mit Linkssteuerung auszurüsten. Schon 1914 bezeichnete ein redaktioneller Beitrag in der AR die Linkssteuerung für die Schweiz als Vorteil[1181], doch bis in die 1920er Jahre blieb die Linkssteuerung eher Ausnahme denn Regel. Erst mit dem Übergang zur geschlossenen Karosserie passte sich die Industrie an und platzierte den Führersitz links. 1324

Die Bundesregelung von 1932 schrieb weiterhin Rechtsverkehr vor, wobei Kurven nach rechts "kurz" und Kurven nach links "weit" zu nehmen waren (BG32 26 I und II). Der strassenbaulichen Entwicklung folgend präzisierte die VOBG32, dass sich auf Strassen mit breiter Fahrbahn langsame Fahrzeuge rechts zu halten hatten (VOBG32 45 I). 1325

1924 liefen im Ausland (England, USA) Versuche, bei Hauptstrassen den Strassenrand und eventuell zusätzlich die Strassenmitte durch eine weisse Markierung zu kennzeichnen. Die Idee farblicher Markierungen auf der Strassenoberfläche wurde auch in der Schweiz von verschiedenen Interessengruppen geprüft und alsbald unterstützt, denn eine Mittellinie bot insbesondere bei Linkssteuerung dem Fahrer grössere Sicherheit und hielt ihn dazu an, am rechten Strassenrand zu fahren[1182]. Die Markierung der Strassenmitte mittels einer Linie fand rasche Verbreitung in der Schweiz und wurde bereits 1932 in die VOBG32 aufgenommen: Auf Strassen mit Sicherheitslinien war rechts von diesen zu fahren (VOBG32 45 II)[1183]. 1326

11.2.3 Kreuzen

In Analogie zur frühen Regelung der zu befahrenden Fahrbahnseite wurden auch früh Normen zum Kreuzen in die Regelwerke aufgenommen. Bereits die Verordnung betreffend den Strassenverkehr des Kantons Obwaldens von 1900[1184] legte in Art. 4 fest, dass das Kreuzen und Überho- 1327

1180 Merki: Siegeszug, 324.
1181 AR, 1914, 26.
1182 VSS-Zeitschrift, 1924, 291.
1183 Vertiefend vergleiche N 707 S. 190.
1184 Gesetzessammlung OW, Band II, 482-483.

len langsam und begleitet von Warnsignalen zu erfolgen hatte. Konkl 11 beliess es bei der Vorschrift, dass rechts zu kreuzen sei. Konk2 42 I übernahm diese gut eingeführte Regelung, präzisierte sie aber dahingehend, dass diese Bestimmung nicht für das Kreuzen mit Tramwagen gelte. Im Übrigen durfte beim Kreuzen nicht schneller als 25 Km/h gefahren werden.

1328 Auch BG32 26 I schrieb vor, rechts zu kreuzen. Eine Maximalgeschwindigkeit für Kreuzungs- und Überholmanöver wurde aber nicht mehr festgelegt, dafür war bei diesen Manövern nun auf einen angemessenen Abstand zu achten (BG32 25 I).

11.2.4 Überholen

1329 Durch die Vorschrift des Rechtsverkehrs und die (allerdings erst 1932 Vorschrift gewordene) Usanz, dass langsame Verkehrsteilnehmer sich in der Fahrspur rechts hielten, war es eine logische Folge, dass das Überholen links zu erfolgen hatte. Konkl 11 sah dies vor, ebenso Konk2 42 I, jedoch mit der Einschränkung, dass diese Vorschrift nicht für das Vorbeifahren an Tramwagen galt.

1330 Links zu überholen war auch nach BG32 26 I, als Neuigkeit aber brachte die Bundesregelung ein stellenweises Überholverbot. Dieses galt auf Strassenkreuzungen, Bahnübergängen sowie an unübersichtlichen Stellen, insbesondere bei Strassenbiegungen (BG32 26 III und VOBG32 46 II). Das Überholen war nur dann gestattet, wenn die dazu erforderliche Strassenstrecke frei und übersichtlich war, namentlich wenn kein anderes Fahrzeug entgegenkam (VOBG32 46).

1331 Eine eingehende Regelung erfuhr nun auch der Überholvorgang an sich. Der überholende Lenker hatte einen angemessenen Abstand einzuhalten (BG32 25 I) und er musste "besonders vorsichtig" fahren und auf die übrigen Strassenbenutzer Rücksicht nehmen (VOBG32 46 III). Gleichzeitig musste der langsamere Lenker nach rechts ausweichen, um Raum zum Überholen zu schaffen (BG32 26 IV). Nach dem Überholen durfte erst dann wieder nach rechts eingebogen werden, wenn für das überholte Fahrzeug jede Gefährdung ausgeschlossen war (VOBG32 46 I).

11.2.5 Vortrittsregelung

1332 Während die rechtliche Regelung des Kreuzens und des Überholens aus den im Verkehrsalltag gelebten Abläufen ableitbar und vertraut war, so galt dies nicht für die Regelung des Vortritts. Eine Regelung des Vortritts wurde erst mit dem Aufkommen der Motorfahrzeuge notwendig, wurden doch damit die Reaktionszeiten zu kurz, um situativ entscheiden zu können, wer zuerst zufahren sollte.

1333 Konkl 11 sah deshalb vor, dass nicht vor, sondern hinter einem querenden Wagen oder Fussgänger durchgefahren werden soll. Wenn dies auch noch keine eigentliche Vortrittsregelung war, so war es doch immerhin eine Verhaltensregel für den Fall sich kreuzender Fahrtrichtungen. Trotzdem wurde die Regel vom Konk2 nicht übernommen – das Konk2 enthielt im Gegensatz zum Konk1 keine vortrittsrelevanten Bestimmungen mehr, was in der Folge zu vermehrten Unfällen führte. Eine Klärung der Vortrittsfrage brachte deshalb erst die Gerichtspraxis, aus welcher sich allmählich zwei Grundregeln ergaben: Erstens waren Hauptstrassen anderen, sie kreuzende Strassen gegenüber vortrittsberechtigt und zweitens galt bei gleichgestellten Strassen ein Rechtsvortritt[1185]. Diese Gerichtspraxis fand Eingang in den Verkehrsalltag – denn die Motorfahrzeuglenker waren dank Berichten in den Fachzeitschriften gut über die Spruchpraxis der Gerichte informiert und verhielten sich dementsprechend. So konnte die Bundesregelung 1932 bereits eine gerichtlich gefundene und in der Praxis gut eingespielte Regelung ins Gesetz aufnehmen: Von rechts kommende Motorfahrzeuge hatten Vortritt (BG32 27 I) und Motorfahrzeuge auf Hauptstrassen hatten Vortritt vor Motorfahrzeugen auf Nebenstrassen (BG32 27 II), wobei diese Vortrittsregelung auch für die nichtmotorisierten Strassenbenutzer galt (BG32 33 II). Neu geregelt wurde auch das Abbiegen nach links, wonach nun die entgegenkommenden Fahrzeuge Vortritt hatten (VOBG32 47).

11.2.6 Anhalten und Parkieren

Im Zusammenhang mit dem Vorgang des Anhaltens und Parkierens stellten sich zwei wichtige Fragen: Wo sollte es erlaubt sein und, sofern es im öffentlichen Verkehrsraum stand, wie war das parkierte Fahrzeug zu sichern? 1334

Die Frage des wo – oder besser: Die Aufteilung der Verkehrsfläche zwischen rollendem und ruhendem Verkehr – beantwortete das Konk1 dahingehend, dass das Parkieren am rechten Strassenrand zu erfolgen hatte, sodass der Verkehr nicht behindert wurde. Bei engen Strassen hatte das Parkieren ausserhalb derselben zu erfolgen (Konk1 12). Diese Regelungen bezogen auch mit ein, dass Fahrzeuge nicht nur willentlich parkiert wurden, sondern auch aufgrund mechanischer Defekte oder platten Luftreifen stehen blieben und somit der Lenker nicht immer frei entscheiden konnte, wo sein Fahrzeug stehen oder liegen blieb. Deshalb hatte er allenfalls sein liegen gebliebenes Fahrzeug aus der Gefahrenzone wegzuschaffen, bevor er sich an dessen Reparatur machen konnte. 1335

Das Konk2 nahm diese Regeln präzisierend auf, erweiterte aber den Spielraum des Lenkers ein wenig, durfte er nun immerhin an beiden Strassenrändern anhalten – das Konk1 beschränkte ihn noch auf den rechten Strassenrand (Konk2 43 I). Das Fahrzeug war am Rande der 1336

[1185] Nussbaum, 109.

Strasse aufzustellen, dass es den freien Verkehr nicht behinderte und ausserhalb der Strasse, wenn die Strassenbreite das Kreuzen zweier Fuhrwerke nicht gestattete (Konk2 43 III).

1337 Nach dem 1. Weltkrieg setzte die Massenmotorisierung ein, was in den für Motorfahrzeuge noch nicht gerüsteten Städten zu Verkehrsüberlastung und Parkproblemen führte. So wurden in Luzern, mangels genügender Parkplätze, die Automobile nachts einfach an den Strassenrändern stehen gelassen, was dazu beitrug, dass Luzern 1926 für einige Strassen das Einbahnsystem einführen musste[1186]. Um dem zunehmenden wilden Abstellen von Fahrzeugen Einhalt zu gebieten, führte das BG32 neu das Parkverbot ein. Dieses galt an Stellen, an denen die freie und gefahrlose Zirkulation von hoher Wichtigkeit war: in engen Strassenstellen, bei Strassenkreuzungen und -einmündungen, in scharfen Biegungen, auf Brücken, auf Fussgängerstreifen, vor Löschgerätemagazinen der Feuerwehr sowie bei Haltstellen von Strassenbahnen und fahrplanmässigen Motorwagenkursen (VOBG32 49 III). Die übrigen den Ort des Parkierens betreffenden Normen übernahmen die Regelungen von Konk2: Motorfahrzeuge durften nur am Strassenrand anhalten und waren so aufzustellen, dass sie den Verkehr nicht stören konnten (VOBG32 49 I, II). Im Übrigen war, wenn möglich, auf der verkehrsabgewandten Seite auszusteigen (VOBG32 49 I).

1338 Zur **SICHERUNG** der abgestellten Fahrzeuge waren diese in der Nacht zu beleuchten[1187]. Im Übrigen musste auch verhindert werden, dass sich Fahrzeuge selbstständig machten. Das Konk1 sah deshalb vor, dass der Motor beim Verlassen der Fahrzeuge abzuschalten war (Konk1 13). Das Davonrollen des Fahrzeuges wurde dadurch verhindert, dass ein Gang eingelegt blieb und die Räder damit durch den stillstehenden Motor blockiert waren. Steigende Fahrzeuggewichte liessen diese Art der Arretierung immer unsicherer werden, weshalb unter dem Konk2 nicht nur der Motor abzustellen war, sondern neu auch eine Bremse anzuziehen war (Konk2 43 II)[1188]. Die Fahrzeuggewichte stiegen weiter und dementsprechend mussten auch die Normen zur Fahrzeugsicherung angepasst werden. Nebst dem Abstellen des Motors und dem Anziehen der Bremsen mussten ab 1932 Motorfahrzeuge, die unbeaufsichtigt auf steilen Strassen abgestellt wurden, besonders gesichert werden, beispielsweise durch das Einlegen eines kleinen Ganges, das Anbringen eines Unterlegekeils, oder der Ablenkung der Vorderräder gegen den Bordstein; wobei bei schweren Motorwagen und Anhängerzügen der Unterlegkeil stets anzubringen war (VOBG32 49 III).

[1186] Meyer, 69-72.
[1187] Vertiefend vergleiche N 1163 S. 314.
[1188] Vertiefend vergleiche N 488 S. 128.

11.2.7 Begegnung mit Umzügen und Fussarmee

Das Konk1 enthielt noch keine Vorschriften, wie der Motorfahrzeuglenker zu reagieren hatte, wenn er Umzügen, Prozessionen oder militärischen Abteilungen begegnete. Da in der Zeit bis zum Konk2 einerseits die Zahl der zirkulierenden Fahrzeuge beständig zunahm und andererseits im Vorfeld des 1. Weltkrieges noch vermehrt Abteilungen militärischer Fussinfanterie auf den Strassen dislozierten, sah das Konk2 im Rahmen der Geschwindigkeitsbeschränkungen vor, dass beim Zusammentreffen mit Umzügen oder militärischen Abteilungen die Geschwindigkeit derart verringert werden musste, dass das Fahrzeug "auf der Stelle" angehalten werden konnte (Konk2 35 II). Präziser sah dann das BG32 vor, dass Umzüge und militärische Abteilungen nur an den dafür freigegebenen Stellen überholt oder gekreuzt werden durften (VGBG32 51 I). Eine Besonderheit ergab sich bei den (damals noch vertrauten) Leichenzügen: Diese durften nur durch Feuerwehrmotorfahrzeuge auf dem Weg zum Einsatzort oder durch Krankenwagen unterbrochen werden (VOBG32 51 II). Die Priorisierung von Einsatzfahrzeugen, welche erstmals im Rahmen der Bundesregelung stattfand, zeigte sich bereits an anderer Stelle des Gesetzes; galten doch für Einsatzfahrzeuge auch besondere Vorschriften bezüglich der zulässigen Höchstgeschwindigkeit und dem Einsatz akustischer Warnvorrichtungen. 1339

11.2.8 Abschleppen

Weder das Konk1 noch das Konk2 kannten Vorschriften bezüglich des Abschleppens. Erst die Bundesregelung von 1932 enthielt eine umfassende Regelung dieses Themenbereiches. So musste auch der geschleppte Lenker einen Führerausweis besitzen (VOBG32 59 I). Das Schlepptau musste in der Mitte mittels Tuchwimpel, Strohkranz oder Ähnlichem gekennzeichnet werden und keinesfalls durften Ketten als Schlepptau verwendet werden (VOBG32 59 II), da diese mangels Dehnbarkeit oft unter Last brachen und zu schwersten Verletzungen führen konnten. Überdies wurde die Geschwindigkeit für das Abschleppen auf maximal 25 Km/h begrenzt (VOBG32 44 II). 1340

11.2.9 Anhängerbetrieb

Das Konk1 und das Konk2 enthielten noch keine besonderen Vorschriften für Anhängerzüge. Anhänger fanden erst nach dem Krieg Verbreitung, denn nun gab es praktische Erfahrungen zum Anhängerbetrieb und aus den Kriegsmaterialbeständen standen leistungsfähige, schwere Zugfahrzeuge zur Verfügung. Um festgestellten Auswüchsen im Personentransport mit schweren Motorfahrzeugen zu begegnen, untersagte deshalb das Konk2Lw den Personentransport auf angehängten Wagen sowie das Anhängen von Wagen an Personen befördernde Lastwagen. Zulässig 1341 waren einzig einachsige Anhänger an Reisecars und Autobussen, wobei diese Anhänger nur zur Gepäckbeförderung benutzt werden durften und das Kuppelungssystem allen technischen Anforderungen genügen musste (Konk2Lw 8).

1342 Eine eingehende Regelung erfuhren die schweren Lastenzüge erst im Rahmen der Bundesregelung, welche in VOBG32 63–66 diesbezügliche Verkehrsvorschriften enthielt. So wurde die Anzahl, das Gewicht und die Achsenanzahl der Anhänger für alle Arten von Fahrzeugen als auch das Höchstgewicht eines Lastenzuges geregelt. Die maximale Zuglänge inklusive Ladung wurde auf 18 Meter begrenzt, wobei die kantonale Behörde Ausnahmen erteilen konnte, wenn der Anhängerzug von einem Begleitmann begleitet war. Führte ein Zugfahrzeug einen Anhänger mit, so war am Zugfahrzeug ein quadratisches, blaues Warnungsschild mit einem inliegenden weissen, gleichseitigen Dreieck zu montieren, welches ab Dämmerungsbeginn oder bei dichtem Nebel beleuchtet sein musste. Fuhr das Zugfahrzeug ohne Anhänger, so war das Schild zu demontieren oder abzudecken.

11.2.10 Weitere Lenk- und Verkehrsbestimmungen

1343 Während das Konk1 und das Konk2 keine weiteren Lenk- und Verkehrsbestimmungen enthielten, fanden in der VOBG32 weitere Bestimmungen Aufnahme: **ZUM EINEN** VOBG32 50, welcher der Verkehrssicherheit diente, indem erstens das Loslassen der Lenkvorrichtung während der Fahrt verboten war und zweitens auf Strassen, deren Gefälle 5 % überstieg, ein schnelles Versagen der Bremsen verhinderte, indem es verboten war, mit ausgeschalteter Kupplung oder freilaufendem Getriebe talwärts zu fahren. **ZUM ANDEREN** regelte VOBG32 48 das Hintereinanderfahren, Rückwärtsfahren und das Wenden. Beim Hintereinanderfahren war ein Abstand einzuhalten, damit es bei einem plötzlichen Anhalten des vorderen Fahrzeuges nicht zu einer Auffahrtskollision kam. Rückwartsfahren war höchstens im Schritttempo erlaubt, wobei anderen Fahrzeugen der Vortritt zu gewähren war. Endlich war das Wenden auf der Strasse nur erlaubt, wenn dies ohne Störung des Verkehrs geschehen konnte.

11.3 Gesamtheitliches Verkehrsregelkonzept von 1932

1344 Die im Konk1 und Konk2 enthaltenen Verkehrsregeln waren nur an die motorisierten Verkehrsteilnehmer (und teilweise an die Fahrradfahrer) gerichtet. Sie fassten den Strassenverkehr nicht als System auf, sondern versuchten, das Automobil mittels rechtlichem Korsett in die bestehende Strassenverkehrsordnung einzupassen. Hiess die Bundesregelung von 1932 auch "Bundesgesetz über den Motorfahrzeug- und Fahrradverkehr", trug sie doch dem Umstand Rechnung, dass sich das Motorfahrzeug zwischenzeitlich von der Randerscheinung aus der Zeit des Konk1 zu einem zahlenmässig dominierenden Verkehrsteilnehmer entwickelt hatte und damit eine grundsätzliche Neukonzeption des Strassenverkehrs notwendig machte. Die Bundesregelung kann denn auch als Vorstufe der mit dem "Strassenverkehrsgesetz"[1189] vom Dezember 1958 eingeführten gesamtheitlichen, systemischen Betrachtung des Strassenverkehrs gelten, denn sie hatte bereits zwei wesentliche Merkmale eines solchen Verständnisses des Strassenverkehrs: Sie enthielt Verkehrsregeln für die meisten Kategorien von Strassenbenutzern und ebenso Verkehrsregeln für das Zusammenspiel dieser Kategorien.

11.3.1 Verkehrsregeln für die meisten Benutzergruppen

Die Bundesregelung enthielt Verkehrsregeln für die meisten anderen, bis 1345
anhin noch ungeregelten Kategorien von Strassenbenutzern, entweder durch explizite Formulierung oder durch Verweis auf die Regeln, die für Motorfahrzeuge galten.

Die (teilweise aus dem Konk2 übernommenen) Regeln für Fahrräder 1346
bezüglich deren Warnvorrichtung, Beleuchtung, Anhängewagen sowie das Nebeneinanderfahren, Kreuzen und Benutzen der Fahrradwege (VOBG32 67–71) wurden ergänzt durch einen Verweis auf die meisten Verkehrsregeln, die für Motorfahrzeuge galten (VOBG32 70 IV). Neu wurden aber auch die Kategorien der bespannten Fuhrwerke, Handkarren und Zugwagen (VOBG32 72) sowie die Reiter und Viehherden (VOBG32 73) auf die wichtigsten und zumindest sinngemäss anwendbaren Verkehrsregeln für Motorfahrzeuge verwiesen. Insbesondere wurde, nachdem bis 1932 immer noch nicht alle Kantone über entsprechende Vorschriften verfügten, endlich auch die Beleuchtung von Fahrzeugen mit Tierbespannung schweizweit geregelt (VOBG32 74).

11.3.2 Verkehrsregeln zum Zusammenspiel

Die Bundesregelung enthielt auch Verkehrsregeln zum Zusammenspiel 1347
der verschiedenen Kategorien von Verkehrsteilnehmern.

Eine besondere Kategorie stellten diesbezüglich die **TIERE** dar, wobei 1348
insbesondere Hunde und Kleinvieh gefährlich lebten. Beispielgebend rief die AR 1913 die Lenker dazu auf, Hunde nicht zu überfahren, und sie hielt Hundehalter an, auf ihre Hunde aufzupassen. Gleichzeitig konnte sie feststellen, dass die Anzahl überfahrener Hunde stark abgenommen habe, was sie einerseits auf die Klugheit der Tiere und andererseits auf

[1189] AS, Band LXXV NF, 679. Seinem umfassenden, an alle Strassenverkehrsteilnehmer gerichteten Regelungsanspruch gab dieses Gesetz nun bereits durch seinen Namen Ausdruck.

die gestiegene Rücksicht der Automobilisten zurückführte[1190]. Im selben Jahr publizierte die AR im Rahmen ihrer Urteilsbesprechungen einen Entscheid des Kantonsgerichtes Waadt, wonach der pflichtgemäss fahrende Chauffeur nicht belangt werden konnte, wenn er einen streunenden Hund überfuhr[1191]. Schon vor 1932 geregelt waren die grossen Nutztiere sowie die Pferde, da diese auch zum Ziehen der Pferdeposten auf den Passstrassen eingesetzt wurden. Insbesondere Pferde konnten leicht scheuen, wenn sie durch die ungewohnte Form des Wagens, der Ausrüstung der Insassen mit Staubmasken und Schutzbrillen, oder hauptsächlich durch den Lärm des Motors und der Hupe erschreckt wurden. Allerdings zeigten Erfahrungen aus ausländischen Städten mit Pferdedroschkenverkehr, dass sich die Tiere schnell an die Motorfahrzeuge gewöhnten. In den Vereinigten Staaten stand aufgrund der Scheugefahr jedem Tiertreiber das Recht zu, ein Motorfahrzeug mittels Handhochheben zum Stillstehen zu veranlassen[1192] und in der Schweiz sah beispielsweise die Verordnung betreffend den Strassenverkehr des Kantons Obwaldens von 1900[1193] in Art. 3 für Polizisten und Fuhrleuten das Recht vor, ein Automobil durch Zuruf anzuhalten. Konk1 9 I nahm diesen Gedanken auf; der Motorfahrzeuglenker hatte zu bremsen oder gar anzuhalten, wenn Reit-, Zug- oder Lasttiere oder Viehherden Scheu zeigten. Dasselbe verlangte Konk2 34, wobei mittels der Zulassungsbestimmung in Konk2 3 I bereits auf konstruktiver Ebene die Betriebsgeräusche des Fahrzeuges soweit zu beschränken waren, dass Tiere nicht scheuen sollten. Aufgrund der sinkenden Bedeutung von Tieren im Strassenverkehr einerseits und der guten Gewöhnung der verbliebenen Tiere andererseits enthielt die Bundesregelung von 1932 jedoch keine expliziten, auf Tiere ausgerichtete Schutznormen oder Verkehrsregeln mehr.

1349 Geregelt wurde auch das Verhalten gegenüber der **STRASSENBAHN**. Beim Herannahen einer Strassenbahn hatten die Motorfahrzeuge das Geleise freizugeben, nötigenfalls auch auf die vom Schienenfahrzeug nicht beanspruchte Strassenseite. Eine fahrende Strassenbahn war rechts zu überholen, wenn der Raum zwischen Strassenrand und Strassenbahn dafür ausreichte, andernfalls links. Eine stehende Strassenbahn war rechts zu überholen, wenn für die aussteigenden Fahrgäste eine Schutzinsel bestand, andernfalls links; in jedem Falle aber im Schritttempo. Generell war das Befahren von freien Geleisen erlaubt, nicht aber das Befahren von Haltestellen mit Schutzinseln oder markierten Schutzzonen. Einer

---

1190 Wobei sich die AR nicht entscheiden mochte, ob die Rücksicht der Automobilisten in Tierliebe, dem Verhindern von Automobilfeindlichkeit oder dem Schutz des eigenen Wagens fusste (AR, 1913, 555).

1191 AR, 1913, 431 f.

1192 Isaac, 162.

1193 Gesetzessammlung OW, Band II, 482-483.

fahrenden Strassenbahn nachfolgende Motorfahrzeuge durften nur soweit aufschliessen, dass sich kein Zusammenstoss ereignen konnte; denn Strassenbahnen konnten auf kürzerem Bremsweg anhalten als die Motorfahrzeuge. Um aus- und einsteigenden Passagieren genügend Raum zu lassen, war zu stehenden Strassenbahnen ein Abstand von mindestens zwei Metern einzuhalten. Letztlich war beim Parkieren von Fahrzeugen ein Mindestabstand von einem Meter zu den Schienen einzuhalten (alle Bestimmungen nach VOBG32 61).

Generell enthielt die Bundesregelung eine **PRIORISIERUNG DES MOTORISIERTEN VERKEHRS** gegenüber den Fussgängern und den animalisch bewegten Verkehrsmitteln – zumindest auf der eigentlichen Fahrbahnfläche. Reiter und Hüter von Viehherden hatten beim Herannahen eines Motorfahrzeugs ihr Möglichstes zu tun, um ihm die Fahrbahn freizugeben (BG32 34) – die motorisierte hatte die animalische Fortbewegung endgültig von der Strasse verdrängt. Fussgänger mussten Gehsteige und Fussgängerstreifen benutzen; sie hatten die Strasse vorsichtig zu überschreiten und sich an der Seite der Strasse zu halten, wenn diese unübersichtlich war oder wenn Motorfahrzeuge nahten (BG32 35). Im Gegenzug hatten die Motorfahrzeuge vor Fussgängerstreifen zu bremsen oder anzuhalten, um den sich schon darauf befindenden Fussgängern die ungehinderte Überquerung der Fahrbahn zu ermöglichen (VOBG32 45 III). Zu einer weiteren Entflechtung der Verkehrsströme beigetragen hatte auch die (bereits früher bestehende) Vorschrift an die Radfahrer, dass allenfalls vorhandene Radwege zwingend zu benutzen waren. 1350

Die Koordination des Verkehrsgeschehens wurde, nebst den statischen Signalen, durch die **AUFSICHT UND REGELUNG DER VERKEHRSPOLIZEI** gewährleistet. Die Motorfahrzeuglenker hatten Weisungen und Anordnungen der Verkehrspolizei zu befolgen (BG32 18 I) – aber auch Fahrradfahrer (BG32 30), Fussgänger (BG32 35 II), Fahrzeuge mit Tierbespannung, Handkarren und Zugwagen (BG32 33 II) sowie die Reiter und Hüter von Viehherden (BG32 34 II). Die Verkehrspolizei konnte jedoch da, wo besondere Umstände es erforderten, von den Verkehrsregeln abweichende Anordnungen treffen (BG32 18 II). 1351

Zur Erfüllung ihres verkehrsregelnden Auftrages erliess der Bundesrat Vorschriften über die **ZEICHENGEBUNG DER VERKEHRSPOLIZEI** (BG32 18 III). Demnach hatte der Verkehrspolizist verschiedene, jedoch schweizweit einheitliche Zeichen zu geben: Als Haltezeichen für Lenker, die von vorne kamen, diente das Hochhalten eines Armes, wobei dem Lenker die offene Handfläche zuzukehren war. Als Haltezeichen für Lenker, die von hinten kamen, war ein Arm seitwärts zu halten, wobei dem Lenker der Handrücken zuzukehren war. Lenker konnten auch durch Winken herangewinkt werden. Als Zeichen der freien Fahrt war ein Arm in Fahrtrichtung zu bewegen, wogegen als Zeichen zur Verlangsamung der Fahrt ein Unterarm auf- und abwärts zu bewegen war (alle 1352

VOBG32 76 I). Alle Verkehrsteilnehmer, inklusive der Strassenbahn, hatten die Zeichen der Verkehrspolizei abzuwarten und zu befolgen (VOBG32 76 III), wobei der Strassenbahn soweit als möglich der Vortritt zu lassen war (VOBG32 76 IV). Den langsam aufkommenden Lichtsignalanlagen wurde bereits Rechnung getragen: Die Handzeichen der Verkehrspolizei konnten durch Signaleinrichtungen ersetzt werden (VOBG32 76 V).

1353 Ebenfalls in die Bundesregelung aufgenommen wurde eine **EINHEITLICHE ZEICHENGEBUNG DER VERKEHRSTEILNEHMER**. Für Motorfahrzeuglenker waren zwei verschiedenen Zeichen vorgesehen: Wollten Motorfahrzeuglenker abbiegen, so mussten sie an die Verkehrspolizei und die übrigen Strassenbenutzer ein Zeichen geben; entweder durch Betätigung des Fahrtrichtungsanzeigers auf der entsprechenden Seite oder durch Ausstrecken des Armes nach der betreffenden Seite (VOBG32 75 I lit. b). Zum Geradeausfahren war dem Verkehrspolizisten oder den anderen Strassenbenutzern ein Arm mit nach vorne gehaltener Handfläche zu zeigen; dieses (aufgrund der Windschutzscheiben und geschlossener Karosserien umständliche) Zeichen war aber nur zu geben, wenn es unbedingt notwendig war (VOBG32 75 I lit. a). Die übrigen Verkehrsteilnehmer, ausgenommen die Fussgänger, hatten diese zwei Zeichen mittels ausgestrecktem Arm oder der Peitsche zu geben (VOBG32 75 II).

11.4 Städtische Verkehrspolitik

1354 Bis ins 20. Jahrhundert waren Städte stets bestrebt, möglichst viel Verkehr an sich zu ziehen und Verkehrsknotenpunkte zu sein. Handel versprach Wohlstand und man bemühte sich, für die Durchreisenden attraktiver Etappenort zu sein. Dabei nahmen die Städter Belästigungen, die von dem Durchgangsverkehr ausgingen, in Kauf. Die zunehmende Motorisierung liess aber den Stadtverkehr so anschwellen, dass die Städte zugunsten der Sicherheit regelnd eingreifen mussten. Es galt Schienenverkehr, Strassenverkehr und Fussgänger auf einer beschränkten Verkehrsfläche zu organisieren; überdies musste ruhender und fliessender Verkehr konsequent getrennt werden.

1355 In der Zwischenkriegszeit bauten Städte mit eigener Verkehrsordnung diese deutlich aus. Sie erliessen Vorschriften zum Parken, Anhalten und Abbiegen, sie erstellten Einbahnstrassen und Fussgängerstreifen, Schutzinseln und Unterführungen. Sie bauten die Strassenbeleuchtung aus und stellten erste Verkehrsampeln auf. Soweit bereits feste Strassenbeläge vorhanden waren, wurden ab Mitte der 1920er Jahre Strassenmarkierungen angebracht: Mittelstreifen, Haltelinien und Richtungspfeile unterstützten die Sicherheit und die Regelung des Verkehrs[1194]. Zu den, allerdings späteren, Errungenschaften im Zuge dieser Bestrebungen gehörte

[1194] Merki: Siegeszug, 342.

1947 die erste Markierung einer Stoppstrasse in der Schweiz, sowie 1952 die Inbetriebnahme der ersten Parkingmeteranlage der Schweiz in Basel; wobei es aber bereits früher eine Benutzungspflicht für bewachte Parkplätze gab, beispielsweise in Luzern[1195].

[1195] Gubler, 227 und 289.

12 Abgaben, Steuern und öffentliche Finanzen

12.1 Finanzierungsproblem der öffentlichen Hand

12.1.1 Ausgangslage

1356 Hauptkostenpunkt der Motorisierung für die öffentliche Hand war der Strassenbau und -unterhalt. Die Verkehrs- und Strassenbaurechnung der Kantone gliederte sich auf der einen Seite in die Einnahmen, worunter Motorfahrzeugsteuern, Bundessubventionen, Sondereinnahmen und – im Laufe der Zeit – auch der vom Bund überwiesene Anteil am Benzinzoll fielen. Auf der Ausgabenseite schlugen Ausgaben für Strassenbau, Strassenunterhalt, Strassenkorrekturen sowie Massnahmen zum Schutz der Strasse vor dem Verkehr zu Buche, ebenso Ausgaben zur leichteren Abwicklung des Verkehrs, Verwaltungskosten sowie Beitragsleistungen an die Gemeinden.

1357 Mit dem Aufkommen der Automobile genügten die alten Verkehrswege den neuen Ansprüchen nicht mehr und die Kosten für Strassenneubau und -unterhalt, Personalkosten, für Verkehrspolizei und Verkehrssignalisation stiegen von Jahr zu Jahr beständig und zunehmend an. Setzte man diese Kosten in Bezug zur gesamten Staatsrechnung der Kantone (insbesondere der Staatseinnahmen), so war diese Kostensteigerung für die Alpenkantone besonders bedrohlich, verfügten diese doch über viel Strassenfläche, aber nur wenig Steuerkraft. Die Entwicklungskurve der Strassenkosten zeigte die massive Zunahme deutlich auf: Betrugen die ungefähren jährlichen Strassenkosten der Kantone 1916 noch 15 Millionen Franken, so waren es 1926 47 Millionen und 1930 bereits 89 Millionen Franken; oder anschaulicher als Ausdruck in Verhältniszahlen 1 (1910) : 3 (1926) : 5 (1930)[1196].

1358 Absolute Vergleiche der Ausgaben waren aber aufgrund der Geldwertentwicklung problematisch. Immerhin – eine vertieftere Analyse der kantonalen Strassenausgaben zeigte auf, dass sich deutlich zwei Typen von Kantonen unterscheiden liessen: **ZUM EINEN** die Gruppe der Kantone, deren Ausgaben in etwa mit dem Durchschnitt der Strassenkosten aller Kantone korrelierten. Diese Kantone, zu denen ZH, BE, LU, ZG,

---

1196 Jaquemet, 7. Das diesbezügliche Zahlenmaterial ist jedoch dürftig, da Strassenkosten bis zur Jahrhundertwende für die Kantone kaum nennenswerte Ausgabenposten darstellten, und dementsprechend undifferenziert erfasst wurden. Eine Schweizweite Zusammenstellung der Kosten existiert nur aus den Jahren 1878, 1910 und 1924, welche ab dann regelmässig geführt wurde.

SO, SH, AI, SG, AG und TG zu zählen waren, zeichneten sich durch drei gemeinsame Merkmale aus: Sie waren gut industrialisiert, eher verkehrsreich und hatten einen wirtschaftlich bedeutenden Hauptort[1197]. In der Folge machten sich die Nachteile der Verkehrszunahme schneller als in anderen Kantonen bemerkbar. **ZUM ANDEREN** war die Gruppe der Kantone, deren Strassenkosten zwischen 1924 und 1930 den stärksten Anstieg verzeichneten. Diese Kantone, zu denen SZ, OW, NW, GL, FR, BL, AR, GR, TI, VS, NE sowie GE zu zählen waren, zeichneten sich durch zwei gemeinsame Merkmale aus: Sie waren in der Regel verkehrsarm und der Strassenbau war erst durch die Unterstützung durch den Bund möglich. In diese zweite Gruppe gehörten auch die "Bremser und Verbieter"[1198], beispielsweise Graubünden. Eine eigentliche **ZWISCHENSTELLUNG** nahmen UR, VD und BS ein. UR war ein ausgesprochener Durchgangskanton, welcher kaum Geld hatte, aber durch den Verkehr zu Ausgaben gezwungen war. VD hatte ein relativ grosses Strassennetz und damit eine grosse Angriffsfläche für Kosten steigernde Ursachen, weshalb VD bereits ab 1905 Versuche mit Strassenteerungen gemacht hatte. Basel schliesslich hatte für die drei Vergleichsjahre 1916, 1926 und 1930 gar eine rückläufige Entwicklung der Kosten (1 : 0.7 : 0.9), was darin gründete, dass BS als ausgeprägter Stadtkanton von Anfang an fast die ganze Strasseninfrastruktur massiv verbessern musste[1199].

Als Ursache der stetigen Kostenzunahme waren verschiedene Umstände 1359
auszumachen. Einerseits nahm die Zahl der Fahrzeuge beständig zu. Waren noch 1910 erst 7 239 Fahrzeuge in der Schweiz beziehungsweise 1 Fahrzeug pro 515 Einwohner immatrikuliert, waren es 1913 bereits 10 370 Fahrzeuge oder 1 Fahrzeug pro 373 Einwohner, 1920 dann 20 412 Fahrzeuge oder 1 Fahrzeug pro 190 Einwohner, 1925 56 593 Fahrzeuge oder 1 Fahrzeug pro 70 Einwohner und 1930 schliesslich 124 676 Fahrzeuge oder 1 Fahrzeug pro 32 Einwohner[1200], oder anschaulicher als Verhältnis von Einwohner pro Fahrzeug ausgedrückt: 515 (1910) : 190 (1920) : 32 (1930).

Anderseits nahmen auch die gefahrenen Geschwindigkeiten und damit 1360
die Belastungen auf den Strassenkörper und die Anforderungen an die Signalisation, beständig zu. Kostentreibend wirkten letztlich auch nur mittelbar verkehrsbedingte Faktoren, wie die Geldwertentwicklung, die steigenden Löhne (beispielsweise der Wegemacher) sowie sozialpolitische Ursachen wie die Erschliessung abgelegener Gebiete[1201].

1197 Jaquemet, 7.

1198 Jaquemet, 9.

1199 Jaquemet, 9-10.

1200 Tabelle in: Schweizerische Automobilstatistik, 3, mit den Zahlen der zitierten Vorjahre.

1201 Jaquemet, 12 f sowie 20 f.

12.1.2 Zwei zentrale Fragen der Finanzierung

1361 Infolge dieser Entwicklungen entstand für die meisten Kantone ein Ausgabenüberschuss – täglich entstanden neue Ausgaben, wogegen entsprechende Einnahmen fehlten. Um das Gleichgewicht von Aufwand und Ertrag wieder herzustellen, mussten Mehreinnahmen generiert werden und, vorgängig, Rechtsgrundlagen zu deren Erhebung. In diesem Zusammenhang stellten sich zwei zentrale Fragen der Finanzierung: erstens, wer die Strassenkosten bezahlen sollte und zweitens, wie die Abgaben erhoben werden sollten.

1362 Die erste Frage – die des "wer" – war bis anhin nie von Belang. Im 19. Jahrhundert war die Strassenfinanzierung kein Problem, denn der animalische Verkehr zirkuliert abgabenlos. Die traditionellen Strassenbenutzer weigerten sich folglich, jetzt für die Benutzung der Verkehrswege Abgaben zu leisten. Sie waren der Ansicht, dass der Strassenunterhalt nicht vom Steuervolk oder allen Strassenbenutzern bezahlt werden sollte, sondern von den Automobilisten; denn diese hatten ja auch das Vergnügen und den Spass am Fahren. "Zahlen sollen die Motorisierten!" wurde zur Parole der nichtmotorisierten Strassenbenutzer[1202]. Die Motorfahrzeuglenker lehnten diese einseitige Verteilung von Pflichten und Steuerbelastung vehement ab. Sie waren wohl bereit, ihren Anteil an den gesamten Strassenkosten zu übernehmen, forderten aber dafür freie Fahrt und Aufhebung der Fahrverbote. Sie verwiesen darauf, dass auch die Eisenreifen der Fuhrwerke und der Hufschlag der Pferde die Strasse zerstörten. Die AR schrieb 1913 gar, dass die Strasse am meisten durch Hufe und Eisenreifen von Pferdegespannen – welche notabene steuerfrei verkehrten – geschädigt würde[1203], wogegen Motorwagen keinen Hufschlag hatten und gefedert waren, wodurch sie weniger heftig in Strassenfurchen einschlagen würden. Die Automobilisten empfanden ihre alleinige Besteuerung als ungerecht und forderten, analog der Dolomitenstrasse, eine Maut für alle Strassenbenutzer. Die AR verlangte, angesichts der Strassenschäden durch Pferdefuhrwerke, die Aussage "Die Automobilfrage ist eine Strassenfrage" im Namen der Gerechtigkeit und Gleichheit zu erweitern auf "Die Strassenfrage ist eine Geldfrage, zu deren Lösung alles, was die Strasse benützt, herbeigezogen werden muss", plädierte also für eine verursachergerechte Lösung der Finanzierungsfrage[1204].

1363 Die Beantwortung der zweiten Frage – die nach der Art und Weise der Erhebung – sollte sich, aufgrund der höchst unterschiedlichen und teilweise parallelen Kompetenzverteilung von Bund und Kantonen in Fragen des Strassenwesens und in Fragen des Steuer- und Abgabewesens, als ebenso schwierig wie umständlich erweisen. Der nach der Jahrhun-

---

[1202] Nussbaum, 331, 383 sowie 156.

[1203] AR, 1913, 263 f.

[1204] AR, 1913, 263 f.

dertwende erstarkende Föderalismus der Kantone trug das seine dazu bei, die automobile Steuern- und Abgabenlandschaft der Schweiz in ein blühendes Feld von Abgaben, Gebühren, Steuern und Entschädigungen zu verwandeln. Nebst eigentlichen administrativen Gebühren waren in allen Kantonen für Automobile Sonderabgaben zu entrichten, entweder in Form von eigentlichen Strassenbenützungsentschädigungen, wie sie beispielsweise BE kannte, oder in Form von Eingangs- und Durchgangsgebühren, welche in den Kantonen UR, SZ, OW, NW, GL und VS erhoben wurden[1205].

Unabhängig von ihrer damaligen Bezeichnung als "Luxussteuern", 1364
"Aufwandsteuern", "Gebühren" oder einfach "Steuer" handelte es sich, nach heutiger Begrifflichkeit, meist um Gebühren, denn die Gelder wurden für einen besonderen Erhebungsgrund und, zumindest grundsätzlich, auch einen besonderen Verwendungszweck erhoben. Die Erhebung in Form einer eigentlichen Luxussteuer erwies sich, aufgrund der schnellen Verbreitung der Automobile, bald als unhaltbar[1206]. Von gleichem Variantenreichtum wie die Benennung waren die Bemessungsformen der Abgabe. Verbreitet war die Pauschalbesteuerung, wobei die Höhe meist nach Hubraum oder PS, selten auch nach Sitzplätzen oder Kaufpreis bemessen wurde. Zuschläge konnten erhoben werden für die Bereifung mit Vollgummireifen, für Doppelachser oder für Fahrzeuge, die im Ausland hergestellt wurden. Die meisten dieser Bemessungsformen wurden als unbefriedigend und ungerecht empfunden, weshalb eine Verlagerung zur Besteuerung des Verbrauches angestrebt wurde, beispielsweise mittels einer Reifenabgabe oder einer Abgabe auf den Betriebsstoff Benzin[1207].

Bund und Kantone waren jedoch, aufgrund der Kompetenzaufteilung, in 1365
ihren Lösungsmöglichkeiten eingeschränkt, doch sowohl auf kantonaler Ebene als auch auf Bundesebene mussten taugliche und ertragreiche Lösungen zur Beschaffung von Finanzmitteln gesucht und gefunden werden.

12.2 Lösungen auf kantonaler Ebene

In der Zeit um die Jahrhundertwende gaben die Kantone nur minimale 1366
Mittel für den Ausbau des Strassennetzes aus, da in dieser Zeit die Mittel für den Eisenbahnbau eingesetzt wurden. Mit der Zunahme der Fahrzeugdichte fielen für die Kantone anfangs moderate Mehrkosten in Form intensivierten Strassenunterhaltes und oberflächlicher Belagskosmetik an. Die nach dem Krieg auf breiter Front notwendig gewordene Asphaltierung der Strassen war zwar dauerhaft, hatte aber den Nachteil hoher Erstellungskosten, wodurch nach dem Krieg die Strassenkosten der Kan-

[1205] Jaquemet, 130-131.
[1206] Jaquemet, 129.
[1207] Jaquemet, 144-146.

tone massiv anstiegen. Die dafür auszugebenden Mittel mussten die Kantone wieder vereinnahmen, wozu sie verschiedene Steuern und Gebühren einführten.

1367 Während die Steuer eine grundlos geschuldete Abgabe an den Staatshaushalt war, sollte der Gebühr stets eine Leistung des Kantons oder des Bundes gegenüberstehen. Der Charakter der Gebühr ging aber verloren, wenn beispielsweise, wie im Kanton Luzern ab 1903, eine jährliche Erneuerung der Bewilligungskarte ohne eine staatliche Gegenleistung verlangt war[1208], oder wenn die Gebührenhöhe in keinem Verhältnis mehr zur staatlichen Gegenleistung stand, wie dies im Falle des Kantons Neuenburg mit seiner nicht unbeträchtlichen “taxe de police” von 1905 der Fall war[1209].

1368 Das Konk1 enthielt, aufgrund der zu wahrenden Kantonssouveränitäten, keine Bestimmungen über Gebühren und Steuern, ausser Konk1 5, welcher durchfahrende Ausländer von der Entrichtung einer Gebühr befreite. Die Folge war eine höchst uneinheitliche Abgabenregelung im Konkordatsgebiet und ein Wildwuchs verschiedenster kantonaler Steuern und Gebühren[1210]. Erst Konk2 20 unterschied deutlich Steuern (grundlose Abgabe) und Gebühren (zweckgebundene Abgabe), wobei aber die Festlegung der Steuer- respektive Gebührenhöhe in der Hoheit der Kantone verblieb.

12.2.1 Gebühren

1369 Die ersten eingeforderten Zahlungen waren Gebühren[1211]. Diese waren einmalig oder jährlich wiederkehrend zu entrichten.

12.2.1.1 Gebührenhöhe

1370 Die Höhe der Gebühren gab immer wieder zu Diskussionen Anlass. In den meisten kantonalen Abstimmungen zu Automobilthemen zeigte sich, dass Vorlagen mit hohen oder höheren Gebühren abgelehnt wurden, wenn die Vorlage gleichzeitig das Verhängen von Sonntagsfahrverboten erlaubte. Der ACS schlug im Kanton Zürich nach dem Krieg überdies alternative Gebührenmodelle vor, die progressiv ausgestaltet waren. Damit sollten die Betriebskosten von Kleinwagen besonders günstig gehalten werden, um die Verbreitung der Automobile zu fördern[1212].

1371 Während das Konk1 sich aber weder zur Höhe noch zu den eine Gebührenpflicht auslösenden Sachverhalten äusserte, legte das Konk2 bezüglich der Gebührenhöhe eine obere Grenze fest: Die Erhebung war soweit

---

1208 Meili: Kodifikation, 159-160.
1209 Meili: Kodifikation, 160.
1210 Merki: Siegeszug, 389.
1211 von Salis-Soglio, 57.
1212 Nussbaum, 148 und 150.

zulässig, als dass die Gebühr zur Deckung des auslösenden Sachverhaltes diente (Konk2 20 II). Betragsmässig gab das Konk2 keine Anhaltspunkte, denn die Gebührenbeträge sollten von den Kantonen aufgrund ihrer Gesetze bestimmt werden (Konk2 20 III), immerhin war aber so gewährleistet, dass die erhobenen Gebühren in einem formellen, kantonalen Gesetz generell-abstrakt festgelegt waren und nicht einzelfallweise und nach Massgabe der Finanzkraft des Einzelnen bemessen werden konnten. Eine Ausnahme hierzu enthielt aber das Konk2: Die Gebührenhöhe für einen internationalen Fahrausweis wurde fix auf 2 Fr. festgelegt (Konk2 22 I). 1920 fand eine minimale Revision des Konk2 statt, anlässlich der diese Gebühr auf 5 Fr. erhöht wurde[1213].

12.2.1.2 Gebühren auslösende Vorgänge

Gebühren wurden für verschiedenste Verrichtungen und Dienstleistungen 1372
des Staatswesens erhoben. Häufigster Fall einer gebührenpflichtigen Verrichtung war die **PRÜFUNG DER FAHRZEUGE** beziehungsweise die Untersuchung derer Leistungsfähigkeit und Sicherheit. Bereits Konk1 2 schrieb diese Prüfung vor, ohne sich zu deren Gebührenpflichtigkeit zu äussern. Stattdessen sahen die Kantone in ihren Ausführungsbestimmungen zum Konk1 die Gebührenpflicht für die technische Prüfung vor, so beispielsweise Obwalden in Art. 2 II seiner Ausführungsbestimmungen von 1905[1214], wonach "der Polizeidirektion die Auslagen für die technische Untersuchung der Motorfahrzeuge zu erstatten [sind]". Das Konk2 sah in der Folge nicht nur die obligatorische Prüfung der Motorfahrzeuge vor (Konk2 2 I), sondern regelte auch gleich, dass für die Prüfung an sich Gebühren erhoben werden konnten (Konk2 20 I) und dass die Kosten der Prüfung zulasten des Wageneigentümers fallen sollten (Konk2 2 II). Dies galt auch für die Kosten der erweiterten Prüfung, welche schwere Fahrzeuge zum Personentransport im Rahmen des Konk2Lw 3 I zu bestehen hatten.

Blieb die Gebührenfrage der **PRÜFUNG DER LENKER** im Konk1 noch 1373
gänzlich ungeregelt, so sah Konk2 20 II zumindest die grundsätzliche Möglichkeit der Gebührenpflicht vor.

Was die Gebühren für die **AMTLICHEN KENNZEICHEN** betraf, so schwieg 1374
sich das Konk1 aus – wiederum zugunsten der kantonalen Ausführungsbestimmungen. Während aber die bereits zitierten Obwaldner Bestimmungen[1215] in Art. 2 II vorsahen, dass die Nummerschilder zum Selbstkostenpreis abzugeben waren, sahen andere Kantone eine Gebührenbemessung nach Fahrzeugkategorie (Personenwagen, Lastwagen oder Motorrad), nach Anzahl Sitzplätzen oder nach der Motorenleistung vor. Da

---

[1213] BRB vom 16.12.1920 (AS, Band XXXVI NF 831).

[1214] Gesetzessammlung OW, Band III, S. 112-113.

[1215] Gesetzessammlung OW, Band III, S. 112-113.

die solchermassen bemessenen Gebühren oft ziemlich hoch waren und meist jedes Jahr erhoben wurden, hatten sie bereits einen stark steuerlichen Charakter[1216]. Das Konk2 wirkte in diesem Falle nun korrigierend. Wohl konnte die Schilderabgabe mit einer Gebühr verbunden sein (Konk2 20 II), aber die Schilder mussten zum Selbstkostenpreis ausgegeben werden (Konk2 23 I). Stattdessen sah Konk2 20 I nun jedoch explizit vor, dass die Kantone für die Ausstellung der Verkehrsbewilligung alljährlich eine Steuer beziehen konnten – dies auch im Sinne einer Ersatzeinnahme für jene Kantone, welche ihre Strassenausgaben bis anhin über hohe und steuerähnliche Gebühren für die Kontrollschildabgabe finanziert hatten.

1375 Gebühren auslösend war auch die **AUSSTELLUNG VON AUSWEISEN**, beispielweise für die Registrierung der Fahrzeuge. Das Konk1 enthielt, wiederum zugunsten der Kantone, keine diesbezüglichen Bestimmungen. Diese Gebühren wurden in den kantonalen Ausführungsbestimmungen festgelegt, ebenso die Vorschrift, dass diese Ausweise meist jährlich zu erneuern waren. Das Konk2 sah dann wiederum vor, dass die Ausstellung von Bewilligungen und Ausweisen mit einer Gebühr belastet werden konnte, überdies wurde die Gültigkeitsdauer konkordatsweit auf ein Jahr festgelegt (Konk2 20 II).

1376 Viel mehr als andere Gebühren auslösende Vorfälle gab die Erhebung von **DURCHFAHRTSGEBÜHREN** Anlass zu Polemik und Auseinandersetzungen, denn grundsätzlich hob die Bundesverfassung von 1848 alle kantonalen Wege- und Brückengelder auf. Selbst wenn das Konk1 nichts zum Thema der Durchgangsgebühren enthielt, so widersprach doch deren Erhebung geltendem Bundesrecht[1217]. Trotzdem lebten die Durchgangsgebühren im Rahmen der Motorisierung wieder auf, denn finanziell schwache Kantone mit hohen Strassenkosten sahen darin die einzige Möglichkeit, ihren Strassenhaushalt ausgeglichen zu gestalten. Dies galt namentlich für die Bergkante OW, NW, UR, SZ, GL, GR, TI und VS. Weil die Subventionen des Bundes für den Strassenbau nicht mehr ausreichten, erhoben diese Kantone nach dem Krieg Gebühren für die Einfahrt in den Kanton oder das Befahren einzelner Passstrassen. Erst 1928, als der Bund den Kantonen einen Teil des Ertrages des Treibstoffzolls[1218] zugestand, verschwanden die Durchgangsgebühren endgültig.

1377 Zur Kasse gebeten wurde an verschiedenen Orten der Schweiz, beispielsweise am Gotthard, an dem im Vergleich zu anderen Kantonen recht hohe Durchgangsgebühren erhoben wurden[1219], wo aber, aufgrund

---

1216 Merki: Siegeszug, 390.

1217 Was auch das vom Bundesrat in Auftrag gegebene diesbezügliche Gutachten von Professor Burckhard bestätigte (BBl, 1927 II, 201-217).

1218 Vertiefend vergleiche N 1411 ff S. 382.

1219 Gisler-Jauch, 114-121.

der aufwendigen Kunstbauten, die kantonalen Strassenkosten in besonders schlechtem Verhältnis zu den wenigen, im Kanton immatrikulierten Fahrzeugen standen. Auch auf kommunaler Ebene wurden Gebühren erhoben. So verlangte das Obwaldnerische Kerns Gebühren für das Befahren der Strasse ins Melchtal; allerdings waren Dienstfahrten im direkten Interesse der Gemeinde – also Fahrten von Ärzten und Geistlichen – von der Gebührenpflicht ausgenommen[1220].

Grosse Beachtung fand der Fall der Kantone Ob- und Nidwalden, da diese Strecke einerseits eine touristisch wichtige Verbindung zwischen dem Berner Oberland und der Zentralschweiz war, und andererseits die Gebühren auf dieser Strecke besonders hoch waren[1221]. Ob- und Nidwalden erliessen im Jahre 1910 gemeinsame Vorschriften zur Benutzung der Brünigroute[1222], nach deren Art. 3 für jede Fahrt auf der Brünigroute eine gebührenpflichtige Kontrollkarte zu erwerben war. 1913 publizierte die AR einen Bericht über die Kontrollstation am Brünig. Nach den darin angestellten Berechnungen stellte die so erhobene Durchgangsgebühr ein erkleckliches Geschäft für die beiden Halbkantone dar. Gleichzeitig wurde die mangelnde Gegenleistung für die Gebühr bemängelt, seien doch die Strassen in einem schlechten Zustand, der Spott der Bevölkerung sei trotz der nun hohen Gebühren auch nicht geringer geworden, und selbst das Kontrollpersonal sei nicht über alle Zweifel erhaben: "In Hergiswil fungierte als 'Kontrolleuse' eine Zeitlang eine 16–17jährige Magd, der allerdings das Ausfüllen des Fomulars mitunter schwere Arbeit machte"[1223]. Der Bericht unterschlug allerdings, dass die hohe Gebühr hauptsächlich der Besänftigung der ansässigen Wohnbevölkerung diente. 1378

Tatsächlich waren die Gebühren erheblich: Die Kontrollgebühr für die 27 Kilometer lange Strecke betrug 1914 bereits drei Franken, also elf Rappen pro Kilometer. Dies entsprach aber dem Fahrpreis eines entsprechenden Bahnbilletts 1. Klasse[1224], weshalb denn die ansässigen Hotelkreise die Gebühr als "Wegezoll" verurteilten, würden doch Automobilisten nur noch in dringendsten Fällen in Unterwaldner Hotels anhalten[1225]. 1379

Die Erhebung dieser verfassungswidrigen Gebühren wurde von den Automobilisten und den Automobilverbänden immer wieder kritisiert; um 1380

1220 Merki: Siegeszug, 382.

1221 Die Höhe dieser Gebühren war aber ein Zugeständnis dafür, dass durch die Kantonsregierungen ein totales Fahrverbot abgewendet werden konnte. Vertiefend zu den Hintergründen der rigorosen Bestimmungen vergleiche N 942 ff S. 252.

1222 Gesetzessammlung OW, Band V, S. 11-20.

1223 AR, 1913, 228.

1224 AR, 1914, 445.

1225 Die Gebührenerhebung auf der Brünigroute ist nicht zu verwechseln mit der Nidwaldner Automobilfalle, die von den Luzerner Hoteliers bekämpft wurde.

des Friedens Willen aber wurden diese Gebühren nie klageweise angefochten[1226]. Unklar war an sich auch die Zuständigkeit zur Behandlung von Rekursen, die gegen kantonale Kontrollgebühren erhoben werden sollten – sollte es der Bundesrat oder doch das Bundesgericht sein?[1227] Die Frage erledigte sich schliesslich auf andere Weise: In der Volksabstimmung vom Mai 1921 ging die Kompetenz zur Gesetzgebung in Automobil- und Fahrradverkehr auf den Bund über[1228] und in dessen Folge wurden, auf Bundesdruck hin und im Gegenzug für den Benzinzollanteil an die Kantone, ab 1928 die Einreise- und Passgebühren in allen Kantonen aufgehoben. Die Bundesregelung von 1932 erlaubte den Kantonen weiterhin die Erhebung von Steuern und Gebühren, das Erheben kantonaler Durchgangsgebühren wurde aber explizit untersagt (BG32 71 I).

1381 Umstritten waren auch **EINREISEGEBÜHREN FÜR AUSLÄNDISCHE MOTORFAHRZEUGE**. Konk1 5 sah explizit eine Entbindung von der Gebührenpflicht vor, wenn der Heimatstaat des ausländischen Motorfahrzeuges gegenüber schweizer Fahrzeugen Gegenrecht hielt. 1909 wurde anlässlich der V. Konkordatskonferenz vom 20. und 21. Januar grundsätzlich beschlossen, von ausländischen Automobilisten Gebühren für die Strassenbenutzung zu erheben[1229]. Die Gebühr sollte nach gefahrenen Kilometern oder Anzahl Fahrzeuginsassen bemessen werden, denn wer die Schönheit des Landes geniesse, der solle auch etwas dafür bezahlen[1230]. Eine Umfrage im Ausland ergab, dass Frankreich und Italien keine solchen Gebühren kannten, Österreich teilweise Gebühren verlangte und Deutschland bis 5 Tage 15 Mark und bis 30 Tage 40 Mark verlangte. Anhand dieser Referenzwerte und aufgrund der ausländischen Besuchszahlen in der Schweiz (4 966 Fahrzeuge im Jahre 1907, 5 825 in 1908 und 6 742 in 1909) wurde ein Erlös von 20 000–30 000 Fr. errechnet. Auf die Kantone verteilt würde von diesem Betrag fast nichts mehr übrig bleiben. Angesicht dieses geringfügigen Ertrages und der zu befürchtenden weiteren Rufschädigung gab man die Einführung solcher Gebühren wieder auf[1231]. In Fortführung des Konk1 galt unter dem Konk2 dieselbe Regelung, wobei aber für eine Gebührenbefreiung nebst dem Gegenrecht des Heimatstaates auch verlangt war, dass der Aufenthalt des Fahrzeuges in der Schweiz nicht länger als drei Monate dauerte (Konk2 21).

1226 Merki: Siegeszug, 382.

1227 Dazu und zur rechtlichen Problematik an sich: Artikel "Die Zulässigkeit der kantonalen Ein- und Durchgangsgebühren im Automobilverkehr", in VSS-Zeitschrift, 1928, 54 f.

1228 Vertiefend zum langen Weg dieser Kompetenzverschiebung vergleiche N 231 ff S. 62.

1229 TCS-Revue, 1909, S. 19-20.

1230 Hildebrandt, 277.

1231 Hildebrandt, 277-278.

Nach dem Krieg verlor die Frage der Gebührenpflicht von Ausländern auf Stufe Konkordat oder Kantone bald an Bedeutung, denn mit der Übertragung der Strassenverkehrskompetenz an den Bund Mai im 1921 wurde dieser auch für die Besteuerung ausländischer Fahrzeuge zuständig[1232]. Die Bundesregelung 1932 hielt dann explizit fest, dass Eingangsgebühren auf ausländischen Motorfahrzeugen dem Bund beziehungsweise dem Bundesrat vorbehalten blieben (BG32 71 II). In den 1920er Jahren wurden die Kantone überdies an den Erträgen des Treibstoffzolls[1233] mitbeteiligt, was den finanziellen Druck zur Belangung ausländischer Gäste minderte. 1382

Eine Ausnahmeerscheinung blieb die Erhebung von **KONZESSIONSGEBÜHREN**. Vereinzelt wurde Automobiltransportanstalten, welche regelmässigen und gewerbsmässigen Personentransport betrieben, der Erwerb einer Konzession und damit zusammenhängend die Entrichtung einer Konzessionsgebühr auferlegt. Der Kanton Graubünden sah zudem zeitweilig in einer Verordnung vom März 1907 eine zeitlich beschränkte Konzession zum Fahren mit Motorfahrzeugen auf Strassen vor, die nicht ohne weiteres freigegeben waren[1234]. 1383

Schliesslich sah das Konk2 generalklauselmässig noch **GEBÜHREN FÜR SONSTIGE LEISTUNGEN** vor (Konk2 20 II), ohne genauer zu definieren, welche Leistungen dazu gehören sollten; während das Konk1 nichts dergleichen vorsah. 1384

12.2.2 Steuern

12.2.2.1 Kompetenzproblem der Kantone

Bei den motorfahrzeugrelevanten Steuern konnten zwei Formen unterschieden werden: Verbrauchssteuern und Fahrzeugsteuern. Verbrauchssteuern belasteten die Benutzung. Deren Erhebung konnte, analog der Schwerverkehrsabgabe von 2001, in Form einer Kilometerpauschale erfolgen, was aber im betrachteten Zeitraum technisch noch unmöglich war. Mehrmals erwogen, aber nie eingeführt wurde eine Verbrauchssteuer in Form einer Reifensteuer. Als einfach anwendbar und ziemlich den Tatsachen entsprechend angesehen wurde eine Besteuerung des Betriebsstoffes. Diese hatte wiederum den Nachteil jede Maschine zu belasten, die mit Erdöl lief, also auch Flugzeuge, Schiffe und stationäre Motoren. War dieser Nachteil auch mittels Schaffung von Sonderregelungen für diese Motorenkategorien behebbar[1235] – für die Kantone unerreichbar blieb die Kompetenz zur Anordnung einer Benzinsteuer, denn die Steu- 1385

[1232] Vertiefend vergleiche N 1433 ff S. 387.
[1233] Vertiefend vergleiche N 1404 ff S. 380.
[1234] Meili: Kodifikation, 166-167.
[1235] Merki: Siegeszug, 392.

erhoheit für Zölle lag beim Bund. Somit stand den Kantonen keine geeignete Verbrauchssteuer zur Verfügung und es blieb nur die direkte Belastung der Motorfahrzeuge mittels Fahrzeugsteuern. Wohl liessen sich damit wirtschaftspolitische Anliegen einfach realisieren, beispielsweise die Belastung luxuriöser Wagen mit hoher Leistung, oder die Bevorzugung landwirtschaftlicher Fahrzeuge, trotzdem hatten Fahrzeugsteuern einen gewichtigen Nachteil: Sie belasteten jene Besitzer stark, die ihr Fahrzeug nur selten gebrauchten.

12.2.2.2 Bemessungskriterien für Motorfahrzeugsteuern

1386 Als Bemessungsgrundlagen dienten, analog der Pferdekutschen, entweder das Fahrzeuggewicht oder die Leistung, welche nach PS (Pferdestärken) bemessen wurde[1236]. Allerdings gab es noch keine genauen Leistungsmesser für Automobilmotoren. Deshalb wurde, basierend auf der Grösse beziehungsweise dem Hubraum des Motors, dessen Leistung mittels einer empirisch gewonnenen Formel abgeschätzt. Mittels dieser Formel konnte die Steuerbemessungsgrundlage des "Steuer-PS" früh vereinheitlicht werden. Konk2 7 II machte die aus Deutschland übernommene Steuerformel verbindlich, wonach galt: Pferdestärken = 0.3 × (Anzahl Zylinder) × (Innerer Durchmesser eines Zylinders in Zentimetern)^2 × (Kolbenhub in Metern) .

1387 Die Berechnungsformel für die Fahrzeugsteuer berücksichtigte also die Zylinderzahl, die Bohrung sowie den Hub, der mittlere Kolbendruck sowie die maximale Tourenzahl wurden aber aus erhebungstechnischen Gründen als konstant angenommen wurden. Das liess die Motorenkonstrukteure in Ländern mit dieser Formel (insbesondere Deutschland) Motoren entwickeln, die bei gleicher Bohrung und gleichem Kolbenhub schneller drehten und höher komprimiert waren. Bei gleicher oder gar sinkender Fahrzeugsteuer für das Endprodukt kitzelten die Hersteller immer höhere Leistungen aus immer kleineren Motoren heraus. Die Werbung für die Fahrzeuge nahm diese Leistungssteigerung mittels Modellbezeichnungen wie 20/40 PS auf, was darauf hinwies, dass beim betreffenden Modell der Motor 40 PS leistete, aber nur 20 PS versteuert werden mussten.

1388 Diese technische Entwicklung blieb den Konkordatskantonen nicht verborgen, weshalb nach dem Krieg ein Kanton den Antrag auf eine Anpassung der Formel stellte. Der Faktor von 0.3 beruhe auf einer Normdrehzahl von 1200 Umdrehungen pro Minute. Da die meisten Motoren zwischenzeitlich aber viel höher drehten, wäre ein Faktor von 0.4 angemes-

---

[1236] 1 PS war die Kraft, welche in der Sekunde eine Arbeit von 75 Kg leistete, also in 1 Sekunde 75 Kg 1 Meter hoch oder 1 Kg 75 Meter hochhob (Isaac, 86).

sener[1237]. In der Folge wurde 1920 die Formel in Konk2 7 II entsprechend angepasst[1238] und der Faktor 0.3 auf 0.4 erhöht.

12.2.2.3 Einführung von Motorfahrzeugsteuern

Die Einführung von Motorfahrzeugsteuern machte erst Sinn, als genü- 1389
gend Fahrzeuge zirkulierten, um der Steuererhebung zu dienen. Um 1900 kannten denn auch die meisten der 13 schweizer Städte, in denen Fahrzeuge zirkulierten, noch keine Motorfahrzeugsteuern, sondern nur eine Einschreibgebühr[1239]. Auch das Konk1 enthielt noch keine Regelungen zu allfälligen Motorfahrzeugsteuern.

Bis im Jahre 1906 hatte nur FR eine eigentliche Motorfahrzeugsteuer 1390
eingeführt (in Form einer Grundgebühr von 20 Franken plus einem Zuschlag von 5 Fr. pro PS), während in BE und ZH Erlasse zur Fahrzeugbesteuerung in Beratung waren[1240].

1909 hatten auch NE, VD und GE Motorfahrzeugsteuern eingeführt[1241] 1391
und auf Ende 1910 ersetzte Luzern seine Einheitsgebühr durch eine PS-abhängige Motorfahrzeugsteuer[1242]. Nachdem 1914 auch Lastwagen der Motorfahrzeugsteuer unterworfen wurden, hatte sich die ursprünglich als Luxussteuer eingeführte Automobilsteuer in der Schweiz definitiv zur allgemeinen Steuer gewandelt[1243]. Konk2 20 I hielt deshalb explizit fest, dass die Kantone für die Ausstellung einer Verkehrsbewilligung für Motorfahrzeuge eine alljährliche Steuer beziehen konnten (wofür im Gegenzug die Höhe der Gebühren auf den verursachten Aufwand beschränkt wurde).

Während dem Krieg war der Motorfahrzeugverkehr, aufgrund mangeln- 1392
der Betriebsstoffe, stark eingeschränkt. So liessen 1915 in Genf von 4 000 Auto- und Motorradbesitzern nur 312 ihren Fahrausweis erneuern; viele gaben diese Bewilligung zurück, um keine Steuern zahlen zu müssen[1244]. Die Kantone verzeichneten stark rückläufige Erträge aus den Automobilsteuern, wodurch die Mittel für den Strassenbau fehlten und dieser mehr oder minder gänzlich eingestellt werden musste.

Nach dem Krieg waren einerseits die Motorfahrzeugsteuern in den meis- 1393
ten Kantonen deutlich höher als vor dem Krieg[1245], andererseits verbreiteten sich die Motorfahrzeuge, dank sinkender Preise, immer stärker.

1237 GB BR, 1920, 326.
1238 BRB vom 16.12.1920 (AS, Band XXXVI NF 831).
1239 Schweizerische Automobilstatistik, aus dem Vorwort.
1240 Meili: Kodifikation, 164-165.
1241 Merki: Siegeszug, 390.
1242 Meyer, 50-51.
1243 AR, 1913, 263 f.
1244 AR, 1915, 29.
1245 Merki: Siegeszug, 390.

Dies führte zu einer deutlichen Zunahme der Steuererträge (die allerdings von den nun auf breiter Front vorzunehmenden Asphaltierungen sogleich wieder aufgebraucht wurden), aber auch zu einer Zunahme der interkantonalen Anstände wegen Besteuerungsfragen. Zu klären war beispielsweise die Steuerfrage bei einem kantons- oder länderübergreifenden Einsatz des Fahrzeuges. So wollte SH wissen, wie Firmenfahrzeuge zu besteuern seien, die in der Schweiz zirkulierten, aber einer Firma im Ausland gehörten[1246]. Ähnlicher Natur war die Frage, welcher Kanton die Verkehrsbewilligung ausstellen und somit die Steuern einziehen durfte, wenn ein Fahrzeug in einem Kanton stationiert war, aber viele Fahrten in einem anderen Kanton unternahm[1247]. Noch brennender war die Frage nach der Handhabe bei Kantonswechseln des Besitzers. Anlässlich der IV. Konkordatskonferenz vom 23. April 1906 war beschlossen worden, dass, wer bereits ein Nummernschild und einen Fahrausweis hatte, unter dem Jahr den Wohnsitzkanton wechseln konnte, ohne für das laufende Jahr im neuen Kanton nochmals eine Gebühr bezahlen zu müssen[1248]. 1920 warf BL die Frage auf, was mit der Steuer eines Automobilisten passiere, wenn dieser unter dem Jahr seinen Wohnsitz wechselte. BL war der Meinung, vom zugezogenen Automobilisten die Steuern pro rata temporis erheben zu können, wogegen der Kanton BE sich auf seine absolute Kantonshoheit berief. Die Kontroverse wurde schliesslich durch das Bundesgericht entschieden, wonach kantonale Automobiltaxen als Steuern zu gelten hätten und somit die Bestimmungen über die Doppelbesteuerung anwendbar seien[1249].

1394 Die Bundesregelung von 1932 schliesslich sah vor, dass die Kantone weiterhin Steuern und Gebühren erheben durften (BG32 71 I), wobei Motorfahrzeuge des Bundes nur im Verhältnis zur Dauer ihrer ausserdienstlichen Verwendung besteuert werden durften (BG32 71 IV). Die Kantone durften auch ausländische Motorfahrzeuge besteuern, welche mehr als drei Monate in der Schweiz blieben, der Bundesrat konnte aber mit anderen Staaten abweichende Vereinbarungen treffen oder, bei mangelndem Gegenrecht, eine frühere Besteuerung zulassen (BG32 71 III). Neu geregelt wurde auch die Steuerhoheit bei einem Wechsel des Fahrzeugstandortes: Die Steuer war ab Beginn des der Verlegung folgenden Kalenderquartals an den neuen Kanton zu bezahlen (BG32 71 VI).

12.2.2.4 Höhe der Steuersätze

1395 Äusserte sich das Konk1 noch gar nicht zur Höhe der Steuersätze, so band Konk2 20 III die Höhe der Steuersätze zumindest an Normen, die in

---

1246 GB BR, 1920, 324.
1247 Burckhardt, , 313-315.
1248 TCS-Revue, 1906, S. 190.
1249 GB BR, 1920, 324.

Form kantonaler Gesetze ergangen waren. Ein Vergleich der Steuersätze war jedoch sehr schwierig, da 25 verschiedene kantonale Systeme und drei verschiedene Bemessungsgrundlagen galten, bemassen doch 16 Kantone die Steuern nach PS, acht Kantone nach Hubraum und BE nach dem Gesamtgewicht[1250].

Grundsätzlich festzustellen war, dass es 1909 nur noch wenige Kantone 1396
ohne eine Motorfahrzeugsteuer oder eine steuerähnliche Gebühr gab. In den meisten Kantonen betrug die Abgabe 20–50 Fr. pro Jahr, wobei das Maximum bei 300 Fr. lag[1251]. Nach und nach erhöhten in den Folgejahren alle Kantone, in Ausübung ihrer diesbezüglichen Steuerhoheit, diese Steuern, wobei insbesondere nach dem Krieg die Ansätze deutlich stiegen. 1923 lagen die meisten kantonalen Maxima denn auch bei 1 000 bis 1 200 Fr.. Doch auch diese Ansätze lassen keine individualisierten Umrechnungen pro Fahrzeug zu, denn viele Fahrzeuge wurden bei temporärem Nichtgebrauch abgemeldet, beispielsweise im Winter oder während des Krieges.

Festzuhalten war aber auch, dass die Erhöhungen stets aus dringenden 1397
fiskalischen Bedürfnissen geschahen, jedoch nicht aus einer Automobilfeindlichkeit oder bewussten Benachteiligung des Motorfahrzeuges durch die Kantonsregierungen[1252].

12.2.2.5 Akzeptanz und Zweckbindung der Abgaben

Zu Beginn des Jahrhunderts wurden, soweit schon von den Motorfahr- 1398
zeuglenkern Abgaben erhoben wurden, diese nicht für den Strassenunterhalt, sondern für den allgemeinen Staatshaushalt verwendet. Nur allmählich setzte sich eine eigentliche Zweckbindung dieser Erträge durch. Es war nahe liegend, für die Behebung der Strassenschäden die Verursacher heranzuziehen, auch wenn dafür nicht alle Verursacher, sondern nur die motorisierten Strassenbenutzer belangt werden sollten. Trotzdem stimmten auch die Automobilisten einer Besteuerung eher zu, wenn sie wussten, dass die Erträge in den Strassenbau fliessen sollten.

Als erster Kanton übernahm BE 1913 den Grundsatz, dass die Automo- 1399
bilsteuer nur für den Strassenunterhalt eingesetzt werden sollte[1253]. Schnell erwies sich dieses Instrument der Zweckbindung auch in anderen Kantonen als probates Mittel, um dem Souverän die Einfuhr oder Erhöhung von Motorfahrzeugsteuern schmackhaft zu machen, denn die Nichtmotorisierten sahen darin eine potenzielle Verbesserung der Beläs-

[1250] Selbst heute sind diese Steuersätze nicht vereinheitlicht, ebenso sind auch noch alle drei Bemessungsgrundlagen in Anwendung.
[1251] von Salis-Soglio, 58.
[1252] von Salis-Soglio, 57.
[1253] Merki: Siegeszug, 411.

tigungen und die Automobilisten sahen den Nutzen des schneller Vorwärtskommens und des geringeren Reifenverschleisses.

1400 Die Zweckbindung hatte aber auch eine negative Folge: Sie führte zum Anstossen einer eigentlichen Strassenausbauspirale: Jedes neue Automobil brachte einerseits mehr Steuererträge; andererseits brauchte es mehr Strassenraum und verursachte mehr Strassenverschleiss, was die Unterhaltskosten für die Infrastruktur wieder ansteigen liess.

12.2.3 Subventionen

1401 Der Bund unterstützte die Kantone mit verschiedenen Subventionen für Strassenzwecke. Die Kantone erhielten diese Gelder in Form von Alpenstrassenbeiträgen, oder als freie Subvention, wenn der Bund damit einen Beitrag für die Benutzung der kantonalen Strassen durch Fahrzeuge des Militärs oder der Post leistete. Später hinzu kamen Subventionen in Form eines Anteils am Benzinzollertrag[1254].

1402 Bis zum Krieg leistete der Bund Beiträge zum Bau als auch Beiträge pro Kalenderjahr. Schon in der zweiten Hälfte des 19. Jahrhunderts wirkte der Bund beim Bau militärisch oder regionalpolitisch wichtiger Strassen und Verkehrsbauwerke mit: Er leistete Strassenbaubeiträge für alle namhaften Alpenstrassen[1255], für Brückenwerke[1256] sowie wichtige Strassen[1257]. In der Regel machte der Bund für seine Finanzierungszusagen

---

1254 Jaquemet, 173.

1255 1854 an den Grossen St. Bernhard (BB vom 21.7.1854, AS, Band IV 285), 1856, auf Gesuch von LU, BE, NW, OW, an die Brünigstrasse (BB vom 26.7. 1856, AS, Band V 386 f), 1861 an die Alpenstrassen Furka und Oberalp, die Axenstrasse und für ein Strassenprojekt in GR (BB vom 26. Juli 1861, AS, Band VII 70 ff sowie Band VII 165 f, 167 f und 271 ff, überdies AS, Band VIII 30 f, 105 ff und 184 f), 1872 an den Jaun-Pass von Bulle nach Boltigen sowie die La Croix-Strasse (BB vom 8.2.1872, AS, Band X 676 ff sowie AS, Band X 993 sowie Band II NF 372 f), 1873 an den Lukmanier (BB vom 25.7.1873, AS, Band XI 217 ff sowie AS, Band XI 468 f), 1889 an den Grimsel zwischen Innertkirchen (BE) und Gletsch (VS) (BB vom 12.12.1889, AS, Band XI NF 331 ff), 1891 an die Klausenpass-Strasse von Altdorf (UR) nach Linthtal (GL) (BB vom 16.12.1891, AS, Band XII NF 392 ff, AS, Band XVI NF 855 ff), 1897 an GR für die Umbrail-Passstrasse (BB vom 8. Okt. 1897, AS, Band XVI NF 307 ff, sowie AS, Band XVIII NF 88 f), 1905 an GR für Samnaun-Passstrasse (BB vom 20.12.1905, AS, Band 22 NF 61 ff, ebenso AS, Band 27 NF 981).

1256 1859 Erstellung einer Brücke über die Seeenge bei Acheregg (BB vom 19.1.1859, AS, Band VI 120 f), 1869 an TI für eine Maggiabrücke (BB vom 19.7.1869, AS, Band IX 861 ff), 1873 Strassen-Damm über den Zürichsee bei Rapperswil (BB vom 2.8.1873, AS, Band XI 290 ff).

1257 1882 an BE für Strasse Merligen - Neuhaus am rechtseitigen Thunersee-Ufer (BB vom 30.1. 1882, AS, Band VI NF 136 ff), 1884 an LU und SZ für Strasse Vitznau - Gersau (BB vom 27.6.1884, AS, Band VII NF 478 ff),

keine Vorschriften zum technischen Ausbau der Werke; einzige Ausnahme war die Samnaunpassstrasse, für die der Bund eine Maximalsteigung von 10 % sowie eine Strassenbreite von minimal 3.2 Metern oder teilweise 4.2 Metern vorschrieb[1258] . Zwischen 1854 und 1913 wurden total elf Millionen Franken Bundessubventionen an Strassen- und Brückenbauten ausgerichtet. Darüber hinaus erhielten die vier Alpenkantone GR, VS, UR und TI – als Ersatz für die 1848 weggefallenen Binnenzölle – seit 1874 jährlich einen Fixbetrag zum Unterhalt ihrer internationalen Strassen[1259].

Doch aufgrund der zunehmenden Motorisierung genügten diese Bundeszuschüsse nicht mehr, um hunderte Kilometer von Strasse zu walzen, pflästern und zu teeren. Insbesondere die Bergkantone hatten aufgrund ihrer kleinen Motorisierung ein kleines Steueraufkommen und dadurch ein Finanzierungsproblem im Strassenbau und erhoben deshalb verfassungswidrig Alpentaxen. Angesichts der prekären Finanzlage dieser Kantone tolerierte der Bund vorerst diese Praxis. Doch 1916 schlug der Bundesrat vor, die kantonalen durch eine einzige eidgenössische Abgabe zu ersetzen, um daraus Verbesserung und Unterhalt der kantonalen Strassen zu berappen[1260]. Da sich die Umsetzung dieses Vorhabens zu sehr in die Länge zog, meldeten die Kantone, unterstützt von den Automobilverbänden, ihre Begehren an, als der Bund ab 1921 den Benzinzollertrag für sich abzuschöpfen begann[1261]: UR, GR, TI und VS machten eine Eingabe an den Bundesrat, die in altBV 30 festgesetzten Bundesbeiträge zu erhöhen[1262]. Als Ergebnis des daraus resultierenden Verteilkampfes erhielten die Kantone ab 1928 Gelder aus dem Ertrag des Treibstoffzolls ausbezahlt[1263]. 1403

1892 an TI für Centovalli-Strasse (BB vom 10.12. 1892, AS, Band XIII NF 189 ff), 1894 an LU für die Entlebuchstrasse Schangnau - Wiggen (BB vom 10.12.1894, AS, Band XIV NF 672 ff) sowie damit zusammenhängend an BE für Schallenberg-Strasse (AS, Band XIV NF 669 ff), 1930 an TI für Strasse Castagnola - Gandria - ital. Grenze (BB vom 2.12.1930, AS, Band 48 NF 193 ff), sowie 1931 an SO für Passwang von Mümliswil (SO) nach Schachen b. Beinwil (SO) (BB vom 18.12.1931, AS, Band 47 NF 804 f).

1258 Art. 2 des BB vom 20.12.1905, AS, Band XXII NF 61 ff.

1259 Merki: Treibstoffzoll, 327.

1260 Botschaft vom 3.11.1916 (BBl, 1916 IV, 109-143).

1261 Merki: Treibstoffzoll, 327.

1262 Gisler-Jauch, 118.

1263 Über die genaue Entwicklung des dazwischenliegenden Verteilkampfes vergleiche N 1410 ff S. 382.

12.3 Lösungen auf Bundesebene

12.3.1 Treibstoffzoll

12.3.1.1 Einführung und mehrmalige Erhöhung

1404 Die Einfuhr von Treibstoff wurde seit 1906 mit Zöllen belegt. Aufgrund des damals noch geringen Verbrauches als auch eines tiefen Zollansatzes waren aber die daraus generierten Erträge unbedeutend.

1405 Im Zuge der Schaffung einer bundesrechtlichen Kompetenz für den Strassenverkehr wurde in den Jahren 1916–1919 versucht, dem Bund auch eine Kompetenz zur Erhebung von Steuern zwecks Finanzierung des Strassenbaus der Kantone zu verschaffen[1264]. Deshalb verlangte 1916 eine Kommission des NR vom BR einen Bericht, ob den Automobilisten Abgaben auferlegt werden könnten, um damit den Kantonen die Mittel zur Modernisierung ihrer Strassennetze zu verschaffen. In seinem Bericht kam der Bundesrat zum Schluss, dass eine Belastung des Automobilverkehrs zum Zwecke des Strassenunterhalts möglich und gerechtfertigt wäre. Der Bundesrat erwog mehrere Varianten und empfahl schlussendlich eine Belastung des Betriebsstoffes, wobei auch eine Abgabe auf Reifen denkbar gewesen wäre.

1406 Aufgrund dessen legte der Bundesrat einen neuen Entwurf zur Revision von altBV 37bis vor, der einen neuen dritten Absatz hatte. Demnach sollte der Bund befugt sein, im Automobil- und Motorradverkehr Abgaben zu erheben und den Ertrag an die Kantone zu verteilen, um – vom Bunde noch zu bezeichnende Strassen – zu unterhalten oder zu verbessern. Dafür sollten die von den Kantonen und Gemeinden bezogenen Abgaben dahinfallen, mit Ausnahme polizeilicher Kontrollgebühren[1265]. In der Erstberatung nahm der NR den Entwurf nach unbedeutenden Änderungen an[1266], nicht aber der SR, welcher den Entwurf am 21. März 1918 durch Stichentscheid des Präsidenten ablehnte. Dies aus zwei Gründen: Einerseits sah er in der Vorlage eine Bedrohung der kantonalen Steuerhoheit und andererseits ging ihm die Vorlage über die notwendige Einschränkung der kantonalen Strassenpolizeihoheit hinaus. Vor der Zweitberatung im NR modifizierte dessen vorberatende Kommission die Vorlage und strich dabei den ganzen 3. Absatz betreffend Abgaben und Besteuerung aus der Vorlage. Diesen veränderten Entwurf nahm der NR an und in der Folge auch der SR. Schlussendlich wurde diese bereinigte Version in der Volksabstimmung vom 22. Mai 1921

[1264] Bezüglich der nicht abgaberelevanten Aspekte dieses Prozesses vergleiche N 257 ff S. 70.

[1265] Botschaft vom 3.11.1916 (BBl, 1916 IV, 142).

[1266] Strebel, 73.

angenommen[1267] – jedoch ohne den Absatz, der dem Bund steuerliche Kompetenzen verliehen hätte.

Bis 1921 erhob der Bund 1 Fr. je Zentner Benzin, was 0.8 Rappen pro Liter entsprach; in gewissen Fällen sogar nur 30 Rappen pro Zentner. Dies ergab beispielsweise 1913 einen Zollertrag von 57 000 Fr.[1268]. Doch nach dem Krieg schnellten die Ausgaben in die Höhe und das alte, auf Zöllen beruhende Finanzierungssystem des Bundes kam an seine Grenzen. Die Bundeskasse war leer und es wurden neue Finanzquellen gesucht, welche in Form der Stempelsteuer, der Tabakabgaben sowie dem Benzinzoll gefunden wurden. Deshalb ermächtigte der Bund im Februar 1921[1269] den Bundesrat zu einer vorläufigen Anpassung des Benzinzolls. Dieser beschloss am 8. Juli 1921 eine massive, jedoch nur vorläufige Erhöhung des Zolltarifes, in dessen Folge der Grundzoll neu zehn Fr. pro 100 Kg Benzin betrug[1270], was brutto rund neun Rappen pro Liter bedeutete. 1407

Allgemeine Proteste gegen diese massive Erhöhung unterblieben, was darauf zurückzuführen war, dass einerseits der Benzinpreis an sich stark sinkend war und andererseits industriell verwendetes Benzin von der Erhöhung ausgenommen war[1271]. Die Erhöhung hatte aber zwei andere, nicht minder gewichtige Effekte: Einerseits schlossen sich die Lastwagenbesitzer im September 1921 zusammen und gründeten die ASPA[1272], welche künftig aktiv am politischen Seilziehen in Motorfahrzeug- und Transportbelangen teilnahm. Und andererseits rief der Umstand, dass der Bund den Treibstoffzollertrag für sich auszuschöpfen begann, die Kantone mit ihren Wünschen auf den Plan – denn nach dem Krieg herrschte bei diesen grosser Nachholbedarf im Strassenbau, da während des Krieges weder Geld vorhanden war, noch (mangels Benzin) grosser Verkehr herrschte. Nur die reichen Kantone mit ertragsstarken Motorfahrzeugsteuern konnten ihre Strassenbeläge aus eigener Kraft verbessern und damit die Staubplage beseitigen. Allen anderen, vor allem aber den Bergkantonen, reichten die Zuschüsse vom Bund bei weitem nicht mehr, um aberhunderte Strassenkilometer in Stand zu stellen oder zu halten. 1408

In den Räten setzte ein Ringen um die Verteilung der Benzinzollerträge ein, doch eine Lösung zog sich hin. Am 26. April 1923 beschloss der Bund eine Verlängerung seines Beschlusses von 18. Februar 1921[1273], 1409

1267 AS, Band XXXVII NF, 739.

1268 Merki: Treibstoffzoll, 314.

1269 BB vom 18.2.1921 betreffend der vorläufigen Abänderung des Zolltarifes (AS, Band XXXVII NF, 129).

1270 Achtzig Jahre Verkehrspolitik im Spiegel der AR, 76.

1271 Merki: Treibstoffzoll, 317.

1272 Vertiefend zur ASPA vergleiche N 425 S. 111.

1273 AS, Band XXXIX NF, 113.

welcher den Bundesrat zur vorübergehenden Erhöhung des Zolltarifes ermächtigte. Hierauf beschloss der Bundesrat im Dezember 1923 einen Zollzuschlag in gleicher Höhe wie der bestehende Zollansatz[1274], so dass der Treibstoffzoll mittlerweile 20 Fr. pro 100 Kg betrug. Diese Erhöhung schien vertretbar, da der Motorfahrzeugverkehr noch immer als Vergnügen einer Oberschicht galt.

1410 Im Gegensatz zu seinem ersten Beschluss von 1921 entfachte diese Erhöhung einen wahren politischen Entrüstungssturm der Verbände, der Kantone sowie der Benzinmotorenbesitzer. Alle Verbände, inklusive ACS, TCS, der erst 1921 gegründeten ASPA sowie die Handelskammern protestierten und – weil die Lastwagen damals noch nicht mit Diesel fuhren – rügte die ASPA sogar die Verfassungsmässigkeit des bundesrätlichen Beschlusses, da ein wirtschaftlich wichtiger Rohstoff betroffen sei. Auf den besonderen Protest der Fuhrunternehmer erwog der Bundesrat daraufhin eine Erleichterung für das schwere Benzin, unternahm aber dann doch nichts, weil das Lastwagengewerbe die Bundesbahnen schon stark und spürbar konkurrenzierte[1275]. Beigelegt werden konnte der Entrüstungssturm erst durch einen bereits auf kantonaler Ebene gut einexerzierten Kunstgriff – die Einführung einer (partiellen) Zweckbindung. Ein Teil des Zollertrages sollte zweckgebunden dem Unterhalt der kantonalen Strassen dienen.

1411 Nun entbrannte der politische Verteilkampf um die Zollerträge vollends – und geriet mitten in die Auseinandersetzung um ein erstes Motorfahrzeuggesetz. So entschied der Bundesrat im September 1924, einen Viertel der Benzinzolleinnahmen zur Seite zu legen, bis eine juristisch korrekte Lösung zu deren Verteilung gefunden sei[1276]. Im gleichen Jahr startete die schweizerische Verkehrszentrale einen Versuch, die in der Frage der Alpenstrassengebühren am stärksten engagierten Kantone BE, VS, TI, UR, GL, OW und NW zu einigen, um die Kontrolle und Erhebung der Gebühren zu vereinheitlichen[1277].

1412 Am 15. Mai 1927 fand eine Volksabstimmung statt, in der im ersten Anlauf ein Motorfahrzeuggesetz scheiterte. Angenommen wurde aber eine Ergänzung von altBV 30 III, wonach UR, GR, TI und VS rückwirkend ab 1925 je 400 000 Fr. erhalten sollten[1278]. Dies brachte nun die anderen Kantone in Zugzwang, da diese ihrerseits in ihren Budgets schon fix mit einem Bundesbeitrag gerechnet hatten[1279]. In der Folge willigte der Bun-

---

[1274] BRB vom 7.12.1923 betreffend die Erhöhung der Einfuhrzölle auf Benzin und Benzol zu motorischen Zwecken AS, Band XXXIX NF, 441.

[1275] Merki: Treibstoffzoll, 317.

[1276] BBl, 1924 III, 412-417.

[1277] Gisler-Jauch, 117.

[1278] AS, Band XLIII NF, 220.

[1279] Merki: Treibstoffzoll, 327.

desrat in einen Benzinzollviertel ein, auch wenn dabei seine rechtlichen Bedenken noch nicht ganz ausgeräumt waren[1280]. Am 21. September 1928 erging der Bundesbeschluss betreffend die Ausrichtung von Bundesbeiträgen an die Kantone für die Automobilstrassen[1281]. Dieser legte in Art. 1 fest, dass der Bundesrat – nach Anhörung der betroffenen Kantonsregierung – Durchgangsstrassen öffnen konnte. Im Gegenzug erhielten die Kantone, aufgrund von Art. 2, die Hälfte des über zehn Franken liegenden Zollertrages. Die Verteilung unter den Kantonen erfolgte nach einem in Art. 3 festgelegten Schlüssel, welcher nach langem Ringen[1282] auf den Ausgaben und der Anzahl Strassenkilometer der einzelnen Kantone basierte. Schlussendlich wurden, dank Art. 4, die Erhebung kantonaler Durchgangsgebühren unzulässig, wobei bei Missachtung dieses (erneuten) Verbotes den Kantonen diesmal eine schmerzhafte Strafe drohte: der Verlust der Bundessubventionen.

Die Bedeutung dieser vier Artikel war eminent. Einerseits gab der Bund 1413
Kompetenzen und Geldmittel ab. Die "Hälfte des Jahresertrages aus dem Zuschlagszoll" meint die Hälfte jener zehn Franken, um die der Zoll 1923 angehoben wurde, also fünf Franken pro Zentner respektive eine Viertel der 20 Fr. des Gesamtzolls. Die Kantone erhielten diese Beträge für die Jahre 1925–1927 nachträglich ausbezahlt und ab 1928 sollte der "Benzinviertel" eine wesentliche Grundlage des vertikalen Finanzausgleichs bilden. Andererseits erhielt der Bund wichtige Kompetenzen, denn er konnte wichtige Durchgangsstrassen gegen den Willen eines Kantons öffnen. Noch wichtiger aber war das Druckmittel gegenüber den Kantonen: Subventionen erhielten nur jene Kantone, die auf Durchgangsgebühren verzichteten. Das war insbesondere den Automobilisten wichtig, denn damit wurden die verhassten und bekämpften Durchgangsgebühren endgültig hinfällig[1283].

Nicht zuletzt wurde dieser Erfolg auch international honoriert, bezie- 1414
hungsweise kam dem Bund in anderer Angelegenheit entgegen: Nachdem in den Alpenkantonen die Durchgangsgebühren weggefallen waren, verlängerte im Gegenzug Deutschland die maximale Dauer, die ein schweizer Fahrzeug steuerbefreit in Deutschland zirkulieren durfte, auf 14 Tage[1284].

Der Verteilschlüssel, den die Kantone in einem mühsamen politischen 1415
Seilziehen ausgerungen hatten, musste 1935 bereits wieder angepasst

---

1280 BBl, 1927 II, 201-217.

1281 AS, Band XLV NF, 1.

1282 Was sollte massgeblich sein: die Strassenlänge in Kilometer oder die Strassenkilometer pro Kantonseinwohner? Mit oder ohne Einbezug der Gemeindestrassen?

1283 Merki: Treibstoffzoll, 319, 327-328.

1284 GB BR, 1929, 295

werden[1285]. Der Bund selbst hingegen verwendete einen Teil seines Benzinzollanteils, um im Rahmen von BG32 55 eine besondere Versicherung für den Missbrauch von Fahrzeugen abzuschliessen. Diese übernahm Personenschäden, welche durch den eigenmächtigen, vom Halter nicht verschuldeten Gebrauch eines Motorfahrzeugs durch einen Dritten entstanden waren.

12.3.1.2 Lenkungswirkung des Treibstoffzolls

1416 Schon vor dem Krieg wurde auf breiter Front nach Ersatztreibstoffen und Benzinzusätzen gesucht. Diese Suche wurde jedoch durch den Krieg stark gefördert, denn er führte den europäischen Regierungen ihre Abhängigkeit vom Treibstoff vor Augen[1286]. Dies insbesondere deshalb, weil der Benzinmotor bereits im 1. Weltkrieg wesentlich zur Kampf- und Verteidigungsleistung der Länder beitrug.

1417 Zu den in Frage kommenden Ersatzstoffen gehörte einerseits Benzol, welches auch klopfhemmende Wirkung hatte und somit für hochkomprimierte Motoren Verwendung fand. Experimentiert wurde mit Rohöl beziehungsweise Diesel. Dieselöl blieb in der Schweiz bis 1935 vom Fiskalzoll verschont, um die schweizerische Lastwagenindustrie zu schonen. Allerdings spielte der Dieselmotor – selbst bei Lastwagen – in den 1920er Jahren noch eine marginale Rolle.

1418 Privilegiert wurden aber nicht nur einige Betriebsstoffe, sondern auch einzelne Verbraucher. So erhielten damals die Armee und deren Regiebetriebe zollfreies Benzin, später auch die Luftwaffe und die Swissair[1287].

12.3.2 Zölle für importierte Fahrzeuge und Chassis

1419 Für Fahrzeuge oder Chassis, die über die Grenze in die Schweiz kamen, war ein Zoll zu entrichten. Findige Importeure und Privatleute versuchten deshalb, ihre Fahrzeuge im Ausland vor Ort zu erwerben und dann mit dem Wagen in die Schweiz einzufahren, in der Hoffnung, den Einfuhrzoll nicht entrichten zu müssen.

1420 Um dies zu verhindern kannte die Schweiz um die Jahrhundertwende ein System, bei dem für einreisende Fahrzeuge ein Depot hinterlegt werden musste, welches bei der Ausreise des Fahrzeuges wieder zurückerstattet wurde. Dieses System war aber nur beschränkt praxistauglich. Probleme gab es immer wieder, wenn Einreise- und Ausreisezollamt verschieden waren, wenn eine Ausfahrt nach Büroschluss des Zollamtes erfolgen sollte, oder wenn auf dem Zollamt zu wenig Liquidität vorhanden war und der ausreisende Automobilist warten musste, bis das lokale Zollamt

---

1285 AS, Band LI NF, 169.

1286 Merki: Siegeszug, 400-401.

1287 Merki: Treibstoffzoll, 329-331.

bei der nächsten Bank die deponierte Summe wieder in Bargeld abgeholt hatte.

Deshalb wurde das Depotsystem 1902 in verschiedenen Staaten und der Schweiz durch ein zweites System ergänzt, bei dem ein nationaler Automobilverband eines Landes gegenüber den Nachbarstaaten die Garantie übernahm, dass seine Mitglieder bei der Ausreise aus diesen Nachbarstaaten ihre Fahrzeuge wieder mit ins Heimatland brachten und diese nicht – unter Umgehung der Einfuhrzölle – in einem der Nachbarstaaten verkauften. Als Nachweis seiner Gewährleistung gab ein solcher Verband dem ausreisenden Mitglied eine Ausweiskarte beziehungsweise ein so genanntes "Triptik" mit. 1421

In der Schweiz boten der ACS und TCS den schweizer Automobilisten ihre Triptiks an und garantierten damit gegenüber den Nachbarstaaten, dass schweizerische Fahrzeuge nach ihrem Auslandaufenthalt wieder in die Schweiz zurückgebracht wurden. In anderen Ländern boten andere Clubs ihren Mitgliedern ebenfalls Triptiks an, welche dann von den schweizer Einreisebehörden, im Gegenrecht, ebenfalls als Garantierpapier für einen Reexport des Fahrzeuges akzeptiert wurden. Zur Vereinfachung der Formalitäten arbeiteten die Verbände in den verschiedenen Ländern eng zusammen und dienten einander als Repräsentanten und Garanten im jeweiligen Korrespondenz- beziehungsweise Gastland. 1422

Im Jahre 1906 war dieses System schon recht gut etabliert, was insbesondere dem Engagement des TCS zu verdanken war[1288]. Die Triptiks erlaubten nun den schweizer Automobilisten, gegen Vorweisung ihrer Triptik nach Frankreich, Italien oder Österreich einzufahren, ohne Zoll zahlen oder eine Kautionssumme deponieren zu müssen[1289]. Dasselbe galt für einreisende ausländische Fahrzeuge. 1423

Noch aber lief das System nicht reibungslos. Im Rahmen der IntUek1 konnten jedoch die Formalitäten bei der Grenzüberschreitung (wozu auch die Verzollung der Fahrzeuge gehörte) nicht geregelt werden, denn die nationalen Unterschiede waren zu gross dafür[1290]. 1424

Die Bestrebungen des TCS gingen weiter und 1911 konnte er ein Dokument anbieten, dass mehrere Übergänge erlaubte, während der ACS nur ein Dokument anbieten konnte, dass bei nur einem Übergang akzeptiert wurde[1291]. 1425

Da die Clubsekretariate detaillierte Buchhaltung über die von ihnen erteilten Triptiks führten, liessen sich aus diesem Zahlenmaterial interessante Rückschlüsse ziehen. So zeigten die Verkaufszahlen bis und mit 1913, dass trotz Boykottaufrufen ausländischer Zeitungen die Schweiz 1426

[1288] TCS-Revue, 1902, S. 252.
[1289] Meili: Kodifikation, 182.
[1290] Merki: L'internalisation, 339.
[1291] TCS-Revue, 1911, S. 51.

ein interessantes Reiseland für ausländische Automobiltouristen blieb, denn die Verkaufszahlen der Triptiks stiegen von Jahr zu Jahr[1292]. Es zeigte sich aber auch, dass, in Relation zur Anzahl der in der Schweiz immatrikulierten Fahrzeuge, eine hohe Zahl von Triptiks an schweizer Fahrzeughalter abgegeben wurde. Dies liess den Schluss zu, dass viele schweizerische Automobilisten den Aufrufen ihrer Clubs Folge leisteten und ihre Sonntags- und Ferienausfahrten ins (autofreundlichere) Ausland machten[1293].

1427 Für die endgültige, zollpflichtige Einfuhr von Automobilen oder Chassis galten bis 1921 Einfuhrbeschränkungen. Mit Bundesbeschluss vom 18. Februar 1921 wurden für Automobile und Chassis neue Zolltarife festgelegt[1294] und am 20. Juli 1922 hob das eidgenössische Volkswirtschaftsdepartement die Einfuhrbeschränkungen auf, indem es für zwei Zolltarifnummern eine allgemeine Einfuhrbewilligung erteilte: für Chassis bis 1 500 Kg und für Personenwagen bis 2 200 Kg[1295].

1428 1926 wurde die IntUek2 abgeschlossen, welche wiederum nichts über die Zollbehandlung von Fahrzeugen aussagte. Im selben Jahr erliess aber der Bundesrat ein Reglement über die Zollbehandlung von Fahrzeugen im Reisenden-, Touristen- und Grenzverkehr[1296].

1429 Der erste Abschnitt, betreffend die Ein- und Ausreise ausländischer Fahrzeuge, regelte in Art. 8 die Triptik-lose Einreise ausländischer Fahrzeuge, welche immer noch auf einer Depotleistung beruhte und in Art. 9 die Depot-lose Einreise für ausländische Fahrzeuge, deren Besitzer ein Triptik vorweisen konnte. Besondere Regeln galten dabei in den lokalen Verhältnissen des kleinen Grenzverkehrs nach Art. 11.

1430 Der zweite Abschnitt, betreffend die Aus- und Wiedereinreise inländischer Fahrzeuge, regelte in Art. 16 (mit Verweis auf Art. 9), welche Verbände in der Schweiz zur Ausstellung von Triptiks zugelassen waren. Es handelte sich dabei um den TCS, den ACS sowie den schweizerischen Automobil- und Motorfahrverband, da diese drei Verbände gegenüber der eidgenössischen Zollverwaltung eine Haftbarkeitserklärung abgegeben hatten, wonach sie für ihre eigenen Mitglieder sowie für Mitglieder einer Anzahl ausländischer Verbände für die Wiedereinfuhr respektive Wiederausfuhr haften würden. Auch für den kleinen Grenzverkehr mit inländischen Fahrzeugen galten besondere Regeln (Art 18).

[1292] TCS-Revue, 1913, S. 239.
[1293] Gubler, 46.
[1294] AS, Band XXXVII NF, 129.
[1295] AS, Band XXXVIII NF, 471.
[1296] AS, Band XLII NF, 464.

1927 schliesslich passte der Bundesrat auch die seit 1921 unverändert gebliebenen, für eine endgültige, zollpflichtige Einfuhr von Automobilen oder Chassis geltenden Zolltarife an[1297]. 1431

12.3.3 Steuern

Die Besteuerung der Fahrzeuge von schweizer Haltern fiel in die kantonale Hoheit, womit auch die Erträge in die kantonalen Kassen fielen. Diesbezüglich brachte auch das BG32 keine Vereinheitlichung der Motorfahrzeugbesteuerung, denn gemäss BG32 71 I blieb den Kantonen das Recht zur Erhebung von Steuern und Gebühren erhalten. 1432

Die Erhebung einer Bundessteuer für die Einreise ausländischer Fahrzeuge, welche nur für kurze Zeit in die Schweiz einfuhren, wäre einem verfassungsrechtlich untersagten Wege- oder Brückenzoll gleichgekommen und wurde deshalb auf Bundesebene nie ernstlich erwogen. 1433

Fragen ergaben sich aber bei sich ständig in der Schweiz aufhaltenden ausländischen Fahrzeugen und ebenso im kleinen Grenzverkehr in den grenznahen Gebieten, wo Grenzgänger die Grenze täglich mehrmals überqueren mussten. In der Deutschschweiz betrafen diesbezügliche Probleme und Klagen häufig das Grenzgebiet von SH, ZH und dem Grossherzogtum Baden (heutiges Deutschland)[1298]. In diesem galt rechtlich, dass der schweizerische Automobilist, der die deutsche Grenze passieren wollte, eine Gebühr von sechs Mark zu bezahlen hatte, wofür er eine Blechtafel erhielt, die neben dem kantonalen Nummernschild angebracht werden musste[1299]. Aufgrund dieser unbefriedigenden Lösung wurde 1906 an den Regierungsrat des Kantons Schaffhausen das Gesuch gestellt, den Bundesrat um ein Hinwirken auf eine vertragliche Regelung des deutsch-schweizerischen Grenzverkehrs zu bewegen. Es wurde angestrebt, die Anwendbarkeit des deutschen Automobilsteuergesetzes im ganzen Grenzbezirk des Kantons Schaffhausen aufzuheben, minimal aber in den badischen Enklaven Büsingen, Gailingen, Jestetten, Altenburg und Littstetten sowie den verbindenden Streifen[1300]. 1434

IntUek1 liess die Frage der Grenzgängerbesteuerung wie generell die Besteuerung von Gastfahrzeugen offen. Durch die Kompetenzerteilung an den Bund im Mai 1921[1301] musste nun der Bund diese Fragen lösen. Da sich auch die IntUek2 nicht mit fiskalischen Fragen befasste, musste die Regierung bilaterale Verhandlungen mit den Nachbarstaaten durchführen, um eine Vereinfachung oder Elimination der gegenseitigen Besteuerung von Fahrzeugen zu erreichen. 1435

1297 AS, Band XLIII NF, 487.
1298 AR, 1906, 319-320.
1299 Meili: Kodifikation, 180.
1300 AR, 1906, 306 und 432.
1301 AS, Band XXXVII NF, 739.

1436 Im Juli 1928 trat ein Besteuerungsübereinkommen mit dem Deutschen Reich in Kraft, worin die Besteuerung von Kurzaufenthaltern geregelt wurde und mit anderen Staaten, so Belgien, Italien und Frankreich, waren ebenfalls entsprechende Verhandlungen aufgenommen worden[1302]. Nachdem in den Alpenkantonen die Durchgangsgebühren weggefallen waren, verlängerte im Gegenzug Deutschland die maximale Dauer, die ein schweizer Fahrzeug steuerbefreit in Deutschland zirkulieren durfte, auf 14 Tage[1303]. 1930 wurden weitere Erleichterungen erreicht: Das Deutsche Reich weitete die Steuerbefreiung im Verkehr mit der Schweiz weiter aus, mit Italien konnte eine detaillierte Einigung erreicht werden und mit den Niederlanden und Schweden konnte gar eine allseitige Steuerbefreiungsfrist von drei Monaten erreicht werden[1304].

1437 Doch trotz der Erfolge war allen beteiligten Kreisen klar, dass selbst ein ganzes Netz von bilateralen Verträgen dem stetig zunehmenden, grenzüberschreitenden Motorfahrzeugverkehr nicht mehr gerecht werden konnte. Nach langen Verhandlungen schlossen am 30. März 1931 in Genf 14 Staaten, darunter die Schweiz, ein internationales Abkommen über die Besteuerung ausländischer Motorfahrzeuge. Dieses sah zwischen den Signatarstaaten für nichtgewerbliche Fahrten eine Steuerbefreiung bis maximal 30 Tage pro Jahr vor[1305]. Noch im selben Jahr regte die Schweiz eine Verlängerung dieser gegenseitigen Steuerbefreiung an, trotzdem erging der Bundesbeschluss zur eigentlichen Ratifikation des Abkommens erst im September 1934, der Bundesbeschluss über den aufgrund dieses Abkommens benötigten Ausweis gar noch ein Jahr später[1306].

12.3.4 Gebühren

1438 Für bundesrechtliche Gebühren bestand rechtlich kein grosser Spielraum. Einziger Anwendungsfall war der Bereich des konzessionierten Transportwesens. Im September 1906 erging die Verordnung betreffend die Konzessionierung und die Kontrolle der Automobilunternehmungen, Aufzüge und Luftseilbahnen[1307], welche regelmässige und periodische Transporte nach Tarif und Fahrplan einer Konzessionspflicht unterstellte (Art 1). In dieser Verordnung wurde das diese Betriebe betreffende Konzessionswesen eingehend geregelt, mithin auch die Entrichtung einer Konzessionsgebühr, deren Höhe sich in verschiedenen Stufen anhand des Verhältnisses von Reinertrag und Grundkapital herleitete.

[1302] GB BR, 1928, 291 sowie 1929, 295-296.
[1303] GB BR, 1929, 295.
[1304] GB BR, 1930, 272.
[1305] GB BR, 1931, 289.
[1306] AS, Band L NF, 1112, respektive AS, Band LI NF, 245.
[1307] AS, Band XXII NF, 565.

Aufgrund des zunehmenden Einsatzes schwerer Fahrzeuge zum Personentransport wurde im Februar 1916 eine allgemeine Konzessionspflicht für die fahrplanmässige, entgeltliche Beförderung von Personen mit Motorfahrzeugen eingeführt. Die Ermächtigung zur Erteilung dieser Konzessionen wurde dabei an das eidgenössische Postdepartement erteilt[1308]. 1439

12.4 Fazit

Zur Deckung der Strassenkosten in der Schweiz wurden auf kantonaler und eidgenössischer Ebene verschiedene Formen der Mittelbeschaffung eingesetzt. Dazu wäre eine Verbindung einer Pauschalabgabe mit einer Verbrauchssteuer zweckmässig gewesen[1309]. Sonderbarerweise hatte sich aber sowohl auf kantonaler wie eidgenössischer Ebene jeweils das System etabliert, welches sich gerade nicht für die Erreichung des beabsichtigten Zweckes eignete: Die Kantone wollten eine (verursachergerechte) Finanzierung ihres Strassennetzes erreichen, erhoben aber eine Pauschalsteuer nach Gewicht, Leistung oder Hubraum, welche jedoch die Beanspruchung der Strassen nicht erfassen konnte. Der Bund hingegen wollte das Automobil aus fiskalischen und wirtschaftspolitischen Gründen besteuern, musste aber eine Verbrauchssteuer (in Form des Benzinzolls) erheben. 1440

Der Grund für diese Systemwidrigkeit auf beiden Ebenen lag in der historischen Entwicklung der Kompetenzen: Die Kantone waren in der Verkehrsbesteuerung autonom und achteten lange Zeit wachsam darauf, dass der Bund kein Einmischungsrecht erhielt. 1441

1308 AS, Band XXII NF, 21 und 89.
1309 Jaquemet, 155.

13 Strassennetz und Servicestationen

13.1 Bedeutung der Infrastruktur

13.1.1 Strassenbauliche Ausgangslage

1442 Die zunehmende Motorisierung verlangte nebst der Anpassung des Verkehrs- und Strassenrechts auch einen Neu- und Umbau der Infrastruktur für Automobile, sowohl des Strassennetzes an sich als auch der Servicestationen. Motorfahrzeuge brauchten eigentlich keine Strassen – auch Fords Modell T liess sich ab 1908 nicht durch die schlechten amerikanischen Strassen aufhalten[1310]. Aber ein leistungsfähiger Verkehr brauchte möglichst glatte, steigungs- und kurvenfreie Fahrbahnen. Deshalb wurde das "Automobilproblem" vor allem als ein "Strassenproblem" wahrgenommen und dieses Strassenproblem hatte eine Schlüsselstellung im Kampf gegen die Missstände und Widerstände in der Motorisierung.

1443 Weniger erfreut über den aufkommenden Automobilverkehr war man bei den kantonalen Bauämtern, da insbesondere die Gesellschafts- und Lastkraftwagen eine wesentlich höhere Beanspruchung der Strassen brachten. Generell war eine deutliche Intensivierung des Strassenbaus und -unterhalts festzustellen, was mehrere Gründe hatte.

1444 **Erster und primärer Grund** für den rasch wachsenden Aufwand war die schlecht ausgebildete Strassendecke, welche ihrerseits wiederum mehrere Ursachen hatte. Durch die Eisenbahneuphorie im Ende des 19. Jahrhunderts schenkte man in der Schweiz lediglich noch den Zufahrten zu Bahnstationen, den Strassenverbindungen über Kantonsgrenzen hinweg sowie den Alpenpoststrassen einige Beachtung[1311]. Alle anderen Strassen waren aber während des Eisenbahnbaus vernachlässigt worden. So wie sich in Deutschland nach dem Krieg um 1923 viele Strassen präsentierten, so desolat waren sie auch in der Schweiz um die Jahrhundertwende (und nach dem Krieg, allerdings in vermindertem Masse) anzutreffen: Die nicht nachgeschütteten, auf die Hälfte und mehr abgefahrenen Decklagen lösten sich auf und Schlagloch reihte sich an Schlagloch. Die geschotterte Strassendecke zeigte tiefe Geleise bis auf die Packlage, wo eine solche vorhanden war, oder gar bis in den aufgeweichten Untergrund hinein[1312].

1445 Die schlecht ausgebildete Strassendecke war jedoch nicht nur Folge vernachlässigter Strassenpflege, sondern auch Folge veränderter Bedürfnisse. Viele der vorhandenen Strassen – insbesondere aber die

---

[1310] Merki: Unwegsames Gelände, 43.
[1311] Vogel, 9.
[1312] Temming, 189.

Passstrassen – waren noch im 19. Jahrhundert gebaut worden, bemessen für die damals zu erwartende Fahrbahnbeanspruchung und Belastung: Ein Pferdefuhrwerk wog kaum mehr als fünf Tonnen, bewegte sich nicht schneller als mit 12 Km/h und die Staubentwicklung war auch bei regem Verkehr mässig. Der Strasse zu schaffen machten vor allem Temperaturstürze, Regen, Sonne, Schnee und Eis, aber auch Pferdehufeisen mit scharfen Stollen sowie der Hufschlag.

Die Motorisierung brachte neue Formen der Strassenbeanspruchung mit 1446
sich. Der private Automobilverkehr befuhr die Strassen wesentlich schneller. Dies führte zu einer (gegenüber dem senkrechten Belastungsdruck) neuen, seitlichen Krafteinwirkung der Räder auf die Strassenoberfläche: Während die Räder von Tiergespannen nur beim Bremsen Zugkräfte auf die Strassenoberfläche ausübten, übten die angetriebenen Räder von Motorfahrzeugen nebst dem Bremsen auch beim Beschleunigen oder in Kurven Zugkräfte auf den Strassenbelag aus[1313]. Die zögerlich aufkommenden Lastwagen brachten eine deutlich höhere Gewichtsbelastung der Strassenoberfläche mit sich, waren doch bereits 1903 Fahrzeuge mit Gewichten bis zu zehn Tonnen unterwegs[1314]. Bei beiden Motorfahrzeugkategorien relativierend wirkte jedoch der Umstand, dass aus dem Betrieb kein Aufschlag von Hufen mehr resultierte und dass die Motorwagen durch ihre Federung weniger heftig in Strassenfurchen einschlugen.

Strassenschonend war auch das allmähliche Verschwinden der alten Ei- 1447
senreifen mit ihren scharfen Kanten und vorstehenden Stiften (beispielsweise bei Triebrädern von Zugmaschinen). Der sie ersetzende Gummipneu hatte überdies die Vorteile, den Radruck auf eine grössere Fläche zu verteilen und weniger als Eisenhufe oder Eisenreifen auf dem Belag zu scheuern. Dafür zerstörte der schnell drehende Gummipneu die Strassenoberfläche, in dem er aus der (bis anhin) unbefestigten Strassendecke lockere Teile lossaugte und diese wegschleuderte und dabei das Fahrzeug in dicke Staubwolken hüllte. Wurden überdies Gummipneus im Winter, zwecks besserer Bodenhaftung, mit Gleitschutzketten versehen, so verursachten deren scharfen Profilteile schwere Schäden in der Strassendecke. Insbesondere in Städten kam eine weitere Ursache für eine schlechte Strassendecke hinzu: die immer wiederkehrenden Aufgrabungen der Strasse durch Strassenbahngesellschaften, die Schienen verlegten, oder Behörden, die Kanalisationen oder Werke zur Wasser-, Gas- oder Elektrizitätsversorgung in den Boden eingruben. Der so lädierten Strassenfläche gaben schliesslich Regen, Frost, fehlende Dränage und sengende Hitze

[1313] von Salis-Soglio, 22.
[1314] Nething, 180.

den Rest, denn die Kunstbeläge, die all diesen Beanspruchungen gewachsen waren, mussten erst noch entwickelt werden[1315].

1448 **WEITERE GRÜNDE** für den rasch wachsenden Aufwand waren einerseits die rasch ansteigenden Fahrzeuganzahlen[1316] auf einem Strassennetz, welches in Verästelung und Kapazität mehr oder weniger noch dem Stand des 19. Jahrhunderts entsprach, während zwischenzeitlich ein effizientes Bahnnetz vorhanden war. Andererseits machte sich die Topografie des Landes in vielen Aus- und Neubauprojekten kostentreibend bemerkbar. Schliesslich zeigte sich auch, dass das ganze technische System "Strasse" auf einem Stand der Jahrhundertwende den Bedürfnissen von Motorfahrzeugen und ihren Lenkern nicht genügte. Die verschiedentlich vorhandenen Gefälle von mehr als 10 % konnten von Motorfahrzeugen nicht befahren werden und bedingten teilweise neue Routenführungen. Selbst das Strassenprofil musste verändert werden, denn die bis anhin traditionell stark bombierten (mittig erhöhten) Strassen liessen das Wasser gut abfliessen, hatten aber die Eigenart, schneller fahrende Fahrzeuge ins Umland zu befördern[1317]. Sicherheitsprobleme ergaben sich auch an allen (unbewachten) Niveauübergängen von Schienenwegen und weitere Gefahren resultierten aus unerwarteten Kurven und Kehren sowie unübersichtlichen Strassenborden.

1449 Kurzum: Die Strassenbauer waren noch auf Fuhrwerk und Pferdewagen eingestellt, während die "alte" Strasse schnell zu einem Auslaufmodell wurde: Innert ein, zwei Jahrzehnten war das ganze, über lange Zeit gewachsene Strassennetz den neuen Anforderungen nicht mehr gewachsen und musste komplett überholt und modernisiert werden.

13.1.2 Strassenausbau als allgemeines Interesse

1450 Deshalb waren alle interessierten Gruppen an einer Intensivierung des Strassenbaus und -unterhalts interessiert, wenn auch aus verschiedenen Motiven:

1451 Die Behörden waren für die Strassen verantwortlich, denn diese gehörten zum öffentlichen Raum und für dessen Bau und Unterhalt hatte die öffentliche Hand zu sorgen. Insbesondere die Automobilisten wiesen immer wieder auf diese Tatsache hin und erklärten damit die Behörden als für die Staubplage verantwortlich. Nach dem Krieg kam ein weiterer Grund hinzu, weshalb die Behörden den Zustand ihres Strassennetzes verbessern mussten: In der Judikative wuchs in den 1920er Jahren die Überzeugung, dass das Gemeinwesen sichere Strassen zur Verfügung zu stellen hatte und so kam es gegen Ende der 1920er Jahre in mehreren Gerichtsfällen zu Mithaftung des Gemeinwesens, weil sich Unfälle auf

---

[1315] Vertiefend vergleiche N 816 f S. 221 sowie N 1511 ff S. 408.

[1316] Vertiefend vergleiche N 465 S. 120.

[1317] Bertho Lavenir, 113.

Strassen ereignet hatten, die in schlechtem oder mangelhaftem Zustand waren[1318].

Das Publikum stand hinter dem Strassenbau, weil dadurch eine Beseitigung der Staub- und Kotplage erreicht werden konnte. Teilweise war der Strassenzustand jedoch so schlecht, dass selbst Fussgänger und Fahrradverkehr behindert wurden[1319]. 1452

Auch die Automobilisten standen voll hinter dem Ausbau der Strassen, denn bessere Strassen beeinflussten den Automobilverkehr unter mehreren Aspekten: Erstens sanken die Betriebskosten für Benzinverbrauch und Reifenverschleiss[1320] sowie die Reparaturkosten, zweitens stieg die Fahr- und Verkehrssicherheit (aufgrund grösserer Übersicht, aber auch ganz konkret, weil beispielsweise weniger Erschütterungen zu weniger Achsbrüchen und damit weniger Unfällen führten), drittens stieg der Fahrkomfort und viertens wickelte sich der Verkehrsfluss an sich rascher ab[1321]. Deshalb wollten die Automobilisten automobilfreundliche Beläge und Profile, denn nur harte und glatte Oberflächen liessen hohe Geschwindigkeiten und niedrige Kosten zu. Ergänzend forderten die Automobilisten eine Priorisierung des Motorfahrzeugverkehrs. 1453

13.1.3 Lösungsansätze

Die Lösung dieser anstehenden Probleme wurde über mehrere Wege angestrebt. Einer schnellen Lösung standen nicht technische, sondern finanzielle Fragen im Wege, weshalb eine Verbesserung der Zustände vorab mittels (günstigem) Strassenschutz erreicht werden musste. In rechtlicher Hinsicht dienten dazu vor allem Normen zur Fahrzeugausrüstung und Geschwindigkeitsbeschränkungen. 1454

Erst die Akkumulation der notwendigen finanziellen Mittel wie auch die Wahrnehmung als hoheitliche Tätigkeit konnten eine Intensivierung von Planung, Neubau und Unterhalt bewirken. 1455

Parallel zur Verbesserung des Strassennetzes musste auch das Netz von Versorgungs- und Reparaturstützpunkten verbessert werden. Aus rechtlicher Sicht ist in diesem Zusammenhang insbesondere der Bau von Servicestationen von Interesse, denn diese erfuhren aus verkehrstechnischen und feuerpolizeilichen Gründen eine rechtliche Regelung. 1456

1318 Weitere Ausführungen folgen sogleich (Vergleiche N 1497 S. 405).

1319 Nussbaum, 155.

1320 Der Wechsel eines Reifens war auch ein zeitlicher Aufwand. Noch 1913 brauchte ein geübter Chauffeur dafür eine halbe Stunde, wobei der Normalfall bei einer Stunde lag. Es empfahl sich deshalb, stets ein oder zwei Reserveräder mitzuführen, und bei Besuchen oder geschäftlichen Terminen stets eine halbe Stunde Spielraum für einen eventuellen Reifendefekt einzuplanen (AR, 1913, 196).

1321 Jaquemet, 127.

13.2 Strassenschutz durch Normen für Motorfahrzeuge

13.2.1 Notwendigkeit eines mehrfachen Ansatzes

1457 Je nach Gewicht konnten Motorfahrzeuge verschiedene Strassenschäden verursachen. Leichte Motorfahrzeuge bewirkten vor allem eine oberflächliche Schädigung im Strassenbelag, indem Gummipneus Steine aus Schotterbelägen herauszogen oder Spurrillen im Belag hinterliessen. Die Bekämpfung und Lösung dieser Probleme erfolgte über die Teerung beziehungsweise die Entwicklung neuer, für Motorfahrzeugverkehr geeigneter Beläge. Schwere Motorfahrzeuge hingegen schädigten durch ihr hohes Gewicht das Strassenfundament und sie konnten selbst Teerbeläge schädigen, wenn die Radlast zu gross war oder die Räder nicht plan auf der Strassenoberfläche auflagen.

1458 Wurden von den verantwortlichen Behörden solche Strassenschäden festgestellt, wurde ab und an auch die billigst und schnell realisierbare Lösung eines Fahrverbotes für Motorfahrzeuge erwogen. Nur wenige Gemeinden und Städte gingen aber soweit wie Luzern, diesen Versuch auch tatsächlich durchzuführen: Ein ungenügender Strassenausbau und disziplinlose Lenker bewogen den Regierungsrat dazu, am 3. August 1907 – mitten in der touristischen Hochsaison – überraschend ein Automobilfahrverbot auf allen öffentlichen Güterstrassen zu erlassen. Das Verbot erwies sich als undurchführbar und der Aufschrei der Fremdenindustrie bewirkte, dass der Regierungsrat das Verbot am 14. August 1907 bereits wieder aufheben musste. Stattdessen wurde auf den betroffenen Strassen eine Maximalgeschwindigkeit von 5 Km/h verfügt[1322]. Doch auch diese Massnahme bewährte sich nicht und es mussten andere, differenziertere Schutzmechanismen gefunden werden.

1459 In der Zeit vom Konk1 bis zum BG32 wurden die an die Motorfahrzeuge gerichteten Normen zum Strassenschutz immer weiter ausgebaut, sowohl im Bereich der Ausrüstungs- und Konstruktionsnormen als auch der Betriebsnormen. Diese Ausdifferenzierung erfolgte in iterativer Weise und in Abstimmung mit den Fortschritten, welche in der Fahrzeug- und Strassenbautechnologie erzielt werden konnten.

1460 Gemeinsames Merkmal beider Normengruppen – Ausrüstung und Konstruktion einerseits, sowie Betrieb andererseits – war, dass die ersten Normen im Konk2 aufgenommen wurden. Das Konk1 enthielt noch keine diesbezüglichen Normen, doch im Umfeld vom Konk1 erliessen einige Kantone bereits ergänzende Reglemente zum Strassenschutz, welche dann aber erst im Konk2 – zumindest in den Konkordatskantonen – einheitliche Geltung erlangten.

[1322] Meyer, 23-25.

Eine zweite, deutlich grössere Ausdifferenzierung erfuhren diese Normen im Konk2Lw, denn das ungleich höhere Schädigungspotenzial der schweren Lastwagen und der Verbreitungsschub für Lastwagen nach dem Krieg machten eine eingehende Regelung des Strassenschutzes mittels Ausrüstungs- und Konstruktions- sowie Betriebsnormen unumgänglich. 1461

13.2.2 Ausrüstungs- und Konstruktionsnormen

Der Ansatzpunkt für Ausrüstungs- und Konstruktionsnormen zum Strassenschutz war die Verbindung von Fahrzeug und Strassenoberfläche, also die Bereifung, die Radausrüstung sowie die Rad- und Achskonstruktion. Die Zielsetzung des Strassenschutzes verlangte dabei zum Ersten einen Verletzungsschutz für die Strassenoberfläche, zum Zweiten eine Druck- beziehungsweise Gewichtsbegrenzung sowie zum Dritten den Ausgleich des Drehzahlunterschiedes, welchem die Räder bei einer Kurvenfahrt unterlagen. 1462

13.2.3 Schutz der Strassenoberfläche vor Schnitten

Die Oberfläche der Strasse, insbesondere einer geteerten Strasse, konnte sowohl durch eine eigentliche Metallbereifung als auch, vorab im Winter, durch die Verwendung von aufgezogenen Gleitschutzketten zerstört oder aufgeschnitten werden. 1463

Was die **Bereifung** betraf, so war dem Prinzip nach 1895 von den Gebrüdern Michelin ein Ersatz für die von den Kutschen übernommenen Holz- oder Eisenreifen präsentiert worden[1323]: Reifen, die mit Luft gefüllt waren. Der Komfort dieser ursprünglich vom Fahrrad übernommenen Luftreifen war gut, doch die Reifen waren empfindlich und drohten ständig, durch herumliegende Hufnägel und spitze Schottersteine zerstochen zu werden. Nachdem der Luftreifen jedoch bei Automobilrennen erfolgreich eingesetzt worden war, fand er auch im Alltagsbetrieb grössere Verbreitung[1324]. Benz hatte ihn ab 1897 im Angebot[1325] und ab 1900 wurde er bei Personenwagen, auch aus Gründen des Komforts, zum Normalfall der Bereifung[1326]. 1464

Die grösste Belastung für den Strassenbelag beziehungsweise die Deckschicht resultierte aber durch die schwereren Lastwagen. Hier stand nicht der Komfort zuoberst, sondern eine grosse Tragfähigkeit. Die steigenden Motorleistungen erlaubten dabei immer grössere Gesamtgewichte der Fahrzeuge, doch die Luftreifentechnologie konnte mit den Gewichtssteigerungen nicht mithalten, wodurch der Umstieg auf die Luftbereifung viel länger als beim Personwagen dauerte. Während bei den Personen- 1465

1323 Fondin, 48.
1324 Merki: Marktanteile, 75.
1325 Temming, 163.
1326 Merki: Siegeszug, 43.

wagen bereits die Luftreifen etabliert waren, begann beim Lastwagen erst die Einführung der Vollgummireifen. Noch 1913 waren diese Reifen deutlich teurer als die eisenbereiften Räder, sodass in der Werbung noch mit dem Argument der kostenlosen Montage von Vollgummipneus geworben werden musste[1327].

1466 Unter dem Aspekt des Strassenschutzes lagen die Vorteile der Vollgummipneus auf der Hand: Sie kratzten die Strasse weniger auf als Hufeisen oder Eisenreifen und sie verteilten den Raddruck auf eine grössere Strassenfläche. Ganz konnte jedoch die Umstellung nicht befriedigen, denn einerseits war die Auflagefläche immer noch kleiner als bei Luftreifen und andererseits ging die Elastizität des Reifens mit schwindendem Profil zurück, doch eine falsche Sparsamkeit der Fahrzeughalter und so genannte "Haltbarkeitsprämien" von Reifenfirmen förderten die Tendenz, die Reifen bis auf die tragende Felge hinunter restlos abzufahren[1328].

1467 Der Gesetzgeber reagierte schon früh auf die Schäden, welche durch Lastwagen verursacht wurden, denn als die Lastwagen schwerer als die tierbespannten Fuhrwerke wurden, wurden sie als neue Schädiger der Strasse erkannt. So erliess beispielsweise BS 1906 eine Verordnung für Motorlastwagen und Motoromnibusse zum Schutz der Strassen und der Regierungsrat von BS machte eine Eingabe ans EDI das Konk1, um das Konk1 um Strassenschutznormen für Lastautomobile zu erweitern[1329].

1468 Eine erste Stufe des Strassenschutzes mittels Bereifungsvorschriften wurde mit dem Konk2 eingeführt: die Normierung der Eisenreifen. Da bei den Personenwagen die Luftreifen etabliert waren, galten diese Normen nur für Motorlastwagen und -omnibusse (Konk2 50). Vollgummireifen waren zulässig, blieben aber ungeregelt. Bei Eisenreifen hatte die Oberfläche glatt und eben zu sein, Nieten, Eisstollen und dergleichen waren untersagt (Konk2 55 I, III). Der Gebrauch von Winterrädern, also Eisenreifen mit Querrippen, war nur auf schneebedeckten Strassen oder Glatteis erlaubt. Die Rippen durften maximal zwei Zentimeter hoch sein und mussten mindestens so breit wie das anderhalbfache ihrer Höhe sein. Überdies mussten die Rippen überlappend angeordnet sein, sodass immer mindestens eine Rippe am Boden auflag. Sollten jedoch Winterräder, trotz dieser detaillierten Vorschriften, die Strassen aussergewöhnlich schädigen, konnten die Behörden ihre Verwendung untersagen, und die Besitzer solcher Fahrzeuge für allfällig angerichtete Schäden belangen (Konk2 55 II, IV).

1469 Eine zweite Stufe des Strassenschutzes mittels Bereifungsvorschriften wurde nach dem Krieg eingeführt: das Verbot von Eisenreifen. Normativ realisiert wurde das Verbot im Konk2Lw 3 I lit. c, wonach die Räder der

---

1327 AR, 1913, Nr. 6, Seite VI.
1328 VSS-Zeitschrift, 1923, 215.
1329 Meili: Kodifikation, 18.

schweren Motorfahrzeuge zum Personentransport mit Pneus oder Vollgummi versehen sein mussten. Einige Kantone schlossen überdies mit eigenen Vorschriften generell alle Lastwagen und Anhänger mit eisernen Radreifen vom Verkehr aus, so AG, GL, ZH, ZH, NE und LU (Stand 1922)[1330].

In der Praxis war der typische Lastwagen zu Beginn der 1920er Jahre 1470
von robuster Bauart, hatte Holzräder mit Vollgummibereifung und einen Kettenantrieb – den Anforderungen des Militärs entsprechend[1331]. Die Eisenbereifung hingegen war fast gänzlich verschwunden, auch aufgrund des Umstandes, dass vermehrt Güter zu transportieren waren, die dauernde, sehr harte Strassenschläge nicht mehr verkraften konnten. Dank der Vollgummireifen wurden die Stösse von der Strasse etwas gedämpft, allerdings noch nicht in dem Masse, wie das bei Luftreifen der Fall gewesen wäre. Doch einer raschen Verbreitung der Luftbereifung standen gewichtige Gründe entgegen, wie die ACS-Clubzeitschrift 1923 im Bericht "Motorlastwagen und Luftbereifung" aufzeigte: So gab es lange Zeit keine Luftreifen für schwere Lasten. Als um circa 1920 die Luftreifen mit Cordgewebe verstärkt[1332] wurden, konnten sie auch für Lastwagen verwendet werden. Allerdings hatten sie vorerst noch eine kürzere Lebensdauer als Vollgummireifen, welche fast restlos abnutzbar waren. Hinzu kamen die Bedenken der Lastwagenbesitzer vor vermehrten Defekten und Radwechseln auf offener Strecke (was schon bei einem Personenwagen schwierig war)[1333]. Allerdings hatte der Luftreifen auch überzeugende Vorteile: Er schonte Wagen, Transportgut beziehungsweise Passagiere und die Strasse, er senkte die Treibstoffkosten und er war insbesondere Voraussetzung für eine weitere Steigerung der Geschwindigkeit von Last- und Gesellschaftswagen. Trotz dieser Vorteile erfolgte die Umstellung nur langsam, weil die Motorlastwagenbesitzer zuerst die montierten Vollgummireifen abfuhren. Eine Pionierrolle bei der Umrüstung auf Luftreifen übernahmen die Postautomobile, denn die Reisepost wollte ihren guten Willen zum Strassenschutz demonstrieren[1334].

Die dritte und letzte Stufe des Strassenschutzes mittels Bereifungsvor- 1471
schriften wurde 1932 umgesetzt: Nun mussten Motorfahrzeuge zwingend mit Luftbereifung versehen sein (BG32 22). Ausnahmen davon konnte der Bundesrat mittels Verordnung erteilen, jedoch nur für Spezialwagen bis maximal 13 Tonnen.

Die VOBG32 schrieb ausführend vor, dass Luftreifen obligatorisch wa- 1472
ren für alle Motorwagen zum Personentransport, sowie für Motorwagen

---

1330 GB BR, 1920, 326, sowie 1921, 377 und 1922, 361.
1331 Merki: Siegeszug, 75.
1332 Merki: Siegeszug, 76.
1333 ACS Clubzeitschrift, 1923, 64.
1334 Gisler-Jauch, 147.

zum Gütertransport mit einem Gesamtgewicht bis sechs Tonnen. Für schwerere Gütertransportfahrzeuge durften anstelle von luftgefüllten Reifen auch speziell geprüfte Gummireifen mit eingelassenen Luftkammern verwendet werden (VOBG32 14 I, II). Eigentliche Vollgummireifen waren aber nur noch für Motorkarren (bewilligungslos) zulässig, sowie, aufgrund einer Spezialbewilligung von den kantonalen Behörden, für Schwerlast- und Einsatzfahrzeuge (VOBG32 14 III). Eisenreifen waren nur noch für Motorkarren zulässig (VOBG32 IV).

1473 Erstmals wurde nun der spezifische Druck geregelt, den ein Rad pro cm2 Strassenoberfläche ausüben durfte. Bei Luftreifen durfte dieser Druck nicht grösser sein, als es in den Garantiebestimmungen der Herstellerfirma vorgesehen war, während für Luftkammer-, Vollgummi- und Eisenreifen maximal 150 Kg pro cm Breite der Auflagefläche zulässig waren (VOBG32 14 V). Bemerkenswert kurz bemessen war die Frist zur Umrüstung aller Fahrzeuge auf die vorgeschriebene Bereifungsart: Für Motorfahrzeuge war dies ein Jahr, für Anhänger anderthalb Jahre seit Inkrafttreten der VOBG32 (VOBG32 82 I).

1474 Noch mehr als die Reifen aber beanspruchten die **GLEITSCHUTZ**-Vorrichtungen der Fahrzeuge die Strassenoberfläche. Um die Motorfahrzeuge und insbesondere die Lastkraftwagen zunehmend auch im Winter und bei Schnee einsetzen zu können, wurden Schneeketten entwickelt – maschenartig verbundene Metallketten also, welche auf die Fahrzeugräder aufgezogen wurden[1335]. Ein besonders effektives Prinzip brachte die Gleitschutzkette "Start" zur Anwendung: Durch deren Montage wurden parallel zur Radachse messerförmige Stahlrippen fest auf den Pneus aufgezogen. Dies ergab auf Schnee und Eis eine sehr hohe Gleitschutzwirkung; auf nicht bedeckten oder vereisten Strassenstücken aber zerschnitten die Querrippen den Teer, wodurch in der Folge Wasser eindrang, gefror und dadurch den Teer absprengte[1336]. Dies wiederum war nicht im Sinne der kantonalen Strassenbauverantwortlichen. So hatten Staat und Kanton Zürich nach dem Krieg enorme Summen für die Verbesserung der Strassen aufgewendet und über 80 Kilometer Strassen wurden geteert. In der Folge verbot der Regierungsrat von Zürich am 28. September 1922 die Verwendung der Gleitschutzkette "Start", weil diese die Strassen über Gebühr schädigte. Wegen Rechtsungleichheit beziehungsweise Ungleichbehandlung gegenüber anderen Gleitschutzkettenherstellern erhob der Patentinhaber der "Start"-Kette Rekurs ans Bundesgericht. Dieser Rekurs wurde aus verschiedenen Gründen abge-

---

[1335] Siehe illustrativen Artikel über verschiedene Fabrikate in AR, 1914, Seite 77-78 sowie im Besonderen über die Gleitschutzkette "Start" in AR, 1914, Seite 69-70.

[1336] VSS-Zeitschrift, 1923, 191.

lehnt, bezüglich der Rechtsungleichheit jedoch deswegen, weil die anderen Gleitschutzsysteme die Strasse nicht dermassen stark schädigten[1337].

In der Folge fand 1932 unter dem Titel "Strassenschutz" ein eigentlicher Artikel zum Thema Schneeketten und Greifhilfen Aufnahme in die VOBG32: Die Strasse schädigende Vorrichtungen waren gänzlich untersagt, und Schneeketten waren nur zulässig, wenn die Schneeverhältnisse es erforderten und durch deren Gebrauch die Strasse nicht erheblich beschädigt wurde (VOBG 58). 1475

Strassenschutz durch Ausrüstungs- und Konstruktionsnormen wurde auch durch die **Begrenzung des spezifischen Drucks** angestrebt: Indem die minimale Auflagefläche des Rades festgeschrieben oder vergrössert wurde, sank der spezifische Druck pro Quadratzentimeter der Strassenoberfläche. Diese Druckbegrenzung erfolgte zum einen durch die Vorgabe eines Mindestdurchmessers für die Räder. Bereits in der V. Konkordatskonferenz vom Januar 1909 wurde, zum expliziten Zwecke des Strassenschutzes, eine Grössenregulierung für die Räder von Last- und Gesellschaftswagen beschlossen[1338]. Diese Regelung fand als Art. 53 Aufnahme in das 2. Konkordat: Bei Motorlastwagen und Omnibussen hatten die Lenkräder einen Mindestdurchmesser von 75 cm aufzuweisen; die (schwerer belasteten) Triebräder einen solchen von 90 cm. 1476

Druckbegrenzend wirkte auch die Vorgabe einer minimalen Felgenbreite. Diesbezüglich schrieb das 2. Konkordat vor, dass Motorlastwagen und Omnibusse eine minimale Felgenbreite von 7.5 cm aufzuweisen hatten; der spezifische Druck durfte 140 Kg pro Zentimeter Felgenbreite nicht übersteigen (Konk2 56). 1477

Eine Druckbegrenzung wurde ebenfalls durch die Regelung der Unterachsung, also der vertikalen Neigung der Räder, angestrebt. Die Begrenzung dieser zulässigen Radneigung bezweckte ein möglichst gleichmässiges Berühren der Strassenfläche mit der ganzen Reifen- respektive Felgenbreite, also wiederum eine möglichst gleichmässige Druckverteilung. Konk2 54 schrieb deshalb für Motorlastwagen und Omnibusse eine Unterachsung beziehungsweise Radneigung von minimal 1.5 % bis maximal 4 % vor. 1478

Nachdem ab 1932 Eisenreifen gänzlich verboten und Vollgummireifen nur noch für besondere Fahrzeuge zulässig waren, konnten in den Vorschriften von 1932 die meisten Konstruktionsvorschriften zur Druckbegrenzung wieder entfallen. Beibehalten wurde aber die generelle Begrenzung des spezifischen Drucks auf 150 Kg pro Zentimeter Breite der Auflagefläche (VGBG32 14 V). 1479

Konstruktiver Strassenschutz konnte auch mit dem Ausgleich des Drehzahlunterschiedes von innerem und äusserem Rad bei Kurvendurchfahr- 1480

1337 VSS-Zeitschrift, 1923, 191-193.

1338 TCS-Revue, 1909, S. 19-20.

ten erreicht werden. Bis 1900 waren bei den Fahrzeugen starre, durchgehende Achsen oder allenfalls Rutschkupplungen eingebaut. Ab 1900 konnte der Drehzahlunterschied bei Kurvenfahrten durch den Einbau von Differenzialen bewerkstelligt werden[1339]. Weil durch den Einbau eines Differenzials auch die Belastung auf die Räder und den Antriebsstrang sank, lag es im Interesse der Konstrukteure und Fahrzeugbesitzer, diese (massvollen) Mehrkosten auf sich zu nehmen, weshalb eine gesetzliche Zwangsnorm zur Ausrüstung der Fahrzeuge mit Differenzialen unnötig war.

13.2.4 Betriebsnormen

1481 Nebst den Ausrüstungs- und Konstruktionsnormen dienten auch Normen zum Betrieb der Fahrzeuge dem Strassenschutz. Hierzu zu zählen waren Normen über das zulässige Höchstgewicht, die Achslasten, aber auch die Sperrung gewisser Strassen sowie Geschwindigkeitslimiten für schwere Motorfahrzeuge.

1482 Auch wenn bei Motorfahrzeugen das Aufschlagen von Pferdehufen entfiel und die Fahrzeuge dank Federung weniger heftig in die Strassenfurchen einschlugen, konnten zu schwere Motorfahrzeuge die Strassen schädigen. Die **Begrenzung des zulässigen Höchstgewichtes** für Motorwagen diente deshalb dem Strassenschutz. Allerdings wurden diese Normen erst in den Jahren vor 1910 notwendig. Lastkraftwagen mit einer Nutzlast über zwei Tonnen gab es erst ab etwa 1904, zum einen, weil die Reifen und das Fahrgestell vorher noch zu schwach waren, zum anderen, weil erst dann zuverlässige Motoren mit genügender Leistung bei gleichzeitig moderatem Treibstoffverbrauch zur Verfügung standen[1340].

1483 Diese technisch-konstruktive Entwicklung machte es notwendig, im Konk2 erstmalig Höchstgewichte für Motorfahrzeuge zu beschränken: Das Gesamtgewicht eines beladenen Motorlastwagens oder -omnibusses durfte neun Tonnen nicht übersteigen (Konk2 51 I). Die Einhaltung dieser Höchstgewichte konnte jederzeit durch Organe der Strassenbehörden und der Polizei kontrolliert werden (Konk2 51 IV), wobei hier nur die stationären Viehwaagen in den Gemeinden zur Verfügung standen, nicht aber die heute üblichen mobilen Waagen. Die Fahrzeuge mussten überdies mit einer Tafel ausgerüstet werden, welche die zulässige Leer- und Maximalbelastung pro Achse festhielt (Konk2 51 III). Allerdings enthielt das Konk2 noch gar keine Definition der Begriffe "Gesamtgewicht" und "Leergewicht", womit unklar blieb, unter welchen Bedingungen denn nun die angegebenen Werte einzuhalten waren.

[1339] Temming, 163.

[1340] Merki: Siegeszug, 74-77. Der treibstoffsparende Dieselmotor wurde bei Lastwagen erst um 1930 eingeführt.

Erst 1932 wurde definiert, was unter "Leergewicht" und "Gesamtgewicht" zu verstehen war (VGBG32 4). Das Gesamtgewicht eines beladenen Motorwagens wurde moderat erhöht und auf maximal elf Tonnen beschränkt (BG32 23 I, VOBG32 10 I). Aus Rücksicht auf bestehende einheimische Fabrikate wurde aber in den Übergangsbestimmungen festgelegt, dass für die schon im Verkehr stehenden und bei schweizerischen Motorlastwagenfabriken in Arbeit liegenden schweren Dieselmotorwagen ein Höchstgewicht von 11.5 Tonnen zulässig war (VOBG32 82 VIII). Der Bundesrat war ermächtig, durch Verordnung für Spezialwagen Ausnahmen bis 13 Tonnen zuzulassen (BG32 23 II). Er tat dies und liess 13 Tonnen zu für Dreiachser, für schwere Gesellschaftswagen, die fahrplanmässig eine bestimmte Strecke befuhren, sowie für Kipp-, Zisternen- und Kabeltransportwagen sowie Feuerwehrmotorwagen (VOBG32 10 II, III). In der VOBG32 wurde überdies Anzahl, Gewicht und Achsenanzahl der Anhänger für alle Arten von Fahrzeugen festgelegt (VOBG32 63–66). Insbesondere betrugen das Höchstgewicht für Personenanhängerzug 20 Tonnen, für die übrigen Anhängerzüge zwischen 14 und 16 Tonnen und für Sattelschlepper elf Tonnen. Die Kantone waren aber ermächtigt, für Überlasttransporte Ausnahmebewilligungen für ihr Kantonsgebiet auszustellen (VGBG32 65 IV). 1484

Ebenfalls dem Strassenschutz diente die **BEGRENZUNG DER MAXIMALEN ACHSLAST**. Das Konk2 legte fest, dass für Motorlastwagen und Omnibusse die maximale Achslast 2/3 bis 4/5 der Gesamtlast eines Fahrzeuges, keinesfalls aber mehr als sechs Tonnen betragen durfte (Konk2 Art. 51 II). Diese Regelung wurde 1932 beibehalten, indem die Achsbelastung für schwere Motorwagen pro Achse maximal 4/5 der Gesamtlast betragen durfte; aber (nur noch) bei Anhängern nicht mehr als fünf Tonnen pro Achse (VOBG32 55). 1485

Strassenschutz durch betriebliche Normen stellte auch die **SPERRUNG GEWISSER STRASSEN** für Motorlastwagen und Omnibusse dar. Das Konk2 ermächtige hierzu die zuständigen kantonalen und kommunalen Behörden, Strassen und Brücken zu bezeichnen, auf denen der Verkehr von Motorlastwagen mit dem allgemein zulässigen Höchstgewicht verboten war. Diese Strassen und Brücken mussten durch gut sichtbare Tafeln mit deutlicher Aufschrift für die Motorlastwagenführer kenntlich gemacht werden (Konk2 51 VI). 1486

Dem Strassenschutz vermittels betrieblicher Normen dienten letztlich auch die **GESCHWINDIGKEITSLIMITEN FÜR SCHWERE MOTORFAHRZEUGE**. Geschwindigkeitsbeschränkungen für die leichten Automobile wurden schon früh erlassen, dies vor allem aus Gründen der Verkehrssicherheit und der langen Bremswege[1341]. Die schweren Last- und Gesell- 1487

[1341] Deshalb werden die Geschwindigkeitslimiten für leichte Fahrzeuge im Kapitel Geschwindigkeitslimiten erörtert. Vertiefend vergleiche N 1029 ff S. 276.

schaftswagen erreichten aber aufgrund der zu geringen Motorenleistung und der fehlenden Luftbereifung bis in die Mitte der 1920er Jahre keine hohen Geschwindigkeiten. Vor diesem Zeitpunkt wurden Geschwindigkeitslimiten für diese Fahrzeugkategorie nur aus Gründen des Strassenschutzes und zur Vermeidung von Lärm- und Erschütterungsimmissionen erlassen.

1488 Der Vorgang der dynamischen Schädigung der Strasse durch schwere Motorfahrzeuge wird von verschiedenen Faktoren massgeblich beeinflusst. Zum einen spielt die Bereifungsart eine wichtige Rolle; denn Eisenreifen, Vollgummipneus und Luftpneus haben ganz unterschiedliche Dämpfungseigenschaften[1342]. Massgeblich ist auch die Federung der Fahrzeuge beziehungsweise die Grösse der ungefederten Masse: Je grösser die ungefederte oder schlecht gefederte Masse, desto härter wird der Stoss auf den Strassenbelag übertragen. Die Stosshärte beziehungsweise das Schädigungspotenzial eines Stosses hängt überdies von der Geschwindigkeit des Fahrzeuges ab.

1489 Da die Lastwagen bis zum 1. Weltkrieg ungefedert waren, beschloss die V. Konkordatskonferenz vom Januar 1909 für die Last- und Gesellschaftswagen eine Geschwindigkeitsbeschränkung von 15 Km/h für Lastwagen und auf 20 Km/h für Omnibusse[1343]. Weil damals noch die meisten schweren Motorfahrzeuge mit Eisenbereifung ausgerüstet waren, bewirkte diese Tempobeschränkung für schwere Motorfahrzeuge gleichzeitig auch einen Schutz der strassennahen Gebäude vor Erschütterungen[1344]. OW und NW, welche nur Mitglied des Konk1 waren, erliessen 1910 ähnliche Vorschriften, wonach für beladene Motorfahrzeuge eine generelle Limite von 10 Km/h galt (was tiefer als die alten Limiten des Konk1 war)[1345].

1490 Mehr und mehr setzten sich nun für schwere Motorfahrzeuge Vollgummipneus durch. Diese dämpften Stösse besser ab, weshalb das Konk2 für Motorlastwagen und Omnibusse etwas höhere Limiten vorsehen konnte: Für Lastwagen bis sechs Tonnen galten 15 Km/h, für solche über sechs Tonnen 12 Km/h als Höchstgeschwindigkeit. Für die leichteren Motoromnibusse galt eine Höchstgeschwindigkeit von 20 Km/h; wobei diese Limite auch unter dem späteren Konk2Lw nicht erhöht wurde (Konk2Lw 9). Stets aber blieben für besondere Verhältnisse aufgestellte weitergehende Polizeivorschriften vorbehalten (Konk2 52).

1491 Nach dem Krieg setzte bei den schweren Motorfahrzeugen ein deutlicher Technologieschub ein. Die Eisenreifen verschwanden und die Bereifung

---

1342 Vertiefend vergleiche N 1464 S. 395.

1343 TCS-Revue, 1909, S. 19-20.

1344 VSS-Zeitschrift, 1926, 42-43.

1345 Art. 6 der Vorschriften für den Automobilverkehr in den Kantonen Ob- & Nidwalden vom 10. Mai 1910 (Gesetzessammlung NW, III. Band, Nr. 16).

musste aus Pneus oder Vollgummireifen bestehen. Überdies verfügten ab 1920 auch Lastwagen in Form einer Blattfederung über eine Federung: Die federungslosen Fahrzeuge der Kriegszeit eigneten sich durchaus für Militärmaterial und Soldaten, nicht aber für den Transport empfindlicher Konsumgüter[1346]. Diesen technischen Fortschritt aufnehmend konnten 1932 die Limiten deutlich höher angesetzt werden. Die Höchstgeschwindigkeiten für schwere Motorwagen waren vom Bundesrat per Verordnung festzusetzen (BG32 25 III). Demnach galten für schwere Motorwagen mit Luft- oder Luftkammerreifen ausserorts 45 Km/h und innerorts 30 Km/h; für Sattelschlepper ausserorts 40 Km/h und innerorts 25 Km/h. Schwere Motorwagen mit Vollgummireifen blieben jedoch auf 20 Km/h beschränkt. Diese Normen galten aber nicht für Feuerwehrmotorfahrzeuge auf dem Weg zur Hilfeleistung (VOBG32 43). Der Bundesrat differenzierte somit die zulässige Höchstgeschwindigkeit nach der jeweiligen Bereifungsart beziehungsweise deren Dämpfungswirkung. Überdies hatten die Normen keine Geltung, wenn ein höheres Rechtsgut als die intakte Strassenoberfläche bedroht war. Eine analoge Differenzierung nach der Bereifungsart galt auch betreffend der Höchstgeschwindigkeit von Anhänger- und Schleppzügen, wobei in diesen Fällen zusätzlich noch danach unterschieden wurde, ob der Anhänger vom Führersitz des Zugwagens aus gebremst werden konnte oder nicht (VOBG32 44).

13.3 Strassenbau und -unterhalt

13.3.1 Entdeckung als hoheitliche Tätigkeit

Die zunehmende Motorisierung erforderte, dass Unterhalt und Neubau der Strasseninfrastruktur intensiviert wurden. Dies wiederum erforderte, dass sich Gemeinden, Kantone und Bund dessen überhaupt bewusst wurden und den Strassenbau und -unterhalt als neue hoheitliche Tätigkeit und Aufgabe erkannten. 1492

Diese Bedeutungssteigerung und gewandelte Wahrnehmung wurde zum einen durch die Automobilisten selbst bewirkt, indem sie – als Gegenleistung für die von ihnen verlangten Steuern und Abgaben – mehr und bessere Strassen verlangten. Zum anderen aber stand die Vereinigung schweizerischer Strassenfachleute (VSS) als treibende Kraft hinter dieser Steigerung der Bedeutung. Der VSS, gegründet am 9. März 1913, war ein Zusammenschluss kantonaler Strassenfachleute aus der ganzen Schweiz, verfügte also dank seiner Mitglieder über eine hohe Fachkompetenz im Strassenbau. Er veranstaltete Schulungen und Exkursionen, beispielsweise von 1922–1924 Kurse über Oberflächenteerungen; er machte selbst Belagsversuche und stellte (in kleinem Rahmen) ab 1924 1493

[1346] Merki: Siegeszug, 76.

Anschauungsmaterial und Referenten für die Verkehrserziehung an Schulen zur Verfügung[1347]. Vor allem aber kämpfte der VSS weder für noch gegen die Motorisierung, sondern engagierte sich für einen modernen, leistungsfähigen Strassenbau; und dank seiner Mitglieder – den kantonalen Strassenfachleuten – konnte er sich auch politisch an entscheidender Stelle für dieses Anliegen einsetzen. Dieses verwaltungsinterne und politische Engagement des VSS war dringend notwendig, denn sowohl Kantone wie auch Bund schenkten bisher, in Folge der Konzentration auf den Eisenbahnbau im ausgehenden 19. Jahrhundert, dem Strassenwesen wenig Beachtung.

1494 Auf Stufe der Kantone genügten ein paar kantonale Strassenwärter mit Schaufel und Pickel sowie gelegentliche Kies- und Schotterhaufen den Anforderungen des motorisierten Verkehrs nicht mehr. Gefragt waren nun der Aufbau und die eigentliche Organisation der kantonalen Strassenwesen. Hierzu gehörten eigentliche kantonale Strassengesetze, denn bisher waren die kantonalen Strassenwesen und die innerkantonale Kostenverteilung noch mannigfaltig organisiert[1348]. Deshalb schlug der VSS im Frühling 1924 ein Normalgesetz über den Bau und Unterhalt der Strassen vor[1349]. Und ab März 1927 schilderte er in seiner Zeitschrift über elf Hefte hinweg ausführlich das Basler Strassengesetz vom 13. Februar 1902 und dessen Prinzipien (unter Berücksichtigung der Revisionen und Lösungen anderer Kantone), weil das Basler Modell als erstes Strassengesetz der Schweiz den Strassenbau als System behandelt und sich nicht wie bis anhin nur mit der Kategorisierung der Strassen befasste[1350].

1495 Auch auf Stufe Bund gewann das Strassenverkehrswesen an Bedeutung, was sich bereits an seiner thematischen Einordnung in die bundesstaatliche Verwaltungsorganisation zeigte: Als der Bundesrat 1913 die Verwaltung neu organisieren und dabei das Automobilwesen dem Justiz- und Polizeidepartement unterstellen wollte, monierte die Automobilrevue, dass man dadurch die volkswirtschaftliche Bedeutung des Automobilwesens verkenne. Dass die Kantone SZ und NW das Automobil "nur als Objekt polizeilicher und juristischer Behandlung" sähen, sei begreiflich; aber von der obersten Landesbehörde erwarte die AR, dass sie das Automobilwesen ins Volkswirtschaftsdepartement oder ins Departement des Innern einreihe[1351].

1347 Vogel, 11-20.

1348 Eine umfassende Darstellung ist zu finden in einer Artikelserie in: VSS-Zeitschrift, 1923, 217-222, 229-231, 242-246, 255-257.

1349 VSS-Zeitschrift, 1924, 237-241.

1350 VSS-Zeitschrift, 1923, 83-87, fortgeführt in den zehn nachfolgenden Heften.

1351 AR, 1913, 191.

Zur Bedeutungssteigerung des Strassenbaus und -unterhalts trugen auch die massiv steigenden Ausgaben für diese öffentliche Aufgabe bei: Kunstbeläge und Walzen waren teuer; ebenso der Unterhalt und der Neubau der Strassen. 1496

Nicht zuletzt aber fusste die Bedeutungssteigerung auch darin, dass im Laufe der 1920er Jahre mehrfach gerichtlich gegen Kantone vorgegangen wurde, wenn Strassen fehlerhaft angelegt[1352] waren oder deren Unterhalt nicht ordnungsgemäss besorgt wurde[1353]. Mehrere dieser Gerichtsverfahren endeten mit einer Niederlage des Gemeinwesens. In keinem der Fälle haftete ein Kanton ausschliesslich, denn stets konnte den jeweiligen Lenkern auch ein Nichtbeherrschen des Fahrzeuges nachgewiesen werden; doch die Kantone mussten aufgrund ihrer jeweiligen Mitschuld einen Teil des Schadens bezahlen. 1932 publizierte denn auch der VSS einen ausführlichen Artikel zum Thema "Automobil und Strasseneigentümer (ORArt. 58)", mit Verweisen auf viele Bundesgerichtsentscheide[1354]. 1497

13.3.2 Planung und Neubau

Die ideale Routenführung von Strassen für Motorfahrzeuge war lange, gerade und flach; unerwünscht waren steile, kurvige und unübersichtliche Strecken. 1498

In Frankreich gestalteten die Automobilverbände das bestehende Strassennetz um, indem sie den Bau von Routen initiierten, die ausschliesslich touristischen Zwecken dienten. So nahm der französische Touring Club massiven Einfluss auf die Routenführung der Ausfallstrassen von Paris; und er finanzierte die von Thonon nach Nizza führende Automobilstrasse "Haute Route des Alpes"[1355]. 1499

Das Strassennetz in der Schweiz der Jahrhundertwende hingegen war nach lokalen Gesichtspunkten angelegt, mit Ausnahme der früher gebauten Handels- und Heeresstrassen. Die hügelige und gebirgige Topografie der Schweiz erschwerte zum einen die Erweiterung des Strassen- 1500

1352 So in Sachen Schmutz & Cie gegen die Einwohnergemeinde Biel wegen Mitverantwortung der Gemeinde für eine Kollision in einem Engnis aus Werkeigentümerhaftung altOR 58; oder in Sachen Ferrovie Luganesi gegen Ticino wegen Werkhaftung aus altOR 58 des Kantons aufgrund von mangelhaftem Strassenunterhalt (VSS-Zeitschrift, 1930, 65-66 respektive 1932, 12).

1353 So in einem Fall gegen den Staat Thurgau, bei dem ein Kieshaufen auf der Strasse in der Nacht einen Motorradfahrer stürzen liess, was vom Bundesgericht als mangelhafter Unterhalt bestätigt wurde. Hingegen wurde eine Brücke, die zuwenig breit geteert war, nicht als mangelhafter Unterhalt qualifiziert (VSS-Zeitschrift, 1932, 104-105 respektive 1932, 267-268).

1354 VSS-Zeitschrift, 1932, 243-248).

1355 Bertho Lavenir, 112 - 122.

netzes und zum anderen führte sie zu einer tieferen Durchschnittsgeschwindigkeit der Fahrzeuge – was wiederum dazu führte, dass die Fahrzeuge in der Schweiz im Durchschnitt stärker motorisiert waren als die Fahrzeuge in Deutschland[1356].

1501 Automobilstrassenverkehr bedeutete Durchgangsverkehr. Aber auch das schweizerische Durchgangsstrassennetz von 1929 war nicht das Produkt einer einheitlichen, zentralen Politik[1357]; und es hatte sich gezeigt, dass sich durch den blossen Umbau bestehender Strassen keine für Motorfahrzeuge optimale Strasse erreichen liess. Nur ein Neubau konnte den Bedürfnissen des zunehmenden Motorfahrzeugverkehrs gerecht werden. Die Verwirklichung dieser Vorgaben verlangte von den Kantonen beträchtliche finanzielle Mittel, weshalb sich der Bund bei Strassen von nationaler Bedeutung an den Kosten beteiligte; im Gegenzug aber auch teilweise Vorschriften zum technischen Ausbau des Werkes machte, beispielsweise über die minimale Strassenbreite oder maximale Steigung einer Strasse[1358].

1502 Die ständig steigenden Geschwindigkeiten der Automobile erzwangen eine weitere Neuerung: die Aufteilung des einheitlichen Verkehrsweges, den alle Verkehrsteilnehmer gleichermassen benutzten.

1503 Der 1. Schritt dieser Entflechtung erfolgte durch die Ausscheidung besonders geschützter Flächen und Strecken für die schwächsten Verkehrsteilnehmer – der Fussgänger. Konk1 10 untersagte den motorisierten Verkehr auf Fussgängerwegen, Trottoirs und Strassenrändern, was in Konk2 41 sinngemäss weitergeführt wurde. Der 2. Schritt fand 1932 durch das Separieren des Fahrradverkehrs statt: Wo Fahrradwege vorhanden waren, bestand für die Radfahrer die Pflicht zu deren Benutzung. Allen anderen Fahrzeugen war die Benutzung der Fahrradwege untersagt (VOBG32 71).

1504 Der 3. Schritt schliesslich war die Schaffung einer Strassenkategorie, die ausschliesslich den Motorfahrzeugen vorbehalten sein sollte: der Schnellstrasse, deren Modell 1924 mit der oberitalienischen Autostrada geschaffen wurde. Die optimale Ausbeutung der Wirtschaftlichkeit des Automobils bedingte eine geeignete Fahrstrasse. Die Autostrada, als eine reine Automobilstrasse, erfüllte diese Anforderung in optimalem Masse. Aus ihrer Benutzung resultierte ein Zeitgewinn, da weder Fussgänger

---

[1356] von Salis-Soglio, 23. Der Vergleich der Motorleistungen ergibt sich aus den Tabellen über die importierten Motorfahrzeuge.

[1357] Der Vorstand des VSS präsentierte 1920 einen ersten Versuch zur zentralen Regelung des Strassensystems: Die Erfassung des Durchgangsstrassennetzes in einer Karte, kombiniert mit Richtlinien für Herstellung, Verbesserung und Unterhalt dieser Strassen (VSS-Zeitschrift, 6. Jahrgang, Heft 6 und 7). Diesem Versuch blieb aber der politische Durchbruch verwehrt.

[1358] Bundesbeschluss über den Beitrag an die Samnaun-Passstrasse vom 20. Dezember 1905, AS, Band XXII NF, 61 ff.

noch langsame Fuhrwerke auf ihr verkehren durften und so hohe Geschwindigkeiten gefahren werden konnten.

Diese Vorteile überzeugten auch in der Schweiz und es bildeten sich in der Schweiz verschiedene Komitees, die sich für den Bau von Automobilstrassen engagierten. Von europäischer Bedeutung war das gegen Ende der 1920er Jahre in Deutschland, Österreich, der Schweiz und Italien lancierte Projekt einer Autostrasse von Hamburg nach Genua. Mit den bisherigen Strassen konnte der Verkehr nicht mehr lange funktionieren und insbesondere auf den Passstrassen schien die Sicherheit der Verkehrsteilnehmer gefährdet. Dies wiederum kam den Kantonen ungelegen, denn für Unfälle auf den Passstrassen konnte der Werkeigentümer haftbar gemacht werden, also der jeweilige Kanton[1359]. Eine Teilnahme an diesem wirtschaftlich viel versprechenden Projekt bedurfte also eines Neubaues einer transnationalen Automobilstrasse. 1505

Doch auch ausserhalb des Projekts Hamburg - Genua wurde über reine Automobilstrassen nachgedacht. So bildete sich 1929 ein Initiativkomitee für eine Automobilstrasse Bern - Thun. Auch dieses Projekt war mit erheblichen Kosten verbunden, weshalb das Komitee in einer umfangreichen Studie die Wirtschaftlichkeit einer solchen Automobilstrasse durch finanzielle Berechnungen zu überprüfen und abzuschätzen versuchte[1360]. Sämtliche dieser Automobilstrassenprojekte wurden jedoch erst ausserhalb des Betrachtungszeitraums der vorliegenden Arbeit realisiert; sie wurden aber zum Ausgangspunkt des späteren schweizerischen Nationalstrassennetzes. 1506

13.3.3 Unterhalt

Unterhalt von Strassen war Erhalt von Strassen und diente somit ebenfalls dem Strassenschutz. 1507

Im ausgehenden 19. Jahrhundert stellten die Kantone den Strassenbau und -unterhalt zugunsten des Eisenbahnbaus zurück. Nach 1910 zeichnete sich eine stark zunehmende Motorisierung des Verkehrs ab, doch der Krieg brach diesen Trend vorübergehend und die Verbesserung und der Unterhalt des Strassennetzes wurden zugunsten anderer Prioritäten wieder etwas zurückgestellt. Nach dem Krieg nahm die Anzahl der Automobile rasch zu, doch das Strassennetz war in der Schweiz und den meisten europäischen Ländern in einem desolaten Zustand. Überdies brachte die Motorisierung neue Anforderungen mit sich; dies insbesondere im Bereich der Staubproblematik[1361], weshalb die Haupttätigkeit im Strassenunterhalt der Intensivierung von Belagsarbeiten galt; zum einen im Erhalt 1508

[1359] Gisler-Jauch, 106-109.
[1360] Nyffeler, 109.
[1361] Vertiefend vergleiche N 804 ff S. 218.

der bestehenden Beläge, zum anderen in der Verbesserung ungenügender Beläge.

13.3.3.1 Schutz der alten Strassenbeläge

1509 Der Strassenunterhalt umfasste nebst der Verbesserung der Beläge auch den Schutz der bestehenden Beläge. Zu diesem Zwecke wurden Strassenränder mit Baumreihen bepflanzt, welche zum einen Wanderern und Zugtieren Schatten spendeten, vor allem aber die Strassendecken vor hartem Platzregen und ausdörrenden Sonnenstrahlen bewahrten[1362].

1510 Der Einsatz von Gummipneus bei Motorfahrzeugen machte überdies die Anschaffung von Strassenwalzen notwendig: Während die eisernen Reifen der Pferdefuhrwerke den Schotter einkarrten, schleuderten die Gummipneus der Automobile den leichten Schotter weg. Um dies zu verhindern, musste der Schotter mit Strassenwalzen eingepresst werden. Aufgrund der hohen Kosten waren Strassenwalzen aber nur wenig verbreitet. Noch 1917 hatten zehn Kantone noch gar keine gewalzten Strassen erstellt und nur neun Kantone verfügten über eigene Dampfstrassenwalzen. Um die drohende Vernachlässigung der Strassenpflege abzuwenden, wollte der VSS einen schweizerischen Walzenpool bilden, mangels Angeboten kam aber dieser Walzenpool nie richtig zum Funktionieren[1363].

13.3.3.2 Verbesserung der Strassenbeläge

1511 Die Verbesserung der Strassenbeläge erfolgte in mehreren Schritten, da eine für Motorfahrzeugverkehr taugliche Belagstechnologie erst entwickelt werden musste.

1512 Der 1. Lösungsansatz war die **BINDUNG DES STAUBES**. Dazu wurde die Strassenoberfläche mit einer öligen Flüssigkeit besprengt, beispielsweise mit Sulfitlauge (Abfallprodukt der Papierproduktion), Bitumenemulsionen oder Rohpetroleum. In den ersten Nachkriegsjahren setzten sich vor allem lokale Verkehrs- und Verschönerungsvereine für die Besprengung ein. Allerdings hielt die Wirkung kaum länger als eine Woche an; die Besprengung musste also ständig wiederholt werden. Überdies nutzte die Besprengung auf einer kaum gewalzten Strasse wenig, denn das beständige Befahren mahlte den Kies weiter. Ziel musste deshalb nicht mehr die Bindung des Staubes, sondern die Verhinderung seiner Bildung sein[1364].

1513 Der 2. Lösungsansatz war die **BESCHICHTUNG DER STRASSENOBERFLÄCHE.** Um die Kosten für eine massive Strassendecke zu umgehen,

---

[1362] Aufgrund der gestiegenen Geschwindigkeiten und der Unfälle wurden diese Chausseebäume im ausgehenden 20. Jahrhundert zum Sicherheitsrisiko und wurden vielerorts wieder gefällt.

[1363] VSS-Zeitschrift, 1917, 1215, sowie Vogel, 13.

[1364] Temming, 189, sowie Jaquemet, 26-27.

wurde versucht, bloss die Strassenoberfläche zu beschichten. Es wurde eine Schutzschicht aufgebracht oder man besprühte die Schotterdecke mit klebriger Sulfitlauge und komprimierte sie anschliessend mit Walzen[1365]. Beide Verfahren hielten jedoch nicht lange, weil die Beschichtung durch Hufschlag beschädigt und durch die starke Zunahme des Verkehrs abgetragen wurde; sodass die Beschichtung regelmässig erneuert werden musste. Damit aber wurde der Vorteil der kostengünstigen Erstellung durch die stets wiederkehrenden Reparaturarbeiten wieder wettgemacht.

Ein 3. Lösungsansatz wurde mit **TRÄNKVERFAHREN** gemacht. Hierzu 1514
wurden bindende Materialien in den Strassenbelag hineingebracht, beispielsweise Teer in dünnen Lagen. Die Wirksamkeit und Dauerhaftigkeit dieser Methode war jedoch stark von Witterungseinflüssen abhängig; so hielt beispielsweise dünnlagiger Teer rund sechs Monate[1366].

Der 4. Lösungsansatz schliesslich war der **EINBAU VON FAHRBAHNBE-** 1515
LÄGEN IN FORM VON Teer, Asphalt oder eigentliche Betonplatten; wobei diese drei Belagsarten stark in ihren Erstellungs- und Unterhaltungskosten variierten. Das Prinzip der Teerung war teurer als das Schottern, aber dafür wesentlich haltbarer, solange die Fahrbahn nicht mit hohen Gewichten befahren wurde. Versuche mit Fahrbahnen aus Betonplatten wurden schon früh gemacht; in der Schweiz datiert die erste Betonstrecke von 1909[1367]. Die Betonplatten wurden teilweise in Betonfabriken gegossen, als fertige Platten zum Bauplatz gebracht und dort nebeneinander eingesetzt, wodurch Zeit und Kosten gespart werden konnten. Weitere Vorteile des Betonbelages waren seine lange Haltbarkeit sowie der Umstand, dass die starren Platten die Last gleichmässiger auf den Untergrund verteilten, wodurch dieser weniger beansprucht wurde und dessen Vorbereitung weniger Aufwand und Kosten bereitete. Ein grosser Nachteil des Betonbelages bestand darin, dass, wenn die Betondecke schadhaft wurde (beispielsweise durch Temperaturschwankung in den teergedichteten Fugen), Wasser in Strassenunterbau eindrang und diesen fortschwemmen konnte, womit die Tragwerte der Strasse änderten. Die Reparatur dieser Schäden kostet dann ein Vielfaches von bituminösen Strassenbelägen[1368]. Das Prinzip der Asphaltierung einer Strasse beruhte darauf, dass das Strassenbett vorgewalzt wurde, in einem Kessel Teer erhitzt und mit einem Sprührohr fein auf der Strassenoberfläche verteilt wurde und dieser Belag anschliessend motorisch gewalzt und verdichtet wurde.

1365 In England gab es auch (erfolglose) Versuche mit Lederresten beim Strassenbau (AR, 1913, 242).
1366 Temming, 189.
1367 Jaquemet, 28.
1368 Temming, 189.

1516 Durch diese aufwendige Einbringung waren die anfänglichen Gestehungskosten pro Quadratmeter Asphaltstrasse sehr hoch. Gegenüber der unasphaltierten Strasse, welche in der Erstellung deutlich günstiger, aber im Unterhalt teurer war, lohnte sich die Einbringung einer Asphaltstrasse aus finanziellen Erwägungen erst nach einer Lebensdauer von etwa zehn Jahren[1369]. Trotz dieser schwierigen Finanzierung von Asphaltstrassen erwies sich dieser Ansatz als beste Möglichkeit zur Lösung der Staubproblematik; weshalb die Asphaltierung auch von den Automobilisten sehr begrüsst wurde. Bereits 1913 wurde die Genfer Bahnhofsstrasse versuchsweise asphaltiert[1370] und auch andere Strassenstücke wurden mit Erfolg asphaltiert. Trotzdem wurden in der Schweiz vor dem Krieg nur wenige, oft zentrale Teilstücke in Innenstädten, mit Asphaltbelägen versehen.

13.3.3.3 Bedeutung der Belagsproblematik in Städten

1517 Eine besondere Bedeutung hatte die Belagsproblematik in den Städten. Zum Ersten hatten Städte besonders hohe Verkehrsdichten und anteilmässig überdurchschnittlich viele Motorfahrzeuge, insbesondere durch das Taxiwesen. So absolvierte ein einziger Motordroschkenunternehmer in der Stadt Zürich von 1910 bis 1912 1.2 Millionen Kilometer (und hat dabei Schäden von 12 000 Franken zu verzeichnen)[1371]. Zum Zweiten führte das hohe Pferdeaufkommen vor Bahnhöfen, Kasernen und Reitanstalten immer wieder zu hygienischen Problemen und drittens führten schliesslich wirtschaftliche Gründe dazu, dass Orte mit städtischen Verhältnissen intensiv nach dauerhaften, harten Strassenbelägen suchten.

1518 In der Folge wurden Versuche mit vielen Natur- und Kunstbelägen gemacht[1372], um deren Wirtschaftlichkeit und Einsatzzwecke auf städtischen Strassen abzuklären. Steinpflaster, die älteste Fahrbahnbefestigung, hatte den Nachteil, dass sich in seinen Fugen Kot und Schlamm ansammelte. Kleinsteinpflaster, also würfelförmige Steine von 8–10 cm Seitenlänge, hatten engere Fugen und produzierten geringere Geräusche als Steinpflaster. Eine zusätzliche Teerung des Kleinsteinpflasters brachte eine Reduktion von Lärm und Staub. Diese Belagsart wurde vor allem im Geleisebereich von Strassenbahnen eingesetzt. Asphalt wurde in zwei Arten eingesetzt: entweder als Stampfasphalt oder als Gussasphalt.

1519 Stampfasphalt war sehr zäh und komprimierte beziehungsweise verfestigte sich durch den Gebrauch innert fünf Jahren noch mehr. Er brauchte

---

1369 Vertiefend: Artikel “Staubfreie Strassen” des Strassenbaufachmanns Walo Bertschinger (AR, 1914, 385-386).

1370 AR, 1913, 177.

1371 Jahresberichte 1910–1916 der ACS-Sektion Zürich, , Sektion Zürich, 1912, 27-28.

1372 VSS-Zeitschrift, 1917, 1189-1191, 1201-1203, 1221-1222.

zwingend einen Betonunterbau und der Boden unter der Betondecke musste gewalzt werden. Sein Vorteil war seine Widerstandsfähigkeit und Geräuschlosigkeit, sowie die fehlende Schmutz- und Staubbildung. Dem stand die Gefahr einer Wellenbildung im Belag gegenüber, sowie dass er regelmässig gewaschen werden musste, weil die Oberfläche sonst, aufgrund ihrer Wasserundurchlässigkeit, schlüpfrig und damit für Pferdehufe gefährlich wurde. Gussasphalt wurde analog wie Stampfasphalt aufgebaut, war aber in der Einbringung günstiger als dieser. Allerdings war er anfällig auf Temperaturschwankungen. Bei Kälte neigte er zu Rissen, bei Hitze hinterliessen Huf und Reifen Abdrücke. Er wurde deshalb zum idealen Belag für Gehwege.

Versuche wurden im weiteren mit Holzpflaster gemacht, wozu Hartholzblöcke auf einer Betonplatte verlegt wurden, was sich aber aufgrund des Lärms, der Kot- und Staubansammlung in den Fugen sowie der fehlenden Trittsicherheit für Mensch und Tier bei Nässe nicht bewährte. Ebenso erfolglos blieben Versuche mit anderen Plattenbelägen aus Ton und Basaltguss. 1520

Die Erkenntnis aus diesen Versuchen war, dass im Allgemeinen aus Gründen des Lärmschutzes und der Hygiene die fugenlosen Beläge den Plattenbelägen vorzuziehen waren. Dies führte dazu, dass vor allem die Städte zu Vorreitern in der Einbringung von Asphaltbelägen wurden. In den Städten asphaltiert wurde aber auch aus Konkurrenz- beziehungsweise Tourismusgründen. 1909 wurde die Asphaltierung auch in der Fremdenstadt Luzern zum "Muss", um mit anderen schweizer Städten konkurrieren zu können, denn der Automobiltourismus verlangte diese besseren Strassen[1373]. 1521

13.3.3.4 Signalisation und Markierung

Die Signalisation und Markierung wurde wohl im Rahmen des Strassenbaus und Unterhaltes erstellt, diente aber der Durchsetzung beziehungsweise der Bekanntmachung der lokal geltenden Normen und wird deshalb im Rahmen der Normendurchsetzung erörtert[1374]. 1522

13.4 Werkstätten, Servicestationen und Benzindämpfe

Das Automobil brauchte nicht nur Infrastruktur in Form von Verkehrsfläche, sondern auch eine Infrastruktur zur Aufrechterhaltung seines Betriebes: Reparaturwerkstätten und Benzinverkaufsstellen. 1523

[1373] Meyer, 39.

[1374] Vertiefend vergleiche N 680 ff S. 181.

13.4.1 Ausgangs- und Versorgungslage

1524 Um 1900 gab es in der Schweiz noch fast keine Reparaturwerkstätten oder Benzinverkaufsstellen. Während in dieser frühen Zeit aber die meisten Automobilisten noch selbst über das notwendige Wissen für eine kleine Reparatur verfügten, waren leistungsfähige Bezugsmöglichkeiten für Kraftstoff unverzichtbar. Dies insbesondere, weil, vorab aufgrund der noch unpräzisen Vergaser, ein Verbrauch von 30–40 Litern Benzin pro 100 Kilometer nicht unüblich war[1375].

1525 Im Sinne der gegenseitigen Unterstützung wurden die Leser von Automobilzeitschriften aufgerufen, "Benzindepots" zu melden. Gesucht wurden vor allem Depots für Automobilisten, wo Benzin zu bezahlbaren Preisen verkauft wurde, nicht aber Apotheker und Drogeristen, welche normalerweise einen Franken pro Liter verlangten. Die so erstellten Listen wurden wiederum publiziert[1376] und diese wurden auch ausländischen Automobilisten mitgeteilt, welche sich nach den Standorten von Benzindepots in der Schweiz erkundigten.

1526 Die enge Verquickung von Tourismus und Automobilinfrastruktur zeigte sich überdies darin, dass Autowerkstätten oft in der Nähe der teuersten Hotels angesiedelt waren und auch gleich den Hotelnamen als Teil des eigenen Namens verwendeten. Gleichzeitig setzten vornehme Hotels einen Motorwagen ein, um ihre Gäste vom Bahnhof abzuholen[1377]. Und das Ausbleiben von ausländischen Gästen, beispielsweise infolge des Automobilboykotts, schädigte nicht nur den Tourismus, sondern auch das Automobilhilfsgewerbe.

1527 Automobilreparaturwerkstätten entstanden aus Velohandlungen, die nebenbei Motorräder und Automobile reparierten (nebst Nähmaschinen und Schreibmaschinen). Das notwendige Fachwissen zur Fahrzeugreparatur besassen jedoch auch Büchsenmacher. Nach 1910 eröffneten die ersten grossen Garagenbetriebe ihre Werkstatttüren[1378]. Nach dem Krieg breitete sich das Automobilgewerbe dank steigender Nachfrage rasch aus. So liessen sich nach Kriegsende in allen grösseren Ortschaften um den Vierwaldstätter See private Unternehmer als Vermieter von Personenautos und Inhaber von Autogaragen und Reparaturwerkstätten nie-

---

[1375] 1894 fuhr Baron von Liebig mit einer Benz "Victoria" von Böhmen nach Reims und verbraucht dabei von Reichenberg bis Gondorf an der Mosel (939 Kilometer) 200 Liter Benzin und wegen des damals üblichen Verdampfungskühlers 1 500 Liter Wasser (Temming, 163).

[1376] Beispielsweise in La Suisse Sportive, No 218, 1. Oktober 1901, S. 118; oder in TCS-Revue, 1901, S. 139-140, in welcher Adressen von Benzindepots und Automobil-Mechanikern publiziert wurde.

[1377] Meyer, 13 und 44.

[1378] Illustrativ ein Bildbericht der AR über eine Berner Grossgarage, welche als neue Errungenschaft präsentiert wurde (AR, 1913, 646-651).

der[1379]. 1924 waren in der Schweiz rund 30 000 Fahrzeuge immatrikuliert und mehr als 2 000 Garagen und Mechanikergeschäfte registriert[1380]. Die Motorfahrzeugbranche wurde in den 1920er Jahren zu einem volkswirtschaftlich bedeutenden Sektor. Dieser Sektor bot auch vielen Umsteigern Arbeit, beispielsweise einem Hufschmied, der Reifen verkaufte statt die immer weniger werdenden Hufe zu beschlagen[1381] – was den breiten Widerstand gegen die Motorisierung weiter reduzierte.

Aus Sicht der Gesetzgebung und des Rechts verdienten drei Aspekte 1528
dieses Branchenwachstums besonderes Augenmerk: die Benzindämpfe, der Standort der Werkstattgebäude, sowie der arbeitsrechtliche Aspekt des Sonntagsverkaufes.

13.4.2 Normen gegen die Explosionsgefahr

Benzindämpfe entstanden sowohl bei der Lagerung an sich, welche in 1529
Kanistern zu 5 Litern oder Fässern zu 100 Litern erfolgte, aber auch Tankstellen stellten eine latente Gefahr für Verpuffungen und Explosionen durch ausgetretenen Kraftstoff dar. Aufgrund ihrer Leichtflüchtigkeit und der damit verbundenen Explosionsgefahr waren die Vorkriegsbenzine besonders gefürchtet. Beispielgebend zu nennen war ein Zwischenfall von 1931, der aber unverändert auch schon 1920 hätte passieren können: Am 20. Juni 1931 kam es um 22 Uhr zu einer äusserst heftigen Benzindampfexplosion in der Abwasserkanalisation von Luzern, welche Dutzende von Schachtdeckeln meterweit in die Luft schleuderte. Der Grund dafür war Benzin, welches aus einem parkierten Auto ausgetreten war, in die Kanalisation gelangte, dort verdampfte und schliesslich durch Funkenschlag aus einer elektrischen Tramweiche entzündet wurde[1382].

Die Problematik der Benzindämpfe war aber bereits vorher bekannt und 1530
wurde schon früher durch rechtliche Normen angegangen. Das 1904 erlassene Konk1 enthielt noch keine diesbezüglichen Bestimmungen, doch bereits das Konk2 sah in Art. 3 I vor, dass die Vorrichtungen eines Fahrzeuges betriebssicher ausgelegt sein mussten, insbesondere musste eine Feuer- und Explosionsgefahr nach Möglichkeit ausgeschlossen sein. In den 1920er Jahren wurde der Explosionsgefahr durch die Reglementierung der Parkierung und des Tankstellenbaus begegnet. Grössere Städte kannten strenge feuerpolizeiliche Vorschriften, die das unbeaufsichtigte Stehen lassen von Fahrzeugen unter freiem Himmel verboten sowie die Unterbringung von Motorfahrzeugen regelten. Darin war teilweise die Unterbringung in separaten, feuersicheren Räumlichkeiten vorgeschrieben, was die Haltung eines eigenen Fahrzeuges entsprechend kost-

1379 Eckert, 42.
1380 Achtzig Jahre Verkehrspolitik im Spiegel der AR, 26.
1381 Merki: Siegeszug, 196.
1382 VSS-Zeitschrift, 153-155 und 164-166.

spielig machte. In deutschen Grossstädten führte das dazu, dass in den 1920er Jahren für eine Einstellmöglichkeit oft mehr bezahlt werden musste als für eine Zweizimmerwohnung[1383].

13.4.3 Normen für den Bau von Servicestationen

1531 Normiert wurde auch der Tankstellenbau. So erliess der Kanton Zürich 1920 eine Verordnung, welche die Lagerung von Benzin und Fahrzeugen mit Benzintanks regelte[1384]. Darin war vorgeschrieben, dass für Tankstellenbauten Planeingaben zu liefern waren und die Ausführung durch die Feuerpolizei zu bewilligen war. Die Verordnung enthielt detaillierte Ausführungsbestimmungen zu Böden, Türen, Ventilation, Heizung, Beleuchtung sowie elektrischen Installationen; als auch Betriebsvorschriften für diese Räume. Und im April 1925 erliess der Urner Landrat eine Verordnung über die Unterbringung von Motorfahrzeugen und den Verkehr mit feuergefährlichen Flüssigkeiten[1385].

1532 Die Technik begegnete der Gefahr durch eine Änderung in der Benzinzusammensetzung, sowie ab 1924 durch die Einfuhr von Zapfsäulen, die das feuergefährlichere alte Umfüllprinzip von Kanistern oder Fässern ablöste[1386].

1533 Regelungsbedürftig waren auch der **Standort und die Ausführung des Werkstattgebäudes**. Ab 1924 wurde das Zapfstellensystem eingeführt, welches zum einen weniger feuergefährlich war und zum anderen den Automobilisten mehr Bequemlichkeit bot. Nicht behoben wurde damit aber der Missstand, dass die tankenden Autos auf der Hauptstrasse standen, weshalb auch hierzu Vorschriften erlassen werden mussten. So erliess die kantonale Zürcher Baudirektion am 18. März 1925 strassenpolizeiliche Vorschriften für Benzinabfüllvorrichtungen[1387]. Gemäss deren Art. 1 brauchte der Betrieb einer Tankstelle nebst einer feuerpolizeilichen Bewilligung der Direktion des Innern auch eine strassenpolizeiliche Bewilligung der kantonalen Baudirektion. Um diese zu erlangen, musste die Betankungsvorrichtung so platziert werden, dass für das Befüllen mindestens drei Meter vom Strassengebiet weggefahren werden musste (Art. 2); und der Betankungsplatz war mit einer selbstständigen Benzinauffangvorrichtung auszurüsten (Art. 10). Schliesslich bestanden eine Kausalhaftung für den Betrieb der Abfüllvorrichtung und ein entsprechender Versicherungszwang (Art. 7).

1383 Flik, 132.
1384 Gesetzessammlung ZH, Band XXXI, 588-590.
1385 Gesetzessammlung UR, Band 9, S. 144-152.
1386 Merki: Siegeszug, 392.
1387 Gesetzessammlung ZH, Band XXXIII, 108-112.

13.4.4 Arbeitsrecht und Sonntagsarbeit

Der Sonntagsverkauf an Tankstellen hatte auch **ARBEITSRECHTLICHE KONSEQUENZEN** und es ergab sich Handlungsbedarf für die kantonalen Gesetzgebungen. So zog in Uri die Polizei am Sonntag einen Obolus für die Strassenpassage ein, Benzin durfte aber am Sonntag aufgrund der Sonntagsheiligung nicht verkauft werden. Die kantonale Polizeidirektion selbst empfahl deshalb, am Samstag Kannen mit Benzin abzufüllen; und die Polizei selbst wies Automobilisten in Garagen, wo ab Tanks gezapft wurde. In der Folge machte sich eine Rechtsunsicherheit bezüglich des Treibstoffbezuges am Sonntag breit; so, ob der Verkauf eventuell nur bis Schluss des Sonntagsgottesdienstes und an hohen Feiertagen erlaubt sei[1388]. Zürich erlaubte 1926 einen zweistündigen Verkauf am Sonntagmorgen auf Zusehen hin; allerdings war den Sonntagsarbeitenden diese Zeit durch einen freien Nachmittag oder Sonntag zu kompensieren und es durften keine Lehrlinge für diese Arbeiten eingesetzt werden[1389]. 1534

Die weitere Betrachtung dieser Thematik würde den Rahmen dieser Arbeit sprengen. Festzustellen ist aber, dass der Sonntag zum Geschäft wurde. Die Bedeutung der Sonntagsruhe sank, während der Ausflugstourismus und das Vergnügen an Gewicht gewannen; und in der Folge in den Kantonen die arbeitsrechtlichen Normen angepasst werden mussten. 1535

[1388] Gisler-Jauch, 134.

[1389] Gesetzessammlung ZH, Band XXXIII, 182-183.

14 Motorfahrzeug und Landesverteidigung

1536 Die (fördernden und hemmenden) Auswirkungen des 1. Weltkrieges auf den Automobilismus in der Schweiz wurden bereits im Rahmen der gesellschaftlichen Faktoren beleuchtet[1390]. Im Umfeld und während des Krieges wurde der zivile Motorfahrzeugverkehr eingeschränkt und ein eigentliches militärisches Motorfahrzeugwesen aufgebaut. Der Aufbau dieser Organisation war aus verschiedenen Gründen von besonderem Interesse: Zum Ersten lag die Regelungskompetenz hierfür nicht bei den Kantonen, sondern ausschliesslich beim Bund. Zum Zweiten diente der militärische Motorfahrzeugverkehr einem höheren Interesse, nämlich der Landesverteidigung. Zum Dritten war der Einsatz von Motorfahrzeugen in den Armeen ein Innovationsmotor; denn die Armeen beanspruchten die Fahrzeuge und Infrastruktur bis an die technischen Grenzen und darüber hinaus, und konnten damit – im Gegensatz zu den an die geltenden Verbote gebundenen zivilen Motorfahrzeuglenker – tradierte Vorurteile gegenüber den Motorfahrzeugen widerlegen. Zum Vierten und Letzten war in der Schweiz der Aufbau des militärischen Motorfahrzeugwesens politisch von Interesse, denn es bestand eine enge Verquickung von ACS (der den militärischen Motorwagendienst aufbaute) mit der politischen und wirtschaftlichen Elite. Trotzdem blieb zumindest die Kriegsgesetzgebung für Motorfahrzeuge nur ein Nebenschauplatz, da es sich um temporäres, zeitlich beschränktes Recht handelte.

14.1 Versuchsphase

1537 Europaweit machten die Armeeführungen nach Erscheinen tauglicher Fahrzeuge Versuche über deren Verwendbarkeit zu militärischen Zwecken[1391], denn Eisenbahn und Pferde genügten für eine moderne Kriegsführung nicht mehr. Frankreich, Österreich, Italien und Belgien hatten bereits um 1900 militärische Motorfahrzeuge im Einsatz; England und Deutschland folgten kurze Zeit später. Die Fahrzeuge wurden zu Logistikzwecken eingesetzt, beispielsweise dem Lasten- oder Verwundetentransport; aber auch als Kampfelemente, nachdem auf die Fahrgestelle Schnellfeuerkanonen montiert worden waren[1392].

1538 In der Schweiz fanden um 1899 erste, inoffizielle Versuche über eine militärische Verwendbarkeit von Motorfahrzeugen statt. Im November 1900 wurde erstmalig ein Automobil bei einer Übung eingesetzt;

[1390] Vertiefend vergleiche N 337 ff S. 87 (fördernde Faktoren) respektive N 361 ff S. 94 (hemmende Faktoren).

[1391] von Salis-Soglio, 59.

[1392] Meili: Rechtliche Stellung, 14-15.

wobei auch dieser Einsatz – ausgeführt zugunsten der Übungsleitung – nutzbringend verlief[1393]. Erste offizielle Versuche fanden 1901 während den Manövern des 2. Armeekorps statt; wobei zwei Personenwagen und, neu, ein Lastwagen zum Einsatz kamen[1394]. Die Fahrzeuge erwiesen sich trotz schlechtem Wetter und schwierigen Strassenverhältnissen als zuverlässig und erlaubten den höheren Kommandanten häufige Ortswechsel, welche bis anhin nicht möglich gewesen waren. Auch in weiteren Einsätzen bei Manövern überzeugten die Fahrzeuge durch ihre Zuverlässigkeit und Schnelligkeit. Im Aufgabenfeld des Nahrungsmittelnachschubes wurden direkte Vergleiche zwischen Lastwagen und Pferdegespannen angestellt; wobei sich der Lastwagen als günstiger, schneller und zuverlässiger als die Pferde erwies.

14.2 Freiwilligen-Automobilkorps des ACS

Da die Armee für diese Versuche weder über eigene Fahrzeuge noch über kundige Motorfahrzeuglenker verfügte, mietete die Armee die Fahrzeuge samt Fahrer für die Dauer der Manöver. Insbesondere der 1898 gegründete ACS engagierte sich in solchen Fällen für die Bereitstellung von Fahrzeugen und Fahrern und viele Mitglieder des ACS standen der Armee für Manövereinsätze mit ihren Fahrzeugen zur Verfügung. 1539

1904 begann der ACS, die Teilnahme an solchen Einsätzen und Versuchen zu organisieren und in einem freiwilligen Automobilkorps zu koordinieren. Im Mai 1907 publizierte der ACS eine diesbezügliche Information an seine Mitglieder und rief seine Mitglieder zur Teilnahme an diesem freiwilligen Automobilkorps auf[1395]. Im Juli 1907 genehmigte der Bundesrat einen diesbezüglichen Zusammenarbeitsvertrag zwischen dem Militärdepartement und dem ACS[1396] und der Bundesrat leistete einen Beitrag von 300 Franken an den Unterhalt des freiwilligen Automobilkorps[1397]. Gestützt auf den Vertrag zwischen der Eidgenossenschaft und dem ACS schloss der ACS Verträge mit den Mitgliedern des Freiwilligenautomobilkorps[1398]. Präsident des Korps wurde der damalige Zentral- 1540

[1393] La Suisse Sportive, No 185, 5. November 1900, S. 2-3. Der Fahrer dieses Wagens hiess Hamberger. Hamberger übernahm später eine zentrale Rolle im Aufbau des militärischen Motorwagendienstes.

[1394] Hildebrandt, 47-48.

[1395] La Suisse Sportive, No 402, 25. Mai 1907, S. 322.

[1396] La Suisse Sportive, No 413, 10. August 1907.

[1397] AR, 1913, 160.

[1398] Ähnliches passierte auch in Deutschland: 1905 gründete Deutschland das "Kaiserliche Automobil Korps". Die Fahrzeuge wurden aber nicht teuer eingemietet, sondern die Fahrer temporär zu Offizieren befördert. Analog dem deutschen Modell erhielten die Mitglieder des ACS-Korps einen Offiziersrang, und der Bund bezahlte 75 Fr. an die Uniform.

präsident des ACS; die 40 Mitglieder wurden auf vier Detachemente, also eines pro Armeekorps, verteilt.

1541 In der Zeit von 1907 bis 1914 stellte dieses Korps Automobile und Chauffeure für Manöver, Versuche und den Transport von Kommissionen der eidgenössischen Räte und Gästen der Regierung zur Verfügung. Für den Aktivdienst erwies sich diese Organisation jedoch als zu kompliziert und ungenügend militärisch. Unklar blieb auch die Stellung der Offiziere, die nicht als vollwertige Offiziere der Armee anerkannt wurden, was oft zu Kompetenzstreitigkeiten führte.

14.3 Bundesrecht im militärischen Automobilwesen

1542 Im Rahmen der Zusammenarbeit mit dem ACS erliess der Bundesrat 1909 eine Verordnung über das militärische Automobilwesen, mit dem Zweck, die Einstellung und Einschatzung von Motorwagen zu regeln[1399]. Diese sah die Gründung eines freiwilligen Automobilkorps vor (Art 2), gewährte dem Militärdepartement Einsicht in das beim EDI geführten Fahrzeugregister (Art 4), regelte das Ein- und Abschatzungsverfahren (Art 19 ff), die Versicherung und Mietpreise (Art 26) sowie das Verhältnis zum Konkl (Art 27). Die Fahrzeuge hatten bezüglich Warnvorrichtung und Beleuchtung dem Konkl zu genügen sowie darüber hinausgehende, militärische Anforderungen zu erfüllen (Art 6).

1543 Diese Verordnung legte auch fest, dass zivile Fahrverbote nicht galten, wenn die Fahrten im militärischen Interesse unternommen wurden (Art 28). So machte der Generalstab im Auftrag des Militärdepartements 1910 und 1911 Versuchsfahrten über diverse Alpenstrassen, die grösstenteils mit kantonalen Fahrverboten belegt waren. Diese Versuche verliefen wiederum zufrieden stellend und die Fahrzeuge erwiesen sich als sehr praxistauglich.

1544 Im Rahmen der Mobilmachung der Armee erging im August 1914 der Mobilmachungsbeschluss[1400], der das Motorwagenpersonal und die Besitzer der zu stellenden Motorwagen aufbot (Art III Ziff. 5) und die überzähligen Motorwagen und Motorlastwagen auf Pikett stellte (Art IX).

1545 Im November 1914 wurde das Mietgeld für die Fahrzeuge erhöht[1401]. Die Fahrzeuge hatten sich im Einsatz bewährt und sie verkehrten ohne Probleme und Unfälle auch in der Schöllenenschlucht und auf dem Gotthard. Immer mehr ersetzten sie die Pferde und ermöglichten eine ausreichende und zeitgerechte Versorgung in Fällen, die mit Pferdegespannen nicht mehr zu bewältigen gewesen wären. Aufgrund dieser positiven Erfahrungen und um die Kosten zu senken, erliess der Bundesrat im Dezember 1915 einen Beschluss, wonach die Armee während des Aktivdienstes

---

[1399] AS, Band XXV NF, 13.
[1400] AS, Band XXX NF, 339.
[1401] AS, Band XXX NF, 576.

Personen- und Lastwagen an sich ziehen konnte, wenn sie dafür schon Mietgeld in einem bestimmten Umfang bezahlt hatte[1402].

Die Bedeutung des Motorfahrzeuges für die Armee nahm weiter zu. Da 1546
die dienstpflichtigen Fahrer nicht mehr ausreichten, wurden vom Generalstab im November 1916 per Aufruf Freiwillige, also vom Militärdienst Befreite, gesucht, welche ein Motorfahrzeug lenken konnten. Gleichzeitig wurde im November 1916 der militärische Motorwagendienst umfassend geregelt[1403]. Der militärische Motorwagendienst wurde ein eigener Dienstzweig der Armee und er wurde für die Dauer des Aktivdienstes dem Generalstab unterstellt. Im weiteren wurden Mobilisation, Ausbildung, Schiesspflicht sowie weitere organisatorische Aspekte geregelt und mit Standort Luzern ein zentrales Motorwagendepot eingerichtet.

Um einen Überblick über den Fuhrpark der Schweiz zu erhalten, be- 1547
schloss der Bundesrat bereits September 1916 die Zählung sämtlicher Motorfahrzeuge in der Schweiz; wer sich diesem Beschluss widersetzte und sein Fahrzeug nicht auf einen zentralen Besichtungsplatz führte, war durch die Kantone zu verfolgen[1404]. Im September 1917 wurden schliesslich sämtliche Besitzer von Motorwagen und Motorrädern verpflichtet, ihre Fahrzeuge (auch allfällig stillgelegte) sowie Handänderungen an Fahrzeugen den kantonalen Behörden zu melden[1405]. Nach dem Krieg wurden die Strafen für den Verstoss gegen die Meldepflicht gesenkt, die Meldepflicht an sich aber grundsätzlich beibehalten[1406].

1402 AS, Band XXXI NF, 487, Art. 2 und 3 lit. a.

1403 AS, Band XXXII NF, 447.

1404 AS, Band XXXII NF, 394, respektive AS, Band XXXIII NF, 51.

1405 AS, Band XXXIII NF, 90.

1406 AS, Band XXXV NF, 892, sowie Band XXXVII NF, 659; Band XL NF, 42 und Band XLIV, 655.

15 Rechtssprechung

15.1 Fehlen einer einheitlichen, konsistenten Praxis

1548 Das Schwergewicht der vorliegenden Arbeit beleuchtet den Aspekt der Rechtssetzung und Rechtsanwendung. Bereits hier zeigte sich eine Uneinheitlichkeit von Kanton zu Kanton, trotz der einigend wirkenden Klammern in Form des Konk1 und des Konk2 sowie dem späteren Bundesgesetz von 1932. Noch uneinheitlicher zeigt sich die den Motorfahrzeugverkehr betreffende Rechtssprechung aus dem Betrachtungszeitraum 1900 bis 1932.

1549 Dies hatte verschiedene Gründe: Aufgrund der Neuartigkeit der zu beurteilenden Rechtsfragen fehlten teilweise motorfahrzeugspezifische Rechtsgrundlagen gänzlich, so im Bereich der Haftung des Lenkers bei Unfällen. Soweit bereits allgemeine, nicht motorfahrzeugspezifische Rechtsgrundlagen bestanden, waren diese, zumindest bis 1912, von Kanton zu Kanton unterschiedlich, denn das erste eidgenössische Zivilgesetzbuch trat erst 1912 in Kraft; und auch der Obligationenrechtsteil musste den neuen Begebenheiten und Ansprüchen erst angepasst werden. Zu Rechtsunsicherheit führte überdies das zeitweilige Nebeneinander mehrerer Normenwerke, denn über ein Jahrzehnt galten auf schweizerischem Hoheitsgebiet das Konk1, das Konk2, eine eigenständige kantonale Gesetzgebung und ein totales Fahrverbot nebeneinander. Diese Lücken und Unsicherheiten wurden aber, zum Zwecke eines föderalistischen Kompromisses, teilweise bewusst in Kauf genommen, um überhaupt eine Regelung der Materie bewerkstelligen zu können.

1550 Die Uneinheitlichkeit der Rechtssprechung resultierte jedoch auch aus der mangelnden Erfahrung des Spruchkörpers und dem Fehlen einer gefestigten Praxis, denn aufgrund des bis zum Krieg noch recht bescheidenen Verkehrs entstand prinzipbedingt nur eine kleine Anzahl von Rechtshändeln. Diese wenigen Fälle blieben einzelfallbezogen und konnten nicht viel zur Festigung einer Praxis beitragen.

1551 Längere Zeit herrschte beim Spruchkörper auch Unsicherheit darüber, ob für die beiden Fallgruppen "Motorfahrzeug gegen Motorfahrzeug" zum einen und "Motorfahrzeug gegen nichtmotorisierten Gegner" zum anderen dieselben Rechtssätze zur Beurteilung herbeizogen werden sollten. Dies war eine direkte Folge davon, dass bis 1932 kein Verkehrsrecht bestand, welches den Strassenverkehr als einheitliches System begriff; denn bis dahin wurde die Integration des Motorfahrzeuges fast ausschliesslich durch Normen angestrebt, welche nur für Motorfahrzeuge galten. So war es bis 1932 Aufgabe der Gerichte und der Rechtssprechung, die unvollständige rechtliche Einpassung des Motorfahrzeuges in den Strassenverkehr zu korrigieren. Erst die eidgenössische strassenverkehrsrechtliche Gesamtkonzeption von 1932 gab den Gerichten schweizweit eine einheitliche Rechtsgrundlage. Vereinheitlichend wirkte auch die nach dem Krieg beständig steigende Motorfahrzeugdichte, welche quantitativ zu mehr Gerichtsfällen führte und qualitativ eine allmähliche Festigung der Gerichtspraxis bewirkte.

15.2 Prozessrechtliche Grundtendenzen

Aus diesen Gründen ist es nicht möglich, für die im Rahmen dieser Arbeit diskutierten Problemkreise eine einheitliche Rechtssprechung aufzuzeigen. Verschiedene Autoren haben aber den Versuch gemacht, anhand der Analyse einzelner Fälle Konsequenzen für den Verkehrsalltag von damals zu ziehen[1407]. Trotzdem lassen sich, insbesondere in der Gerichtspraxis vor dem Krieg, gewisse prozessrechtliche Grundtendenzen und Auffälligkeiten feststellen. Überliefert sind dabei vor allem Übelstände sowie umstrittene Entscheide, da diese von den Unterlegenen oftmals in der ihnen zugewandten Presse publik gemacht und kommentiert wurden[1408]. 1552

15.2.1 Ausspielen sozialer Macht der Automobilisten

Das **Ausspielen sozialer Macht** war insbesondere nach der Jahrhundertwende ein unter Motorfahrzeughaltern nicht selten anzutreffendes Phänomen. In dieser Zeit waren die Haltung und der Betrieb eines Motorfahrzeuges noch eine kostspielige und aufwendige Angelegenheit und damit gut situierten und meist einflussreichen Personen vorbehalten. Diese scheuten es nicht, Urteile und Bussen lokaler Autoritäten zu ihren Ungunsten an höhere Instanzen weiterzuziehen, wozu nebst sämtlichen juristischen, mehr oder minder stichhaltigen Argumenten auch die eigene soziale Überlegenheit und das persönliche Beziehungsnetz eingesetzt wurden. 1553

[1407] So aus der Zeit: Brennwald: Forensische Automobilpraxis, 110 ff. Brennwald zog direkte Konsequenzen und gab den Automobilisten Verhaltensempfehlungen ab. Instruktiv auch die Ausführungen von Nussbaum über die straf- und zivilrechtlichen Konsequenzen von Unfällen (Nussbaum, 159-186).

[1408] Nebst den bereits im Rahmen der Automobilfallen erwähnten Presseartikeln ist auch der AR-Artikel "Die Autofalle in Murgenthal" von 1913 erwähnenswert: Der Autor des Artikels wurde mit seinem Automobil in Murgenthal kontrolliert. Die Kontrolle verlief anstandslos; trotzdem kam acht Tage später ein strafrichterlicher Bescheid wegen zu schnellem Fahren. Der Lenker wehrte sich dagegen, worauf die das Vergehen (nicht etwa die Strafe) reduziert wurde. Der Lenker spottet im weiteren über das (tatsächlich) fehlerhafte Deutsch des richterlichen Schreibens (AR, 1913, 762-763).

15.2.2 Voreingenommenheit und Unerfahrenheit

1554 Dem gegenüber beklagten weniger einflussreiche Automobilisten immer wieder eine **VOREINGENOMMENHEIT** der Gerichte, weil die Richter selbst nicht motorisiert waren. Ob der Spruchkörper beim Plädoyer des Automobilisten tatsächlich schlief und sich in einem anderen Fall bei der Urteilseröffnung amüsiert zeigte[1409], ist heute nicht mehr überprüfbar. Erhärtet ist aber der Umstand, dass die Richter aus eigener Unvertrautheit mit der technischen Materie in ihrer Entscheidfindung von den Experten der kantonalen Fahrzeugprüfungskommissionen abhingen[1410]. Bezeichnend ist eine vom Obergericht Zürich 1904 an den Automobilclub gerichtete Bitte, die Richter einmal Auto fahren zu lassen, damit sie dieses Verkehrsmittel, mit dem sie immer häufiger zu tun bekämen, auch persönlich kennen lernen könnten[1411].

1555 Nur langsam anerkannte das Recht auch den Automobilisten: Anwohner wurden für ihre unbeaufsichtigten Tiere verantwortlich; Fuhrleute durften in der Stadt nur noch Pferde gebrauchen, die an Lärm gewohnt waren; und Fussgänger und Velofahrer mussten ihren Teil der Verantwortung tragen, wenn sie sich in der Strassenmitte bewegten, ohne sich um den Verkehr zu kümmern[1412]. Langsam drang das Automobil auch ins Bewusstsein jener Strassenbenutzer, die selbst nicht fuhren. So konnte 1925 Brennwald festhalten, dass die Voreingenommenheit der Gerichte einer Neutralität gewichen sei.

15.2.3 Ablehnung von Entlastungszeugen

1556 Eine weitere Besonderheit war die Ablehnung von Entlastungszeugen. Ein formell richtig abgefasster Rapport eines Polizeiorgans hatte volle Beweiskraft[1413]; und die Gerichte schützen anfangs Bussgeldentscheide, die sich lediglich auf den Eindruck eines Polizisten stützten[1414]. Entlastungszeugen eines Automobilisten wurden jedoch oftmals grundsätzlich abgelehnt, ob sie nun im betroffenen oder einem anderen Automobil

---

1409 Brennwald, ein Rechtsanwalt, Teilhaber einer Automobilfabrik, ACS-Mitglied und automobilistisch engagierter Jurist, schrieb 1904 in der NZZ: "[...], und es erhöht keineswegs das Vertrauen zur Rechtsprechung, wenn Mitglieder des Gerichtes mit geschlossenen Augen und in regelmässigen Zügen Atem holend da sitzen, genau so wenig wie wenn der Gerichtshof bei der Eröffnung des Urteils seine Heiterkeit nicht zu bemeistern vermag" (Brennwald: Automobilistenrecht, 244).

1410 Nussbaum, 185.

1411 Brecht, 114.

1412 Bertho Lavenir, 120.

1413 So beispielsweise nach der 1904 in Zürich geltenden Prozessordnung, § 1045.

1414 Merki: Siegeszug, 349. Bemerkenswert war an sich schon der Umstand, dass die Ordnungskräfte Bussen jeglicher Höhe selbst aussprechen konnten.

sassen. Die Gerichte begründeten die Ablehnung mit dem Umstand, dass die Insassen eines Automobils dessen Geschwindigkeit oftmals unterschätzen würden (allerdings verfügten die wenigsten Mitglieder von Gerichten über eine eigene praktische Erfahrung zu diesem Thema, weshalb die Automobilclubs verschiedentlich Ausfahrten für Mitglieder von Gerichten und Behörden organisierten). Nicht zu Unrecht monierte Brennwald, dass durch diese Ablehnung von Entlastungszeugen die Aussagen "schreckhafter Weiber" sowie sonstiger Persönlichkeiten, die von Autofahren keine Ahnung hätten, mehr Gewicht bekamen als Aussagen von Fachleuten, welche durch die besondere Vertrautheit mit der Sache "in ihrer Unbefangenheit" eingeschränkt seien[1415]. Die Automobilclubs ihrerseits warnten zum einen vor "Autofallen", die fiskalischen und nicht verkehrspräventiven Zwecken dienten; zum anderen bauten die Clubs eigentliche Rechtsabteilungen auf, mit denen sie ihre Mitglieder vor Gericht verteidigten. Ab 1905 änderten die Gerichte ihre Praxis und verhängten oder bestätigen nur noch Bussen und Strafen, die auf überprüfbaren Angaben beruhten, also der Messung mit einer Stoppuhr. Überdies mussten Bussenentscheide schneller zugestellt werden, sodass der eines Vergehens bezichtigte Lenker noch eine Möglichkeit hatte, Zeugen mit frischer Erinnerung zu seiner Entlastung zu benennen[1416].

15.2.4 Ungleichbehandlung motorisierter und nichtmotorisierter Rechtsbrecher

Bemerkenswert war auch eine Ungleichbehandlung von motorisierten und nichtmotorisierten Rechtsbrechern. Motorisierte Rechtsbrecher wurden in der Regel härter und öfter bestraft als nichtmotorisierte Verkehrsteilnehmer, denn ihre Übertretung wurde tendenziell als grössere Gefahr für die allgemeine Verkehrssicherheit angesehen. Dies beruhte zum einen auf der Skepsis und einer gewissen Antipathie der Polizeiorgane – weil das neue Verkehrsmittel neue Probleme und Arbeit schuf – und zum anderen darauf, dass Motorfahrzeugbesitzer als finanzkräftig angesehen wurden. Diesem Eindruck der Finanzkräftigkeit leisteten die Lenker indes selbst Vorschub, indem sie bei kleineren Kollisionen und Schäden die Schuldfrage gar nicht abklären liessen, sondern, der schnellen Erledigung wegen, Schäden und Unkosten umgehend aus der eigenen Tasche beglichen. 1557

Einen anderen Aspekt der Ungleichbehandlung zeigt eine Analyse der strafrechtlichen Prüfung des Fahrlässigkeitsbegriffes im Kanton Zürich. Das Zürcher Obergericht, zuständig für fahrlässige Körperverletzungen, hatte eine klare Linie und urteilte zweck- und zielorientiert, nicht aber gesellschaftspolitisch. Das Zürcher Geschworenengericht, zuständig für 1558

1415 Brennwald: Automobilistenrecht, 244.
1416 Merki: Siegeszug, 349.

fahrlässige Tötung, urteilte deutlich weniger zielgerichtet und teilweise widersprüchlich. Die Strafen des Geschworenengerichts waren, trotz der schwereren Verletzung eines Rechtsgutes, in der Regel milder als beim Obergericht, und ebenso milder als aufgrund der öffentlichen Meinung zu erwarten war. Das Geschworenengericht hatte Mühe, sozial integre und loyale Leute durch eine Verurteilung zu kriminalisieren. Die stossende Folge davon war, dass ein fehlbarer Lenker tendenziell mit einer geringeren Strafe davon kam, wenn das Opfer nicht nur verletzt war, sondern an den Unfallfolgen verstorben war[1417].

15.2.5 Faktische Kausalhaftung

1559 Die Haftungsfrage wurde bereits ausführlich im Rahmen der Unfallfolgenbewältigung erläutert[1418], verdient aber aufgrund ihrer Bedeutung an dieser Stelle eine nochmalige Erwähnung. Das Gesetz bot bis 1932 nur die obligationenrechtliche Verschuldenshaftung an. Die Beweislast für das Bestehen eines Haftungsfalles trug das Opfer. Dieses musste zur Erlangung einer Schadenersatzzahlung das Vorliegen aller Haftungsvoraussetzungen beweisen: die Widerrechtlichkeit beziehungsweise den Verstoss des Schädigers gegen eine Rechtsnorm, den Schaden an sich, den adäquaten Kausalzusammenhang zwischen der rechtswidrigen Handlung und dem Schaden, sowie schliesslich das Verschulden des Schädigers.

1560 Nur selten aber gelang den physisch und meist auch finanziell schwächeren Opfern der kumulative Nachweis dieser vier Voraussetzungen. In den 1920er Jahren war aber ein Grossteil der Bevölkerung ohne Versicherungsschutz, denn eine obligatorische Unfallversicherung bestand nur für Arbeitnehmer in einigen wenigen Beschäftigungssektoren (insbesondere in Industrie, Handel und Gewerbe)[1419]. Zur Korrektur dieses unbestrittenen Missstandes legten die Gerichte die Normen teleologisch (also konform zu gesellschaftspolitischen Kriterien) aus. Die an sich schwer beweisbaren Elemente des Verschuldens und des adäquaten Kausalzusammenhanges wurden fast automatisch als gegeben angenommen und auch ein schweres Verschulden des Geschädigten reichte nicht aus, damit sich der Schädiger seiner Haftung entschlagen konnte[1420].

1417 Nussbaum, 174-180.
1418 Vertiefend vergleiche N 1175 ff S. 318.
1419 Nussbaum, 162.
1420 So in BGE 51 II 517. Vergleiche auch Nussbaum, 163 und 170.

Résumé

Die Integration motorisierter Fahrzeuge in die schweizerische Rechts- 1561
und Gesetzeslandschaft begann um 1900 und fand ihren Abschluss 1932 mit dem Erlass des ersten Bundesgesetzes über den Strassenverkehr. Takt gebende Antriebe dieses Integrationsprozesses waren drei Faktoren: die beständige Weiterentwicklung und Leistungssteigerung in der Fahrzeugtechnik, eine aktive und reaktive Rechtssetzung sowie eine die Motorisierung teils fördernde, teils ablehnende Haltung verschiedener Bevölkerungsteile.

Dieser Integrationsprozess gliederte sich in mehrere Etappen. Eine Etap- 1562
pe wurde stets dadurch eröffnet, dass steigende Fahrzeugzahlen oder Leistungssteigerungen in der Automobiltechnik zu neuartigen Problemen im Strassenverkehr geführt hatten. Dies löste einen Problemlösungsprozess aus, indem die Leid tragenden Verkehrsteilnehmer und das betroffene Publikum ausnahmsweise mit Selbstjustiz reagierten, meist aber mit dem Aufbau von Druck auf ihre politischen Vertreter, welche daraufhin die politische Diskussion rechtlich-normativer Lösungsansätze eröffneten. Unter reger Anteilnahme der involvierten Interessenvertreter mündeten diese politischen Aushandelungsprozesse in den Erlass neuer Rechtsnormenwerke, welche zur Lösung oder zumindest zu einer Eindämmung der eruierten Probleme führten. Diese Rechtsnormenwerke wurden damit, auf rechtlich-juristischer Ebene, zu einem Etappenziel im gesamten Integrationsprozess.

Der etappierte Integrationsprozess verlief iterativ. Nur ausnahmsweise 1563
wurden einmal gefundene und ausgehandelte Normen in einer nächsten Etappe fallengelassen; in der Regel wurden bestehende Normen verfeinert, ausdifferenziert und den veränderten Tatsachen im Strassenverkehr und den Fortschritten der Automobiltechnik angepasst.

Die Stationen dieses Integrationsprozesses waren der Erlass eines ersten 1564
(1904) und zweiten (1914) Konkordates. Indirekten Einfluss hatte auch der Beitritt der Schweiz zu den internationalen Automobilübereinkünften von 1909 und 1931. Die 1921, nach fast zwanzigjährigem politischem Ringen, erreichte Verschiebung der strassenverkehrsrechtlichen Regelungskompetenz von den Kantonen auf den Bund entfaltete jedoch erst 1933 Wirkung, als dieser in Form eines Bundesgesetzes samt zugehöriger Vollzugsverordnung die erste flächendeckende, eidgenössische Regelung erliess.

Damit verlief der Integrationsprozess bis 1932 nicht schweizweit syn- 1565
chron, denn bis zum Erlass der Bundesregelung konnten die Kantone eigenständig in Strassenverkehrsfragen legiferieren. Wohl schlossen sich fast alle Kantone jeweils umgehend einem oder beiden Konkordaten an,

doch einige wenige Kantone wie TG oder GR kamen später hinzu oder standen ganz abseits. Dies führte zu einer schweizweiten Rechtsunsicherheit: 1921 war in Graubünden der Verkehr mit Motorfahrzeugen noch untersagt, während andere Kantone die Regelungen des 2. Konkordates anwandten. Einige Kantone waren diesem jedoch nicht beigetreten und verblieben bei den abweichenden Regeln des 1. Konkordates, oder folgten gar gänzlich kantonsautonomen Normen.

1566 Dieses divergierende Vorgehen der Kantone war Folge und Abbild ihrer Sorge, sich im noch jungen Bundesstaat ihre kantonale Hoheit zu bewahren. Allerdings führte diese Autonomie suchende Haltung zu grosser Rechtsunsicherheit und einem föderalistischen Flickenteppich, welcher erst 1932 mit dem Erlass der Bundesregelung entsorgt werden konnte. Unberührt vom rechtsstaatlichen Kräftemessen gab es jedoch bereits vor 1932 einen Faktor, der den Strassenverkehr schweizweit und unabhängig von Kantonsgrenzen prägte: Der Erste Weltkrieg brachte 1914 bis 1918 den privaten Motorfahrzeugverkehr fast vollständig zum Erliegen – und liess diesen nach Kriegsende mit umso grösserer Dynamik über Strasse, Land und Bevölkerung hereinbrechen.

1567 Die Probleme, welche die Motorfahrzeuge im Strassenverkehr und in der Gesellschaft verursachten, entstanden aber nicht erst mit der beginnenden Massenmotorisierung nach dem Krieg. Bereits mit dem vermehrten, den Einzelfall übersteigenden Auftauchen von Motorfahrzeugen um die Jahrhundertwende ergaben sich Probleme, die mit weiter zunehmender Fahrzeugdichte stets dringlich nach einer Lösung riefen. Die Vielfältigkeit dieser Probleme verlangte nach differenzierten rechtlichen Lösungsansätzen. Mit dem Wissen von heute lassen sich retrospektiv verschiedene Themen- respektive Problemkreise unterscheiden, innerhalb derer mit rechtlich-normativen Ansätzen nach Lösungen gesucht wurde.

1568 Der Problemkreis Ausrüstung und Zulassung von Fahrzeugen befasste sich mit der mechanischen Betriebssicherheit der Fahrzeuge. Stets präziser werdende Ausrüstungsnormen, welche im Einklang mit der technischen Weiterentwicklung verschärft und adaptiert wurden, stellten sicher, dass die Fahrzeuge über angemessene Bremsen, taugliche Warnvorrichtungen, wirksame Schalldämpfung sowie eine effektive Beleuchtung für Fahrten bei Dunkelheit verfügten. Ein sicherer Fahrzeugbetrieb und eine nicht ablenkende Lenktätigkeit wurden durch Vorschriften bezüglich der Gangschaltung, den Rückspiegeln sowie der allgemeinen Bedienbarkeit erreicht, wobei für schwere Fahrzeuge und Fahrzeuge zum Personentransport zusätzliche Vorschriften über die zulässigen Höchstgewichte und Wartungsintervalle für Bremsen ergingen. Zur Sicherung dieser Vorschriften hatten die Fahrzeuge vor der ersten Inverkehrsetzung und danach in regelmässigen Abständen eine amtliche Inspektion zu bestehen. Schliesslich wurde durch den Fahrzeugausweis und die Kontrollschilder ein Registrierungszwang für die zirkulierenden Fahrzeuge installiert, wodurch diese individualisiert, regelmässig überprüft und bei Vergehen auch identifiziert werden konnten.

Ein weiterer Problemkreis war die Ausbildung und Fahrtüchtigkeit des 1569
Lenkers. Es zeigte sich schnell, dass zwischen der schlichten Kaufkraft eines Motorfahrzeugbesitzers und seiner Fähigkeit, die komplizierten Bedienvorgänge und neuartigen fahrdynamischen Abläufe eines Motorfahrzeuges zu beherrschen, kein direkter Zusammenhang bestand. Zunehmend führten menschliches Versagen und Unvermögen zu steigenden Unfallzahlen. Mittels Einführung einer Fahrprüfung sowie eines nach Fahrzeugkategorien abgestuften Führerscheins konnten Neulenker in ihren Fähigkeiten überprüft werden, bevor sie zum Verkehr zugelassen wurden. Bereits zirkulierende Lenker, die sich grobe Verstösse gegen die Verkehrsregeln zuschulden kommen liessen, konnten durch den zeitweiligen oder endgültigen Entzug der Lenkbewilligung aus dem Verkehr gezogen werden. Die Verbriefung dieser Lenkbewilligung erlaubte eine zentrale Kontroll- und Registerführung aller zirkulierenden Lenker. Zusätzlich mussten für die Lenker von schweren Fahrzeugen oder von Fahrzeugen zum gewerbsmässigen Personentransport besondere Vorschriften über den Alkoholgenuss, die Ruhezeit, die Aufsicht über die Passagiere oder die Ladung sowie die Verantwortlichkeit für den betriebssicheren Zustand des Fahrzeuges erlassen werden.

Mit dem Erlass automobilspezifischer Normen auf Konkordats-, Kan- 1570
tons- und (letztlich) Bundesebene wurden die rechtlichen Grundlagen einer neuen Verkehrsordnung geschaffen, welche aber von hoheitlicher Seite um- und durchgesetzt werden musste. Die Normendurchsetzung umfasste deshalb drei Teilbereiche: Information, Administration und Sanktion. Die Information beinhaltete die Orientierung über geltende Anordnungen vor Ort mittels Beschilderung, während die Administration die Installation von Verwaltungszentren in Form von Strassenverkehrsämtern und die Regelung der interkantonalen und internationalen Zusammenarbeit umfasste. Der Bereich der Sanktion umfasste den Aufbau, die Organisation und die Ausrüstung von Polizeikorps, die Definition gesetzlicher Strafbestimmungen bei Verstössen gegen die Strassenverkehrsordnung, die Abschaffung des Anzeigeranteils an ausgefällten Bussen, aber auch die vergebliche Suche nach einer bordeigenen, mechanischen Begrenzung der Höchstgeschwindigkeit.

Der Problemkreis der Immissionsbekämpfung befasste sich mit der Be- 1571
kämpfung der Staub- und Kotwurfplage, die aus den unbefestigten Strassen resultierte. Aufgrund seiner strassenbaulichen Natur blieben in die-

sem Bereich rechtliche Regelungsversuche weit gehend erfolglos, soweit von den wohl wirksamen aber unpraktikabeln totalen Fahrverboten abgesehen wurde. Effektvoll war der Immissionsschutz durch Rechtsnormen im Bereiche der Lärmbekämpfung, wobei für Tag- und Nachtlärm unterschiedliche Quellen verantwortlich und verschiedene rechtliche Lösungsansätze notwendig waren. Wirksam erwies sich die Rechtssetzung auch bei der Verminderung von unnötigen Abgasen, Rauch und Russ, dem Schutz vor verpuffenden Benzindämpfen, der Verhinderung der gefährlichen nächtlichen Blendung sowie der Minderung von Erschütterungen strassennaher Gebäude. Noch kein Thema hingegen war der Schutz der Umwelt, beispielsweise durch ein Verbot der Verlustschmierung und deren Ersatz durch geschlossene Schmierkreisläufe.

1572 Ein weites Feld bot der Einsatz von Fahrverboten. Sie waren das letzte Mittel, wenn alle anderen Ansätze nicht zum Erfolg führten – oder der Einfachheit halber gar nicht ausexerziert wurden. Gross war indes auch die Vielfalt an Gründen, die zu einem Fahrverbot führen konnten: Während Sonntagsfahrverbote die Sonntagsruhe sicherstellen sollten, wurde durch Nachtfahrverbote eine nächtliche Lärmreduktion angestrebt. Fahrverbote ergingen auch aus Protektionismus für eine bereits vorhandene Bahninfrastruktur, den Schutz lokaler Tourismusinteressen vor einem regen Durchgangsverkehr oder aus Sorge um die Strasseninfrastruktur. Die Motive zu lokalen Strassensperrungen lagen meist in örtlich begrenzten, spezifischen Gegebenheiten, welche sich unter dem Nenner "Den Schaden tragen ohne den Nutzen zu haben" zusammenfassen liessen; wogegen Alpen- und Passstrassen vorwiegend aus Gründen des Strassenschutzes, dem Schutz der Personenpostlinien oder der Sorge um die Verkehrssicherheit mit Fahrverboten belegt wurden. Insbesondere nach dem Krieg führte eine emsige föderalistische Erlasstätigkeit der Kantone zu einem unüberschaubaren, sich jährlich verändernden Netz aus totalen Fahrverboten und an Sonntagen reduzierten Höchstgeschwindigkeiten – eine Lage, die einerseits durch eine forcierte Teerung der Strassenoberflächen und andererseits durch konzertierte Engagements aller automobilfreundlichen Interessengruppen überwunden werden konnte.

1573 Ein ruhender Pol in der Frage der geltenden Fahrverbote blieb Graubünden. Abgesehen von wenigen unerheblichen Lockerungen galt von 1900 bis 1925 beziehungsweise 1927 grundsätzlich ein totales Fahrverbot im ganzen Kanton. Wohl gab es immer wieder Vorstösse zu dessen Lockerung, doch bis 1925 war keinem ein Erfolg beschieden.

1574 Geschwindigkeitslimiten waren ebenfalls Integrationswerkzeug, dessen Einsatz aus vielerlei Gründen nahe lag – und nicht immer ging es dabei nur um die Verkehrssicherheit. Die Beschränkung der Geschwindigkeit wurde auf zwei Wegen angestrebt: Zum einen durch eine stets erhoffte, mangels technischer Machbarkeit aber nie umgesetzten Vorschrift, die Motorfahrzeuge direkt mit geschwindigkeitsbegrenzenden Geräten auszurüsten. Der andere Ansatz bestand darin, Höchstgeschwindigkeiten festzulegen und deren Einhaltung mittels Kontrollen und Sanktionen durchzusetzen. Auch dieser Ansatz war mit grossen Problemen behaftet, denn lange gab es keine bordeigenen, zuverlässigen und präzisen Geschwindigkeitsmessgeräte. Selbst die Polizeikorps hatten meist ausser Stoppuhr und Augenmass keine Möglichkeit zur Messung der Geschwindigkeit.

In der mangelnden Einhaltung der Geschwindigkeitslimiten lag indes 1575
eine grosse soziale Brisanz, weil Raserei eine der häufigsten Ursachen mit Personen- und Drittschäden war. Auswüchse waren aber auch bei der Kontrolle der Tempolimiten zu verzeichnen. Aufgrund der Unwiderleg- respektive Unmessbarkeit wurden den Automobilisten Geschwindigkeitsübertretungen vorgehalten, aufgrund derer sie schmerzhafte Bussen zu bezahlen hatten. Kombiniert mit einer anfänglichen Beteiligung eines Anzeigers am schlussendlich vereinnahmten Bussgeld resultierten aus diesen Umständen eigentliche lokale Fallenbetriebe, deren primärer Zweck nicht die Steigerung der Verkehrssicherheit, sondern die Alimentierung von Gemeinde- und Vereinskassen war.

Soziologisch gesehen waren die Geschwindigkeitslimiten eine rechtlich- 1576
politische Antwort auf die Verunsicherung und Gefährdung des Publikums durch die Motorfahrzeuge. Die Einhaltung der Limiten war aber technisch nicht überprüfbar und gesellschaftlich nicht durchsetzbar. In der Folge wurden sie Stück um Stück der Realität im Strassenalltag angepasst, was hiess: Die Limiten stiegen beständig und wurden ab 1932 für Personenwagen im Überlandverkehr ganz aufgehoben.

Das Verhalten bei Unfällen und insbesondere die finanzielle Regelung 1577
von Unfallfolgen stellen einen weiteren Problemkreis dar. Mit steigender Fahrzeugdichte stiegen die Unfallzahlen, mit steigenden Geschwindigkeiten die Schadenshöhe und Verletzungsfolgen. Die Unfallursachen lagen jedoch nicht nur bei den Automobilisten, sondern auch im Verhalten des noch unachtsamen Publikums sowie unklarer Regeln zum Verkehrsfluss, beispielsweise dem Vortrittsrecht. Prävention gegen Unfallereignisse wurde durch die Schulung und Fahreignungsprüfung der Motorfahrzeuglenker erreicht, mittels Ausrüstungsvorschriften für Bremssysteme und Bereifung sowie durch Betriebsvorschriften, insbesondere Geschwindigkeitsbeschränkungen und Beleuchtungsvorschriften für den Nachtbetrieb. Ebenso präventiv wirkte eine Rechtssprechung, welche die Fahrzeuglenker zu vorausschauendem Fahren verpflichtete. Ergänzend wurde eine Unfallprävention durch die Einführung einer Signalisation, einen veränderten Strassenbau und eine Entflechtung von Autostrassen und Eisenbahn- respektive Fussgängertrassen erreicht.

1578 Rechtlich umfangreicher geregelt wurde die Unfallbewältigung. Das Fehlen einer Unfallversicherung in weiten Kreisen der Bevölkerung machte es notwendig, die obligationenrechtliche Kausalhaftung der Motorfahrzeuglenker durch eine spezialgesetzliche Gefährdungshaftung zu ersetzen – ein Kampf, welcher auf der politischen Bühne fast 30 Jahre dauerte. Auch hier griff die Rechtssprechung zwischenzeitlich korrigierend ein und senkte das Beweismass für Teile der kausalen Haftungskette. Flankierend wurde zur Bonitätssicherung schuldhafter Motorfahrzeuglenker eine obligatorische Haftpflichtversicherung für alle Motorfahrzeuglenker im Gesetz verankert und zur Sicherung der Identifizierung von Unfallverursachern explizite Pflichten bezüglich der Fahrzeug- und Führerausweise eingeführt.

1579 Regeln zur Steuerung des Verkehrsflusses wurden überhaupt erst mit dem Erscheinen von Motorfahrzeugen notwendig. Vorher waren die Geschwindigkeiten im Strassenverkehr so gering, dass Unklarheiten durch Zuruf ausgeräumt werden konnten und es höchst selten zu nennenswerten Unfällen kam. Die Motorfahrzeuge brachten eine neue Dimension von Geschwindigkeit in den Strassenverkehr und die Verteilung und Benutzung der Strassenfläche musste vorgängig geregelt und allen Verkehrsteilnehmern bekannt gemacht werden. Festzulegen war das Vortrittsrecht, die Zeichen- und Signalgebung, die jeweils zu benutzende Strassenseite zum Anhalten, Fahren, Kurvenfahren, Kreuzen oder Überholen, aber auch das Abschleppen und der Anhängerbetrieb.

1580 Wurde in den beiden Konkordaten die Integration des Motorfahrzeuges noch dadurch versucht, dass sich die Normen fast ausschliesslich an die Motorfahrzeuge richteten, begriffen erst die Bundesnormen von 1932 den Strassenverkehr als einen systemischen Fluss, der gesamtheitlich geregelt werden musste und der Rechtsnormen für alle Strassenverkehrsteilnehmer bedurfte. Am deutlichsten kam dieser Systemgedanke in den Städten zum Tragen. Dort liess die zunehmende Motorisierung den Verkehr nach dem Krieg dermassen anschwellen, dass die Städte schon vor 1932 korrigierend eingreifen mussten, indem sie eigene Verkehrsordnungen zum Parkieren, Anhalten und Abbiegen erliessen, Einbahnstrassen und Fussgängerstreifen erstellten, die Strassenbeleuchtung ausbauten, Lichtsignale installierten und ein Regime zur Parkplatzbenutzung einführten.

1581 Ein ganz anderer Problemkreis war die Finanzierung von Unterhalt und Neubau der Strasseninfrastruktur. Die während dem Eisenbahnbau vernachlässigte Strasseninfrastruktur war der intensiven und neuartigen mechanischen Belastung durch die Motorfahrzeuge in keiner Weise gewachsen. Die Unterhalts- und Erstellungskosten schossen in die Höhe, ohne dass sich die Motorfahrzeugbesitzer als deren hauptsächliche Verursacher daran beteiligten. Zur Beschaffung der dringend notwendigen Mittel führten die Kantone Motorfahrzeugsteuern und diverse Gebühren ein, wobei der Souverän deren Einführungen mehrmals nur deshalb billigte, weil die Vorlagen eine Zweckbindung der erwarteten Mittel für den Strassenbau vorsahen. Für gewisse wichtige Strassenwerke erhielten die Kantone teilweise Subventionen vom Bund. Auch der Bund benötigte Mittel für das Strassenwesen, wobei ihm im Wesentlichen nur Einfuhrzölle auf Treibstoffe und Fahrzeuge zur Verfügung standen. Die traditionelle Kompetenzverteilung zwischen Bund und Kantonen im Steuern- und Abgabewesen hatte zur Folge, dass weder Bund noch Kantone dasjenige Finanzierungsmittel nutzen konnten, das für die jeweiligen Zwecke angemessen gewesen wäre. Die Kantone mussten die Instandhaltung ihrer Strasseninfrastruktur sicherstellen, konnten aber nur eine laufleistungsunabhängige Pauschalsteuer erheben, welche die Beanspruchung der Strassen nicht erfasste. Der Bund hingegen wollte die Motorfahrzeuge aus fiskalischen und wirtschaftspolitischen Gründen besteuern, konnte aber eigentlich nur eine Verbrauchssteuer erheben.

Der Strassenbau und -unterhalt sowie der Aufbau eines Netzes von Ser- 1582
vicestationen war ein weiterer Problemkreis. Der eigentliche Strassenschutz wurde zum einen durch Ausrüstungs- und Konstruktionsnormen für Fahrzeuge verwirklicht, beispielsweise durch die Regelung von Bereifung, Gleitschutzketten sowie der Radgeometrie. Zum anderen dienten auch Betriebsnormen bezüglich Höchstgewichten und maximalen Achslasten dem Strassenschutz, ebenso die Sperrung gewisser Strassenstücke und der Erlass von Geschwindigkeitslimiten für schwere Motorfahrzeuge.

Im Bereiche des eigentlichen, jahrzehntelang vernachlässigten Strassen- 1583
baus und -unterhalts mussten die Kantone zuerst realisieren, dass diese hoheitlichen Tätigkeiten massiv an Bedeutung gewonnen hatten. Schmerzlich bewusst wurde das einigen Kantonen, als diese gegen Ende der 1920er Jahre in gerichtlichen Verfahren zu Schadenersatzzahlungen (mit-)verurteilt wurden, weil sie als Werkeigentümer ihr Strassennetz nicht gehörig in Stand hielten und infolgedessen Strassenbenutzer verunfallt waren. Die neuartigen Anforderungen der Motorfahrzeuge verlangten nach neuen Konzepten der Routenführung von Strassen, aber auch in der Belagstechnik und der Organisation des Strassenunterhaltes an sich. Auch Signalisation und Markierung der Strassenfläche bekamen nun eine wichtige, sicherheitsrelevante Bedeutung.

Selbst der zunehmende Bau der Tankstellen verlangte nach gesetzgeberi- 1584
schem Handeln, wobei Lagervorschriften für das explosionsgefährdete Benzin und Benzintanks sowie Platzierungsvorschriften für die aufkommenden Betankungssäulen ausserhalb der Strassenverkehrsfläche im

Vordergrund standen. Der Verkauf von Benzin an Sonntagen hatte überdies arbeitsrechtliche Folgen, die ebenso geregelt werden mussten.

1585 Motorfahrzeuge im Dienste der Landesverteidigung waren ab 1904 ein Thema in der Schweiz; einerseits im Aufbau eines eigentlichen Motorwagendienstes, welcher die ersten Jahre in privaten Händen lag, andererseits aber auch im Hinblick auf die Anwendbarkeit kantonaler Fahrverbote für Fahrzeuge in eidgenössischen Diensten, beispielsweise auf Alpenstrassen. Gerade deren Nichtanwendbarkeit auf eidgenössische Fahrzeuge erlaubte es dem Motorfahrzeug und insbesondere den Motorlastwagen, während dem Krieg ihre Strassenverkehrstauglichkeit auch auf schwierigen und gefährlichen Strecken unter Beweis zu stellen.

1586 Nach dem Kriegsende konnten aus den Beständen der Kriegsparteien viele Mannschaftstransportfahrzeuge günstig oder kostenlos übernommen werden. Da diese umgehend von den zivilen Haltern im Strassenverkehr eingesetzt wurden, mussten in Ergänzung des 2. Konkordat Normen erlassen werden, welche eine minimale Sicherheit der damit beförderten Fahrgäste sicherstellten.

1587 Relevant war das militärische Motorfahrzeugwesen auch für den Aufbau einer zentralen schweizerischen Stelle, welche kantonsübergreifend die ausgestellten und allenfalls wieder entzogenen Führerausweise sowie die immatrikulierten Fahrzeuge und deren Besitzer erfasste.

1588 Nochmals als eigener Problemkreis zu bezeichnen ist der ganze Bereich der motorfahrzeugbezogenen Rechtssprechung; sowohl unter dem Aspekt des eigentlichen Strassenverkehrsrechts, als auch – im Zusammenhang mit schweren Unfällen und einer allfälligen Fahrerflucht – aus strafrechtlicher und haftpflichtrechtlicher Sicht.

1589 Die Rechtssprechung als rechtsstaatliche Tätigkeit steht am Ende der Kette Rechtssetzung (Legislative) - Rechtsanwendung (Exekutive) - Rechtssprechung (Judikative). Ihre Spruchtätigkeit basiert auf geltenden, eingeführten Gesetzen und die Entwicklung einer einheitlichen, konsistenten Spruchpraxis bedarf einiger Jahre und einer Anzahl gleichartiger Fälle. Eine solche Kontinuität konnte zumindest die eidgenössische Rechtssprechung in der dynamischen, vom technischen Fortschritt und ständiger Rechtsfortbildung geprägten Zeit zwischen 1900 und 1932 nicht entwickeln. Trotzdem und gerade aus freier, richterlicher Lückenfüllung konnte zumindest die eidgenössische Rechtssprechung in einigen Bereichen richtungsweisende Akzente setzen: Die Senkung des Beweismasses für einige Glieder der Kausalhaftpflicht der Motorfahrzeuglenker näherte deren Haftung der später gesetzlich eingeführten Gefährdungshaftung an und milderte soziale Härtefälle. Richtungsweisend waren auch Entscheide, die von den Motorfahrzeuglenkern eine erhöhte Aufmerksamkeit und Voraussicht im Strassenverkehr verlangten; sowie Entscheide zur Gleichbehandlung kantonsansässiger und ausserkantonaler Lenker im Bereiche von kantonalen Fahrverboten. Augenfällig war aber auch eine anfängliche Unvertrautheit der Judikative und Gerichte mit der neuen Materie, sowie einige prozess- und verfahrensrechtliche Benachteiligungen, denen beschuldigte Motorfahrzeuglenker nach der Jahrhundertwende noch ausgesetzt waren.

Retrospektiv kann festgestellt werden, dass der Integrationsprozess ein Aushandlungsprozess zwischen den verschiedenen Gruppen war, in dessen Verlauf eine pauschale Ablehnung der Motorisierung abgelöst wurde durch eine differenzierte Suche nach Lösungen. In der Rechtlandschaft widerspiegelte sich dies durch die Entwicklung und Implementierung stets sachgerechterer Normen, während in der Gesellschaft einer indifferenten autophoben Bewegung der Nährboden entzogen wurde. Dabei wurde der gefundene Konsens zwischen diesen Gruppen durch die zunehmende Verrechtlichung gefestigt; und die Kodifikation von Verkehrs- und Verhaltensregeln entschärfte konfliktträchtige Situationen. Parallel zu dieser Entwicklung reifte die Erkenntnis, dass die Integration der Motorfahrzeuge nicht über den Erlass motorfahrzeugspezifischer Normen zu bewältigen war, sondern der Strassenverkehr als ein zusammenhängendes System begriffen und geregelt werden musste. 1590

Diesem Systemgedanken zuwider lief denn auch die anfänglich föderalistisch kantonsweise Kompetenzregelung, die sich im hochmobilen Bereich des Strassenverkehrs als unpraktikabel erwies. Die Unzulänglichkeit interkantonaler Vereinbarungen in diesem Bereich war bereits im Vorfeld des Krieges augenfällig, wurde aber in Form der Sonntagsfahrverbote nach dem Krieg drastisch spürbar. Der so erzeugte Handlungsdruck genügte, um 1921 die Strassenverkehrskompetenz von den Kantonen zum Bund zu verschieben. Dessen vereinheitlichender legislativer Akt – teilweise aufgrund des Wartens auf internationale Übereinkommen – zog sich jedoch noch weitere zwölf Jahre hin, um 1932 in einem Bundesgesetz schweizweit erstmalig den Strassenverkehr als System zu regeln. 1591

Das staatliche Handeln der ersten drei Jahrzehnte war hauptsächlich vom Sicherheitsgedanken motiviert. Es galt, die neuartigen Gefahren, welche von den Motorfahrzeugen ausgingen, zu erkennen und wirksam einzudämmen. Gleichzeitig war zu verhindern, dass die Motorfahrzeuglenker sich aus ihrer Verantwortung stehlen konnten, in dem sie die resultierenden Risiken auf die übrigen Verkehrsteilnehmer oder die Allgemeinheit abschoben. Dank dem staatlichen, legislativen Handeln wurde aus einer gesellschaftlich nicht akzeptierten, unkalkulierbaren Gefahr ein gesellschaftlich akzeptables, kalkulierbares Risiko. 1592

1593 Nur in Ausnahmefällen schufen neue rechtliche Normen mehr Probleme, als sie zu lösen vermochten (beispielsweise die Vorschrift des 1. Konkordates, mehr oder minder beständig Warnsignale abzugeben). Festzuhalten ist aber auch, dass die Rechtsfortbildung in einigen Bereichen einen anderen, restriktiveren Verlauf genommen hätte, wenn die technischen Voraussetzungen dafür vorhanden gewesen wären (beispielweise in Form von bordeigenen Geschwindigkeitsbegrenzern).

1594 Mit der zeitlichen Distanz eines Jahrhunderts zunehmend unsicherer wird, in welchem Masse die schriftlich formulierten Rechtsnormen und der tatsächlich gelebte Verkehrsalltag übereinstimmten. Unbestritten ist, dass die erlassenen Rechtsnormen eine Reaktion auf den Verkehrsalltag waren – denn die Schöpfung und Bildung neuen Rechts war, zumindest bis 1932, nicht von Zukunftsvisionen geleitet, sondern vom Druck von der Strasse, vorhandene Alltagsprobleme zu lösen.

1595 Weit schwieriger zu beantworten ist die umgekehrte Frage, wie stark sich der Verkehrsalltag an die geltenden Rechtsnormen hielt, denn hierüber fehlen verlässliche Aufzeichnungen. Letztlich muss diese Frage im hier gesteckten Rahmen teilweise offen bleiben; und es ist den Worten zuzustimmen, die Adolf von Salis-Soglio bereits 1923 schrieb, welche aber heute, 80 Jahre später, ungebrochen ihre Gültigkeit haben:

> **“Die Entwicklung des Automobilismus in der Schweiz kann als Beweis gelten für die Lebenskraft des Automobils. Es hat sich durchgesetzt und vermehrt, nicht wegen des Verständnisses und des Entgegenkommens grosser Bevölkerungsteile oder wegen fördernder Gesetzgebung, sondern aus seiner eigenen Lebenskraft und weil das Land gesund und wohlhabend ist”**[1421].

[1421] von Salis-Soglio, 134.

Anhang

16 Strafmasstabelle des BG32

1596 Die nachfolgende Tabelle ist eine Aufstellung der 1932 im BG32 vorgesehen Strafbestimmungen der Artikel 58–68. Die Interpretation dieser Tabelle und insbesondere der beigefügten Zahlenwerte, erfolgt im Rahmen des Problemkreises Normendurchsetzung[1422].

1597 Zum gegenseitigen Vergleich sind für alle erfassten Tatbestände aufgeführt:

- die maximal mögliche Busse (MB) in Franken;
- die maximal mögliche Anzahl Gefängnistage (MGT) in Tagen, wobei ein Monat als 30 Tage umgerechnet wurde; sowie
- der jeweils resultierende Tagessatz (TS) pro Tatbestand, also das Verhältnis von MB dividiert durch MGT respektive die Busminderung, die ein Täter durch das Absitzen von einem Gefängnistag erreichen konnte.

1598

	MB	MGT	TS
Übertretung von Verkehrsvorschrift. des BG oder der VO (Art 58)			
... durch Motorfahrzeug-Führer			
- Grundtatbestand	200 Fr.	-	-
- schwerer Fall / wiederholter Rückfall	500 Fr.	10 T	50 Fr.
... durch Radfahrer oder Führer von Tiergespannen			
- Grundtatbestand	20 Fr.	-	-
- schwerer Fall / wiederholter Rückfall	100 Fr.	1 T	100 Fr.
Angetrunkenes Führen eines Motorfahrzeuges (Art. 59)			
- Grundtatbestand	1 000 Fr.	20 T	50 Fr.
- schwerer Fall / Rückfall	5 000 Fr.	180 T	28 Fr.
Pflichtwidriges Verhalten bei Unfall (Art 60)			
- Nicht sofortiges Anhalten trotz Beteiligung	1 000 Fr.	-	-

[1422] Vertiefend vergleiche N 748 ff S. 202.

	MB	MGT	TS
- Unterlassen des Beistandes an Verunfallte	1 000 Fr.	-	-
- Unterlassen der Sorge um Hilfe	1 000 Fr.	-	-
- Nichtgenügen der Meldepflicht	1 000 Fr.	-	-
- schwerer Fall / Rückfall	2 000 Fr.	60 T	33 Fr.
- Zurücklassen eines hilflosen Verletzten	5 000 Fr.	180 T	28 Fr.

Fahren eines Motorfahrzeuges ohne Ausweis (Art 61)

- Fahren ohne bestehenden Fahrzeugausweis	500 Fr.	-	-
- Lenken ohne Führerausweis zu besitzen	500 Fr.	-	-
- Halter, der obige zwei Tatbestände zulässt	500 Fr.	-	-
- Nichtabgabe eines entzogenen Ausweises / entzogener Kontrollschilder trotz Aufforderung	500 Fr.	-	-
- Fahrzeug oder Ausweis einer Kontrolle entziehen	500 Fr.	-	-
- schwerer Fall / wiederholter Rückfall	1 000 Fr.	30 T	33 Fr.
- Nichtmitführen von Ausweisen, erstmalig	5 Fr.	-	-
- Nichtmitführen von Ausweisen, Wiederholungsfall	20 Fr.	-	-

Entwendung eines Motorfahrzeugs zum Gebrauch (Art 62)

- Rechtswidrige Aneignung, ohne Tatbestand des Diebstahls zu erfüllen	3 000 Fr.	180 T	17 Fr.
- schwerer Fall / Rückfall	5 000 Fr.	360 T	14 Fr.

Kontrollschilder eines Motorfahrzeuges (Art 63)

- Gebrauch falscher oder verfälschter Kontrollschilder	1 000 Fr.	30 T	33 Fr.
- Gebrauch unleserlich gemachter Kontrollschilder	1 000 Fr.	30 T	33 Fr.

	MB	MGT	TS
- Gebrauch nicht für das Fahrzeug bestimmter Kontrollschilder	1 000 Fr.	30 T	33 Fr.
- schwerer Fall / Rückfall	3 000 Fr.	90 T	33 Fr.
- Fahren ohne Kontrollschild	200 Fr.	-	-

störende Reklamen, falsche Strassensignale (Art 64)

	MB	MGT	TS
- sicherheitsgefährdende Reklame an/auf Strasse	100 Fr.	-	-
- Beschädigung, Entfernung, Nachahmung oder Veränderung von Strassensignalen	500 Fr.	30 T	17 Fr.

17 Kantonale Fahrbeschränkungen für Sonntage in den Jahren 1919–1932

Die nachfolgende Tabelle ist eine Zusammenstellung der Sonntagsfahrverbote und besonderen Sonntagshöchstgeschwindigkeiten, welche von den Kantonen zwischen 1919 und 1932 erlassen wurden. 1599
Die Beschreibung der Regelung respektive des Datensatzes erfolgt gruppiert nach Jahren. Weitere, durch den ganzen Zeitbereich durchlaufende Gliederungskriterien existieren im untersuchten Datensatz nicht.
Als Grundlage dieser Zusammenstellung dienten die Geschäftsberichte des Bundesrates für die betreffenden Jahre; wobei der Bundesrat selbst nicht immer lückenlos alle Kantone aufgeführt hat.
Die Interpretation dieser Tabelle erfolgt im Rahmen des Problemkreises der Fahrverbote[1423].

1600

Regelung	Kantone

im Jahr 1919

keine Beschränkungen	10 Kt
Sonntagsfahrverbote	15 Kt

[1423] Vertiefend vergleiche N 901 ff S. 241.

im Jahr 1920

keine Beschränkungen	AI, BS, FR, TI, UR, VS
Fahrverbot 12–18 Uhr / 1.5.–30.9.	SO, AG, TG, ZH, ZG, SZ, BL, AR, SG, SH, NE
Fahrverbot 13–19 Uhr / 1.5.–30.9. (vier Hauptverkehrsachsen blieben offen)	GE
Fahrverbot 12–19 Uhr / 1.5.–31.8.; 12–18 Uhr / 1.9.–15.10.	VD
Fahrverbot 12–19 Uhr / 15.5.–15.8.; 12–18 Uhr / 15.8.–30.9.	BE
Fahrverbot 13–18.30 Uhr / 15.6.–30.9.	LU
Fahrverbot 9–18 Uhr (Mai–September)	GL
Fahrverbot Sonntag, ganzjährig	NW, OW
Fahrverbot generell	GR

im Jahr 1921

keine Beschränkungen	AI, BS, FR, TI, UR, VS
Fahrverbot 13–18.30 Uhr / 1.5.–30.9.	SO, AG, TG, ZH, ZG, BL, AR, SG, SH, NE, LU, BE
Fahrverbot 12–18 Uhr / 1.5.–30.9.	SZ
Fahrverbot 9–18 Uhr / 1.5.–30.9.	GL
Fahrverbot 13–19 Uhr / 1.5.–30.9.	GE
Fahrverbot 13–19 Uhr / 1.5.–31.8.; 13–18.30 Uhr / 1.9.–30.9.	VD
Fahrverbot Sonntag, ganzjährig	NW, OW
Fahrverbot generell	GR

im Jahr 1922

keine Beschränkungen	UR, FR, BS, AI, TI, VS
Fahrverbot 13–18.30 Uhr / 1.5.–30.9.	SO, AG, TG, ZH, ZG, BL, AR, SG, SH, NE, LU, BE, GL, VD
Fahrverbot 13–18.30 Uhr / 1.5.–30.9. (vier Hauptverkehrsachsen blieben offen)	GE
Fahrverbot 12.30–18.30 Uhr / 1.5.–30.9.	SZ
Fahrverbot Sonntag, ganzjährig	OW
Fahrverbot 22–7 Uhr, täglich, ganzjährig	NW
Fahrverbot generell	GR

im Jahr 1923

keine Beschränkungen	UR, FR, BS, SH, AI, TI, VS
Temporeduktion ausserorts 30 Km/h, innerorts 18 Km/h 0–24 Uhr / ganzjährig	ZH, BE
Temporeduktion ausserorts 25 Km/h, innerorts 18 Km/h 0–24 Uhr / ganzjährig	SO
Temporeduktion ausserorts 30 Km/h, innerorts 15 Km/h gewisse Stunden / nur Sommer	VD, NE
Temporeduktion ausserorts 30 Km/h, innerorts 20 Km/h gewisse Stunden / nur Sommer	GE
Fahrverbot 13–18.30 Uhr	GL, BL, AG
Fahrverbot 13–17 Uhr	SZ, ZG, AR, SG, TG
Fahrverbot 13.30–18 Uhr	LU
Fahrverbote 22–7 Uhr, täglich, ganzjährig sowie 13–18.30 Uhr, Sonntag, ganzjährig	OW
Fahrverbot 22–5 Uhr, täglich, ganzjährig	NW
Fahrverbot generell (gelockert ab 23. Juni)	GR

im Jahr 1924

keine Beschränkungen	UR, FR, BS, SH, AI, TI, VS
keine besondere Sonntagsbeschränkung	GR
Temporeduktion ausserorts 30 Km/h, innerorts 18 Km/h 0–24 Uhr / ganzjährig	ZH, SO, BL, AG, SZ, ZG, AR, SG, TG, LU
Temporeduktion ausserorts 30 Km/h, innerorts 18 Km/h gewisse Stunden / nur Sommer	NE, GE
Temporeduktion ausserorts 30 Km/h, innerorts 15 Km/h gewisse Stunden / nur Sommer	VD
Temporeduktion ausserorts 40 Km/h, innerorts 25 Km/h 0–24 Uhr / ganzjährig	BE
Fahrverbot 13–18.30 Uhr (Klausenstrasse Linthal - Urnerboden blieb offen)	GL
Fahrverbot 22–7 Uhr, täglich, ganzjährig (das besondere Sonntagsfahrverbot entfiel im Juni)	OW
Fahrverbot 22–5 Uhr, täglich, ganzjährig	NW

im Jahr 1925

keine Beschränkungen	UR, FR, BS, SH, AI, TI, VS
keine besondere Sonntagsbeschränkung	GR
Temporeduktion ausserorts 30 Km/h, innerorts 18 Km/h 0–24 Uhr / ganzjährig	ZH, BL
Temporeduktion ausserorts 30 Km/h, innerorts 18 Km/h 0–24 Uhr / 1.5.–30.9.	SO, AG, SZ, ZG, AR, SG, TG, LU
Temporeduktion ausserorts 30 Km/h, innerorts 18 Km/h 13–19 Uhr / 1.5.–30.9.	NE
Temporeduktion ausserorts 30 Km/h, innerorts 18 Km/h 13–20 Uhr / 1.5.–30.9.	GE
Temporeduktion ausserorts 30 Km/h, innerorts 18 Km/h gewisse Stunden / nur Sommer	VD
Temporeduktion ausserorts 40 Km/h, innerorts 25 Km/h 0–24 Uhr / ganzjährig	BE
Fahrverbot 13–18.30 Uhr (Klausenstrasse Linthal - Urnerboden blieb offen)	GL
Fahrverbot 22–7 Uhr, täglich, ganzjährig (das besondere Sonntagsfahrverbot entfiel im Juni)	OW
Fahrverbot 22–5 Uhr, täglich, ganzjährig	NW

im Jahr 1926

keine Beschränkungen	UR, FR, BS, SH, AI, TI, VS
keine besondere Sonntagsbeschränkung	GR
Temporeduktion ausserorts 30 Km/h, innerorts 18 Km/h 0–24 Uhr / ganzjährig	ZH, BL
Temporeduktion ausserorts 30 Km/h, innerorts 18 Km/h 0–24 Uhr / 1.5.–30.9.	SO, SZ, ZG, AR, SG, TG, LU
Temporeduktion ausserorts 30 Km/h (1.5.–30.9.) respektive 25 Km/h (1.10.–30.4.), innerorts 18 Km/h	AG
Temporeduktion ausserorts 30 Km/h, innerorts 18 Km/h 13–19 Uhr / 1.5.–30.9.	NE
Temporeduktion ausserorts 30 Km/h, innerorts 25 Km/h 13–20 Uhr / 1.5.–30.9.	GE
Temporeduktion ausserorts 30 Km/h, innerorts 18 Km/h gewisse Stunden / nur Sommer	VD
Temporeduktion ausserorts 40 Km/h, innerorts 25 Km/h 0–24 Uhr / ganzjährig	BE
Fahrverbot 13–18.30 Uhr (Klausenstrasse Linthal - Urnerboden blieb offen)	GL
Fahrverbot 22–7 Uhr, täglich, ganzjährig (das besondere Sonntagsfahrverbot entfiel im Juni)	OW
Fahrverbot 22–5 Uhr, täglich, ganzjährig	NW

im Jahr 1927

keine Beschränkungen	UR, FR, BS, SH, AI, TI, VS, LU, GR
Temporeduktion ausserorts 30 Km/h, innerorts 18 Km/h 0–24 Uhr / ganzjährig	ZH, BL
Temporeduktion ausserorts 30 Km/h, innerorts 18 Km/h 0–24 Uhr / 1.5.–30.9.	SO, SZ, ZG, AR, SG, TG
Temporeduktion ausserorts 30 Km/h (1.5.–30.9.) respektive 25 Km/h (1.10.–30.4.), innerorts 18 Km/h	AG
Temporeduktion ausserorts 30 Km/h, innerorts 18 Km/h 13–19 Uhr / 1.5.–30.9.	NE
Temporeduktion ausserorts 30 Km/h, innerorts 25 Km/h 13–20 Uhr / 1.5.–30.9.	GE
Temporeduktion ausserorts 30 Km/h, innerorts 18 Km/h gewisse Stunden / nur Sommer	VD
Temporeduktion ausserorts 40 Km/h, innerorts 25 Km/h 0–24 Uhr / ganzjährig	BE
Fahrverbot 13–18.30 Uhr (Klausenstrasse Linthal - Urnerboden blieb offen)	GL
Fahrverbot 22–7 Uhr, täglich, ganzjährig (das besondere Sonntagsfahrverbot entfiel im Juni)	OW
Fahrverbot 22–5 Uhr, täglich, ganzjährig	NW

1928

keine Beschränkungen	10 Kt
Temporeduktionen	15 Kt

1929

keine Beschränkungen	9 Kt
Temporeduktionen	16 Kt

1930

keine Beschränkungen	10 Kt
Temporeduktionen	15 Kt

1931

keine Beschränkungen	11 Kt
Temporeduktionen	14 Kt

1930

keine Beschränkungen	12 Kt
Temporeduktionen	13 Kt

Literatur und Materialien

Achtzig Jahre Verkehrspolitik im Spiegel der AR =
Hallwag Verlag, "Achtzig Jahre Verkehrspolitik im Spiegel der Automobil Revue", Bern, 1990.

ACS Clubzeitschrift =
"A.C.S. - Offizielle Zeitschrift des Automobil-Club der Schweiz", Zürich, 1922.

AR =
"Automobile-Revue", Bern, 1905.

AS =
"Amtliche Sammlung der Bundesgesetze und Verordnungen der Schweizerischen Eidgenossenschaft", Bern.

Autokontrolle Brünig =
"Autokontrolle Brünig 1912–1921", Führer durch die Ausstellung des Staatsarchives des Kantons Obwalden anlässlich des Schweizerischen Archivtages vom 15.11.1997, 1997.

BBl =
"Bundesblatt der Schweizerischen Eidgenossenschaft", Bern, 1902.

Bertho Lavenir =
Bertho Lavenir Catherine, "La route saisie par l'automobile 1895–1920", in: "Traverse – Zeitschrift für Geschichte", Zürich, 1999, Nummer 2, Seiten 109–124.

Bierbaum =
Bierbaum Otto Julius, "Eine empfindsame Reise im Automobil von Berlin nach Sorrent und zurück an den Rhein", 2. Auflage, München, 1906.

Brägger =
Brägger Bernhard, "Die Klausenrennen – Kompressoren am Berg", 2. Auflage, Altdorf, 1987.

Brecht =
Brecht Eberhard, "Zürich-Verkehr: quer durch die Vergangenheit", Zürich, 1977.

Brennwald: Automobilismus im Recht =
Brennwald Gottfried, "Der Automobilismus im Recht: Vortrag, gehalten am 27. Januar 1905 im Zürcherischen Juristen-Verein", München, 1905.

Brennwald: Automobilistenrecht =
Brennwald Gottfried, "Automobilistenrecht", in: "Neue Zürcher Zeitung", Zürich, 1904, Nr. 243, 244, 249, Ausgabe vom 1., 2. und 7. September 1904.

Brennwald: Denkschrift =
Brennwald Gottfried, "Denkschrift über die Notwendigkeit eines Bundesgesetzes betreffend den Automobil- und Fahrradverkehr", Zürich, 1912.

Brennwald: Forensische Automobilpraxis =
Brennwald Gottfried, "Forensische Automobilpraxis. Ein Ueberblick über die Rechtsprechung: Vortrag, gehalten im Automobil-Club der Schweiz, Sektion Zürich, am 29. Januar 1925", Bern, 1925.

Brennwald: Haftpflicht =
Brennwald Gottfried, "Die Haftpflicht für Automobilschaden", Bern, 1909.

Brennwald: Leitende Gesichtspunkte =
Brennwald Gottfried, "Leitende Gesichtspunkte zur Abwehr des Sonntagsverbotes im Automobilverkehr", Zürich, 1912.

Burckhardt =
Burckhardt Walter, "Schweizerisches Bundesrecht: Staats- und verwaltungsrechtliche Praxis des Bundesrates und der Bundesversammlung seit 1903", Frauenfeld, 1931.

Caminada =
Caminada Paul, "Graubünden – Land der Pass-Strassen. Geschichte des Strassenbaus", Disentis, 1983.

Carlen =
Carlen Louis, "Rechtsgeschichte der Schweiz – eine Einführung", Bern, 1968.

Derron =
Derron Leonhard, “Die Kompetenzen von Bund und Kantonen im Strassenwesen” (Diss), Bern, 1934.

Dilcher =
Dilcher Gerhard, “Zur Rolle der Rechtsgeschichte in einer Sozialgeschichte des 20. Jahrhunderts. Überlegungen und Thesen”, in: “Zeitschrift für Neuere Rechtsgeschichte”, Wien, 1999, 21. Jahrgang, Seiten 389–407.

Dillier / Dillier =
Dillier-Grisiger Hans und Dillier-Steger Beppi, “1840–1990: 150 Jahre Erfahrung”, Sarnen, 1990.

Eckert =
Eckert August, “Die Entwicklung des modernen Reise- und Fremdenverkehrs im Gebiet des Vierwaldstättersees”, Basel, 1932.

Fischer =
Fischer Hans, “Strassenverkehrswesen in Graubünden 1781–1981”, Chur, 1983.

Flik =
Flik Reiner, “Ford – Legende und Wirklichkeit”, in: “Traverse – Zeitschrift für Geschichte”, Zürich, 1999, Nummer 2, Seiten 125–142.

Flüeler-Martinez =
Flüeler-Martinez Josef, “Schlüssel zum Tor der Welt: die Erschliessung des Landes Unterwalden”, Dallenwil, 1997.

Fondin =
Fondin Jean, “Das Auto: ein halbes Jahrhundert Geschichte”, Lausanne, 1968.

Frey =
Frey Thomas, “Eine funktionale Bestandesaufnahme der Pferdepost 1850–1902”, in: “Traverse – Zeitschrift für Geschichte”, Zürich, 1999, Nummer 2, Seiten 89–107.

GB BR =
“Bericht des Schweizerischen Bundesrates an die Bundesversammlung über seine Geschäftsführung”, 1919.

Gesetzessammlung GR =
"Amtliche Gesetzes-Sammlung des Kantons Graubünden", Chur, 1910.

Gesetzessammlung NW =
"Gesetzbuch des Kantons Unterwalden nid dem Wald", Stans, 1908.

Gesetzessammlung OW =
Staatskanzlei Obwalden, "Landbuch für den Kanton Unterwalden ob dem Wald", Sarnen, 1900.

Gesetzessammlung UR =
"Landbuch des Kantons Uri", Altdorf, 1893.

Gesetzessammlung ZH =
"Offizielle Sammlung der seit 10. März 1831 erlassenen Gesetze, Beschlüsse und Verordnungen des Eidgenössischen Standes Zürich", Zürich.

Gisler-Jauch =
Gisler-Jauch Rolf, "Uri und das Automobil: des Teufels späte Rache?" (Diss), Zürich, 1993.

Gmür =
Gmür Max, "Die Revision des Eisenbahnhaftpflichtgesetzes und die Haftpflicht der Automobile", in: "Zeitschrift des Bernischen Juristenvereins und Monatsblatt für bernische Rechtsprechung", Bern, 1903, Band XXXIX, 3. Heft / März 1903, Seiten 145–154.

Grimm =
Grimm Robert, "Eisenbahn und Auto", Bern, 1926.

Gubler =
Gubler Karl, "Der Kampf um die Strasse", Bern, 1953.

Guyer =
Guyer Ernst, "Ein Schweizerisches Bundesgesetz über die Haftpflicht der Automobilhalter", Zürich, 1906.

Hartmann =
Hartmann Felix, "Automobilfahrer! Hütet euch am Wallensee!", in: "Terra Plana – Zeitschrift für Kultur, Geschichte, Tourismus und Wirtschaft", Mels, 2001, Heft 2/2001, Seiten 3–8.

Hildebrandt =
Hildebrandt Carl, "Motorfahrzeuge in der Schweizer Armee", Liebefeld bei Bern, 1990.

Hilse =
Hilse Karl, "Unabweisbare Nothwendigkeit zur Ausdehnung der Haftpflicht auf Automobile", Berlin, 1899.

Isaac =
Isaac Martin, "Das Recht des Automobils nach den Polizeibestimmungen des In- und Auslandes", 2. Auflage, Berlin, 1907.

Jahresberichte 1910–1916 der ACS-Sektion Zürich =
Automobil Club der Schweiz Sektion Zürich, "Jahresberichte 1910–1916".

Jaquemet =
Jaquemet Gaston, "Strassenkosten und Motorfahrzeug in der Schweiz" (Diss), Zürich, 1934.

Jecklin =
Jecklin Ursula, "Churer Stadtgeschichte", Chur, 1993.

La Suisse Sportive =
"La Suisse Sportive – revue illustrée de tous les sports [...] Organe officiel de l'Automobile-Club de Suisse", Genève, 1900.

Lendi =
Lendi Martin, "Eine Einführung in das schweizerische Verkehrsrecht", Zürich, 1983.

Maissen =
Maissen Sur Felici, "Der Kampf um das Automobil in Graubünden 1900–1925", Davos, 1968.

Meili: Automobile und schweizerische Gesetzgebung =
Meili F., "Die Automobile und die schweizerische Gesetzgebung", in: "Schweizerisches Zentralblatt für Staats- u. Gemeinde-Verwaltung", Zürich, 1903, IV. Jahrgang, 1903-1904, Nr. 5, Ausgabe vom 27. Mai 1903, Seiten 37–41.

Meili: Ein Gesetzesparagraph =
Meili F., "Ein Gesetzesparagraph über die Automobile", in: "Neue Zürcher Zeitung", Zürich, 1902, Nr. 349, Ausgabe vom 17. Dezember 1902.

Meili: Kodifikation =
Meili F., "Die Kodifikation des Automobilrechts", Wien, 1907.

Meili: Rechtliche Stellung =
Meili F., "Die rechtliche Stellung der Automobile", Zürich, 1902.

Merki: Auto-Protzen =
Merki Christoph Maria, "Die Schwyzer Regierung und die 'Auto-Protzen'", in: "Traverse – Zeitschrift für Geschichte", Zürich, 1994, Nummer 3, Seiten 236–245.

Merki: développement =
Merki Christoph Maria, "Sociétés sportives et développement de l'automobilisme 1898 – 1930", in: "Sports en Suisse - Traditions, transitions et transformations", Lausanne, 2000, Seiten 45–73.

Merki: Fortschritt bremsen =
Merki Christoph Maria, "Den Fortschritt bremsen? Der Widerstand gegen die Motorisierung des Strassenverkehrs in der Schweiz", in: "Technikgeschichte", Berlin, 1998, Band 63, Nummer 3.

Merki: L'internalisation =
Merki Christoph Maria, "L'internalisation du trafic routier avant 1914", in: "Relations Internationales", Genève / Paris, 1998, Seiten 329–348.

Merki: Marktanteile =
Merki Christoph Maria, "Das Rennen um Marktanteile. Eine Studie über das erste Jahrzehnt des französischen Automobilismus", in: "Zeitschrift für Unternehmensgeschichte", München, 1998, Nr. 1/1998, Seiten 69–91.

Merki: Siegeszug =
Merki Christoph Maria, "Der holprige Siegeszug des Automobils 1895–1930", Wien / Köln / Weimar, 2002.

Merki: Tachostoria =
Merki Christoph Maria, "Plädoyer für eine Tachostoria", in: "Historische Anthropologie: Kultur, Gesellschaft, Alltag", Köln / Weimar / Wien, 1997, Heft 2, Seiten 288–292.

Merki: Treibstoffzoll =
Merki Christoph Maria, "Der Treibstoffzoll aus historischer Sicht: Von der Finanzquelle des Bundes zum Motor des Strassenbaus", in: "Das 1950er Syndrom – Der Weg in die Konsumgesellschaft", 2. Auflage, Bern / Stuttgart / Wien, 1996, Seiten 311–332.

Merki: Unwegsames Gelände =
Merki Christoph Maria, "Unterwegs in unwegsamem Gelände – historische Strassenverkehrsforschung in der Schweiz", in: "Traverse – Zeitschrift für Geschichte", Zürich, 1999, Nummer 2, Seiten 37–54.

Meyer =
Meyer Thomas, "Der Anfang des Automobilverkehrs in Luzern", Luzern, 1989.

Nething =
Nething Hans Peter, "Der Gotthard: eine Pass- und Verkehrsgeschichte", 5. Auflage, Thun, 1995.

Nussbaum =
Nussbaum Urs, "Motorisiert, politisiert und akzeptiert – Das erste Bundesgesetz über den Motorfahrzeug- und Fahrradverkehr von 1932 als Lösungsversuch moderner Strassenverkehrsprobleme" (Diss), Zürich, 1989, in: Europäische Hochschulschriften Reihe III Band 395.

Nyffeler =
Nyffeler Marcel, "Die Wirtschaftlichkeit eines schweizerischen Automobilstrassen-Netzes", Weinfelden, 1929.

NZZ =
"Neue Zürcher Zeitung", Zürich, 1901.

Rey =
Rey Heinz, “Ausservertragliches Haftpflichtrecht”, 3. Auflage, Zürich, 2003.

Rixens / Lafont =
Rixens Loius und Lafont Jean, “Législation & Jurisprudence du Cyclisme et de l'Automobilisme”, Paris, 1902.

Sager =
Sager Toni, “Die Strassensignalisation im Lichte des Rechts” (Diss), Bern, 1952, in: Abhandlungen zum schweizerischen Recht, Heft 295 Neue Folge.

Schaffhauser / Zellweger =
Schaffhauser René und Zellweger Jakob, “Grundriss des schweizerischen Strassenverkehrsrechts”, Bern, 1988.

Scherler =
Scherler Stefan M., “Strukturunterschiede der schweizerischen und der europäischen Verkehrsrechtsordnung” (Diss), Zürich, 1995.

Schweizerische Automobilstatistik =
“Schweizerische Automobilstatistik – Bestand der Motorfahrzeuge auf Ende 1929”, 1930.

Sten Bul NR =
“Nationalrat. Amtliches stenographisches Bülletin der schweizerischen Bundesversammlung”, Bern, 1902.

Sten Bul SR =
“Ständerat. Amtliches stenographisches Bülletin der schweizerischen Bundesversammlung”, Bern, 1913.

Strebel =
Strebel J., “Kommentar zum BG über den Motorfahrzeug- und Fahrradverkehr”, Zürich, 1933.

TCS-Revue =
“Revue du Touring-Club Suisse”, Genève, 1899.

Temming =
Temming Rolf L., “Illustrierte Geschichte des Strassenverkehrs”, Hägendorf, 1978.

Vito =
Vito Roberto, “Schweizerisches Haftpflichtrecht”, Zürich, 2002.

Vogel =
Vogel Ernst und et al., “VSS 1913 bis 1988 – eine Chronik über das Werden, Wachsen und Wirken der Vereinigung Schweizerischer Strassenfachleute”, Zürich, 1988.

von Salis-Soglio =
von Salis-Soglio Adolf, “Wirtschaftliche Grundlagen der Schweizer Automobilindustrie” (Diss), Bern, 1923, in: Schweizer Industrie- und Handelsstudien, Heft 16, Weinfelden.

VSS-Zeitschrift =
“Schweizerische Zeitschrift für das Strassenwesen und verwandte Gebiete”, Solothurn, 1914.

Wirz =
Wirz August, “Aus den Anfängen des Automobilwesens in Obwalden”, in: “Sarner Kollegi Chronik”, 1933, Seiten.

ZR =
“Blätter für Zürcherische Rechtsprechung”, Zürich, 1906.